FU'AN

福安茶志

FU'AN CHA ZHI

CHA

ZHI

《福安茶志》编纂委员会 编

李健民 主编

海峡出版发行集团 THE STRAITS PUBLISHING & DISTRIBUTING GROUP | 福建人民出版社 FUJIAN PEOPLE'S PUBLISHING HOUSE

图书在版编目（CIP）数据

福安茶志 / 李健民主编 ；福安市茶业协会编.
福州 ：福建人民出版社，2024.12. -- ISBN 978-7-211-09465-3

Ⅰ. F326.12

中国国家版本馆 CIP 数据核字第 2024W4A281 号

福安茶志

FUAN CHAZHI

作　　者：李健民　主编　福安市茶业协会　编
责任编辑：林　顶
美术编辑：林　玲
责任校对：陈　璟
出版发行：福建人民出版社　　**电　　话**：0591-87533169（发行部）
地　　址：福州市东水路 76 号　　**邮　　编**：350001
网　　址：http://www.fjpph.com　　**电子邮箱**：fjpph7211@126.com
印　　刷：福州力人彩印有限公司
地　　址：福州市晋安区新店镇健康村西庄 580 号 9 栋
开　　本：889 毫米×1194 毫米　1/16
印　　张：34.25
字　　数：981 千字
版　　次：2024 年 12 月第 1 版
印　　次：2024 年 12 月第 1 次印刷
书　　号：ISBN 978-7-211-09465-3
定　　价：428.00 元

《福安茶志》编纂委员会和编审

编纂委员会

顾　　问： 周祥祺　黄其山　陈昌东　林志生　詹廷平　薛树明
蓝和鸣　陈枝棠　陈常颂　郑战雄　吴先辉　林光华
苏　峰　刘寿国　陈成基　郭　冲　连树泉

名誉主任： 陈灼生　林　炤

主　　任： 温铃光　缪少斌

副 主 任： 余成法　罗光平　郑祖辉

成　　员： 郑明星　王水金　陈林海　林清菊　陈建华　刘　华

办 公 室： 林清菊　刘小凤

编　撰　组

主　　编： 李健民

成　　员：（按姓氏笔画顺序）
王水金　王梅凌　叶　檠　刘小凤　刘景灿　李　立
李宗雄　李彦晨　李健民　余　挺　宋丹丹　陈芝芝
陈国栋　林　鸿　林志锋　林清菊　黄东梅　黄先洲
潘玉华

初稿审稿单位

中共福安市委办公室（中共福安市委保密委员会办公室、福安市档案局）

中共福安市委宣传部　中共福安市委党史和地方志研究室

福安市人民政府办公室　发展和改革局（科技）

教育局　工业和信息化局　人力资源和社会保障局　自然资源局

交通运输局　农业农村局　商务局　文体和旅游局　市场监督管理局　统计局

税务局　茶产业发展中心　福安市农垦集团有限公司　福安市茶业协会

福建省农科院茶叶研究所　宁德职业技术学院

终稿评审专家组

组　长：苏　峰（福建省农业农村厅教授级高级农艺师，省茶叶学会高级顾问）

副组长：陈常颂（福建省农科院茶叶研究所党支部书记、所长，研究员）

成　员：高　峰（福建省农业农村厅农业技术推广研究员，农业农村部茶叶指导组专家）

孙威江（福建农林大学教授、博士生导师）

孙　云（福建农林大学教授、博士生导师）

吴先辉（宁德职业技术学院教授）

池玉洲（宁德市茶产业发展中心副主任，教授级高级农艺师）

陈祖枝（福安市农业农村局农业技术推广研究员）

凡例

一、本志记述福建省福安市与茶有关的各方面事物，主要包括涉茶产业、事业、文化、教育、科技、商贸、人物，以及与茶相关的生活习俗等。

二、本志所记述的内容，上溯发端，下迄现今，所采用的资料截至2023年12月31日；记述范围涵盖福安全域，包括设办在福安市的福建省属、宁德市属涉茶机构适合编入本志的内容。

三、本志编写原则：纪事为主，依事分类，据实直书，述而不论；凸显地方特色，展示与茶相关的地域文化，起到存史、资政、育人的作用。

四、本志采用纲目体的结构形式，发挥传统志书分类醒目、纲举目张、设置灵活、查阅方便的优势，同时吸收章节体层次清晰、结构严密的长处进行撰述。

五、本志共分十卷三十七章，以类为纲设卷，卷下设章，章下设目，目下视情再分子目、条目；另有“大事记”弥补纲目体叙事之不足；卷首专文为全书总述，卷末“附录”以保存珍贵历史文献。

六、本志资料来源：历代史志、考古资料、民间文献、馆藏档案、统计数据、学者著述，以及官方涉茶单位和民间社团历史上自成的文本档案、编写人员田野调查所获、知情者的回忆等，力求实笔写真。对待异说，认真辨析，无档不书，去伪存真，或视情并存，力避臆断和盲从。

七、本志采用现代规范语体文用第三人称记述，数字书写、标点符号和时间表述等均按国家标准执行。

八、本志计量单位：1949 年 10 月以前的，保留历史文献原貌，必要时加括注；此后迄今者，均按国家标准执行。为兼顾基层工作、统计报表和社会习惯，本志保留“亩”这一非法定计量单位。

九、本志所涉及到的各级行政区划、机构名称，以及领导人的职务，一律按记事当时的实际情况行文。由于 1990 年 3 月 11 日福安正式撤县建市，故本志以该日为界，此前称“县”，此后称“市”。

序一

福安是中国茶叶之乡，是历史名茶“坦洋工夫”发源地，“花果香红茶”发祥地。福安产茶历史悠久，唐代已开始产制茶叶，宋淳祐五年立县后，茶业方兴勃起，至清代后期出现历史鼎盛时期，成为驰名中外的主要产茶县。是全国较早设立茶叶教学、科研机构县之一，培养、造就了台茶之父吴振铎等一批当代茶人。新中国成立以来，随着政治昌明和科技进步，茶业发展日新月异，特别是在茶树良种繁育、多茶类生产、对外交流、闽台合作等方面做出了突出贡献，使福安这个古老茶乡，焕发新的活力。

《福安茶志》全书共70多万字，真实、全面、系统地记述了福安茶区的自然、历史和现状。内容丰富，资料翔实，是一部具有科学性、知识性、实用性和地方特色的专志，也是福安市茶叶产业从业者辛勤劳动的丰硕成果。它的编纂成书，对于促进福安茶叶生产技术发展、繁荣经济、弘扬文化等都具有重要的现实意义。同时，对于总结过去，借鉴历史，掌握规律，扬长避短，开拓未来，也将起到积极的作用。而且，该书的出版为福建省乃至全国的茶叶产业发展，也提供了一个很有价值的借鉴和参考。

2021年3月22日，习近平总书记在福建武夷山茶园考察时明确指出：“要把茶文化、茶产业、茶科技统筹起来，过去茶产业是脱贫攻坚的支柱产业，今后要成为乡村振兴的支柱产业”。以史为鉴，开创未来，希望福安茶人把握时代机遇，凝聚力量，用茶文化茶科技协力驱动茶产业高质量发展，共同谱写福安茶业发展新篇章。

刘仲华

2024 年 10 月

（刘仲华，中国工程院院士、湖南师范大学校长）

序二

福安市位于福建省东北部、宁德市中部，地处鹫峰山脉、太姥山脉和洞宫山脉之间。这里依山傍海，风光秀美，交通便利，拥有极佳的生态与区位资源优势。

茶在福安已有千年历史。发展至19世纪50年代，坦洋工夫红茶在福安地区崛起；至1915年，坦洋工夫荣获巴拿马万国博览会金奖，从而确立了世界名茶的地位；因茶之盛，福建省茶业改良场于1935年也落户于斯。在新中国成立后的计划经济时期，福安茶产业拥有过大规模发展的辉煌。1984年我国实行茶叶流通体制改革后，进一步激发了福安茶人的聪明才智，不断将茶业推向新的高度。进入新时代，在各级党委、政府的关心支持下，顺应中国经济蓬勃发展的大势，福安茶产业获得了长足的发展，福安再次成为全国知名的产茶大市，先后荣获“中国红茶之都”“花果香红茶发源地”称号和全国茶业生态建设十强县、茶业科技助农县域、茶业高质量发展县域等荣誉。在做精、做优、做强红茶的同时，福安茶产业还发挥茶类资源丰富的优势，大力发展绿茶、白茶，实现了不一样的精彩。

我与福安的茶缘，始于本世纪初。其后，我多次与福安零距离接触，深切感受到福安人民的热情好客、重情重义，感受到这一方热土的丰饶与祥和。特别是福安茶人敢想敢干、敢为人先的创新精神，给我留下了深刻的印象。近日，福安市茶产业发展中心寄来《福安茶志》书稿，邀我作序。翻阅这部70万字的书稿，我深深地被书中洋溢着的茶叶芳香所感染，被砥砺前行的茶人精神所感动。

《福安茶志》一书，内容全面、资料翔实。全书除综述、大事记和附录外，正文内容包括茶区分布，茶业生产，茶叶品类和制作，行业管理，茶叶商贸、教育、科技、文化习俗、对外交流等内容，分门别类，条理清晰，全方位展示福安茶的历史和现状。它不仅详实地记述了福安的千年茶史，还通过丰富的文献资料展示了福安茶文化的深刻内涵，从而给读者以启迪。在叙写福安茶历史、茶文化时，还注重突出地方特色，使这部志书的意义远超茶之本身。特别是，该书还着眼新时期的新特点、新成就，对目前及今后一段时期福安茶文化、茶产业、茶科技的融合发展具有很强的现实意义和参考价值。

可以说，作为福安茶文化建设的重要成果，《福安茶志》是一部富有文化内涵、学术价值和现实意义的地方茶业百科全书，对总结过去，面向未来，传承与弘扬福安茶文化具有重要意义，也为中国茶文化留下了一笔宝贵的财富。

在此，谨向本书的即将付梓致以衷心祝贺！并祝福安茶产业兴旺发达、再续辉煌！

是为序。

王庆

2024年1月

（王庆，中国茶叶流通协会会长、全国茶叶标准化技术委员会主任委员）

序三

福安人民品茶、事茶的历史悠久，底蕴深厚，迄今已有千年历史。社口镇坦洋村是驰名中外的“坦洋工夫”发祥地，坦洋工夫红茶曾远销东南亚和欧洲，一度被英国皇室指定为专供茶，1915年获得巴拿马万国博览会金奖。习近平总书记在宁德工作期间，亲自挂点社口镇坦洋村，先后“四进坦洋”关心指导茶产业发展，嘱咐我们要“放大坦洋工夫品牌效应”“让坦洋工夫茶走向全国、走向世界”，留下了“喝过坦洋工夫茶，人走情常在。我的心和你们的心是永远贴在一起的”感人赠言，充分体现了习近平总书记对坦洋工夫红茶的喜爱和对福安人民的深厚感情。

在省委、宁德市委的正确领导和各级各部门的关心支持下，在全市茶人的共同努力下，福安深入学习贯彻习近平总书记关于“三茶”统筹发展的重要指示精神，以总书记对“坦洋工夫”的关心、指导为动力，积极探索“三茶”统筹发展新路径，加快推动茶产业高质量发展。经过数十年接续努力，福安已经成为全国知名的“中国茶叶之乡”和福建省重要的红茶、绿茶、花茶产区，建立了全国首个茶树种质资源库和全国最大的茶树良种繁育基地，全市茶园面积达到30万亩，涉茶人口约40万，茶业经济占农民人均收入的40%，先后荣获“国家区域性良种繁育基地”“中国红茶之都”“中国茶业百强县”“全国茶业生态建设十强县”“国家级茶叶标准化示范县”“全国首批创建无公害茶叶生产示范基地县”等荣誉称号。

2023年，福安市茶产业全链条综合产值达120亿元以上，“坦洋工夫”入选全国十大名茶、国家地理标志名录，蝉联中国品牌价值百强榜，福安被评为“2023年度重点产茶县域”“2023年度茶业高质量发展县域”。

鉴古知今，学史明智。2019年，福安市茶业管理部门在市茶产业发展领导小组的大力支持下，开始着手对福安茶的历史和现状进行全面梳理，以形成一部权威、全面的茶专业志书。经过编纂团队数年的艰苦努力，终于在2023年底基本完成了《福安茶志》编纂工作。2024年新年伊始，茶志编委会送来一部沉甸甸的送审稿，展卷披览，顿生欣喜。《福安茶志》共分十卷，内容包括茶史综述，涉茶大事，茶区概况，茶业的生产和管理，茶叶的制作和商贸，与茶相关的教育、科技、文化活动，重要涉茶单位，著名茶人，以及地方党政部门发展茶产业的重要文件、历史文献的辑录等。全书达70万字，全方位记述了福安茶的精彩历史和富有特色的茶文化，全面展现了新时期福安茶产业的新面貌、新成就、新特色，资料翔实、记述准确，做到了资料性、知识性和专业性的统一。

《福安茶志》不仅是福安茶业总结过去、研究现状、展望未来的一部重要著作，也是献给广大茶企、科研人员、茶文化爱好者、茶学学子乃至国内外相关行业领域广大读者的一份茶礼，对统筹做好“茶文化、茶产业、茶科技”这篇大文章，全面实施乡村振兴战略具有积极的意义。福安茶人将以《福安茶志》的出版为契机，全力打造福安茶产业新高地，加快建设“三茶”统筹发展示范先行区，共同谱写“坦洋工夫”红茶更加辉煌的新篇章。借此机会，也对为《福安茶志》付出辛勤劳动的全体同志表示衷心感谢。

是为序。

2024年2月

（周祥祺，中共福安市委书记）

目录

Contents

377 卷六　教育与科技

413 卷七 文化与交流

451 卷八 专 志

福安之茶

一

福安市位于福建省的东北部，居海峡西岸东北翼的中心，东邻柘荣县和霞浦县，西接周宁县，北毗寿宁县和浙江省泰顺县，南连宁德市蕉城区和三沙湾。市境东西宽 37 千米，南北长 80 千米，海岸线长 167 千米；地理坐标为东经 119° 23′—119° 51′、北纬 26° 41′—27° 24′之间。全市总面积 1880.1 平方千米，占今闽东（宁德市）9 个县市区总面积的 14.6%。白马港为国家一类开放口岸，2008 年实现相隔 60 年后宁马台（宁德、马祖、台湾）首次海上客运直航，沈海高速公路、宁上高速公路、福泰高速公路、温福铁路穿境而过，构成铁路、公路、港口三位一体的交通体系，城乡半小时交通圈基本形成。

福安市辖赛岐、穆阳、上白石、潭头、社口、晓阳、城阳、溪潭、溪柄、甘棠、下白石、湾坞、溪尾、范坑、松罗、坂中、穆云、康厝等 18 个乡镇（其中坂中、穆云、康厝为畲族乡）和城南、城北、阳头、罗江等 4 个街道，设有 2 个省级经济开发区[①]。2022 年底全市户籍总数 201781，总人口 672918，约占宁德市的 20%，为闽东之冠；其中畲族人口 7.2 万，占总人口的 11%，是我国畲族人口最多的县级行政区。

福安市地处鹫峰山脉东南坡、太姥山脉西南部、洞宫山脉东南延伸部分。属中亚热带海洋性季风气候，温暖湿润，四季分明，夏长冬短，无霜期长。总体地势由北向南倾斜。东、西、北三面环山，南面临海；中部长溪纵贯南北，沿长溪干流两岸为平原和丘陵，向两侧依次为丘陵、低山、中山，呈阶梯状分布，形成向南开口的闽东最大的盆地——福安盆地。全市海拔 1000 米以上的山峰有 31 座，其中白云山[②]海拔 1449 米，为福安之最，《福安县志》称“闽东第一山”[③]。清乾隆《福宁府志》：“福安西接山陬，东连

---

① 闽东赛岐经济开发区于 1988 年 5 月由宁德地区行政公署批准成立，代管罗江、南安、樟港、大留、小留等 8 个建制村和罗江街道，1998 年经省政府考核确定为省级开发区序列，2006 年 3 月更名为“福建福安经济开发区”；福安穆阳民族经济开发区成立于 1993 年，包括穆阳镇以及穆云、康厝 2 个畲族乡的 38 个建制村和 6 个街道，1998 年更名为“福建省福安市畲族经济开发区”；2022 年 10 月，整合以上两个经济开发区组建福安经济开发区，加挂福安畲族经济开发区管委会牌子，下辖罗江、畲开、湾坞、甘棠、溪柄 5 个园区，实行“一区多园”统一管理。。

② 2010 年，白云山区先后被国家有关部门和联合国教科文组织确定为国家级风景名胜区和世界地质公园。

③ ［清］张景祁《福安县志》卷之四《山川 · 白云山》。

白云山日出（市融媒体中心 提供）

海港，平衍绣错，水陆膏腴，美不胜收，煌煌乎剧邑也。”[①]

先秦时期今福安市地域为闽越族居住地，《禹贡》称为扬州地。周为七闽地域，秦属闽中郡，汉初隶属闽越国，汉始元二年（前 85 年）属冶县，东汉属会稽南郡；三国东吴以后，历属罗江县[②]、温麻县、原丰县、闽县，唐武德六年（623 年）后属长溪县。宋淳祐五年（1245 年）从长溪县析出西、北二乡九里置福安县，因理宗御批“敷赐五福，以安一县”得名。元、明、清时期，福安县历属福州、福宁州、福宁府。民国初期历属福建省东路、闽海道，民国 23 年（1934 年）后历属福建省第二、第一、第八、第一行政督察区，专员公署驻福安县（其中民国 25—30 年暂迁长乐、闽侯）。中华人民共和国成立后，历属第三专区、福安专区、福安地区、宁德地区、宁德市。1949 年 10 月至 1970 年 2 月，地专领导机关设在福安县，后迁驻宁德县（今称蕉城区）。1971 年 6 月，福安专区改称宁德地区，福安县属宁德地区。1989 年 11 月 13 日，福安撤县设省辖县级市迄今，先由宁德地区代管，2000 年 11 月 14 日后由宁德市代管。

在漫长的历史进程中，福安先民创造了光辉灿烂的文化。早在商周时期，就有闽越先民在这一片土地上点燃了早期文明的火焰。三国、西晋以后，北方汉族开始较多地进入长溪流域；唐末、五代和两宋时期，入迁这一片土地的汉族越来越多，成为主体族群。明清时期畲族大量迁入福安，经过几百年的发展，畲族在生产生活的各个方面与汉族深度融合，在与兄弟民族构建命运共同体的同时，结合自身传统形成富有特色的民族文化。

随着多元文化的融入和长溪流域经济社会的发展，福安先民创造和不断丰富富有特色的长溪文化。

历史上的福安，“男事耕读，女事蚕织……坊民擅桑麻之利，谷民擅田山之利，溪海等处擅鱼盐之利。”[③]除了稻、麦、甘薯等粮食作物，主要的特产还有茶、糖、茶油、桐油等。五大口岸开放之后，作为祖国东

① ［清］李拔《福宁府志》卷之八《建置志》，乾隆二十七年修。

② 福建省地方志编纂委员会编《福建历史地图集·三国·吴》：“三国吴占领闽地……永安三年（260 年）……又立罗江县，归临海郡。”（福建省地图出版社 2004 年版）罗江县治所在地迄今未定，朱维幹《福建史稿》列有三说：今之罗源县，今之瑞安县，今之宁德县（2000 年 10 月后称蕉城区）；见该书上册第 49—50 页，福建教育出版社 2008 年第 2 版。

③ ［明］陆以载《福安县志》第一卷《舆地志·风俗》。

南沿海的一个县份，西方的影响在这里相当明显，福安也因此接受近代文明的洗礼。晚清咸丰年间，福安人创制的坦洋工夫红茶风靡欧陆，进一步促进经济的发展。民国时代是福安历史上一个重要的发展时期，作为闽东政治、经济和文化的中心，福安的社会经济和文化教育都达到前所未有的高度，对闽东和福安的地域文化以及后续的历史走向都产生深刻的影响。

20 世纪 80 年代以后，随着改革开放的深入，福安市的经济社会不断发展，是全国科技工作先进市、体育先进市，同时被授予“中国中小电机之都”“中国民间船舶修造基地”“中国油茶油之乡”“中国南方葡萄之乡”“中国绿竹笋之乡”“中国茶叶之乡”“中国红茶之都”等多项荣誉称号。2023 年，全市茶园总面积 17274 公顷（25.91 万亩[①]），茶叶产量 2.99 万吨，毛茶产值 22.5 亿元，综合产值 120 亿元，涉茶人口约 40 万，农民人均收入的 40%来自茶叶。

随着国家产业转型升级战略的实施，国内多家知名不锈钢民营生产企业落户福安，使这里成为一座世界级的不锈钢生产基地。福安经济总量持续占宁德市的四分之一强，2020 年入选“全国百强县”，2021—2023 年连续入选福建省经济实力十强县（市）；2023 年国民生产总值为 835.64 亿元。

福安市区一瞥（陈泽法 摄）

二

福安茶之始

中国是茶的故乡，种茶、饮茶之风始于华夏。唐代陆羽在《茶经·六之饮》中称：“茶之为饮，发乎神农氏，闻于鲁周公。”神农氏指的是炎帝，传说中的上古帝王；鲁周公是周文王姬昌第四子，封于鲁。学界一般认为，中国（世界）比较确切的开始栽培和利用茶的历史当在我国商周时期，迄今已有三四千年。在长期的实践过程中，人们发现茶叶有解渴、提神作用，还可以治疗某些疾病，于是产生了神农尝百草

① 关于茶园面积，福安市几个相关部门提供的数字各不相同。以 2008 年为例，统计局为 22.92 万亩，茶业局为 27.8 万亩，林业局为 33.3 万亩，国土资源局的航拍数字为 35 万亩。为了方便福安市的茶业宣传和推介工作，2008 年福安茶园总面积取整数定为 30 万亩，以后不增不减。

的传说。成书于东汉的《神农本草经》称："神农尝百草，日遇七十二毒，得荼（苦荼）乃解。"这个传说反映的应该是商周时期的历史真实。

福建是我国最早的产茶地区之一。据东晋常璩《华阳国志》记述，公元前1046年前后，周武王伐纣时南方有庸、蜀、羌、苗、微、卢、彭、濮等八个小国兴兵来盟，并把所产之茶献给武王。学界认为，其中的"濮"与《八闽通志》（明黄仲昭编纂）和《福建史稿》（朱维幹著）上的"濮"一致，正是武夷山船棺之族属"闽濮族"。可知武夷茶始于周朝，福建与四川在商周时就已产茶（吴觉农《四川茶史话·前言》）。武夷茶被视为闽茶之祖、闽茶之源，同样对闽东的茶史发生影响。

福安的早期历史可以追溯到遥远的商周时代，距今已有三四千年，长溪中下游两岸是福建省最早开发的地区之一。和福建省其他地方一样，最早开发长溪流域的是上古时代的闽越先民。从1958年开始，长溪中下游两岸就不断有新石器时代的文物被正式发现。20世纪80年代，福建省文物普查单位在福安的多个乡镇对海拔50米以下的山丘开展以地下为主的古文化遗址调查，共发现文化遗址数十个，采集到陶片标本数千片，还有石器标本数百件。以上这些古遗址均遭到比较严重的破坏，因而都没有发现文化堆积层。①

2000年，福建省文物管理委员会考古工作队对即将开工的福宁高速公路沿线进行考古调查勘探工作，共发现7个文物点，其中福安市2个。其中大头岗遗址位于湾坞乡湾坞村东250米的大头岗，遗址面积4500平方米；地表采集到条纹、方格纹、曲尺纹、素面硬陶片和彩陶、泥质陶片及石锛、石镞等遗物。金龙岗遗址位于赛岐镇狮子头村南500米，遗址面积800平方米；采集到印纹硬陶、黑陶、石锛等遗物。两处遗址年代均为距今三千多年前的商周时期。至目前为止，在福安市域发现的其他古文化遗址与该两处文物点的历史断代相同，采集到的文物也大同小异。

溪北村出土

步兜山出土

隋代墓葬出土的青釉托杯（张玉文 提供）

以上林林总总、分布广泛的上古遗存告诉我们，早在三四千年前长溪流域就有了人类活动。但是，尚无法确证哪一件文物与"茶"直接相关。福安茶史的起始时间迄今无法确知。②

1972年，在福安溪潭镇溪北村发现一处古代墓葬，出土的随葬品中有3件青釉茶托杯（杯托齐全），福建省文物专家初认为是唐墓③；后又发现墓圹券顶纹砖，上有"大业三年"（607年）字样，就改断为

① 福安市博物馆提供资料。

② 1984年在溪潭镇濑头村发现一处东晋墓葬，可惜已经被破坏，无所获。2006年在溪柄镇院后村又发现一处同期墓葬，采集到盘口壶、碗、杯等釉陶器皿，但无法确定与"茶"有直接关系。

③ 卢茂村《福建福安、福州郊区的唐墓》，《考古》1983年第7期。

隋墓[①]。2006年在坂中畲族乡步兜山村又发现了一处制式相同的墓葬，同时也发现青釉茶托杯，券顶砖侧面有阳文的“大业四年”字样和几何圆形图案，比溪北村出土的墓圹券顶砖图案、纹样更清晰。“大业”是隋炀帝杨广的年号，起于公元605年，止于公元617年。这两处考古发现证实，福安至迟在隋朝已行饮茶之俗，迄今1400多年。

福安茶树栽培的初始时间，尚未查到历史资料，考古单位也未发现茶籽遗物，因而无法得出结论。中国茶叶学会学术委员会原主任陈椽根据文献分析来推测茶树传布，认为“茶树移入福建，最早时期也在三世纪之后，比安徽、江苏、浙江都迟些”。唐时茶树传到福建可能有三条路：一条是自江苏由海路直接传到福州；另一路是自浙江的台州（天台）到处州的庆元而入福建政和，经松溪流入建溪的建州；再一路从温州出海，直到福州。“闽东茶区，也可能有两条路：一条是从浙江的庆元经寿宁到福安大发展；另一条是从浙江的泰顺或平阳入福鼎大发展。”[②]

唐宋茶事

入唐以后，茶与盐一样，成为福建的土特产，一些优质茶品被宫廷指定为贡茶。《新唐书·地理志》：“福州长乐郡……土贡：蕉布、海蛤、文扇、茶、橄榄。户三万四千八十四，口七万五千八百七十六，县十。”[③]当时福安所在的长溪县是“县十”之一，属长乐郡，为贡茶区。

与闽北毗邻的闽东、闽中山区开辟了许多茶园，茶的制作技术已开始由简单加工向蒸青绿茶过渡。根据唐代陆羽《茶经》的介绍，唐代的茶叶加工过程是“晴，采之，蒸之，捣之，拍之，焙之，穿之，封之，茶之干矣”。即将晴天采摘的茶叶蒸软后捣成末，置于模范中加上油膏、米粉之类的东西拍成茶团、茶饼，焙干后穿起来，最后封存。这就是所谓蒸青饼茶和蒸青紧压团茶。享用时将茶饼碾碎，筛成细末，加水煮开，常和着葱、姜、橘皮、薄荷、枣、盐等调料烹煮食用或汤饮。福安方言称烧开水为“烹茶”，称饮茶为“食茶”，当是唐人茶俗在语言和习俗上的遗存。这一时期的“茶”依然有着明显的药用功能，福安方言把煎熬好的中草药叫做“草茶”，把服药说成“吃茶”；迄今日常生活中还有诸如“清（凉）茶”“寒茶”“痧茶”“姜姆茶”等说法，这些“茶”也可说成“草”“药”的意思，就是明证。

历史上长溪两岸是闽东开发最早的区域之一。隋唐五代的四百年，是福建历史的重要时期，长溪流域也进入一个新的开发和发展阶段。今福安市的下白石镇旧称黄崎镇，“置自唐之前”（明嘉靖《福宁州志·镇市》），是闽东最早的市镇。唐朝之前长溪下游的工商业就已有相当程度的繁荣，官府因而在此设镇进行管理。入唐以后，国家在这里设置“税课场，为榷务也”。[④]“榷务”系古代管理贸易和税收的机构，专事向外地的进口物资和内地的出口土产征税，主要是茶（出）和盐（进）。

古时候福建与北方中原地区之间，山高岭峻，举步维艰，相比之下，海上交通反倒显得方便。由于生产力水平和航海技术的限制，北上舟船要择时（农历六七月）在“海上驿道”上小心翼翼地“循岸梯行”；先抵达浙江宁波海域，再进入长江口继续航行。黄崎港位于福州和温州的海路中间，北航之船在这里躲避台风，还可得到淡水、粮食、柴片等给养的补充，是中继和避风的理想首选。王审知治闽时（897—925年）

---

① 余挺《风雅茶道·隋唐有约》，见林光华、陈成基等主编《中国历史名茶坦洋工夫》，福建美术出版社2009年，第106页。

② 陈椽《茶树栽培史初稿》，载《茶叶科学简报》（福建省农科院茶叶研究所主办）1981年第3期。陈椽（1908—1999年），福建省惠安人，茶学家、茶业教育家，制茶专家，我国近代高等茶学教育事业的创始人之一。

③ ［宋］欧阳修、宋祁等《新唐书·地理志》；上海古籍出版社、上海书店1986年版《二十五史》第6册第119页，总第4245页。

④ ［明］陆以载《福安县志》（万历二十五年修）第二卷《营缮志·署宇》。

长溪入海（肖春辉 摄）

遥尊中原王朝为正朔，交好邻邦，使福建在中原的战乱中得以安定发展；但苦于黄崎港巨石挡江，水道梗舟，不利航行。为了改变这种状况，唐光化元年（898年）王审知组织疏浚黄崎港道，六年之后也就是唐天祐元年（904年）事成。勤劳勇敢的劳动大众用自己的双手改变了山河面貌，创造了人间奇迹。唐昭宗为了褒扬王审知的政德，将黄崎港赐名为“甘棠港”，还为他立了一面“德政碑”，此碑现今仍立于福州市鼓楼区庆城路的闽王祠内。[①]对这一历史事件许多典籍都有记述，如《金溪闲谈》《十国春秋》《新五代史》《淳熙三山志》《八闽通志》《闽都记》《福宁府志》《福安县志》等，此外还有民间文献的传录：“三十五都凤墺（今湾坞）与黄崎镇只隔一港……有巨石屹立波间，横亘水曲，舟多覆溺，（王审知）意欲凿之，而惮于力役……（后得金甲神相助）别开一港，舟楫便之。驿使以闻，赐名曰‘甘棠港’，屿曰‘甘棠屿’。”[②]

黄崎港开浚后，长溪出海口真正成为“江海通津”，是之后闽东内陆海上茶路的必由通道，极大地促进了闽东经济的发展。

宋熙宁年间（1068—1077年），将原设于官井洋的税场移至黄崎，东管长溪温麻港（今盐田港），西管宁德铜镜港（今漳湾港）、中管本镇甘棠港（今白马港）。崇宁三年（1104年），“创镇厅、收税亭于江浒，又创市易库厅于山冈”。[③]宋代的黄崎成为当时福州的四大名镇之一。[④]“旧额茶盐商税务，国初茶盐有榷官”。[⑤]茶税是当时黄崎港征收的特产税，从今盐田、漳湾、下白石诸港出口的茶叶均在这里榷税。宋人陈普（宁德县人）《贺叔父为犹子成室》诗：“茶租急切同胞义，冰蘖规模一个仁。”（《石堂先生遗集》）茶租即茶税，《广雅》：“租，税也”。

宋代黄崎镇的发展直接带动了上游廉溪（穆阳溪）的富溪津（廉村，旧时又名石矶津）和穆阳，以及白沙溪（即交溪）上游的斜滩三个市镇的繁荣，也拉动闽浙边地包括闽北（建州、延平）、浙南（温州）、浙西南（处州）经济的发展，直至晚清，数百年长盛不衰。明万历《福安县志》记述，“盐货从富溪津过者居积于此，盖廉溪之上游亦泰顺、寿宁、政和、松溪、浦城之喉舌也”；穆阳镇“鱼盐之货丛集，贩运本县，上通建宁”。[⑥]同时也极大地改善了闽东、浙南内陆腹地与长溪下游和福州、永嘉（温州）的交通。

① 该碑文名《恩赐琅琊王德政碑》，系唐于兢撰。《全唐文》卷八四一、《十国春秋》卷第九十均有收录。
② 《湾坞人物考》（旧谱照录），见《湾坞赵族谱系》，清道光五年重纂本。
③ ［明］陆以载《福安县志》第一卷《舆地志·市镇》。
④ ［宋］梁克家《淳熙三山志》卷九《公廨类·诸县镇务》。余三镇为闽县闽安镇、福唐海口镇、古田水口镇。
⑤ ［宋］梁克家《淳熙三山志》卷七《公廨类·都税务》。
⑥ ［明］陆以载《福安县志》第一卷《舆地志·镇市》。

宋代是中国历史上茶文化大发展的一个重要时期，品饮茶叶的方式发生了改变，烹茶法被点茶法替代。所谓点茶即为保持茶叶的原味，将茶团、茶饼捣碎碾末后不加调料，直接放到茶盏里，注入沸水，用茶筅环回击拂，使茶汤泡沫均匀，然后饮用。此法日益盛行，以至出现了比赛点茶技艺的“斗茶”，即从茶的汤色味道、泡沫的颜色、茶的香气等方面进行综合评判，看谁的点茶技艺更高明，以定输赢。斗茶始于唐末的福建。唐人冯贽《记事珠》称“建人谓斗茶为茗戏战”，一个“战”字道出竞争之烈。宋人范仲淹《斗茶歌》有“胜若登仙不可攀，输同降将无穷耻”句，写出胜者的荣耀和负者的扫兴。

宋代福安也行点茶之俗。明万历《福安县志》：“七夕乞巧。是日俗以桃仁、米糕点茶。”[①] 一个“俗”字，表明岁月的久远。1986 年在赛岐镇苏阳村出土 2 块黑釉兔毫盏片，经省文物考古队专家鉴定，此系建窑烧制的专供斗茶用的“敛口盏”残件，为宋代福安的点茶俗提供实证。宋代斗茶很重斗色，即比点出的茶汤颜色，鲜白者为上；还要斗水痕，比茶盏内汤花与盏壁相接处有无水痕，痕少者为胜。于是社会上逐渐流行黑釉茶具，因为只有黑色才能最好地衬托茶的汤色和水痕。“敛口盏”因口沿微向内收敛故名，内壁上方有一圈微凸痕，使斟茶时茶汤不至于溢出盏外。当时建窑烧制的敛口盏最受斗茶者欢迎，知名度很高，尤其在福建和江南广大地区有很大影响。苏阳作为宋代长溪下游的文化名村，水路便利，人文荟萃，名人辈出；有宋一代仅进士就有 13 名，出土兔毫盏文物，也就不足为奇了。

斗茶之俗对制茶技艺的提升、品饮方式的进一步革新和饮茶习俗的普及无疑起到促进作用。与苏阳一江之隔的千年古村大留，其族谱文献有宋代“修六角大井暨酒井、茶井”[②] 的记述，该茶井迄今犹存。[③] 南宋名臣、福安乡贤郑寀之父郑之明的传记中有“百众会茶”的记述（《西铭郑氏宗谱》），说明当时福安民间已行品茗会友之俗。

大留古村的宋代“茶井”（张雪景 提供）

南宋时期，福安的文人雅士为我们留下了许多脍炙人口的茶诗佳句。其中有谢钥（爱国诗人谢翱之父）的“入夜茶瓯苦上眉，眼花推落石床棋”（《玩月有感》）；知州周牧的“烹茶汲水盈瓯雪，一味清霜齿颊涵”（《资圣寺诗》）等。这些茶诗开启了后世福安茶文学的先河。

三

元明之茶

元代，品饮茶叶的方式进一步改进、简化，制茶方式逐渐从饼茶向散茶过渡。茶进一步深入民间。

---

① ［明］陆以载《福安县志》第一卷《舆地志·节序》。

② ［元］张灿士《大留张氏宗谱·大留张氏源流》：“定生公迁居大留金山后坡之下。传十世至权公。公于宋徽宗朝举进士，判福州……嗣是，建演公祠堂于后坡榕树前。澍诸公卿赠匾、造学士石桥，修六角大井暨酒井、茶井，立“申明”“戒谕”两亭，又建祖上留侯庙，勒碑垂记。”见大留园里房《大留张氏宗谱》民国 33 年本。（《大留村志》p258，福建人民出版社，2020 年）

③ 张雪景、张坛灼、刘昌荣《罗江街道大留村古井群落调查报告》：茶井位于大留村 213 号（张成昌老宅）后天井处。GPS 测点：N26° 56′ 36″ E119° 38′ 4″，海拔 8.7 米。井栏用整块褐色花岗石雕凿而成，呈瓜瓣状，精致美观。井口外径 60 厘米、内径 34 厘米，栏高 40 厘米，井深 370 厘米，井身溪卵石圆砌垒筑，井台 8 平方米；经专家鉴定，凿建时间为宋代早期。

《明大政纪》记述，明太祖朱元璋于“洪武二十四年（1391 年）九月，诏建宁岁贡上供茶，罢造龙团，听茶户惟采芽茶以进。”[①] 废止团茶进贡，改为芽茶即散茶，从而开创了一个茶饮的新时代。此后不再将茶叶制成茶团、茶饼之类的东西，因而不用再将茶叶碾末，而是直接将焙干的散茶煎煮饮用。随着喝散茶之风的兴起，很多新茶被研制出来，社会上逐渐流行炒青的条状散茶。

明人对“炒茶”有详细的记述：“生茶初摘，香气未透，必借火力以发其香。然性不耐劳，炒不宜久，多取入铛（chēng，平底锅），则手力不匀，久于铛中，过熟而香散矣，甚且枯焦，不堪烹点。炒茶之器，最嫌新铁，铁腥一入，不复有香；尤忌脂腻，害甚于铁，须预取一铛，专供炊饮，无得别作他用。炒茶之薪仅可树枝，不用于叶，杆则火力猛炽，叶则易焰易灭，铛必磨莹，旋摘旋炒。一铛之内，仅容四两，先用文火焙软，次加武火催之，手加木指，急急钞转，以半熟为度。微俟香发，是其候矣。急用小扇钞置被笼，纯绵大纸，衬底燥焙，积多候冷，入瓶收藏。人力若多，数铛数笼；人力即少，仅一铛二铛，亦须四、五竹笼，盖炒速而焙迟，燥湿不可相混，混则大减香力。一叶稍焦，全铛无用，然火虽忌猛，尤嫌铛冷，则枝叶不柔……”（明·许次纾《茶疏》）

散茶的品饮很方便，只要将水烧开，就可直接冲泡饮用。后来泡茶逐渐普遍，进而发展成为一种民间的生活习俗，于是福安方言除了“食茶”，更有“冲茶”一语。福安民谚“无意冲茶半浮沉”，当形成于明代。

饮茶习俗的革新大大提升人们的生活品质，激发社会对茶叶的大量需求，从而促进茶叶栽培和加工技术的提高。闽东山区凭着优越的自然地理条件，成为茶叶的理想家园。从此，茶叶成为重要的经济作物，在社会民生中占有很大的比重。明嘉靖四年（1525 年）王世懋称：“闽山所产，松杉而外，有竹、茶、乌臼之饶。”（《闽部疏》）万历六年至九年（1578—1581 年）福州人王应山称：“茶出武夷山，其品最佳……福、兴、漳、泉、建、汀皆有之。”（《闽大记》）可知明代茶已遍植福建各州府。万历二十五年（1597 年）编修的《福安县志》将茶与糖、蜜、靛、苎、麻、棉花等同列为土产货类（第一卷《舆地志·土产》）。茶叶不能当饭吃，除了少量自用外，其余只有通过交换才能有经济意义。万历三十六年（1608 年）闽中才子长乐人谢肇淛游历闽东后写道：“环长溪百里，诸山皆产茗，山丁僧俗半衣食焉。”（《长溪琐语》）山民的基本生活一半都依赖茶叶，这种说法折射出当时茶叶作为交换商品对民生的意义。明万历《福安县志》载，沿海外郡的水客常常驾着双桅巨舰，避开官府设在黄崎港的关哨，进入长溪下游从事“透漏”（走私）活动，“以福安而达建、延、温、处等郡，其水客不知几千百艘。”[②] 这种水路物流交通，运进来的是“鱼盐之货”，运出去的是包括茶叶在内的土特产，这种情况长期延续。到民国 22 年（1933 年），福安最大宗营业仍首推食盐，每年输入达 6 万担；咸鱼值 150 万元，多来自山东、浙江、台湾等地；出口之大宗货物首推茶叶，年达 4 万担。[③]

明朝各地茶区，岁贡都有定额，有茶必贡，无可减免，贡茶定额也比宋朝增加。[④] 贡茶分“芽茶”和“叶茶”，以芽茶为上品，其价值是叶茶的十多倍。福安县常贡“芽茶六十七斤八两，价银十三两五钱三分；叶茶五十斤九两，价银一两三钱三分三厘五毫。”[⑤] 这则史料也是福安茶价的最早记载。

明中叶到清乾隆后期（18 世纪后期），大批畲民先后迁居福安（闽东），他们在山区或半山区开辟

---

① 《明大政纪》，雷礼、范守己、谭希思合著，约成书于明嘉靖二十二年（1543 年）。

② ［明］陆以载《福安县志》第三卷《兵食志·恤政·禁革商哨议》。

③ 民国 22 年铁道部业务司调查科《京粤线福建段经济调查报告书》。张研、孙燕京主编《民国史料丛刊》371 辑，大象出版社 2009 年版，第 247—248 页。

④ 程启坤《元、明、清代贡茶》；载陈宗懋主编《中国茶经》，上海文化出版社 1992 年版，第 34 页。

⑤ ［明］闵文振纂《福宁州志》（嘉靖十七年）卷之三《贡办·土贡》。

了大量的茶园，为茶叶生产做出贡献。明天启四年（1624 年）后，胡应才举家从寿宁县印潭老坑迁居福安县九都坦洋[①]，其后裔培植出菜茶新种。这种茶树矮枝壮，叶茂质嫩又耐旱抗瘠，受到欢迎，得以推广，称为“坦洋菜茶”。

大留古村壁画《松下烹茗图》（见明 摄）

明朝万历三十年（1602 年）荷兰东印度公司成立。5 年后（1607 年），风头正劲的荷兰东印度公司首次从澳门购得中国武夷山所产茶叶，经爪哇转销欧洲各地，开启中欧茶叶贸易的历史。荷兰人对茶叶的爱好很快影响到英伦三岛和法德等国。崇祯十年（1637 年）1 月 2 日，荷兰东印度公司董事会给巴达维亚总督的信中说：“自从人们渐多饮用茶叶后，余等均望各船能多载中国及日本茶叶运到欧洲。”[②]1649 年（清顺治六年）荷兰莱顿大学教授内利乌斯·博特科伊（Cormelieus Botttrekoe）在《茶、咖啡和巧克力》一文中竭力宣扬饮茶的好处，使饮茶之风进一步波及欧陆。[③]

崇祯四年（1631 年），天主教正式传入闽东，福安成为福建和闽东天主教的中心。常年有多名外国传教士在福安城乡进行传教活动，他们中有法国人、意大利人、西班牙人等。这些人应该是最早品尝到福安茶的外国人。西教士为了传教的需要，积极融入社会民间，努力学习汉语和福安方言。1882 年西班牙传教士伊格那西欧·伊巴聂兹（Ignacio Ibañez）在长期积累的基础上着手编写《班华字典·福安方言》；书稿在实践中不断充实、完善，后经西班牙传教士高大涵（BlasCornejo）修改，于 1941—1943 年由上海商务印书馆 DonBosco 学院出版。其中“茶”这个词头带出二十多个与茶相关的语词。[④]

清代茶政

入清以后，清廷为了断绝沿海人民对郑成功政权的资助，实行禁海政策。顺治十八年（1661 年）更宣布沿海各省全面实行迁界，“迁沿海居民离海三十里，村庄田宅悉皆焚弃，城堡台寨尽行拆毁”。[⑤]

---

① 《坦洋安定胡氏宗谱·世系图》：“第一世开基始祖应才公……携家属由（寿宁）老坑而迁于此（坦洋）。”应才长子生于甲子年（天启四年）。见清光绪二十七年（1901 年）重修本。

② 武夷山志编委会《武夷山志》，中国统计出版社 1994 年版，第 297 页。

③ Joseph.M.walsh：Tea：itsHistoryand Mystery，Henry.T.co.，1892，第 19 页。《鸦片战争论文十篇》，https：//www.gwyoo.com/haowen/135629.html。

④ 《班华字典·福安方言》第 967 页“茶”：食茶，茶米（茶叶），茶米粕，茶壶，烹茶，冲茶，掏茶，茶炉，茶盘，配茶，炒茶，乌茶，茶行，烧茶，清茶，淡茶，冰糖茶，茶米茶，浓茶，头穗茶，摘茶，择茶。编者 Ignacio Ibañez 又译冯意纳爵，西班牙人，1873 年到福安传教，1902 年任厦门教区主教。

⑤ 刘献廷《广阳杂记》，见《东华录》。

甘棠镇古官道上的"奉圣旨迁界"碑（来源：甘棠镇"观里记忆馆"）

闽东沿海"编篱为界，越界数步，即行枭首。田庐荒废，鱼盐失利，百姓流离，惨不可言……寸板不许下水……宫庙、民房焚毁一空……道旁木栅，牛马不许出入，每处悬一牌曰'敢出界者斩！'界外田亩，尽为荒丘"。[①]禁海政策残暴而野蛮，期间根本谈不上茶叶的对外贸易。

台湾统一之后，曾部分解除海禁。康熙二十四年（1685 年）一度开放海禁，准许沿海商船往南洋贸易，并在厦门设立海关，福建茶叶输出逐渐多起来。厦门港的开放引发了英国商人的极大兴趣，英国商船"伦敦号""武斯特号"专程从孟买驶来厦门购买茶叶；康熙二十八年，英人还在厦门设立专门机构，大量收购福建茶叶。英人的举动引起清政府的警惕，康熙五十六年清政府又颁布"南洋禁海令"，全面实行海禁。

十年后的雍正五年（1727 年），清政府废除南洋禁海令，开放广东、福建、江苏、浙江 4 个口岸通商，厦门海关恢复，并正式准许茶叶出口，闽南的乌龙茶开始销往南洋、日本等地。乾隆二十二年（1757 年）清廷再次下令闭关，只留广州一处，规定外国商船只许在广州一地通商，对丝绸、茶叶等产品的出口量进行限制；福建茶叶只能从广州转运出口，其中也包括福安的茶叶。

这时茶叶的种植早已遍及整个闽东。在长期的生产实践中，人们不断探索、创新，积累了丰富的制茶经验，出现了名茶产区。乾隆二十七年（1762 年）福宁知府李拔在《福宁府志》称："茶，郡治俱有。佳者福鼎白琳、福安松罗，以宁德支提为最。"[②]这些茶品均是绿茶或白茶，福宁府（闽东）成为绿（白）茶产区，区别于武夷（闽北）的红茶（乌龙茶）产区和安溪（闽南）的乌龙茶产区。《中国茶经》："我国绿茶生产历史最久，品类最多，外观造型千姿百态，香气、滋味各具特色，清汤绿叶，十分诱人。""白茶属轻微发酵茶类，基本工艺过程是晾晒、干燥。[③]诱人的汤味和简便的制作方式使它们成为明清时期的流行茶品。民国《福建之茶》："往昔红茶未盛时，外山所产之茶皆绿茶也。"[④]

乾隆中期（18 世纪中期），福安的商品经济进一步繁荣，一批作为区域商品经济中心的市镇出现在县境的东西南北中。除了韩阳、察阳（阳头）、黄崎、富溪津（廉村）和穆阳这些老市镇外，还有白沙、溪柄、社口、潭头、沙坑、甘棠、苏阳等新兴市镇。这些市镇均位于沿江沿溪，都设有码头，都倚仗便捷的水运带来巨量的物流好处，于是出现了商人。他们从上述各市镇码头将土特产品（主要是茶叶、茶油、

---

① ［清］李拔《福宁府志》卷之四十三《艺文志·祥异》。

② ［清］李拔《福宁府志》卷之十二《食货志·物产》。

③ 陈宗懋主编《中国茶经》，上海文化出版社 1992 年版，第 132 页（程启坤文）、第 236 页（庄任文）。

④ 唐永基、魏德端编《福建之茶》（福建调查统计丛书之五），福建省政府统计处，民国 30 年出版，第 26 页。外山：指武夷山以外的闽北、闽东茶产区。

桐油、樟等，茶为大宗）船运舶载，出白马门后，或北上温州、苏州，或南下省城福州，转手之后再采购回家乡需求的商品。商品经济的不断发展，使得福安商人形成商帮。为了维护共同的利益，并使在省城有个落脚和联谊议事之地，福安商帮就在福州南台惠泽境设立了福安会馆。[①]

松罗山区的茶园（“润木堂” 提供）

但是这时我国尚未与“泰西诸国通商”（泰西，旧时泛指西方国家，一般指欧美各国），清廷规定闽茶是不能自由买卖的，必须是外地茶商到境，向所经关口纳税才可外贩。“明时茶法有三：曰官茶，储边易马；曰商茶，给引征课；曰贡茶，则上用也。清因之。”历史上福建茶属“贡茶”，“不颁引，故无茶课。惟茶商到境，由经过关口输税，或略收些落地税，附关税造销，或汇入杂税报部。此嘉庆前行茶事例也”。引文中的“茶引”是茶商缴纳茶税后由官府发给的营业执照，“茶百斤为一引，不及百斤谓之畸零，另给护帖。行过残引皆缴部。凡伪造茶引，或作假茶兴贩，及私与外国人买卖者，皆按律科罪。”[②] 嘉庆（1796 年）后，福建贡茶区始行商茶，给引课税。福安本邑茶商始得向官府请引贩茶，关卡“截验”放行。为防止闽、皖、浙商人串通外商私贩茶叶，嘉庆二十二年（1817 年）清政府又一次下达闭关令，“饬令茶商仍由内河行走，永禁出洋贩运，违者治罪、茶入官。”（《清史稿·食货志·茶法》）福建茶叶海运外销一时停顿，福安本邑茶商主要奔走于福温二州，远一点也不过是苏州、上海、天津，以应国内市场之需。

四

红茶始制

清道光二十二年（1842 年）五口通商以后，中国历史发生了重大变革。

五大口岸开放之前，福安（闽东）的茶叶品种主要是绿茶，茶叶贸易主要是为国内需求，也有部分外销；福安红茶的产制是在 19 世纪 50 年代以后。

18 世纪，英国从红茶的普及中获取巨大的经济利益，红茶逐渐成为欧洲社会的大众饮料，并从欧洲向外扩展，澳洲、美国和加拿大迅速成为茶叶的消费国；红茶成为国际茶叶市场的主流产品，约占 75% 的茶叶贸易量。世界红茶起源于中国，原产地在福建武夷山桐木，这已经成为通识。茶史专家朱自振认

---

① 清光绪十年《福安县志》卷之十七《公署·会馆附》：福安会馆在省城外南台惠泽境，坐西向东。乾隆以来，邑商迭购翁晋夫、许光礼等房屋十余座；中祀天后，旁为邑人客闽者旅馆。咸丰初，正座火，仅余馆舍数楹。同治七年，董事李常荣等十三人倡募重建天后庙并韩阳公所。

② 赵尔巽主编《清史稿》志九十五《食物五·茶法》。

为："红茶的始创年代和青茶一样，也无从查考，从现存的文献说，其名最先见于明代中叶的《多能鄙事》（约十五六世纪）。入清以后，随茶叶外贸发展的需要，红茶由福建很快传到江西、浙江、安徽、湖南、湖北、云南和四川等省。"[①] 茶学家庄晚芳认为："红茶的制法发明于中国，最早制造的地方是在武夷星村，由此传入江西河口和宁州一带，而后传播各产红茶的地方……从英国茶叶贸易史来看，据记载，在1850年左右，英国发觉茶叶有掺伪着色的种种弊端，制订法令禁止，于是饮茶的人对于作伪绿茶大失信仰，嗜好也就逐渐改变，而需要中国红茶的就渐渐增多，那时在英国以武夷正山红茶和江西河口红茶最受欢迎……中国茶叶的输出最初是绿茶，青茶，以后是红茶。""那时候中国红茶的制法是以青茶的制造为蓝本，不过制造步骤和手续稍加以改变罢了。嗣后因为市场刺激的关系，产区日多，制法也因传授技术参差不一，多少有些变更。"[②] 中国农业科学院茶叶研究所原所长、中国茶叶学会顾问程启坤认为："在茶叶制造发展过程中，发现日晒代替杀青，揉后茶色红变而产生红茶。最早的红茶生产是从福建崇安的小种红茶开始的。""自星村小种红茶创造以后，逐渐演变产生了工夫红茶。清咸丰元年（1851）创制了坦洋工夫茶，清光绪元年（1875）创制了政和工夫茶，清光绪十年（1884）创制了白琳工夫茶。福建首先创制了工夫红茶以后，逐渐传至安徽、江西等地。"[③]《福建茶志》："福建武夷山创制正山小种红茶，传入闽东、闽西各地，后演变为闽红三大工夫茶，即坦洋工夫、政和工夫和白琳工夫。"[④]

19 世纪是福建红茶的辉煌时期。中国武夷山区所产的红茶，越来越受到国外市场的欢迎，红茶产地因此不断拓展，在这样的历史背景下，福安红茶和坦洋工夫应运而生。民国 24 年（1935 年）福安县立初级职业学校（茶职校）校长陈鸣鸾："前清咸同间有建宁茶客到福安坦洋收购茶叶，嗣后坦洋万兴隆庄始行自制红茶，明年各庄竞相仿效，由是红茶之制造日盛，输出日增"。[⑤] 民国 28 年福建省建设厅福安茶业改良场主任张天福："最初福安只制绿茶，自前清咸同年间起，有本省建宁茶客到县北坦洋采办红茶，因之制造日盛，出口亦日增"。[⑥] 民国 30 年福建省政府统计处《福建之茶》："闽东即北路，其地产茶初未著。清咸同间福建茶业极盛，凡产茶之地有利可资开发者，茶商无不竟赴之。而北路之茶即于其时为建宁茶客所赏识，于福安县北坦洋采制工夫，其制茶法遂传入北路，因滨海交通便利之故，转占输出优越地位。"[⑦]1989 年茶学家陈椽、杨晓华："咸丰年间，福安县坦洋村的姓胡者在小种红茶的制法上加以改进、简化，创制成功坦洋工夫红茶，运销西欧，颇受欢迎，年出口量均在一万担以上，极盛时期（1898 年）达三万多担。邻近的政和、福鼎也相继仿效，改制工夫红茶……在国际市场逐渐取代小种红茶，著名世界。"[⑧] 以上文献都明确认为福安红茶始于清咸同年间。

晚清福安进士宋瞻扆为同邑茶商陈春英撰写的墓志铭印证了早期福安红茶的历史："咸同间，闽海

---

① 陈宗懋主编《中国茶经》，上海文化出版社 1992 年版，第 27 页朱自振文。朱自振（1934—2021 年），茶史专家，南京农业大学中国农业遗产研究室研究员。长期从事茶史研究，为发掘和整理我国茶史文献，推进茶文化研究做出重要贡献。

② 庄晚芳《红茶分级问题》，载《中国茶讯》1950 年度综合版，上海中国茶讯社刊行。庄晚芳（1908—1996 年），福建省惠安人，茶学家、茶学教育家、茶叶栽培专家，我国茶树栽培学科的奠基人之一。1937—1938 年，庄晚芳曾在福安社口工作，任福建省农业改良处茶业改良场技师，并在福安农职校讲授茶叶课程。

③ 程启坤《认识红茶历史 思考红茶发展》，载《2011 年中国红茶高峰论坛论文集》，中国茶叶学会、福建省茶叶学会等编印，第 13 页。

④ 《福建茶志》，福建科学技术出版社 2023 年版，第 249 页。

⑤ 陈鸣鸾《福建福安茶业·概论》，福安县立职业学校茶场丛刊第一种，民国 24 年编印。

⑥ 张天福《三年来福安茶业的改良》，福建省农业改良处茶业改良场编印，民国 28 年。张天福（1910—2017 年），茶学家、制茶和茶叶审评专家，被誉为"茶界泰斗"。

⑦ 唐永基、魏德端编《福建之茶》，福建省政府统计处，民国 30 年出版，第 22 页。

⑧ 陈椽、杨晓华《武夷茶三起三落——武夷茶起源考证》，载《广东茶叶科技》1989 年第 4 期。

始通夷舶……君与伯兄创为茶运，与外夷互市，所获利倍蓰。”[①]“咸同间”成为福安红茶起始的公共认知。官方编修的各级志书均以1851年（清咸丰元年）为福安红茶和坦洋工夫的创始年。[②]正好这一年5月，第一届世界博览会在英国伦敦开幕。

红茶制法就这样传到福安。坦洋胡氏万兴隆（经理胡大盛）是已知福安生产红茶的第一家茶庄。[③]此后坦洋丰泰隆(经理施光凌）、祥生记（经理王正卿、吴步云）、泰大来（经理胡兆江）等茶庄争相仿效，使红茶生产在坦洋得以迅速推广，并使生产技艺日臻成熟，共同参与坦洋工夫品牌的创建。“同治间，坦洋茶市日盛……坦洋茶遂翕然称颂岛外”[④]，周边各县，寿宁、宁德（包括今周宁）、霞浦（包括今柘荣）、屏南、政和以及浙江的泰顺等县区的“毛青茶”纷纷集中坦洋精制加工后外销。坦洋成为远近闻名的茶叶集散地，号称有茶行（庄）36家，人称“小福州”。

晚清福安茶商陈春英墓志铭刻石（张玉文 摄）

坦洋工夫

西方人购茶时根据茶叶的颜色把红茶写作“Black tea”（“黑色的茶”，与福安人旧称红茶为“乌茶”不谋而合）；而中国人似乎更注重茶汤的颜色，故有“红茶”之称。“茶青晾干使发酵而后加火焙者，因其发酵后色红故曰红茶，其发现当早在明末清初，而盛于清咸同间，可分为工夫与小种两类。工夫以精制手续较细而得名，凡红毛茶品质之差者，多以之制工夫茶，盖求以制造工夫取胜也。”[⑤]福安红茶多数为工夫茶，也有小种茶。由于坦洋红茶的原料毛茶来源多元，品质混杂，必须依靠工艺取胜，从而成就了“坦洋工夫”。当时运抵福州茶栈的茶品一律以产地加品类标识，于是就有了“坦洋（板洋）工夫”和“坦洋（板洋）小种”。坦洋茶人在制茶实践中逐渐形成一套富有特点的技艺，这些被称为“工夫”（早期文献有时也写作“功夫”）的技艺成为他们的附加资本。

---

① 陈春英（1836—1886年），福安韩阳东门三姓路人，晚清茶商，本志卷八有传。其墓葬位于城北师部东侧山麓，墓志铭刻石分两块嵌于墓面左右，文字清晰。宋瞻宸，韩阳鹿斗人，清光绪十六年（1890年）恩科进士、翰林院庶吉士。

② 如1998年版《宁德地区志》p17，1999年版《福安市志》p414，2004年版《宁德茶业志（闽东茶业志）》p95，2020年版《宁德茶志》p281，2023年版《福建茶志》p203、p341、p1013。民间一说坦洋工夫红茶创制于清乾隆年间，坦洋胡氏宗祠（2008年重修）胡桂禹雕像铭文：“坦洋工夫祖师 胡桂禹（1722—1791），字蒂启，号笔山，人称福四公。生处康乾盛世，胸怀鸿鹄之志，一生苦诣茶经商道，意在民族品牌。曾辗转闽粤浙、南洋一带，洞察市场，精研茶艺；尝不畏艰辛，引领乡里，闯荡欧洲。独创之坦洋工夫融古今制茶技艺，显坦洋地理及野生菜茶特质，开启中华红茶传奇，曾为英伦皇室专供”。

③ 《中国茶经》1992年版218页施兆鹏文：“相传清咸丰、同治年间，坦洋村有胡福四（又名胡进四）者，试制红茶成功”。查考坦洋胡氏宗谱（光绪二十七年本），四世桂禹，字蒂启，号笔山，行福四，生于康熙六十一年（1722年），卒于乾隆五十六年（1791年），生前“创业存厚，持家有常，俭以粟米，勤以农桑”；“又名胡进四”者，无考。六世大盛，生于乾隆五十七年（1792年），卒于咸丰七年（1857年），生前“构市铺于坦洋、社口，增置新业”，道光、咸丰年间经营坦洋胡氏万兴隆茶庄，身后“人往风存，乡邻每乐道之”；光绪十年（1884年），福安知县徐承禧为之立传。大盛与福四相差70岁，咸丰元年（1851年）福四已去世60年；可知试制红茶成功者应是大盛。

④ ［清］林栋《几三公（胡兆淮）墓志铭》，见《坦洋安定胡氏宗谱·世系图》，清光绪二十七年（1901年）重修本。

⑤ 唐永基、魏德端编《福建之茶》，福建省政府统计处，民国30年出版，第22页。

咸丰三年（1851 年）茶叶海市开禁后，福州口岸洋务迅速增加。1861 年 7 月闽海关（洋关）正式建立，充当查稽税务、征收关税的主角；闽海关税务司的《闽海关年度贸易报告》保留了许多历史细节。

因坦洋俗称“板洋”[①]（迄今乃尔），坦洋茶最初也是称为“板洋茶”“板洋红茶”。1875 年《闽海关年度贸易报告》：“板洋红茶比 1874 年初期也提价 3 两。”这是已知官方文献关于“板洋红茶”的最早记载。1883 年《闽海关年度贸易报告》：“特别应当提一下两个最重要地区，坦洋、邵武的茶叶。”坦洋茶与邵武茶并辔而行，这也是已知官方文献关于“坦洋茶”的最早记录。此后“板洋茶”与“坦洋茶”混称，晚清多称“板洋”，民国后多为“坦洋”；根据茶品类别，再分为“工夫”和“小种”。早期“坦洋工夫（红茶）”，义为“产自坦洋的工夫茶（红茶）”，是他称（被称），不是自称（商品名）。20 世纪 20 年代后，“坦洋工夫”逐渐成为自觉的商品名；福建省政府统计处《福建之茶》：坦洋工夫，包括福安工夫、寿宁工夫、宁德工夫、周墩工夫。[②]

坦洋的红茶生产日盛，输出量也不断增加，“坦洋（板洋）茶”的记录不绝于闽海关的年度贸易报告中。由于坦洋生产的红茶是以地方良种坦洋菜茶为原料，不论外观还是汤味都有自己鲜明的特色，受到国外消费者的追捧，给坦洋村带来了早期的惊喜。

福安和周边县区许多原本生产绿茶、白茶的茶庄也纷纷改制红茶，以坦洋工夫领军的“北路茶”成为主要的出口物资，与当时的资本主义世界发生了最早的互动，成为国际市场的一个组成部分。在坦洋工夫气场的带动之下，政和工夫、白琳工夫适时发展，组成“闽红三大工夫”军团，在国际茶叶市场上叱咤风云。福安（闽东）因此也有了真正意义的商人（工商业者），对社会经济发生很大的历史影响。

坦洋集福安、寿宁、宁德（包括周宁）、柘荣、屏南、政和，以及浙江的泰顺等地茶源于一乡，精制加工后供应欧洲市场。坦洋（板洋）茶在国际市场上受到欧陆消费者的青睐，影响也随之扩大。由于茶源多元，品质不一，坦洋（板洋）茶就有“极品”和“普通”的等级区分，并满足欧洲市场不同阶层的消费需求，使得坦洋工夫在欧洲市场不但需求量大，价格也平稳。

同治元年（1862 年），耶稣教（基督教）安立甘宗（圣公会）传入古田，不久又传入屏南、宁德、霞浦、福安、寿宁等地，传教的外国基督教牧师和宣教士主要来自英格兰和爱尔兰，这些盎格鲁·撒克逊人都有喝红茶的偏好，客观上对工夫红茶的推介起积极作用。

坦洋丰泰隆茶庄的工场旧址（2006 年，见明 摄）

中国红茶的产销日盛一日。同治九年（1870 年）达 180 万担，光绪六年至十四年（1880—1888 年）平均每年为 252 万余担，是我国茶叶外销最盛期（蔡维屏《茶叶》，民国 32 年）。在这样的背景下，光绪七年（1881 年），坦洋的茶行共产茶 5 万箱（每箱 75 斤，计 3.75 万担），产值 100 万大洋，创下历史纪录。这时距福安红茶和坦洋工夫问世才三十多年。

① 清光绪《坦洋朱氏宗谱》记载，“其乡原竹坂里，号桂香”。竹坂里之名可能是地处溪坂又盛产竹子的缘故。又载，由于山上“多桂，每秋间花开盛时，香闻数里”，所以号“桂香山”。可见“竹坂里”和“桂香山”是坦洋的早期地名。

② 唐永基、魏德端编《福建之茶》，福建省政府统计处，民国 30 年出版，第 31 页。

福安红茶和坦洋工夫走红后，社会经济发生了前所未有的深刻变化。经过数十年的发展，有了一定的财富积累，坦洋茶乡名声在外，面貌焕然一新。时人对坦洋如是描述："（坦洋）产茶美且多，有武夷之风，外邦称为'小武夷'是也。"[①]"利觅錙铢，各方云集……虽为下里，自是名乡。榷税之征输于中夏，商贾之利施及西洋。"[②]"耕斯读斯，跄跄济济；工兮商兮，攘攘熙熙。"[③]写尽这里的工商盛况。光绪三十四年（1908 年），"俄国人三十年来第一次大批购买板洋茶叶……俄国人购买福州茶叶的原因无疑是它比汉口的茶叶好"。[④]板洋红茶的俄国市场长期持续，直到 1914 年下半年第一次世界大战爆发。

清政府见茶叶有利可图，便重课厘金[⑤]。光绪志载："白石海口设有海关，商船载货出入，按章征税，尽收尽解，均归将军管理。同治四年（1865 年），白石又设厘金局，商船载货出入，委员按章抽厘，收解郡局，转解闽省税厘总局。同治五年，坦洋又设茶税局，由省委员督办。"[⑥]此后直至民国，茶税成为茶农、茶商的沉重负担，严重影响茶业的发展。洋商见茶叶贸易利润可人，就在福州竞设洋行，雇"牙仔"进山收购茶叶，操纵市价；华商资本微薄，没有力量与外国资本竞争，使经营风险加大。光绪六年（1880 年）以后，英殖民地印度、锡兰（斯里兰卡）的茶叶与闽茶争夺市场，繁重的关税和运输费用使闽茶处于劣势，其中受害最甚的是中级的坦洋茶。由于茶叶海外贸易带来丰厚的利润，一些不法茶商"只谋产量，不顾品质，光绪末年（20 世纪初），生产益滥，贩户多卖湿茶，茶庄以片末搀和，致出品恶劣，信誉大受影响，且印度、锡兰、日本之茶业勃兴，华茶海外市场大受排挤"；[⑦]"数年来外受洋茶的排挤，内受洋商茶栈的操纵，致本县蒙受致命的打击，兴衰无定，屡起屡仆"。[⑧]

在以上合力的综合效应下，以坦洋工夫为代表的北路茶在国际市场上无力回天。前文提及的晚清福安茶商陈春英的墓志铭如是说："外夷刁久生诈，茶无辨良苦，故贱售，利大减。"佐证了晚清第一波福安红茶的兴衰史。

在此情势之下，福安茶人审时度势，迅速收缩国外市场，把主要精力转到国内，缩减红茶生产。19 世纪末和 20 世纪初，福安每年仍有"绿茶、白茶、茅茶、白尾茶、乌龙茶、二五箱茶销行苏州、温州、福州等处，统计十万挑。"[⑨]福安茶人通过制作工艺的独特性和品种的多样性参与国内市场竞争，茶业依然在地方经济中举足轻重。

随着福安茶业的不断发展，福安茶人的市场意识也与日俱增。1907 年坦洋茶商吴庭元（字赓俞）率闽省茶界之先在香港注册"元记"商标，成为当时福建省有名的茶叶巨商。

茶业的兴衰浮沉教育了福安茶人，促使他们进行反省，使他们认识到自我规范和自我改进、自我提

---

① ［清］郭尚宾《桂香山记》，载清光绪十年《福安县志·山川》。郭尚宾，坦洋人，咸丰元年恩科举人。坦洋村有真武桥，光绪《福安县志》："真武桥……咸丰十一年重建，上覆以亭，旋火。光绪二年，武举施光凌等重建。"《桂香山记》有"登斯桥也"句，可知桥已修竣，《桂香山记》当作于光绪二至九年（1876—1883 年），文中描绘工夫红茶给坦洋村带来深刻的变化，此时工夫红茶已在坦洋流行约 30 年。

② 《坦洋朱氏宗谱·坦洋十二景赋》，清光绪初年（1875 年）重修本。

③ 《坦洋安定胡氏宗谱·坦洋记》，清光绪二十七年（1901 年）重修本。

④ 1908 年《闽海关年度贸易报告》。汉口开埠前，俄国商人已取得在汉口等地购买中国茶叶的特权；1861 年汉口开埠，俄商进入汉口和两湖一带直接收购茶叶和制作砖茶，牟取丰厚的利益。

⑤ 厘金创行于清咸丰三年（1853 年），因其初定税率为 1 厘（1%），故名厘金，又称厘捐、厘金税，实际上是一种值百抽一的商业税。厘金制度于 1931 年为国民政府取消。

⑥ ［清］张景祁《福安县志》卷之六《田赋·赋税·存留支给》。

⑦ 陈鸣鸾《福建福安茶业·概论》，福安县立职业学校茶场丛刊第一种，民国 24 年编印。

⑧ 高诚学《福安茶叶概况》，载《闽茶季刊》创刊号，民国 29 年 10 月出版。

⑨ ［清］周祖颐《福安乡土志》卷之二《商务门》，京师京华书局光绪三十一年（1905 年）。"茅茶"系未精制之绿茶，也称"毛茶"；"箱茶"系用木箱装的精制茶（红茶或白茶），二五箱茶因箱内茶叶净重 25 斤故名（箱重另加 4 斤）。

升的重要。宣统二年（1910 年），闽东茶商在福州成立“福宁茶业同业公会”[①]。“福安茶业研究会”也于这一年成立，该会“立有会则十五条，内多纠正时弊者，此为福安茶业界自动改进茶业之先声”，也是率闽省各县之先的茶业研究机构，[②]对促进北路茶的持续发展起积极作用。是年，元记茶行与俄罗斯客商签下一笔 50 吨红茶的订单，在茶界传为佳话。

在红茶走红的日子里，福安（闽东）没有停止绿茶和白茶的生产。绿茶由农户自己先制成毛茶，然后运往茶庄精制，小部分出洋外销，大部分转运苏杭、华北供应国内市场。由于资料匮缺，我们无法知道当时福安每年究竟有多少绿茶。根据《三都澳海关十年报》（1902—1911 年），绿茶出口量从前五年平均 45000 担增加到后五年平均 65000 担。[③]福安绿茶虽包含其中，但无法分解出具体数额，我们只知道光绪二十八年（1902 年）至宣统三年（1911 年）的十年间，绿茶出口量约增加四成。

清末，福安红茶在国际市场上受挫后，许多茶商转而发展绿茶和白茶，主要供应国内市场，销行苏州、温州、福州等处，具体产量不详。白云山茶博物馆有一册福安察阳李氏茶庄于清同治十年三月起用的账册，中有白茶的销售记录。民国时期有一首《福建物产歌》，其中有“福安镂银技术高，茶有乌龙与白毫”[④]句；这里的乌龙指红茶（因干品外观黑色又称“乌茶”），白毫即白茶。和红茶一样，福安白茶也是外销茶，主要供应国际市场；民国 27 年（1938 年），福安白毫产量 7.675 吨，占当年闽省白毫产量 39.15 吨的 19.6%。[⑤]

海上茶路

清道光二十二年（1842 年），清政府被迫签订《中英南京条约》，第一次鸦片战争结束。此后中国与“泰西诸国通商”，“茶务为之一变”（《清史稿·食物志·茶法》），大批茶叶开始远销海外。条约规定，中国开放沿海 5 个通商口岸，其中两个是福建省的福州和厦门。英国人提出开放福州的一个重要意图就是为了茶叶贸易。1918 年驻福州的英国领事卫京生写道：“人们认为，福州开辟作为对外通商口岸具有伟大的前途，因为福建省是素称为一个广大的产茶中心，当时中国又是唯一的茶叶供应地，大家期待着在不久时间，出口贸易就会大大的发展。”[⑥]当时华茶在英国的销路最大，而清政府严守闭关政策，禁止茶叶从海路出口，令闽茶从陆路运入江西，再辗转进入广东，由广州十三行“逐春收贮，次第出洋”。福安（闽东）的茶叶必须雇用“担担哥”（挑夫）肩挑到闽北，集中在赤石或星村，经崇安（今武夷山市）出分水关，进入江西铅山之河口；然后沿信江至鄱阳湖，再溯赣江抵赣州，取道南安（今大余）、南雄、韶州（今韶关），最后顺北江、珠江抵广州；全程 1450 千米，耗时近两个月，水陆兼程，其艰难情形和运输成本可想而知。如果改由福州出口，英商才可控制茶市，而且海运路程最短，可以大大降低贩茶的运费，以获取巨额的利润。有人估算，“单由于这一项运输费用的节省，在福州比在广州最少可以降低

---

① 何宜武《陈思化先生传》：“（陈思化）与先君幼山公及先叔肖山公俱至交。曾共组福宁茶业会，团结吾郡茶商，内谋改造，外御苛扰。”载福安上杭陈氏祠堂《文化八百年》（陈耀年主编），2013 年编印，第 267 页。

② 张天福《三年来福安茶业的改良》，福建省农业改良处茶业改良场编印，民国 28 年。

③ 邹尔光译《三都澳海关十年报》（1902—1911 年），《福建文史资料第十辑》，福建省政协文史委 1985 年编印，第 166 页。

④ 徐天胎编著《福建民国史稿》，福建人民出版社 2009 年版，第 419 页。

⑤ 陈萱《两年来闽茶输出贸易概述》，载《闽茶季刊》第一卷第二期，民国 30 年出版。

⑥ ［英］卫京生（F．E．Wilkinson，C.M.G.）《福州开辟为通商口岸早期的情况》，原题目是《FheEarlyDaysoftheTreataPortofFoochow》（刘玉苍译），作者称所述材料“几乎全部是从我馆的档案里搜集来的。”文载福建省政协文史资料编辑室编《福建文史资料（选辑）第一辑》；福建人民出版社 1962 年版，第 138 页。

货价 25%。”[①]

福州口岸开放之初，清政府仍坚持禁止闽茶从福州海路出口。直至咸丰三年（1853 年），太平军进入江西断了通往广州的茶路，继而又入闽切断了闽北的茶叶商贸之路，使大批茶叶囤积在闽北无法外运，才不得不同意开放福州为茶叶出口码头。卫京生这样记述：“1852 年叛乱分子（指太平军）蹂躏江西全省，使该省境内一切贸易和交通等活动陷于中断，结果使原来通过江西陆运到广州出售，再由广州装运去欧洲的福建茶叶，那一年竟无法运到广州市场。当时在广州最早掌握了情况的外国商行是美国旗昌洋行，他们认为外商大可以到福州去购买茶叶，因为福州这时已成了当时和各产茶区维持交通的唯一口岸。”[②]

最早尝试福州口岸好处的也是美国旗昌洋行，该洋行为了确保武夷山茶叶的货源，率先遣员携巨款进闽北茶区大量收购茶叶，然后包租船只，顺闽江运往福州口岸，由海路出洋。“档案之中没有 1853 年由福州海运出口茶叶准确数量的记录，但是最少有 6 只船，大半是挂美国旗的，显然在这个口岸满载而去。”[③]旗昌洋行的巨大成功引发了洋商的争相仿效，到 1855 年已有 5 家洋商在福州建立了洋行，专事茶叶贸易。

时值闽红新秀坦洋工夫初创，坦洋因与福州口岸一水相连，得滨海交通之便利，福安和周边各山县的毛青茶汇集坦洋精制成红茶（“工夫”或“小种”）出口。成品茶先用溪船运至赛岐，再从赛岐码头过驳大船运往福州仓山码头，由于红茶主要销往欧美，以赛岐为起点的海上茶路形成。

早期闽东运往福州的茶叶有两条路径。一条是全程水路，即各地汇集到赛岐码头的茶品过驳大船后，沿赛江南下，出白马门，经三沙湾，过东冲口，进入东海，然后循海岸线驶往福州口岸。另一条路则是水陆兼程：出白马门后先从海路到宁德飞鸾码头登岸，然后改用肩挑，翻越飞鸾岭，循官道经罗源、连江到达福州。今飞鸾岭南路起步岭尚存 2 面清光绪五年（1879 年）的《起步岭碑》，主碑称“罗源北关外有起步岭……岩峻而凌鸟道之烟，屈曲而入羊肠之阪。自起步大岭以至飞鸾四十余里，甚多崩坏，莫便往来。兹经公议，远近募捐，重加修理，易土而石，改险为夷”。捐资者主要是宁德、福安、寿宁三县的茶商茶号，还有广东茶商，其中福安茶号有“泰大来”“福兴隆”“祥记”“天滋荣”等；董事四人李世镐、王正卿、胡兆江、吴步森（即吴步云）均福安茶商。另一面同名碑补录捐资芳名，福安“茶号万生春”“建隆兴”等名列其上。岭上还有一面光绪十二年的《重建五福亭》碑，系“福安坦洋监生王正卿、监生施长寅、监生吴步云，环溪职员吴光清同建”。以上王正卿、吴步云、胡兆江均参与坦洋工夫红茶的创制。

宁德飞鸾岭南路的晚清“起步岭碑”
（林忘锋 提供）

茶之运输路线与茶品的包装方式有很大关系。福安当时主要生产三种茶：洋庄红茶、苏庄红茶和京庄绿茶。洋庄红茶包括工夫茶和小种茶，是应海外市场之需，每年多

① 同上，第 145 页。

② ［英］卫京生（F．E．Wilkinson，C.M.G.）《福州开辟为通商口岸早期的情况》，原题目是《FheEarlyDaysoftheTreataPortofFoochow》（刘玉苍译），作者称所述材料“几乎全部是从我馆的档案里搜集来的。”文载福建省政协文史资料编辑室编《福建文史资料（选辑）第一辑》；福建人民出版社 1962 年版，第 155 页。

③ 同上，第 156 页。

达数万件，全用木箱包装；箱内先套锡箔纸以防潮湿，再内衬扣纸才可装茶叶，钉箱后外贴棉纸，印上商号，再刷桐油，装潢讲究，每箱装精制红茶 50 斤或 75 斤。苏庄红茶，多是茶梗、茶末等精制工夫茶的下脚料，数量不多，用篾篓包装，每件装茶 100—200 斤；该茶品先运到苏州，再转运华北、内蒙古、西藏等地。京庄绿茶，毛茶制好后即运到福州进行再加工，窨花精制成花香茶；该茶品用布袋装盛，袋内衬箬竹叶（白竹叶）防潮，袋口纽紧后加印记，每袋 50—60 斤；福安绿茶虽不如红茶多，但每年也有几万袋。一般来说，百来斤的茶担适合挑运，其余只好船运。茶运线路也与茶商对税费避重就轻有关，根据货物的性质，要征收比较多海关税的商品走陆路交通；而需缴纳厘金税较多的货物则行海路交通。合适的包装与运输方式使茶商得以实现利益的最大化。

以赛岐为起点的海上茶叶之路开启 46 年后，清光绪二十四年（1898 年）清政府为了偿还外债，“添开通商口岸，庶可振兴商务，扩充利源”，主动开放三沙湾[①]。第二年在三都澳设立福海关，开始征收关税。总税务司署规定，福海关行政上受总税务司署和设在福州的闽海关税务司双重领导，由闽海关税务司就近指导工作，经费由闽海关账内支出。三都澳港口的开放，使茶叶因运抵福州口岸的时间缩短而增值。此后，闽东北内陆山区的土特产先集中赛岐码头，用木船运至三都，交纳关税以后过驳到轮船上，再运往福州等地。与此同时，原设在东冲的“常关”[②]（区别于三都澳的“洋关”）继续保留。三沙湾开放、三都澳开埠，对北路茶的外销起了很好的促进作用。“清光绪二十五年（1899 年）5 月 8 日正式开设福海关至年底的 8 个月中，港口贸易实际上只有几笔帆船贸易的统计记录，虽然贸易数量不大，但潜能颇大，因此福州活跃的茶叶贸易，将会因有最廉价的茶叶而将贸易重心移向三都澳。”“三都口岸开放后，大批茶叶已改由轮船运来福州”，1900 年从三都口岸出口的茶叶为 1535.5 吨，1901 年增加到 2841.7 吨。[③]

五

三度起落

清宣统三年（1911 年）八月十九日（10 月 10 日）辛亥革命后，九月二十一日（11 月 11 日）福建光复。福建都督府在《再告全闽伯叔兄弟文》中称：“闽省天产以盐为大宗，其余茶、木、竹、纸，亦皆生产至多，销行至远；苟能善其办法，较从前步入，必有什百之锐增……闽省漳州、建宁、福宁三府皆农林之地，为他省所无，将来必富甲天下，成效当较他省为优。”[④]福安（闽东）茶人也满怀对茶业的信心，带着刚刚平复的伤痛和国际商战的硝烟走进民国时代。

民国初期，坦洋工夫红茶借助于三都澳的开埠，东山再起，经三都澳海关出口的坦洋工夫茶与年俱增。这时期国际市场竞争愈加激烈，华茶在海外市场受到严重挑战。北路茶加强自律，坦洋工夫以全新的姿态进军国际市场。坦洋工夫的茶质和茶价比较平稳，《闽海关年度贸易报告》：1913 年“坦洋茶价较上年无甚轩轾”。经三都澳外销的红茶由 1912 年的 5.06 万担发展到 1915 年的 7.24 万担。[⑤]

但是好景不长，1914 年第一次世界大战在欧洲爆发，茶叶的国际贸易受到很大影响，闽红茶再次跌

① ［清］朱寿朋《光绪朝东华录》，中华书局 1958 年版，总 4062 页。

② 常关为清政府原有税关，分户关、工关；近代各通商口岸设立后，为与新海关有别，均改称常关。洋关管理国际贸易，由洋籍税务司主持；常关管理国内贸易，由地方官员主管。光绪二十三年（1897 年）清政府设立税务处，于各常关分设税局。“总税务司以次各官并受其节度。先是户关、工关分隶户、工两部，正是始以常关标名。”（《清史稿·职官志六》）。

③ 邹尔光译《三都澳海关十年报》，《福建文史资料第十辑》，福建省政协文史委 1985 年编印，第 154—155 页。

④ 徐天胎《福建民国史稿·附录》（福建文史丛书），福建人民出版社 2009 年版，第 285—286 页。

⑤ 邹尔光译《三都澳海关十年报》（1912—1921 年），《福建文史资料》第十辑，第 177 页。

入低谷。

1915年巴拿马太平洋万国博览会金牌奖章（直径7厘米，詹吉荣 收藏）

民国4年（1915年），美国政府为庆祝巴拿马运河开通，在西海岸的旧金山市举办一场盛况空前的“巴拿马太平洋万国博览会”，福建省实业厅选送的福安商会茶（一般认为即坦洋工夫红茶）在博览会上获得金牌奖章[①]。

民国7年（1918年）第一次世界大战结束。但是北路茶的对外贸易并不乐观。由于多种因素导致闽东红茶的出口量急剧下降，到1921年跌到谷底，全年仅余4622担，还不及1915年的6.4%；与此同时，闽东绿茶由于东南亚华人的消费带动，1921年出口量攀到8.4万担。[②]

民国11年（1922年），闽红茶的国际贸易开始逐渐恢复，以坦洋工夫为代表的闽红三大工夫茶以物美价廉的优势东山再起。这已经是闽红茶的第三次崛起。此后，福安及周边县区生产的茶叶多是坦洋工夫红茶，外县知名茶商如寿宁斜滩人周赞绪于民国12年创立的周元丰茶行等也主营坦洋工夫。红茶“多运销于国外，以英、荷、德、俄四国为最多”。巨额的生产量需要大量的原料作保证。以坦洋为例，茶行数十家，每年雇工数千人，产量2万余担，成为远近闻名的“茶都”。此后到全面抗战爆发前，福安的坦洋、穆阳，福鼎的白琳，政和的铁山，寿宁的斜滩，周宁的东洋是当时闽东的重点茶区。

十年发展

20世纪30年代是福安茶业的黄金时期。自民国16年（1927年）坦洋茶商胡修臣在赛岐创办“裕通轮船公司”和“裕泰来茶叶公司”后，至20世纪30年代前期，福安茶商合资成立“福寿轮船公司”，实现用轮船将茶叶从赛岐直接运往福州口岸的愿望，促进福安茶业的发展。

民国22年（1933年）铁道部业务司调查科编《京粤线福建段经济调查报告书》称：福安“其出口之大宗货物首推茶叶，年达四万担……福安贸易所以特别发达者，因福安面临三都澳，为寿宁等县交通门户，益以人烟稠密，故营业数量较巨也”。[③]

民国23年（1934年），福安县立初级中学改制为职业学校，开设茶科班，成为闽省第一所茶职校。第二年学校由省教育厅接管，更名“福建省立福安初级农业职业学校”，仍专设茶业科；同时福建省建设厅还在坦洋村所在的社口镇设立省属茶业改良场。福安农业职业学校和茶业改良场二者互为补充，理论与实践相结合，教学与科研相辅行，这在当时的中国并不多见。农职校和改良场因此成为孕育中国茶界英才的渊薮。《中国农业百科全书·茶叶卷》所列茶叶十大名人中有三位即张天福、庄晚芳、李联标

---

① 中华民国前赴美赛会筹备局《中国参加巴拿马太平洋博览会记实》，民国5年（1915年）编印，第191页。1915年“巴拿马太平洋万国博览会”是美国国会为庆祝巴拿马运河开凿通航，在美国旧金山举行一次国际性大型博览会；展会从2月开始，12月闭幕，观众达1800万人次，创世界历史之最。中国是初次参加国际博览会，共有10多万件商品参展，展品最多，引人瞩目。展品评比共设立六个奖项，包括没有奖章的鼓励奖，分为四个等级：甲、大奖章，乙、名誉勋章，丁、金牌奖章，以上三奖项均为一等奖；戊、银牌奖章，为二等奖；己、铜牌奖章，为三等奖；丙、奖词，为鼓励奖。中国展品共获奖章1218枚，居各国之冠。贵州茅台酒借“酒香为媒”，径授“名誉勋章”；福建福安商会茶等中国茶叶赛品共获21枚金牌奖章。

② 邹尔光译《三都澳海关十年报》（1912—1921年），见《福建文史资料》第十辑，第177页。

③ 民国22年铁道部业务司调查科《京粤线福建段经济调查报告书》。张研、孙燕京主编《民国史料丛刊》371辑，大象出版社2009年版，第247—248页。

都曾经在这里工作过，被称为“战后台茶之父”的福安人吴振铎是省立福安“高农”的首届毕业生。福安茶业改良场还协同省民众教育馆拍摄茶业改良影片，对制茶工序、茶级评审、茶叶化学检验、茶树种植等方面进行普及性宣传。

是年，“福安茶地面积达 6 万亩，占全省茶地面积的 10.3%；茶叶产量达 5.1 万担，占全省茶叶产量的 21.7%，居于全省第一位。茶叶产值达大洋 178 万元。其中有 4.2 万担销于福州。每担最高大洋 40 元，最低大洋 30 元。”①“福安有茶户 200 户，茶农 900 人，茶工 1000 人”②。福安一县遍地产茶，除山地的梯形茶园外，即屋角园边亦多种植，惟栽培散乱，大规模的茶园实属鲜见。当时福安县分 7 个区，辖 99 个乡或镇；茶叶产量最多首推西溪区，其次为穆阳区和韩阳区。

民国 24 年（1935 年）坦洋胜大来茶公司为保护自己的合法权益，还随出口茶品配发英文辨伪声明。文称：“中国的茶叶是该国的特产，并是市场上公认最好的茶叶，在中国所有的产茶名地中，福建的坦洋独树一帜。在坦洋，我们公司生产最好的红茶有许多年头了。每年春天，我们上山采摘鲜嫩的茶叶，为确保成品的质量，我们使用最好的工人进行调制，不允许任何原因造成茶叶含有灰尘杂质，以保质出优。”文告表达了对所产茶品的充分自信。这一年全县共有茶庄 67 号，遍布县内各主要茶乡。

民国 25 年（1936 年），福安茶业改良场率闽省各县之先采用机械制茶。这一年福安产茶 4 万担，红绿各半，占是年北路茶总产量 154236 担的 26%。③ 第二年改良场共生产机制红茶 81 箱（每箱 40 公斤），由英国裕昌洋行以每 50 公斤 75 两银元的高价成交，远远高出此前每 50 公斤 56 两银元的最高价位。④ 是年，闽东茶叶产量 8302.85 吨，出口 5774.5 吨，产销均创历史之最，茶叶产量占全省茶叶总产量的 63%。⑤

赛岐上岐头（2009 年，见明 摄）

20 世纪 30 年代中后期，“上自政和新村，下至宁德、霞浦，方圆几百里，周围六、七县，茶叶均为福安所购”；“福安茶叶有少数系由赛岐直运浙江瑞安，即转入上海。至于内地之运输，除一部分陆路用肩挑外，其余皆由水路运输”；“寿宁之茶……经武曲、社口而往赛岐”；周墩（周宁）之茶则“直接由陆路挑运至福安之穆阳，经赛岐出口”。“北路包括旧福宁府属之福鼎、霞浦、寿宁、福安、宁德、周墩、柘洋等县区及屏南一县……茶树之种植，产量之多，几占全省总产量十分之七”，“坦洋工夫包括福安、寿宁、宁德、周墩四茶区之工夫茶”。⑥

当时日本、印度、锡兰等国也产红茶。日本茶商为了取代中国茶在国际市场的地位，派人潜入闽东茶区，将茶农在地板上赤脚揉茶，发酵的茶青放在地上晒曝，拣茶妇女的幼儿在拣茶场内便溺等情状拍成照片，在国际市场上广为宣传，大肆中伤中国红茶。可是欧洲人经过检验，反而进一步确认了中国茶

① 《福建之茶》，福建省政府统计处，民国 30 年。
② 第三战区政治部《福安茶叶调查》。
③ 周玉璠、冯廷佺、周国文、吕宁编著《闽茶概论》，中国农业出版社 2013 年版，第 34 页。
④ 福州老建筑百科：裕昌洋行仓库。
⑤ 叶乃寿主编《宁德市（闽东）茶业志》，福建人民出版社 2004 年版，第 3 页。
⑥ 唐永基、魏德端编《福建之茶》，福建省政府统计处，民国 30 年。

的优秀品质，日本人的企图终于没能得逞。[①]

设有茶庄的村镇均处水陆交通要道，由于茶业经济的拉动，都成为当地的重要集市。有的茶庄在茶季为了弥补小额钱币的不足，方便支付拣茶工的工资和收购茶青叶，还发行“茶票”（也称“茶银票”），于茶庄内部流通、兑换。这些茶票印制精美，正面印中文，背面印有英文，有的还印上英国标志性建筑图片。[②]但是各茶庄实力不等，“成败荣枯，迭相交替，盛衰之波浪甚大”，坦洋茶庄也由十几年前的数十家收缩为 11 家。

造成茶市盛衰波浪的主要原因除了捐税繁苛外，就是洋商的操控。

从清末到民国 27 年（1938 年）实行茶政改革之前，中国的外销茶始终存在一个坚固的“链条”：茶农—茶贩—茶商（茶庄、茶行、茶号）—茶栈—洋行；起点是茶农，终点是洋行，其中的经济利益分配关系一目了然。这个链条对福安人来说感受更为深切。本地茶商，大多资本不足，都要向福州茶栈借贷；借款利重，偿还期短；茶商倚靠茶栈，茶栈又仰洋商鼻息，所以偿款期一到，即便茶价低贱也不得不售。而且茶商与洋商不能直接沟通，茶叶到福州投栈后就听凭茶栈与洋商议价，茶商不能过问，过磅时又任凭洋商折扣，因为茶栈与洋商之间有利益关系，茶栈不会替茶商说话，茶商也无可奈何。“不特福安一县为然，全国各地，亦莫不然”（陈鸣銮《福建福安茶业》）。为了便于控制茶商，茶栈先用小利笼络他们，如遇神诞或端午、中秋等节日，必大宴茶商，或赠送他们一些新奇礼物，还将头号茶商迎到栈内居住，招待甚为殷勤。但结账时却开出一份长长的清单，名目繁多，包括贷款利息（以一分六厘五计算），代付税款、运费、码头装卸费、会馆香金等等；此外，红茶每售出 100 元，还要扣除仓库租金和经手佣金 5 元作为茶栈收入，实际只付给茶商 95 元。洋商在中国的茶叶市场赚得盆满钵满，“茶栈经理、洋行买办从中得到的好处也很不少”。[③]

民国 22 年坦洋“振泰兴”茶票

民国 24 年坦洋“同泰春”茶票

洋行为了达到利益的最大化，有计划地操纵茶叶市场。最常用的伎俩是于茶叶低产的年份故意抬高茶价，引诱茶商、茶农来年大量生产，接着给茶商、茶农一二年的“好年景”，进一步误导他们；等到时机成熟，突然硬性压低茶价，使茶农、茶商猝不及防，许多人就此一蹶不振，甚至倾家荡产。这样的状况使茶叶经营带有很大的盲目性和投机性，茶市的恶浪风险成为必然。张天福写道：“福安茶号，在昔有百余家，年来受茶业不景气之影响，亏本倒闭者甚多，存在者尚不得不及半数，且呈有减无增之趋势，一般人士认茶业为冒险事业，而稍有资产者，均裹足不前。”[④]茶商受茶栈、洋行的

① 郭公木《解放前闽省红茶生产概述》，《福建文史资料》第十二辑，福建省政协文史委 1986 年编印，第 150 页。郭公木（1891—1969），寿宁斜滩人，1917 年留学日本，毕业于日本早稻田大学法律专科，曾任福建法政学校教员、省立第三中学校长；1935 年福宁茶业公会在福州重新成立，任常委主席。

② 清期中后期，福安民间就有私票流通。民国 12 年（1923 年）后，福安县部分茶商发行“茶票”（也称“茶银票”），以支付拣茶工的工资和收购茶叶。这些茶票可在当地集市流通，庄家大受其益，因而许多商号争相仿效，数量多达 300 余家，其中甚至包括点心店、理发店等小本经营者（《民国史料丛刊》第 371 册，大象出版社 2009 年版，第 272 页）。但是，茶票属私钞性质，脱离政府监管，造成种种弊端，地方政府曾多次禁止。民国 24 年（1935 年）国民政府改革币制，施行法币政策，取消银本位制，明令取缔私票，茶票随之退出市面。

③ 郭公木《解放前闽省红茶生产概述》，《福建文史资料》第十二辑，第 151 页。

④ 张天福《三年来福安茶业的改良》，福建省农业改良处茶业改良场编印，民国 28 年。

剥削之后，回过头来通过压低山价等手段转嫁风险，补偿损失，最终最倒霉的是广大茶农。

茶政改革

茶叶作为闽省的大宗特产，历来受到政府和社会的普遍重视。抗日战争全面爆发后，当局为争取经济战线上的胜利，广拓国际贸易，换取外汇。闽省当局按民国政府既定政策，实行茶叶管控，推行茶政改革。

民国 27 年（1938 年）“本省当局，废除茶栈阶级，各茶号奉令成立联合茶号，直接向政府贷款，并由政府统制运销，开本省茶业界之新纪元”。[①]福安县按当局公布的毛茶山价收购毛茶，保护茶农利益，组织茶庄按股份制成立联合茶号（茶行），重点茶区社口、上白石片和穆阳片共有茶行 30 家，从业 1660 人，年产茶叶近 3 万箱。同时强化公营茶厂的力量。是年 6 月，福建贸易公司茶叶部设办福春茶厂，在赛岐设立第一分制厂，拟生产淮山茶与花香茶，后移于福安溪柄。因花源断绝，溪柄福春茶厂只制淮山茶一种，当年纯利达 11380 元。

民国 28 年（1939 年），由于二战的影响，国际商路阻滞，为充分利用当时十分有限的运力，国民政府以“重质不重量”为外销统制策略，以期多生产优质茶品。规定茶农生产的茶叶必须售给经核准的商号，商号将政府贷款以预购金形式发给茶农，并按核定的茶类和准制箱数产制，经营权归省茶业管理局。省茶业管理局核准福安县产制外销精茶 38200 箱，其中工夫红茶 23400 箱（首春工夫 18900 箱、二春工夫 4500 箱），绿茶 14200 箱（莲心 200 箱、淮山 14000 箱），白茶 600 箱（白毛猴、白牡丹各 300 箱）。

民国 29 年（1940 年）福建省政府训令：“查本省外销茶叶，自去年中央实施统购统销，内销茶各县区本年决定征收平衡费后茶商利润已深受限制，原有福鼎等六县区抽收茶捐，经本府于上年六月间订定统收办法（即由茶特种营业税附加二成，按月比例分配发给）通饬遵行在案。兹为扩展茶业前途，减轻商农负担起见，凡各县区在统收案外创立茶捐，无论已未呈准，一律限于本年底停止，并于原送三十年度地方概算内删除，嗣后不得再以任何名义征收茶捐，以利茶政推行。”[②]该项政令，在一定程度上调动了茶农和茶商的积极性。是年，坦洋 7 家茶庄（未含坦洋茶叶合作社）获准生产首春和二春工夫红茶合计 4300 箱。[③]“全县茶号经数年来倒闭及政府调整取缔，继续经营茶业者仅存二十联号。各号茶厂茶叶精制后，即运往赛岐闽东茶叶运输处交货进仓，经过磅扦样后，由中茶公司闽处评价收购，手续简单，商人称便。同时一般茶商，年来在政府督导之下，对于制造方法，悉心研究，锐意改善，品质渐臻优良”。[④]为适应战时需要，有效提高外销茶叶的质量，民国 29 年 2 月，中国茶叶公司与福建省政府共同创办示范茶厂，总厂设在崇安赤石，在福安阳头设分厂（“福建示范茶厂福安分厂”），以统制红、白茶的制作工艺，制定运销办法，对茶叶生产起示范和推动作用。福安示范茶厂辖棠溪、穆阳、社口、阳头 4 个制茶所，以及斜滩、武曲 2 个合营制茶所；原省农业改进处所属之福安茶业改良场改隶示范茶厂，为福建示范茶厂福安分厂福安茶场，省茶业管理局所属之福安茶业试验区归并办理。[⑤]

民国 30 年（1941 年）2 月，福安茶场收归省管。福建省政府在赛岐先后设立“福建省建设厅茶叶办事处”和“中国茶叶公司福建办事处赛岐包运管理栈”。[⑥]同年，福安茶区推广由张天福设计的“九一八”式国产手推揉茶机，大大提升了茶叶加工的产量和品质。

---

① 张天福《三年来福安茶业的改良》，福建省农业改良处茶业改良场编印，民国 28 年。
② 福安市档案馆藏《民国二十九年档案》公报剪贴永字 199 期。
③ 《福建之茶》，福建省政府统计处，民国 30 年。
④ 高诚学《福安茶叶概况》，载《闽茶季刊》创刊号，民国 29 年 10 月出版。
⑤ 唐永基、魏德端编《福建之茶》，福建省政府统计处，民国 30 年。
⑥ 唐永基、魏德端编《福建之茶》，福建省政府统计处，民国 30 年。

战时苦撑

民国27年（1938年）5月，厦门沦陷，福州局势空前紧张，福建当局奉令将全部闽茶运往香港进行贸易，以确保茶叶的外贸安全。这些茶叶均以财政部贸易委员会下设的富华公司名义布样，由物产贸易公司主盘，成交后所得外汇概归富华公司收取，再由贸易委员会香港办事处电请重庆总会按法定汇率拨付法币，汇还茶商。这样，外贸闽茶“在港与皖、赣、两湖各产茶省份茶叶，在同一个市场上并辔齐驱，公开评质论价，其售值较之往昔，囿于福州一隅，并在各洋商及中介商秘密交易下有高过百分之二三十或四十，诚可谓打破过去数年来未有之记录。”[①]这一年外销闽茶近10万件（箱，每件25公斤，下同）2482.2吨，其中福安茶45360箱1134吨，占全部外销闽茶的45.69%；福安茶主要是红茶，其中坦洋工夫占大多数，工夫和小种合计近占福安茶的70%；白茶（白毫）较少，仅占0.67%。

运港的工夫红茶及茶片中售与贸易委员会富华公司的均转运苏俄贸易，约占60%；售与英商洋行者转运欧美各国，约占40%；小种、白毫、干介（红茶碎片）等全部售与英商洋行，转运欧美；其他茶末、茶梗、茶枳等则多售香港商人，转售南洋。[②]

据统计，民国28年度福安新销香港的红茶达53300件（1332.5吨），其中坦洋工夫51000件、坦洋小种2300件，数量在港销各类新闽茶中遥遥领先。[③]

由于政府当局的鼓励，民国28年外销闽茶增加到18.33万箱，其中福安茶5.1万箱，占27.78%。[④]是年外销闽茶除红白茶外，还有部分绿茶（花茶）和青茶（乌龙茶），后两种茶以往主要是内销和侨销，战时为增加经济力量，也加入外贸队伍；福安则集中精力生产红茶和绿茶。“各号茶厂茶叶精制后，即运往赛岐闽东茶叶运输处交货进仓，经过磅扦样后，由中茶公司闽处评价收购，手续简单，商人称便。同时一般茶商，年来在政府督导之下，对于制造方法，悉心研究，锐意改善，品质渐臻优良。”[⑤]

淞沪战役后，海口被日寇紧锁，茶运困难，市场萧条；欧洲战事不断升级，交通更加阻滞。茶商视制茶售茶为畏途，茶市衰败，茶园荒芜。

尽管民国当局和茶界精英做出了种种努力，但是战局不断恶化，社会动荡加剧，茶业经济进一步衰弱。民国27年（1938年）6月15日，日军飞机轰炸福安城关东门龙江街，炸死平民3人，炸毁吴祠1座、民房3间。民国28年5月，日军飞机轰炸、扫射福安赛岐，渔民2人死难。“为摧毁敌人掠夺及利用战地一切物资之企图”，辅助中国正规军作战，国民政府决定成立战区经济游击队，对敌施行经济封锁与反封锁。民国28年12月，福安县奉命组织经济游击一小队（后改称经济游击分队），直属设在赛岐的福安县保安第一团。[⑥]民国29年7月，三都口岸遭敌轰炸，三都港成为死港。民国30年4月，福州沦陷。为了保证茶叶战略物资的安全，省政府建设厅茶业管理局在闽北建瓯横街，闽东福安的社口、穆阳、阳头，宁德的霍童，福鼎的点头共设立6个囤茶仓库。继而太平洋战争爆发，战争范围迅速扩大，从亚太到欧陆，战云密布，硝烟弥漫，商旅断绝。民国31年（1942年），尽管省政府公布的福安工夫茶的毛茶山价从上年的每市斤0.52元提升到每市斤0.8元（中心价），为奖励早采嫩摘，不再规定最高价格；同时准予绿

① 陈萱《两年来闽茶输出贸易概述》，载《闽茶季刊》第一卷第二期，民国30年1月出版。
② 陈萱《两年来闽茶输出贸易概述》，载《闽茶季刊》第一卷第二期，民国30年1月出版。
③ 柯仲正《闽茶统销的回顾》，载《闽茶季刊》第一卷第二期，民国30年1月出版。
④ 柯仲正《闽茶统销的回顾》，载《闽茶季刊》第一卷第二期，民国30年1月出版。
⑤ 高诚学《福安茶叶概况》，载《闽茶季刊》创刊号，民国29年10月出版。
⑥ 福安市档案馆藏档案，全宗号0002—003—359、360。

茶和青茶（乌龙茶）自由运销，不定山价，[1]但是依然无法挽救茶业颓势。就全国（此处仅指大陆）来说，茶叶出口量从民国27年（1938年）的4.27万吨跌到民国30年（1941年）的0.91万吨；此后不断递减，到民国34年（1945年）仅余0.05万吨。[2]北路茶也跌入绝境，连昔日“茶袋铺路当床倒，街灯十里透天光”的坦洋，也只能哀叹“茶农掘茶头，一路眼泪流。茶败坦洋败，新街清溜溜”。

战后复苏

抗战胜利后，中国茶业开始逐步复苏。民国35年（1946年）中国大陆茶叶出口量从上年的0.05万吨提升到0.1万吨，增长了一倍；第二年（1947年）就增加到1.64万吨；第三年（1948年）增加到1.75万吨，几近抗战全面爆发前（1936年）3.73万吨的一半。其中红茶所占的比例最大。民国37年（1948年）红茶出口0.582万吨，超过战前（1936年）0.96万吨的60%。[3]

福安茶业也开始同步复苏。尽管时局动荡，但是许多茶农、茶商依然怀着对战后经济的憧憬，踌躇满志，开始重操旧业，茶业在地方经济的地位依然举足轻重。

民国34年（1945年）10月，福安县茶商业同业公会正式成立，同业公会有会员茶厂60余家；不久又成立“福安县穆阳镇茶商业同业公会”，有会员茶厂17家。经省茶叶主管部门批准，重点茶村还成立“茶业生产合作社”，已知的有白石、棠溪、车岭、潭川、黄坂、阳头、荷屿等村。省茶叶主管单位每年仍公布毛茶山价和不同品类的成品茶价格，以保证茶农利益。地方当局对茶业厂家、商号按照规定的统一标准进行核准登记，加强管理。

据民国37年统计资料显示，福安全县登记注册的茶厂茶号共计81家。其中注册资金在4亿元（旧币，1亿元相当于1万元）以上者31家，超过10亿元者7家。当时精制红茶与精制绿茶市场价格相当（每担约20万元）。一般地说，各茶厂茶号红绿茶的产量比为2∶1，有的还生产乌龙茶，如实力雄厚、长盛不衰的赛岐旭记茶厂，红绿乌三茶并举。该厂注册资本20亿元（其中流动资金10亿元），为当时福安的茶业巨头。旭记茶厂年生产红茶4000担，花茶（绿茶）、乌龙茶各2000担，年产值约百亿元；原料毛茶除福安本地进5700担外，还从宁德、霞浦各进绿毛茶3000担。该茶厂面积1000方丈，厂房5间。此外，旭记在福州还办有分厂，进行薰花加工；在上海、台湾、香港等地设茶叶办事处，由于旭记还兼营轮船公司，茶叶运输十分便利；旭记茶厂的产品抵榕后，其中红茶转运香港外销，花茶运往天津销售华北，乌龙茶则运港销售南洋。[4]

六

统购统销

中华人民共和国成立以后，人民政府采取系列措施恢复茶业生产，同时在流通领域对茶叶的产销进行大变革，加强对茶叶的管控。1949年11月，中央贸易部成立中国茶叶公司，对茶叶实行专卖。作为传统的中国茶叶主产区之一，福安茶业也发生了根本性的变化。

1949年12月，中国茶叶公司福州分公司（1951年改为福建省分公司）将民国时期的福安示范茶

---

① 福安市档案馆藏《民国三十一年档案·规定毛茶价格》第205号。
② 陈宗懋主编《中国茶经》第734—735页，上海文艺出版社1992年版。
③ 陈椽《大战前后茶叶输出比较》；《中国茶讯》1950年度综合版第157页，上海中国茶讯社刊行。
④ 福安市档案馆藏《民国三十七年档案》第435卷。

厂改制为直属“阳头茶厂”（福安茶厂）。该厂是闽东首家国营茶叶精制厂，承担福安、寿宁、周宁、霞浦、柘荣等县的茶叶调拨加工和内外销售任务。甚至还一度在浙南设立多个茶叶站，派驻人员收购茶叶[①]。国家对阳头茶厂非常重视，定行政级别为县团级，委派中国人民解放军长江支队第六大队直属中队领导担任厂长。1950 年 4 月又成立赛岐茶厂，负责福安下半县和邻县的茶叶加工、销售。各地实行茶业产销分开管理体制。1950 年福安县设立城关、社口、上白石、溪柄、穆阳 5 个茶叶收购站，1954—1959 年又先后增设溪尾、潭头、溪潭、松罗、甘棠、下白石等 6 个基层茶业站，全县茶叶收购网络初步形成。1960—1975 年福安县又增设赛岐、湾坞、康厝、坂中 4 茶业站，全县有茶叶收购站 15 个。这些茶业站只管茶叶采购，收购茶青（鲜茶叶），加工和销售的任务就交给国营茶厂。

这一时段，国家虽然设立专门机构管理茶叶收购，但是依然允许茶叶自由交易，允许茶商参与市场活动。

1954 年后，福安开始关闭茶叶自由市场，全面取缔茶叶商贩。1955 年起，茶叶列为国家二类物资，实行统购统销管理。

地方政府和茶叶业务主管部门出台“标准样价”，分等定价，收购毛茶。贯彻执行“对样评茶，按质论价，好茶好价，次茶次价”的原则收购毛茶。毛茶收购后，按上级业务部门指定茶厂进行调拨验收。福安县指定的调拨茶厂为福安茶厂及其赛岐分厂。1956 年以前，各茶叶收购站均为福安茶厂的派出机构，毛茶进厂验收后，各收购站直接向福安茶厂报账结算。1956 年以后做法有所改变，但是福安茶厂依然承担福安及周边各县的茶叶调拨加工和内外销售任务。

发展生产

1950 年后，各级政府十分重视茶业生产的恢复和发展，积极组织茶农垦复改造旧茶园、推广种植新品种。1952 年，福安县成立茶叶生产技术指导站，负责全县茶叶生产技术指导工作。1953 年，“中茶公司”和福建省农林厅茶业改进处组织技术力量对“九·一八”式揉茶机进行改良，定名为“五三”式揉茶机，并向各茶区推广。福安制茶开始由手工向机械全面过渡。国营坦洋初制厂进行动力改造试点，改进组装揉茶机、解块机、烘干机等制茶设备。

1956 年农业合作化运动后，私营茶园一律收归社队集体所有。这一年福安县农产品采购局成立，茶叶收购、调拨工作转归该局管理。福安专区在社口举行旧茶园改造现场会，带动周边各县改造旧茶园，提高单位产量，发展茶叶经济。

1958 年后，福安县先后在王家、坦洋和高坂创办国营茶场；此后福安农校、专区农科所（在溪柄，前身是民国时期的溪柄农场）、化蛟林场、蟾溪林场、湾坞农场等国营单位也办起附属茶场。1959 年，福安县在松罗、上白石、潭头、下白石、甘棠、康厝、溪尾等地首批创办社属茶场。

这个时期，福安县的茶园面积成倍扩大，茶产量也大幅度增加。1950 年全县茶园面积 2366.67 公顷（35500 亩），毛茶产量 748.1 吨，产值 98.3 万元；到 1956 年全县茶园面积达 5193.00 公顷（77895 亩，其中可采 52818 亩），毛茶产量 992.5 吨，产值增加到 138.2 万元。这些茶产品主要是工夫红茶，精制后运销海外，主要是苏联和部分东欧国家。

1958 年，国家批准福安专区为红茶出口基地。福安县成立茶业局，实行茶叶产销统一管理。1959 年，全国茶叶生产现场会议在福安召开，福安的茶叶生产受到各地与会代表的赞赏，进一步燃烧起人们的“大

---

① 福安市白云山茶博物馆藏品中有中茶公司阳头茶厂 1952 年派驻浙江省龙泉、丽水、金华、瑞安、泰顺、温州等县市茶叶收购站的原始记录和人员名单。

跃进”激情。此后在发展新茶园的过程中，更加片面追求数量，忽视质量，致使1962年毛茶产量坠入低谷，仅余405吨，比1949年还少120吨，减少近23%。

与此同时，中苏关系不断恶化，红茶出口受阻，为适应国内外市场需求的变化，坦洋工夫的产量不断缩减。1950—1969年福安茶厂精制工夫红茶3.48万吨（其中出口外销2.59万吨），福安茶厂坦洋初制厂在生产红茶的同时，根据国家计划进行白茶生产，1964年产量8吨，1965年产量12.7吨。

多茶类并进

1969年，茶叶加工生产实行“红改绿”，红绿茶的主次地位发生变化。福安县以生产烘青绿茶作为提供窨制花茶原料，发展绿茶生产。此后福安茶厂除坦洋初制厂继续生产少量工夫红茶外，主要加工烘青绿茶窨制茉莉花茶，由过去的以外销为主转为内销为主。花茶主要销往华北、东北、西北、华东等地，少量由外贸部门统调出口东南亚国家和港澳地区。

1970年，福安的毛茶产量1056.2吨（其中红茶65.2吨，绿茶928.6吨），达到新高。此后福安的毛茶产量逐年递增，1980年1959.9吨（其中红茶96.75吨，绿茶1661.9吨），1990年3457.5吨（其中红茶43.95吨，绿茶3410吨）。

1970年后，在福安茶厂的大力扶持下，福安开始大面积种植茉莉花，发展茉莉花茶生产，福安成为福建茉莉花茶的主要产区之一。1970—1990年福安县共窨制茉莉花茶33800吨（其中外销14500吨），茶叶总产值21596万元。

1973年，经全国茶树品种选育经验交流会确认，原产于高岭畲族村的“大白茶”为优良品种，并正式定名为“福安大白茶”。该品种具高产、优质、抗逆性强、适应性广、适制性好等优良经济性状特点，于1964年用单株分离无性繁殖成功，并开始大量繁育推广。1984年全国茶树良种会议审定通过福安大白茶为国家级良种。该茶种在中国大陆现有9个产茶省大面积推广。

1978年，福安县被列为全国发展茶叶生产百个基地县（年产茶叶2500吨）之一。全国茶树品种资源

20世纪70年代的赛岐港（夏念长 摄）

和繁育推广优良品种现场会议在甘棠、社口召开。福安甘棠种苗繁育基地形成。

1979 年以后，福安县将茶叶生产列为农村脱贫致富的支柱产业，大力发展高标准新茶园，开发和普及名优茶品种。福安被列为全国年产茶 5 万担基地县，茶园优良品种推广率达到 90% 以上。这一年，福安王家茶场福安大白茶单产超千斤（毛茶），创全省茶叶单产最高纪录。

由于福安的气候土壤条件很适合茉莉花的生长，加上茶叶的坯质好，所产茉莉花茶色绿味香，很受市场欢迎。1980 年福安茶厂生产的“毛蟹茉莉花茶”获评省优产品，1985年该厂白云牌“超特级花茶”“特级花茶”“一级花茶”获评部优、省优产品，1986 年该厂“茉莉花茶”在法国巴黎国际美食旅游博览会上获得金奖；1988 年，王家茶场生产的茉莉花茶在法国巴黎国际花茶评比会上获得金鸡奖。

福安名茶种类

“红改绿”后，福安的机械化制茶在原有的基础上有了进一步的发展。机械化技术先从革新初制阶段的杀青、烘干设备，发展到电热杀青、电热烘干；精制工艺从筛、抖、风选的单机作业，发展到多台连机作业。1980 年，福建省茶叶机械学会在福安成立。此后，福安的茶叶加工（初制、精制）逐步向半机械化和机械化系列配套的连续化规范化方向发展，使茶叶加工机械化程度达到 85% 以上。

20 世纪 70 年代中期，坦洋茶场恢复红茶生产，全是外销的工夫茶，这些精制红茶在工艺方面继承了传统的坦洋工夫，又有所创新，茶叶品质保持传统风格，在国际市场上供不应求。

同时，福安还生产乌龙茶。乌龙茶也叫做“青茶”，加工工艺兼有红茶和绿茶的制法，属于半发酵茶。乌龙茶原产于闽北、闽南，但福安也有生产；比如民国后期，赛岐高旭记茶厂就每年生产乌龙茶 2000 担（100 吨）运销南洋。从 20 世纪 70 年代后期开始，国营王家茶场和省茶科所在主要生产绿茶的同时，也生产少量乌龙茶，由于味佳香重，很受消费者欢迎，产品供不应求。福安乌龙茶年产量也不断增加。

七

华丽转身

1984 年 6 月，我国开始实施茶叶流通体制改革，允许国营、集体、个体茶叶经营者直接参与市场交易，茶叶产销由计划经济时代步入市场经济时代。

1985 年 10 月，宁德地区茶叶系统流通体制实行全面改革，乡镇企业和个体经济组织参与茶叶生产、加工、营销。福安人打破自 20 世纪 50 年代以来形成的计划经济的习惯性思维，根据市场的需求和自身的优势，自主地向多茶类发展，形成主要包括烘青绿茶、茉莉花茶、红茶、乌龙茶、白茶的茶类格局，而且加工机械化程度达 90%以上。1986 年前后，福安引种福云 6 号、7 号等早芽品种，开发生产“明前绿茶”，形成社口茶市，客户来自浙江、安徽、江西、湖北等地，产生一批绿茶品牌在茶叶市场独领风骚。1989 年，宁德地区第一家茶叶专业市场在穆云畲族乡建成，周边松溪、政和、周宁、寿宁、建阳、建瓯以及浙江的庆元、泰顺等茶区都有茶叶运到这里销售。社口、穆云两个茶叶市场成就了改革开放后福安茶产业发展的第一次高潮。

民营企业成为新的茶产业大军，这些茶企业基本上采用茶园基地、生产公司、销售网络三者合一的模式开展经营活动。2001 年福安市茶业协会成立，起初仅有会员 56 人；经过 20 年的发展，到 2023 年有会员近 200 人（家）。福安民营茶企业的经营机构遍及全国多地。先后在北京、天津、上海、苏州、青岛、济南、烟台、西安、沈阳、大连、长春、太原、武汉、深圳等城市开设茶庄 200 多家，其中福安大不同茶叶有限公司在上海虹桥商务区兴建的“上海大不同天山茶城”，被中国茶叶流通协会认定为“国家茶叶专业批发市场”。

国有农垦企业为适应市场经济的需求，通过机制改革焕发新机。坦洋茶场 1985—1990 年共生产“坦洋工夫”红茶 835 吨，出口创汇折合人民币 884 万元；2016 年茶园面积 71 公顷（1065 亩），茶叶总产量 85 吨，工农业总产值 756 万元。王家茶场 1999 年引进台湾乌龙茶加工工艺，开发闽东乌龙茶与红乌龙茶产品，年加工 40 多吨，产品销往我国台湾以及东南亚地区；2016 年茶园面积 77.33 公顷（1160 亩），

甘棠北门茶场（见明 摄）

茶叶总产量100吨，工农业总产值1790万元。高坂茶场1994年茶叶总产量30吨，工农业总产值20.5万元；2016年茶园面积70公顷（1050亩），茶叶总产量35吨，工农业总产值1044万元。2018年，为整合国有农垦企业资源，“福安市农垦集团有限公司”正式组建。

茶叶种植和初加工进一步专业化，茶园面积稳步增加，毛茶产量进一步提高，茶农收入不断提高。1986年，福安有各类茶场（包括专业队）226个（其中国营9个），拥有茶园2707公顷（4.06万亩），占全县茶园总面积的41.3%；茶叶总产量1085吨，占全县茶叶总产量的48.8%。这一年福安全县茶园总面积6555.60公顷（9.83万亩），茶叶总产量2218.0吨（其中工夫红茶79.6吨，绿茶2091吨，其他茶47.4吨），毛茶总产值638.95万元。2009年，全市茶园总面积15743.07公顷（23.61万亩），茶叶总产量19293吨（其中工夫红茶3040吨，绿茶15418吨，其他茶835吨），毛茶总产值109100万元。2009年全市茶园总面积、茶叶总产量、毛茶总产值分别是1986年的2.4倍、8.7倍和170.7倍。

茶树的优良品种进一步丰富，为福安的茶叶加工提供了丰富的适制原料资源。1987年全国茶树良种审定会议通过福云6号、福云7号、福云10号为第二批国家级良种。1997年省茶科所的乌龙茶“黄观音”“丹桂”“春兰”分别获中国茶叶学会第二届“中茶杯”名优茶评比特等、一等和二等奖。2002年，省茶科所研育的“黄观音”“金观音（茗科1号）”“悦茗香”“黄奇”4个茶树新品种通过国家审定，为国优良种。位于甘棠镇的茶苗繁育基地不断发展，2017年基地繁育的茶苗品种达到60多个，其中国家级、省级优良品种40多个，特别是高香型品种，推广至贵州、浙江等18个省市茶区。2019年福安市被国家农业部评为国家区域性良种繁育基地。

福安市的茶叶社会系列化服务管理进一步加强。1993年福安被国家商业部列为全国茶叶社会系列化服务示范县市之一。1999年正式成立市茶叶质量检测中心，提升茶叶质量安全管理。2002年被福建省技术监督局评为省绿茶产业化标准化示范市。为了鼓励和激发各茶企茶人“做好茶、创品牌”的热情，福安市除积极组织参加省内外的茶叶大赛外，还经常性地举办本区域的茶事活动。2002年9月，在首届中国（福建）国际茶博会凯捷杯茶王赛上，福安市有两款赛品获“茶王”称号。2005年7月，福安市举办首届坦洋工夫杯“斗茶”展示会，此后坚持每年举办一次类似的茶事活动，迄今已办18届。

福安市的茶文化、茶科技学术交流活动比以往任何时期都活跃。1988年6月，被誉为“战后台茶之父”的福安籍台湾茶叶专家吴振铎携夫人蔡彩燕回乡探亲、考察，重启两岸茶界的友好交流。1989年11月，福安市举办福建省首届茶叶青年学术论文研讨会。1990年5月，为纪念中国茶文化传入日本800周年，日本官方组成以松下智为团长的“茶航路”访问团参访福安、福鼎、霞浦等县市。1991年10月，省茶科所举行闽台茶叶学术座谈会，台湾茶学多名专家与会。1992年12月，闽东第一支茶艺表演队“福安市民族茶文化艺术团”（福安市茶艺团）成立，为宣传福安（闽东）茶文化、广结茶良缘、推介茶产品，“南征北战”，成绩斐然。1991年和1992年，福安连续两届举办“中国闽东福安茶文化交流会”，数百名来自日本、新加坡、韩国以及中国港澳台地区的茶界友人相聚韩城，参与茶文化交流活动。1995年11月，日本长崎县农业访华团到福安前往省茶科所参访。此后在福安举办的高端茶文化学术交流活动接连不断，如2013年的海峡两岸茶产业发展研讨会，2015年的全国“十三五”茶科技与产业发展战略学术研讨会，2017年的全国茶叶绿色生产模式及配套技术培训会议和全国“十三五”茶科技与产业发展战略学术研讨会，2018年的全国红茶高峰论坛暨全国茶叶标准化技术委员会红茶工作组会议，2019年的闽东特色乡村振兴之路座谈会暨第七届张天福茶学思想研讨会，2022年的三茶融合助推乡村振兴梦顶论坛暨第四届张天福茶学研讨会，2023年的首届中国红茶大会暨坦洋工夫茶旅文化节等。

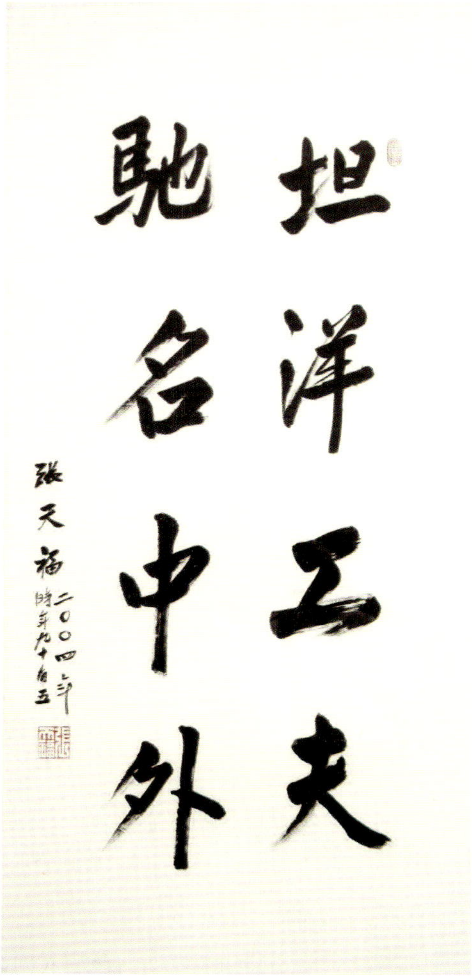

茶界泰斗张天福题字（2004年）

红茶之都

进入21世纪以后，福安人民开始新一轮创业，开启以重振历史名茶坦洋工夫为重点的茶业发展战略。2001年，福安市获国家林业部授予的“中国茶叶之乡”称号。2002年被国家农业部评为“全国无公害农产品（种植业）生产示范基地县先进单位”和“全国无公害茶叶生产典型示范市”。福安市采取系列措施，通过坦洋工夫品牌建设、科技兴茶、结构调整，使传统的茶产业成为地方经济发展新的增长点，进而成为福安市重要的支柱产业之一；福安成为中国重要的茶叶主产县市和福建省红茶、绿茶、花茶主产区，是全国第一批创建无公害茶叶生产示范基地县、全国第一个著名的茶树种质资源库、全国最大的茶树良种繁育基地和全国绿色食品原料标准化生产基地县。

2007年，福安市开始实施发展茶业“五个一”战略工程，即建设一个大茶都和一个标准化茶业加工园区，每年发展一万亩新优茶树良种，每年举行一次大型茶事活动，打造一个坦洋工夫品牌。[①]国家质量检查总局批准对“坦洋工夫”实施国家地理标志产品保护。“坦洋工夫”先后被认定为“福建省著名商标”和“驰名商标”。坦洋工夫名列福建省十大名茶，被确定为“中国申奥第一茶”，在首届香港国际茶展上被评为“我最喜爱的红茶”。2009年在第三届海峡两岸茶业博览会上刮起一阵红色飓风，让各地茶商茶友真切地感受到红茶文化的魅力；这一年，“坦洋工夫茶制作技艺”，被福建省政府列入第三批省级非物质文化遗产名录。“十一五”期间（2006—2010年）福安市的茶园建设、茶叶产量、茶叶产值都有较大的提高。2010年全市茶园总面积16058.20公顷（240873亩）、茶叶总产量17397吨（其中工夫红茶6000吨，绿茶10813吨，青茶584吨）、毛茶总产值128800万元，分别是2006年的1.35倍、1.19倍和4.15倍。五年间红茶与绿茶的比例由2006年的1∶30变成2010年的1∶1.8，红茶在茶产业中的比重大幅度提升。

社口镇的茶园（陈曼倩 摄）

2011年是“十二五规划”的开局之年，福安市“地理标志产品——坦洋工

① 中共福安市委常委会2007年3月8日通过的《市委工作要点》（安委〔2007〕39号）明确提出实施“五个一”战略工程，以打造坦洋工夫品牌为重点，推动茶产业的全面发展。

中国红茶之都·富春茶城（市融媒体中心 提供）

夫”国家标准（GB/T24710-2009）获省政府标准贡献一等奖。2012年，制订《福安市现代茶产业发展五年规划（2012—2016）》，按“稳面积、优结构、提质量、树品牌、增效益”的总体要求提出发展目标。2014年福安白茶重返市场，这一年全市共生产白茶913吨，此后逐年增加，到2023年全市共生产2370吨白茶。2014年开始，福安市重点实施包括质量安全、茶园生态、良种繁育、龙头带动、品牌提升、市场营销等方面内容的“六大工程”，引导茶产业步入持续较快的发展轨道。这一年，福安第五次蝉联“全国十大重点产茶县”称号。2015年，第42届世界博览会在意大利米兰市举行，“坦洋工夫”成为米兰世博会中国馆全球合作伙伴和指定用茶。坦洋工夫经过一个世纪的期待，正式重返世博会，向世界展示中国红茶的风采。这一年“坦洋工夫”被列为年度全国名特优新农产品目录，并获“中国名茶百年荣耀金品牌奖”，福安市在“闽茶中国行‘一带一路’建设”活动中被评为“闽茶优秀茶产区”。

2016—2020年是全面实施脱贫攻坚、全面建成小康社会的关键五年。在此大背景下，福安市继续夯实茶产业发展基础，创建“中国红茶之都”，稳步推进茶产业“一带一路”建设。2016年在中国茶叶区域公用品牌价值评估中，“坦洋工夫”评估价值24.38亿元人民币，并获“最具品牌带动的三大品牌”称号，入选2016年中国茶叶区域公用品牌十强。全市有17家茶叶企业被评为省级重点龙头企业，10家茶企被授予“福建省参与2015意大利米兰世博会品牌企业”称号，6家茶企拥有自营出口权。国家供销社总社在福安市成立茶叶生产基地。新建于城区北部的“富春茶城”，集茶叶批发、零售及居住、办公、购物等功能为一体，成为福安茶叶新的集散中心。2017年11月《中华人民共和国国家标准·红茶》（GB/T13738-2017）发布，福安茶企业参与该标准的起草。坦洋工夫红茶在创新中不断发展，为了规范后起之秀“花果香坦洋工夫（闽科红）”的产制，福安市茶业协会与福建农林大学、福建省茶科所等联合制订团体标准《花果香坦洋工夫·闽科红》。2017年坦洋工夫获“中国名茶百年荣耀金品牌奖”，入选“2017年中国茶叶区域公用品牌价值十强”。福安市继续重点引导多家茶叶企业开展质量追溯体系建设，逐步实现主要茶叶产品“生产可记录、信息可查询、流向可追踪、质量可追溯”的“从茶园到茶桌”

首届中国红茶大会暨坦洋工夫茶旅文化节在福安举行（见明 摄）

的全程质量监管体系。全市有出口茶叶备案基地 24878 亩，建立示范茶园基地 4400 亩，拥有自营出口权茶企 7 家，获得“国际可持续农场认证——雨林认证”的企业 1 家、ISO 认证企业 4 家；出口茶叶 572 吨，货值 1790 万美元。2018 年，中国茶叶流通协会命名福安市为“中国红茶之都”。2020 年，福安市委、市政府出台《福安市进一步促进“坦洋工夫”红茶产业高质量发展若干措施（试行）》，建设坦洋工夫红茶核心示范区，加大扶持力度，推进茶旅融合发展，推动茶产业转型升级。

2021 年，“坦洋工夫茶制作技艺”被国家文化和旅游部列入第五批国家级非物质文化遗产名录。2022 年 11 月，“中国传统制茶技艺及其相关习俗”被联合国教科文组织列入人类非物质文化遗产代表作名录，“坦洋工夫”作为中国红茶的代表名列其中。中国茶叶流通协会授予福安市“花果香红茶发源地”称号。2023 年，坦洋工夫品牌价值升至 48.65 亿元，居地理标志产品区域品牌榜单第 75 名。

从 1988 年至 2023 年，福安市累计生产各类毛茶 57.36 万吨，其中红茶 12.77 万吨、绿茶 41.81 万吨、青茶和白茶 2.78 万吨。

福安之茶，迄今至少已有 1400 多年。千百年来，尤其是近代以来，这小小一片绿叶凝聚着无数福安乡亲的辛劳与智慧、光荣与梦想；与民生息息相关，与国运紧紧相连。福安之茶经历了多次兴衰，曲折发展至今。2023 年 3 月，“首届中国红茶大会暨坦洋工夫茶旅文化节”在福安举行。这是对福安茶产业和“坦洋工夫”公共品牌的肯定和鼓励。福安人民以此为契机，进一步推进茶文化、茶产业、茶科技的融合发展，进一步推进以坦洋工夫红茶为主导的各类茶叶的品种培优、品质提升、品牌打造和标准化生产，进一步推动茶产业成为乡村振兴的主导性产业，把“坦洋工夫”这一百年老字号打造成为中国乃至世界红茶产业的亮丽名片，把福安建设成为无愧于时代的茶叶强市。

大事记

商至南北朝

◎商（约前 16 世纪—约前 11 世纪）

今福安地为闽越族居住地，属《禹贡》所称扬州地。

◎周（约前 11 世纪—前 221 年）

今福安地为七闽地域。

商周时期，有闽越族先民生活在长溪中下游流域，并创造了新石器文化。。

◎秦（前 221—前 206 年）

今福安地属闽中郡。

◎西汉（前 202—8 年）

今福安地属闽越国。

◎东汉（25—220 年）

今福安地属会稽南郡。

1965 年在秦溪东岸的官村出土 50 多公斤西汉和王莽时期的钱币。

◎三国、两晋、南北朝（220—589 年）

今福安地历属罗江县、温麻县。

2006 年在溪柄镇立峰村的院后自然村发现一处东晋遗址，采集到盆口壶、碗、杯等釉陶器皿，文博部门鉴定距今约 1500 年。

隋

◎大业三年（607 年）

1972 年在溪潭镇溪北村发现一处隋代墓葬，券顶砖刻有“大业三年”（607 年）字样，墓中出土的随葬品中有 3 件青釉茶托杯。

◎大业四年（608 年）

2006 年在坂中畲族乡步兜山村发现与溪潭镇溪北村隋代同款墓葬一处，出土券顶砖和青釉茶具，券顶砖有“大业四年”字样。

以上说明福安先民至迟在隋朝已行饮茶之俗，迄今 1400 多年。

唐

◎光化元年（898 年）

主政福建的王审知组织疏浚黄崎港（今白马港），历时 6 年工程竣工。黄崎港开浚后，长溪出海口真正成为“江海通津”，是闽东内陆海上茶路的必由通道，极大地促进了闽东经济的发展。

《新唐书・地理志》：“福州长乐郡……土贡：蕉布、海蛤、文扇、茶、橄榄。户三万四千八十四，口七万五千八百七十六，县十。”唐代福安所在的长溪县是福州长乐郡所辖十县之一，为贡茶区。

北宋

改进饮茶方式，不再用釜直接煮茶，而是将茶团研粉放入茶盏，用沸水冲点。1986 年赛岐镇苏阳村出土 2 块宋代建窑所产专供斗茶用的敛口兔毫盏瓷片，说明宋代福安已行点茶法，进而出现斗茶之风，并渐成俗。

南宋

罗江街道大留村现存一口宋代古井，该井印证《大留张氏宗谱》宋代“修六角大井暨酒井、茶井”的记载。

周牧《题福安资圣寺》诗中有“烹茶汲水盈瓯雪，一味清霜齿颊涵”句，描述烹煮茶叶、使用茶具的情景，以及品茶感受。系已知福安最早的茶诗。资圣寺在今溪潭镇岐山，宋元符年间（1098—1100 年）建，县志有载。

◎淳祐五年（1245 年）

宋廷正式批准长溪县西北乡的分县之请，定名“福安县”。从此长溪流域中下游地区以一个独立县级行政区的身份活跃在中国历史的大舞台上。

元

品饮茶叶的方式改进为直接用焙干的散茶煎煮饮用；同时开始用沸水直接冲泡茶叶饮用，并逐渐普及。

明

◎洪武二十四年（1391 年）

九月，明太祖朱元璋下诏废止团茶进贡，改为芽茶即散茶。此后社会上逐渐盛行炒青的条状散茶，可直接用沸水冲泡饮用，进而发展成为民间习俗。

◎嘉靖十七年（1538 年）

《福宁州志•贡办•土贡》：福安县常贡“芽茶六十七斤八两，价银十三两五钱三分；叶茶五十斤九两，价银一两三钱三分三厘五毫”。

◎万历二十五年（1597 年）

《福安县志 • 舆地志 • 土产》，将茶归为“货类”，与糖、靛、丝、苎、油、盐等物产同列。

◎天启四年（1624 年）后

胡应才从寿宁印潭老坑携家属迁居福安县九都坦洋村，其后裔培育出菜茶新品种，即“坦洋菜茶”。该茶种树矮枝壮，叶茂质嫩，耐旱抗瘠，得到推广，成为福安茶的当家良种。

清

◎康熙二十二年（1683 年）

清政府统一台湾后，一度开放海禁，准许沿海商船往南洋贸易，并在厦门设立海关，福建茶叶输出逐渐多起来。

◎康熙二十三年（1684 年）

《福建通志 • 物产》：“福宁州，有茶。”福安县属福宁州。

◎康熙五十六年（1717 年）

清政府再次颁布“南洋禁海令”，全面实行海禁。

◎雍正五年（1727 年）

清政府废除南洋禁海令，开放广东、福建、江苏、浙江 4 个口岸通商，厦门海关恢复，并正式准许茶叶出口。

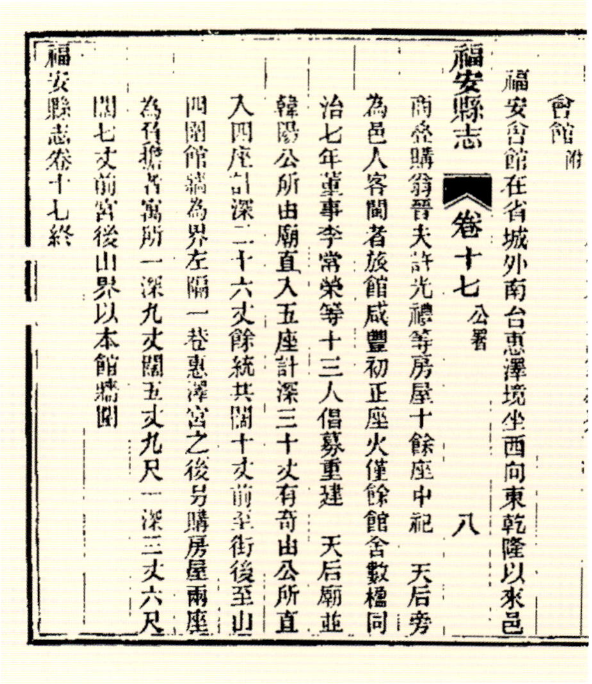
會館 附
福安會館在省城外南台惠澤境坐西向東乾隆以來邑
福安縣志 卷十七 公署 八
商叠購翁晉夫許光禮等房屋十餘座中祀 天后旁
為邑人客闆者旅館咸豐初正座火僅餘館舍數楹同
治七年董事李常榮等十三人倡募重建 天后廟並
韓陽公所由廟直入五座計深三十丈有奇由公所直
入四座計深二十六丈餘統共闊十丈前至街後至山
四圍館牆為界左隔一巷惠澤宮之後另購房屋兩座
為看廳者寓所一深九丈闊五丈九尺一深三丈六尺
闊七丈前宮後山界以本館牆圍
福安縣志卷十七終

清光绪《福安县志》对省城福安会馆的记述

◎乾隆年间（1736—1795 年）

福安商帮在福州南台惠泽境设立福安会馆。

乾隆中期，福安的商品经济进一步繁荣。除韩阳、察阳（阳头）、黄崎（下白石）、富溪津（廉村）、穆阳等“老市镇”外，还出现白沙、溪柄、社口、潭头、沙坑、甘棠、苏阳等新兴市镇。

◎乾隆二十二年（1757 年）

清廷再次下令闭关，只留广州一处，福建外销茶叶只能从广州转运出洋。

◎乾隆二十七年（1762 年）

李拔《福宁府志·物产》：“茶，郡治俱有。佳者福鼎白琳、福安松罗，以宁德支提为最。”

◎嘉庆元年（1796 年）

福建贡茶区始行商茶，给引课税。福安本邑茶商始得向官府请领茶引（营业执照），缴纳茶税，关卡批验后，将茶引截角放行，贩卖茶叶。福安茶商自主贩卖茶叶从此始。

◎嘉庆二十二年（1817 年）

清政府又一次下达闭关令，规定闽、皖、浙三省“茶商仍由内河行走，永禁出洋贩运，违者治罪、茶入官。”（《清史稿·食货志·茶法》）福安茶叶基本为供内需。

◎咸丰元年（1851 年）

建宁茶客到福安坦洋采制红茶，将其制茶法传入；胡氏万兴隆茶庄率先试制红茶成功，第二年各茶庄竞相仿效，从此坦洋红茶生产日盛，输出日增。

◎咸丰三年（1853 年）

太平军占领江西，陆上茶路阻断，清政府同意福州成为当时中国唯一的茶叶出口码头，此后福安外销茶均从赛岐出黄崎港迳运福州，然后转运出洋。福安周边各县，包括宁德的周墩（今周宁县）、霞浦（包括今柘荣县）、寿宁、政和以及浙江的泰顺等地的红毛茶纷纷集中坦洋加工精制外销。

是年，闽浙总督王懿德奏请闽省商茶设关征税。此后黄崎海口设立海关。

◎咸丰五年（1855 年）

清政府规定，闽茶“自咸丰五年始，凡贩运茶斤，概行征税，所收专款，留支本省兵饷……自此闽税始密”。（《清史稿·食货志·茶法》）

◎同治元年（1862年）

清政府加强对茶叶的管理，饬令“湖南、湖北、江苏、安徽、江西、浙江、福建各督抚，详查本省产茶及设茶庄处所，妥议章程具奏”。

◎同治四年（1865年）

《闽海关年度贸易报告》：“福宁府产红茶和银针白毫……还有一种绿茶和桔香白毫。”此为已知官方文献关于“福宁府产红茶”的最早记载。

是年，清政府在福安县黄崎（今下白石）海口加设厘金局，商船载货出入，照章抽取厘金（一种值百抽一的商业税），上解省厘金总局。

◎同治五年（1866年）

清政府在坦洋设茶税局，由省委员督办，此后福安茶类课税独辟一门。

◎光绪元年（1875年）

《闽海关年度贸易报告》：“板洋红茶比1874年初期也提价3两。”此为已知官方文献关于“板洋红茶”的最早记载。

◎光绪二年（1876年）

《闽海关年度贸易报告》称：“北岭茶和板洋茶价格与上年差不多，但质量差于往年……继则有一些极品板洋茶和一些普通茶叶启运伦敦，价目不明。”

是年，坦洋茶商、武举人施光凌等发起重建坦洋村口的真武廊桥。

◎光绪二至九年（1876—1883年）

坦洋恩科举人郭尚宾作《桂香山记》：“邑九都有桂香山，山下为坦洋……产茶美且多，有武夷之风，外邦称为‘小武夷’是也。”（清光绪《福安县志》）

◎光绪六年（1880年）后

英殖民地印度、锡兰（斯里兰卡）出产的茶叶与华茶争夺市场，繁重的关税和运输费用使闽茶处于劣势，其中受害最甚的是中级的坦洋茶。

◎光绪七年（1881年）

《闽海关年度贸易报告》：“板洋茶的需求量增大，这种茶的价格一直不变。”

是年，坦洋产茶5万箱，产值100万大洋。福安县茶叶出口达7万箱（约4.2万担），为历年之最。

◎光绪九年（1883年）

《闽海关年度贸易报告》：“特别应当提一下两个最重要地区，坦洋、邵武的茶叶。”此为已知官方文献关于“坦洋茶叶”的最早记录。此时期“板洋茶”与“坦洋茶”混称。

◎光绪十年（1884年）

8月，法国舰队突袭马尾港，中国海军仓促应战，军需告急。坦洋茶商吴步云“毅然输财助边”，受到清政府的褒奖，后授同知候补。

是年，知县张景祁重修《福安县志》，卷之七《物产》有“番舶驰禁，贪贾垄断，茶荈莺粟，遍植岩野”的记述，反映了鸦片战争以后罪恶的鸦片疯狂地与茶叶争夺地盘的社会现实。卷之四《山川》：“桂香山，在坦洋，产茶甚美。”

◎光绪十四年（1888年）

《闽海关年度贸易报告》：“板洋茶福州每担15—37两，而1887年每担11.75—36两。”

◎光绪十五年（1889年）

《闽海关年度贸易报告》：“各种功夫茶外观不错，但由于掺杂大量晒茶叶，这使茶叶冲泡后，虽叶飘如花，但香味不足。”

◎光绪十六年（1890年）

《闽海关年度贸易报告》：“第一批茶叶的质量总的来说与前季的茶叶大致相等。板洋和邻近地区的茶叶加工不如上季，但总的来说，销售、消费情况良好。”

◎光绪二十五年（1899年）

5月8日，福海关在宁德三都正式开设。三都澳开埠使茶叶运抵福州口岸的费用缩减，从而拉动闽东茶业尤其是外销红茶的发展。《三都澳海关十年报》：“福建茶叶在国外的主要消费者为讲盎格鲁·撒克逊语的国家。”

◎光绪二十六年（1900年）

三都口岸茶叶出口由去年（八个月）的725担迅增为2.6万担（不含筛茶和茶末）。

◎光绪二十七年（1901年）

三都口岸茶叶出口在上年的基础上猛增至5.47万担（不含筛茶和茶末）。

◎光绪三十一年（1905年）

《福安乡土志》：“本境出口者：绿茶、白茶、茅茶、白尾茶、乌龙茶、二五箱茶销行苏州、温州、福州等处，统计十万挑……是皆出口之大宗……各件均系水运。”

是年，福安县商务分会在县城湖山成立，是为福安县商会组织之创始。

是年，伦敦华茶公会成立，该会以宣扬华茶为己任，与外茶抗争。

◎光绪三十二年（1906年）

坦洋村抽取本村茶厘创办坦洋开化小学堂。

描绘晚清坦洋元记茶庄制茶场景的画作照片（池志海 收藏）

◎光绪三十三年（1907 年）

坦洋茶商吴庭元（字赓俞）率闽省茶界之先在香港注册“元记”商标（注册地为福州台江苍霞洲英租界）。元记茶行鼎盛时年产精制工夫茶2000余件(约100吨)，年获利润5万多银元。

◎光绪三十四年（1908 年）

《闽海关年度贸易报告》：“值得注意的一个特点是俄国人三十年来第一次大批购买板洋茶叶……俄国人购买福州茶叶的原因无疑是它比汉口的茶叶好。”

◎宣统二年（1910 年）

福安茶商成立茶业研究会，为福建省第一家地方茶业团体，会长吴步洲。

是年，元记茶行与俄罗斯客商创下一笔订单 50 吨坦洋工夫红茶的记录。

福安福生春茶庄经理陈王基与寿宁斜滩何幼山、何肖山等在福州共同组建“福宁茶业会”。

◎宣统三年（1911 年）

11 月，清朝在福安县的统治结束。

是年，福建劝业道的劝业员携带伦敦华茶公会的数千言函件到福安，讲述华茶在伦敦市场与外茶竞争的情形，提出华茶的今后改进意见，内容包括注重制造、改善宣传、提倡机制、请免茶税等。

中华民国

◎民国元年（1912 年）

3 月，四川省茶务讲习所试验场函索福安茶种；6 月，吉林省农事试验场来文索购四至五年生福安茶树 200 株以供试种。以上为福安茶种向外省推广之始。

是年，经三都澳外销的绿茶 5.26 万担、红茶 5.06 万担。

是年，坦洋村抽取本村茶厘增办坦洋求是小学堂。

◎民国 2 年（1913 年）

《闽海关年度贸易报告》：1913 年“坦洋茶价较上年无甚轩轾。”

是年，废除府、州制，福建省分为东西南北四路，原福宁府霞浦、福安、宁德、寿宁、福鼎五县和福州十县皆属东路。1914 年东路改称闽海道。

◎民国 3 年（1914 年）

坦洋“祥记”茶号在寿宁武曲开设分号“大昌茶庄”，该茶庄鼎盛时年产坦洋工夫红茶 500 多箱。

◎民国 4 年（1915 年）

2 月 20 日至 12 月 4 日，福建省实业厅选送的福安商会茶在美国旧金山举办的“巴拿马太平洋万国博览会”上获得金质奖章，为中国赢得荣誉。据当时福安茶叶生产情况推知，“商会茶”即坦洋工夫红茶，坦洋工夫红茶因此确立中国历史名茶地位。

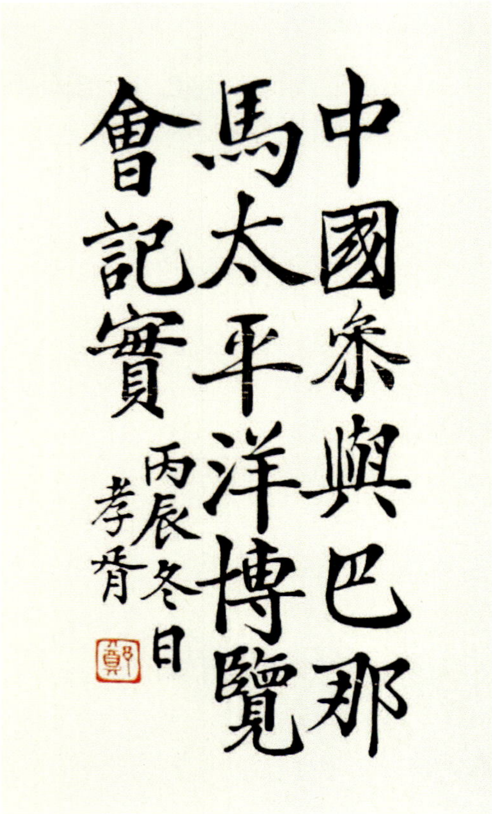

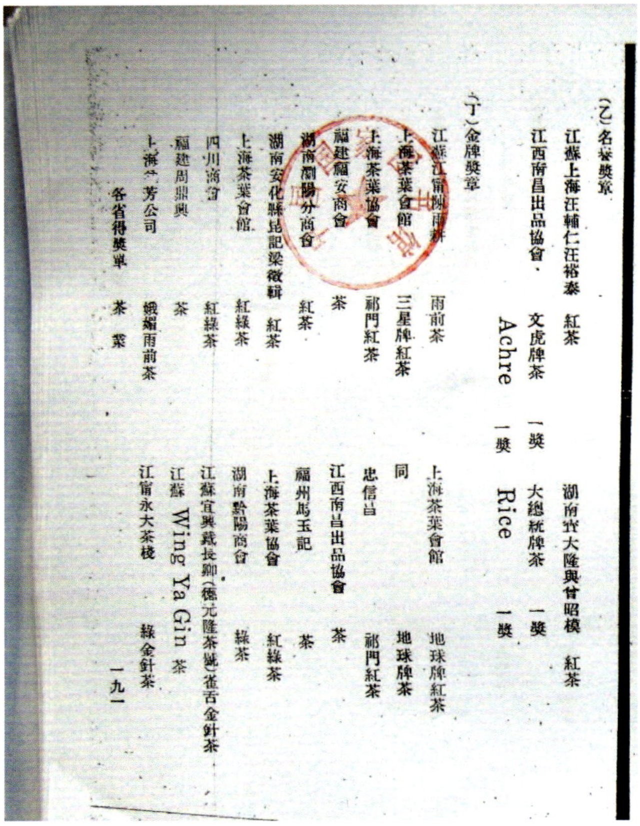

(乙)名譽獎章
江蘇上海汪輔仁汪裕泰 紅茶 湖南寧大隆興曾昭模 紅茶
江西南昌出品協會 文虎牌茶 一獎 大總統牌茶 一獎
Achre 一獎 Rice 一獎
(丁)金牌獎章
江蘇江寧 雨前茶 上海茶葉會館 地球牌紅茶
上海茶葉會館 三星牌紅茶 同 地球牌茶
上海茶葉協會 祁門紅茶 忠信昌 祁門紅茶
福建福安商會 茶 江西南昌出品協會 茶
湖南湘陰分商會 紅茶 福州馬玉記 茶
湖南安化縣 紅茶 上海茶葉協會 紅綠茶
上海茶葉會館 紅綠茶 湖南黔陽商會 綠茶
四川商會 紅綠茶 江蘇宜興 雀舌金針茶
福建周鼎興 茶 江蘇 Wing Ya Gin 茶
上海 芳公司 峨嵋雨前茶 江甯永大茶棧 綠金針茶
各省得獎單 茶葉
一九一

中国国家图书馆藏本《中国参与巴那马太平洋博览会记实》书影，
该书第 191 页记载“福建福安商会茶”在博览会获金牌奖章

是年，经三都澳外销的红茶达到 7.24 万担。

◎民国 7 年（1918 年）

福安上白石佳浆人王泰和开辟赛岐—三都澳—福州的轮船航运，极大方便北路茶的外销运输。

是年，全县各地茶厘悉归县公署经管。坦洋村原依靠抽取茶厘为学校经费的开化、求是两所小学堂因经费无着停办。

是年，第一次世界大战结束，由于多种因素导致福建红茶出口量急剧下降。福安红茶产销低迷。

◎民国 10 年（1921 年）

经三都福海关外销的绿茶 8.4 万担；红茶仅余 0.46 万担，不及 1915 年的 6.4%。

◎民国 11 年（1922 年）

福安县遭受严重水灾，茶业受到严重摧残。福安茶业研究会工作因此停顿。该会工作转归设在福州的福安会馆和福宁茶业公会负责。

◎民国 12 年（1923 年）

是年，红茶外贸旺市，坦洋工夫东山再起，从业者获利颇丰。寿宁斜滩人周赞绪创立周元丰号茶行，生产坦洋工夫红茶。

◎民国 16 年（1927 年）

福安县政府将茶厘纳入财政管理，补充教育经费。

◎民国 20 年（1931 年）

全国裁撤茶厘金改行茶税，茶叶出口税率为 7.5%。此后税率不断提增，进一步加重茶农、茶商的负担。

◎民国 22 年（1933 年）

铁道部《京粤线福建段经济调查报告书》：福安县“其出口之大宗货物首推茶叶，年达四万担”；红茶“多运销于国外，以英、荷、德、俄四国为最多”；“福安贸易所以特别发达者，因福安面临三都澳，为寿宁等县交通门户，益以人烟稠密，故营业数量较巨也”。

◎民国 23 年（1934 年）

7 月，福建省第二行政督察区专员公署在福安设立。

9 月，福安县立初级中学改制为“福安县立初级职业学校”，只设茶科，是为福建省第一所茶业职业学校，校址在城关冠后，陈鸣銮任校长。

是年“福安茶地面积达 6 万亩，占全省茶地面积的 10.3%；茶叶产量达 5.1 万担，占全省茶叶产量的 21.7%，居于全省第一位。茶叶产值达大洋 178 万元。其中有 4.2 万担销于福州。每担最高大洋 40 元，最低大洋 30 元”。（福建省政府统计处《福建之茶》）“福安有茶户 200 户，茶农 900 人，茶工 1000 人”。（第三战区政治部《福安茶叶调查》）

是年，福建省政府在赛岐设立“福建省建设厅茶业局办事处”和“中国茶叶公司福建办事处赛岐包运管理栈”。

◎民国 24 年（1935 年）

2 月，陈鸣銮编写的《福建福安茶业》（福安县立职业学校茶场丛刊第一种）铅印出版。该书是第一本比较系统地介绍福安茶业的作品。

8 月，福安县立职业学校由省教育厅接管，更名“福建省立福安初级农业职业学校”，派张天福任校长，只设茶科；当年招生 34 名，学生主要来自闽省各地（其中福安籍 28 名），还有少数来自安徽、江西等省。

同月，“福建省建设厅福安茶业改良场”在福安社口创办。“改良场”系今“福建省农业科学院茶叶研究所”的前身。

是年，省建设厅茶业管理局对茶叶经营者进行登记注册，发放许可证，实行管理监督。福安全县有登记注册的茶庄共 67 号，遍布县内各主要茶区。

是年，国民政府改革币制，施行法币政策，取消银本位制，明令取缔私票。福安茶行、茶庄不再发行“茶银票”。

◎民国 25 年（1936 年）

2 月，国民政府在南京召开全国经济委员会农业处茶业技术讨论会，福安茶业改良场主任张天福出席讨论会，并被推选为“全国茶叶栽制研究委员会”十委员之一。

是年，福安茶业改良场引进日本伊达式揉捻机、红茶干燥机、解块机等。筹建改良场模范制茶厂，实施多项改良计划，组织毛茶制造巡回指导队，查缉毛茶走私，取缔茶贩，保障茶农利益。

是年，福安茶业改良场在社口茶区建立闽省第一个茶区气象观测站。

是年，全县茶园总面积 6 万亩，茶叶总产量 5.52 万担（2760 吨）。

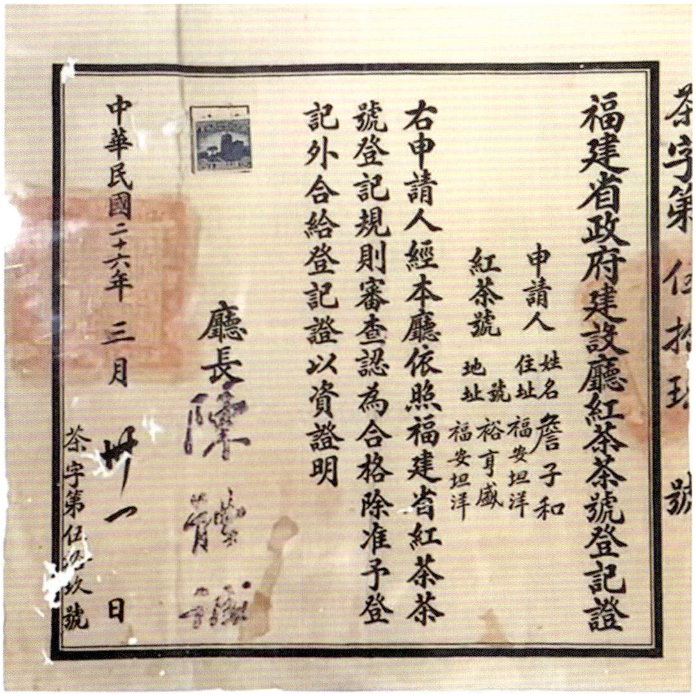
福建省政府建設廳紅茶茶號登記證

申請人 姓名 詹子和 住址 福安坦洋

紅茶號 號 裕亨盛 地址 福安坦洋

右申請人經本廳依照福建省紅茶茶號登記規則審查認為合格除准予登記外合給登記證以資證明

廳長

中華民國二十六年 三月 卅一日

民国 26 年福建省建设厅红茶茶号登记证（詹吉荣 收藏）

◎民国 26 年（1937 年）

9 月，省立福安初级农业职业学校奉令增设高级茶业科，改校名为“福建省立福安农业职业学校”，设农、茶两科，学生人数增加到 104 人。

是年，福安改良场从日本引进第一套制作红茶的机械设备，共生产红茶 81 箱（每箱 40 公斤），由英国裕昌洋行以每 50 公斤 75 元的高价（此前每 50 公斤最高价位 56 元）成交 5 吨。

◎民国 27 年（1938 年）

5 月，厦门沦陷，福州局势空前紧张，为确保茶叶外贸安全，福建当局奉令将闽茶全部运往香港进行贸易。

6 月，福建贸易公司茶叶部设办福春茶厂，在赛岐设立第一分制厂，生产淮山茶与花香茶；厂址后移福安溪柄，因花源断绝，只制淮山茶。

8 月，省立福安初级农业职业学校迁往连城，与长乐、南平的农业职业学校合并成立“福建省立高级农业职业学校”。

9 月，福安茶业改良场移迁崇安县（今武夷山市）赤石镇，社口原址改为“福建省农业改进处茶业改良场福安分场”。

是年，福安运往香港的外销茶 1134 吨，占全部外销闽茶 2482.2 吨的 45.69%。福安外销茶中红茶占 70%，白茶占 0.67%。

◎民国 28 年（1939 年）

1 月，张天福《三年来福安茶业的改良》一书由福州仓前山知行印务局印制出版，福建省主席陈仪为该书题词。

2 月，福建省合作事业管理处决定，以福安县社口为中心，划周围 10 里为茶业生产合作推广区，区内包括福安县之龟龄、溪口，寿宁县之南岸、武曲、梅洋 5 村，各组织茶业合作社 1 所；贷款总额 3 万元，每担茶贷给生产费 8.6 元；各合作社产额以头春制红毛茶 400 担，二、三春各制 100 担为标准。

3 月 1 日，省建设厅在福安成立茶业改良试验区，试验区在主要产茶区进行茶业改良试验；设立穆阳、棠溪、社口 3 所模范茶厂，收购毛茶，生产精制茶。

是年，外销闽茶增加到 18.33 万箱，其中福安茶 5.1 万箱，占 27.8%。

◎民国 29 年（1940 年）

2 月，中国茶叶公司与福建省政府在福安城关阳头创办福建示范茶厂福安分厂（习惯上称“福安示范茶厂”），以统制红茶和白茶工艺，制定运销办法，对闽东各县茶叶生产起示范推动作用。

是月，福建省建设厅茶业局奉令移迁闽北，在福安赛岐廉首村设立闽东茶叶运输处，专事茶件囤运。

8 月，为配合发展茶业生产之需要，福建省教育厅的指令福安县复办职业学校，定名“福安县立初级茶业职业学校”，高诚学县长兼任校长；当年招生 61 名，其中福安籍 38 名。

10 月，位于廉首村的闽东茶叶运输处在福海关和福安县政府的协助下，冲破日军封锁，一次性运出 5 万件茶叶，为抗战换回百万元外汇。此后当局分别在福安赛岐和宁德飞鸾设立仓库，囤积茶叶，择期抢运，均获成功。

◎民国 30 年（1941 年）

8 月，福安县长高诚学在溪柄白沙村设办一所“私立韩阳初级农业职业学校”，以茶为主科。

是年，由张天福设计的“九一八”式揉茶机正式面世，并由福建省茶业管理局首批订制 200 台在省内主要茶区推广。

是年，省建设厅茶业管理局在赛岐设立闽东办事处，负责办理闽东各县茶叶经营者的登记注册手续。翌年 9 月，办事处移迁城关阳头。为了保证闽东茶叶战略物资的安全，省政府建设厅茶业管理局在福安的社口、穆阳、阳头，宁德的霍童，福鼎的点头共设立 5 个囤茶仓库。

◎民国 31 年（1942 年）

9 月，福建省建设厅茶业管理局闽东办事处从赛岐迁往察阳（今福安阳头）。

秋季，福安县立初级茶业职业学校改名“福安县立初级农业职业学校”，张幼锐任校长，招收新生 95 名，其中茶业科 47 名。

◎民国 32 年（1943 年）

秋季，福安县立初级农业职业学校奉令改制为普通中学，定校名为“福安县立初级中学”。

◎民国 33 年（1944 年）

5 月，福建省教育厅接管福安县私立韩阳初级农业职业学校，改校名为“福建省立福安初级农业职业学校”，校长顾华孙，地址仍在白沙，开设茶科。

9 月，福建省立福安初级农业职业学校改名“福建省立福安农业职业学校”，增设高级部，面向闽东各县招收高级农业班学生 35 名，学生待遇比照师范生标准。

◎民国 34 年（1945 年）

9 月，抗日战争终于取得胜利，茶业生产开始逐步复苏。

10 月 18 日，“福安县茶商业同业公会”正式成立，有会员 60 家。不久又成立“福安县穆阳镇茶商业同业公会”，有会员 17 家。

◎民国 36 年（1947 年）

6 月，福建省立福安农业职业学校改称“福建省立福安高级农业职业学校”（“高农”），设茶科、农科。

◎民国 37 年（1948 年）

春季，福建省立福安高级农业职业学校从白沙迁至福安城北后垅。

是年，福安茶园面积恢复到近 35500 亩。全县登记注册的私营茶厂（茶号）计 82 家；各茶厂红绿茶产量比一般为 2 ∶ 1，部分厂家还生产乌龙茶；红茶转运香港、上海外销，绿茶（包括花茶）运往天津销售华北，乌龙茶运香港销售南洋。

◎民国 38 年（1949 年）

7 月 25 日，福安县人民民主政府成立。

9 月，福安专区贸易公司成立茶叶部，承办毛茶收购工作。

中华人民共和国

◎ 1949 年

10 月 1 日，福安县人民民主政府改名“福安县人民政府”。

12 月，福安专区派军代表接管福建省立福安高级农业学校，学校改名“福安农业技术学校”。

是月，中国茶叶公司福州分公司将福建示范茶厂福安分厂改制为“中国茶叶公司福州分公司阳头茶厂”，同时设立坦洋茶叶初制厂。福安茶厂承担福安和周边县茶叶的产、购、销、调拨和精加工业务。

是年，全县茶园总面积约 2366.67 公顷（3.55 万亩），茶叶产量约 525 吨（1.05 万担）。

◎ 1950 年

4 月，福安茶厂（阳头茶厂）建立赛岐分厂，负责福安下半县和邻县的茶叶购销和加工。

12 月，中国茶叶公司在浙江杭州举办制茶干部培训班，阳头茶厂和赛岐分厂均派技术干部参加。

是年开始，茶业实行产销分开管理体制。福安茶厂先后在城关、社口、上白石、溪柄、穆阳设立 5

个茶叶采购站（简称“茶站”），向茶农直接收购毛茶。

◎ 1951 年

9 月，中国茶叶公司福建省分公司阳头茶厂与中国人民保险公司福安县支公司签订运输险合同，条款包括轮船运输险（水渍险）、平安险、兵盗险、水上运输兵险、汽车运输险、火车运输险、驿运运输（大车、板车、人力或畜力运输）险、木船运输险。

是年，福安县茶园总面积 3013.33 公顷（4.52 万亩），茶叶总产量 721 吨。

◎ 1952 年

3 月，福安农业技术学校改名“福安农业职业学校”。

6 月，宁德三都港奉命关闭，闽海关三都支关撤销，以赛岐为起点的闽东海上茶叶之路终结。

7 月，福建省农林公司福安茶场改为“福建省农林厅福安茶业试验场”，地址仍设在福安社口，林桂镗任场长。该场是中华人民共和国成立后全国最早恢复的茶业研究机构之一。

是年，福安县茶叶生产技术指导站成立，负责全县茶叶生产技术指导工作。

◎ 1953 年

4 月，福安农业职业学校改名“福建省福安农业学校”，任益民任校长。该校是一所中等专科校，招生范围以本专区为主，面向全省。

是年，福安茶业试验场的“当年重修剪，当年增产”改造老茶树经验，通过现场观摩，向各茶区全面推广。

是年，“中茶公司”和福建省农林厅茶业改进处组织技术力量对“九·一八”式揉茶机进行改良，定名为“五三”式揉茶机，并向各茶区推广。

是年，国营坦洋初制厂进行动力改造试点，改进组装揉茶机、解块机、烘干机等制茶设备。

◎ 1954 年

10 月，福建省农林厅福安茶业试验场改名“福建省福安茶业试验站”，属省农业厅管辖。

是年，福安茶厂改称“中国茶叶公司福建省公司福安总厂”（习惯上仍称“福安茶厂”），下辖赛岐分厂和坦洋茶叶初制厂（后改为“福安茶厂坦洋分厂”），总厂负责福安、寿宁、柘荣、周宁、霞浦等县的茶叶调拨与加工业务，成为闽东茶叶精加工中心。

是年，福安县关闭茶叶自由市场，取缔茶叶商贩；茶叶生产纳入国民经济计划，实行统购统销管理。

是年，增设溪尾茶叶收购站，全县基层茶叶收购站共计 6 个。

◎ 1955 年

9 月，福安县茶叶生产技术指导站改为福安县人民委员会茶业科，负责茶叶生产管理。

是年，福安县全面开展茶树品种资源调查和选种工作。

是年，国家将茶叶列入国家二类物资管理，任何部门、单位和个人不得收购和贩运茶叶，取缔茶叶商贩，禁止自由买卖，全面实行茶叶派购统购政策；茶叶生产集体化，并由国家指定的茶叶收购部门统一经营收购。以上政策延续到 1984 年。

◎ 1956 年

4 月，福安县农产品采购科成立，管理茶叶收购、调拨工作。

9 月，福安县茶业科设立。

是年，福安专区旧茶园改造现场会在社口举行。

是年，福安县以公私合营形式完成对私营茶商业的社会主义改造。

是年，增设潭头茶业站，全县基层茶业站共计 7 个。原各基层茶叶站改名“茶业站”；职能从单一收购茶叶转变为收购、评审茶叶，扶持茶业生产。

◎ 1957 年

12 月，福安县农产品采购科并入县供销社茶业科，负责茶叶购销业务。

是年，第一个五年（1953—1957 年）计划完成。福安县茶园面积从 1953 年的 3119 公顷（44785 亩）扩大到 5709.4 公顷（85641 亩），茶产量从 692 吨增加到 925.3 吨。

◎ 1958 年

3 月 3 日，福建省茶叶现场会议在福安县举行，会议提出制茶机械化要求。

5 月，县人委茶业科与县供销社茶业科合并，成立县茶业局，实行产销统一管理。

6 月，福建省福安茶业试验站下放福安县管理，更名“福安县茶业科学研究所”，县委书记程广英兼任所长。

7 月，茶业科学研究所设办“福安县茶业技术学校”，林桂镗兼任校长。学校为中专性质，学制三年；当年招生 160 多人，以福安专区为主，还有龙岩、漳州、晋江等专区十余人。

是年，国营王家茶场创办。该茶场位于松罗乡王家村海拔 650 米的山区，茶园总面积 1200 亩。

是年，国营坦洋茶场创办。坦洋茶场位于社口镇白云山东南麓，创办之初系公社集体茶场，原名八一茶场，1963 年改为国营社口茶场，1978 年再改名为国营坦洋茶场。

是年，国家批准福安专区为红茶出口基地。

◎ 1959 年

1 月，福安茶厂通过技术革新，建成机械制茶大联装全程自动化生产线，成为全国最早实现茶叶精制加工自动化流水作业的厂家。

3 月，全国茶叶生产现场会议在福安专区召开，来自全国 16 个产茶省的代表 100 多人参观松罗、社口茶区。

4 月，福安县茶业科学研究所改为“福安专区茶业科学研究所”。

是月，重申茶叶必然由国家统一收购、计划供应政策，禁止非国家指定的茶叶收购单位和个人直接向茶叶生产单位和个人收购茶叶；邮电部门收寄茶叶，除凭商业部门样茶发送单收寄外，其余一律以二市斤为限。

7 月，福安县茶业专科学校收归专区管理，改称“福安专区茶业技术学校”。该校从 1958 年开办至 1962 年停办，共培养 2 届计 138 名毕业生。

12 月，福安茶厂获全国群英会红旗奖，厂长王秉基出席全国群英会；福安专署在地专礼堂举行千人授奖大会。

是年，福安从安溪县成功引进茶树短穗扦插（无性繁殖）育苗技术，并进行推广。

是年，增设溪潭、松罗、甘棠、下白石 4 个茶业站，全县基层茶站共计 11 个。福安首批社办茶场在松罗、上白石、潭头、下白石、甘棠、康厝、溪尾等地创办。

1959 年是大跃进运动的第二年，全县茶园总面积 5939.47 公顷（8.9 万亩），茶叶总产量 1431.6 吨。

◎ 1960 年

2 月，全国茶叶加工现场会在福安县举行，来自北京和 17 个产茶省的代表参观福安茶厂机械制茶（精制）全程自动化生产线现场。26 日《大公报》头版头条刊登《福安茶厂生产全程自动化》一文，文称福安茶厂大闹技术革命，用机械代替手工劳动，工效提高 21 倍，节省劳力 75%，产品质量提高。

3 月 26 日至 4 月 2 日，国家农业部在福安召开全国茶叶生产现场会，来自 14 个产茶省的 154 名代表在福安参观社口茶乡和茶科所的低产茶园改造、育苗、茶叶加工的先进典型。

4 月，“福建省农业专科学校”在福安农校设办，该校为福建省第一所茶叶大专学校。学校共办 2 届，培养大专茶科毕业生 94 名，于 1963 年秋季结束。

是年，福建省福安农业学校被教育部评为全国教育学院先进单位。

◎ 1961 年

1 月，福安专区茶业科学研究所更名“福建省农业科学院茶叶研究所”（习惯上称“省茶科所”），所址仍设社口。

12 月，福安专区茶科所所长林桂镗受国家派遣到马里国援助指导种茶，带去坦洋菜茶籽 50 公斤，在马里等非洲国家试种成功，并制出“49—60”号马里绿茶。

是年，福安茶叶进出口支公司在县茶业局内设立，负责茶叶的购销业务。增设赛岐 1 个茶业站，全县基层茶业站共计 12 个。

是年，福安茶厂成为全国第一家实现茶叶精制生产全程自动化的茶厂。

是年，为了鼓励和调动茶农的生产积极性，政府对交售茶叶实行奖售政策。

◎ 1962 年

是年，福建省红茶初制新工艺技术学术讨论会在福安举行。

是年，福安“坦洋菜茶”品种在马里国试种成功，并大面积扩种。

是年，全县茶园总面积 4595.67 公顷（6.89 万亩），茶叶总产量 405 吨。

◎ 1963 年

3 月，省茶科所栽培育种室主任郭元超受农业部派遣，前往缅甸国考察茶果生产。

8 月，福安县茶业局改称县茶业科。

是年，福安茶厂改进茶叶机械精制工艺，并向全国推广。福安茶厂在全国率先实现茶叶精制机械化。

◎ 1964 年

春，福建省茶叶研究所培育室科研人员谢庆梓等人到武夷山九龙窠剪取大红袍枝条带回福安社口扦插繁育。

10 月，福建省福安茶业职业学校在社口镇设办，学校由省茶科所负责管理，林桂镗所长兼任校长。

该校于1965年分春秋两季共招生140多名，1968年秋季有121名学生毕业。此后学校停办。

是年，福安县用单株分离无性繁殖“大白茶”品种成功，并开始大量繁育推广。该品种具高产、优质、抗逆性强、适应性广、适制性好等优良经济性状特点。

◎ 1965年

3月，受农业部派遣，茶业专家郭元超（省茶科所）、李敏泉（福安茶厂）、李观味（福鼎县翁江茶场）赴马里援助种茶，历时5年。

12月，福安专署在福安社口召开全区茶叶生产工作会议。

是年，福安茶厂归福安专区外贸站管理，与福安专区茶叶分公司合署办公，下辖赛岐分厂和坦洋、水门（在霞浦县）两个初制厂。

◎ 1966年

3月，县茶业科并入县外贸局。该局内设茶叶进出口公司、外贸公司、茶叶生产技术科等。

是月，福安茶厂改名闽东茶叶精制总厂，下辖福鼎、政和两个分厂。福安茶厂1956—1966年生产的坦洋工夫红茶获“十年红旗不倒”称号。

10月，受农业部派遣，省茶科所林桂镗、福安农校林德恩前往阿富汗考察种茶的可行性。

是年，全县茶园总面积4703.47公顷（70552万亩），茶叶总产量652.4吨。

◎ 1967年

闽东茶叶精制总厂撤销，恢复1966年3月以前的福安茶厂。

是年，全县茶园总面积4724.8公顷（70872亩），茶叶总产量802吨。

◎ 1968年

4月19日，福安县革命委员会成立。茶叶生产技术指导工作归县革委会生产指挥部管辖。

7月，省茶科所林桂镗、陈福森及福安农校黄宝鉴受农业部派遣，前往阿富汗援助发展茶叶生产。

◎ 1969年

11月，福安农业学校停办。

是年，由于中苏关系的恶化，红茶出口受阻，福安茶厂开始实行“红改绿”。此后福安茶厂除坦洋初制分厂继续生产少量工夫红茶外，主要加工烘青绿茶窨制茉莉花茶；花茶主要销往华北、东北、西北、华东等地，少量由外贸部门统调出口东南亚国家和港澳地区。

1949—1969年，福安茶厂共精制工夫红茶3.48万吨，其中外销2.59万吨，主要销往前苏联和部分东欧国家；茶叶总产值27094万元。

◎ 1970年

4月，省茶科所变更隶属关系，改名“福安专区茶叶试验场”。

是年，因批判“物质刺激”，停止执行茶叶收购的奖售政策。

是年，福安茶厂赛岐分厂合并到总厂。

是年，全县茶园总面积4721.67公顷（70829亩），茶叶总产量1048吨。

◎ 1971 年

恢复执行茶叶收购的奖售政策。

是年，增设湾坞、康厝 2 个茶业站，全县基层茶业站共计 14 个。

◎ 1972 年

1 月，福安专区茶叶试验场改名“宁德地区茶叶科学研究所”。

12 月，宁德地区各县基层茶叶审评员集中福安茶厂，由商业部茶业组主持召开经验交流会。

是年，福安开始大面积种植茉莉花，以用作窨制花茶的原料。

◎ 1973 年

福安茶厂划归宁德地区管辖。

是年，经全国茶树品种会议（长沙）鉴定，确认原产于今穆云畲族乡高岭畲族村的“大白茶”为优良品种，并正式定名为“福安大白茶”。

◎ 1974 年

5 月，福安县召开茶叶工作会议。

8 月，宁德地区茶叶培训班在福安县甘棠公社举办。

是年，全县茶园总面积 4533.8 公顷（68007 亩），茶叶总产量 1395 吨（2.8 万担）。福安县被国务院列为全国 100 个“5 万担茶叶基地县”之一。

◎ 1975 年

3 月，福建省革命委员会决定在宁德地区复办农校，定名“宁德地区农业学校”，校址设在福安洋边，开设农茶两科。学生来源以本区为主，同时面向全省招生。

4 月，北京茶厂领导来福建参观福安茶厂和宁德地区茶科所。

同月，福安县革命委员会茶业局成立，行使茶叶产销合一的管理职能。

9 月，宁德地区茶叶科学研究所恢复“福建省农业科学院茶叶研究所”（简称“省茶科所”）名称迄今。

是年，增设坂中 1 个茶业站，全县基层茶业站共计 15 个，遍布全县各产茶社（镇）。

◎ 1976 年

5 月，峨嵋电影制片厂《种茶》科教片摄制组到省茶科所拍摄电影科教专题片。

10 月 7—16 日，省农业局、供销社联合召开全省茶叶生产流动现场会，与会代表参观福安县甘棠公社南塘、北门大队茶场，福安县王家、红星茶场，以及省茶科所新茶园现场。

◎ 1977 年

4 月，福建省农茶场茶叶初制经验交流会在福安召开。

5 月，在全国年产“5 万担茶叶基地县”经验交流会（安徽休宁）上，福安县被列入 1980 年茶叶产量达到 5 万担名单（全国 62 个）。

是年，峨嵋电影制片厂《中国茶叶》科教片摄制组到王家茶场拍摄福安大白茶高产茶园。

是年，全县茶园总面积 5623.87 公顷（84358 亩），茶叶总产量 1595 吨。

◎ 1978 年

3 月，省茶科所郭元超、郭岩赴京出席全国科学大会。省茶科所郭元超、沈丰年等选育的“福云 7 号”“福云 8 号”“福云 23 号”在全国科学大会上获奖。

是年，茉莉花种植扩大到十多个乡镇，全县种植面积 1500 亩，年产鲜花 80 多吨，窨制茉莉花茶 170 多吨。

是年，王家茶场创“福安大白茶”每亩单产干茶 513.5 公斤的茶叶小面积高产纪录，获福建省科学大会奖。

是年，全县茶园总面积 5907.73 公顷（88616 亩），茶叶总产量 1604.65 吨。福安县被列为“全国发展茶叶生产百个基地县”之一。

◎ 1979 年

“福安大白茶”的选育和推广获宁德地区科技成果三等奖。

◎ 1980 年

福安茶厂“白云山牌”坦洋工夫红茶获国家轻工部优质产品奖，“毛蟹茉莉花茶”被评为省优产品。

◎ 1981 年

1 月，福安县革命委员会茶业局改称“福安县茶业局”。

5 月 5 日，福建省首届茶机学术讨论会由省农机学会、省农科院茶科所和宁德地区农机学会联合主持在福安县召开，参加讨论会的有科研、教学、制造、使用、管理等 46 个单位，共 64 名代表；省茶叶学会也派代表参加。

11 月，福安县茶叶学会经福安茶业局、县科学技术协会批准成立，同年举行第一次会员大会，选出第一届学会理事，连树泉任理事长。

是年，国营高坂茶场组建。该茶场由仙岭茶场（创办于 1958 年，位于洋中）、红星茶场（创办于 1959 年，位于阳尾）和红岭茶场（创办于 1973 年，位于占洋）合并而来。

◎ 1982 年

4 月，珠江电影制片厂故事片《喜鹊岭茶歌》剧组到坦洋村、王家茶场、省茶科所等地拍摄外景。

9 月，张天福回福安就任福建省农科院茶科所技术顾问。

9 月，福安县茶业局吴培明出席在厦门召开的华东地区科技成果交流会。

◎ 1983 年

6 月 21—23 日，国家机械部在福安召开“ND － 400 型气化炉鉴定会”，来自 12 个省市和中国农业机械研究院、北京农学院、国家科技攻关局、福建省机械厅等单位的 63 名专家出席会议。

11 月，宁德地区茶叶技术推广站在福安甘棠北门茶场，举办首届集体茶场不脱产技术员培训班，全区 8 个县有 38 个社队茶场有 45 名学员参加培训。

是年，福安全县茶园总面积 7037.33 公顷（10.56 万亩），茶叶总产量 2143 吨。

◎ 1984 年

6 月，国务院批转商业部《关于调整茶叶购销政策和改革流通体制意见的报告》，开启我国茶叶流通体制改革，允许国营、集体、个体茶叶经营者直接参与市场交易，茶叶产销由计划经济时代步入市场经济时代。

7 月，经国务院批准，茶叶从国家二类物资降为三类物资，茶叶价格随行就市。

11 月，全国茶树良种会议（厦门）审定通过“福安大白茶”为国家级良种。与会代表专程到福安甘棠参观福安大白茶育苗基地。

是年，福安县茶业局增设茶业公司、茶业开发公司等经营机构。茶叶收购的奖售政策取消。

是年，“福安大白茶”的选育与推广项目获国家农牧渔业部科技进步二等奖。

是年，全县茶园总面积 6916.2 公顷（10.37 万亩），茶叶总产量 2002 吨；茉莉花种植面积 3000 多亩，年产鲜花 490 多吨，窨制茉莉花茶 850 多吨。

◎ 1985 年

10 月 5—6 日，福建省标准计量局、省供销社在福安县联合召开《福建省茶叶（茉莉花茶）综合标准体系表》审定会，有 16 个单位的 34 名代表参加审定；该标准由宁德地区标准监督局、省茶科所、福安茶厂等单位制定。

是月，宁德地区行署召开全区茶叶体制改革会议，茶叶系统流通体制实行全面改革。

11 月 11 日，福建省农业科学院茶叶研究所成立 50 周年纪念大会暨学术讨论会在福安举行。

是年，福安茶厂由宁德地区下放福安县管理。福安茶厂“白云山牌”超特级花茶、特级花茶、一级花茶、被评为部优、省优产品。

◎ 1986 年

1 月，县茶业局与福安茶厂合并为“福安县茶业管理局”，同时保留“福安茶厂”牌子。

3 月 25 日，福安县人民政府发布《关于进一步加强茶叶购销管理工作的通知》。全县精制茶厂的加工能力已大大超过现有茶叶产量，应加强对精制茶厂的管理，禁止重新投资办厂。

4 月，福安县茶叶质量检验所成立。对全县茶叶质量进行检查监督，所有茶叶必须经过检验取得质量合格证后才能出运。

11 月，福安茶厂从县茶业管理局分出。

县乡镇企业局和县供销合作社增设茶叶供销公司，参与乡镇茶叶流通管理。

是年，福安被列为福建省茶花生产示范县。

是年，福安茶厂茉莉花茶在法国巴黎国际美食旅游博览会上获得金奖。

是年，福安县王家茶场被省人民政府授予 1985 年度先进单位称号。

◎ 1987 年

9 月，福安茶厂的超特级茉莉花茶获国家轻工部金牌奖。

11 月，省茶科所培育的福云 6 号、福云 7 号、福云 10 号等 3 个品种，在全国茶树良种审定会议上被认定为第二批国家级良种。

◎ 1988 年

6 月上旬，台湾大学教授、台湾省茶艺协会理事长吴振铎偕夫人蔡彩燕在茶叶专家黄国光等陪同下，回福安原籍探亲访问。是为海峡两岸茶人在相隔近 40 年之后首次在祖国大陆相聚。

7 月 25—26 日，时任中共宁德地委书记习近平视察坦洋村，帮助坦洋村发展茶叶经济，并对发展闽东乡村经济作出重要指示。至 1990 年 5 月，习近平书记共 4 次视察、访问坦洋村。

是年，省茶科所“福云 595”被认定为省级茶树良种，向茶区推广。王家茶场生产的茉莉花茶在法国巴黎国际花茶评比会上获得金鸡奖。

◎ 1989 年

4 月 15 日，宁德地区第一家茶叶专业市场“闽东茶业市场”在穆云畲族乡桂林村城北路隆重开业，地委书记习近平、省消费者协会杜会长、福安县委书记李育兴等到会祝贺。该市场占地约 5 亩，建筑面积 3300 平方米，总投资 80 多万元，为闽东北茶乡发展茶叶生产与贸易提供有利条件。

11 月，福建省首届茶叶青年学术论文研讨会在省茶科所举行。

12 月，福安茶厂“白云山牌坦洋工夫红茶”再获国家轻工部优质产品奖。次年又被省消费者协会评为信得过产品。

是年，省茶科所“福建雪芽白茶”，在国家农业部召开的全国名优茶评选会（西安）上被评为名茶。

是年，福安茶厂的“白云山”牌茶叶商标被收入《福建省著名商标名录》。

是年，全县茶叶良种化栽培达 75%以上，主要良种包括福鼎大白茶、大毫、政和大白茶、梅占、毛蟹、福安大白茶、福云等。

1990 年福安茶厂部分干部职工合影（李彦晨 提供）

◎ 1990 年

5 月 4 日，已被任命为中共福州市委书记的习近平，与接任宁德地委书记的陈增光一起来到坦洋村，与村干部和乡亲们道别。

是月，为纪念中国茶文化传入日本 800 周年，日本官方组成以松下智为团长的“茶航路”访华团参访福安、福鼎、霞浦等县市。

是年，福建省福安茶厂坦洋分厂改名“福建省福安坦洋茶厂”。坦洋茶场生产的出口“坦洋工夫”红茶，被列为福建省农垦系统出口创汇第一。

是年，福安市国营和集体茶厂共精制茶叶 3241.73 吨，产值 1235.43 万元，出口茶叶 1054.66 吨，创汇 110.14 万美元。

1964—1990 年，福安共繁育“福安大白茶”茶苗 4 亿多株，向全国多茶区推广。

1984—1990 年，福安先后在北京、天津、上海、苏州、青岛、济南、烟台、西安、沈阳、大连、长春、太原等城市开设茶庄 180 多家。

◎ 1991 年

4 月 21—22 日，宁德地区行署和福安市人民政府联合举办第一届“中国·闽东·福安茶文化交流会”，邀请日本国和中国台湾、香港地区的茶道传人、茶叶专家、学者、茶商 100 多人相聚福安，参与茶文化交流活动。

10 月，闽台茶叶学术座谈会在省茶科所举行，台湾茶学专家胡家俭、林品才等与会。

是年，福安重点茶区社口、潭头、上白石等乡镇有 2333.3 公顷茶园发生黑刺粉虱引起的煤病害，造成经济损失。

◎ 1992 年

2 月，中国贫困地区扶贫基金会会长项南为福安市天然饮料厂题词“崇尚天然，追求质量”。该厂生产的红茶、绿茶、乌龙茶、花茶听装饮料在 1991 年“中国闽东福安茶文化交流会”上受到国内外宾客的好评。

3 月，第二届“中国·闽东·福安茶文化交流会”在福安市举办，200 多名来自日本、新加坡、美国以及中国包括港、澳、台地区的茶界友人参与茶文化交流活动。

12 月，经福安市人民政府批准，闽东第一支茶艺表演队“福安市民族茶文化艺术团”（简称“福安市茶艺团”）成立。

是年，在香港福茗堂第一届国际茶艺邀请赛上，福安市民族茶文化艺术团杨玉冰获得冠军。

是年，福安市茶叶技术推广站参加“福建省 4.8 万公顷茶园丰产优质栽培技术推广”赛，获国家农业部丰收二等奖。

◎ 1993 年

11 月，福安市十二届人民代表大会第一次会议审议通过市政府提出的《关于加强福安市茶叶商品基地建设的方案》。

是年，福安被国家商业部列为全国茶叶社会系列化服务示范县（市）。

是年，福安市华一设计公司陈缪华设计的“宇宙神茶王铁观音”包装盒获 1993 年国际包装“世界之星”

最高奖。

◎ 1994 年

7 月，中央电视台、上海敦煌国际文化艺术团、中国茶叶进出口公司联合组成《中国茶文化》电视专题片摄制组到福安市拍摄畲族“新娘茶”“宝塔茶”，编入“茶艺荟萃”节目。

8 月，福安市茶艺团应香港茶艺乐园（中国）有限公司之邀，前往广州市进行茶艺表演。

是年，省茶科所培育的“黄奇”“悦茗香”“朝阳”3 个茶树品种被认定为省级茶树良种，并向乌龙茶产区推广。

◎ 1995 年

10 月 23 日，福建省农科院茶研所建所 60 周年庆祝大会暨学术研讨会在福安举行，来自省内外科研院所和高校的专家学者及企业代表等 156 人参加。

11 月 9 日，宁德地区中级人民法院裁定并宣告国营企业福安茶厂亏损 1943 万元，因资不抵债而破产。

是月，日本长崎县农业访华团一行 4 人到福安市，前往省茶科所参访。

是年，福安茶园总面积 10354 公顷（15.53 万亩），茶叶总产量 10112 吨，首次突破万吨。

◎ 1996 年

9 月，经国家连续出版物数据系统中国国家中心批准，省茶科所主办的《茶叶科学技术》（季刊）获国际刊号 ISSN1007—4872。

◎ 1997 年

1 月，宁德地区茶叶工作会议在福安召开。

5 月，福安市溪柄镇、甘棠镇北门村率先建立无公害示范茶园 1650 亩（110 公顷）。

省茶科所的乌龙茶“黄观音”“丹桂”“春兰”分别获中国茶叶学会第二届“中茶杯”名优茶评比特等、一等和二等奖。

◎ 1998 年

省茶科所参与的“茶树主要病虫害综合防治技术”，获农业部科技进步三等奖。

是年，全市茶园总面积 10326.87 公顷（15.49 万亩），茶叶总产量 12425 吨。

◎ 1999 年

3 月 31 日，宁德地区召开茶叶质量工作会议，贯彻落实国务院、省政府对解决茶叶农残与卫生质量问题的指示精神，研究落实的具体办法。福安市分管副市长和茶业局局长参加会议。

7 月 23 日，福安市茶叶质量检测中心成立。

◎ 2000 年

5 月 5—7 日，福建省茶叶学会茶文化研究分会组织“福安茶文化考察团”一行 17 人，到福安茶区及省茶科所进行专题考察。

11 月，宁德地区农业学校更名为“宁德市农业学校”，地址仍在福安市城北洋边。该校是福建省唯一设立茶叶专业的国家重点中专学校。

12 月 15 日，福安市茶业事业局参加的“福建省无公害茶园建设”项目获农业部全国农牧渔业丰收奖三等奖。

是年，省茶科所培育的高香型茶树新品种“丹桂”获福建省科技进步二等奖。

◎ 2001 年

3 月 9 日，经福安市茶业局和市科学技术协会批准，福安市茶业协会成立，并在福安市民政局进行登记。

8 月，福安市获国家林业部授予的“中国茶叶之乡”称号。

是年，开始执行发展国民经济的第十个五年计划。

◎ 2002 年

4 月，福建省茶科所研育的“黄观音”“金观音（茗科 1 号）”“悦茗香”“黄奇”4 个茶树新品种通过国家审定评为“国优”良种。

5 月，在宁德市首届名优茶和茶叶包装评比活动上，福安市选送的“金蟹王”红茶获历史名茶精品称号、“天香翠芽”绿茶获金奖。

9 月，在首届“中国（福建）国际茶博会凯捷杯茶王赛”上，福安市选送的 2 款花茶赛品分别获茶王奖和金奖。

是年，福安大不同茶叶有限公司在上海虹桥商务区兴建“上海大不同天山茶城”。该茶城经营面积 2.3 万平方米，被中国茶叶流通协会认定为“国家茶叶专业批发市场”。

是年，福安市编制《绿茶标准综合体》省地方标准，被省技术监督局评为“绿茶产业化标准化示范市”。福安市获国家农业部授予的“2001—2002 年全国无公害农产品（种植业）生产示范基地县先进单位”称号，并获“全国无公害茶叶生产典型示范市”称号。

◎ 2003 年

3 月，福安市政协副主席陈成基在福安市政协九届五次会议上提交的《重振坦洋工夫品牌，再创福安茶叶辉煌》提案，被列为优秀重点提案。

9 月 24 日，福安市委、市政府《关于扶持茶产业发展的若干意见》指出：依托龙头企业，整合小品牌，组建“福安市坦洋工夫茶叶有限公司”，将“坦洋工夫”历史名茶转化为品牌优势，打造茶叶知名品牌。

10 月，福安市茶叶产业化建设指导小组成立，市委分管领导任组长，市政府分管领导任副组长，市茶业局、财政局等有关部门为成员单位

◎ 2004 年

9 月，省科技厅批准在省茶科所建立“福建省乌龙茶种质资源圃”。

10 月，省茶科所陈荣冰、郭吉春被中国茶叶学会评为“全国优秀茶叶科技工作者”。

是年，福安市茶叶质量检测中心获省计量认证，成为福建省首个获得计量资质认定的县级茶叶专业检测机构。

是年，95 岁高龄的茶界泰斗张天福为福安题写“坦洋工夫驰名中外”。

◎ 2005 年

3 月 7 日，宁德市政府召开茶叶质量工作会议，会上同各县（市、区）政府签订《茶叶质量安全目标管理责任书》。

4 月，中国国民党主席连战在北京老舍茶馆品尝福安市“茉莉针王”盖碗茶和“丹桂飘香”工艺茶，并题写“振兴茶文化，祥和两岸情”。

5 月，经福建省人民政府批准、教育部备案，宁德市农业学校和福安师范学校合并组建“宁德职业技术学院”，院址设在福安。

7 月，福安市举办首届坦洋工夫杯斗茶展示会。

11 日，福安市委、市政府成立“福安市茶业发展领导小组”；市委书记任组长，市委副书记、市长任第一副组长。

9 月，郑望、陈成基主编的《福安茶文化》由中国文联出版社出版发行。

10 月 28 日，福建省农科院茶研所建所暨张天福从事科教 70 周年庆祝活动在福安举行。

◎ 2006 年

1 月，福建省质量技术监督局批准公布《坦洋工夫红茶综合标准》。

2 月，首家台资开发茶叶企业在王家茶场落户、投产。

3 月，中国名人工委、中华名人协会执行主席陈寿朋和潘布会长一行多次到坦洋村考察坦洋工夫红茶的历史和现状，为振兴坦洋工夫红茶献计出力，并拨款 10 万元，帮助坦洋村台风受灾后恢复生产。

6 月 7—12 日，福安市人大常委会主任阮玉铃、政府副市长陈灼生和相关部门领导赴北京、天津、济南等地考察茶业市场，看望福安籍茶商、召开座谈会，听取建议和意见。

10 月 21 日，福安市与中华名人工委、中华名人协会在北京人民大会堂联合举办“中华名人共建海峡西岸的和谐福安暨‘坦洋工夫’茶系列活动”启动仪式。全国人大常委会副委员长蒋正华，中共中央政治局原委员、全国人大原副委员长姜春云，中国和平统一促进会名誉会长、全国政协原副主席孙孚凌，十六届中央委员、全国人大常委会委员王云龙，原中共中央统战部部长、全国人大常委会委员万绍芬，中国社会工作协会会长、原中共中央办公厅副主任、民政部副部长徐瑞新，全国政协常委、原文化部副部长、全国文联党组书记高占祥等，以及其他在京部分省部级领导、社会名流、文化名人等 100 多人，欧亚多国驻华使节、媒体记者出席启动仪式。

是月，市茶业协会组织福安茶企业参加在北京人民大会堂举办的“人文中国·茶香世界”大型茶事活动，坦洋工夫茶获红茶类的金银奖项。

是月，龚达元、黄旭明、张锦华、林琪发起组建“福建坦洋工夫股份有限公司”。

◎ 2007 年

2 月，国家质量检查总局批准对“坦洋工夫”实施国家地理标志产品保护。

8 月，中国茶叶学会、福建省广播影视集团和福安市人民政府联合举办“坦洋工夫杯首届海峡茶艺小姐电视公开赛”，福安市茶艺团杨柳获冠军。

9 月，福安市组团参加在北京西城区马连道茶城举行的“国际茶文化节”活动，隆重推介坦洋工夫红茶。北京市“坦洋工夫名人会馆”、山西省太原市坦洋工夫茶城相继开业。

10 月，福安市被国家农业部评为“2005—2006 年全国无公害茶叶生产示范基地创建市年审合格单位”。

11 月，福安市茶叶品牌建设与质量安全监管委员会、茶叶专家委员会成立。

是月，“坦洋工夫”红茶被确定为“中国申奥第一茶”。

12 月 6—9 日，由中国国际贸易促进委员会主办的“第十届巴拿马中国贸易展览会”在巴拿马共和国首都巴拿马城举行，坦洋工夫红茶入选福建参展茶品参加展销。

是月，福安市获省农业厅“无公害茶叶产地”认定。

是年，福安市开始实施发展茶业“五个一”战略工程，即建设一个海峡大茶都，建设一个标准化茶业加工园区，每年发展新优茶树良种一万亩，每年举行一次大型茶事活动，打造一个坦洋工夫品牌。

◎ 2008 年

2 月，国家工商行政管理总局商标局核准“坦洋工夫”注册中国地理标志证明商标。

3 月，福安市被农业部列为“全国绿色食品原料（茶叶）标准化生产基地市”。

4 月，福建省重点建设项目、位于福安甘棠镇的“中国海峡大茶都”建成开业。

5 月，福安市茶叶企业及个人为四川汶川地震抗灾捐款 89.9 万元。

6 月，全省农业“五新”（新品种、新技术、新肥料、新农药、新机具）示范推广现场观摩会在福安市召开。

是月，法国布列塔尼合作和发展公司总裁雅克·德菲先生一行，到福安考察坦洋工夫红茶生产企业。

12 月，福安市人民政府在福州西营里茶城举办“中国历史名茶坦洋工夫推介会”。市茶业协会组织 15 家茶叶企业产品参加推介。坦洋工夫茶制作技艺列入宁德市非物质文化遗产名录。

是年，福安市首批 18 万亩茶园通过省级无公害产地认定，成为全省首个获此类认定的县（市）。

是年，福安市被农业厅列入现代农业建设项目实施县，连续 9 年每年投入（茶业）资金 800 万元。

是年，宁德市茶业协会原会长叶乃寿和北京茶业协会福安分会秘书长林桂斌在北京中国国家图书馆寻获 1915 年《中国参与巴那马太平洋博览会记实》，上载“福安商会茶”（即福安坦洋工夫茶）获博览会金牌奖章。

寻获 1915 年《中国参与巴那马太平洋博览会记实》档案（丁立凡 摄）

◎ 2009 年

2 月，“坦洋工夫”被认定为福建省著名商标。

3 月，俄罗斯红茶采购团米德利访问坦洋村，并与坦洋工夫红茶生产企业签订 60 万美元订单，福安红茶与俄罗斯市场贸易中断 40 年后重新恢复。

4 月，红茶出口国斯里兰卡茶叶考察团团长费尔南多博士来福安考察坦洋工夫红茶产业。

6 月，福建省人民政府公布“坦洋工夫茶制作技艺（福安市）”为第三批福建省非物质文化遗产。

9月28日，福安市茶文化研究会正式成立。

10月28日，在第五届中国茶叶经济年会上，福安市被中国茶叶流通协会授予“2009年全国重点产茶县”称号。

是月，林光华、陈成基主编，李健民执行主编的《中国历史名茶·坦洋工夫》由福建美术出版社出版发行。

11月16—18日，第三届海峡两岸茶业博览会在宁德市举行。福安作为茶博会分会场，着重展示以坦洋工夫为重点的茶业经济和乡土文化。

30日，《地理标志产品坦洋工夫》（GB/T24710-2009）获国家标准化管理委员会批准发布，并于2010年5月1日正式实施。

◎ 2010年

1月，国家工商行政总局商标局核准“坦洋工夫”为“中国驰名商标”。

春季，“两岸红·世界香”海峡两岸春茶祭采大典在晓阳白云山区坦洋工夫生产企业生态茶叶基地举行，本次活动的主题为“缘结两岸·茶和天下”。

5月，吴平月策划、周子俊编著的《坦洋工夫》由中国荣宝出版集团出版发行。

6月，中央电视台“一县一品游中国”栏目组到福安拍摄《揭秘坦洋工夫》。

7—10月，“坦洋工夫”商标获法国、比利时、荷兰、卢森堡、英国、俄罗斯等国家商标注册。

是年，福安市获评“全国十大重点产茶县”“全国无公害茶叶生产示范基地创建市年审合格单位”。

是年，福安市组织制定的地理标志产品坦洋工夫四个级别的实物标准样顺利通过审定并颁发使用，为坦洋工夫产品标准提供最基本的技术性依据。

◎ 2011年

4月11日，经中国茶叶区域公用品牌课题小组评估“坦洋工夫”价值17.96亿元，获评国内“最具经营力品牌”。

6月22日，由中国茶叶学会主办的“2011年中国红茶高峰论坛”福安举行。农业部原部长何康、茶界泰斗张天福等专家，以及来自祁红、滇红、闽红、川红、宁红等红茶主要产区的专家学者及企业界人士200多人到会。

28日，第四届“坦洋工夫杯”全国中学生商标知识大赛启动仪式在北京人民大会堂举行，并于6月13日在北京举办颁奖大会。

是月，福安市被农业厅列为第二轮中央财政支持的现代茶业项目重点县市。

10月，“地理标志产品坦洋工夫（GB/T24710-2009）”获福建省人民政府颁发的标准贡献奖一等奖，福安成为闽东首个获得省级标准贡献一等奖的县级市。

11月28—29日，福建省首届少数民族“制茶能手与名优茶评选大赛”活动在福安市举行，福安市有4名选手被评选为制茶能手。

12月，福安组团参加“闽茶中国行”北京站系列活动，福安市6家茶企参加活动。

是月，福安市获农业部“全国茶叶标准化生产示范市”称号。

是年，“坦洋工夫”获评“2011中国茶叶区域公用品牌最具经营力品牌”。

◎ 2012 年

1 月，福安市人民政府出台《关于加快现代茶产业发展的意见》，进一步加大茶产业发展扶持力度。

4 月，在 2012 年中国茶叶区域公共品牌价值评估中，坦洋工夫品牌价值为 19.5 亿人民币。

6 月 11 日，宁德市委常委、福安市委书记倪政云一行到坦洋工夫集团、天荣、兴旺、千氏茗等茶企业调研，并召开茶业发展专题会议。

11 月，陈成基主编的《坦洋工夫再创辉煌》一书由中国文联出版社出版发行。

是年，“坦洋工夫”被列入第一批《全国茶叶类农产品地理标志资源目录》。

◎ 2013 年

4 月，经农业部和商业部推荐，坦洋工夫作为中国红茶代表参展巴拿马第 31 届国际贸易博览会。

6 月 28 日，作为第五届海峡论坛的一项活动，以“交流茶文化合作，促进茶产业发展”为主题的“2013 年海峡两岸茶产业发展研讨会”在福安举行。

7 月 18 日，全国茶标委红茶工作组（SAC/TC339/WG8）成立大会暨第一次工作会议在福安市召开。福建新坦洋集团股份有限公司承担红茶工作组秘书处工作。

12 月 18 日，在中国品牌传播联盟主办的“第二届中国品牌年会暨品牌金博奖颁奖盛典”（北京）上，福安市获“东方茶文化魅力城市”奖，坦洋工夫红茶获“东方名茶金博奖”。

◎ 2014 年

8 月，“坦洋工夫”获“中国茶业品牌馆”入馆资格。

10 月，福安市获评“2014 年度全国十大生态产茶县”。

是年，福安第五次蝉联“全国十大重点产茶县”称号。

是年，“工夫红茶”在渤海商品交易所挂牌上市。

◎ 2015 年

2 月，福安市被农业部确定为第三批国家现代农业示范区。

5 月 1 日至 10 月 31 日，第 42 届世界博览会在意大利米兰举行。5 月 31 日，福安市举办“百年坦洋·重返世博”活动启动仪式。

是月，在“2015 中国（上海）国际茶业博览会”上，坦洋工夫再获“百年荣耀　世纪名茶”金品牌奖。

7 月 1 日，坦洋工夫成为米兰世博会中国馆“全球合作伙伴”和“指定用茶”。

9 月 24 日，由中国茶叶学会和中国农业科学院茶叶研究所主办的全国“‘十三五’茶科技与产业发展战略学术研讨会”在福安召开。

11 月 5—9 日，坦洋工夫入选“全国农业标准化示范区 20 年成果展”。

是年，福安市人民政府获米兰世博会中国馆组委会授予的“2015 意大利米兰世博会中国馆积极贡献奖”。

是年，福安市再次获评“全国十大重点产茶县”；全国绿色食品原料标准化生产基地续认证获国家批复；在“闽茶中国行‘一带一路’建设”活动中被评为“闽茶优秀茶产区”。

是年，“坦洋工夫”被列入 2015 年度全国名特优新农产品目录。

◎ 2016 年

2 月，位于福安城阳岩湖坂的“富春茶城”开工建设，该项目总投资 6.8 亿元，是福安红茶新的集散中心和城区北部的重要商业场所。

7 月 31 日，福安市组团参加在银川举行的闽茶中国行（宁夏站）“丝路茶企 • 闽宁相携”活动。

9 月，福建农垦茶业有限公司列入农业部“组建专业化农业产业公司”深化农垦改革专项试点工作。

10 月，福安市组团参加在济南举行的第四届中国茶叶博览会，“2016 中国（广州）国际茶业博览会”。

是年，国家供销社总社在福安市成立茶叶生产基地。全市有 17 家茶企被评为省级农业产业化重点龙头企业。

是年，在中国茶叶区域公用品牌价值评估中，“坦洋工夫”评估价值 24.38 亿元人民币，并获“最具品牌带动的三大品牌”称号，入选 2016 年中国茶叶区域公用品牌十强。

◎ 2017 年

1 月 4 日，福安市茶业管理局被国家农业部评为“全国农业先进集体”。

5 月 25 日，“2017 中国坦洋工夫茶文化节暨福安市第十二届坦洋工夫斗茶展示会”在福安市坦洋村举行。央视戏曲频道《坦洋坦洋》摄制组举行开拍仪式。

8 月 21 日，“一带一路”中国茶产业电子商务高峰论坛暨全国电子业务标准化技术委员会茶叶电子商务工作组成立大会在福安举行。

12 月 27 日，福安市人民政府印发《福安市食品安全“一品一码”全过程追溯体系建设工作方案》，要求各地各级抓好组织实施，加强食品安全工作。

是年，“坦洋工夫”获“2017 年中国茶叶区域公用品牌价值十强”。全市有出口茶叶备案基地 24878 亩，建立示范茶园基地 4400 亩。福安白茶在第十二届“中茶杯”全国名优茶评比中获“白毫银针特等奖”“白牡丹一等奖”。

◎ 2018 年

2 月 16 日，福安市在“闽茶中国行”呼和浩特站“多彩闽茶 • 香约草原”茶文化推广活动上获“‘一带一路’茶文化贡献奖”。

5 月 11—13 日，中国 • 坦洋工夫红茶文化周暨第十三届“坦洋工夫杯”斗茶展示会在福安举行。该活动由中国茶叶流通协会、海峡两岸茶业交流协会和福安市人民政府主办。

6 月 2 日，“北京市坦洋工夫茶文化推广中心”在“中国茶叶第一街”北京马连道正式揭牌成立。

8 月 18 日，在由世界茶联合会主办、丹麦茶文化协会承办的第十二届国际名茶评比中，福建隽永天香茶业有限公司的“隽永天香牌茉莉花茶王”获“佳茗大奖”。

8 月 23—24 日，全国标准样品技术委员会在福安召开“坦洋工夫茶感官分级标准茶样品评审会”，评审并通过由福建新坦洋集团股份有限公司研制的标准样品。

9 月 11 日，福安市茶业管理局在“2018 中国国际茶产业投资展览会（厦门）”上获优秀组织奖。

12 月 23 日，全国红茶高峰论坛暨全国茶标委红茶工作组二届一次会议在福安市举行。中国茶叶流通协会会长王庆在会上向福安市代表颁授“中国红茶之都”牌匾。

是年，福安市茶业协会等单位联合制订团体标准《花果香坦洋工夫闽科红》，规范创新型花果香红茶的制作。

是年，福安社口农业产业强镇获中央财政项目补助资金 1000 万元。

◎ 2019 年

3 月 28 日，原福安农校武夷山市校友向母校（今宁德职业技术学院）捐赠“茶界泰斗”张天福铜像一尊。

5 月 28 日至 6 月 2 日，由中国茶叶流通协会、海峡两岸茶业交流协会、中国农业国际合作促进会茶产业委员会、福安市人民政府联合主办的“福安红茶坦洋工夫文化周暨第十四届坦洋工夫杯斗茶展示会”在福安市富春茶城举行。

是月，福安市“坦洋茶谷”入选“中国美丽茶园”。坦洋茶谷位于社口镇境内，面积 1500 亩，包括坦洋村、坦洋茶场、省茶科所等，集茶叶加工、研发、文旅为一体，系茶叶“产、学、研”合作示范基地和红茶交流中心。

6 月 13 日，福安市被农业农村部列为第二批国家区域性良种（茶）繁育基地。

是日，“福安市良种茶树苗繁育协会”在甘棠镇成立。

是月，李健民编著的《坦洋工夫》由福建科技出版社出版发行，该书是福建省人民政府新闻办公室组织编写的“八闽茶韵”丛书之一，获第 33 届华东地区科技出版社优秀科技图书一等奖。

7 月 13 日，“坦洋工夫茶非遗技艺传习所”在国有坦洋茶场成立。

8 月 13 日，福建省农业科学院茶叶研究所事业法人单位由福安市社口镇变更至福州市晋安区新店镇，原所址改设为福建省农科院茶研所福安综合试验基地。

11 月 15—18 日，在第十七届中国国际农产品交易会上，“坦洋工夫”入选具有代表性特色农产品区域公用品牌。

29 日，福安市国家区域性良种繁育基地（茶）建设领导小组成立。

是年，福安市重点引导 164 家茶企开展质量追溯体系建设。

是年，福安市茶产业发展项目共获中央财政补助资金 640 万元；其中茶叶绿色高质高效行动项目 400 万元，现代农业智慧园项目 100 万元，农业“五新”示范推广和特色农业发展项目 140 万元。

◎ 2020 年

2 月 2 日，福安市茶业管理局贯彻落实市委、市政府部署，采取措施，推动茶企复工复产，做到疫情防控和茶叶生产两不误。

4 月 15 日，福安市人民政府召开全市茶叶质量安全工作会议。

5 月，“福安坦洋茶谷春季踏青——寻源坦洋工夫”列入 2020 年首个国际茶日“全国茶乡旅游精品线路”。

6 月 24 日，原福安农校校友、福建隽永天香茶业有限公司董事长龚达元向母校（今宁德职业技术学院）捐赠“台茶之父”吴振铎铜像一尊。

7 月 5 日，福安市茶业管理局更名为“福安市茶产业发展中心”。

7 月 20 日，欧盟理事会决定授权正式签署中欧地理标志协定，福安坦洋工夫入选首批中欧地理标志协定保护名录。

8 月 5 日，宁德市标准化协会召开《福安白茶》团体标准审定会，正式通过福安白茶团体标准，为福安白茶生产提供标准依据。

8 月 23 日，坦洋工夫福建农垦北京体验中心也在著名的京城茶叶一条街——北京马连道 9 号茶院落户。

8 月 28 日，全国茶叶加工（红茶）职业技能竞赛福建省初赛暨福建省首届茶叶加工职业技能竞赛，在福安市开赛。

8 月 29 日，坦洋工夫上海体验中心在上海宏泰红旗体验中心揭牌。此为福安农垦集团继福安、宁德、武汉、深圳、济南、北京后成立的又一个坦洋工夫推广中心。

是月，福建农垦茶业有限公司列入农业农村部“数字农业试点县建设项目（茶叶）”。

11 月 18 日，在第十六届中国茶业经济年会上，福安市名列“中国茶业百强县”，同时被中国茶叶流通协会评为“2020 年度茶业生态建设十强县”。

12 月，福安市委、市政府印发《福安市进一步促进“坦洋工夫”红茶产业高质量发展若干措施（试行）》，出台十条措施，推动茶产业转型升级。

是年，用地面积近 3 万平方米、总建筑面积约 14 万平方米的龙芝·富春茶城建成并投入使用。

是年，福安市茶产业发展项目共获中央财政补助资金 800 万元；其中优势特色主导产业项目 200 万元，新型农业经营主体发展特色农业项目 500 万元，茶叶绿色高质高效行动项目 100 万元。社口产业强镇获中央财政项目奖补资金 300 万元。

◎ 2021 年

2 月，福安市有 12.2 万亩茶叶基地被中国绿色食品发展中心批准为“全国绿色食品原料标准化生产基地”。

2 月，福安市被农业农村部授予“全国茶叶标准化示范县”称号。

4 月，福建农垦茶业有限公司的“福建福安坦洋工夫红茶科技小院”列入“福建省科协科技小院”和“中国农技协科技小院”。

5 月 9 日，在中国品牌价值评价信息发布会暨中国品牌建设高峰论坛上，坦洋工夫获“品牌价值 46.41 亿、品牌强度 840”的好成绩，在地理标志产品区域品牌前 100 榜单上位居第 82 位。

5 月 24 日，“红茶制作技艺（坦洋工夫茶制作技艺）”经国务院批准，列入第五批国家级非物质文化遗产名录。

6 月 10 日至 8 月 15 日，“传承技艺美丽中国·福安坦洋工夫茶制作技艺精品展”系列活动在北京恭王府博物馆举行。

8 月 6 日，《坦洋工夫红茶栽培技术规范》地方标准通过专家审定，由福建省市场监督管理局批准发布。

10 月 7 日，“福安白茶”地理标志证明商标通过国家知识产权局核准注册。

10 月 21 日，“福安绿茶”地理标志证明商标通过国家知识产权局核准注册。

12 月 1 日，由福安市市场监督管理局与甘棠镇人民政府共同成立的“福安市甘棠商标品牌指导站”正式挂牌成立。是为福安市首家商标品牌指导站。

是月，中国农村专业技术协会福建福安红茶科技小院入驻坦洋村。

◎ 2022 年

4 月 13 日，福安市茶文化主题公园项目开工。该主题公园位于城阳镇岩湖茶叶市场，连接“富春茶城”和“茶王街”，占地面积 3000 多平方米。

5 月 27 日至 6 月 1 日，第二届“中国茶叶·制茶师（花果香型红茶）研习班”在福安市坦洋茶场开办。

8 月 23—25 日，第五届全国茶叶加工赛项福建省选拔赛暨福建省第二届茶叶（绿茶）加工职业技能竞赛在福安市举办。

8 月 25 日，“三茶”（茶文化、茶产业、茶科技）统筹发展大会在福安市召开，并授牌正式成立全国首个“三茶”研究院。

9 月 20 日，第二届世界红茶产品质量推选活动在福安市举行，国内外 1031 家企业选送 1334 个红茶样品参加推选。

9 月 22 日，中国茶叶流通协会授予福安市“花果香红茶发源地”称号。

9 月 24 日，中华全国供销合作总社发布《花果香红茶》行业标准。

是月，以坦洋工夫茶为代表的中国红茶，被联合国教科文组织列入人类非物质文化遗产代表作“中国传统制茶技艺及其相关习俗”名录。

是月，福安市茶业发展中心等制订的省地方标准《坦洋工夫红茶栽培技术规范》和《坦洋工夫红茶加工技术规范》先后由福建省市场监督管理局正式发布。

◎ 2023 年

1 月 5 日，“福安闽东茉莉花茶制作技艺”和“福安白茶制作技艺”入选第四批福安市级非物质文化遗产代表性项目名录。

3 月 6 日，福安市坦洋工夫茶产区在白云山麓举行惊蛰祭茶喊山全球联动活动。

3 月 15—17 日，“首届中国红茶大会暨坦洋工夫茶旅文化节”在福安市举行。

3 月 16 日，“2023 红茶城市品牌建设交流会”在福安召开，来自全国各红茶重点产销区的政府和企业代表、专家学者与嘉宾、媒体记者 400 余人参加活动。

中国非遗制茶大会 2023 惊蛰祭茶全球联动 · 坦洋工夫茶产区（白云山茶博物馆 供图）

3 月 28 日，宁德市政协副主席黄建龙带领调研组到福安市开展“提升影响，做大市场，推动宁德茶产业高质量发展”专题调研。

4 月 24—25 日，全国农垦产业（茶业）发展示范交流活动在福安召开，国内 28 个垦区主管部门负责人和相关农垦单位代表 100 多人参加活动。

5 月 10 日，福安市委决定成立“市茶旅融合发展中心”，为市文体和旅游局下属事业单位。

5 月 11 日，在 2023 中国品牌价值评价信息发布会上，坦洋工夫获“品牌强度 843，品牌价值 48.65 亿元”，在地理标志产品区域品牌榜单上位居第 75 名。

5 月 17—23 日，福安市政府组团参加在摩洛哥王国举行的“茶和天下·雅集”中摩茶业展，并开展福安茶叶推介和经贸考察活动。

5 月 21—27 日，中国农业科学院茶叶研究所等主办的第四届制茶师（花果香型红茶）研习班在福安坦洋茶场举行，来自国内 12 个省（市）46 名学员参加研习。

6 月 9 日，“白云山茶博物馆”正式对外开馆。该馆位于宁德世界地质公园福安白云山园区地质博物馆右侧，面积 360 平方米。

6 月 15—16 日，福安市举行第十八届“坦洋工夫”杯斗茶赛。本次活动由福安市委、市政府、宁德职业技术学院主办。

8 月 25 日，福安举行“三茶”统筹发展大会，正式授牌成立“福安市三茶研究院”。

11 月 10 日，由省农业科学院、省乡村振兴研究会、宁德市人民政府、宁德师范学院联合主办的“三茶统筹乡村振兴”茶文化茶产业茶科技研讨交流会在社口镇坦洋村举行。

11 月 19 日，在“第十九届中国茶业经济年会暨 2023‘一带一路’赤壁青砖茶产业发展大会”上，福安被中国茶叶流通协会授予“2023 年度茶业高质量发展县域”称号。

11 月 28 日，全国首个茶苗交易大会在福安市甘棠镇举行。

11 月 29 日，由福建省茶产业标准化技术委员会、福安市委、市政府联办的“福安坦洋工夫红茶高质量发展大会”在福安举行。

卷一 茶区概况

第一章 自然环境

地质地貌

据福建省地层区划，福安市属华南地层区东南沿海地层分区漳州地层小区，境内地层出露不全，中生界分布范围大，新生界、震旦亚界仅小面积出露。地质构造由多次构造运动叠加形成，发育着不同期的断裂，褶皱较少见。福安市地处鹫峰山脉、太姥山脉和洞宫山脉之间，三大山脉控制着全市的地形骨架。总体地势由北向南倾斜，东、西、北三面环山，南面临海；中部长溪纵贯南北，沿长溪干流两岸为平原和丘陵，向两侧依次为丘陵、低山、中山，呈阶梯状分布。

地层

福安市地层主要出露有中生代侏罗系、白垩系及新生代的第四系地层，其中以中生代火山岩系地层分布范围最大，面积约为1243.69平方千米，占全市总面积的66.12%。

侵入岩

境内侵入岩以燕山期侵入的花岗岩类为主，其次为晚侏罗世和早白垩世次火山岩，侵入岩面积385.05平方千米，占全市总面积的20.53%。燕山期侵入岩呈岩株或岩脉等形态产出，遍及全市，主要分布于城关、城阳、坂中、社口、穆云、康厝等地，面积285.6平方千米，占全市总面积的20.51%。岩脉走向多以北东、北北东向居多，与区域构造方向大致相仿。岩性以黑云母花岗岩为主，次为二长花岗岩、钾长花岗岩、闪长岩、花岗闪长岩等，岩石具块状结构，致密坚硬，局部风化作用强烈。晚侏罗世次火山岩和早白垩世次火山岩，岩性主要为钾长花岗斑岩，其次为石英正长斑岩。主要分布于上白石、潭头、坂中和穆阳等乡镇，面积99.45接受平方千米，占全市总面积5.29%。

构造

福安市地处福安—南靖北东向断裂带与寿宁—连江南北向断裂带的交汇处附近，断裂是境内构造的主要形式。其中以走向北东、北北东向的断裂较为发育，其次为北西向和东西向，西北部尚有近南北向断裂分布。

北东向断裂：大多数集中于中部甘棠以西，形成福安—九都折断带，断裂走向为北东 30—40 度，为高角度冲断层，多具压性或压扭性，断裂带岩石破碎，节理裂隙较发育，普遍具硅化和蚀变现象。

北北东向断裂：主要有展布于管阳—松罗断裂带内的岭尾店断层，位于溪尾东 2 公里。断裂带中岩石受到强烈挤压而呈糜棱岩状，断裂两旁岩石硅化，叶蜡石化普遍。

东西向断裂：主要为展布在穆阳一带的穆阳断层。断裂破碎带中岩石受挤压破碎严重，部分成糜棱岩，局部为断层泥，断面平直光滑。

南北向断裂：主要有社口—闽坑断裂带。断面多呈舒缓波状，倾角陡，为压性断层或高角度斜冲断层。主要有位于市北西侧的凤阳断层，位于凤阳东的象岩断层、望天岗断层，位于象岩断层东的坦洋断层、南沃断层、社口断层。

山地

中山：海拔 1000 米以上，相对高度大于 500 米，主峰海拔均在 1000 米以上，最高峰白云山海拔 1450.2 米，为福安之最。地表切割强烈，山势险峻，“V”型谷十分发育，河谷两岸基岩裸露，山坡坡度达 35° 以上，局部 45° 至 60°。主要分布市境东部、西部和北部。面积 194.81 平方千米，占全市总面积的 10.36%。

低山：海拔 500—1000 米，相对高度大于 250 米，山坡坡度 25°—30°，主要分布在西部、北部和东部，为中山山脉之延伸和与之平行的次一级山脉组成。面积 463.19 平方千米，占全市总面积的 24.64%。

丘陵

高丘：主要分布于山地前缘，河谷两侧，海拔 250—500 米，相对高度 100—200 米，山坡较缓，坡度在 25° 左右，分布面积约 561.72 平方千米，占全市面积的 29.88%，地表上部侵蚀作用强烈，坡积土层和残积层较厚。

低丘：分布于高丘的前缘，山间盆地周围，少数为散布于平原上的孤丘，海拔 30—250 米，相对高度小于 100 米，山丘低缓，坡度在 20 度以下，面积 301.31 平方千米，占全市总面积的 16.03%。

福安茶区茶园的坡度一般在 15°—45° 的丘陵山地，这些地区海拔高，云雾多，湿度大，阳光较弱，为茶树生长营造有利条件。

山间盆地

全市境内较大的山间盆地约有 24 个，主要分布在北部、东部和西部的中低山区一带，海拔在 200—600 米之间，面积约 50.22 平方千米，占全市总面积的 2.67%。面积较大的有甘棠镇的厝坪盆地和溪柄镇的柏洋盆地。海拔最高的是范坑乡的蛇头盆地，高程达 800 多米。

平原

包括冲洪积平原和冲积海积平原，主要分布于长溪及其支流的中下游沿岸（如福安盆地、甘棠盆地），海拔小于 20 米，相对高差多在 10 米以下，总面积为 157.65 平方千米（其中冲洪积平原 55.84 平方千米，冲积海积平原 101.81 平方千米），约占全市总面积的 8.39%。

滩涂

福安的海域滩涂主要分布在白马港两侧及白马门到溪尾和大获的沿海边缘，大多数位于高低潮位间，面积 67.44 平方千米，占全市总面积的 3.5%，地势平坦，向海缓倾，是重要的水产养殖区。此外其他海域面积约 83.76 平方千米，占全市总面积 4.45%。

气　候

特征

福安气候温暖湿润，属中亚热带海洋性季风气候。由于所处地理纬度低，濒临东海，受季风环流影响，具有四季分明，夏季稍长，冬季稍短；光热充足，无霜期长，季风明显，台风频繁；雨量集中，夏旱突出等特点。又由于福安背山临海，境内以山地为主的地貌，类型多样，高差悬殊，气候还具有明显的垂直分布区域性特点。

春季：气温开始呈波动性回升，气温变化大。晴雨天气交替出现，以阴雨天居多，降水强度较大。

夏季：春末夏初多梅雨，降水强度增大。盛夏有短暂的酷暑，境内的河谷小盆地是我省的高温中心之一，多台风暴雨。

秋季：气温逐渐下降，天气晴朗少雨，温度较春季高。

冬季：除山区外一般无严寒，霜雪少见，南部受海洋的调节，霜雪更少。

福安各地四季起止时间（日／月）及持续天数表

地点	春季			夏季			秋季			冬季		
	开始时间	终止时间	持续天数	开始时间	终止时间	持续天数	开始时间	终止时间	持续天数	开始时间	终止时间	持续天数
范坑洋山	26/3	25/6	92	26/6	10/9	77	11/9	25/11	76	26/12	25/3	120
松罗	16/3	15/6	92	16/6	20/9	97	21/9	10/12	81	11/12	15/5	95
气象站	16/2	15/5	89	16/5	10/10	143	11/10	31/12	82	1/1	15/2	46
下白石蔃尾	16/2	20/5	94	21/5	5/10	138	6/10	31/12	87	1/1	15/2	46
海拔 200 米	1/3	25/5	86	26/5	5/10	113	6/10	25/12	81	26/12	28/2	65
海拔 400 米	11/3	31/5	92	1/6	25/9	117	26/9	20/12	86	21/12	28/2	70
海拔 600 米	16/3	15/6	92	16/6	15/9	92	16/9	25/11	71	26/11	15/3	110
海拔 800 米	26/3	15/6	82	16/6	5/9	82	6/9	21/11	76	21/11	25/3	125
海拔 1000 米	26/3	25/6	92	26/6	20/8	56	21/8	15/11	87	16/11	25/3	130

气温

福安市各地累年年平均气温为 13.6℃—19.8℃，中部河谷两岸和南部沿海在 18.1℃以上。城区、溪潭、康厝等小盆地为高温中心，松罗和中低山地在 16.5℃以下。最冷月 1 月份各地平均气温 4.4℃—10.1℃；最热月 7 月各地平均气温 23.6℃—29.6℃。据市气象站测得的最低气温记录为 -5.2℃（1963.1.8）。最高气温 43.2℃（1967.7.17）；极端最高气温，除低中山地外，可达 40℃—44℃，极端最低气温的累年平均值为 -1℃— -3℃；山区的极端最低气温为 -7℃— -10℃。

受海洋水面的调节，气温日较差平均 8℃—10℃，其中沿海低中山地还要小些。一年之中，冬半年的日较差要比夏半年大些。气象站测得最大日较差为22.1℃。

灾害性天气主要为春寒、5月寒和秋寒。春寒多出现于春雨绵绵的年份，5月寒多出现夏初梅雨节后，秋寒多发生在秋霜过后。

霜期

以日极端最低气温小于或等于3℃的初终日，作为霜期的初终日界限计算，福安各地平均初霜在11月中旬至12月中旬间，终霜为2月下旬至4月初。市气象站测得平均初霜为12月5日，最早初霜为10月27日（1958—1959年度）；平均终霜为2月17日，最迟终霜为4月4日（1956—1957年度），平均无霜期290天。最长338天（1973年），最短247天（1958年）。

降水

福安市各地累年平均降水量1350—2050毫米。自东南沿海向西北山地递增。降水量在全年分配上主要集中于3至9月，按降水量的变化和降水特点，全年可分为4个降水季节。

3—4月为春雨季节，全市年平均降水量260—340毫米，占全年降水量的15%—21%，平均雨日30—35天，偶有暴雨。

5—6月为梅雨季节，全市年平均降水量380—660毫米，占全年降水量的27%—34%，平均雨日34—40天，平均暴雨日2天左右。

7—9月为台风雷阵雨季节，全市年平均降水量430—800毫米，占全年降水量的30%—38%，平均雨日33—44天，平均暴雨日2—3天。

10月至次年2月为少雨季节，全市平均降雨量250—370毫米，占全年降水量的15%—21%，这个季节晴多雨少。

市内降水量的年际变化大，各时段水量变化幅度不同，据气象站记录，年降水量最多的达2098.6毫米（1973年），最少的981.5毫米（1967年）；9月降水量最多的达470毫米（1990年），最少的只有10.2毫米（1978年）。

土　壤

类型、分布

福安市土壤多系由花岗岩、凝灰岩、流纹岩、砂岩形成的红壤、黄壤。

山地土壤多为坡积物、残积物，少数为堆积物。低山丘陵地、低山丘陵坡地、河流高阶地及滨海台地的“山田”，以坡积物和堆积物为主。河谷平原、山间盆地和部分山垅缓坡地带以冲积物为主，兼有坡积物，滨海平原为海积物。

根据1979—1986年宁德地区第二次土壤普查，福安土壤有7个大类、17个亚类、35个土属、50个土种。

福安市土壤主要种类及分布状况简明表

类　别	面积（万亩）	主要分布
红　壤	174.07	广泛分布于海拔600米以下的平原、丘陵、低山地
水稻土	26.54	分布于河谷平原
黄　壤	6.4	上白石、社口、穆云等海拔700米以上地带

续表

类　别	面积（万亩）	主要分布
紫色土	0.912	穆云、下白石等地
潮　土	0.811	溪柄、坂中、穆阳、城阳、潭头、上白石、康厝、溪潭等地河流两岸阶地、河漫滩或冲积小平原
盐　土	0.2028	下白石、赛岐、溪潭、溪柄等赛江潮水所及地带
草甸土	0.0146	白云山顶

福安市土壤呈明显垂直分布。一般海拔 1400 米以上（白云山顶）为山地草甸土，海拔 700—1400 米之间多为黄壤，海拔 800—900 米之间多为黄红壤亚类。红壤分布广泛，在海拔 900 米以下均有分布。长溪水系下、中、上游，沿海平原到内陆山地，离村庄远近成同心圆地带，分布规律依次是：沙质田—沙底灰泥田—灰泥田—黄底灰泥田；咸田—盐斑田—埭田—灰棣田—灰泥田—黄底灰泥田—黄泥田；乌泥田—灰泥田、乌黄泥田—灰黄泥田、乌沙田—灰泥田。

红壤，面积 174.07 万亩，广泛分布于海拔 600 米以下的平原、丘陵、低山地；

水稻土，面积 26.54 万亩，主要分布于河谷平原；

黄壤，面积 6.4 万亩，主要分布于上白石、社口、穆云等海拔 700 米以上地带；

紫色土，面积 0.912 万亩，主要分布于穆云、下白石等地；

潮土，面积 0.811 万亩，分布于溪柄、坂中、穆阳、城阳、潭头、上白石、康厝、溪潭等地河流两岸阶地、河漫滩或冲积小平原；

盐土，面积 0.2028 万亩，分布于下白石、赛岐、溪潭、溪柄等赛江潮水所及地带；

草甸土，面积 0.0146 万亩，主要分布于白云山顶。

福安市红黄壤和水稻土亚类分布状况简明表

类	亚　类	面积（万亩）	主要分布
红壤	红壤（亚类）	136.65	广泛分布于海拔 500 米以下的平原、丘陵、低山地
	粗骨性红壤	1.99	城阳、社口、康厝、溪潭等地 500 米以下低山高丘陡坡山脊
	黄红壤	17.28	城阳、坂中、上白石、松罗、溪柄等地海拔 600—900 米中低山中下部
	暗红壤	4.39	城阳、康厝、潭头、社口、穆云、上白石、赛岐等地中低山中下坡鞍部和山洼处
	红　土	13.75	上白石、潭头、社口、松罗等山间盆地周围、坡地及山地、丘陵缓坡地带
黄壤	黄壤（亚类）	5.5	上白石等地海拔 700 米以上的中低山地带
	粗骨性黄壤	0.28.	黄壤区的陡坡、山脊、山顶等部位
	黄泥土	0.59	上白石、社口、穆云、康厝等地中低山地坡麓或缓坡地
水稻土	渗育型水稻土	17.40	广泛分布于社口、潭头、康厝、上白石、穆云、城阳、溪潭等地丘陵山地的缓坡地带和河谷高阶、溪河台地
	潴育型水稻土	5.65	甘棠、溪潭、溪柄、社口等地河谷平原、山间盆地和部分山垅的缓坡地带
	潜育型水稻土	0.651	潭头、溪潭等地平原低洼处或山垅谷地，山前坡麓泉水溢出处
	盐渍型水稻土	2.843	下白石、湾坞、溪尾沿海一带塘田

茶地土壤

土层结构：茶树对土壤的土层结构要求，土层深度在 1 米以上，不含石灰或石灰含量低于 0.5%，有机质含量在 1%－2%以上，土壤质地砂、黏适中，通气、透水或蓄水性能好，地下水位在 1 米以下，排水性能良好的土壤。福安茶园的土层结构和土壤质地状况较好，通透性和导热性俱佳，为茶树的生长提供良好条件。中壤土和轻壤土占茶地总面积的88.32%，砂壤土占总面积的7.2%，砂土占总面积的1.28%，重壤土占总面积的3.2%。

茶园耕作层：土壤厚度在15厘米以上为一级，10—15厘米为二级，10厘米以下为三级。福安茶园耕作层土壤属一级的占总面积的81%，二级的占总面积的17.5%，三级占总面积的1.5%。

土壤酸碱度：茶树生长喜酸怕碱，土壤pH值在4.5—5.5之间最适宜茶树生长，pH值高于6.5或低于4.5茶树生长不良，偏碱的土壤茶树不能成活。福安山地红壤、山地黄壤、紫色土、潮土区均有茶园分布，大部分土壤酸碱在4—6.5之间，呈酸性或微酸性，很适宜茶树生育。茶地呈强酸性（pH值小于4.5）的占总面积的5.1%，酸性（pH值4.5—5.5）的占总面积的79.33%，微酸性（pH值5.5—6.5）的占总面积的14.84%，中性（pH值6.5—7.5）的占总面积的0.73%。

土壤有机质：茶地土壤因其类型不同，有机质含量不均，一般趋势是从红壤、黄红壤、黄壤到山地草甸土依次增高，这与土壤所处海拔高度明显相关，总趋势是海拔越高，土壤有机质含量愈多。同一类型土壤，因受局部地形部位、生物小气候影响，有机质也不同。土壤有机质含量大于4%为一级，3%—4%为二级，2%—3%为三级，1%—2%为四级，0.6%—1%为五级，0.6%以下为六级。福安茶地土壤有机质二级的占总面积的25%，三级占总面积的32%，四级占总面积的41%，五级占总面积的2%。

土壤养分：土壤养分主要是指氮、磷、钾三要素的含量。福安茶园土壤全氮含量在0.05%—0.10%之间，平均值为0.075%左右，属较多；磷平均值为7.8ppm，土壤缺磷严重，占总面积的89.84%；土壤缺钾也较严重，占总面积的64.2%。茶园土壤严重缺磷缺钾，茶叶生产必然克服这个障碍。根据茶区土地利用情况来看，还必须做好茶园的水土保持，套种豆科绿肥作物，提高土壤覆盖度，这样既防止水土流失，又增加土壤中的有机质，提高土壤肥力。

植　被

类型

在福建省的植被区划中，福安市属常年温暖叶林地带的常绿槠类照叶林小区。典型植被类型有常绿针叶林、灌木林、常绿阔叶林、混交林、竹林等。

常绿针叶林　全市均有分布，有纯林和混交林。主要有马尾松、杉木林、柳杉林、黑松林。多数为人工林，部分是原生的常绿阔叶林。

灌木林　落叶灌木林主要分布在社口首洋、范坑蛇头等海拔800米以上的山脊；有高度在1.5米左右的以白栎为主的灌木林，混生枫香、黄檀、柃木等。常绿灌木林多分布在陡坡山崖处，主要组成有青冈栎、石栎、丝栗栲等。

常绿阔叶林　多分布在海拔400—1000米之间的山区。上层优势树种以壳木科为主，其次是楠木、光叶石楠、中华杜英、少叶黄妃、毛竹等。林下灌木有黄瑞木、柃木、香槟杜鹃等，草本有中华里白、狗脊、地茬等。层外有猕猴桃、金银花、葛藤等。

混交林　由于亚热带的常绿阔叶林原生植被受到人为的长期破坏，林分质量因而改变，阳性树种马尾松等侵入，逐渐演替为针阔叶混交林。还有人工营造的杉木与棕木、杉木与油桐、杉木与马尾松、马尾松与柳杉等针阔叶混交林。

竹林　主要有毛竹（禾本科刚竹属，俗称猫竹）、绿竹（禾本科绿竹属）、台湾桂竹（禾本科刚竹属，俗称柔竹，常写作篓竹）、木竹（禾本科簕竹属，俗称刚竹）林。毛竹在山区各地均有，绿竹、台湾桂竹和木竹多分布在海拔300米以下的河谷、水滨。

草被 福安大多数荒山均覆盖以芒萁骨为主的草被，混生芭芒、金茅等。在潮湿之处主要生长穗稗、石松、牡蒿、莎草、香附子等。

分布

福安市植被垂直分布、水平分布明显，可分为四个林带。

福安市林带分布状况简明表

林带名称	分布状况	主要树种
山地灌木草甸带	海拔1000米以上地区	福建杜鹃、三花冬青、乌饭、胡枝子、白芒、马兰、野古草等低乔、灌木和草本
针阔混交林带	海拔800—1000米地区	林木以壳斗科为主，伴生针叶树与其他常绿落叶乔灌木如柳杉、马尾松、红花油茶、木荷、杜鹃、柃木、白栎等
照叶林带	海拔500—800米地区	林木以储壳类为主，混生杉木、毛竹、油茶、三年桐，林下植被有刚竹、野海棠、五节芒、高芒箕等
用材经济林带	海拔500米以下地区	杉木、马尾松、香樟、木荷、枫香、油茶、油桐及其他果树，林下及荒山有小叶赤楠、柃木等灌木

河 流

长溪

福安全境属长溪水系。长溪发源于鹫峰山脉、洞宫山脉和太姥山脉，全长171千米，总长868千米，流域面积5638平方千米，是闽东第一大河，也是福建省的第五大河。上游分别为东溪和西溪，两条支源在城阳镇的湖塘坂村汇合；合流后称交溪，向南流经市区时称富春溪，流经溪柄镇宸山村接纳茜洋溪，至赛岐镇廉首村接纳穆阳溪后称赛江，这一段为长溪中游；继续南流至甘棠、下白石镇时称白马河、白马港，是长溪下游；出白马门后注入三沙湾（三都澳），出东冲口汇入东海。

长溪及其主要支流在福安境内长度185.4千米，流域面积1658平方千米。长溪水位的季节变化和年际变化都较大，属山区性河流。据白塔水文站观测，通常每年的5—9月水位最高，11月至次年的3月水位最低，年内最高与最低水位相差最大纪录达14.49米，最小4.24米；长溪多年平均水位海拔20.82米，极端最高水位达34.88米（罗零面基以上米数，出现于1965年8月20日），极端最低水位20.02米（1959年11月）。

东溪

东溪（又名白石溪）发源于浙江省平阳县，至福安市境经范坑、上白石、潭头3个乡镇与西溪在城阳镇的湖塘坂相会，全长94千米，境内长度37千米。

西溪

又名斜滩溪，发源于浙江省庆元县，向东南流经寿宁县，入境后经社口、坂中2个乡镇，在湖塘坂村与东溪汇合，全长103千米，境内长14千米。

后溪
（寿泰溪）
（交溪）
西溪
（斜滩溪）
棠溪
东溪
（白石溪）
（社口溪）
湖塘坂
龙溪
交溪
福安
（下逢溪）
（富春溪）
茜洋溪
穆阳
穆阳溪
廉首
宸山
赛岐
磻溪
赛江
下白石
白马港

长溪水系福安段示意图

茜洋溪

茜洋溪源于柘荣县青岚面，在溪柄镇的坑口入境，至扆山汇入交溪，境内流域面积 142 平方千米，河长 20 千米。

穆阳溪

穆阳溪源出政和县镇前，向东南经周宁县和福安市的晓阳、社口、穆云、穆阳、康厝、溪潭、赛岐等乡镇在廉首村前三江口与富春溪合流，全长 116 千米，境内长度 46.4 千米，境内流域面积 518 平方千米，是长溪在福安境内最大的支流。穆阳溪与富春溪合流之后，水势陡增，形成浩浩荡荡的赛江，奔流入海。

港　道

赛岐港

长溪的下游，又称白马港，古称黄崎港、甘棠港。港道东岸多基岩陡岸，西岸是海积平原，年均盐度 16‰，透明度约 0.4 米。半日潮往复流，涨潮流向北，落潮流向南，流速 2—3 节，年均潮差 5.3 米。潮汐类型属正规半日潮，即在一个太阳日内发生两次高潮和两次低潮，每一潮周期历时约 12 小时 25 分钟。赛江潮汐一天内两次潮的高度几乎相等，涨落潮的时间也差不多长。大潮潮差 6—7 米，小潮潮差 3—4 米。正常月最高潮位在农历初三和十八前后，正常年最高潮位在农历八月、九月的初三和十八前后。赛岐港（白马港）素有“黄金水道”之称，水域自三江口的旧赛江糖厂起至白马门的白马角止，面积 5508 万平方米，岸线长 68.5 千米。该港的两个作业区目前共有 21 个港口泊位。赛岐作业区由上岐头至赛岐客运码头，南北长 2 千米，东西宽 0.6 千米，面积 1.2 平方千米，水深 5 米以上，底质为淤泥；下白石作业区由赛

今日赛江上游两岸（市融媒体中心　提供）

下小港至岐后鼻，宽约 0.6—2 千米，水深 5—16 米，底质为泥沙。5000 吨轮可乘潮抵下白石港区，千吨轮可乘潮达赛岐港区。

盐田港

在福安市东南部、霞浦县西南部间，为福安市与霞浦县的海上交界线。北起盐田村，南至白匏岛北侧，南北长 21 千米，东西宽 1.2—6 千米，面积 30 多平方千米，流域面积 164 平方千米。岸线长约 105 千米，多为泥沙岸间或岩岸。福安市侧长 16 千米，有赤溪、利溪、下邳溪等小溪流入该港。港底由泥沙组成。航道水深约 1—13 米。年均水温 19℃，年均盐度约 24%。属半日潮往复流，涨潮流向北，落潮流向南，流速 2.5 节，年均潮差约 4 米。为三沙湾五大支汊之一，沿岸建小型码头多座。可停泊中型船舶 10 多艘，能避 8 级风。

鲈门港水道

在福安市西南部三沙湾西北侧，显角与喉咙岐角之间。因近似鲈鱼嘴，故名。北起福屿沙坝，南接鸡冠水道，全长 3 千米，宽 1 千米，呈西北—东南走向。水深 6.8—27 米。底质为泥沙。年均水温 19℃，年均盐量 26%。为正规半日潮往复流，涨潮流向北，落潮流向南，年均潮差约 5 米。为出入漳湾港必经之地，在显角建有灯桩。可通千吨轮船。

鲈门港水道（见明 摄）

第二章　茶区与布局

茶区划分

1984年开始，福安县依据茶叶生产区域的分异规律和按照农业分区的原则，结合生态条件，生产历史，茶树品种、茶类等生产特点进行茶区划分；1984年完成《福安县茶叶资源与区划》的编制，将全县茶区分为中低山高丘区、低山高低丘区、河谷平原沿海区等3个区，并对规划和发展该区划范围茶叶生产提出指导性意见。其中茶园面积、年产量、年产值、人口等相关数字均按1984年，1984年9月以后，公社、大队改为乡镇、村。1985—2023年，福安市没有再编制这方面的资料。

中低山高丘区

区域范围：该区包括社口、潭头、上白石、穆阳、康厝、溪潭、坂中、甘棠、下白石，共9个公社146个大队和6个社办场、坦洋国营场、省茶科所、占（蟾）溪林场。茶园面积27173亩，占全县茶园面积的35.52%；年产量727.75吨，占总产量的37.54%；茶叶总产值251688元，占农业总产值26.35%；平均单产32.1公斤。该区社队茶场65个，初制加工厂（所）37个，年产茶百担以上有32个。

区域特点：该区茶园面积大，分布广，是福安县茶叶生产老茶区。该区位于福安县西、北部，属于高海拔的中低山地带，茶区海拔高度一般在300—800米之间，为交溪水系上流，地势陡峻，山峦起伏，沟谷纵横，地表较破碎，除局部花岗岩多数为火山岩发育而成红壤和黄壤土。土层深厚肥沃，一般土层厚达1—1.5米以上，有机质含量1.5%—3%，pH值4.5—6.5之间，年平均温度13.5℃—17℃，≥10℃的总积温在4500℃—5500℃，无霜期可达235—260天，年降雨量1700—2150毫米，属于温凉丰水区。茶树生长期可达230—250天，自然条件优越，很适宜于茶树生育。该区劳力充足，资源丰富，有农业户3.18万户，人口12万人。农业劳力3.17万人，耕地面积11.21万亩。劳耕面积3.54亩，茶耕面积0.86亩，有林地面积达57.26万亩，森林覆盖度达50.52%，植被条件很好。荒山宜茶地3.11万亩，现有大、中、小型水电站36座，装机容量达2.03万千瓦。该区除粮食生产之外，茶叶为大宗经济作物。

区划评价：该区地域范围大，种茶历史悠久，群众生产经验丰富。气候温凉，雨水充沛，土壤质地好，荒山宜茶地多，发展茶叶生产潜力很大。该区是主要经济林和用材林区，木材蓄存量大。能源充足，水力、电力资源丰富，交通方便。但是该区是福安县重点老茶区，茶树以“坦洋菜茶”为主体，茶园面积大，分布广，衰老低产茶园比重大。因此，该区茶叶生产应以巩固现有，抓好“管、改”为中心，提高单产质量为主攻方向。对现有社队茶场的骨干茶园，应加强肥管，培养高产优质。对于部分衰老茶园，坡度过大而水土流失严重，没有改造发展前途，应进行逐步淘汰，退茶还林；对有改造发展前途的，应实行分期分批的“三改一补”的综合改造技术或“改植换种”“增行补植”等措施，改造成新型茶园。对于新发展幼龄茶园，要加强管理和树冠培养，创造早成园，为高产稳产优质打好基础。茶叶初制加工，要着重推行科学制茶，完善机械配套，节约能源，降低本成，提高品质。

低山高低丘区

区域范围：包括上白石、潭头、松罗、溪柄、城阳、赛岐、湾坞、溪尾，共 8 个公社，78 个大队和 4 个社办场，高坂茶场（原红岭茶场）。1985 年茶园面积 1945 亩，占全县茶园面积的 25.55%，年产茶 473.45 吨，占茶叶总产量的 24.42%，茶叶总产值 376887 元，占农业总收入的 7.30%，平均单产 36.8 公斤。该区社队办茶场 41 个，初制加工厂 36 个，年产茶达 5 吨的有 16 个大队（场），是福安县老茶区之一。

区域特点：该区位于福安县东部。其自然条件和生产特点与中低山高丘区大体相近。除局部中山地带，绝大部分为低山高丘地带，茶区海拔高度一般在 300—600 米之间，地势较缓和，地表较完整平坦，山地土壤除局部地区棕红壤与黄壤，绝大部分为火山岩发育而成的红壤土。土层较浅瘦，一般土层在一米左右，有机质含量在 1.0%—2.5%，pH 值 4.0—6.5，年平均温度在 16℃—18℃，≥ 10℃的总积温在 5000—5500℃，无霜期可达 250—265 天，年降雨量 1500—1600 毫米，茶树生长期可达 240—260 天，

晓阳镇的茶园（陈曼倩 摄）

自然条件很适宜于茶树生育。该区有农业户 1.48 万户，人口 6.37 万人，农业劳力 1.85 万人，耕地面积 5.33 万亩，劳耕 2.89 亩，茶耕 1.06 亩，林地面积 29.61 万亩，覆盖度达 45.70%，有荒山宜茶地 1.64 万亩。现有大、中、小型水电站 21 座，装机容量 0.11 万千瓦。该区除粮食生产之外，茶叶为大宗经济作物。

区划评价：该区范围较大，种茶历史悠久，群众生产经验丰富。海拔高度分布较一致，地势缓和平坦，气候温和，雨水充沛，土壤质地好。荒山宜茶地多，能源、水利电力资源丰富，交通方便。该区衰老低产茶园的比重大，良种少，管理粗放，单产低。今后应以稳定面积，抓好“管、改”措施，主攻提高单产和质量。

河谷平原沿海区

区域范围：该区包括社口、上白石、潭头、穆阳（镇）、坂中、城阳（镇）、康厝、溪潭、溪柄、赛岐（镇）、甘棠、下白石、湾坞、溪尾，共 14 个社（镇），221 个大队和 13 个社办茶场，高坂茶场（原红星茶场）、化蛟林场、农科所、湾坞农场、农校等。1985 年茶园面积 20850 亩，占全县茶园总面积的 39.02%，年产茶 736.4 吨，占茶叶总产量的 37.99%，茶叶产值 2799641 元，占农业总产值的 10.65%，平均单产 36.4 公斤。社队办茶场 118 个、初制加工厂 64 个，年产茶 5 吨以上队场 41 个，为福安县新发展茶区。

区域特点：该区位于福安县中南部的交溪河谷两岸和沿海部分，区域形成狭长河谷地带。海拔高度由中部向南分别为 50-60 米、30—40 米、10 米以下的河谷丘陵、平原、海堆积平原。地势起伏日小，地表完整平缓。中部河谷丘陵由火山岩和部分花岗岩发育而成的红壤土和红黄土；泥土和沙质土所成的。土层深厚肥沃，可达 2 米以上，有机质含量达 2%—4%，pH 值在 5—7 之间，年平均温度 18℃—20℃，≥ 10℃的总积温 5500℃—6000℃。无霜期可达 280—295 天，年降雨量 1400—1600 毫米，茶树生长期可达 280—300 天，除沿海部分海积土和河谷平原沙质土壤，都适宜于茶树生育。

该区有农业户 4.75 万户，人口 22.59 万人，农业劳力 6.88 万人，耕地面积 16.55 万亩，劳耕 2.41 亩，茶耕 0.43 亩，山林面积 37.51 万亩，有荒山宜茶地 1.26 万亩，现有大中小型水电站 32 座，装机容量 0.43 万千瓦。

区划评价：该区区域范围最大，属于低海拔，地势平坦，河谷平原面积大，河面流域宽广，水利电力丰富。气候温和，雨水较充足，水热条件好。土壤性状除局部沿海偏于碱性和盐土壤，都适宜于茶树生育。

沿海低海拔地区茶园（魏文 摄）

该区人口稠密，属于人多地少，劳力充足，机耕、水利、资金、农业科技等都较之发达，是福安县粮食主产区，也是油料、茉莉花等经济作物主产区，多种经营门路广，与茶叶生产有举足轻重关系。因此，也与茶叶争地、争劳力、争肥、争季节的矛盾很突出。

该区是在20世纪70年代发展起来的新茶区，发展速度快，茶园面积大，分布广，集中成片，是福安大白茶等主要优良品种的推广栽培基地，茶园基础好，专业性茶园多，管理好，单产水平较高。不少场队大面积单产在50—100公斤以上，实力雄厚，前景广阔，为福安县建立茶叶生产商品基地奠定了良好基础。因此，今后应以稳定面积，巩固现有，提高单产，建立高稳产优质，为茶叶生产基地打好基础。同时，由于该区适宜于发展茉莉花生产，应大力地发展茉莉花生产，实行茶花并举，为福安县花茶生产开拓新局面。

茶园分布

水平分布

福安茶园面积大、分布广，山地、丘陵、盆谷、平原均有分布。2022 年全市茶园总面积26万亩（17274公顷），分布在20个乡镇（街道）的439个建制村。其中面积万亩以上的乡镇9个（社口41877亩，范坑27281亩，潭头26917亩，上白石22230亩，城阳17974亩，溪柄16730亩，晓阳16087亩，穆云15367亩，甘棠11422亩）合计195885亩（13059公顷），占全市茶园总面积的75.6%。

垂直分布

福安茶园集中分布在低山、高低丘陵地带。根据测绘普查，海拔500米以上的茶园约占茶园总面积的30.41%，海拔300—500米之间的茶园约占茶园总面积的17.54%，海拔100—300米之间的茶园约占茶园总面积的37.03%，海拔100米以下的茶园约占茶园总面积的11.21%。

2023年福安市茶园垂直分布状况表

单位：（米、亩、%）

茶园分布区域	茶园所在乡（镇、街道）	海拔高度	面积	占比
中低山高丘区	城阳、范坑、甘棠、康厝、穆云、上白石、社口、松罗、潭头、溪柄、晓阳	800以上	9882	3.81
	坂中、城阳、范坑、甘棠、康厝、穆云、赛岐、上白石、社口、松罗、潭头、湾坞、溪柄、溪潭、溪尾、下白石、晓阳	500—800	78793	30.41
低山高低丘区	坂中、城阳、范坑、甘棠、康厝、穆云、赛岐、上白石、社口、松罗、潭头、湾坞、溪柄、溪潭、溪尾、下白石、晓阳、穆阳	300—500	45442	17.54
河谷平原沿海区	坂中、城阳、范坑、甘棠、康厝、穆云、赛岐、上白石、社口、松罗、潭头、湾坞、溪柄、溪潭、溪尾、下白石、晓阳、穆阳、城北、城南	100—300	95956	37.03
	坂中、城阳、甘棠、康厝、穆云、赛岐、上白石、社口、潭头、湾坞、溪柄、溪潭、溪尾、下白石、穆阳、城北、城南	100以下	29036	11.21
合　计			259109	100

地块分布

福安地貌类型结构比较复杂破碎，按地块大小不同，茶园可分为3种类型。零星分散，地块在3—5亩之间的，约占茶园总面积的24%，这部分茶园多为1949年前遗留下来的旧茶园；茶园较成片（块），地块在5—50亩之间的，约占茶园总面积的36%；集中连片，地块在50亩以上的，约占茶园总面积的40%。

生产布局

历史上福安茶业的生产布局基本上处于自然状态。20 世纪 80 年代开始对茶业生产进行主动布局。各茶业生产单位根据生产现状，按照茶区差异、生产内部结构、农业经济体系与茶叶市场产销的一致性，以及生产关系，茶类和茶树品种，气候、土壤等地域的分异性，安排茶业生产布局。

茶叶商品基地

建立茶叶商品基地的意义在于充分发挥福安茶叶自然资源和经济资源的优势，促进茶叶生产发展，保证国内外市场的需求，同时达到投资省、效益大的效果。

20 世纪 80 年代，福安县在主产茶区社口公社、新茶区甘棠公社、高山茶区松罗公社划出 3 大片作为茶叶商品基地。基地共 37 个场队（其中国营茶场所 3 个，社办场 3 个，大队茶场 31 个），茶园面积 10700 亩，占全县茶园总面积的 13.98%；茶叶产量 457.15 吨，占总产量的 22.21%；产值 1598084 元，占总产值的 22.81%；茶叶平均单产 111 斤，比全县单产高 18.6 公斤。

茶叶商品基地特点：自然条件好，茶园集中连片，基础好，专业性茶园多；优良品种多，栽培管理技术高；劳动力充足，交通方便；茶叶产量多，单产高，质量好，茶类较多，商品率高，商品量大，在市场有竞争能力；有一定的规模和发展前途。

基地建设措施：加强基地场队的技术培训，提高科学管理水平和操作技能，总结生产经验，抓好典型示范与新技术的推广应用；抓好提高单产，建立高稳产优质的茶园和低产茶园“三改一补”的综合改造技术措施，建立新型的丰产茶园；改进初制工艺，提升产品质量，创造新产品；加强领导，分类指导，在技术力量、物质条件等方面上予以支持，加速基地建设。

茶类生产基地

红绿茶类生产：近代以来至 1969 年，福安主产红茶，也产绿茶，因坦洋菜茶（福安菜茶）适制红茶也适制绿茶，因而成为全县的基本茶树品种。1969 年后，红茶外销出口受阻，福安整体上实行“红改绿”，改制烘青绿茶，并以之为窨制花茶胚，生产茉莉花茶。同时仍少量生产红茶，根据国际市场的需要，以销定产，使历史名茶“坦洋工夫”没有“断档”，并根据市场需求，不断改进工艺，提升产品质量。

乌龙茶类生产：20 世纪 80 年代有少数场队试产乌龙茶。由于当时福安县在加工技术、机械设备、茶树品种等方面都与乌龙茶生产不相适应，产品质量没有过关。因而在较长时间内不提倡乌龙茶类生产。

20 世纪 80 年代中后期，福安县有计划地调整茶树品种布局，逐步实现良种优势，确定适制茶类的栽培品种。以福安大白茶、福云 6 号、福云 7 号、大毫、福鼎大白茶等早芽品种为主体，适当搭配毛蟹、梅占等中芽品种，这些品种都适制于红茶、绿茶和乌龙茶类生产。

茶产业发展布局

2013 年《福安市茶产业发展五年规划（2012—2016 年）》对茶产业的发展进行布局。

◎茶树良种繁育区

规划建设以甘棠镇和社口镇为核心的茶树良种繁育区，在溪柄镇建立茶树良种繁育备用区，以满足扩大生产之需。

福安市茶产业布局图（市茶产业发展中心 提供）

◎茶树种植区

在晓阳、范坑、松罗等高海拔乡镇，以及其他乡镇高海拔山区，发展绿色、有机等高标准、高品质、高附加值茶叶种植基地。

◎茶叶加工集中区

在甘棠、社口、坂中等地规划建设茶叶初精制加工集中区，其他茶叶主产乡镇也要规划建设加工小区，促进茶叶加工清洁化、标准化。

◎茶叶交易区

完善中国海峡大茶都和城北坂中桥头茶叶贸易集散市场建设。在岩湖坂规划新建现代化茶叶专业批发市场，配套建设茶叶质量检测平台、商务电子网络信息平台及茶叶物流基础平台。

◎茶旅休闲区

推进茶产业与文化创意产业、休闲旅游相结合，在社口镇高起点规划建设“坦洋工夫”中国红茶文化产业园，打造“坦洋工夫”历史文化展示区、现代茶业加工区，建设融茶艺、茶饮、茶食为一体的茶文化主题公园，开发推广坦洋古民居茶文化旅游；与畲文化结合，挖掘畲族宝塔茶、新娘茶等畲族茶文化，在穆云溪塔葡萄沟沿线开发民族风情游；与生态观光结合，建设茶叶庄园，开发养生休闲游等。

以上“发展布局”在实施过程中，根据情势的变化和发展有所调整。2023年福安市茶产业的布局如下。

茶产业强镇：社口镇；

茶叶交易区：福安城区；

茶叶加工集中区：社口镇、坂中乡；

全国区域性（茶苗）养种繁育基地：甘棠镇；

茶树生态种植基地：范坑乡、上白石镇、潭头镇、社口镇、晓阳镇、穆云乡、康厝乡、坂中乡、城阳镇、溪柄镇、松罗乡、赛岐镇、溪潭镇、甘棠镇。

潭头镇的茶园（陈曼倩 摄）

第三章　产茶村落

生产体制

个体生产

从古代到近代，福安的茶叶生产都是以一家一户为基本单位的个体生产。茶农将自产的茶鲜叶或经初加工的毛茶卖给茶行茶厂，获取微薄的山价报酬；茶行茶厂按市价收购茶农手中的茶鲜叶或毛茶，然后精制加工成商品茶出售。

1950 年土地改革以前，福安土地为封建私有制，土地关系主要是租佃关系。经过土改，没收地主的土地，征收祠堂、庙宇、学校及富农和半地主式富农、工商业者和小土地出租者等的土地，使无地少地的农民分得土地，封建土地所有制转变为农民个体土地所有制，从而激发广大茶农的生产热情。

1951 年，全县毛茶产量 721 吨，1955 年增加到 736.5 吨；从 1951—1955 年，福安全县共生产 3542.5 吨毛茶，基本上是以家庭为单位的个体生产。

集体化生产

1955 年，福安农村全面向高级社过渡，并对土地实行无代价入社，重要生产资料折价入社，收归集体所有。1956 年，福安专署茶叶技术指导站和县茶叶技术指导站组成联合调查组，分别在社口坦洋村、上白石西园村、城郊洋中村作茶园折价入社工作试点，并采取群众自报公议办法实行定面积；对篱笆式、丛栽稀植和农茶间作茶园按 300—350 丛为 1 亩。定产量：按每 2 公斤茶青折 0.5 公斤干毛茶计算，估算时，对老、壮、幼的茶树按各占三分之一估产，当年产量确定后，再加二年，合计三年产量为标准；定产值：折价按当时国家制定毛茶收购价格为依据，一般按每 50 公斤毛茶的中等级价格的 70—96 元（春茶为 90—96 元，夏秋茶为 70—78 元）计算。定报酬：产量和价格确定后，扣除当年生产成本，茶叶税收，除公共积累部分（大约占每 50 公斤干毛茶价格的 40%—45%）外，为社员所得报酬，一般分三年付清。通过试点工作后，在全县茶区全面铺开，至 1957 年底，基本完成茶园折价入社工作。1958 年，进入人民公社化，茶园收归集体所有，并实行统一经营，大队核算，按劳分配的管理制度。在各级政府的大力扶植下，茶叶生产得到迅速的恢复和发展。1961 年贯彻《人民公社工作条例六十条》时，把基本核算单位下放到生产队，并实行“统一领导，分级管理，三级所有，队为基础，独立核算”的经营体制和分配方式。1962 年，继续贯彻“调整、巩固、充实、提高”的方针，稳定生产秩序，茶叶生产进入正常发展轨道。茶叶体制开始由生产集体经营转变为多种结构的经营方式：一是茶园生产队所有，实行统一经营，统一分配；二是几个生产队所有，联合经营，收入扣除生产成本、公共积累和扩大再生产部分，按劳分配给各生产队，再由生产队统一分配；三是大队所有，经营所有权归大队，常年固定劳力管理，单独核算，收益按分成比例的 3 ∶ 7 或 4 ∶ 6 进行分配；四是公社所有，专业管理，劳力由各生产大队统一调配，并实行独立核算，自负盈亏，定额上交集体积累。

承包责任制

1978 年 12 月，中共十一届三中全会后，农村进行经济体制改革，全面推行农业承包责任制。1982 年起，全县除国营茶场实行职工家庭农场承包形式和部分乡镇茶场保持原经营体制外，全面推行统分结合的联产承包责任制。其承包经营方式有小段包工，定额管理，联产计酬，上缴积累；承包到组到户或到人，实行定产量、定产值、定成本、定上交积累；转让承包，实行经营权转让，自主经营。茶叶生产体制变革，调动广大群众的生产积极性，促进生产力的快速发展。此后，随着经济体制改革的不断深化，经营方式也不断得到完善，出现个体茶叶专业户、经济联合体、乡村自办企业等多种形式并存的经济实体。

茶村分布

1935 年的茶村

民国 24 年（1935 年）福安县立职业学校茶场编印的《福建福安茶业》：“福安遍地植茶，七区九十九乡镇无处不产茶叶。”这一年福安产茶乡镇（村）如下。[①]

韩阳区　韩坂、察阳、长汀、坂中、溪东、湖口、岩湖、秦溪、官洋、枢洋、化蛟、黄澜、柳缠；

东溪区　棠溪、上潭头、沙坑、漈源、太篷、东崑、车岭、财洪、建柄、上白石、佳浆、范坑；

西溪区　社口、坦洋、龟龄、林柄、晓洋、前洋、首阳、三坑、山里、吉洋；

穆洋区　穆洋、黄坂、苏家坂、桂林坂、樟垄、西坑、芹竹洋、隆坪、桥溪、后洋、篷山、留洋、渡头、社洋、牛岭尾、西铭、梧溪、铜岩；

赛岐区　赛岐、廉首、象环、溪柄、茜洋、柏柱、墩面、洋西、柳溪、大夏、溪南、磻溪、双峰、岳秀、西隐、廉村、洪口、城山、凤林、富溪、潭头；

甘棠区　甘棠、外塘、南塘、山下、鹳里、大留、苏洋、江兜、大象、太康；

黄岐区　下白石、绣溪、前山、下邳、藤头、大梨、六屿、奎屿、大获、楼下、荷屿、湾坞、马头、鹳屿、浮溪。

1941 年的茶村

民国 30 年（1941 年）福建省政府统计处出版的《福建之茶》（唐永基、魏德瑞编撰）载，福安县产茶村计 106 个。

---

① 据民国 24 年（1935 年）福安县立职业学校茶场《福建福安茶业》（陈鸣銮编撰）；民国 25 年福建省政府建设厅《福建茶产之研究》。

韩坂、察阳、长汀、坂中、溪东、湖口、岩湖、秦溪、官洋、枢洋、化蛟、黄澜、柳堤、仙岭、洋面、白沙、棠溪、上潭头、沙坑、潦源、太蓬、东崑、车岭、财洪、建柄、上白石、佳浆、范坑、社口、坦洋、龟龄、林柄、晓洋、前洋、首阳、三坑、山里、吉洋、穆阳、黄坂、苏家坂、桂林坂、樟垅、西坑、芹竹洋、隆坪、桥溪、后溪、蓬山、留洋、渡头、社洋、牛岭尾、西铭、梧溪、铜岩、赛岐、廉首、象环、溪柄、茜洋、洋西、柳溪、大夏、溪南、磻溪、双峰、岳秀、西隐、廉村、洪口、城山、凤林、富溪、潭头、甘棠、外塘、南塘、山下、鹳里、大留、苏洋、江兜、大象、太康、下白石、绣溪、前山、下邳、藤头、大梨、大屿、奎屿、大获、楼下、荷屿、湾坞、马头、鹳屿、浮屿、岭下、青溪、王家洋、茶洋、九龙、过洋。

全县茶农28000户、78000人。分别占北路即闽东各县区茶农总数74062户的37.8%、277720人的28.1%。福安茶户年产干毛茶最高10担，最低1担，普通2担。

1975年的茶村（生产大队）

1958年人民公社化后，全县各公社除沿海部分生产大队外，其他生产大队均产茶。以1975年为例，全县15个公社（镇），辖310个大队，产茶的生产大队共有276个，占89%；1984年以后，生产大队改为“村”（建制村）。

城关镇：前进、后垅、东棠、南郊、南湖、程家垅、阳上、阳下、阳尾、环溪；

城郊公社：后楼、荷洋、洋面、楮坪坑、洋中、官洋、马上、占洋、秦溪、中村、林洋、溪东、瓮窑、岩湖、林家洋、阮家洋、白塔、湖塘坂、化蛟、铁湖、白坑、茶洋、日山、马下；

坂中公社：坂中、湖口、坑下、长汀、仙源里、南岸、冠岭、亭兜、江家渡、和安、岩林、许坪、井口、沙洋、铜岩；

上白石公社：白石、沙坑、前洋、坪庄、郑家山、东坑、佳浆、财洪、南山头、松茂林、上白石曹洋、坑尾、姜家山、山头仔、范坑、竹柄、墩头、马头、山岫宅、上坪、岭头、洋山、蛇头、东蒲、咸洋；

潭头公社：潭头、东坑、大庄、泥洋、东昆、枢洋、柯洋、南岩、东岭、棠溪、坑洋、汾洋、柘头、太逢、上坑、坑口、后洋、下洋、半坑；

社口公社：社口、坦洋、坑里坑、岭下、路下、谷口、晓洋、首洋、南溪、半山、上山、利岔、填头、龟龄、山里、洋中、沙溪、吉洋、岩坑、大坪、岭头；

穆阳公社：穆阳、苏堤、桂林、溪亭、隆坪、温洋、里村、外村、玉林、南山、中沃、玉楼、下逢、贵洋、燕洋、咸福、蟾溪、黄如；

康厝公社：康厝、赤坂、南洋、高台、红坪、东山、彭洋、洋溪、金潭、凤洋、社洋、西铭、福源、施洋、秋岭、湖洋、界竹、渡尖、填秦、洋坪、象地、岭尾；

溪潭公社：城山、马山、凤林、廉村、山石、兰田、洪口、洋头、沙岩、陈家山、张家山、东凤、岔口、双峰、溪填、磻溪、岳秀、王里、瓜溪、西安、芹洋、岭头、周华；

甘棠公社：东门、西门、南门、北门、南塘、上塘、外塘、港岐、大留、小留、樟港、坑门里、国泽、奎住、英岐、牛柏洋、观里（鹳里）、山下、湄洋、吴洋、岭尾、大车、可洋、何厝、山头庄、过洋；

下白石公社：半岭、外山、凤山、顶头、斗门头、下白石、通湾洋、白招、湖塘、章沃、平岗、章坑、大获、牛山、下岐；

湾坞公社：湾坞、马头、梅洋、岭头、深安、上洋、下塘、下广、炉山、寒洋、半岭、福岭、白莲；

溪尾公社：坂中、石合、林洋、利洋、新洋；

松罗公社：松罗、洋西、牛溪、后洋、尤沃、岭头、柳溪、茶洋、古厝、王棣、王加、赤溪、杜坑、南溪、金山；

溪柄公社：溪柄、红星、新桥、龙港、长洋、新洋、黄沙、新浦、白沙、水田、楼下、立峰、东盾、立新、莆洋、横坑、溪南、坑口；

赛岐公社：上游、宅里、赛里、廉首、新江、红光、青江、苏洋、长岐、大盆、小盆、江兜、宝洋、向阳、首洋、太坤。

2023年的茶村

2023年全市有20个乡级行政单位（乡、镇、街道）辖439个建制村，其中产茶村有400个，占91%。全市有毛茶初制厂约260家，分散在各重点茶村。

城南街道：程家垄（合计1个）；

赛岐镇：赛里、店前、郭厝坪、宝洋、秀洋、桃洋、大象、泰康、象环、青江、溪里、苏洋、长岐、下长岐、泥湾、大盘、小盘、江兜、大叶、廉首、狮子头、宅里、梨园、下埔（合计24个）；

穆阳镇：穆阳、苏堤（合计2个）；

城阳镇：后楼、荷洋、洋面、堵坪坑、仙岭、上沃、官洋、马上、占洋、秦溪、石门院、中村、林洋、溪东、岩湖、雁塔、林家洋、阮家坑、东口、铁湖、白坑、赤岭、茶洋、纸坪、日山、马嘉、瓮窑、湖塘坂、化蛟、留洋、王湾（合计31个）；

坂中畲族乡：仙源里、坑下、长汀、南岸、和安、仙岩、大林、许洋、后门坪、井口、彭家洋、汤洋、铜岩、冠岭、亭兜、廉岭、日宅、江家渡、湖口（合计19个）；

上白石镇：上白石、流尾、前洋、沙坑、圆潭、不老、里垄坑、坪庄、山头境、郑家山、东峰、佳浆、白石坂、财洪、南山头、松茂林、曹洋、西园、小洋、坑尾、姜家山（合计21个）；

范坑乡：范坑、墩头、竹柄、徐家山、马冈、上坪、领先、半坑、仙岫宅、蛇头、毛家坪、八斗、古岭宅、洋山、咸洋、东洋、蒲家山（合计17个）；

潭头镇：潭头、富罗坂、东升、泥洋、高岩、大庄、建柄、渔溪洋、西洋境、棠溪、东昆、枢洋、柯洋、南岩、千诗亭、东岭洋、汾洋、祠堂前、柘头、后洋、鹅山、上坪洋、西坑、太逢、东坑、坑坪、下洋、半坑、后湾垅（合计29个）；

社口镇：社口、大坪、岩下、秀峰、林柄、龟龄、公岐、山里、坑里坑、坦洋、仙溪、溪口、上山、填头、吉洋、溪坪、荣岭头、谢岭下、潘洋、岩坑、沙溪、利岔、牛山湾、岭后（合计24个）；

晓阳镇：晓阳、谷口、龙洋、墙坪、马洋、南源、首洋、下南溪、东源、岭下（合计10个）；

穆云畲族乡：桂林、洋坪、燕科、虎头、溪塔、高岭、黄儒、上洋、玉林、双溪、南山、咸福、蟾溪、龟凤、竹州山、外洋、外垄、外厝、下村、上村、里楼、温岩、燕坑、岭坑、桥溪、贵洋、王楼、梨田、下逢、翁洋、中岙、科后、隆坪（合计33个）；

康厝畲族乡：康厝、邮亭、苏坂、高台、红坪、竹岙、东山、彭洋、洋溪、梧溪、长潭、金斗洋、凤洋、社洋、宋家、西铭、大坑、福源、秋岭、施洋、杜家洋、湖洋、界竹、赤路、岗头、渡头、填秦、象地、石尖、牛岭尾、半山、南洋（合计32个）；

溪潭镇：溪填、城山、溪北、马山、双峰、凤林、濑头、濑尾、濑洋、岔口、前埔、仙石、廉村、兰田、王里、洪口、上湾、洋头、沙岩、陈家山、张家山、西隐、岳秀、岐山、磻溪、下庄、院前、西安、瓜溪、芹洋、吉坑、岭头、华岩、周家山（合计34个）；

甘棠镇：西门、东门、南门、北门、上塘、港边、南塘、外塘、后岐、港岐、国泽、春雷云、牛加洋、奎住、英岐、牛柏洋、厝坪、山下、倪下、吴洋、观里、湄洋、何厝、铜坑里、山头庄、小岭、可洋、岭尾、过洋、大车（合计30个）；

下白石镇：林门头、章岭、王坑、外山、凤山、顶头、小梨、斗门头、大梨、通湾洋、亨里、湖头、塔里、下赤、金腰带（合计 15 个）；

湾坞镇：宝林、寒洋、岩下、池头、白莲、湾坞、梅洋、坑源、福岭、宝岭、下塘、下广、半岭、深安、徐江、上洋、炉山、马头（合计 18 个）；

溪尾镇：溪边、众坑、坎下、林田、仙洋、利洋、坂村、湖岭、石合（合计 9 个）；

松罗乡：松罗、洋西、牛落洋、后洋、尤沃、岭头、满洋、柳溪、茶洋、古厝、王棣、王加、大坪里、赤溪、杜坑、后溪、山界、南溪、金山（合计 19 个）；

溪柄镇：溪柄、立峰、北山、仙洋里、宸山、田坂、长洋、港里、龙潭面、水田、黄澜、浦后、白沙、楼下、榕头、斗面、东坪、山下、三村、溪南、茜洋、采花桥、坑口、横坑（合计 24 个）；

罗江街道：罗江、南安、小留、樟港、加招、大留、北山、坑门里（合计 8 个）。

重点茶村

坦洋村

坦洋村位于福安白云山东麓，社口镇西部，距镇区 6 千米，社（口）晓（阳）公路横贯东西，下辖坦洋、岩头面、岩头下、山头 4 个自然村，全村面积 6.75 平方千米。1958—1984 年，实行社队体制，坦洋大队分 11 个生产小队，主村坦洋 7 个，其余 4 个自然村各 1 个。改革开放以后，坦洋村发生了深刻的变化。1989 年坦洋村党支部获得“全国先进基层党组织”荣誉称号，2014 年坦洋村入选“中国传统村落”，2018 年入选“中国历史文化名村”。

已知第一批次到坦洋迁居的有黄、朱、胡、施四个族姓。综合诸姓族谱信息，可知坦洋的人文历史当从明万历年间正式算起，迄今四百多年。据族谱记述，坦洋村“原竹坂里，号桂香……桂香山，吾乡之旧里名也。”清乾隆二十七年（1762 年），“坦洋”村名正式出现在官修的《福宁府志》上。

坦洋事茶的历史始于明晚期。胡氏先祖入迁不久便开辟了多处茶山，其后裔还培育出“坦洋菜茶”良种。据文献记述，清咸同间建宁茶客将红茶制法传入坦洋，胡氏万兴隆茶庄率先试制成功，后各茶庄争相仿效，经过茶人的共同努力，形成“坦洋工夫”品牌。民间一说坦洋工夫红茶系坦洋胡氏四世祖桂禹（福四）于乾隆年间创制，今胡氏祠堂边立有他的雕像。

坦洋村的门楼

从晚清到民国后期，百年间坦洋村有胡、施、王、吴、郭等 5 个较大的茶商家族，此外民国时期还有余、章、俞、詹、刘、张、李、林等姓茶商在这里发展。在相当长一段时间里，各家茶商携手联合，有效促进红茶贸易，在茶业发展史上值得充分肯定。1915 年，福安商会茶（坦洋工夫

坦洋上街（见明　摄）

红茶）获巴拿马万国博览会金奖，坦洋村因“坦洋工夫”闻名，坦洋红茶贸易进入一个鼎盛时期。民国37年（1948年）全县有茶行82家，坦洋占去13家。

20世纪50年代初期，国家将茶叶纳入统购统销管理，私营茶庄全部取消；同时成立“福安茶厂坦洋分厂”（后改名“坦洋茶叶初制厂”），收购周边茶区茶农的茶鲜叶，制成毛茶，为福安茶厂提供生产精制茶叶的原料。1969年茶叶加工生产实行“红改绿”后，坦洋初制分厂继续生产少量工夫红茶。

从1955年开始，坦洋村从农业生产初级社向高级社过渡，并且对村里实行土地无代价入社，一些重要生产资料也折价加入高级社，收归集体所有，包括茶园及生产工具也归公，社员在生产队劳动，评工记分、按劳取酬。1956年，福安专区和福安县两级茶叶技术指导站组成联合调查组在这里做试点，确定面积，估算产量，计算产值，总结茶园折价入社经验，至1957年基本定完茶园折价入社工作。坦洋村为全县人民公社化、茶园收归集体所有，实行统一经营，大队核算，按劳分配的管理制度，提供“坦洋经验”。

1980—1982年，坦洋村全面推行联产承包责任制，在对茶园承包经营方式上采取灵活机制，小段包工，定额管理，联产计酬，上缴村级集体积累，承包制逐步推开。先是联产承包到组，后是到户，分到人头，实行定产量，定成本，定上交积累，也允许转让承包。由于机制灵活，自主经营、自负盈亏，个人收入占大头，调动村民种茶积极性，促进茶叶生产快速发展。

20世纪80年代后期至90年代初，实行联产承包责任制过程中遇到新的问题，即村里部分农民守着“祖宗山”“祠堂山”不开发，有垦山种茶积极性的茶农却苦于无地可种，开发种茶与不让开发之间产生矛盾尖锐。就在此时，坦洋村党支部带头大胆打破“祖宗山”“祠堂山”的束缚，实行“谁种谁收益”，开垦抛荒山地，盘活土地要素，解放和发展生产力。村里茶叶开发面积迅速扩大。

1992年5月，福安市召开“加快改革开放步伐动员大会”，镇政府贯彻会议精神，为坦洋村农业综合开发，促进茶产业发展带来了新的契机。1995年，坦洋村茶产量175吨。

20世纪80年代后期茶叶流通体制改革后，村里就成立公司，是福安首批村办茶叶企业之一。此后坦洋的茶产业不断壮大，2019年“坦洋茶谷”成功入选“中国美丽茶园”。2022年全村茶叶产量459吨，茶叶产值约 1.03 亿元；农民人均收入 28956 元，居市、镇上乘水平。

“青山不老，绿水长流，喝过坦洋工夫茶，人走情常在。”1990 年 5 月 4 日，时任宁德地委书记的习近平离任闽东时，到坦洋看望乡亲，他握着老支部书记刘少如的手，留下的这些话语永远铭刻在坦洋人心里。

岭下村

岭下村卫星图

岭下村位于晓阳镇的北部，与社口镇毗邻，社晓公路从村前通过，距镇政府驻地 7.7 千米，距福安市区 39 千米。村域土地面积 6.8673 平方千米，辖 3 个自然村；田地面积 1036 亩，山地面积 9596 亩，森林覆盖率达 78.35%，主要产业为茶叶、葡萄。

该村初建于宋代。据《福安吴姓志》记载，南宋淳祐九年（1249 年），金书、玉书两位先祖从福安阳头察阳迁居晓阳谷岭。玉书后裔于明时从谷岭上祠分支建立谷岭夏祠；现有人口 500 多人，其中迁往社口、坦洋约 70 人。现村里有吴、陈、文、戴、黄、李、吕、简等姓，吴姓为主。

岭下村，明万历二十五年《福安县志》为“觚岭”；延陵吴氏宗谱作“谷岭”；清代乾隆、光绪编修的《福安县志》均为“岭下”，与周边路下、坦洋、溪坪、溪口、四蒲等村同属平溪里九都一图。1949 年 10 月，岭下与路下合并为岭路保，有 291 户 900 人。1950 年 4 月，保改为乡。1953 年岭路乡有 329 户 1005 人。1959 年 9 月，乡改为公社，岭路公社属社口区，其中岭下大队有 144 户 562 人。1968 年，岭下大队属社口公社，有 146 户 577 人。1975 年有 157 户 725 人。1984 年大队改村（建制村），辖岭下、外坑、岭头亭、黄马坑、下刘坑等自然村，属社口乡。1985 年改属晓洋乡，1992 年属晓阳镇迄今。2023 年，全村户籍 952 户 800 多人，常住 222 户 781 人，有 7 个村民小组。

该村地处山区，海拔 658 米，四野林峦耸翠，云壑苍茫，风景优美，生态极佳，很适合茶树的生长。清朝咸丰、同治年间，坦洋村茶事勃兴，茶商四处收购毛茶，极大地刺激了岭下村的茶叶生产，成为坦洋工夫重要的原料基地之一。岭下吴士举之子斯聪生有七男一女，多人事茶，其中步云、步升、步洲尤其出色。步云后来去坦洋学做生意，咸丰年间与王姓茶商共同经营祥生记茶庄，参与“坦洋工夫”红茶的品牌创建；后来两家分开经营，步云独掌生记茶庄。步升做茶生意也十分严谨。光绪二十九年（1903 年），其子吴庭元继承父业，打出“元记”商号，把坦洋工夫做大做强，走出白马门，到福州、香港发展，成为当时福建有名的茶叶巨商。步洲更关注福安全县的茶业发展，清宣统二年（1910 年），发起成立福安茶业研究会，是福安最早的茶商组织，对全县茶业事实上施行管理。吴家兄弟的茶生意风生水起，不但在坦洋等地鼎建豪宅和精制茶厂，而且在老家也建起许多涉茶建筑。其中步云在老家岭下建有二厂（茶厂、装箱厂）四宅，而且在县内外多地购置产业、建立茶行。村里老屋甚多，大宅院比比皆是，都是茶叶经营获利的成果。其中一座九层楼木结构建筑，叠床架屋，光梯子就有 36 条，令人叹为观止。此外，还有许多保护较好的古建筑，除了传统民居，还包括路、桥、水井、宫庙等。2019 年 6 月，岭下村被国家住建部列入第五批“中国传统村落”名录。

改革开放以后，岭下村在多种经营的同时，大力发展茶业生产。村民吴旭钦于 2011 年创办漳州市芗城区一杯春茶行，后又于 2016 年创办福安市一杯春茶厂，进行精制茶叶加工。村民陈明章于 2017 年在晓阳镇区合伙创办“福建省盛茗雅苑茶叶有限公司”，以岭下等村茶园为原料基地，进行茶叶产制。2022 年，全村茶园面积 1013.55 亩，毛茶总产量 111.49 吨。岭下村还是福安本地良种“岭路大白茶”的原产地之一。岭路大白茶品种适应性强，适制红茶、绿茶，品质尚佳。20 世纪 60 年代开始通过无性繁殖方式推广试种。

（陈红光）

棠溪村

棠溪村隶属于潭头镇，距镇区 5 千米、福安城区 20 千米，人口 3600 余人，是潭头镇人口最多的行政村。美丽的棠溪从村边流过，村以溪名。村名在明万历《福安县志》为“长濑”，清乾隆、光绪编修的县志均作“棠濑”，民国 18 年（1929 年）定为今名迄今。2008 年后因在登烛桥附近发现“武陵溪”石刻，村民遂将此作为溪流的别名。

根据族谱的记述，早在北宋初期就有先民到此迁居，可知棠溪也是一个有千年历史和深厚文化底蕴的传统村落。棠溪村拥有市级文物保护单位 3 处，2014 年迄今先后被命名为“中国最美休闲乡村”“全国生态文化村”“中国传统村落”“国家森林乡村”。

棠溪事茶历史也很悠久。清末坦洋工夫红茶在福安大放光彩，坦洋茶商施光凌娶棠溪女为妻，两村结为姻亲，来往密切，传为佳话。棠溪村制茶师众多，技艺娴熟，施家特聘多人为其茶行制茶，茶师们

水乡棠溪（如玉　摄）

齐心协作，共为“坦洋工夫”尽力。光绪二年（1876年）施光凌在村北井里潭捐建棠溪大桥，此桥后被洪水冲毁；宣统元年（1909年）棠溪人在原桥下方约200米处建造一座廊桥，取名“登烛桥”，此桥现为市级文物保护单位。

棠溪的古码头是棠溪茶叶发展与流通史的见证。据村中父老回忆，清代及民国时期棠溪老街就有80多家商店、20多家茶行，其中“永珍”茶行的四层砖木结构洋楼迄今完好。据文献资料记载，民国29年（1940年），福建示范茶厂福安分厂在棠溪设立制茶所，专事福安东北部茶区茶叶的收购和加工。民国34年，经省茶叶主管部门批准，棠溪村成立“茶业生产合作社”。

1950年后，茶叶的生产和经营发生了重大变化，茶业实行产销分开管理体制，棠溪设立收购站，为福安茶厂采购精制茶叶原料。

1965年潭头公社在棠溪村创办公社茶场，把棠溪“垅仔头”后山、“下园中”以下、“水尾宫”以上山头给划拨公社茶场开垦种植茶叶，面积达260多亩，刘禄生任场长，场部设在王厝、阮厝。同年，潭头茶业站在棠溪村设办，早期站长有冯增华、王锦住等；茶业站职能从单一收购茶叶向收购、评审、扶持生产转变。与此同时还引进新品种、新技术、改变手工技术、推广半自动化机械采茶、焙茶技艺，为当地茶叶的品种更新换代、土壤改良、提高产量与品质提升、制茶师的培养、增加茶农收入。每年春茶开采前召开一次茶业专题会议，村级主干、公社包村干部参加，并带领与会者到重点茶区参观学习，并开展种茶制茶技术培训工作。

1975年春开办棠溪大队茶场，李德明任场长，场部设“龙华堂”。先后把棠坪对面的“天庄坂”以上两座山头、“卧龙岗”及过溪“龙华堂”以上的后门山划归大队茶场开垦种植茶叶，面积300多亩。

两个茶场建在棠溪村，带动棠溪茶产业发展和壮大。

1983年在棠溪村新建潭头茶叶精制厂，后更名为“白云茶厂”，系社办企业。该厂填补潭头公社无茶叶精加工工业的空白，提高了茶叶产品附加值，也培育出一大批茶业技师。当时茶叶品种均为福安菜茶，后相继引进福云2号、福云6号、福鼎白茶。20世纪90年代后，引进铁观音、金骏眉、大红袍等名优品系，加工生产许多新名茶，丰富众多饮茶消费者的需求。

棠溪村还走出一批茶叶加工技师和茶叶评审师，活跃在宁德地区各县受聘于乡镇茶业站，承担闽东多地茶厂和乡镇茶业站，为闽东茶业发展默默奉献技术力量。

棠溪村的旧茶行建筑（如玉 摄）

福安茶厂成立之初，陈恩清等人便从村里挑选十几个年轻人进厂学习制茶，诸如郑禄庆、郑嫩弟、林阿二、陈作寿、林石其、林成修、郑禄生、郑祖善、郑全树、刘阿财、郭长江等都成为茶厂技术骨干。陈恩清后来先后任浦城县茶厂、周宁县茶厂厂长；长子陈长锐也曾任周宁县茶厂技术厂长，并获人力资源和社会保障部颁发的“国家一级评茶师”称号。

郑明星，现任福安市茶叶协

会会长，国有坦洋茶场书记、场长，茶叶加工和茶叶评审一级高级技师。2020 年被宁德市人民政府授予非物质文化遗产保护项目“坦洋工夫茶制作工艺’代表性传承人，并受聘担任多所学校该项目传习所教师；参与起草省地方标准坦洋工夫综合体及坦洋工夫闽科红实物标准样制作，所制坦洋工夫红茶多次获“茶王”称号。2022 年获评中国制茶大师、宁德市首批能工巧匠高技能人才。

陈家团，1982 年毕业于宁德地区农业学校茶叶专业，曾任柘荣县茶厂副厂长、工程师。从事茶业 40 年，2013 年起专注于传统工艺白茶的制作，他亲制的“白毫银针”多次在高规格茶叶赛事上获得高奖。

2021 年，棠溪村被省列为乡村振兴试点示范村，茶产业是棠溪村特色活力的产业。全村茶叶面积 3100 亩，干茶总量达 320 吨，亩产值约 8000 元。工艺茶是该村一大特色，全村以此就业者众，手工拣茶包装工资每年发放 300 多万元，年产量 100 多万朵（每朵制作加工费约 0.3 元）。村里有 1200 多人在全国各地走南闯北从事茶叶贸易，带动一方经济发展。

（林振坤）

桂林村

桂林村位于福安西部，属穆云畲族乡管辖，2022 年桂林村共有 1357 户，总人口 5016 人。茶叶是该村的一大主导产业，全村拥有茶园 1749 亩，年产茶 115 吨。

由于桂林历史上属于“大穆阳”范畴，周边县区的商人很早就在穆阳设有货栈，桂林村亦受到商业气息的熏陶。近代的穆阳还是茶叶集散地与转运站，每逢茶季，松溪、政和、屏南、寿宁等县以及本县晓阳、社口等地茶商汇集穆阳进行交易，热闹非凡。清末民初，穆阳设有多家茶行，其中以金、元、亨、利、丁等最具实力；民国 24 年（1935 年）全县有茶行 67 家，穆阳占 13 家；民国 37 年，全县有茶行 82 家，穆阳占 22 家。茶行收购周边茶农的毛茶精制为“坦洋工夫”，然后用溪船运到赛岐，过驳大船，出白马港，送到福州口岸。

桂林是穆阳溪码头的第一站，当地百姓深知茶产业可以带来滚滚财源，就大面积种茶，发展茶业；早先只初制毛茶，后来也办起茶庄做精制。根据桂林村王锐全回忆，民国前期，他的祖先王成基、王春基兄弟在桂林坂办钱庄，发行“王成记银票”。茶行常用这种小额私钞支付茶青和拣茶工钱。

1950 年后，国家实行茶业产销分开管理体制，茶叶加工生产归福安茶厂；福安茶厂在全县设立 5 个茶叶收购站，负责茶叶采购，其中穆阳收购站设在桂林。福安茶厂还设立多个制茶所，进行毛茶初加工，穆阳制茶所设在桂林王祠堂，长达七八年。福安茶厂制茶所的设立为桂林村培养了大量的茶师，有王振金、王廷波、王四弟、王成康、潘润生、王妙和、王廷亨等几十人，他们制茶技术高超，初、精制皆熟练，什么样的茶青能制成怎样等级的茶叶，胸有成竹。长时间以来，穆阳很多茶厂、茶行里的师傅皆为桂林人。

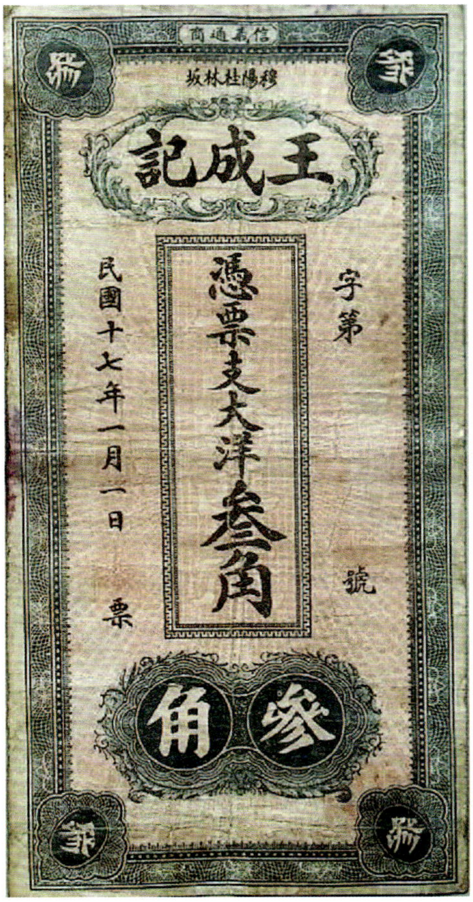

民国十七年印制的“王成记”银票（资料）

改革开放后，1989 年 4 月，宁德地区第一家茶业专业市场“闽东茶业市场”在穆云畲族乡桂林村城北路隆重开业。该市场为闽东北茶乡发展茶叶生产与贸易提供有利条件。茶业市场于每年清明前 20 天开业，当地及周边乡镇茶农所产茶叶汇聚场内，与来

桂林村下湖坂的茶园（王茂华 提供）

自全国各地的茶商按质论价，每年的茶市交易都进行到10月底才结束。1997年，桂林茶叶市场结束。

桂林人种茶，多取本地菜茶籽直播繁殖种苗进行移栽。栽培地点多为农地，这种老式茶园的篱笆茶，面积广阔、产量零散，每亩不到300株。茶叶加工以个体手工制作为主，虽然产量低，但品质很好。20世纪50年代末桂林村开始推广新式茶园，改造低产茶园，提倡选种、条栽、密植等。60年代初建立繁育良种基地，对福安大白茶进行短穗扦插繁育种苗，并进行茶苗移植、幼树管理、合理密植、定型修剪、适时施肥等。桂林村还适时引进“福云”等系列茶种类，建立高标准茶园，出产早茶“元宵茶”“清明茶”等，抢得了茶叶的高价格，也促进了种茶业的发展。

1970年福安茶厂实行“红改绿”后，主要加工烘青绿茶窨制茉莉花茶，桂林村开始发展茉莉花生产，很多田地都种上茉莉花，到处香气馥郁。20世纪90年代，该村是福安市茶叶（绿茶）精加工集中地，较有规模茶厂有34家，福安、周宁、屏南、政和许多乡镇都把茶叶专程送到桂林加工，成品销往福州、北京、河北、山东、广东等地。2004年出版的《宁德茶业志》（又名《闽东茶业志》）记载，设在的桂林村茶厂就有8家，其中“福安市穆阳民族茶厂”出品的“天山第一春茶”还是省优产品。此外，桂林村王廷亨制茶业在改革开放初期就享有规模，他还专门收集当地野生小茶（菜茶）制茶，产品享誉一方，年产量达10吨多，畅销全国；现在其子王雄杰承父志，勇于作为，商路亨通。桂林村到现在仍有王荣勇、王育云、王建华、王雄杰、王润康等茶厂10多家，他们主要从事茶叶初制和部分名优茶的生产。还有一些茶人把眼光瞄向外面的精彩世界，开办企业，开辟市场，从事茶叶经营。据不完全统计，目前在省外经营茶叶的桂林茶人有300多人，每年产值2亿多元。

（张容声）

高岭村

福安市穆云畲族乡高岭村属高山茶区，位于福安白云山旅游大道旁，距穆云畲族乡政府5千米，平

高岭村畲族采茶女（2006 年，见明 摄）

均海拔 750 米，是为畲族村。山高地偏远，村土地面积 2500 亩，耕地 500 亩，林地 2000 亩，森林覆盖率高达 92%，主要产业为种植水蜜桃、葡萄和茶叶。下辖高山、南柄、岭头、大湾 4 个自然村，有 7 个村民小组，158 户、586 人。高岭村是绵延 4000 米“全国最美溪塔葡萄沟”的至高点，此处有一株树龄相传 800 年的野生葡萄树，称之为“葡萄王”，引人注目。

高岭村因大白茶而闻名。福安大白茶亦称“高岭大白茶”。茶树植株高大，树姿半开张，小乔木型，大叶类叶色深绿，早生种叶平面，富光泽，1984 年全国茶树良种审定委员会认定为国家良种，编号为“华茶 3 号”（GSCT3）。原产于高岭村。20 世纪 70 年代后，主要在闽东茶区推广乃至桂、皖、湘、黔、浙、赣、苏、川等地种植。

因地理条件恶劣，自 2003 年后，全村人口逐渐大迁移，迁到桂林村秀溪洋、穆阳镇区阳坡头和苏堤村等地安居。村里有一株野生茶树据传有 400 多年树龄，被称为“茶树王”，餐风吸露，生长完好。

高岭大白茶性状及其栽培和采制技术，在福安茶业局陈乐生、连树泉等人的努力下，获得丰硕成果。自 1974 年以来共扦插繁育大白茶种苗 5 亿株，在全国各地种植面积达 6 万多亩，成为当家良种。本省 26 个县市及兄弟省区都在一定范围内进行了引种推广。在大面积种植过程中，高岭大白茶普遍表现速生、丰产、优质、抗性强等优点，其品质优异性获得省内外同行人士广泛认可，一致好评。

高岭大白茶主要特性是：芽叶生育力强，持嫩性好。一芽三叶盛期在 4 月上旬。茶叶产量高，每亩可达 200—300 公斤。春茶一芽二叶，干样约含氨基酸 1.8%。适制红茶、绿茶、白茶。制工夫红茶，条索肥壮坚实，毫峰明显，色泽乌润，香郁味浓。制烘青绿茶，色绿显毫，栗香味道鲜浓，是窨制花茶的优质原料。制作白茶，芽壮毫显，香鲜醇厚，气味清爽，细嚼生津回甘，可以解除劳顿，祛病驱毒，酷似灵丹妙药。

高岭大白茶，早年在康厝畲乡半山村率先繁育茶苗获得成功并推广。1979 年在王家茶场进行试验种植，创造出亩产超千斤的全省最高纪录，此成果曾获福建省科技进步奖。1987 年全国茶树良种审定会议审核通过为国家级优良品种，编号 GS13003-1985。

上塘村

甘棠镇上塘村位于福安市镇区西部 1.7 千米的 104 国道与甘下线交接处，距福宁高速入口温福铁路 15 千米，离福安市区 30 千米，交通便捷。1958 年成立上塘大队。1979 年上塘大队有 145 户、541 人，除主村上塘外，还有上厝、八斗头、洋头里 3 个自然村。1984 年成立村委会，分 8 个村民小组。1990 年有耕地面积 357 亩，集体茶园 42 亩。据上塘彭氏宗谱记载，宋真宗咸平二年（999 年）彭氏先祖从宁德虎浿彭家墩到此迁居，迄今 2000 余年。2022 年，村里户籍人口 936 人，彭姓占七成。

上塘村是甘棠镇茶苗繁育发源地。1960 年该村彭石金、彭石全兄弟率先培育茶苗，其面积大约 1 亩地，

上塘村外景（彭瑞金 提供）

品种为福安白茶（高岭大白茶）供应镇办茶场种植。次年，茶苗繁育面积在该村有所扩大，倪下村、山下村、厝坪村也开始扦插茶苗。到了1963—1974年，茶苗繁育逐渐普及到观里片的8个村以及镇区的“三塘四门”即上塘村、外塘村、南塘村、北门村、西门村、东门村、南门村。当时全镇面积280亩，主要品种有福云6号、福云7号、梅占、福安大白茶等，茶苗主要供应本镇附近乡镇茶农种植，很少外销。

甘棠茶苗繁育从上塘村发轫，如星火燎原之势，1981—1990年十年中总共育苗12.86亿株，其中“福安大白茶”品种占三分之二，育苗成活率70%，出圃率65%。1983年，甘棠镇茶苗繁育经验在厦门召开的全国茶叶良种会上交流，受到充分肯定，与会代表还专程参观甘棠茶苗生产基地。近年来，茶苗产业迅速发展，全镇尚有3万余人从事茶苗产业并从中受益。2019年进入产业发展旺盛时期，每年出圃茶苗达11亿—12亿株，茶苗产值达2.3亿—2.5亿，面积达到3300亩。甘棠镇成为闽东乃至福建省茶苗繁育最大基地，享有中国民间茶苗良种繁育第一镇称号。2019年6月，福安被农业农村部认定为“国家区域性良种繁育地基”。

甘棠镇良种茶树繁育基地依托福建省科学院茶叶研究所、宁德职业技术学院和宁德农业科学研究所，在这些院所技术专家指导下，良种茶树苗繁育技术和苗木质量得到全方位提升和高层次发展。半个多世纪以来，茶苗繁育生产实践形成一套比较完整技术体系，涌现一大批繁育茶苗骨干专业人才，一批适合推广应用的新品种诸如福云6号、福云7号、金牡丹等在茶区推广，全镇累计向全国出售良种茶苗150多亿株。目前，茶苗品种有国家优良品种13个、省级优良品种33个，这些优良茶苗主要销往贵州、江西、湖北、广西、陕西、广东、湖南、海南、山东、新疆等18个省市区，为全国茶叶生产贡献福安茶农的智慧和力量。

1984年，我国开启茶叶流通体制改革以后，上塘村出现茶苗繁育专业个体户。近年上塘村大片土地被征用，上塘村现已成为工业开发区。2009年，“福安市福华茶苗专业合作社”在甘棠镇上塘新村注册成立，经营范围包括茶树种苗生产、加工、批发、包装、零售等。2022年，全村茶园面积仅剩502亩，主村茶苗圃已消失，仅有上塘村翁厝自然村数户人家零星繁育茶苗。

北门村

甘棠镇北门村地理位置优越，东临赛江，西南与高速公路相连接，西北背倚莲花山峰，104国道贯村而过。1984年组建村民委员会以来，现全村598户、2760人口各项经济指标及社会事业发展均在全镇前列。2022年全村茶叶面积350亩，产量35吨。

北门村种茶历史悠久，1949年北门村境内就有种植“菜茶”。1954年，甘棠区成立茶叶专业队，北门村率先名列。1984年甘棠镇被列为全县三个产茶基地之一，北门村被定为基本场队，种茶面积544亩，种植品种主要有福安大白茶、福鼎大白茶、福云6号、福云7号、595号等；还有乌龙茶品种，有梅占、铁观音、黄旦、毛蟹等。这些品种中福安大白茶性状最好，稳产、高产，品质好，倍受茶农喜爱，成为茶树大面积推广的主要品种。

北门村茶场隶属村集体经济实体。1969年，北门大队组织发动社员开辟茶园442亩，其中属大队集体茶园317亩，属联合体茶园125亩。茶场开辟之初，选择北门莲峰山坡18亩山地先开垦茶园开始。由于村民干劲足，村干部组织有方，依靠集体力量茶园面积日益扩大，1987年成立福安县甘棠北门茶厂。1990年茶场发展进入盛期，全年产茶产量达到70吨，为全镇各村产量最高水平，产值达到39.6万元，其时北门茶场面积、产量、产值都超过甘棠镇办茶场，在全镇村办茶场中名利第一。茶叶收入成为北门村村财收入的“源头活水”。当时北门村仅茶产业固定资产积累达50多万元，1988—1990年茶场发展鼎盛时期，场里职工达到103人。在茶场日益发展壮大基础上，不仅有茶叶初制厂，还办起了茶叶精制厂，培养选拔一批制茶技师和茶叶销售专业人员，并投入资金扩大生产，添置茶叶加工设备。这些设备有平

北门茶场是省级优质农产品标准化示范基地（见明 摄）

圆机1台、抖筛机3台、分选机3台、切茶机3台、检梗机1台、烘干机1台，由于机械的水平提高。年产茶叶160吨，占全镇茶叶总产量的25.1%。1990年在福建省乡镇企业同类花茶质量评比中，北门茶场获“超级茉莉花茶”一等奖。北门村办茶场在甘棠乃至福安南部独树一帜，成为福安集体村财收入的先进典型。

2015年，甘棠北门茶场实行承包经营，改制为“福安市甘棠北门茶业有限公司”，法人代表刘祖兴。“吃水不忘挖井人”，北门广大村民不忘为村茶产业发展做贡献的刘木祥老支书和北门茶场开创者林石平老场长。

北门村是甘棠镇“明星村”，因茶叶而闻名，曾多次荣获“中华茶文化”金银奖，主要茶叶产品“莲岳牌”“翠绿芽”“银毫云雾”等产品远销国内外。

卷二 茶业生产

第一章 茶园建设

面积、产量

1949年10月以前

福安种茶历史悠久，然而古代文献没有关于茶园面积、产量的记载。明万历时期的《长溪琐语》称“环长溪百里，诸山皆产茗”，清光绪十年《福安县志·物产》载“茶荈莺粟，遍植岩野”“茶，山园俱有”等，多是一些描述性的文字，鲜有关于茶园面积和茶叶产量的具体数字。晚清闽海关和福海关的年度报告，虽有相关年份茶叶贸易的具体数量，但并不涉及福安县域的茶园面积和茶叶产量。

民国22年（1933年）以后，官方文本开始出现针对福安茶园面积和茶叶产量的具有统计意义的数字。这一年，铁道部业务司调查科的《京粤线福建段经济调查报告书》称，福安县“其出口之大宗货物首推茶叶，年达四万担”。

民国23年福建省政府统计处的《福建之茶》：“福安茶地面积达6万亩，占全省茶地面积的10.3%；茶叶产量达5.1万担，占全省茶叶产量的21.7%，居于全省第一位。”

民国24年福安县立职业学校的《福建福安茶业》：“福安遍地植茶……维产额约计55000担至6万担，茶园面积……约计6万亩有奇。”

民国29年福建省政府秘书处统计室的《福建经济研究》：“福安县6万亩（4000公顷），占全省茶园总面积的10.26%”。第二年（1941年）复查，“福安县6万亩，占全省茶园总面积的11.10%”。

1949年，福安全县茶园面积35500亩（2366.67公顷），茶叶产量10492担（524.6吨）。

1949年10月至1983年

1949年10月以后，人民政府采取系列政策扶持、恢复茶业生产。1950年福安县基本保持1949年茶园面积2366.67公顷（35500亩），茶产量达到750吨（15000担），翻了1.4倍。根据华东军政委员会土地改革委员会《福建省农村调查·1950年福安专区各县特产情况表》，是年福安专区茶产量2525吨

（50500 担），其中福安县 800 吨（16000 担），占 31.68%。[①]

人民政府扶持政策主要包括给茶区发放垦复、新垦茶园补助和无息贷款；将茶叶纳入国家统购统销管理，组织发放预购金，实行对茶叶的全面收购，解决茶农的生产成本困难。1951 年，福安县土地改革运动基本完成，广大农民实现了“耕者有其田”的愿望，激发起垦山种茶的积极性。1952 年全县茶园面积 2985.00 公顷（44775 亩），比 1950 年增加 618.33 公顷（9275 亩）；茶产量 692.00 吨，比 1950 年增产 167 吨。福安所产茶叶以红茶为主，主要销往苏联和东欧社会主义国家；同时也生产部分绿茶，供应内需。

1953—1957 年第一个五年计划期间，是福安茶业大发展的时期，茶园面积从 3119 公顷（46785 亩）增加到 5709.40 公顷（85641 亩），增加 83.05%；茶产量从 662.95 吨增加到 925.30 吨，增加 39.57%。

1958—1962 年是“大跃进”加“困难时期”。1958 年春，福安县掀起贯彻社会主义建设总路线的热潮，成立“人民公社”，全面“大跃进”。在茶叶生产中，盲目扩大生产计划，片面追求数量，忽视质量，滥垦粗种乱采现象愈演愈烈。虽然 1959 年茶园面积达到 5939.47 公顷（89092 亩）、茶产量达到 1431.60 吨，但很快就在“困难时期”受到严厉的惩罚。农村普遍出现粮荒，社员以“代食品”度日，茶园大量抛荒失管，茶叶产量大幅度下降。到 1962 年，茶园面积 4595.67 公顷（68935 亩），茶叶产量 405.00 吨，对比 1957 年茶园面积减少 25.7%，茶叶产量减少 56.3%。

1963—1978 年是茶叶生产回升时期。1962 年国家实行茶叶奖售政策并按收购价给 20% 价外补贴。1963 年国家农业部召开全国茶业生产会议，强调科学种茶，进一步采取扶植政策，同时业务部门积极深入茶区蹲点，搞“样板茶园”和“试验茶园”，不断总结推广综合改造低产茶园和高标准垦辟新茶园的经验，经过几年“调整、巩固、充实、提高”，茶叶生产又得到恢复与发展。1967 年后连续 12 年增产增收，当年茶叶产量 802 吨，比 1963 年净增 342 吨，提升 74.3%。1969 年，中苏关系进一步恶化，红茶出口受阻，福安茶厂开始实行“红改绿”；此后福安茶厂除坦洋初制分厂继续生产少量工夫红茶外，主要生产烘青绿茶窨制茉莉花茶。1970 年全县茶园面积 4721.67 公顷（70829 亩），其中可采面积 2918 公顷（43770 亩），茶叶产量 1047.9 吨（其中红茶 65.2 吨、绿茶 928.6 吨、青茶 54.1 吨），已超过 1957 年的产量。

1974 年福安县被国务院列为全国 100 个“5 万担茶叶基地县”之一。1975 年全县茶园面积 5013.00 公顷（75195 亩），茶叶产量 1526.60 吨；茶园面积首次进入 5000 公顷，茶叶产量首次超过 1500 吨。1978 年王家茶场创“福安大白茶”单产干茶 513.5 公斤的小面积高产纪录；全县茶园面积 5907.73 公顷（88616 亩），茶叶产量 1604.65 吨，其中红茶 90.3 吨、绿茶 1403.9 吨。

1978 年 12 月，中国共产党召开十一届三中全会，开启我国改革开放的历史新时期。1980 年 12 月，中共福安县委召开农村经济体制改革三级扩大会议，贯彻中央精神，把生产队集体生产转为推行农业联产承包责任制。经济体制改革解放了农村的生产力，极大地提升了广大茶农的生产积极性。1981 年福安县茶叶产量首次过 2000 吨，达到 2029 吨。1982 年福安县的茶园面积首次超过 10 万亩，达到 104777 亩（6985.13 公顷）。1983 年全县茶园面积 7037.33 公顷（105560 亩），茶叶产量 2143 吨，其中红茶 69.95 吨、绿茶 2072.8 吨。

1984 年至 2022 年

1984 年 6 月，国务院批转商业部《关于调整茶叶购销政策和改革流通体制意见的报告》，开启我国

---

① 《福建省农村调查·1950 年福安专区各县特产情况表》，各县茶产量（担）：福安 16000，霞浦 200，福鼎 15000，宁德 10000，寿宁 5000，周宁 4000，柘荣 300，合计 50500 担。华东军政委员会土地改革委员会 1952 年编印，第 16 页。

茶叶流通体制改革，茶叶产销由计划经济时代步入市场经济时代。由于茶叶不再由国营企业独家经营，很快就扭转了茶叶滞销、仓储积压的局面。

1985年福安茶厂下放福安县管理，积极开发名优产品，推动全县茶叶品质的提升。全县毛茶总产量2131吨，比上年增产131吨；其中国营茶厂茶站1490吨，国营茶场245吨，乡镇茶厂395吨。1987年全县茶园总面积6828.53公顷（10.24万亩），其中可采面积5234.4公顷（78516亩），茶叶总产量2366吨；茶面积和茶产量分别占宁德地区的19.41%和18.54%。省茶科所培育的福云6号、福云7号、福云10号、福云595等良种在福安茶区推广，福安的茶叶产量逐年攀升。1989年全县茶园总面积7112.27公顷（10.67万亩），其中可采面积6022.6公顷（9033亩）；茶叶总产量3135吨，其中红茶150.4吨、绿茶2927.7吨、青茶（乌龙茶）3.2吨、其他茶8.95吨。

1991年后，福安市稳步发展茶业生产，通过新植茶园扩大茶园面积，进行品种更新，实现对旧茶园的改造。当年茶园总面积9207.73公顷（13.8万亩），茶叶总产量4282，其中红茶33吨、绿茶4250吨，停止生产青茶。1992年茶园总面积增加到10156.27公顷（15.23万亩），茶叶总产量5558吨，分别占宁德地区的24.07%和26.34%。1993年后，福安开展茶树品种结构调整和名优茶开发，提高茶叶产量和产值；在重视红茶生产的同时提高绿茶产量，增加茶农收入。1994年福安茶园总面积进入10万公顷大关，达到10527公顷（15.79万亩），成为省内最大的茶叶生产基地。1995年茶园总面积10354公顷（15.53万亩）。1996年我国开始第九个五年计划时期，这一年福安市茶园总面积10343.27公顷（15.51万亩），茶叶总产量10910吨，分别占宁德地区的21.74%和30.18%。1998年全市茶园面积共10326.87公顷（15.5万亩），采摘面积9721.8公顷（14.6万亩）。2000年茶园总面积10818公顷（16.2万亩），采摘面积10048公顷（15.1万亩）。1991—2000年，十年间福安市共有新植茶园34633亩，占2000年茶园总面积的21.3%。

1994年福安市茶叶总产量7600吨，其中红茶41吨、绿茶7560吨。1995年茶叶总产量首次过万吨，达到10112吨，其中红茶42吨、绿茶10070吨。1999年茶叶总产量12733吨，其中红茶10吨、绿茶12723吨；红茶产量与上年相同，为历年最低，绿茶产量为历年最高。2000年，全市茶园总面积10818公顷（16.23万亩），无公害茶园建设受到高度重视，社口、潭头、上白石、甘棠等产茶重点乡镇均建有茶叶生产基地。福安开始加强红茶的产制，全市茶叶总产量12827吨，其中红茶206吨、绿茶12621吨；与1991年相比，总产量增加8545吨（增长2.0倍）、红茶增加173吨（增长5.24倍）、绿茶增加8371吨（增长1.97倍）；占宁德市茶叶总产量的29.9%、红茶产量的41%和绿茶产量30.1%。

2001年，福安市积极参与无公害茶园项目建设，全市茶园总面积10659.7公顷（16万亩），茶叶总产量12827吨。2002年，开发种植省茶科所研育的"黄观音""金观音（茗科1号）""悦茗香""黄奇"等"国优"茶树新品种。扩展茶叶品类，国营茶场恢复青茶（乌龙茶）生产，当年青茶产量90吨。

2005年后，一些乡镇也开始青茶生产，产量不断增加。这一年开始执行国民经济发展第十二个五年规划，福安市开始实施发展茶业"五个一工程"，加速茶产业发展。2006年全市茶园总面积11923.67公顷（17.89万亩），采摘面积11096公顷（16.64万亩）；茶叶总产量14566吨，其中红茶454吨、绿茶13872吨、青茶240吨。2008年，全市茶园总面积15282.80公顷（22.92万亩），茶叶总产量18028吨，其中红茶755吨、绿茶16905吨（其中包括少量白茶）、青茶368吨。2010年福安全市茶园总面积16058.20公顷（24.1万亩），采摘面积15173公顷（22.76万亩）；茶叶总产量17397吨，其中红茶6000吨、绿茶10813吨、青茶584吨。2001—2010年，十年间福安市共有新植茶园55248亩，占2010年茶园总面积的22.9%。

2011年，全市茶园总面积16084公顷（24.13万亩），其中优新良种种植面积6000公顷（9万多亩）；

茶叶总产量19100吨，其中红茶7000吨、绿茶11500吨、青茶600吨。2014年，福安白茶重返茶叶市场，上白石、社口、晓阳、溪潭、甘棠等乡镇共产制白茶913吨。此后福安白茶产量逐年增加。

2016年，全市茶园总面积18554.40公顷（27.83万亩），茶叶总产量25843吨，其中红茶9483吨、绿茶14402吨、青茶959吨、白茶999吨，全年毛茶产值15.6亿元。2017年，全市茶园总面积15214.13公顷（22.82万亩），茶叶总产量2.28万吨；其中红茶7990吨、占35%，绿茶13233吨、占58%，青茶924吨、占4%，白茶681吨、占3%；全年毛茶产值16.2亿元。

2018年3月29日，中国茶叶流通协会根据《“中国茶乡”认定管理办法》的有关规定，同意命名福安市为“中国红茶之都”。是年福安茶园总面积15463.13公顷（23.19万亩），茶叶总产量24006吨，其中红茶7957吨，约占三分之一。2019年，全市茶园总面积增加到16476.20公顷（24.71万亩），茶叶总产量25117吨，毛茶产值16.92亿元。2020年，茶园总面积16654.33公顷（24.98万亩），茶叶总产量26399吨，其中红茶9166吨、绿茶14658吨、青茶781吨、白茶1760吨；毛茶产值17.6亿元。2021年，茶叶总产量27204吨，毛茶产值19.43亿元；分别占宁德市毛茶产量的23%、毛茶产值的42.4%（2021年宁德全市毛茶总产量11.83万吨、产值45.78亿元。

2022年，全市茶园总面积17394公顷（26.09万亩），其中新植茶园面积198.87公顷（2983亩）；茶叶总产量28761吨，其中红茶10263吨、占35.68%，绿茶15430吨、占53.65%，青茶835吨、占2.90%，白茶2233吨、占7.76%；毛茶产值21.2亿元。2023年，全市茶园总面积17273公顷（25.91万亩），其中新植茶园面积158.67公顷（2380亩）亩；茶叶总产量29943吨，其中红茶10859吨、占36.27%，绿茶15972吨、占53.34%，青茶742吨、占2.48%，白茶2370吨、占7.91%；毛茶产值22.5亿元。2011—2023年，福安新植茶匠累计4624公顷（71656亩），占2023年茶园总面积的27.66%。

1949—2023年福安市（县）茶园面积、产量、产值一览表

1949—1977年

年份	实有面积		采摘面积（亩）	幼龄面积（亩）	毛茶总产量（吨）	毛茶产值（万元）
	公顷	亩				
1949	2366.67	35500	35500	—	524.6	-
1950	2366.67	35500	35500	—	748.1	98.27
1951	3013.33	45200	35500	9700	721.0	67.87
1952	2985.00	44775	40200	4575	692.0	68.23
1953	3119.00	46785	40635	6150	663.0	71.42
1954	3316.00	49740	36573	13167	730.0	75.49
1955	3879.80	58197	41891	16306	736.5	82.50
1956	5193.00	77895	52818	25080	992.5	138.19
1957	5709.40	85641	56503	29138	925.3	165.31
1958	5354.47	80317	57708	22609	1391.2	189.48
1959	5939.47	89092	58057	31035	1431.6	167.79
1960	5939.47	89092	45007	44085	1180.3	145.56
1961	4510.93	67664	36947	30717	550.0	84.69
1962	4595.67	68935	37298	31637	405.0	74.76
1963	4595.67	68935	36718	32217	460.0	97.71
1964	4796.60	71949	44301	27648	600.0	124.35

续表

年份	实有面积		采摘面积（亩）	幼龄面积（亩）	毛茶总产量（吨）	毛茶产值（万元）
	公顷	亩				
1965	4796.60	71949	44301	27648	641.6	151.61
1966	4703.47	70552	41754	28798	652.4	166.75
1967	4724.80	70872	43045	27827	802.0	207.63
1968	4728.60	70929	43045	27884	868.4	225.08
1969	4721.67	70825	43045	27780	971.3	234.93
1970	4721.67	70829	43770	27059	1047.9	252.40
1971	4039.53	60593	45564	15029	1155.5	288.49
1972	4350.27	65254	50003	15251	1234.4	358.86
1973	4471.93	67079	46495	20584	1269.2	339.68
1974	4533.80	68007	51601	16406	1395.4	384.72
1975	5013.00	75195	51949	23246	1526.6	382.34
1976	5457.13	81857	54531	27326	1548.9	400.97
1977	5623.87	84358	57017	27341	1592.6	414.86

1978—1987 年

年份	实有面积		采摘面积（亩）	幼龄面积（亩）	毛茶产量（吨）				毛茶产值（万元）
	公顷	亩			总产量	红茶	绿茶	青茶	
1978	5907.73	88616	58513	30103	1604.7	90.4	1404	110.3	420.79
1979	6087.80	91317	62750	28567	1782.5	93.5	1523	166	541.39
1980	5559.47	83392	62988	20404	1959.9	96.8	1662	201.1	595.03
1981	6426.93	96404	69521	26883	2028.6	75.9	1945	7.7	750.62
1982	6985.13	104777	74021	30756	2062.1	152.9	1908	1.2	700.62
1983	7037.33	105560	77438	28122	2142.7	70.0	2073	0	656.65
1984	6916.20	103743	77489	26254	2002.2	44.7	1958	0	566.07
1985	6539.93	98099	78011	20088	2131.3	156.3	1942	33	645.74
1986	6555.60	98334	81495	16839	2218.0	79.6	2091	47.4	638.95
1987	6828.53	102428	78516	23912	2366.0	107.3	2242	16.7	685.42

1988—2010 年

年份	实有面积		采摘面积（亩）	新植面积（亩）	毛茶产量（吨）				毛茶产值（万元）
	公顷	亩			总产量	红茶	绿茶	青茶	
1988	6925.87	103888	83359	7296	2928.4	98.1	2829	1.25	850
1989	7112.27	106684	90339	3665	3135.6	150.4	2982	3.2	1856
1990	7604.07	114061	88429	9144	3458	44	3412	2	2300
1991	9207.73	138116	95943	14522	4283	33	4250	0	2670
1992	10156.27	152344	152344	–	5558	50	5508	0	3000
1993	10764.33	161465	161465	–	6620	60	6560	0	3900
1994	10527.07	157906	127796	4203	7601	41	7560	0	4620

续表

年份	实有面积		采摘面积（亩）	新植面积（亩）	毛茶产量（吨）				毛茶产值（万元）
	公顷	亩			总产量	红茶	绿茶	青茶	
1995	10354.00	155310	135135	2928	10112	42	10070	0	6500
1996	10343.27	155149	142646	1567	10910	42	10868	0	9100
1997	10212.20	153183	143137	777	11720	40	11680	0	22200
1998	10326.87	154903	145827	2148	12425	10	12415	0	24100
1999	10563.27	158449	151246	4039	12733	10	12723	0	21510
2000	10818.00	162270	150720	4449	12827.	206	12621	0	21398
2001	10659.73	159896	153780	1919	12822	120	12702	0	21701
2002	10864.87	162973	155688	3925	13296	250	12956	90	22807
2003	10773.07	161596	153546	2000	12550	270	12261	19	24586
2004	11057.53	165863	160425	3796	12685	922	11741	22	25122
2005	11248.73	168731	160914	3382	13365	133	13132	100	28890
2006	11923.67	178855	166440	5005	14566	454	13872	240	31043
2007	13465.27	201979	195775	6204	17075	733	16002	340	47100
2008	15282.80	229242	216774	9381	18028	755	16905	368	53710
2009	15743.07	236146	222760	10403	19293	3040	15418	835	109100
2010	16058.20	240873	227597	9233	17397	6000	10813	584	128800

说明：1989年"绿茶"中含"其他茶"9吨。

2011—2023年

年份	实有面积		采摘面积（亩）	新植面积（亩）	毛茶产量（吨）						毛茶产值（万元）
	公顷	亩			总产量	红茶	绿茶	青茶	白茶	其他茶	
2011	16084.00	241260	227105	9456	19100	7000	11500	600	-	-	141800
2012	16737.87	251068	229313	9908	20236	7011	12416	809	-	-	145100
2013	17456.67	261850	239566	9922	21355	9114	11396	845	-	-	149500
2014	18385.87	275788	258888	8229	23010	8532	12763	802	913	-	158000
2015	18559.47	278392	265238	5934	24409	8539	13534	971	965	-	153300
2016	18554.40	278316	272184	2823	25843	9483	14402	959	999	-	156000
2017	15214.13	228212	221292	1395	22828	7990	13233	924	681	-	162000
2018	15463.13	231947	226511	3735	24006	7957	14332	985	732	-	166500
2019	16476.20	247144	191812	7550	25117	8777	14229	906	1172	33	169200
2020	16654.33	249815	232645	4620	26399	9166	14658	781	1760	34	176000
2021	17018.00	255270	239309	2721	27204	9661	14913	754	1876	-	194300
2022	17394.00	260909	245068	2983	28761	10263	15430	835	2233	-	212000
2023	17273.93	259109	216921	2380	29943	10859	15972	742	2370	-	225000

资料来源：据福安市（县）统计部门的《福安统计年鉴》和茶业主管部门的工作档案。根据2016年第三次农业普查结果，2007—2016年福安市茶叶产量为：2007年17533吨，2008年17712吨，2009年18771吨，2010年16683吨，2011年18079吨，2012年18939吨，2013年19713吨，2014年20797吨，2015年21780吨，2016年22699吨。（《福安统计年鉴·2023》p93）

部分年份全市茶园面积及毛茶总产、单产对照表

年份	茶园总面积		毛茶总产量（吨）	亩产茶叶（公斤）
	公顷	亩		
1950	2366.67	35500	748.1	21.07
1955	3879.80	58197	736.5	12.66
1960	5939.47	89092	1180.3	13.24
1965	4796.60	71949	641.6	8.92
1970	4721.67	70829	1047.9	14.79
1975	5013.00	75195	1526.6	20.30
1980	5559.47	83392	1959.9	23.50
1985	6539.93	98099	2131.3	21.73
1990	7604.07	114061	3458	30.32
1995	10354.00	155310	10112	65.11
2000	10818.00	162270	12827	79.05
2005	11248.73	168731	13365	79.21
2010	16058.20	240873	17397	72.22
2015	18559.47	278392	24409	87.67
2020	16654.33	249815	26399	105.67
2023	17273.93	259109	29943	115.56

1988—2023 年福安市各乡镇（街道）茶叶生产情况表（单位：亩、吨）

1988 年

单位	茶园面积	毛茶产量	1. 红茶	2. 绿茶	3. 青茶
全市	103888	2928.4	98.1	2829	1.25
韩阳	1047	62.8	0	62.8	0
赛岐	5429	158.6	0	158.6	0
穆阳	775	9.0	0	9.0	0
城阳	6610	152.8	12.1	140.0	0.75
坂中	4959	94.2	0	94.2	0
上白石	8549	186.0	0	186.0	0
范坑	6036	115.0	0	115.0	0
潭头	11953	280.0	0.5	279.5	0
社口	10923	326.2	25.0	301.2	0
晓阳	6005	150.5	7.5	143.0	0
穆云	5591	159.5	0	159.5	0
康厝	4550	153.9	0	153.9	0
溪潭	4246	105.7	0	105.2	0.5
甘棠	5807	258.3	0	258.3	0
下白石	2758	64.5	0	64.5	0
湾坞	3026	84.1	0	84.1	0

续表

单位	茶园面积	毛茶产量	1. 红茶	2. 绿茶	3. 青茶
溪尾	2552	43. 7	0	43. 7	0
松罗	4183	92. 7	0	92. 7	0
溪柄	4266	134. 4	0	134. 4	0
国营场	4623	296. 5	53	243. 5	0

1989 年

单位	茶园面积	毛茶产量	1. 红茶	2. 绿茶	3. 青茶
全市	106684	3135. 3	150. 4	2973	3. 2
韩阳	1047	63. 8	0	63. 8	0
赛岐	5575	152. 9	0	152. 9	0
穆阳	780	28. 5	0	28. 5	0
城阳	5498	148. 8	0. 3	148. 5	0
坂中	5010	82	0	82	0
上白石	8458	140. 2	0	131. 3	0
范坑	6126	133	0	133	0
潭头	14250	260	60	200	0
社口	11388	433. 5	27. 5	406	0
晓阳	6673	180	60	120	0
穆云	5618	191. 4	0	191. 4	0
康厝	4830	248. 2	0	248. 2	0
溪潭	4036	94. 8	0	94. 8	0
甘棠	6220	311. 5	0	311. 5	0
下白石	2740	69. 0	0	69. 0	0
湾坞	2666	67. 7	0	67. 7	0
溪尾	2581	49. 0	0	49. 0	0
松罗	4183	90	0	90	0
溪柄	4336	148. 2	0	148. 2	0
国营场	4669	243. 0	2. 6	237. 2	3. 2

1990 年

单位	茶园面积	毛茶产量	1. 红茶	2. 绿茶	3. 青茶
全市	114061	3458	44	3412	2
韩阳	1057	67	0	67	0
赛岐	5650	174	0	174	0
穆阳	815	34	0	34	0
城阳	5879	127	0	127	0
坂中	5795	104	0	104	0
上白石	9442	130	9	121	0
范坑	6221	126	0	126	0

续表

单位	茶园面积	毛茶产量	1. 红茶	2. 绿茶	3. 青茶
潭头	14464	358	0	358	0
社口	13066	512	30	482	0
晓阳	7673	200	0	200	0
穆云	6260	220	0	220	0
康厝	5080	158	0	158	0
溪潭	4058	141	0	141	0
甘棠	7769	398	0	398	0
下白石	2897	95	0	95	0
湾坞	2865	66	0	66	0
溪尾	2520	62	0	62	0
松罗	4183	84	0	84	0
溪柄	4836	225	0	225	0
国营场	3531	177	5	170	2

1991 年

单位	茶园面积	毛茶产量	1. 红茶	2. 绿茶
全市	138116	4282	33	4250
韩阳	1090	69	0	69
赛岐	9492	235	0	235
穆阳	975	44	0	44
城阳	6429	152	0	152
坂中	6196	124	0	124
上白石	9442	169	0	169
范坑	6721	155	0	155
潭头	17500	401	0	401
社口	16078	590	30	560
晓阳	8670	300	0	300
穆云	7275	273	0	273
康厝	5637	193	0	193
溪潭	4558	159	0	159
甘棠	9264	507	0	507
下白石	3194	135	0	135
湾坞	2975	60	0	60
溪尾	2419	69	0	69
松罗	4196	109	0	109
溪柄	6047	294	0	294
国营场	9958	245	3	242

1992年

单位	茶园面积	毛茶产量	1. 红茶	2. 绿茶
全市	152344	5558	50	5508
城南	310	20	0	20
城北	596	43	0	43
阳头	142	105	0	105
赛岐	9592	200	0	200
穆阳	995	47	0	47
城阳	6490	276	0	276
坂中	6851	220	0	220
上白石	11542	266	0	266
范坑	7290	165	0	165
潭头	20280	600	0	600
社口	18120	990	40	950
晓阳	9670	300	0	300
穆云	7875	308	0	308
康厝	5787	149	0	149
溪潭	4658	161	0	161
甘棠	10000	547	0	547
下白石	3629	165	0	165
湾坞	3250	68	0	68
溪尾	2524	78	0	78
松罗	5196	208	0	208
溪柄	7589	381	0	381
国营场	9958	261	10	251

1993年

单位	茶园面积	毛茶产量	1. 红茶	2. 绿茶
全市	161465	6620	60	6560
城南	330	23	0	23
城北	454	31	0	31
阳头	300	130	0	130
赛岐	9692	323	0	323
穆阳	995	48	0	48
城阳	6500	300	0	300
坂中	7653	284	0	284
上白石	14202	305	0	305
范坑	7290	199	0	199
潭头	20580	720	0	720
社口	18500	1113	40	1073
晓阳	11670	500	0	500

续表

单位	茶园面积	毛茶产量	1. 红茶	2. 绿茶
穆云	8375	328	0	328
康厝	5887	185	0	185
溪潭	4758	170	0	170
甘棠	10000	560	0	560
下白石	4030	196	0	196
湾坞	3489	70	0	70
溪尾	2754	105	0	105
松罗	5296	220	10	210
溪柄	8732	527	0	527
国营场	9978	283	10	273

1994 年

单位	茶园面积	毛茶产量	1. 红茶	2. 绿茶
全市	157906	7601	41	7560
城南	350	23	0	23
城北	460	28	0	28
阳头	300	110	0	110
赛岐	7051	290	0	290
穆阳	998	45	0	45
城阳	6550	340	0	340
坂中	7673	289	0	289
上白石	14202	326	0	326
范坑	7172	230	0	230
潭头	20580	987	0	987
社口	18820	1405	30	1375
晓阳	12000	550	0	550
穆云	8376	328	0	328
康厝	5026	200	0	200
溪潭	4738	191	0	191
甘棠	8300	480	0	480
下白石	4030	217	0	217
湾坞	3674	100	0	100
溪尾	2524	115	0	115
松罗	5296	230	0	230
溪柄	9025	692	0	692
赛岐开发区	1658	100	0	100
国营场	9103	325	11	314

说明："赛岐开发区"指设在赛岐的"闽东赛岐经济开发区"，管辖罗江、南安、樟港、大留、小留等8个建制村和罗江街道。

1995年

单位	茶园面积	毛茶产量	1. 红茶	2. 绿茶
全市	155310	10112	42	10070
城南	315	25	0	25
城北	460	33	0	33
阳头	300	110	0	110
赛岐	8150	482	0	482
穆阳	1048	75	0	75
城阳	6550	420	0	420
坂中	7678	292	0	292
上白石	15352	631	0	631
范坑	6726	250	0	250
潭头	20517	1650	0	1650
社口	18820	1618	30	1588
晓阳	12000	640	0	640
穆云	8376	593	0	593
康厝	5000	300	0	300
溪潭	4738	218	0	218
甘棠	8300	584	0	584
下白石	3713	240	0	240
湾坞	3874	296	0	296
溪尾	2524	156	0	156
松罗	5296	240	0	240
溪柄	9040	805	0	805
赛岐开发区	1658	139	0	139
国营场	4875	315	12	303

1996年

单位	茶园面积	毛茶产量	1. 红茶	2. 绿茶
全市	155149	10910	42	10868
城南	315	25	0	25
城北	450	22	0	22
阳头	300	110	0	110
赛岐	8350	560	0	560
穆阳	1055	90	0	90
城阳	6540	315	0	315
坂中	7678	300	0	300
上白石	15542	746	0	746
范坑	6790	290	0	290
潭头	20557	2130	0	2130
社口	18820	1596	30	1566

续表

单位	茶园面积	毛茶产量	1. 红茶	2. 绿茶
晓阳	12200	700	0	700
穆云	8376	610	0	610
康厝	5010	400	0	400
溪潭	4738	220	0	220
甘棠	8300	654	0	654
下白石	3713	246	0	246
湾坞	3924	310	0	310
溪尾	2540	160	0	160
松罗	5356	240	0	240
溪柄	9060	846	0	846
赛岐开发区	1660	140	0	140
国营场	3875	200	12	188

1997 年

单位	茶园面积	毛茶产量	1. 红茶	2. 绿茶
全市	153183	11720	40	11680
城南	315	25	0	25
城北	450	24	0	24
阳头	300	110	0	110
赛岐	7051	482	0	482
穆阳	1065	120	0	120
城阳	6540	378	0	378
坂中	7678	300	0	300
上白石	16202	848	0	848
范坑	6819	303	0	303
潭头	20007	2566	0	2566
社口	18820	1580	30	1550
晓阳	12200	740	0	740
穆云	8376	650	0	650
康厝	5000	450	0	450
溪潭	4738	280	0	280
甘棠	8300	670	0	670
下白石	3750	263	0	263
湾坞	3874	330	0	330
溪尾	2550	168	0	168
松罗	5356	240	0	240
溪柄	8246	823	0	823
赛岐开发区	1671	160	0	160
国营场	3875	210	10	200

1998 年

单位	茶园面积	毛茶产量	1. 红茶	2. 绿茶
全市	154903	12425	10	12415
城南	315	27	0	27
城北	460	64	0	64
阳头	200	20	0	20
赛岐	7051	482	0	482
穆阳	1065	144	0	144
城阳	6540	435	0	435
坂中	7678	300	0	300
上白石	16622	870	0	870
范坑	6936	346	0	346
潭头	21000	2566	0	2566
社口	18820	1680	0	1680
晓阳	12200	780	0	780
穆云	8376	650	0	650
康厝	5008	500	0	500
溪潭	4738	302	0	302
甘棠	8410	685	0	685
下白石	3810	281	0	281
湾坞	3874	334	0	334
溪尾	2563	200	0	200
松罗	5560	380	0	380
溪柄	8086	989	0	989
赛岐开发区	1716	160	0	160
国营场	3875	230	10	220

1999 年

单位	茶园面积	毛茶产量	1. 红茶	2. 绿茶
全市	158449	12733	10	12723
城南	315	27	0	27
城北	460	44	0	44
阳头	150	15	0	15
赛岐	7251	513	0	513
穆阳	1065	146	0	146
城阳	6540	426	0	426
坂中	7930	450	0	450
上白石	16650	950	0	950
范坑	7276	451	0	451
潭头	23000	2566	0	2566
社口	18820	1700	0	1700

续表

单位	茶园面积	毛茶产量	1. 红茶	2. 绿茶
晓阳	12200	740	0	740
穆云	8000	600	0	600
康厝	5008	510	0	510
溪潭	4738	295	0	295
甘棠	8470	700	0	700
下白石	3810	291	0	291
湾坞	3874	338	0	338
溪尾	2563	217	0	217
松罗	6698	426	0	426
溪柄	8025	951	0	951
赛岐开发区	1731	164	0	164
国营场	3875	213	10	203

200C 年

单位	茶园面积	毛茶产量	1. 红茶	2. 绿茶
全市	162270	12827.	206	12621
城南	315	27	0	27
城北	530	45	0	45
阳头	15	2	0	2
赛岐	7251	493	0	443
穆阳	1065	146	0	146
城阳	6540	304	0	304
坂中	7930	500	0	500
上白石	16450	920	0	920
范坑	8272	517	0	517
潭头	24500	2706	206	2500
社口	18820	1680	0	1680
晓阳	12200	700	0	700
穆云	8000	600	0	600
康厝	5031	520	0	520
溪潭	4738	283	0	283
甘棠	8500	710	0	710
下白石	3690	273	0	273
湾坞	3874	338	0	338
溪尾	3363	210	0	210
松罗	7458	440	0	440
溪柄	8122	1087	0	1087
赛岐开发区	1731	120	0	120
国营场	3875	206	0	206

2001年

单位	茶园面积	毛茶产量	1. 红茶	2. 绿茶
全市	159896	12822	120	12702
城南	245	20	0	20
城北	390	56	0	56
阳头	15	1	0	1
赛岐	7251	533	0	533
穆阳	1065	146	0	146
城阳	6340	286	0	286
坂中	7938	452	0	452
上白石	16480	1079	0	1079
范坑	8612	451	0	451
潭头	23000	2690	120	2570
社口	18820	1720	0	1720
晓阳	12200	600	0	600
穆云	8000	566	0	566
康厝	4820	470	0	470
溪潭	4738	280	0	280
甘棠	8500	735	0	735
下白石	3825	262	0	262
湾坞	3874	343	0	343
溪尾	3200	280	0	280
松罗	7758	500	0	500
溪柄	7067	968	0	968
赛岐开发区	1883	172	0	172
国营场	3875	212	0	212

2002年

单位	茶园面积	毛茶产量	1. 红茶	2. 绿茶	3. 青茶
全市	162973	13296	250	12956	90
城南	65	4	0	4	0
城北	170	23	0	23	0
阳头	15	1	0	1	0
赛岐	7251	567	0	567	0
穆阳	1065	146	0	146	0
城阳	6540	296	0	296	0
坂中	8046	515	0	515	0
上白石	16300	1075	0	1075	0
范坑	10447	512	0	512	0
潭头	24000	2599	130	2469	0
社口	18820	1730	0	1730	0

续表

单位	茶园面积	毛茶产量	1. 红茶	2. 绿茶	3. 青茶
晓阳	12300	710	0	710	0
穆云	8000	563	0	563	0
康厝	4820	490	0	490	0
溪潭	5140	290	0	290	0
甘棠	8600	790	0	790	0
下白石	3702	261	0	261	0
湾坞	3874	343	0	343	0
溪尾	3000	345	0	345	0
松罗	7790	512	10	492	10
溪柄	7148	992	0	992	0
赛岐开发区	1880	192	0	192	0
国营场	4000	340	110	150	80

2003 年

单位	茶园面积	毛茶产量	1. 红茶	2. 绿茶	3. 青茶
全市	161596	12550	270	12261	19
城南	60	3	0	3	0
城北	110	22	0	22	0
阳头	0	0	0	0	0
赛岐	7251	522	0	522	0
穆阳	1065	146	146	0	0
城阳	6320	382	0	382	0
坂中	8100	518	0	518	0
上白石	16300	800	0	800	0
范坑	10647	597	0	597	0
潭头	24030	2452	115	2337	0
社口	18829	1726	0	1720	6
晓阳	12200	650	0	650	0
穆云	8000	561	0	561	0
康厝	4800	480	0	480	0
溪潭	5150	300	0	300	0
甘棠	7800	690	0	690	0
下白石	3516	248	0	248	0
湾坞	3874	350	0	350	0
溪尾	2650	210	0	210	0
松罗	7890	522	9	500	13
溪柄	7134	803	0	803	0
赛岐开发区	1870	188	0	188	0
国营场	4000	380	0	380	0

2004年

单位	茶园面积	毛茶产量	1. 红茶	2. 绿茶	3. 青茶
全市	165863	12685	922	11741	22
城南	60	3	0	3	0
城北	110	24	0	24	0
阳头	6	2	0	2	0
赛岐	7251	536	0	536	0
穆阳	1065	146	0	146	0
城阳	6302	384	0	384	0
坂中	8150	520	0	520	0
上白石	16200	810	810	0	0
范坑	10524	516	0	510	6
潭头	24110	2508	103	2355	0
社口	18820	1735	0	1732	3
晓阳	12200	660	0	660	0
穆云	8010	566	0	566	0
康厝	4800	500	0	500	0
溪潭	8800	570	0	570	0
甘棠	7600	640	0	640	0
下白石	3640	254	0	254	0
湾坞	3874	356	0	356	0
溪尾	2650	190	0	190	0
松罗	7910	522	9	500	13
溪柄	8036	1000	0	1000	0
赛岐开发区	1870	192	0	192	0
国营场	3875	450	0	450	0

2005年

单位	茶园面积	毛茶产量	1. 红茶	2. 绿茶	3. 青茶
全市	168731	13365	133	13132	100
城南	60	3	0	3	0
城北	200	16	0	16	0
阳头	6	1	0	1	0
赛岐	7251	722	0	722	0
穆阳	3000	505	0	500	5
城阳	6332	482	0	458	24
坂中	8300	530	0	525	5
上白石	16380	820	0	820	0
范坑	10447	546	0	536	10
潭头	24765	2939	124	2815	0

续表

单位	茶园面积	毛茶产量	1. 红茶	2. 绿茶	3. 青茶
社口	18830	1746	0	1726	20
晓阳	12200	700	0	690	10
穆云	8010	168	0	165	3
康厝	4800	500	0	500	0
溪潭	8800	310	0	310	0
甘棠	7600	640	0	635	5
下白石	3710	268	0	268	0
湾坞	3874	390	0	390	0
溪尾	2650	210	0	210	0
松罗	7910	544	9	522	13
溪柄	8236	1120	0	1115	5
赛岐开发区	1870	205	0	205	0

2006 年

单位	茶园面积	毛茶产量	1. 红茶	2. 绿茶	3. 青茶
全市	178855	14566	454	13872	240
城南	100	3	0	3	0
城北	165	9	0	9	0
阳头	6	1	0	1	0
赛岐	7708	964	0	964	0
穆阳	3100	760	0	760	0
城阳	15640	1350	12	1308	30
坂中	8300	550	0	545	5
上白石	24000	1030	0	1020	10
范坑	21547	1508	0	1488	20
潭头	41108	5528	338	5180	10
社口	35100	4612	75	4517	20
晓阳	12200	777	0	766	11
穆云	8016	171	0	166	5
康厝	5220	561	0	561	0
溪潭	5150	310	0	310	0
甘棠	7500	6630	0	612	18
下白石	3680	261	0	261	0
湾坞	3874	380	0	380	0
溪尾	3620	256	0	256	0
松罗	8710	625	0	510	86
溪柄	13000	1860	0	1845	15
赛岐开发区	1876	220	0	220	0

2007年

单位	茶园面积	毛茶产量	1. 红茶	2. 绿茶	3. 青茶
全市	201979	17075	733	16002	340
城南	500	20	0	20	0
城北	95	9	0	9	0
阳头	10	1	0	1	0
赛岐	7707	1566	0	1566	0
穆阳	3455	760	0	740	20
城阳	15620	1051	56	961	34
坂中	8960	595	22	572	1
上白石	16800	1210	0	1210	0
范坑	20580	1911	0	1861	50
潭头	41108	4757	607	4150	0
社口	27912	2810	19	2766	47
晓阳	14698	896	0	872	24
穆云	8770	209	0	189	20
康厝	5800	655	0	655	0
溪潭	5562	335	0	335	0
甘棠	8500	750	0	738	12
下白石	3690	265	0	265	0
湾坞	3874	380	0	380	0
溪尾	3620	275	0	275	0
松罗	8710	743	29	695	19
溪柄	13000	1300	0	1187	113
赛岐开发区	1870	215	0	215	0

2008年

单位	茶园面积	毛茶产量	1. 红茶	2. 绿茶	3. 青茶
全市	229242	18028	755	16905	368
城南	500	20	0	20	0
城北	300	15	0	15	0
阳头	75	9	0	1	8
赛岐	8207	1566	0	1566	0
穆阳	3455	760	0	740	20
城阳	16330	1051	78	931	42
坂中	8960	605	22	570	13
上白石	16800	1201	0	1201	0
范坑	22160	1911	0	1861	50
潭头	41268	4757	607	4150	0
社口	28900	2810	19	2744	47

续表

单位	茶园面积	毛茶产量	1. 红茶	2. 绿茶	3. 青茶
晓阳	16506	896	0	872	24
穆云	8920	209	0	189	20
康厝	6600	655	0	655	0
溪潭	6007	335	0	335	0
甘棠	8500	750	0	738	12
下白石	4050	265	0	265	0
湾坞	4104	380	0	380	0
溪尾	3620	275	0	275	0
松罗	8710	743	29	695	19
溪柄	13380	1300	0	1187	113
赛岐开发区	1890	215	0	215	0

2009 年

单位	茶园面积	毛茶产量	1. 红茶	2. 绿茶	3. 青茶
全市	236146	19293	3040	15418	835
城南	500	12	0	12	0
城北	300	15	13	2	0
阳头	75	10	0	1	9
赛岐	8207	1287	216	1071	0
穆阳	3600	713	300	393	20
城阳	16330	1020	300	678	42
坂中	9120	556	132	411	13
上白石	17160	1096	153	881	62
范坑	23200	1871	290	1181	400
潭头	41303	4368	621	3747	0
社口	33235	2588	621	1957	10
晓阳	16506	814	0	727	87
穆云	8920	191	20	151	20
康厝	7000	638	100	538	0
溪潭	6240	330	0	330	0
甘棠	8300	672	30	617	25
下白石	4300	239	0	239	0
湾坞	4250	351	0	351	0
溪尾	3620	269	0	269	0
松罗	8710	698	44	622	32
溪柄	13380	1356	200	1041	115
赛岐开发区	1890	199	0	199	0

2010 年

单位	茶园面积	毛茶产量	1. 红茶	2. 绿茶	3. 青茶
全市	240873	17397	6000	10813	584
城南	500	10	0	10	0
城北	150	2	0	2	0
阳头	75	1	0	1	0
赛岐	8207	1078	317	761	0
穆阳	3710	830	600	200	30
城阳	16330	900	500	400	0
坂中	9120	507	194	300	13
上白石	17160	901	295	520	86
范坑	23800	1361	640	721	0
潭头	41375	3508	943	2515	50
社口	35893	2912	1233	1598	81
晓阳	16506	830	250	500	80
穆云	8990	190	30	130	30
康厝	7400	550	120	430	0
溪潭	6739	336	66	270	0
甘棠	8250	680	295	350	35
下白石	4700	292	117	175	0
湾坞	3200	280	0	280	0
溪尾	3620	200	0	200	0
松罗	8962	664	100	500	64
溪柄	14280	1215	300	800	115
赛岐开发区	1906	150	0	150	0

2011 年

单位	茶园面积	毛茶产量	1. 红茶	2. 绿茶	3. 青茶
全市	241260	19100	7000	11500	600
城南	500	22	0	22	0
城北	100	8	0	8	0
阳头	3	1	0	0	1
赛岐	8207	1103	342	761	0
穆阳	3710	1041	765	240	36
城阳	16510	1015	595	420	0
坂中	9120	547	206	303	38
上白石	17170	1012	351	562	99
范坑	24140	1263	595	668	0
潭头	39340	3338	1013	2275	50
社口	34925	3281	1253	2012	16

续表

单位	茶园面积	毛茶产量	1. 红茶	2. 绿茶	3. 青茶
晓阳	16506	1066	574	470	22
穆云	9490	388	58	280	50
康厝	7950	649	149	500	0
溪潭	7278	367	75	292	0
甘棠	8250	693	313	350	30
下白石	4720	301	78	223	0
湾坞	3500	330	0	330	0
溪尾	3680	227	37	190	0
松罗	9589	710	213	732	65
溪柄	14640	1496	383	920	193
赛岐开发区	1932	242	0	0	0

2012 年

单位	茶园面积	毛茶产量	1. 红茶	2. 绿茶	3. 青茶
全市	251068	20236	7011	12416	809
城南	500	22	0	22	0
城北	150	30	0	30	0
赛岐	8207	950	345	605	0
穆阳	3710	595	332	224	39
城阳	16510	1220	640	580	0
坂中	9400	742	258	439	45
上白石	17560	1120	390	604	126
范坑	24520	1265	616	526	123
潭头	41375	3350	1015	2285	50
社口	37893	3251	1352	1883	16
晓阳	17206	1145	704	408	33
穆云	10390	992	195	747	50
康厝	8150	739	166	573	0
溪潭	8428	625	82	543	0
甘棠	8250	552	265	287	30
下白石	4890	346	76	270	0
湾坞	3700	370	0	370	0
溪尾	3780	282	45	237	0
松罗	9768	770	133	545	92
溪柄	14749	1584	397	982	0
赛岐开发区	1932	256	0	256	0

2013年

单位	茶园面积	毛茶产量	1. 红茶	2. 绿茶	3. 青茶
全市	261850	21355	9114	11396	845
城南	539	22	0	22	0
城北	108	5	0	5	0
赛岐	8834	1096	317	779	0
穆阳	3993	711	342	329	40
城阳	17760	1280	705	575	0
坂中	9794	623	251	332	40
上白石	18686	1420	590	654	176
范坑	26500	1270	740	405	125
潭头	37458	3395	1510	1825	60
社口	41863	3850	1880	1944	26
晓阳	17770	1505	896	563	46
穆云	10215	577	310	246	21
康厝	8987	673	163	510	0
溪潭	9088	82	82	0	0
甘棠	8117	598	248	332	18
下白石	5339	353	78	275	0
湾坞	4047	620	50	570	0
溪尾	4154	283	85	198	0
松罗	10332	943	371	489	83
溪柄	16209	1816	496	1110	210
赛岐开发区	2057	233	0	233	0

2014年

单位	茶园面积	毛茶产量	1. 红茶	2. 绿茶	3. 青茶	4. 白茶
全市	275788	23010	8532	12763	802	913
城南	500	22	0	22	0	0
阳头	0	0	0	976	0	0
赛岐	9736	1314	338	268	35	0
穆阳	4650	745	442	645	0	0
城阳	18500	1437	792	335	40	0
坂中	9100	570	195	694	176	0
上白石	19686	1643	620	400	130	153
范坑	27700	1280	750	1890	35	0
潭头	37900	2905	980	2045	30	0
社口	42863	4196	1865	966	48	256
晓阳	18200	2312	1165	247	20	133
穆云	11466	456	189	385	0	0

续表

单位	茶园面积	毛茶产量	1. 红茶	2. 绿茶	3. 青茶	4. 白茶
康厝	9756	475	90	82	0	0
溪潭	9226	323	83	801	9	158
甘棠	12134	1282	259	272	0	213
下白石	4997	336	64	609	0	0
湾坞	3780	639	30	224	0	0
溪尾	3860	281	57	491	64	0
松罗	11960	770	215	1180	215	0
溪柄	17054	1793	398	231	0	0
罗江	2720	231	0	0	0	0

2015 年

单位	茶园面积	毛茶产量	1. 红茶	2. 绿茶	3. 青茶	4. 白茶
全市	278392	24409	8939	13534	971	965
城南	500	22	0	22	0	0
赛岐	9630	1296	318	974	0	4
穆阳	4320	740	430	280	30	0
城阳	18850	1459	799	660	0	0
坂中	9100	548	195	338	15	0
上白石	19681	1823	640	733	284	166
范坑	28600	1430	820	430	180	0
潭头	38650	2955	950	1960	45	0
社口	42863	4118	1890	1950	25	253
晓阳	17080	2401	1232	985	49	135
穆云	12466	492	191	247	54	0
康厝	9838	552	90	462	0	0
溪潭	9245	755	84	502	0	169
甘棠	12237	1230	276	716	0	238
下白石	4997	359	79	280	0	0
湾坞	3780	640	30	610	0	0
溪尾	3860	292	59	233	0	0
松罗	12600	770	215	491	64	0
溪柄	17249	2048	403	1420	225	0
罗江	2846	479	238	241	0	0

2016 年

单位	茶园面积	毛茶产量	1. 红茶	2. 绿茶	3. 青茶	4. 白茶
全市	278316	25843	9483	14402	959	999
城南	500	22	0	22	0	0
赛岐	9630	1310	326	980	0	4
穆阳	4320	943	600	313	30	0

续表

单位	茶园面积	毛茶产量	1. 红茶	2. 绿茶	3. 青茶	4. 白茶
城阳	18850	1520	830	690	0	0
坂中	9100	629	195	388	46	0
上白石	19681	1872	640	783	284	165
范坑	28935	1529	892	637	0	0
潭头	38650	3032	1027	1960	45	0
社口	42401	3989	1810	1910	20	249
晓阳	17080	2653	1266	1045	176	166
穆云	12397	492	191	247	54	0
康厝	9830	530	90	440	0	0
溪潭	9320	1137	141	817	10	169
甘棠	12260	1340	382	712	0	246
下白石	4997	359	79	280	0	0
湾坞	3780	633	4	629	0	0
溪尾	3860	290	67	223	0	0
松罗	12600	910	246	600	64	0
溪柄	17249	2161	451	1480	230	0
罗江	2876	492	246	246	0	0

2017 年

单位	茶园面积	毛茶产量	1. 红茶	2. 绿茶	3. 青茶	4. 白茶
全市	228212	22828	7990	13233	924	681
赛岐	7569	1171	389	779	0	3
穆阳	3508	769	506	238	25	0
城阳	15342	1273	671	602	0	0
坂中	7407	543	159	341	43	0
上白石	16832	1538	518	641	268	111
范坑	23522	1434	810	624	0	0
潭头	31457	2847	1018	1772	57	0
社口	35226	3323	1392	1763	14	154
晓阳	15220	2269	1052	927	179	111
穆云	10089	421	155	215	51	0
康厝	7430	451	65	386	0	0
溪潭	7297	1025	105	796	10	114
甘棠	10060	1299	324	787	0	188
下白石	4067	309	64	245	0	0
湾坞	3077	552	3	549	0	0
溪尾	3142	251	55	196	0	0
松罗	10312	1097	174	863	60	0
溪柄	15087	1920	365	1338	217	0
罗江	1568	336	165	171	0	0

2018 年

单位	茶园面积	毛茶产量	1. 红茶	2. 绿茶	3. 青茶	4. 白茶
全市	231947	24006	7957	14332	985	732
赛岐	6335	945	150	795	0	0
穆阳	3680	830	516	289	25	00
城阳	16332	1401	690	711	0	0
坂中	7406	611	163	399	49	0
上白石	18381	1755	534	757	284	180
范坑	24708	1374	844	530	0	0
潭头	33065	2857	1131	1668	58	0
社口	37179	3799	1447	2088	16	248
晓阳	13380	2359	1084	1081	194	0
穆云	10073	444	160	226	58	0
康厝	7750	570	88	482	0	0
溪潭	7346	1231	108	928	11	184
甘棠	11139	1215	167	928	0	120
下白石	4100	351	66	285	0	0
湾坞	2423	569	4	565	0	0
溪尾	3362	264	54	210	0	0
松罗	8352	860	179	612	69	0
溪柄	15293	2179	385	1573	221	0
罗江	1643	392	187	205	0	0

2019 年

单位	茶园面积	毛茶产量	1. 红茶	2. 绿茶	3. 青茶	4. 白茶	5. 其他茶
全市	247144	25117	8777	14229	906	1172	33
城南	167	17	0	17	0	0	0
赛岐	9712	987	180	807	0	0	0
穆阳	10588	1076	668	372	36	0	0
城阳	13805	1403	692	711	0	0	0
坂中	5402	549	171	347	31	0	0
上白石	17927	1558	376	733	284	165	0
范坑	12152	1535	978	557	0	0	0
潭头	24255	3027	1131	1778	0	85	33
社口	33939	4059	1650	1797	5	607	0
晓阳	25091	2150	900	1060	190	0	0
穆云	14566	464	180	229	55	0	0
康厝	5493	604	111	493	0	0	0
溪潭	12112	1231	220	850	26	135	0
甘棠	14562	1480	370	930	0	180	0
下白石	3532	409	129	280	0	0	0

续表

单位	茶园面积	毛茶产量	1. 红茶	2. 绿茶	3. 青茶	4. 白茶	5. 其他茶
湾坞	5520	561	11	550	0	0	0
溪尾	2667	271	63	208	0	0	0
松罗	8502	864	272	576	16	0	0
溪柄	23157	2466	482	1721	263	0	0
罗江	3995	406	193	213	0	0	0

说明："其他茶"主要是工艺花茶，下同。

2020 年

单位	茶园面积	毛茶产量	1. 红茶	2. 绿茶	3. 青茶	4. 白茶	5. 其他茶
全市	249815	26399	9166	14658	781	1760	34
城南	406	0	0	17	0	0	0
赛岐	7488	1000	180	720	0	100	0
穆阳	4532	989	607	344	38	0	0
城阳	14149	1596	648	747	0	201	0
坂中	7406	574	171	347	31	25	0
上白石	19719	1715	326	1043	132	214	0
范坑	27243	1661	1076	585	0	0	0
潭头	24934	3114	1164	1829	0	87	34
社口	44555	4318	1805	1850	0	663	0
晓阳	15590	2316	1051	1062	203	0	0
穆云	15197	481	189	240	52	0	0
康厝	8738	647	139	508	0	0	0
溪潭	9691	1231	220	850	26	135	0
甘棠	11129	1610	400	930	0	280	0
下白石	5026	441	82	359	0	0	0
湾坞	4812	465	12	453	0	0	0
溪尾	3142	272	64	208	0	0	0
松罗	8502	966	310	585	16	55	0
溪柄	15733	2565	522	1760	283	0	0
罗江	1823	421	200	221	0	0	0

2021 年

单位	茶园面积	毛茶产量	1. 红茶	2. 绿茶	3. 青茶	4. 白茶
全市	255270	27204	9661	14913	754	1876
城南	406	17	0	17	0	0
赛岐	7793	1040	185	750	0	105
穆阳	4532	989	627	362	0	0
城阳	17343	1645	679	722	0	244
坂中	7406	578	176	344	30	28

续表

单位	茶园面积	毛茶产量	1. 红茶	2. 绿茶	3. 青茶	4. 白茶
上白石	21031	1791	346	1083	145	217
范坑	27253	1688	1096	592	0	0
潭头	24934	3239	1211	1902	0	126
社口	44573	4428	1874	1888	0	666
晓阳	15596	2423	1150	1063	210	0
穆云	15217	491	193	246	52	0
康厝	9087	671	143	528	0	0
溪潭	9691	1287	240	880	26	141
甘棠	11150	1620	398	939	0	283
下白石	5030	442	82	360	0	0
湾坞	4815	472	15	457	0	0
溪尾	3142	279	66	213	0	0
松罗	8505	1028	328	616	18	66
溪柄	15793	2655	652	1730	273	0
罗江	1973	421	200	221	0	0

2022 年

单位	茶园面积	毛茶产量	1. 红茶	2. 绿茶	3. 青茶	4. 白茶
全市	260909	28761	10263	15430	835	2233
城南	415	18	0	18	0	0
赛岐	8244	1100	140	650	0	310
穆阳	4539	1106	688	389	0	29
城阳	17951	1724	753	686	0	285
坂中	7406	630	205	384	0	41
上白石	22230	1883	364	1142	148	229
范坑	27268	1772	1151	621	0	0
潭头	26389	3428	1279	2014	0	135
社口	44613	4592	1984	1935	0	673
晓阳	15856	2702	1264	1175	263	0
穆云	15319	513	203	259	51	0
康厝	9449	697	148	549	0	0
溪潭	9693	1400	266	888	98	148
甘棠	11375	1713	428	989	0	296
下白石	5020	467	87	380	0	0
湾坞	4835	479	18	461	0	0
溪尾	3142	276	64	212	0	0
松罗	8669	1056	336	634	19	67
溪柄	16523	2783	694	1833	256	0
罗江	1973	422	191	211	0	20

2023 年

单位	茶园面积	毛茶产量	1. 红茶	2. 绿茶	3. 青茶	4. 白茶
全市	259109	29943	10859	15972	742	2370
城南	409	17	0	17	0	0
赛岐	8244	1140	151	676	0	313
穆阳	4538	1105	689	387	0	29
城阳	17974	1810	787	664	0	359
坂中	7370	656	207	406	0	43
上白石	22230	1954	375	1188	155	236
范坑	27281	1857	1207	650	0	0
潭头	26917	3601	1343	2115	0	143
社口	41877	4754	2173	1908	0	673
晓阳	16087	2858	1305	1286	267	0
穆云	15367	550	219	282	49	0
康厝	9449	697	148	549	0	0
溪潭	9293	1410	266	888	103	153
甘棠	11422	1797	449	1038	0	310
下白石	5030	483	91	392	0	0
湾坞	4835	485	20	465	0	0
溪尾	3142	298	70	228	0	0
松罗	8941	1090	348	659	18	65
溪柄	16730	2949	822	1961	150	16
罗江	1973	432	189	213	0	30

茶园开垦

1949 年 10 月以前

福安种茶的历史久远，广袤的山野是茶的家园。鸦片战争以后，海禁开放，茶业发展，茶笲"遍植岩野"，这些山地不便种植水稻，就成为茶笲的安身之处。穆云乡蟾溪村，海拔 400 米，开门见山，山场遍植茶树，给山民带来经济利益。清同治十年（1871 年），吴、杨二姓在村头各立"茶碑"一面，保护茶园"防守窃采及放牧牛羊"。邑内多姓旧谱，多有"山场"记载，四至明晰，权属清楚；山场除了竹木之林、旱作园坪、桃李果园，余下皆是茶园。这种情形长期延续。

民国时期，福安茶业进一步发展，茶农为尽可能多获一些经济利益，就开垦出更多的茶园。由于是一家一户的小农生产，开垦前缺乏科学的规划，随意性比较大，茶园面积较小，一般成不了规模。园地开辟，首当垦荒，一般工序就是砍柴、开掘、翻土、整地，比较简易。这些茶园大多顺着山坡开垦，或在"山园坪"的围沿种茶（"半墙式""篱笆式"茶园），还有将茶树间种到与其他作物的园地里。由于普遍管理不周、施肥不力，或与其他作物分享养分，十数年后地力渐衰，产量逐减。

民国 23 年（1934 年），福安县立初级中学改为职业学校，开设茶科班。学校设茶场（农场）2 处：第一场在城关北郊，将学校农场四周山地垦为梯形茶园，为茶业改良试验场，面积 6 亩，植茶苗 3 担，作为选种、培植、施肥之试验；第二场在学校附近，面积较小，种植茉莉花。

民国 24 年，位于福安社口的“福建省建设厅福安茶业改良场”有 195 亩山地，分期开垦为茶园，作为改良场茶叶科研试验茶园和示范茶园，同时作为农业职业学校的实习基地。

民国 30 年，“福安县私立韩阳初级农业职业学校”在溪柄镇白沙村创办，该校实习农场面积 150 余亩；民国 33 年，学校改为“省立高级农业职业学校”，将农科改为茶科，亦有实习茶场，茶园面积不详。

以上单位所属各茶场都是规划连片开垦的较高等级茶园。

1949 年 10 月至 1984 年

中华人民共和国成立以后，福安县的茶业生产逐渐恢复。1951 年土地改革运动结束，福安茶农开垦茶园的积极性空前提高。1955 年全县茶园 58197 亩（3879.80 公顷），是 1951 年 45200 亩（3013.33 公顷）的 1.29 倍；毛茶总产量 736.5 吨、采摘面积 41891 亩，平均亩产 17.58 公斤。

1956 年福安县基本实现农业合作化以后，茶园面积继续增加，新垦茶园均为集体所有。1957 年全县有 85641 亩（5709.40 公顷），比 1951 年增加 40441 亩，是 1951 年的 1.9 倍。“三年困难时期”过后，农业生产逐步恢复正常。1964 年全县茶园 4796.60 公顷（71949 亩），比 1951 年增加 26749 亩，是 1951 年的 1.59 倍。

新开垦的茶园主要是坡地梯级茶园，高海拔的茶园还有以石块砌成梯壁的石级茶园。1958—1959 年，福安县在王家、坦洋、溪口、仙岭、高坂等地创办国营茶（农）场，上白石、潭头、松罗、康厝、甘棠、下白石、溪尾等人民公社办起社属集体茶场。这些茶场地处丘陵山地，立地生态条件都很适宜茶叶生长。新茶园在开辟前均进行全面勘察、评估，确定后即进行道路网、耕作区、梯层、排水和蓄水的沟渠等规划设计，以适应山地等高梯层茶园使用机械耕作垦辟的要求。

各场队在实践中总结出山地茶园的技术标准：集中连片成块，道路缓坡和等高梯层，深耕施基肥，合理密植，良种壮苗。该五项技术标准在县内各茶区持续推广，确保茶园的质量，提高茶叶单位面积产量。1971 年全县毛茶总产量 1155.5 吨、采摘面积 45564 亩，平均亩产 25.36 公斤；1971 年比 1955 年毛茶亩产量提高 7.78 公斤。

20 世纪 70 年代中期，公社茶场增加到 18 个，大队（村级）茶场 150 多个。这些专业场队的茶园基础设施普遍良好，集中连片，条栽密植，整齐规则，良种化程度和科学管理水平比较高，“荒山变茶林，螺旋上山顶，机器开上山，拖拉机顶老牛”。彻底改变小农经济时代茶农茶园零星、分散、杂乱和“篱笆式”茶园为主导的局面。

1964 年 4 月福安县政协综合厂茶业队开垦的茶园（林志锋 提供）

1981年，福安县贯彻中央精神，实行经济体制改革，推行农业联产承包责任制，极大地提升了广大茶农的生产积极性。1982年福安县的茶园面积首次超过10万亩，达到104777亩（6985.13公顷）。1983年全县茶园面积105560亩（7037.33公顷）。

1985年至2023年

1985年下半年福安县实行茶叶流通体制改革以后，茶叶生产进一步发展。1986年全县各级茶场（专业队）合计226个，茶园面积45271亩，占全县茶园总面积98334亩的46.04%。1987年以后，茶园面积继续在扩大。

1996年全市茶园总面积155149亩，与1986年相比，十年间共开垦56815亩，平均每年新垦茶园5681亩。

2008年，福建省实施中央财政资金支持现代农业发展项目，福安市被列为现代茶业生产发展资金项目县。至2016年底，福安市累计建成标准化生态茶园79256亩。

2023年，全市茶园总面积259109亩，与1996年相比，27年间共增加103960亩，平均每年新增茶园3853亩。

1986年各级茶场茶园面积、毛茶产量一览表

茶场性质	数量（个）	茶园面积（亩）	毛茶产量（吨）	亩产茶叶（公斤）
国营场	9	4695	222.5	47.4
乡镇办场	23	5300	142.1	26.8
村级办场	175	32486	672.5	20.7
村联合体	12	2105	41.05	19.5
其他形式	7	685	8.6	12.6
合计、平均	226	45271	1086.75	24

说明：表中“国营场”除福安县属王家、坦洋、高坂三场外，还包括省茶科所、宁德地区农校、宁德地区农科所、化蛟林场、蟾溪林场、湾坞农场附属茶场。

1998—2023年部分年份全市新开垦茶园面积情况表

年份	年末实有茶园面积（亩）	当年新开垦茶园面积（亩）
1998	154903	1720
1999	158449	3546
2000	162270	3821
2004	165863	4267
2005	168731	2868
2006	178855	10124
2007	201979	23124
2008	229242	27272
2014	275788	13938
2017	228212	3735
2018	231947	3735
2019	247144	15197
2020	249815	2671
2021	255270	5455
2023	259109	2380

茶园规划设计

新茶园在开垦前要进行规划设计。规划设计方案包括道路规划、等高梯层规划、水利设施规划等方面内容。

◎道路规划

开辟茶园之前，先应确定干道、支道、步行道的布局，既要达到便利耕作管理，又要设法减少弯道短线，扩大路线的受益面，提高土地利用率。道路规划要突出道路系统各路的作用和规格，明确标识干道、支干道、步行道等。茶山与茶山、耕作区与耕作区之间，要有主干路相通，务使茶园交通畅通无阻。主干道还应该和附近已建的或将建的公路衔接。在面积大的耕作区里，按地形、坡度情况，确定支干道；支干道要与主干道相衔接，连成路网。

◎等高梯层规划

根据山地坡度大小，确定梯层高度和梯面宽度及倾斜度。坡度在 10 度以下的，开垦成宽幅、等高、缓坡茶园；坡度在 10 度以上，开垦等高梯层的梯级茶园。梯级茶园的梯层高度不超过 2 米，梯面宽度不少于 1.5 米，以至少能种一行茶为宜。梯层要求等高，大弯随势，小弯取直，外高内低，外埂内沟，心土筑埂，表土回沟。

梯层规划要求耕作管理方便、适宜机械或畜力耕作，梯面尽量长，梯级两端与道路相连接。梯面宽度不少于 2 米，梯级高度视各层同等高部位最大坡度而定。一般梯级同等高最大坡度在 28° 以上，梯级的高度不宜超过 2 米；22°—28° 的，不宜超过 1.5 米；15°—20° 的，不宜超过 1.3 米；10°—15° 的，不宜超过 1.2 米。下面以福安王家茶场的梯层设计为例。

福安王家茶场山地茶园梯层设计规格表

同等高度位最大坡度（度）	梯面宽度（米）	梯级高度（米）	可和茶行数	梯壁倾斜度（度）
24—36	2.73—2.00	1.33—1.67	1	85—80
14—24	4.03—2.83	1.00—1.33	2	85
10—14	5.57—4.17	1.00	3	85

◎水利设施规划

茶树生长需要比较深厚的土层，因此，必须注意水土保持。在进行山地梯级茶园水沟规划时，要根据"蓄水保持"及管理耕作方便的原则，按不同的条件，充分利用现有水源。一般小山，山势不高，水量汇集不大的，在多雨季节考虑蓄水保土，做好蓄水的横沟，不必开专门用来排水的纵水沟。福安王家茶场的经验证明凡是横沟蓄水工作做得好的，水土都没有冲刷；反之，水量向低洼汇集，造成冲刷。开辟山地茶园，应以横沟蓄水为主，少开纵沟，避免茶山"四分五裂"，不便耕作管理。

除茶园开沟蓄水外，还要积极开辟水源，利用现有的山泉、山坑引水灌溉；同时进行水库建设，蓄水保土，建立完整自流灌溉水利系统。为防止山洪冲击，在林地与农田二者之间，建立等高隔离渠。

设计新茶园时，水利设施要做到多雨能蓄，涝时能排，旱时能保，避免水土流失，建立一套设有隔离沟、曲折沟、横沟、蓄水池组成的排蓄水系统。

山地茶园开垦

茶园的开垦一般包括清理地面、测量等高线、修筑梯田、深耕改土、绿化梯壁与地表等步骤。

◎**清理地面**

开垦前必须先清除地面的灌木、荆棘、杂草等，不影响茶行位置的零星林木，可尽量保留作遮阴树或防风林。把同一层的等高点连起来，开成平整的等高线，然后开草皮挖土。草皮开好后，要在等高线的前沿堆砌草皮，要求牢固无空隙，要像砌砖一样，接头要相互交叉。草皮的草根应朝向内侧，梯壁倾斜度应砌得适当。梯壁叠填到一定高度，就开始大力挖高填低。土要挖得深、整得平，沟应开得符合标准，梯面要略微外高内低，使成倾斜形，以便更好地保持水土。

◎**测量坡度与等高线**

先测量坡度定道路，后测量等高基线。测定等高线可从山坡上部开始，先选择具有代表性坡度的地方为始点，测定出等高基线，然后以此等高基线为准，以所要求的梯面宽度，加上梯壁倾斜度投影所占宽度作为两条等高线的距离，分别向上向下测出其他条等高线。

道路测量。在勘察规设路线时，选择适当的测坡起点来，控制陡坡、岩石、断层等障碍。在测量中选择适当路坡，避开可能遇到的小障碍。

等高梯层测量。根据地形与坡度状况，选择分层基线或等高基线，并选定分层基点或等高基点，然后测定各梯层的等高点；对测量中的误差应不断进行调整，使梯层达到完全等高；尽可能把小坟墓、大岩石调整作为梯壁。为了便于检查及避免差错，在等高点测定之后，应及时打上预先准备好的竹签作为标志。“系统定点、按地形变化定点，均匀定点、整体定点”是测量等高点的基本原则。

画线。画线的基本方法是，以等高线或路基点为基础，参考地形等高线，将同一等高部位上的各点，或同侧的路基点，用锄头开线连接。划线是为了标明层次，以防开乱，确定梯层的规格。必要时可再进行一次等高点调整。

◎**修筑梯面**

开垦茶园时为使肥沃的表土能保留在梯面，修筑梯田先从山脚下第一条等高线筑起，将表土保留在梯面以利幼茶生长。茶园梯壁因采用的材料不同，可分三种。1. 石块梯壁。这种梯壁牢固耐久，梯壁高度和坡度都可增加，土地利用率高，如福安高坂茶场的茶园。2. 草砖梯壁。这种梯壁采用草皮砖翻转垒砌成梯坎，修筑时用草皮砖按品字形上下层相互交错砌叠成牢固梯层，不露缝。砌坎时把坡上的心土挖下填平，附近的小石块可填在梯坎脚基内，以巩固梯坎。这种梯壁，就地取材，花工少，投资省，也较牢固，这类茶园约占全市茶园总面积的70％—75％。3. 心土夯筑梯壁。先取出表土，堆放在另一边，再向下挖取心土填到梯基上加高夯实，再以同样方法将梯层内侧的表土取出，倒入挖好的种植沟内，再将内侧下面的心土搬到梯沿继续夯筑梯壁，待形成等高梯田后平整梯面。以此类推，逐层由下而上修成梯田。1975年8月，宁德地区茶业局在福安县上白石公社沙坑大队作过试点，采取心土筑壁、表土回园办法，建立茶园4.40公顷。心土筑埂后采取绿化措施，梯沿和梯壁要及时种上多年生匍匐性绿肥或草

松罗金山新开垦的高标准茶园（“润木堂”提供）

本植物，以固梯护坡。

◎**深翻改土**

茶园开垦后在种茶前，先要平整地面。清除园内杂物，然后全园深耕 50 厘米以上，特别是梯田内侧部分土壤被挖取填至外侧，更需要搞好深翻，以改善土壤结构，促进土壤风化。同时，结合全面深翻，在梯层内侧挖好竹节沟和蓄水坑，修好梯沿土埂，以确保园地保水保土。在全园深耕的基础上，按设计要求挖好种植沟，施足有机农肥、磷肥、复合肥等作底肥，并与表土混合，覆上表土形成浅沟，为以后栽植茶苗作准备。

◎**绿化梯壁和熟化土壤**

新垦茶园有机质较缺乏，有条件的地方在茶树种植前，先种绿肥和豆科作物等以进一步熟化土壤，提高肥力。茶农常在新茶园上，冬季种植马铃薯、肥田萝卜等，夏季播种黄豆、花生、赤豆科作物，既有经济收入，又可利用稿秆、茎叶作为铺草覆盖的材料，改良土壤，增加有机质。梯壁与梯沿可普遍种上爬地兰、日本草、金光菊等多年生绿肥，以绿化梯壁，防止梯壁崩塌。在茶园四周、沟边、路旁、山顶、迎风口种植杉、松、板栗、柿等经济林木与楹树、合欢、紫穗槐等豆科树防风林，以保持水土，改善小区气候和生态环境。

低产茶园改造

茶园老化后自然低产。旧时茶农对待茶园老化和茶树衰老基本上是听其自然，让它自生自灭，再另开新茶园。也有一些经验丰富的茶农，对老茶树或得病的茶树，用刀平头砍去树冠，再烧一把火，让老树萌发新梢。这种做法类似现代的台刈技术，但并不普及。中华人民共和国成立以后，政府重视茶叶生产，1952 年福安县成立茶叶生产技术指导站，负责全县茶叶生产技术指导工作，将低产茶园改造作为提高茶叶产量主要途径。

修剪、移植、并丘

由于福安是老茶区，茶园树龄大，多是 30—50 年树龄，树势衰老；茶园丛栽稀植，每亩只有 200 多丛，少者 100 多丛；农茶间作、衰老低产、老品种的茶园占有较大比重。加上管理粗放，造成茶树未老先衰，茶叶单产低，品质差。1952 年后省建设厅福安茶叶试验场研究提出半衰老茶树重修剪技术，在福安坦洋溪坪等地设点示范，并向其他茶区推广。福安专署拨专项款用于垦复和改造老茶园。

1956 年，福安专署在社口举行全区旧茶园改造现场会，总结、推广改造老茶园和低产茶园的

1952 年吴侬妹畲族互助组在整修茶园（市档案馆 提供）

成功经验。1957—1959 年，福安开展对衰老低产茶园的技术改造试验，先后在松罗、社口茶区进行旧茶园大面积移植归并、“搬家”并丘的技术改造试点；不断实践、不断探索，取得成功经验后，通过召开现场会的方式逐步推广到各茶区。1957 年和 1958 年，分别在社口、松罗等地召开全区改造茶园现场会，推广“移植归并”等低产茶园改造经验。

1960 年 3 月 26 日至 4 月 2 日，国家农业部在福安召开全国茶叶生产现场会，来自 14 个产茶省的 154 名代表在福安参观社口茶乡和茶科所的低产茶园改造、育苗、茶叶加工的先进典型。

“三改一补”

20 世纪 60 年代，通过不断总结经验和实践探索，在改树改土的基础上系统地总结制定出“三改一补”（改树、改土、改园、缺株补植）综合技术改造措施，并在各茶区推广应用，取得显著效果。

改树。对地上部分已经衰老或结构不好的茶树，通过修剪，改造树体，重新培养树冠；对衰老、矮小茶树，用台刈更新；对未老先衰的茶树，用深修剪或留养等方法，培养成理想的树冠。茶树达到一定年龄后、树冠衰老、根系生长萎缩，有效细根大量死亡，吸收功能衰退，与老茶园水土流失严重、土壤环境恶化、土层浅薄、肥力下降直接关联。在更新树冠的前一年要先进行根系更新，或在树冠更新当年的秋末茶树处于休眠时期进行。茶园深耕 40—50 厘米，在根茎外 20 厘米处深耕，并有意识地砍断部分粗老根，促使长出新侧根、细根。在深耕的同时结合施下有机农肥和磷肥。

改土。低产茶园土层浅薄、土性不良、肥力低下、酸碱度不适等等原因所造成低产。在改树的同时，改善土壤理化性状、改良土壤。针对低产茶园土层浅、质地差的特点，进行深翻改土和客土培园。利用茶园附近有机质含量较丰富的表土来加厚土层，为茶树地下部根系的生长创造良好的土壤条件。低产茶园通过改树和改土后，园面裸露，为了巩固改土效果，在有草源的地方，采取割草铺园，平铺干草 3 厘米，既可保土，又能增肥、保温、防治杂草滋生、活化养分、提高肥力，是改良土壤、增产茶叶的一项重要措施。

改园。低产茶园改造中对老茶园的“半墙式”“篱笆式”和“顺坡式”旧茶园与梯级茶园的梯层不等高、崩梯断行、品种混杂、水土冲刷等不同情况，因地制宜，针对性地采取不同技术措施进行园相改造，使其彻底更新为全新茶园。坡度 20 度以下、梯面较宽的“半墙式”“篱笆式”茶园，以现有的梯层为基础，在梯沿边挖基重新用心土夯筑梯壁，把原有品种茶树保留在梯层中间成条栽，并以相同品种补密补齐。梯壁内侧挖好竹节沟和蓄水沟，梯沿筑好土埂，改成等高梯田式茶园；茶树品种混杂的，也可在梯层中间，按规定的行株距重新栽下新品种茶树，待新茶树成龄后，再将老茶树挖掉。这种做法既增加眼前收入，又可将旧茶园改造成新茶园。

缺株补植。低产茶园大都有不同程度的缺株。在对茶园进行“三改”的同时，及时进行缺株补植。补植时，先挖穴并回填上新土，再把同品种茶苗种下，以保证茶苗成活。对有的土壁梯级老茶园因长期在梯壁劈草，茶树逐渐移至园埂，使园后空了一大片，则采用改植换种的办法进行。

综合技术措施

20 世纪 70 年代后，改造低产茶园的综合技术措施在生产中得到改进和提高。根据茶树衰老程度和成因，对茶树分别进行台刈、重修剪、深修剪，改植换种，以老带新，以新代老，增行补植；根据茶园土壤结构、理化性状及肥力状况，对茶园进行深翻改土施基肥；根据茶园的立地条件、水土冲刷程度、梯层有无和茶园生态状况，分别进行修补梯层、横沟蓄水、截拦等高、种植绿肥或铺草覆盖及种植防护林设施等；根据种植规格、密度及品种，进行合理密植，品种搭配及缺株补植。王家茶场在采用“三改一补”综合改造措施的基础上又推出把好“三关”（施肥管理关、树冠培养关、采养结合关）的技术措施。

由于改造技术措施得法，茶叶平均单产从改造前的25—30公斤，提高到平均单产125公斤的水平。1984—1986年，五四茶场和南塘茶场分别改造面积105亩和158亩，单产从改造前的40公斤和35公斤，提高到119.2公斤和96.2公斤；其中最高单产达325公斤的水平。各地茶区涌现出一批低产变高产的丰产茶园。

李述经（左一）在王家茶场试验茶园进行科研
（20世纪70年代，资料图）

换种改植

茶树的生物年龄可达五六十年，甚至100多年，但是经济年龄比生物年龄则短得多。一般茶园投产后，经过五六次重修剪或台刈后，茶树逐渐衰败，即使是加强肥培管理仍无法提高产量和效益，就须进行换种改植；原来栽植的不是优良品种或是品种混杂、效益差的茶园也要换种改植。

老茶园换种更新。原有的茶园土壤由于长期连作，对新茶苗的生长发育往往产生不利的影响，特别要加强深耕改土，挖尽茶树老根，通过深耕打破底土层，并大量施入有机农肥和配施适量微量元素，然后按新茶园的建立标准，重新栽下新品种。

低位嫁接换种改造。劣种旧茶园在春茶采后，将老茶树离地3厘米处平锯作为砧木；从选用的良种茶树上选剪已木质化的枝条为接穗，嫁接到砧木上。嫁接换种的成活率高（80%上），用工省（每亩只需四五个工日），分枝多，生长快，而且因保留了原茶树庞大的根系，对保持水土、防止水土冲刷有积极意义。

从1951年起，福安各茶区通过换种更新改植和新垦优种培植，不断扩大优质茶园的种植面积，确保茶叶产量的长盛不衰。

部分年份福安市各乡镇（街道）新植茶园面积一览表

1990—2002年　　（单位：亩）

单位＼年份	1990	1991	1994	1995	1996	1997	1998	1999	2000	2001	2002
全市	9144	14522	4203	2928	1567	777	2148	4039	4449	1919	3925
城南	韩阳10	韩阳40	20	0	0	0	0	0	0	0	0
城北			6	0	0	0	10	0	70	0	0
阳头			0	0	0	0	0	0	0	0	0
赛岐	0	0	574	1099	200	0	0	200	0	0	0
穆阳	65	80	3	50	65	10	0	0	0	0	0
城阳	799	1314	50	5	0	0	0	0	12	10	200
坂中	755	391	20	5	0	0	0	252	0	8	108
上白石	686	0	0	1150	840	660	420	28	21	30	20

续表

单位＼年份	1990	1991	1994	1995	1996	1997	1998	1999	2000	2001	2002
范坑	97	510	132	64	64	29	117	340	996	340	1374
潭头	214	3036	2000	0	40	0	1000	2000	1500	900	1000
社口	2029	3070	320	0	0	0	0	0	0	0	0
晓阳	1000	997	330	330	200	0	0	0	0	0	100
穆云	601	832	0	0	0	0	0	0	0	0	0
康厝	250	557	80	10	10	10	8	0	23	0	0
溪潭	0	0	0	0	0	0	0	0	0	0	402
甘棠	1264	1712	0	0	0	0	0	60	30	40	100
下白石	123	357	0	0	0	37	135	0	140	135	100
湾坞	376	110	185	200	50	0	0	0	0	0	0
溪尾	174	188	20	0	16	10	13	0	800	0	100
松罗	0	13	0	0	60	0	400	1138	760	300	150
溪柄	659	1223	403	15	20	10	0	6	97	14	161
赛开区	0	0	60	0	2	11	45	15	0	142	0
国营场	42	92	0	0	0	0	0	0	0	0	100

2003—2012 年

单位＼年份	2003	2004	2005	2006	2007	2008	2009	2010	2011	2012
全市	2000	3796	3382	5005	6204	9381	10403	9233	9456	9908
城北	0	0	0	0	0	0	0	0	5	0
赛岐	0	0	0	0	0	500	0	293	260	150
穆阳	0	0	0	0	45	45	60	45	150	50
城阳	40	4	30	340	210	240	1500	1500	230	300
坂中	58	60	150	1400	50	160	320	320	320	280
上白石	0	0	0	0	300	0	0	370	1127	850
范坑	200	1526	1807	176	1800	2910	2200	1700	940	980
潭头	650	530	655	1203	771	571	520	360	1220	1165
社口	0	0	0	800	8	1000	1500	1500	1200	1000
晓阳	0	0	0	0	1000	1000	1000	1000	1000	1000
穆云	0	10	10	6	754	550	550	70	500	500
康厝	0	0	0	0	100	800	500	500	600	600
溪潭	450	200	200	200	216	233	720	297	321	1308
甘棠	0	0	0	0	0	0	0	0	180	180
下白石	100	200	150	200	150	300	400	200	90	200
湾坞	0	0	0	0	0	230	234	160	200	100
溪尾	0	50	0	0	0	60	18	60	100	50
松罗	140	180	180	280	200	202	301	362	627	550
溪柄	156	1036	200	600	600	580	580	480	360	625
赛开区	6	0	0	0	0	0	0	16	26	20
国营场	200	0	0	0	0	0	0	0	0	0

2013—2023 年

单位＼年份	2013	2014	2015	2016	2017	2018	2019	2020	2021	2022	2023
全市	9922	8229	5943	2823	1395	3735	7550	4620	2721	2983	2380
城南	0	0	0	0	0	0	5	0	0	0	0
赛岐	200	128	65	75	0	112	297	0	0	0	0
穆阳	100	0	0	0	0	0	323	0	0	0	0
城阳	300	0	0	0	0	277	421	0	254	478	264
坂中	100	0	0	0	0	67	165	57	52	0	0
上白石	1000	372	390	305	390	838	548	602	0	0	0
范坑	1000	1200	900	2185	900	699	371	797	10	15	13
潭头	2530	0	0	0	0	222	741	3114	0	0	0
社口	2136	1000	713	0	0	561	1220	1546	1553	1593	1307
晓阳	300	700	0	0	0	110	766	0	0	150	125
穆云	0	0	0	0	0	302	173	362	101	81	85
康厝	400	169	82	78	75	67	182	352	161	0	0
溪潭	600	138	125	127	30	92	390	390	390	391	350
甘棠	0	4017	3136	23	0	89	445	0	0	225	226
下白石	300	37	0	0	0	0	130	0	0	0	0
湾坞	60	50	0	0	0	0	169	200	50	20	10
溪尾	80	0	0	0	0	0	81	0	0	0	0
松罗	300	0	0	0	0	166	260	260	3	0	0
溪柄	500	418	423	0	0	133	741	0	0	30	0
罗江	16	0	100	30	0	0	122	64	147	0	0

茶园土壤管理

茶园耕锄

耕作是茶园土壤管理中最经常进行的一项内容。通过耕作可以疏松土壤，改善水、肥气、热条件，能清除杂草，减少病虫害，促进土壤风化，提高土壤有效养分，增强通透性，提高蓄水能力。

◎茶园深耕

主要是对在种植前未深垦的幼龄茶园进行补垦。补垦即在茶树行间挖沟，沟深 50 厘米、宽度以不伤茶根为限。先取出表土放在沟的一边，再挖心土放于另一边，然后将表土翻入沟底，施有机肥与磷、钾肥等底肥，再将心土覆上；逐行完成。如果沟底有硬土层，则打破硬土、挖松底土。此法也适用于未老先衰的低产茶园和耕作层浅薄的衰老茶园的深耕改土。

成龄茶园投产后的行间深耕，主要是结合施基肥时深挖施肥沟，沟深 30 厘米左右，耕深 10—15 厘米，一年进行 2—3 次，分别在早春（2 月上、中旬）、春茶结束后（5 月上、中旬）、夏茶后（7 月中下旬）结合各季的追肥进行。施肥沟部位要沿着树冠边沿进行。在基肥沟两侧行间只浅耕松土，尽量不伤茶根。如果肥源不足，一般两年进行一次或隔行轮换进行。深耕在 10 月下旬茶季即将结束时进行。

◎**茶园浅耕与除草**

茶园行间浅耕一般都与除草相结合进行，主要是疏松表土，破除土壤板结层，改善土壤通气透水状况，消灭杂草。一年进行2—3次，分别在早春（2月上、中旬）、春茶结束后（5月上、中旬）、夏茶后（7月中下旬）结合各季的追肥进行。春夏浅耕要把茶树根茎部的枯枝烂叶清出放在行间与杂草一起埋入土中，并结合整修横蓄水沟和梯沿土壤，做好水土保持工作。秋冬季要结合根部培土，以防冻害。

茶园施肥

茶树是多年生叶用作物，其生长发育的不同阶段都需要从土壤中吸收多种营养元素，以维持和促进正常的生长发育。土壤中的营养元素有限，茶树又偏爱营养元素，必须根据茶树对矿质营养元素的需求特点，通过施肥加以补充。

20世纪50年代以前，茶园施肥都是结合农作物的施肥同时进行。主要使用猪圈肥、牛栏肥、草木灰、人畜粪尿等农家肥。后来随着科学技术的发展和普及，福安茶农根据茶树的需肥特性，重施有机肥、基肥，以氮肥为主，氮、磷、钾与其他微量元素肥相结合；以根部施肥为主，结合叶面施肥，施足各种营养元素，以保证茶树生长过程对各种元素的需求，实现茶叶高产稳产优质。

由于各种肥料的特性和作用不同，施肥时期与方法也不同，应根据茶园土壤性质、茶树吸肥特性和气候条件，因地制宜，灵活掌握，才能充分发挥肥效。

◎**底肥**

茶苗定植前施用的肥料称底肥。底肥对新垦茶园或改种换植茶园特别重要，能明显改善土壤理化性质，提高土壤有机质，熟化土壤，促进茶树生长，提早成园。施用底肥要结合深翻改土，施深、施足、施好。以厩肥、堆肥、草肥、绿肥等农家肥为主，每亩施5吨以上，并加施磷肥50公斤以上。

◎**基肥**

茶树芽梢停止生长后施用的肥料称之为茶园的基肥，主要目的是增加茶园的有机质，为茶树生长提供足够的营养物质，进一步改善茶园理化性质，提高土壤肥力水平。基肥施用时机，一般选择茶树的地上部即将停止生长时进行。福安茶区10月底仍有采茶，基肥可在11月上旬施用；如果不采秋茶，可在9月底到10月上、中旬施用，这样更有利于秋冬期间茶树对营养物质的积累和萌发新根，对翌年产量有明显增产作用。用作基肥的肥料以各种饼肥、厩肥、堆肥、绿肥、海肥和生物有机肥为主，配施复合肥、茶叶专用肥和适量磷、钾肥。一般茶园每亩施厩肥或堆肥2—2.5吨，菜籽饼100公斤左右，配施过磷酸钙25—30公斤、硫酸钾15公斤，高产茶园用量还可适当增加。施基肥时一定要在树冠边缘垂直向下开施肥沟，沟深20—30厘米，基肥施后随即复上土。基肥多时可在树冠两边开沟施下，数量少时在一侧开沟，每年轮换一次。坡地茶园施肥沟应开在里侧，以利于根系对养分的吸收。

◎**追肥**

茶树生长季中施用的肥料统称为追肥。茶园追肥以速效性氮肥为主，适当配施磷、钾肥。追肥时期要因地、因树、因肥制宜。春茶前的第一次追肥称催芽肥，可掌握在开采前15—20天施下；春茶结束后的第二次追肥称为夏肥；在夏茶结束后进行的第三追肥称秋肥。追肥的次数与用量根据全年茶芽萌发轮次、当地茶园条件、茶叶产量和气候条件来确定。成龄采摘茶园氮肥用量一般可按每采100公斤干茶补施10—15公斤纯氮为宜，其中1/3氮以有机无机混合肥形式作基肥用，2/3氮以无机肥形式作追肥用。春、夏、秋三次追肥比例为4∶3∶3或5∶2∶3进行，全年氮、磷、钾的施用比例按2∶1∶1为宜。幼龄茶园的追肥用量，一般按树龄来确定，一年生茶苗不宜施化肥，在旱季可追施稀薄人畜粪尿，2—5年生茶树春茶前与春茶后各施1次，按6∶4施用，每亩施纯氮3—8公斤。施追肥方法采用集中用。幼龄茶园在树冠边缘垂直下方挖穴施下或环施；成龄茶园开沟施下，施肥沟位置与基肥同。施肥沟深约 4—6 厘米，复合肥则再深些，边施边复上土，以免肥效挥发。切忌撒施。

◎**根外追肥**

茶树叶子除光合作用外，还能吸收附在其表面的矿质营养元素。叶子背面的吸收能力比叶子正面强，幼嫩叶子又比成熟叶或老叶强。因此，在茶园施肥中，除了进行根部施肥外，还可进行叶面施肥，即茶树的根外追肥，是土壤施肥的补充部分。它具有用肥经济、吸收快、效果好，又可结合防治病虫害等优点。在正常根部施肥情况下，夏、秋茶干旱期进行叶面施肥，一般可增产 10%左右。常用根外施肥的肥料和配制浓度，大量元素类：0.5%尿素，1%硫酸铵、过磷酸钙，0.5%—1%硫酸钾，0.01%—0.05%硫酸镁，0.5%磷酸二钾铵；微量元素类：硼酸、硫酸锌、硫酸铜各 50—100ppm，硫酸锰 50—200ppm，钼酸铵 20—50ppm；综合叶面营养液如茶叶素、壮茶灵、T－爱农、叶面宝、健生素等为 500—1000 倍液。根外追肥主要采用喷施，在夏、秋季干旱期的傍晚，喷洒在叶背面，用水量以喷湿叶子正背面为宜，一般采摘茶园每亩用液量为 50—100 公斤。根外施肥结合农药喷施时，要注意各种农药和生长素的化学性质，配合后不能有沉淀或变性的化学反应，以防止产生副作用。

茶园绿肥

旧时福安的茶园多是丛栽稀植，茶树的间距较大，茶农有在茶园间种绿肥的传统。20 世纪 50 年代后，新开垦的茶园大多为条栽密植茶园，行间空隙小，不能间种绿肥。但幼龄茶园低产衰老茶园更新复壮后的一两年内，由于树冠覆盖度小，地面空隙大，仍可间作绿肥。特别是发展无公害茶叶和有机茶园，绿肥是茶园的主要肥源。同时茶园绿肥对改良土壤、提高土壤有机质含量和含氮水平，减少地表径流，防止水土流失，促进茶树生长，提高茶叶产量和品质，均有明显效果。由于茶园绿肥在生长期间易与茶树争肥、争水、争光，因此间作必须合理，茶园要以茶为主，间作的绿肥不应该影响茶树生长。

◎**绿肥品种**

新垦茶园在种植茶树前为了进一步熟化土壤，可选择耐旱、耐瘠，有再生能力的大叶猪屎豆、三尖叶猪屎豆、石决明、山毛豆、肥田萝卜、苕子等作先锋作物的绿肥。对 1—2 年的幼龄茶园，要选用矮生、匍匐性强的绿肥，如日本草、伏花生、马铃薯、黑麦草、绿豆等。对 3—4 年生茶园，可选用早熟、矮生的绿肥，如乌豇豆、小绿豆、黄豆、箭舌豌豆、黄花鲁冰等。梯壁坎边种植的绿肥以选用多年生绿肥为主，如紫穗槐、爬地兰、无刺含羞草、金光菊、知风草、大叶胡枝子等。

◎**绿肥栽培**

适时播种，合理密植。茶园冬季绿肥宜在 9 月上旬至 10 月下旬播种，夏季绿肥宜在 2 月中旬至 3 月中旬播种，适当早播有利于提高绿肥的产量和品质。在不影响茶树生长的前提下，实行合理密植，充分利用行间可获得绿肥高产。冬季绿肥可采用混播，如油菜、苕子、紫云英或满园花、豌豆、黄花苜蓿混播，不同植物互相依存、取长补短的作用，提高产量，比单播效果好。

根瘤菌接种，提高固氮能力。茶园多是红壤土，钼的含量低，能与豆科绿肥共生的根瘤菌很少，固氮能力很弱。在茶园间作绿肥时，采用相应的根瘤接种和钼肥拌种，可提高绿肥产量与绿肥的固氮能力。

有性无性繁殖相结合。如爬地兰在福安茶区的结果率很低，但茎蔓节间能长不定根，扦插繁殖力很强，夏季剪取 15—20 厘米的茎蔓进行扦插繁殖，就可获取大量苗木。选择雨天在茶园梯壁和园埂上移栽，能提高成活率。茶园绿肥日本草，种子繁殖力特强，凡是种植过日本草的茶园，秋季结果时适当保留一些植株，第二年地上散落的种子仍然会萌发出成片的日本草，为茶园提供大量覆盖物，增加土壤有机质。

以磷增氮，小肥养大肥。新垦茶园和幼龄茶园的土壤肥力都较低，茶园绿肥虽耐瘠耐酸，豆科绿肥还有根瘤，但幼苗期生长很慢，间种绿肥时，能增施磷钾肥，可促进豆科绿肥固氮能力，提高绿肥产量和品质。出苗后半个月追一次稀薄人粪尿，再经半个月追施一次速效氮肥，其产量比不追肥的增产1—2倍。

及时刈青利用。夏季绿肥特别是高秆绿肥，株体高大，生长迅速、吸肥力强，当绿肥株高超过茶树，就要及时刈青利用，以免妨碍茶树生长。同时，及时刈青还能促进绿肥再生，多次收割提高绿肥产量。

防冻治虫。冬季肥常遇到风寒霜冻，在入冬前可施草木灰增强绿肥抗寒能力，还可采用地面覆盖、根茎培土浅盖等措施防冻抗寒。茶园绿肥病虫较多，可结合茶树防治病虫时一起进行。

◎绿肥利用方式

刈青直埋。在绿肥盛花期，结合茶园耕作，离茶树根颈40—50厘米处挖施肥沟，将刈下的绿肥直接埋入沟内，边埋边覆盖上土壤。

当覆盖物。利用绿肥就地覆盖茶园土壤，取材方便，节省劳力，具有保水、保土、调温、肥茶、防冲、防草等多种功效。

作为沼气原料和牲畜饲料。茶园绿肥茎叶幼嫩，营养丰富，不仅是制沼气的好原料，也是各种牲畜的好饲料。通过饲喂牲畜、粪便发酵，再用发酵料作茶园基肥，可充分利用茶园绿肥的生物能。

◎建立绿肥基地

绿肥是茶园有机肥料最可靠的重要来源，除了在茶园间作绿肥外，还应利用茶园周边一切可利用的土地建立专门的绿肥基地，广辟绿肥肥源，长期为茶园提供源源不断的有机肥。此外，路边、沟边、园边、塘边都可以充分利用，零星种植以多年生绿肥为主，结合护路、护坡、护坑形成种植草、灌木、经济林木相结合的多层次生态型绿色林带，以改变茶园周围的小环境。

◎茶园土壤覆盖

福安茶区茶园土壤覆盖主要是行间铺草覆盖。通过行间铺草，能防止土壤冲刷，改善土壤水、肥、气、热状况，减轻日晒雨淋、人为践踏对土壤的影响，使土壤表层保持疏松而不板结，提高土壤含水率，起到保墒防旱作用，具有“冬暖夏凉”调节土温的效果。增加土壤有机质，加强土壤微生物活动，有利于改良熟化土壤，提高土壤肥力，减少杂草滋生，减少除草工本，促进茶树生长，提高茶叶产量和品质。成龄茶园铺草可增产一至三成，鲜叶中的水分、水浸出物、茶多酚等物质的含量都比未铺草的有所提高。行间铺草对发展无公害茶园、生态茶园是一项简单易行、功效显著的重要技术措施。

茶园铺草有常年铺草和季节铺草两种。草源充足的地方，只要有草料即可进行铺草覆盖，此后在草料腐烂消耗至一定程度时再加铺草料，使保持足够的厚度，这就是常年铺草覆盖。草源较缺的地方，可在干旱季节到来前或土壤开始冻结之前进行铺草覆盖，或集中草料，优先铺盖幼龄茶园和丰产茶园，或仅在茶树近根部位铺草，行间中央部位不铺草。铺草技术简单，只要根据铺草的目的，选在大雨前或旱季开始前进行铺草覆盖，都能取得好效果。一般铺草厚度8—10厘米，若是鲜草厚度还应增加。每亩用干草1000公斤以上、鲜草1500公斤以上。在铺草之前，进行一次除草、施肥，效果更好。所用草料可割取梯壁或周边山野杂草，茶园间作的作物稿秆、藤蔓、绿肥、茶树修剪下的枝叶、茶果壳、树皮落叶、木屑等都可利用。

随着塑料工业的发展，茶园覆盖物已开始利用农用地膜来作为材料，对丰产茶园进行地膜覆盖，增加有效积温，保持土壤温度，促进春茶提早发芽，提早上市，能获取较高经济效益。

无公害、绿色、有机茶园建设

无公害、绿色茶园建设

随着人们对于绿色环保和食品安全的重视程度不断加深，对茶叶病虫害的无公害技术提出更高的要求。建设无公害茶园，是茶叶种植者所面临的重要问题。

无公害茶园建设标准：茶园周围5千米内，不得建有排放有害物质（包括有害气体）的工厂、矿山、作坊、土窑等；茶园四周有山体、森林、河流与天然或人工防护体系；空气、土壤、水源无污染；茶园与大田作物、居民生活区的距离为1千米以上，且有隔离带；茶园用肥以农家肥、饼肥为主，若用垃圾肥，则须经净化处理；无氯速效化肥在生产季节可少量使用，但化肥施用量不得超过全年肥料施用总量的20%；茶园梯壁和园间杂草，禁用草甘膦除草；生产季节严禁全面喷施化学农药，常见病虫害宜用生物农药，结合农艺措施进行综合防治；个别病虫发生特别严重的茶园，可选用针对性强的高效低毒农药进行调治，但农药使用的剂量、方法、安全间隔期必须严格按规定操作。

1997年，福安市溪柄镇、甘棠镇北门村率先建立无公害示范茶园1650亩（110公顷）。

1999年7月率先在全省茶业系统成立市茶叶质量检测中心，获得省计量认证，有效控制茶叶农残。

2000年12月15日，福安市茶业事业局参加的“福建省无公害茶园建设”项目获农业部全国农牧渔业丰收奖三等奖。

2002年起，对产地符合一定条件、生产符合一定规范、产品符合一定标准、认证符合一定程序的农产品，可通过产地和产品认证，取得“无公害农产品”称号。这一年，福安市被福建省技术监督局授予全省“绿茶产业化标准化示范市”，并编制《绿茶标准综合体》福建省地方标准；获国家农业部授予的“2001—2002年全国无公害农产品（种植业）生产示范基地县先进单位”，被评为“全国无公害茶叶生产典型示范市”。

2003年9月，市委、市政府下文（安委〔2003〕96号），每年在农业预算外追加专项预算50万元，用于扶持茶叶生产和治理茶叶农残。

2005年，省级农牧业龙头企业福安市农垦茶业有限公司下属的国有茶场被农业部确定为无公害茶叶生产示范基地。

2007年10月，福安被国家农业部评为“2005—2006年全国无公害茶叶生产示范基地创建市年审合格单位”。

2008年，福安市首批18万亩茶园通过省级无公害产地认定，成为全省首个获此类认定的县（市）。

2010年，福安市获评“全国无公害茶叶生产示范基地创建市年审合格单位”“全国十大重点产茶县”“全国无公害茶叶生产示范基地创建市年审合格单位”。

2011年，全市有200多家茶叶企业和茶叶专业合作社建立茶叶原料基地，有22家茶叶企业的33个产品获得无公害、绿色食品、有机茶认证。正式成立福安市茶叶质量检测中心，获得省计量认证，有效控制茶叶“农残”。

2015年、福安市继续开展“放心茶工程宣传月”活动，组织技术人员到各乡镇开展无公害茶叶生产宣传教育和技术培训。开展茶叶质量安全可追溯制度建设，全市100家市级以上农业产业化龙头企业和合作示范社全部纳入全省质量安全可追溯平台管理，推行农产品质量安全可追溯制度建设。配合农业部、省农业厅开展质量安全例行监测抽检，全年抽查各类茶叶样品337批次，数量532个，合格率100%。中国绿色食品原料标准化生产基地认证获国家相关门批复同意，并再次获得“全国绿色食品原料（茶叶）

省农科院专家在基地采样，对茶园土壤进行科学研究（刘恒盛 提供）

标准化生产基地”称号。

2016 年，福安市组织市农垦茶业、隽永天香等 251 家茶企开展“一品一码”全过程追溯体系建设。全市 18 万亩茶园通过省级无公害产地认定，成为福建省首个“全国绿色食品原料（茶叶）标准化生产基地”县（市）。福建隽永天香茶业有限公司被列入国际标准农产品示范基地。

2017 年，福安市继续重点引导多家茶叶企业开展质量追溯体系建设，逐步实现主要茶叶产品“生产可记录、信息可查询、流向可追踪、质量可追溯”的“从茶园到茶桌”的全程质量监管体系。全市有出口茶叶备案基地 24878 亩，建立示范茶园基地 4400 亩，拥有自营出口权茶企 7 家，获得“国际可持续农场认证——雨林认证”的企业 1 家、ISO 认证企业 4 家；出口茶叶 572 吨，货值 1790 万美元。建立“信息可查询、流向可追踪、质量可追溯”的“从茶园到茶桌”的全程质量监管体系。

2019 年，茶业部门进一步推进“一品一码”全过程追溯体系建设，实行源头赋码、标识销售；重点引导 164 家茶企开展质量追溯体系建设，巩固无公害茶园建设成果。

2020 年 4 月，福安市人民政府召开全市茶叶质量安全工作会议，发布《关于茶园禁止使用除草剂及影响茶叶品质的生长调节剂的通告》，坚决守住茶叶质量安全底线。

2021 年 2 月，全市 12.2 万亩茶叶基地被中国绿色食品发展中心批准为“全国绿色食品原料（茶叶）标准化生产基地”，分布在十个大单元（乡镇）、213 个小单元（村）、17348 户。

2022 年 3 月 15 日，福安市人民政府发布《关于禁止茶园使用禁限用农药的通告》。市茶产业管理中心组织技术人员进各重点产茶乡镇，开展茶叶质量安全宣传活动，进一步提升茶农质量安全意识。

2022 年，福安市 15 家茶企业生产的 169 个茶叶“绿色食品”产品存量茶园面积共 24555 亩。

2022 年福安市“绿色食品”茶企业产品及原料存量统计表

单位：个、亩

企业名称	产品名称	数量	面积	有效期
福建省兴旺茶业有限公司	坦洋工夫红茶、绿茶	2	3570	2021.10.19—2024.10.18
福建林芝友缘茶业有限公司	坦洋工夫（红茶）	1	1200	2020.03.10—2023.03.9
福建省林鸿茂茶业有限公司	红茶、绿茶、白茶	6	300	2021.7.5—2024.7.4
福建新坦洋集团股份有限公司	坦洋工夫	1	800	2019.12.31—2025.12.30
福安市甘棠北门茶业有限公司	高山生态绿茶、坦洋工夫红茶、高山生态白茶、高山生态白茶饼	4	660	2021.6.28—2024.6.27
福建省福安市廉岭香茶业有限公司	坦洋工夫红茶	1	360	2021.6.29—2024.6.28
福建农垦茶业有限公司	富春绿绿茶、福安红坦洋工夫、东方美人乌龙茶	3	2832	2021.5.31—2024.5.30
福安市仙阁梁茶业专业合作社	坦洋工夫红茶、绿茶、白茶	3	640	2021.5.31—2024.5.30
福建省元碧丰茶业有限公司	30 个茶叶产品	30	6332	2021.8.18—2024.8.17
福安市金福龙茶业有限公司	坦洋工夫红茶、绿茶、白茶	6	2000	2021.11.17—2024.11.16

续表

企业名称		产品名称	数量	面积	有效期
福建隽永天香茶业有限公司		坦洋工夫红茶、闽科红（红茶）、高山绿茶、白茶、紧压白毫银针、紧压白牡丹、紧压贡眉、紧压寿眉	8	1785	2022.1.20—2025.1.19
福安市七月七茶业种植专业合作社		白茶、绿茶、红茶	3	500	2022.4.13—2025.4.12
福建省誉品茶业有限公司		红茶等	30	635	2022.5.7—2025.5.6
福安市中茗天富农业有限公司		红茶等	39	925	2022.5.18—2025.5.17
福建润木堂茶庄园有限公司		红茶、绿茶、白茶、乌龙茶等	32	2016	2022.11.9—2025.11.8
合计	15		169	24555	

有机茶园建设

有机茶园是指符合有机农业要求，按有机方式种植，与自然和生态法则相协调，强调应用使生态系统保持稳定性和可持续性的生产技术，不施用化肥、化学合成农药，品种不经过基因改造，经过有机认证机构颁证的茶园。有机茶园基地可以是常规茶园的转换，也可以是荒芜茶园的改造恢复，或是新种植的茶园。有机茶园必须符合生态环境质量，要求远离城市和工业区以及村庄与公路，以防止城乡垃圾、灰尘、废水、废气及过多人为活动给茶叶带来污染。茶地周围林木繁茂，具有生物多样性；空气清新，水质纯净；土壤未受污染，土质肥沃。

2005年，福安市组织部分茶叶企业申报“有机”“绿色”“无公害”茶叶基地认证，面积11620亩（774.7公顷），并通过绿色发展中心的实地核查。

2008年，福建省设立现代茶业生产发展资金，资助茶区发展现代茶业。福安市被列为现代茶业生产发展资金项目县。

2012年，改造建设穆云乡王楼村大块山有机茶园，按有机标准进行管理。现茶园面积500多亩，园

北门茶场的茶园（王瑞凌 提供）

松罗金山茶叶基地的茶园（“润木堂”提供）

内汇聚金牡丹、金观音、紫玫瑰、白芽奇兰、梅占等多个优良茶树品种。王楼村大块山有机茶园出产的纯天然茶叶被众多闽东茶企业选作参加各级“茶王赛”的原料茶，还连续多年成为北京航空公司的专用茶。

2022 年，全市共建成有机茶生产示范基地 3000 多亩，推广种植优新茶树良种 10 万多亩，拥有标准化生态茶园近 8 万亩，绿色防控面积约 8 万亩，并通过省级无公害产地认定。

生态茶园建设

生态茶园是指在同一片茶园中，以茶树为主要物种，通过实施立体复合栽培，人为创造多物种并存的良好生态环境，使茶树生长与茶园生态系统和谐统一，实现茶叶生产可持续发展的茶园。生态茶园是一个以茶园为主体的复合生态系统模式，是一个整体概念，不同于有机茶园是对茶树种植的一种生产方式。

1991—2000 年，福安市大规模开展生态茶园改造建设，福安茶人的“生态茶园”意识大为提高。通过实施立体复合栽培，人为创造多物种并存的良好生态环境，使茶树生长与茶园生态系统和谐统一，实现茶叶生产可持续发展的生态茶园建设。成为茶业发展的一个共识。

生态茶园（茶叶基地）规划与建设均按照“头戴帽，腰束带，脚穿鞋”的原则，山顶要保留一定面积的自然生态林，以利于水土保持和维护茶区生态环境。茶园生态建设的主要工程措施包括：茶园开垦

俄罗斯茶商考察福安茶叶基地（资料）

法国客商考察福安茶叶基地（“隽永天香”提供）

应注意水土保持、根据不同坡度和地形选择适宜的开垦方式，平地和坡度 15° 以下的缓坡地等高开垦；坡度 15 以上的建筑内倾等高梯级茶园。开垦深度 60 厘米以上，破除障碍层，挖 0.5 米 ×0.5 米定植沟，表土回沟、施足基肥。茶园梯壁内侧设置 30 厘米 ×40 厘米的蓄水竹节沟，以保证“小雨不出园，大雨不冲垄”。沿机耕路两侧或茶园凹部布设纵向竹节排水草沟，水沟规划在顺势流水汇集处，沟深宽为 40—60 厘米 ×30—40 厘米，使茶地不积水和利于排洪，设置积沙坑；茶园与四周荒山陡坡、林地和农田交界处应设置隔离沟、开设 80—100 厘米的排水沟，并修筑沟埂，截断径流，防止水土流失。

2008 年 3 月，福安市被农业部列为“创建全国绿色食品原料（茶叶）标准化生产基地市”，该基地规模 12.15 万亩（8100 公顷），涉及社口、晓阳、潭头、上白石、范坑、穆云、甘棠、松罗、城阳、坂中等 10 个乡镇，产业化经营单位有林芝茶厂、北门茶场、秀茗茶厂、坦洋茶场、王家茶场、范坑风山茶厂、城湖茶叶有限公司、天香茶叶有限公司、富春茶叶有限公司、工夫茶叶有限公司、满园春茶叶有限公司、恒威茶业有限公司、兴旺茶叶有限公司、福特茶叶有限公司、圣春茶叶有限公司、农垦茶业有限公司、茗春馨香茶叶有限公司等 17 个茶叶企业。基地创建期为一年，创建期满后，经专家实地验收，符合条件的授予“全国绿色食品原料（茶叶）标准化生产基地市”称号。10 月 23—24 日，福安市创建全国绿色食品原料（茶叶）标准化生产基地通过专家组验收，成为福建省首个创建全国绿色食品原料基地市。

2014 年 10 月，福安市获评“2014 年度全国十大生态产茶县”。

2008—2016 年，福安市作为第三轮现代茶业生产发展项目县，累计获中央财政投资 8065 万元、省级投资 926 万元，资金重点用于生态茶园建设、茶叶初制加工清洁化改造和加工设备提升等项目建设。至 2016 年底，累计建成标准化生态茶园 79256 亩，硬化茶园道路 515 公里，蓄水池 3339 个 10000 立方米；推广茶园绿色防控面积 20000 亩，农作物病虫害专业化统防统治面积 3000 亩，机械化采摘茶园面积 21000 亩；完成茶叶加工厂房改造企业数量 329 家，累计新建或扩建厂房面积 159443 平方米，引进茶叶加工设备 116 台（套），其中连续化、自动化加工生产线 3 条。

2020 年 11 月，在云南省西双版纳傣族自治州勐海县召开的第十六届中国茶业经济年会上，福安市被评为“2020 年度茶业生态建设十强县”。

2021—2022 年，全国首个 5G 农业智慧茶园示范区落户福安坦洋茶场，1800 亩茶园投入试运营，实现线上管理，对茶园环境进行智能监测及识别、智能灌溉、全景可视化视频监控等多项监控管理，推动传统茶产业快速数字化。定期开展茶叶风险监测，全年共检测 500 多个茶样，均未超标。重点引导农垦、隽永天香、兴旺等茶企开展质量追溯体系建设，逐步实现主要茶叶产品“生产可记录、信息可查询、流向可追踪、质量可追溯”的“从茶园到茶桌”的全程质量监管体系。

2023 年，全市建成标准化生态茶园近 8 万亩，推广绿色防控面积约 8 万亩，甘棠北门茶场创建全国绿色食品原料（茶叶）标准化生产基地。该茶场海拔 560 米，四面环峰，常年云雾缭绕；2015 年改制为茶业有限公司后，逐步成为福安市现代生态茶园建设基地。2016 年被列为福安市优势特色农业生产建设基地；2018 年被列为福建省优质农产品标准示范基地；2019 年被列为福建省绿色食品生产基地；2020 年创建有机茶基地；2022 年创建有机茶基地，并取得有机转换证。近年，主要种植梅占、福安大白、福云六号、福鼎大白、坦洋菜茶、金观音等茶叶优良品种，配套种植樱花、桃花、紫荆、紫微、雪丁花、桂花、雀舌花和油菜花，以及桔子、桃、六月橙等，建有茶韵楼、樱花亭、枫叶亭、一勺水库、观景走廊等，形成集茶叶种植、加工和茶园景观体验为一体的生态茶园和茶旅文化休闲基地。甘棠北门茶场生态茶园入选“中国大美茶山”年度推荐榜单。

第二章　茶树品种

野生和古茶树

野生茶树的生存条件

20 世纪 50 年代中期开始，在茶叶区划普查中科考人员在闽东北山区的许多地方发现野生茶树。这些地方多是未经开发或半开发的原始林区，部分是在次生林地。野生茶树多处于高大的常绿阔叶林或阔针混交林间，其生态环境有如下特点：南亚热带与中亚热带气候，夏凉冬暖，温度较稳定；光照较短，多漫射光的苍林郁闭；山麓多有溪谷，相对湿度大，水分较充足；有高山可阻隔冬季的东北寒风、夏季的东南台风，空气流动较小；森林落叶多，形成较多的腐殖质，土壤肥力高。福安市以白云山区为代表的林地具备以上特征，利于野生茶树的生育，是野生茶树的天然分布区。

白云山古茶树

在实际考察中，白云山区迄今分布着许多野生老茶树，树龄多为数十年，具体数量尚待落实。

2022 年 11 月，福安市茶产业发展中心工作人员根据白云山区村民提供的线索，在福安市晓阳镇发现一株古茶树。该茶树位于海拔 1300 多米的白云山高山草甸，植株前半段呈卧地状，后半段逐渐向上伸展。树干胸围 22.2 厘米，直径 7.07 厘米，树冠的冠幅约 14 平方米，最高处距地面超过 3 米。树上还零星开着几

白云山区的古茶树（市融媒体中心 提供）

朵茶花，叶片较厚，锯齿较稀，叶缘靠基部较光滑，叶脉也比较明显，芽的鳞片有两三片，据此判断树龄大约为二三百年。古茶树所处区域周边没有种植栽培的茶树。

品种选育

传统品种选育

福安先民选育茶树品种的历史，可追溯到隋唐时期，迄今已有 1300 多年。当时的茶农从利用野生茶到人工栽培，通过茶籽的有性繁殖和传播，使栽培区域不断扩大。随着地理条件和栽培措施的变化，茶树在大自然中通过不断的自然杂交与繁殖，逐渐孕育出与当地水土环境相适应的茶树种群，再经过漫长岁月的演变，驯化，淘选，栽培，形成人们所期待的一些优良品种。但由于时代久远，资料匮乏，详情无法叙述。

穆云乡高岭村的福安大白茶老茶树（林清菊 摄）

已知较早选育成功的是坦洋菜茶。根据族谱的记载，明天启四年（1624 年）后，坦洋胡氏开基祖应才公携家属由寿宁老坑迁于坦洋。胡氏迁居坦洋后，其后裔在地方菜茶（地方群体种）的基础上培植出菜茶新种。这种茶树矮枝壮，叶茂质嫩又耐旱抗瘠，受到茶农的喜爱，得以推广，称为“坦洋菜茶”。坦洋菜茶通过茶籽的有性繁殖和传播，成为代代相传的有性群体。此后数百年坦洋菜茶成为福安茶的当家品种。

清宣统元年（1909 年），今穆云畲族乡高岭村茶农在山野茶树丛中发现一株树高、叶大、芽壮的茶树，经分离选育出新的品种，名为“高岭大白茶”，村民亦称之为“皇帝茶”。该品种为无性系小乔木型，大叶类，早生种。芽叶生育力强，持嫩性较强；一芽三叶，盛期在 4 月上旬中；产量高，亩产可达 200—300 公斤，1973 年改名为“福安大白茶”。1985 年全国农作物品种审定委员会认定为国家品种，编号 GS13003-1985。福安大白茶现已推广到国内多地，主要分布在福建东部、北部茶区，广西、安徽、湖南、湖北、贵州、浙江、江西、江苏、四川等省区均有栽培。

潭头镇甲峰山的老茶树（“甲峰山农业” 提供）

福安茶农通过选种实践，摸索出一套选种方法，即单株选择法。选择树冠高大、分枝能力强、生长旺盛、叶片大、发芽早、生长期长、芽梢肥壮、毫多或

范坑乡八斗村深山的老茶树（“春润农业”提供）

具有特殊经济性状的单株，通过单独采籽繁殖或用分株、压条方法育出无性苗。但早期无性系品种的茶苗数量有限，福安茶区广泛种植的仍是有性群体种如“坦洋菜茶”等。

民国 24 年（1935 年），省建设厅福安茶业改良场（社口）对国内 22 个地方茶树品种进行比较试验，对茶树的粗（两三年生）嫩（当年生）枝条进行扦插试验，开展品种选育。民国 26 年抗日战争全面爆发；民国—27 年战事进一步扩大，茶业改良场内迁，品种选育工作中断。

2002 年迄今栽培的本地品种有福安大白茶、岭路大白茶、坦洋菜茶、孟洋菜茶、林家早茶。

新品种选育

1954 年起，省农林厅福安茶叶试验场（社口）在闽东茶区开展地方品种资源的普查、征集与保存工作。1957 年起试验场建立品种园，集中保存 370 多个品种材料。在普查、征集的同时进行产区鉴定和品种比较试验。1958 年后，根据省茶叶试验场推广地方良种的提议，福安茶区重点选育福鼎大白茶、政和大白茶、福鼎大毫茶、坦洋菜茶等品种。

1958 年后，福安茶区全面推广短穗扦插育苗技术，推动无性系良种的选育与推广。福安专署茶业局先后在福安社口省茶科所、国营福安王家茶场建立茶树良种场、圃，大量繁育地方良种。福安县茶业局在部分国营茶场和社队茶场建立良种母本园、育苗圃，加速繁育、推广良种。经过政府部门、科研单位和茶区社员的共同努力，采取自然杂交、人工杂交和单株选择，先后选育出福安大白茶、福云 6 号、福云 7 号、福云 8 号、福云 10 号、福云 20 号、福云 23 号、白云 1 号、福云 595 等一批新品种。

20 世纪 70 年代初，福云品系新品种在社口等公社茶区试种成功。80 年代后，开发“明前茶”，使福云 6 号等福云新品种得到迅速推广。福安建立福云新品种的生产基地，推动茶叶生产快速发展和茶树良种化进程。

1984 年茶叶流通体制改革后，茶叶产销从计划经济时代转为市场经济时代。为了追求更好的经济效益，茶苗选育进入早芽优质和高香型良种的新阶段。除了福安大白茶和福云系列外，省茶科所科研人员新培育的黄观音、茗科 1 号、悦茗香、黄奇、丹桂、瑞香、金牡丹、春兰、黄玫瑰、紫牡丹等被全国茶树品种审定委员会认定为国家级茶树良种；早逢春、福云 595、朝阳、九龙袍、紫玫瑰、早春毫等分别被福建省农作物品种审定委员会审定为省级良种。

品种引进

1952—1979 年品种引进

福安茶区的茶树品种引进，主要是在 1952 年以后。随着茶叶生产的恢复和发展，为适应不同茶类对特殊品种的需求，从外地区、外省引进部分良种，作为本地茶区早、中、迟芽种搭配和远缘杂交育种的补充。1952 年，省农林厅福安茶叶试验场（设在社口）引进云南大叶种。1954 年引进福鼎大白茶，在社口等地大面积种植。20 世纪六七十年代，从闽南安溪引进梅占、毛蟹、大叶乌龙、黄旦、铁观音等，从闽北引进政和大白茶、水仙等，除个别品种外，均表现适应性强，产量较高，多作为红、绿茶区中、迟芽品种搭配种植的好品种。

早芽品种引进

20 世纪 80 年代开发“明前茶”，相当多的茶园换种特早芽、多毫品种。福安多地选择梅占的高香优势，作为开发名优茶的好原料，同时有发展乌龙茶品种的趋势；部分茶区认为闽北的水仙、政和大白茶开采期迟，安溪的品种少毫，发挥不出品种的品质优势，对这些外来品种持保守态度。大部分茶区转向引种福云品系与福鼎大毫茶。

福鼎大毫茶又名大号大白茶，为三倍体无性繁殖系品种，属小乔木型，大叶类，早芽种。原产福鼎汪家洋村。栽培历史近百年。该品种适制性广，多用于制作绿茶、工夫红茶和白茶。1985 年被全国茶树良种审定委员会认定为优良品种。

“福云品系”是引种推广面积最大的品种。1972 年在福安社口公社茶场等地试种成功后，进行繁育、推广，种植范围逐步扩大到周边茶区。20 世纪 80 年代之后大面积推广，作为“明前茶”的原料茶。福安社口镇把繁育福云 6 号、福云 7 号作为主业来抓，迅速建起万亩苗圃，使社口成为 90 年代“明前茶”的商品聚散基地。迄今福安各乡镇仍大面积种植福云 6 号、福云 7 号等。

多品种搭配引进

福安在引种和推广茶树良种中重视选择适宜当地自然条件，抗逆性强、产量高、品质优、适制性好、容易栽培与繁育的品种，作为“当家种”，并以早、中芽种为主体，适当搭配迟芽品种，通过合理搭配，降低茶叶生产高峰，发挥厂房设备效能，调节采制劳力，提高茶叶品质。同时为防止不经试种、不顾气候和海拔高盲目引种特早芽或抗寒性差的品种进行引导，从而避免遭受晚霜冻害造成经济损失。

20 世纪 80 年代中后期，福安县有计划地调整茶树品种布局，确定适制茶类的栽培品种。以福安大白茶、福云 6 号、福云 7 号、福鼎大毫、福鼎大白茶等早芽品种为主体，适当搭配毛蟹、梅占等中芽品种，这些品种都适制于红茶、绿茶和乌龙茶类生产。1998 年后，福安从松溪引进新选品种“九龙大白茶”。

梅占

丹桂

2002年后，福安市推广省茶科所培育的高香型茶树新品种“黄奇”“丹桂”“黄观音”“金观音（茗科1号）”“悦茗香”等，并引进台湾省“台茶12号”等，这些都是适制乌龙茶和花果香红茶的好品种。福安市逐步形成以坦洋工夫红茶为主要品牌的多茶类生产格局。中、北部乡镇社口、晓阳、范坑、潭头、城阳、坂中等为坦洋工夫红茶、绿茶（烘青）主要产区，主要种植高香优新品种和福云系列品种；西、南部乡镇溪潭、康厝、穆云（西南部）、溪柄、松罗、甘棠、下白石、赛岐等为绿茶（烘青、炒青）、白茶主产区，主栽品种为福安大白茶、福云6号等。

2019—2023年，全市种植品种占比（按4年平均面积25.33万亩计算）：福安大白茶、福云6号、7号、福鼎大白茶、大毫茶、坦洋菜茶等品种约占总面积的74%，面积约18.7万亩，其中福安大白茶面积8.5万亩；适制乌龙茶、红茶的金牡丹、金观音、紫玫瑰、黄观音、丹桂、梅占、毛蟹、紫牡丹等品种约占总面积的26%，面积约6.6万亩。茶类结构也由原来较为单一的绿茶占主导地位发展为绿茶、红茶、白茶、乌龙茶和再加工茶（茉莉花茶、工艺花茶）多茶类生产。

2023年部分乡镇茶园面积、主栽茶树品种分布情况表

乡镇	茶园面积（亩）	主栽茶树品种
晓阳	16087	福云6号、7号，福安大白，金牡丹
穆云	15367	福安大白、福云、观音系列，群体种（菜茶）
穆阳	4538	福安大白，福云6号，黄观音，金牡丹
城阳	17974	福云6号、7号，福安大白，金牡丹
社口	41877	福云6号、7号，金牡丹，坦洋菜茶，福安大白
溪潭	9293	福安大白，福云6号、7号，金牡丹，福鼎大白，金观音
赛岐	8244	福云6号、7号，福安大白，金牡丹，福鼎大白，黄金芽
溪柄	16730	福安大白，福云6号，金牡丹
溪尾	3142	福安大白，福云6号，福鼎大毫
松罗	8941	福安大白，福云6号，金牡丹

种质资源

福安市现有栽培的主要茶树品种中，有性群体有坦洋菜茶、孟洋菜茶、岭路大白茶等；无性系种有福安大白茶、福云6号、福云7号、福云8号、福鼎大白茶、福鼎大毫茶、福云20号、福云595、梅占、黄旦、毛蟹等。

以上品种中福安本地良种有坦洋菜茶、福安大白茶、岭路大白茶；外引栽培良种有福鼎大白茶、福鼎大毫；新选育无性良种有福云6号、福云7号、福云10号、福云20号、福云595、黄奇、黄观音、金观音等。

福安本地良种

◎坦洋菜茶

原产福安市坦洋茶区，栽培历史久，迄今近400年。主要分布于福安社口、坦洋等地，曾向川、苏、鄂、湘等省推广。有性系，树为灌木型，树姿半开展，分枝较密。中叶型，芽梢短小，茸毛尚多。中芽种，3月中、下旬萌芽。抗逆性较强，适应性广，产量较高。适制红、绿茶。制红茶，香高味浓，为坦洋工夫红茶的主要原料；制绿茶，味醇耐泡，品质良好。

坦洋菜茶

坦洋菜茶茶树优异种质资源保护区的茶园

【福安坦洋菜茶茶树优异种质资源保护区】坦洋菜茶（编号：闽 JQ003 号），现主要分布在福建省东部茶区。目前确定的种质资源保护区有 3 处：位于福安市城阳镇仙岭村外洋岗菜茶保护区，区内种植集中连片，面积 30 亩；位于范坑乡蛇头村吉坑自然村范围的坦洋菜茶保护区，面积 200 亩；位于范坑乡八斗村大水坪自然村范围的坦洋菜茶保护区，面积 200 亩。

◎**福安大白茶**

原产福安市穆云乡高岭村，又名高岭大白茶，栽培历史已有 90 年。无性系，树为小乔木型，大叶种，叶色深绿油亮。花型大，结实少，芽梢淡绿肥壮，茸毛尚多。早芽种，3 月中旬萌芽。抗寒抗旱能力强，耐肥，单产高。1985 年经全国农作物品种审定委员会认定为国家级良种（编号 GS13003-1985），已有 9 个产茶省引种。闽东地区主要分布于福安、寿宁、周宁、宁德（蕉城）、屏南、柘荣等县（市、区）和霞浦县柏洋乡，栽培面积 8000 公顷。1976 年，福安王家茶场 0.57 亩丰产园创亩产干茶 512 公斤的纪录。主要经济特征：芽叶生育力强，枝嫩性交强，芽叶茸毛较多，春茶一芽二叶，含茶多酚 15.5%，氨基酸 6.1%，咖啡碱 3.4%，水浸出物 51.3%（福鼎大毫茶分别为 17.3%、5.3%、3.2% 和 47.2%）。适制绿茶、白茶、红茶，优率高。制作烘青绿茶、色灰绿显毫，香高似栗香，味鲜浓，是窨制花茶的优质原料；制白茶芽

福安大白茶生态茶园

福安大白茶

壮毫显，香鲜味醇；制红茶条索肥壮紧实，显毫，色泽乌润，香高味浓。该品种以高产、耐旱、抗逆性强，早芽、适应性广为特性，深受广大茶叶种植者的喜爱。

【福安大白茶茶树优异种质资源保护区】福安大白茶（编号：JW007 号），国家级良种。原产于福安市穆云畲族乡海拔 760 米的高岭村。福安大白茶目前在全国推广面积达百万亩以上，每年繁育茶苗都在数千万株以上。

◎岭路大白茶

原产于福安县西北的岭路（现为晓阳镇岭下、龙洋（路下）2 村），原名白毛茶，栽培历史尚长，主要分布在晓阳镇。树为小乔木型，树势半开展，大叶类。早芽种，3 月上旬萌芽。芽梢粗壮，黄绿多茸毛，鱼叶白色。适应性尚强，适制红茶、绿茶，品质上佳。20 世纪 60 年代开始用无性繁殖推广试种，但产量较低，种植面积较小。

引进栽培良种

福鼎大白茶

◎福鼎大白茶

原产福鼎市点头镇柏柳翁溪村，栽培历史 140 多年，闽东各县（市、区）都有分布，1954 年引进福安栽培。1965 年和 1973 年两次被全国茶树品种研究会确定为全国推广良种，并列为全国区试的标准对照种。在全国 15 个产茶省区均有大面积栽培。1985 年被全国农作物品种审定委员会认定为国家级良种（编号 GS13001-1985）。为无性系品种。树为小乔木型，中叶类。早芽种，3 月上、中旬萌芽，茸毛特多，芽头密，持嫩性强。抗逆性强，适应性广，易扦插繁殖，产量高。适制白茶、红茶和绿茶。

福鼎大毫茶

◎福鼎大毫茶

又名大号大白茶。原产福鼎市点头镇汪家洋村，栽培历史近 120 年。1958 年经鉴定后开始推广。闽东各县（市、区）均有分布，20 世纪 80 年代引进福安栽培。1985 年经全国农作物品种审定委员会认定为国家级良种（编号 GS13002-1985），向全国推广。现已在苏、浙、川、赣、鄂等省大面积种植。树为小乔木型，大叶种，芽梢肥大，色泽绿，白毫多且长。早芽种，3 月初萌芽。花大，少结实，抗逆性强，产量高。适制红、绿、白茶，毫峰显露，品质均优良。

台茶 12 号金萱

◎台茶 12 号（金萱）

由台湾茶叶之父吴振铎培育而成， 为了纪念其祖母，命名为“金萱”。树型横张，叶厚呈椭圆形，叶色浓绿富光泽，幼苗绿中带紫，密生茸毛，俱一股浓浓的天然“奶香”，无性系，灌木型，中叶类，中生种。适制乌龙茶，兼制绿茶。乌龙茶样品经农业部茶叶质量监督检验测试中心、福建省茶叶质量监督检验站审评，干茶色泽深绿润，汤色绿黄清澈，香显，汤中有香、醇厚、滑口，内质总分均明显超过黄旦。绿茶栗香显，滋味鲜醇。种植成活率高，抗病虫害和抗旱能力中等，抗寒能力强，适应性较强。1992 年引进福安，城阳镇溪东、白塔等村率先试种，后来社口的秀峰村、晓阳的东源村也引进种植，东源村至今仍保留三四百亩。2006 年，台湾茶企在王家茶场承租茶园，种植适制乌龙茶的品种，并引进部分台茶品种，包括“金萱”和“翠玉”。2023 年，王家茶场有“金萱”40 多亩、“翠玉”30 多亩。

◎乌牛早

乌牛早是中国特早发芽的茶品种，因原产于浙江永嘉乌牛镇故名。乌牛早茶春芽萌发期一般在 2 月下旬、3 月上旬，采制期在一个月内；发芽密度较大，芽叶肥壮，碧绿，富含氨基酸，春茶鲜叶氨基酸含量约 4.2%，茸毛中等。持嫩性较强，抗逆性较好，产量尚高，适制绿茶，尤其是扁形类名优茶；所制之茶品质超群，清香醇甘，是不可多得的早春绿茶。21 世纪初期，福安市范坑乡发挥地处闽浙边界的优势，引进种植，现有该品种茶园 3000 多亩，主要用于加工早春明前扁形高端绿茶，部分用以制作红茶。2023 年全乡该品种系列产品产量约 45 吨，产值约 6000 万元。

乌牛早

◎黄金芽

黄金芽是 2008 年浙江省林木品种委员会认定的省级良种。在茶叶生产中，主要用以加工制作绿茶，也有部分制作红茶，少量制作成黄茶、白茶等。黄金芽体内叶绿素、花青素含量均较少，氨基酸含量高于常规品种，茶多酚含量低于常规品种，酚氨比小，其品质特征为干茶色泽金黄、汤色橙黄、叶底明黄、滋味甘鲜。黄金芽除了茶叶生产外，还可以用于园林绿化。福安市于 2013 年引进该品种，2023 年种植面积 100 多亩。

黄金芽茶园（“林鸿茂”提供）

新选育无性良种

◎福云 6 号

福建省茶科所于 1957—1971 年从福鼎大白茶与云南大叶种自然杂交的后代中，采用单株育种法育成。1987 年被全国农作物品种委员会认定为国家级良种（编号 GS13003-1987）。闽东各县（市、区）均有大面积种植，浙、湘、皖、鄂、赣、川、黔、桂等省均有引种。树为小乔木型，大叶类。特早芽种，3 月上旬萌芽。萌发率尚高，芽梢生长迅速，生长期长。对夹叶多且易硬化。嫩芽肥壮，多白毫。适应性强，成园快。产量高，比福鼎大白茶增产四成以上。适制红、绿茶，均良好。福安茶人采用福云 6 号品种开发生产“明前茶”，市场效果良好。福云系列品种得到广大茶农的认可和推广种植。

福云 6 号

福云7号

◎福云7号

品种来源同“福云6号”。1987年被全国农作物品种审定委员会认定为国家级良种（编号GS13004-1987）。闽东茶区主要分布于福安、霞浦、寿宁、周宁、宁德等县市，栽培面积8万亩。浙、川、湘、黔等省有试种推广。树为小乔木型，树势高大、直立，分枝部位较高。大叶类，叶色黄绿油光，叶肉稍厚，质较柔软。花大，结实率不高。早芽种，3月中、下旬萌芽。芽梢肥壮多毫。嫩梢生长迅速。适应性强。产量高，比福鼎大白茶增产四成以上。适制红、绿、白茶。制工夫红茶，条索肥壮，色泽乌润显毫，香高味厚；制烘青绿茶，条索肥壮，色黄绿，白毫多，香高长，味醇厚，是窨制花茶的优质原料；制白茶，芽壮，毫多，香清爽，味醇和。

◎福云10号

品种来源同“福云6号”。1987年被全国农作物种审定委员会认定为国家级良种（编号GS13005-1987）。闽东茶区主要分布于福安、霞浦等县市。福建其他地市与浙、湘、川、滇等省有引种。树为小乔木型，树势尚高大，树冠半开展。中叶类，叶色浓绿油光，叶柄带紫红，叶肉稍薄。质较柔软。芽梢肥壮多白毫。萌发率高，持嫩性强。早芽种，3月中旬萌芽。适应性强，短穗扦插成苗率高。产量高，比福鼎大白茶增产六成左右。适制红茶、绿茶、白茶。制工夫红茶，条索细秀，色乌润，白毫多，香高味浓；制烘青绿茶，条索紧细，色翠绿，白毫多，香高味厚，是窨制花茶的优质原料。

◎福云20号

品种来源同“福云6号”。2005年通过福建省农作物品种审定委员会审定（编号闽审茶2005001）。主要分布于霞浦、福安等茶区。树为小乔木型，树势直立高大，大叶类，叶肉较厚质尚软。芽梢肥壮多毫，毫色银白密披。中芽种，3月中、下旬萌芽，秋梢生长期长。幼树生长能力强，成园较快。适应性较广，抗寒、旱能力尚强。产量较高，比福鼎大白茶增产一成四。适制红、绿、白茶。制烘青绿茶，条索肥壮，白毫密披，香气高，滋味浓；制白毫银针、福建雪芽等白茶，芽身长且壮，毫多，色银白，香清鲜，味鲜醇。

◎福云595

系福建省茶科所于1959—1987年从福鼎大白茶与云南大叶茶自然杂交后代中采用单株育种法育成。1988年被福建省农作物品种审定委员会认定为省级良种(编号闽审茶1988001)。闽东茶区主要分布于福安、寿宁、宁德、霞浦等县市，栽培面积666.7公顷。省内外地区亦有引种推广。树为小乔木型，大叶类，叶绿富光泽叶肉厚质脆。早芽种色绿肥壮多茸毛能力强，幼树生长能力抗冻能力尚强，抗旱能力稍弱。产量高，比福鼎大白茶增产38%。适制红、绿、白茶，品质良好。制烘青绿茶，银毫密披，香气高爽，毫香显，滋味浓鲜，是窨制花茶的优质原料；制工夫红茶，毫显色润，香高浓，味醇厚；制白茶，芽肥壮，白毫多，色银白，香鲜味醇，是制作白毫银、福建雪芽、白牡丹的原料。

◎黄奇

系福建省茶科所1972—1993年从黄旦与白奇兰自然杂交后代中采用单株选种法育成（编号闽审茶1994001）。2002年通过全国农作物品种审定委员会审定（编号国审茶2002018）。“乌龙茶新品种黄观音、黄奇选育与推广”获福建省2002年度科学技术进步二等奖。主要分布于福安市的社口、溪柄等茶区，武夷山、三明等福建乌龙茶区和广东、湖南、四川、浙江、江苏等省有栽种。1994 年连同“朝阳”“悦茗香”被省农作物品种审定委员会审定为省级良种。树为小乔木型，中叶类，树势较直立，分枝角度较小。叶色绿，具光泽。芽叶尚肥壮、茸毛少，持嫩性强。早芽种，3 月中旬萌芽。产量较高，比福鼎大白茶增产二成。适制乌龙茶、绿茶和花果香红茶（坦洋工夫）。

黄奇

◎**黄观音**

由福建省茶科所于 1977—1997 年以铁观音为母本，黄旦为父本，采用杂交育种法育成。1990 年以来已在福建乌龙茶区及广东、湖南、四川、浙江、江苏等省栽培推广。1998 年被福建省农作物品种审定委员会审定为省级良种，2002 年被全国农作物品种审定委员会认定为国家级良种。2002 年获福建省科技进步二等奖。树为小乔木型，树姿半开张，分枝较密。中叶种，叶椭圆或长椭圆形，叶色黄绿有光泽，叶质尚厚脆。芽叶黄绿带微紫色，茸毛少。芽叶生育力强，发芽密，持嫩性强。早生种，一芽三叶，盛期在 4 月 5 日左右。抗旱、抗寒性强。扦插繁殖力强，成活率高。产量高，每亩单产乌龙茶 200 公斤。在福安社口取样，2 年平均春茶一芽三叶，含茶多酚 19.4%、氨基酸 4.8%、咖啡碱 3.4%、水浸出物 48.4%。适制乌龙茶、红茶、绿茶。制乌龙茶品质优异，条索紧结，色泽褐黄绿润，香气馥郁芬芳，具有黄金桂“透天香”的特征，滋味醇厚甘爽，制优率特高。制绿茶、红茶，条索紧细，香高爽，味醇厚，适宜在乌龙茶区和福建部分红、绿茶区推广。2002 年后，福安以之加工花果香坦洋工夫红茶。

黄观音

◎**茗科 1 号（金观音）**

由福建省茶科所于 1978—1999 年以铁观音为母本，黄旦为父本，采用杂交育种法育成。已在福建乌龙茶区推广。广东、湖南、四川等省有引种。2000 年被福建省农作物品种审定委员会认定为省级良种。2002 年被全国农作物品种审定委员会认定为国家级良种。树为灌木型，分枝较密。中叶类，叶椭圆形，叶色深绿有光泽，叶质厚脆。芽叶紫红色，茸毛少，发芽密且齐，持嫩性强。早生种，春季萌发期早。2010 年和 2011 年在福安社口观测，一芽二叶，初展期分别出现于 3 月 10 日和 3 月 26 日。芽叶生育力强，发芽密且整齐，持嫩性较强，紫红色，茸毛少，一芽三叶百芽重 50.0 克。2 年平均春茶一芽二叶，含茶多酚 19.0%、氨基酸 4.4%、咖啡因 3.8%、水浸出物 45.6%。产量高，每亩产乌龙茶干茶 200 公斤以上。适制乌龙茶、绿茶。制乌龙茶，香气馥郁悠长，滋味醇厚回甘，“韵味”显，具有铁观音的香味特征，制优率高。2002 年后，福安以之加工花果香坦洋工夫红茶。

金观音

悦茗香

◎悦茗香

由福建省农科院茶叶研究所于1981—1993年从赤叶观音天然杂交后代中，采用单株选种法育成。福建北部、南部茶区及广东、湖南等地有栽培。1994年被福建省农作物品种审定委员会审定为省级良种。2002年被全国农作物品种审定委员会认定为国家级良种。树为灌木型，植株大小适中，分枝尚密。中叶类，叶近倒卵圆形，叶色深绿有光泽，叶质较厚软。芽叶淡紫绿色，茸毛少，发芽较密，持嫩性强。中生种，一芽三叶，盛期在4月中旬。抗旱、抗寒性强，扦插繁殖力强，成活率高。春茶一芽二叶，干样含茶多酚21.4%、氨基酸3.6%、咖啡因3.9%、水浸出物49.4%。产量较高，每亩单产乌龙茶150公斤以上。适制乌龙茶、绿茶。制乌龙茶，香气馥郁悠长，滋味醇厚回甘，“韵味”显，具有铁观音的香味特征，制优率高。2002年后，福安以之加工花果香坦洋工夫红茶。

金牡丹

◎金牡丹

1978—2002年由福建省茶科所以铁观音为母本，黄棪为父本，采用杂交育种法育成。1990年以来，在福建北部、南部乌龙茶茶区示范种植。2001年被评为“九五”科技攻关一级优异种质，2003年通过福建品种审定，2010年通过国家鉴定，成为国家茶树良种。该品种属无性系，灌木型，中叶类，早生种，植株中等，树姿较直立。叶片呈水平状着生，椭圆形，叶色绿，具光泽，叶面隆起，叶身平，叶缘微波，叶尖钝尖，叶齿较锐、浅、密，叶质较厚脆。该品种对小绿叶蝉和茶橙瘿螨的抗性较强，适应性强，扦插繁殖力强，种植成活率高。福安调查，始花期通常在10月下旬，盛花期11月中旬，开花量多，结实率高。春季萌发期较早，芽叶生育力强，持嫩性强，紫绿色，茸毛少，一芽三叶百芽重70.9克。在福安社口取样，3年平均春茶一芽二叶含茶多酚18.6%、氨基酸3.7%、咖啡因3.6%、水浸出物49.6%。产量高，每亩产乌龙茶干茶150公斤以上。适制乌龙茶、绿茶、红茶，品质优，制优高。制乌龙茶，香气馥郁芬芳，滋味醇厚甘爽，“韵味”显，具有铁观音的香味特征；制红、绿茶，花香显，味醇厚。2002年后，福安以之加工花果香坦洋工夫红茶。

紫玫瑰

◎紫玫瑰

由福建省茶科所于1978—2004年以铁观音为母本，黄棪为父本，采用杂交育种法育成，曾用名银观音。2001年被评为“九五”国家科技攻关优质资源，2005年通过福建省农作物品种审定委会员审定。该品种属无性系，灌木型，中叶类，中生种。植株中等，树较立，分枝较密。叶片呈水平状着生，椭圆形，叶色绿或深绿，叶面微隆起，叶身平，叶缘平，叶尖钝尖或渐尖，叶齿较锐、浅、密，叶质较厚脆。福安调查，始花期通常在9月下旬，盛花期在10月中旬，开花量多，结实率较高。春季萌发期中偏迟，芽叶生育力强，发芽密，持嫩性强，紫绿色，茸毛少，一芽三叶百芽重 62 克。在福安社口取样，3 年平均春茶一芽二叶含茶多酚 16.3%、氨基酸 4.5%、咖啡因 3.1%、水浸出物 48.4%。产量高，每亩产乌龙茶干茶可达 200 公斤。2002 年后，福安以之加工花果香坦洋工夫红茶。

附：茶树育种专家郭吉春简介

郭吉春，福安市上白石人，研究员。1964 年福安农业学校茶叶专业毕业，分配福安专区茶业职业学校任教。1968—2012 年在福建省农科院茶叶研究所工作，一直从事茶树种质资源与遗传育种研究。他取得排名第一的成果有：选育出 30 多个品种（系），其中国家审（鉴）定 7 个，省级审定 3 个，茶区示范 20 多个。“乌龙茶新品种黄观音、黄奇选育与推广”“茶树新品种茗科 1 号、悦茗香的选育与应用”分别获得 2002、2004 年度福建省科学技术奖二等奖。金牡丹、黄玫瑰被评为“九五”国家重点科技攻关项目一级优异种质。新建福建“乌龙茶种质资源圃”，保存 1000 份资源。发掘并筛选出特早生种、黄叶种、功能性成分特异种质等 20 多份特异资源。如今金观音、黄观音、金牡丹等新品种成为闽、鄂、黔、浙等省加工乌龙茶与花香型红、绿、白茶等产品重点推广的新品种，带动“香茶”产业的发展。多地利用新品种打造品牌产品或地方历史品牌产品。金观音成为全国推广面积最大的人工杂交种。（来源：福建省农科院办公室，https：//www.faas.cn/cms/html/fjsnykxy/2020-11-07/1904969469.html）

育种专家郭吉春工作照（黄先洲 提供）

种苗繁育

有性繁殖

福安茶区茶树种苗繁殖的方式主要是有性繁殖和无性繁殖两大类。传统的种苗繁殖方式是有性繁殖即茶籽繁殖。

种苗繁殖首先要备种。每年“霜降”前后，茶果成熟，待果壳变成暗褐色时茶农采收茶果，阴干剥出茶籽，选优去劣，作为种子。茶籽繁殖有茶籽直播和茶籽繁殖种苗移栽两种方式。

◎茶籽直播

1950 年以前多采用茶籽丛播，丛栽稀植，每亩 300—333 丛，每丛用茶籽 10 多粒；后改为条栽密植，按株行距 30×120 厘米挖沟，每穴播茶籽 4—5 粒，覆土 5—6 厘米，上盖干草，每亩播种 120—150 公斤。

◎苗圃育苗移栽

在苗圃畦上按行株距 3×6 厘米开小沟播籽，再覆土、盖草，每亩播茶籽 125 公斤或茶果 250 公斤。经一年时间管理，待苗高达 25 厘米以上出圃移栽。

福安有对外推广茶种的传统。民国元年（1912 年）3 月，四川省茶务讲习所试验场函索福安茶种；6 月，吉林省农事试验场来文索购四五年生福安茶树 200 株以供试种。以上为已知福安茶树种苗向外省推广之始。

无性繁殖

旧时由于认知水平和技术条件等限制，无性繁育的茶苗数量很少，无法推广。

◎压条繁殖

茶树压条是在母树周围就地压枝育苗，待压枝根群健壮后，割离母树即成。此法可就地取材，操作简便，成活率高，工本低，能保持品种原有性状。具体方法：选良种青壮树或台刈后一两年生树作为母树，于春茶后在树丛四周松土、挖环形压条沟，沟深 15 厘米，将整丛枝条向四周逐枝弯压入沟，以竹钩将枝固定沟中，再将各枝条上的小枝茎部扭伤盖土压紧，使顶端向上翘起露出土面，然后平整表土。压后注意做好除草、防旱、治虫、摘顶等管理工作，待秋后长有一定根群时，与母树剪离，让其根系生长健壮，待苗高 30 厘米、有发达根群后，起苗移栽。

◎短穗扦插繁殖

民国 24 年（1935 年），福安茶业改良场曾进行过茶树两三年生与当年生枝条扦插试验。1958 年福安茶区全面推广短穗扦插育苗法，并在育苗过程中发展了短穗扦插技术。穗源从专用母本园发展为综合利用轻剪、定剪的壮梢与“以苗育苗”，遮阴棚从编草帘发展为用铁芒箕、杉树枝和遮阳塑料网，改宽行窄畦稀插为窄行宽畦密插，以提高育苗出圃率，改过去混剪混插为单一品种去杂提纯，确保无性良种的纯度。

短穗扦插的操作方法：从品种纯度高、健壮的母树上，选当年、当季生的半木质化（嫩梢驻芽形成，上段绿色，下段红棕色）腋芽膨大的健梢，剪下带一芽一叶、长 3—4 厘米的“短穗”，插于铺有 4—6 厘米厚、并经压实的红壤心土的苗床上，边插边将插穗的基部稍压实，使插穗与培养土紧贴，芽和叶露出土面。株行距以叶片互不重叠为基准，一般为 2.5—3 厘米 ×6—7 厘米。插后即喷水、遮阴。后期应加强苗圃管理，着重做好初期的浇灌水、勤拔草，后期的勤治虫、勤施肥、摘除花蕾。当苗高 20—25 厘米时，即可逐步拆去遮阴物，练苗。约经一年，苗高 25—35 厘米、茎粗 2.5—4 毫米时即可出圃。

◎茶根育苗

茶根育苗法是 1958 年周宁县玛坑端源茶场运用短穗扦插法原理创造出来的。福安茶区于 1959 年推广茶根育苗。具体方法：利用茶园改造时根系更新挖出的强壮根段或挖切需选育的新品种的部分根段，剪成长 3—6 厘米的种根，先集中安放在带土的茶篮内，防止日晒或风干，然后在事先整理好的苗圃畦上（畦宽 1.2 米、畦高 15—20 厘米），按沟距 15 厘米、深 6 厘米挖浅沟，将种根按沟向连接横卧在沟里，上覆盖 6 厘米厚的红壤心土，再铺上 3 厘米厚的干草即可。插后初期，每天浇水一次，水中掺些稀薄人尿（尿水比例为 1 ∶ 6），使苗地保持一定的水分与养分。一般插后 30 天即可长根萌芽，45 天后芽梢可长至 10 厘米左右，这时要进行施肥管理。

茶苗良种繁育

◎推广短穗扦插育苗

1958 年福安茶区全面推广短穗扦插育苗法。福安专区社口茶科所进行茶树短穗扦插育苗试验，对母树培养、苗地利用插穗选择、短穗用生长素等处理对促进早发根、苗木管理等都有新发展。1959 年，福安茶业部门派技术人员到安溪观摩学习茶树短穗扦插（无性繁殖）育苗技术。此后茶苗无性繁育殖技术在福安逐渐普及，不断推广，并与传统的茶籽繁殖共存。

由于短穗扦插（无性繁殖）是直接利用部分枝叶营养体的再生能力进行繁殖，能够较好地保持品种的固有特性，具有用材省、取材方便、繁殖系数高、发根快、根群发达、成活率高、利用土地经济、繁殖季节长、移栽后生长快、早成园、高产等优点，为广大茶农接受，在茶区普遍推广应用。随着茶树优良品种的扩大种植，短穗扦插基本取代茶籽繁殖。为进一步交流经验，充分发挥短插育苗的优越性，加速良种的选育与发展，为新茶园速成高产创造条件，戈佩贞（宁德地区农校）、吴培明（福安县茶业局）调查总结福安甘棠、宁德地区农校等地的育苗技术，写成《茶树短插育苗的技术调查及其参数》在《福建茶叶》交流（1981 年第 2 期）。

◎早期茶苗良种繁育基地

20 世纪 60 年代初期，短穗扦插育苗技术发展迅速，穆阳、康厝、社口等地建起茶苗良种繁育基地；甘棠公社上塘大队社员采用短穗扦插法育苗成功，带动邻近大队育苗。1972 年甘棠公社早期的茶苗繁育基地形成，“牛柏洋、岭尾、观里、何厝、上塘、甘棠、大留、坑门里、北山、洋中等村成了茶苗培育基地。1981—1990 年的 10 年中，共育茶苗 12.86 亿株，其中‘福安大白茶’品种占三分之二。育苗成活率 70%，出圃率达 65%。茶苗除销往全省各地还远销湖北、安徽、河南、浙江、江西、广东、广西等省份。年销售茶苗 7700 万株”。（《甘棠镇志》p139，1992 年）

20 世纪 80 年代初起，福安县在甘棠和社口分别建立“福安大白茶”和“福云品系”的良种繁育基地；繁育的茶苗除满足闽东低产茶园换种和扩种的用苗需要外，还支援外地区外省发展茶叶生产。1984 年 11 月，全国茶叶良种会议（厦门）审定通过福安大白茶为国家级良种茶树品种，与会代表专程到甘棠参观福安大白茶育苗基地。

甘棠镇的茶苗繁育（市茶苗协会　提供）

◎茶苗良种繁育基地的发展

1984 年茶叶流通体制改革后，福安茶树种苗繁育进入市场经济时代。育苗专业户代替以往的公社生产队，部分育苗专业户后来发展成为茶苗合作社。甘棠种苗繁育基地不断发展。

2000年，福安市的茶苗合作社（场、公司）以甘棠镇为主体发展到30多家。茶树苗木面积不断扩大，2014年2939亩，2015年3055亩，2016年增加到3141亩。良种茶树苗繁育基地科技力量依托福建省农业科学院茶叶研究所和宁德市职业技术学院，聘请宁职院茶学院教授和福安市茶叶专家为科技顾问。在专家教授的支持下，种苗繁育基地形成一支专业骨干队伍，育苗技术不断提高，研发的茶苗新品种不断增加。2017年基地繁育的品种达到60多个，其中国家级、省级优良品种40多个，特别是高香型品种，推广至贵州、浙江等18个省市茶区。

2019年6月，福安市被农业农村部认定为第二批国家区域性良种（茶）繁育基地。6月13日，“福安市良种茶树苗繁育协会”（简称“福安市茶苗协会”）在甘棠镇成立。茶苗合作社（场、公司）联合组建“福建初心农业科技有限公司”为龙头企业，采取“公司＋农户＋合作社”的发展模式运营。

2020—2023年茶苗基地繁育的主要品种有：金牡丹、黄观音、福安大白、金观音、瑞香、福云6号、福鼎大毫、黄玫瑰、梅占、白芽奇兰、金冠茶、福云595、春雨1号、毛蟹、黄金芽、中茶108、紫玫瑰、鸭屎香、肉桂、青心乌龙、白叶单枞、中黄1号、春波绿、金萱、乌牛早、龙井43、紫娟、安吉白茶、丹桂、福鼎大白、春闺、水仙、铁观音、大红袍、台茶20号、黄旦、春桃香、春兰、紫观音、云南大叶种、紫牡丹、悦茗香、黄奇、本山、青心大有、佛手、黄牡丹、安吉奶白、九龙大白、福云7号、黄金冠、中黄3号、黄金叶、金香玉、郁金香、越黄、珍珠奶白、巴渝特早、早春毫、新安4号奶白茶。

2023年茶苗繁育面积3300多亩，出圃茶苗8.8亿多株，产值2亿多元，惠及2万多人。

位于甘棠的国家区域性良种繁育基地

第三章　茶树管理

种植和修剪

良种选用

茶树品种的选用，要根据本地的自然条件和茶类发展布局而定。近代以来，福安茶区主产红茶、绿茶和部分白茶，地方良种坦洋菜茶适制茶红、绿、白茶，深受茶农喜爱，长期以来是福安的当家品种。

20 世纪 80 年代中后期，福安大白茶、福云 6 号、福云 7 号、大毫、福鼎大白茶等早芽品种成为主体，由于高产、早摘，产品质量好，适应性和抗逆性强，成为为主流品种，并适当搭配毛蟹、梅占等中芽品种，这些品种都适制红茶、绿茶和乌龙茶类茶品。

2002 年后，高香型茶树新品种“丹桂”“黄观音”“金观音（茗科 1 号）”“悦茗香”“金牡丹”等适制乌龙茶和花果香红茶的好品种成为许多茶农的新宠。

这些品种各有优势，供茶农根据需要和自身条件选用。

苗木移栽

田间圃地育成的茶苗，要选择茶苗地上部处于休眠时期进行移栽，有利于茶苗成活。同时，还应该根据当地的气候条件，避免在干旱和严寒时期移栽。福安茶苗移栽时间从晚秋至翌年初春（即 10 月中、下旬至翌年 2 月上、中旬）均可。

植茶时，在植茶沟内按行距 1.2—1.5 米、株距 25—30 厘米、每丛 2—3 株栽下无性扦插苗。有些地方在茶苗栽植前，就将茶苗离根颈 15—20 厘米处剪去，留下 4—5 片真叶，既可减少幼苗蒸发量，避免茶苗受旱，又有利于茶根生长，提前定剪。茶苗入土后要使茶根在土中舒展，边覆上土壤边踩紧茶根，让泥土与茶根密切贴合，并浇透定植水。在茶苗两旁覆盖一层干草，以保湿防旱，确保茶苗成活，并留下 10 厘米左右的浅沟，以利于集水保土。

移栽后的幼树根系浅，抗旱力差，因此要做好护苗工作，提高成活率。一般用铺草或浅耕来提高抗旱能力，前者效果较好。如果有缺苗，及时补栽；一般就地用同龄茶苗补栽，或用“备用苗”补缺。

合理密植

福安传统的茶树种植多采用茶籽丛播方式，丛栽稀植。20 世纪 50 年代无性系品种推广后，大部分地方开始采用分株、压条、扦插苗木栽植，改丛栽为条栽，改稀植为密植。单位面积的种植密度增加，可收成园快、投产早、早期效益高之效。1978—1981 年福安发展密植免耕茶园，大部分茶园达到快速、高产、高效益的效果。1978 年，王家茶场的福安大白茶 0.57 亩丰产园创下单产干茶 512 公斤的茶叶小面积高产纪录，获福建省科学大会奖。

实践和科学试验证明，种植密度要与品种、地势、土壤和管理水平相适应。山地茶园以行距 1.2—1.5 米、株距 25—30 厘米双株单条植为宜，每亩植 3500—4500 株；有些山地梯层茶园可采用双行条植，丛（株）距以 30—35 厘米为宜，每丛二三株，每亩植 4000 株左右。树势低矮、分枝角度小的、坡度大的、土层浅薄、土质差、管理水平不高的，其行、株距可适当缩小，反之则应大些。

幼树管理

新茶园茶树栽植后，一年内主要防旱保苗、防虫护苗、补缺全苗。刚栽植的茶苗生长幼弱、根系浅，抗旱能力差，遇到连续干旱就需浇水抗旱，并在干旱前，在茶苗两旁 30 厘米处，铺草覆盖 10 厘米厚，能保水防旱、提高茶苗成活率。有条件的地方还可在距茶苗 15 厘米处开浅沟，浇灌农家肥水即覆上土，更有利于茶苗抗旱保苗。遇缺株，应尽早用同龄、同类茶苗及时补种，以确保全苗。还要加强幼树的中耕除草、施肥与防治病虫等管理工作。在茶树幼龄期，为了管好幼树，增加茶园早期收入，福安茶区普遍进行间作套种。利用茶园行间合理间种马铃薯、豌豆、黄豆、花生等豆科作物，或种植合适的绿肥，待茶树成龄后，逐渐退出间作。20 世纪 90 年代以后，有些地方在茶园行间适当套种梨、桃、李等深根落叶果树，在茶园周边种植板栗、松、杉等经济林木，利用路旁、沟边、风口、山顶发展防风林、护坡林以及种植多年生绿肥，为茶树高产、优质提供良好的生态环境。

茶树修剪

茶树在管理期间要进行多次修剪。修剪方法可分为定型修剪、轻修剪、深修剪、重修剪、台刈。

定型修剪。主要目的是增加有效分枝的水平和数量，促进骨干枝的形成，主要用于幼龄茶树。茶树定植后一年，当苗高达到 30 厘米以上，就可进行第一次定型修剪，在离地面 15 － 20 厘米处剪去主枝，侧枝不剪；修剪时期以春茶前进行为好，也可在秋冬季进行。第二次修剪一般在第一次修剪后一年进行，修剪高度在上次剪口提高 15 － 20 厘米。第三次在第二次的剪口上提高 10 － 15 厘米。经三次定型修剪后，主茎形成 4 － 5 层分枝，树高达 45 － 50 厘米。定型修剪也适用于台刈、重修剪改造及嫁接移栽后树冠骨架的培养。

轻修剪。主要目的是平整树冠面，使发芽部位相对一致，调节芽数和芽重，控制树高，刺激下轮茶萌发，提高鲜叶质量等。轻修剪的深度应依据茶树品种、树龄、气候条件、茶园管理水平及树势状况而定。树势强健的修剪宜浅，只要剪去 3—5 厘米即可；树势较弱的修剪稍重，以剪去 5—10 厘米为宜。修剪的茶树以弧形为好，可增大发芽面和采摘面。修剪时间以霜降前后为最好，其次为春茶前。

深修剪。茶树经过几年轻修剪和采摘后，树冠面的枝条会变得密集而瘦弱，“鸡爪枝”丛生。为使采摘面上的枝条得到更新就需进行比轻修剪重的修剪。深修剪一般是剪去树冠面绿色层 10 － 15 厘米，即基本上剪掉上一年留下的全部枝叶。深修剪通常每隔 3 年搞一次较恰当。

重修剪。茶树多次深修剪后，枝条活力逐渐下降，养分输送不畅，发芽能力不强，这时有必要进行重修剪。在距地面45-50厘米处剪去上部枝条，对较小的茶树也可剪去树高的二分之一。修剪时间一般在5月中旬。

台刈。适合于种植年长、树势明显衰退、单位产量极低的茶园。在离地面8-10厘米处砍去上部全部枝干，以重新培养树冠。修剪时切口必须在斜面上光滑，并使用波尔多液等杀菌剂冲洗树干。修剪时间最好在5月中旬至7月中旬。

病虫害防治

茶树从嫩梢至地下部的各部分，均可遭受病虫害的为害。民国及其以前，茶区遇到病虫为害，除靠天敌自然调节和人工捕杀外，常任其自生自灭，往往给茶叶生产造成巨大损失。民国28年（1939年），穆阳区留洋、柯洋、王楼一带600多亩茶园遭受茶毛虫侵害，枯死的茶树达400多亩。中华人民共和国成立后，采用科学措施防治病虫害。

福安地处亚热带，环境气候条件有利于茶树病虫的寄生繁殖，加上作物种类繁多和种苗调引传播，增加病虫害种类和为害繁殖密度。据调查，福安茶树病虫害达380多种，其中经常发生的虫害达140种，病害达40多种。20世纪50年代初期，叶枯病、茶饼病、炭疽病、白星病和茶毛虫、茶尺蠖、茶蚕、避债虫等为茶园主要病虫害。尤其是茶毛虫经常在夏、秋季暴发性蔓延为害，是茶园病虫害中最主要的害虫。当时，病虫为害时，只能靠人工捕杀虫茧和摘除病虫枝叶，或采用生石灰、肥皂水、硫磺、烟筋、鱼藤等土农药结合防治。50年代中期建立起茶业科研技术指导机构，加强对茶树病虫测报工作，掌握病虫害发生规律和生活习性，及时采取防治措施，并结合中耕除草等管理措施进行防治。稍后，有机磷化学农药开始应用于茶树病虫害防治，能有效快速地控制和杀灭病虫害，成为防治茶树病虫害的主体措施。但有些农药本身有一定毒性，长期使用容易产生不良后果，导致害虫产生抗药性，为害加剧，茶叶农药残留量增加，影响茶叶饮用卫生。因此，茶树病虫害防治仍贯彻“预防为主，综合防治”的植保方针，坚持以农业防治为基础，化学和生物农药等综合防治措施；严格遵守使用药量、浓度、次数及安全隔离期，保护作物生长，提高茶叶质量。

20世纪80年代后，利用生物病毒、天敌昆虫防治茶树病虫害。如茶毛虫、茶尺蠖等核型多病毒，杀虫死亡率达93%以上。同时还利用茶园中寄生性的寄生蜂、寄生蝇和捕食性的瓢虫、蜘蛛、螳螂等天敌昆虫防治害虫，收到良好的防治效果，并在各茶区推广。

农残管控

农残（农药残留）是指在农业生产中施用农药后一部分农药直接或间接残存于谷物、蔬菜、果品、畜产品、水产品中以及土壤和水体中的现象。导致和影响农药残留的原因有很多，其中农药本身的性质、环境因素以及农药的使用方法是影响农药残留的主要因素。施用于茶树上的农药，其中一部分附着于茶叶上面，一部分散落在土壤、大气和水等环境中，环境残存的农药中的一部分又会被植物吸收。残留农药直接通过饮用茶叶到达人体内，或通过环境、食物链最终传递给人。科学、合理地施用农药，严格控制“农残”超标，确保茶叶的食品安全质量，始终是茶叶生产的重要方面。

正确选择农药品种

目前，市场上农药品种繁多，虽然有很多农药适宜在茶园中使用，但当前茶叶进口国对农残标准要求很严格，使用的农药品种应随着国际茶叶中农药最大残留限量标准的变化而选用。特别是应根据各进口国制订的农残限量标准相应选用一些高效、低毒、低残留的农药品种。严格禁止使用剧毒、高残留农药。

实行轮换、混合用药。实践证明，在同一茶园长期使用同一种或同一类型的农药，防治效果越来越差。一般每年使用同一种农药的次数不应超过两次。合理混用农药可以兼治和扩大防治范围，有增效、减少用药量的作用，但应注意农药间的适混性，如酸性类农药与碱性农药不能混用，生物农药与杀菌剂不能混用。

抓住关键时期施药

按防治指标来施药。当虫口密度或罹病率超过防治指标时才辅以化学防治，改变见虫就治和全面喷药的做法，减少盲目用药。

抓住病虫对农药最敏感的时期用药，达到最佳效果。如蚧类和粉虱类应掌握卵孵化盛末期施药防治；卷叶蛾类应在幼虫卷边期施药；鳞翅目食叶害虫应在3龄前幼虫期施药；茶树病害应在病害发生前或发病初期施药，若使用保护性杀菌剂应在病菌侵入叶片前施药。

根据农药特性或害虫的活动习性掌握最佳喷药时间。如丽纹象甲在午后二时至黄昏间活动最频繁，黑毒蛾在夜晚至清晨活动最频繁；害虫活动的时间就是喷药的最佳时间段。

严格遵守安全间隔期。面对茶叶进口国对农残限量标准的提高，应适当延长农药的安全间隔期。目前一般使用农药7天后才能采摘，或在采摘前7天内不能喷施农药。只要严格按照规定的间隔天数后采摘，基本能符合安全允许标准。

讲究喷药方法，提高防效

掌握正确的农药使用量。严格按照有效剂量和浓度配药，切勿随意增加用量，尽量减少农药的施用次数，春季尽量不施药。增加用量和次数虽然有短期的良好效果，但会杀伤大量天敌，加速病虫抗药性的产生，增加茶叶农药残留量。

讲究农药的配制技术，重视科学加水方法。稀释农药时，应先加入农药，再加入少量水进行搅拌，然后再按照规定的浓度加足水量，使药剂均匀一致，保证农药的使用质量。

生态茶园基地（“林鸿茂”提供）

讲究喷洒技术，把以往全园叶面喷洒的方式改为对靶喷洒的方式。对分布在树冠面的病虫采用水平喷洒法，防治分布在叶背或中下部的病虫采用上、下倾双向喷洒法，尽量提高农药对病虫的中靶率。

茶园机械

福安茶区的茶树栽培与管理，长期处于小农经济与个体耕作状态。生产工具基本上就是普通农具，除了锄头、砍刀等铁制农具外，其他都是木制、竹制、石制的农具器物，罕有专门的茶园机具。只有公立的茶业研究机构和茶（农）业学校的茶叶基地和实习茶园，才有部分使用专门的茶园机械。

1952 年福安县茶叶生产技术指导站成立，负责全县茶叶生产技术指导工作。指导站宣传科学种茶，推广先进的生产技术，茶园开垦和肥培管理开始使用等高测量工具、台刈剪、修剪刀、轻剪刀、喷雾器等。1956 年，福安县基本实现农业合作化以后，开始大规模开山种茶，技术革新和工具改革也在各地蓬勃兴起。1958 年，福安农校实习茶场、福安县社口茶区驾驭黄牛配套深耕犁在平地茶园进行茶园行间深耕、开沟，工效提高四五倍。1959—1962 年，福安茶业试验站的汪良治、陈树森等设计出两款采茶机，间隙式采茶机具选择性能，每小时采鲜叶 3.8 公斤，比手工采摘提高 3.17 倍；剪切式采茶机，每小时采摘鲜叶 7.89 公斤，比手工采摘提高 7.68 倍。1959 年 10 月，由茶业业务部门出资在闽东农业机械厂制作 360 台，分发至重点茶区试用，后因钢材质量与加工能力的制约，未再改进提高。1961 年全国采茶机评比鉴定会认为，上述间隙式采茶机有一定发展前景；剪切式采茶机有一定的应用价值，适于劳力不足地区采茶作业。

1976 年后，省农科院茶叶研究所从日本引进电动单人采茶机 3 台，开展机采茶园树冠培养与采茶机应用研究。1982 年，省农业厅引进日本川崎株式会社初期生产的切割式双人电动采茶机，由宁德地区茶叶技术推广站安排在福安甘棠北门茶场等地进行试点，明显提高劳动效率。1983 年，又引进浙江川崎茶机厂组装的单人、双人采茶机，安排重点茶区试用。坦洋茶场建成喷灌设施，覆盖 100 多亩茶园。1985 年，国营福安高坂茶场安装抽喷灌机 2 台，进行固定式茶园喷灌，后因水源与喷灌设备质量等问题，未继续进行。

20 世纪 80 年代后期，福安茶业大发展，采茶劳动力不足问题越显突出，科研人员进行采茶剪设计。在轻剪刀的两刀片上，一侧加装集叶袋，另一侧加上拨叶板，应用在修剪后的树冠采摘面上，工效比人工采摘提高 3 倍以上。1996 年，福安市在溪柄镇宁德地区科技园的 100 亩茶园进行机械采茶试验，次年试验茶园扩大到 1300 亩，并进行示范作业。试验证明使用采茶机明显提高工效，节省劳力。1998 年进行推广。

此后，全市茶叶企业落实农机购置补贴政策，重点加强先进适用、性能良好、成本低廉的茶园生产机械的推广应用，茶园生产机械化程度大幅提升。针对雇工难、用工贵，推广采茶剪（机）、修剪机、割草机、小型中耕机、茶园喷灌等；针对茶叶质量安全，推广应用电动背负喷雾器、太阳能杀虫灯、植保无人飞机等。

农垦茶业公司 2015 年购置茶树修剪机（3CX-750）1 台；2019 年购置农业植保六轴无人机 2 台，微型中耕机 6 台，农业六轴植保机、捕虫灯各 1 台，单人采茶机 3 台、双人采茶机 2 台；2020 年购置太阳能灭虫灯 20 台，双人修剪机 SM110、双人采茶机 SV100-1、单人采茶机各 1 台；2022 年购置便携式无人机 1 台、供水加压泵 3 台、水肥控制器 6 台、太阳能供电设备 41 套、施肥泵 3 台、电磁阀 48 台、配肥桶 8 台。

2016 年全市各类小型、方便、安全、高效低成本的新型茶园机具得到广泛推广。隽永天香茶业有 EC025GA-2 型采茶机 3 台，PST80H 型修剪机 3 台，灭虫灯 8 台；东正生态农业有 10 匹耕作机 1 台，6 匹耕作机 1 台，4 冲程割草机 5 台；林鸿茂茶业有茶树修剪机 5 台，机动喷雾（粉）机 5 台，电动喷雾器 3

台，喷杆式喷雾机 2 台，微耕机、中耕机各 2 台，割草机 5 台，农用水泵 2 台；茗旗茶业有茶叶采摘机 3 台，灭虫灯 10 台；林芝友缘茶业有采茶机 3 台，千氏茗茶业有 HF139 型采茶机、华盛 139F 修剪机各 1 台；兴旺茶业有采茶机 2 台，除草机 1 台，喷雾机 2 台。

2018—2023 年，茗旗茶业置微耕机 1 台，割草机 5 台，农用水泵 2 台，开沟机 1 台；润木堂茶庄园置茶树修剪机 16 台，茶叶采摘机 16 台，动力喷雾机（担架式）6 台，电动喷雾器 12 台，灭虫灯 30 台，微耕机 6 台，中耕机 2 台，割草机 5 台，灌溉机 2 台，农用发电机 2 台，农用水泵 2 台，开沟机 2 台。

2023 年福安市部分茶企业茶园机械配置情况表

单位：台、套

企业名称	农垦茶业	隽永天香茶业	兴旺茶业	林鸿茂茶业	茗旗茶业	润木堂茶庄园
采茶机	7	3	2	0	3	16
茶树修剪机	1	3		5	5	16
植保无人机	3					
灭虫灯	20	13		20	20	30
动力喷雾（粉）机			2	8		18
喷杆式喷雾机	1			2		
田园耕作 / 管理机	6			4	1	8
割草机			1	5	5	5
农用水泵	6			2	2	2
农用发电机						2
太阳能供电设备	41					
开沟机						2

2018—2023 年福安市部分茶园机械购置情况表

单位：台、架

购置时间	2018–2020 年	2021–2023 年	合计
茶叶采摘机	878	42	920
茶树修剪机	104	126	230
动力喷雾机	119	11	130
微耕（田园管理）机	1075	970	2045
割草机	701	72	773
太阳能供电设备	41	—	41
拖拉机	2	7	9
植保无人机	2	1	3

（本表数字由福安市农业机械管理局提供）

茶叶采摘

采茶是茶叶加工的起始。茶叶采摘直接关系到茶叶产量和成品茶的质量，还影响茶园的盛衰和茶树经济寿命的长短。采茶是一项费工费时、技术性较强的农活，茶园和茶叶的经营者都十分重视茶叶采摘。

传统采摘法

民国 29 年（1940 年）福安县长高诚学在《福安茶叶概况》一文中对传统茶叶采摘法的特点有比较清楚的记述；涉及采摘时间和采摘次数，人工每天的采摘量，贪多滥采的弊端，以及改良的途径等。

“茶叶因采摘时间不同，可分为春茶、夏茶二类：一、春茶，在清明采者为清明茶，谷雨至小满为首春茶，小满至夏至为二春茶。二、夏茶，在小暑至立秋采者为三春茶，白露至秋分为秋露茶。茶树每丛产量，视丛株之大小而异，首春约可采茶六两至十两，二春三两至五两，三春二两至四两，秋露仅一至二两，唯高山茶三春及秋露多不采摘，以免茶树过冬枯萎。茶树如春茶不采，嫩叶即变老，俗称婆叶，二春则无茶可采，三春亦然。采摘用具，为竹篰，人工多女工、童工，每天可采五六斤至十四五斤，头春茶青每斤可售一角八分左右，二三春约一角二分，普通采摘均极粗放，茶农贪多滥采，枝上不问是老叶，是花萼，是茶果，一手把他抓下来，因此篰里老枝嫩叶杂草什么都有，影响净茶品质甚大。不过本县毛茶买卖如能统制，山价提高，分级收购，并严密办理产地检验，不难使茶农采一芽两叶，提高品质。”（载民国 29 年 10 月《闽茶季刊》创刊号）

这种“一年采三次，摘茶一把抓”的粗放式采摘方式由来已久，并在乡村农户小生产中长期延续。

“五采五养”法

1952 年，福安县成立茶叶生产技术指导站，倡导茶农合理采摘，推行标准采、适时采和留叶采技术，逐步转变“一把抓”的采摘法，使茶叶生产得到较好的发展。

20 世纪 70 年代，为培养高额丰产茶园的采摘面，推广“分批、分期、留叶采”的新采摘方法。福安王家茶场技术干部李述经倡导“五采五养”采摘技术（后编入高校教材），具体如下。

◎采摘方法

采面养底：在采摘面上采茶，面以下不采；

采中养侧：采摘面中间的采，侧边的不采；

采高养低：高于采摘面上的采，低的不采；

采密养稀：采摘面上捡密的采，稀拉有空隙的不采；

采大养小：凡符合标准规定的采，细小的不符要求的等长大了采。

◎分批勤采

对每春茶的采摘要求做到按标准及时分批勤采，对 1—4 轮茶每隔 3—4 天轮采；5—6 轮茶因秋后天气凉冷，茶芽生长较缓慢，每隔 5—6 天采一批。这样采得快，长得快，使新梢能够有规律有节奏地萌发，保证产量和质量。其次，要求做到批次分清，就是每批采摘时，凡是符合标准的必须采净，不要漏采；细小的不符合要求的，则要留住，不能滥采。使每批芽叶的萌发一致，以保证每批鲜叶的嫩、匀度。要根据品种、气候以及水肥条件等不同，对每春茶的采摘要适当采得早点、嫩点，使一春早，春春早；也要适当延长期、控桐期，秋茶增产增收。

“五采五养”采摘技术以采摘面为标准线，面上集中采，面下集中养，有利于促进多发芽和增加分枝密度，扩大树冠采摘面，达到产量、质量、养树三兼顾的目的。

手工采摘技术

◎**采摘标准**

手工采茶（如玉 摄）

根据茶类对新梢嫩度与品质的要求和产量因素来确定采摘标准。生产实践中基本上有三种类型：一是高级名茶幼嫩采，高级名优茶对鲜叶嫩度要求很高，一般是采摘茶芽和一芽一叶以及一芽二叶初展的新梢。这种采摘标准，花工大，产量低，季节性强，大都在春茶前期采。二是大宗茶类适中采，红、绿茶要求鲜叶以一芽二叶为主，兼采一芽三叶和幼嫩对夹叶。这种采摘标准，新梢中的内含物质高，品质好，产量也高，经济收入好。三是特种茶类“开面采”，主要是乌龙茶，要求具有独特的香气和滋味。采摘标准是顶叶6—7成开面时采下2—4叶梢为宜。这种采摘标准，内含物中醚浸出物和水溶性茶多酚含量丰富，非酯型儿茶素含量多，酯型儿茶素含量少，最适宜于产制乌龙茶。这种采摘标准全年采摘批次少，产量集中。闽东茶区茶农为了提高茶叶产量和经济效益，对采摘标准的掌握大都是根据茶树生育周期，在不同时期有不同的采摘标准，产制不同的茶类。在清明前后，以采高档名优茶的原料为主，采摘标准为一芽一叶初展。谷雨前后以生产大宗茶为主，采摘标准为一芽二叶，立夏前后，以采炒青原料为主，采摘标准为一芽二三叶和幼嫩对夹一二叶。或者是，春茶前期以采名优绿茶为主，后期改制乌龙茶。

◎**采摘时期**

闽东茶区茶树生长有明显的季节性。采茶时期根据茶树生长的季节有春茶、夏茶、秋茶三个采收时期。每季茶开采的迟早、采期的长短，与茶树品种、气候条件与栽培管理条件有密切关系。早生、特早生品种开采期从2月下旬、3月上旬始至11月上中旬停采，比中、迟生种采期长10—15天；早春进行轻修剪的，开采期要推迟，剪得越重影响越大；早春气温高开采期就早，晚秋气温高、雨水多采茶期就延长。

开采期　根据茶树新梢生育状况和采摘标准来决定开采时间，要做到适时采，及时、分批地采下幼嫩茶叶。手工采的，一般春茶当茶蓬上有10%—15%的新梢达到采摘标准，夏秋茶有10%左右达到采摘标准时就可开采。采用机械采茶的，春季有70%—80%的新梢达到采摘标准，夏秋茶有60%达到采摘标准时即可开采。开采次序一般是先采早芽种，后采迟芽种；先采低山茶，后采高山茶；先采阳坡茶，后采阴坡茶；先采壮龄茶，后采幼龄茶或更新养蓬茶。

采摘周期　茶树生长因芽叶着生部位不同，萌发迟早与生育速度也就不同。采摘就要根据茶芽萌发迟早，早发早采，迟发迟采，分批多次采，能增加芽叶数。一般春茶每隔4—7天采一批，红茶、绿茶、名优茶可3—5天采一批；夏茶每隔3—4天采一批，秋茶每隔5—6天采一批。全年采摘以20—25批为宜。

停采期　秋茶停采的时间（封园期）主要依据环境条件和茶树长势而定，冬季气温低，肥培管理条件差，春夏季留叶少的，则应提早封园，通过秋冬留养，有利树势培养和翌年增产。凡是冬季气候温暖，茶园管理水平高，茶树春夏季已留养的，就可采到最后一轮新梢为止，适当留些叶片养树。

◎采摘方法

福安茶区传统的采茶主要是人工手采。普遍采用大拇指和食指夹住芽梢折断。熟练的采茶能手使用双手采茶，提高采茶效率。这种采摘方法采摘精细、灵活，批次较多，采期长，鲜叶质量好，特别适合名优茶的采摘。20 世纪 70 年代在闽东推广的福安王家茶场的“五采五养”采摘法，做到产量、质量、养树三兼顾，实际上就是留叶采的综合采摘法，在茶叶生产上推广应用很有积极意义。

打顶采摘法　幼龄茶树和更新复壮茶树培养树冠阶段采用一种以留养为主的采摘方法。当新梢长到一芽五六叶以上，或新梢即将停止生长时，采用采高养低、采中养侧，采下顶端一芽二、三叶，留下新梢茎部全部真叶和鱼叶，以促进分枝、扩大树冠面。

留叶采摘法　是茶园中普遍应用的一种以采为主、采留结合的采摘方法。在生产实践中，根据茶树不同树龄、树势、气候条件和产制茶类的原料要求等具体情况，选用不同的留叶采摘方法，并组合运用效果才好。幼树经过三次定剪后，树冠还未形成仍需培养，宜采用留二叶采摘法或采用春夏留一叶、秋留鱼叶的采摘法。当树高超过 70 厘米、树幅达 1.2 米左右时，就可采用留一叶和留鱼叶相结合的采摘法。采制名优红、绿茶的，一般春茶前期采一芽一二叶初展留鱼叶，春茶后期采一芽二、三叶留鱼叶；夏茶采一芽一二叶留一叶；秋茶采一芽一二叶留鱼叶，后期适当留一二叶过冬，或者全年采一芽二三叶留鱼叶，在夏茶时集中留叶，经济效益比较好。

综合采摘法　是根据茶树不同树龄、不同管理水平采取“五采五养”灵活掌握留叶情况的一种采摘方法。以树高 70 厘米为开采标准，采取采高养低、采面养底、采中养侧、采密养稀、采大养小、采摘面上集中采、采摘面下集中养、采与留相结合的采摘方法。特别对肥培管理条件一般的茶树，有利于促进分枝，培养树冠，以叶养树，维持较长旺采期。

采茶机作业

20 世纪 80 年代以后，农村经济体制改革不断深入，农村产业结构发生了变化，以手工操作为主的茶叶生产力不足的矛盾突出，为改变采摘粗放、成本高这一状况，促进茶叶生产的增值增效，部分茶区开始引进采茶机进行机械采茶本。

1996 年，福安市选择地形条件较好，栽培管理水平中等的溪柄镇宁德地区科技园茶场为示范推广机械采茶试验园。确定 100 亩茶园为试验区，其中以 30 亩山地茶园为对照，进行茶园机械采茶试验。宁德地区农机局投资购买 2 台，8 户茶农自筹资金购买 8 台浙江产的单人双人采茶机（平行、弧形各 4 台），修剪机 2 台。同年 9 月进行茶园机械采茶试验，召开现场观摩会。邀请省茶科所、福建农大、市茶业主管局等单位专家联合举办培训班，培训采茶机械的操作、维修、管理等，

机器采摘茶叶（“润木堂” 提供）

受训茶农 10 多人次。1997 年，进一步在㞌山、马厝、北山等自然村连片的 1300 亩无公害茶园进行机械采茶示范，总结经验。1998 年在全镇推广，毛茶产量 989 吨，比上年增产 166 吨，提高 20%。

试验示范表明，在修剪较平整的茶园里，当芽叶有 70%—80% 达采摘标准时，可使用采茶机采。使用采茶机节省劳力，提高工效，一台双人采茶机 4 人操作，每天可采鲜叶 1200 公斤（工作 6 小时），平均每人日采 300 公斤，如用手工采则需要 40 个劳力（日采 30 公斤 / 人），双人机采比手采可节省劳力 90%；单人采茶机两人操作，日采茶青 400 公斤，平均每人日采 200 公斤，比手采可节省劳力 70% 以上。采茶机作业还可提高鲜茶品质，保护树体，克服手工抓、拉、强采、滥采等造成叶张严重破损的毛病，嫩梢的完整率较高，新鲜度好，可提高茶叶品质。

随着经济社会的发展，茶叶生产采茶难、采茶贵问题越来越突出，促进了茶叶机采的较快推广。2002 年后，福安加大推广力度，增加投入。2014 年国家农业部发布行业标准《采茶机作业质量》（NY/T2614 － 2014），福安各类茶叶生产企业、专业合作社和茶农据此确定机采质量。

据统计，至 2023 年福安市的各类茶叶生产企业、专业合作社、茶农共有各类采茶机械 927 台，机采面积约 26000 亩，约占全市茶园面积的 10%；主要生产茶类为乌龙茶、中低档绿茶、中低档红茶和低档白茶。机采所使用的采茶机型号主要有：V8NEWZ2 双人采茶机、NV40/60H 单人采茶机、SV100 双人采茶机、4DC—27 单人电动采茶机、4CD-30A 单人便携式手提充电式电动采茶机、LM-4C-60 单人采茶机，采茶剪等。

范坑乡的茶园（市融媒体中心 提供）

第四章　茶用茉莉花生产

生产概况

茉莉花是制作茉莉花香茶的基本原料之一。花香茶简称花茶，是福安主要的茶叶产品之一。福安花茶的主体是用烘青绿茶窨制茉莉花茶，此外还有部分白玉兰花茶，以及少量用桂花、珠兰等窨（熏）制的花茶。

清咸丰五年（1855 年），茉莉花茶在福州兴起，逐渐传至闽东。20 世纪 30 年代福安开始栽培茉莉花。民国 23 年（1934 年），福安县立初级中学改制为职业学校，只开设茶科，在学校附近开辟第二农场，全部种植茉莉花，供实习之用。民国 24 年，该校茶场丛刊（第一种）《福建福安茶业》提到“本地绿茶制成毛茶后须运往福州再制”，即再加工为茉莉花茶。民国 27 年，福建省贸易公司茶叶部主办的福春茶厂，因战事扩大，从福州迁至福安溪柄，制造淮山茶（一种优质绿茶）与花香茶；后因花源断绝，所制只有淮山茶。民国 30 年，福建省统计处《福建之茶》有福安穆阳产制花香茶的记述（该书 p25）。民国后期，赛岐高旭记茶厂在福州设分厂，对本厂所产绿茶进行薰花加工，所产花茶，运往天津，销售华北，年产量 100 吨。

1950 年后，福安茶厂主要生产工夫红茶，不生产花茶。1969 年，由于国际环境变化，红茶外销受阻，1970 年福安茶厂实行“红（茶）改绿（茶）”，生产内销绿茶。为了适应北方市场的需求，福安茶厂主要生产烘青绿茶窨制茉莉花茶。

1972 年，福安引进茉莉花苗，开始大面积栽培茉莉花，以用作窨制花茶的原料，当年种植面积 2.87 公顷。1973 年在茶厂的扶植下，福安县在韩阳、坂中、城阳等公社进行试种，随后不断扩大种植。1978 年扩种到溪柄、溪潭、赛岐、甘棠、下白石、穆阳、康厝、社口等 10 多个公社的 180 多个大队，种植面积 100 多公顷，年产鲜花 80 多吨。1980 年种植面积达 194.93 公顷，产量 118 吨。1984 年，种植面积 171 公顷，年产鲜花 392.65 吨，产值 83.82 万元。1986 年，全县茉莉花种植面积 168.33 公顷，鲜花产量 616.85 吨，产值 141.17 万元，创福安茉莉花种植年产量新高，当年福安被省政府列为全省茶花生产示范县之一。坂中的长汀和城关的阳下小面积高产种植试验创造了每亩（0.066 公顷）面积产鲜花 800 公斤的最高纪录。1987 年后，茉莉花栽培面积迭减。

据福安茶厂老茶工李宗雄的回忆，1972 年茶厂请来闽侯竹岐的林师傅指导茉莉花种植，第二年福安茶厂成立花茶车间，梁淑生任车间主任。1973 年后福安县茉莉花产地分阳头、坂中、长汀、赛岐、溪柄等“片”，按片设立“花站”，负责引苗、补贴和收购。

“1990 年，全市茉莉花 2348 亩（156. 53 公顷）、产量 830 吨，用以窨制茉莉花茶 2000 余吨，成为闽东花茶生产基地之一。”（《福安市志》p386，1999 年）。1991 年全市种植面积余 40 公顷，鲜花产量 155. 4 吨。随着国内茉莉花产区和市场南移广西，福安的茉莉花生产逐步萎缩。2002 年后，福安生产花茶的企业抓住广西横县茉莉花产业大发展的机遇，将绿茶坯运往横县窨制成花茶，销往国内市场。

1972—1991 部分年份福安茉莉花生产情况表

年份	栽培面积（公顷）	年产量（吨）	产值（万元）
1972	2. 87	—	—
1973	3. 60	4. 90	—
1974	6. 60	9. 85	—
1975	8. 67	26. 95	—
1976	10. 73	17. 25	—
1977	12. 00	31. 85	—
1978	20. 53	48. 80	—
1979	100. 00	80. 60	—
1980	194. 93	118. 00	—
1983	133. 60	495. 50	—
1984	171. 00	392. 65	83. 82
1985	168. 33	397. 25	—
1986	168. 33	616. 85	141. 17
1990	156. 53	830. 00	—
1991	40. 00	155. 4	—

栽培管理

茉莉花种植

茉莉花属于被子植物门、木犀科、茉莉属，是亚热带常绿灌木，品种繁多；按花瓣数量可分为单瓣和多瓣两大类。20 世纪 70 年代福安引进的茉莉花品种有广东的双瓣花和闽侯的单瓣花，前者适种于旱地和沙质土壤、抗逆性较强，产量较高，为花农所喜种；后者虽然开花性能强，花香足，品质优良，但生长力弱、产量较低，种植面积较双瓣花少。

繁殖。茉莉一般不结实，故多应用扦插、压条与分枝等营养繁殖。在福安广泛应用短穗扦插法，即将枝条上端嫩枝剪掉，再把留下的枝条剪成 15 厘米左右长，每个枝条具有 3—5 个节间及腋芽，插条两端剪口离腋芽 1 厘米左右，随剪随插。茉莉苗圃地先深翻 25—30 厘米，整成宽 1—1. 2 米、高 25 厘米的苗畦，在畦上按行距 40—50 厘米、穴距 50—60 厘米纵向开穴，每亩约为 1500—2000 穴，每穴插双瓣茉莉枝条 6—8 条。扦插时，穴内插条按 2—3 厘米距离分开散插，覆土压实，顶端露土 1—2 厘米，再用细砂土或疏松园土盖好，以保湿防晒。

建园。茉莉花喜温怕寒、喜光怕阴、喜湿怕水、喜肥怕瘠、喜酸怕碱。据此，茉莉园应选择地势高燥、向阳、排灌方便、土层深厚、疏松、肥沃、偏微酸的砂壤土，园地先深翻晒白，除尽杂草，周围开排灌沟，畦宽 1 米、畦高 25—30 厘米。按行距 40 厘米、株距 50 厘米开穴，以每亩开 1200—1300 穴为宜，每穴定植 2—3 株。定植时间以 4 月上中旬为好。

肥培管理

中耕除草。全年进行 6—7 次，第一次在幼芽萌动前进行；以后 2—3 月一次，每次中耕结合清沟，将土培于花丛四周，防止中耕过深，锄伤根系。

施肥、灌溉。初种的茉莉要常浇水，以利成活。干旱时可采取引水沟灌，灌至畦高的三分之二时即堵住水口，让其自然吸收，待畦面湿润后即排干水。入春后结合首次中耕除草应施第一次肥，每亩施人类尿 1500 公斤左右，以后每采收一次花施肥一次；整个花期约施 6—7 次，9 月中旬停止施肥。

疏叶。枝芽多、叶片密的花丛应疏叶，即摘出全叶或剪去三分之一片叶子，新生的嫩枝和幼树不必疏叶。疏叶自下而上进行，疏茎部老叶，留上部嫩梢新叶；疏叶还要与施肥紧密结合。

修剪。分三种类型，一是幼树适度修剪，离地面 20—30 厘米处剪平，时间在 2 月下旬晴天进行；二是壮树每年早春后对霜冻枯枝、弱枝、病虫枝、匍匐枝进行修剪；三是衰老树在 3 月上旬至 4 月上旬进行台刈更新，离地面 10 厘米处全部剪除，随后进行培土，加强肥水管理。

防治病虫害。茉莉花的病虫害较多，福安花区主要有茉莉叶螟、茉莉蕾螟、蕾紫叶蛾和白绢病等。防治办法有疏叶摘除蛹虫、清园烧除枯叶、非花季喷洒生物农药，对白绢病还要进行土壤消毒，喷洒 1% 波尔多液或 0.3 波美度石硫合剂。

采收购销

茉莉花采收

福安茉莉花的花期一般从 5 月至 9 月，达 5 个月以上。全年按季节分为春花、伏花和秋花；其中伏花质量最好，秋花其次，春花较差。各月的产花量占全年比例是 4%（5 月）、14%（6 月）、41%（7 月）、24%（8 月）、16%（9 月）。

采收时间：以午后为宜。

采收标准：花蕾已基本成熟，含苞欲放，能在当天晚上开放，外观饱满、肥大、洁白。采摘时要留花萼、花柄，不留茎梗。对未成熟的青蕾花、白花、红花（已成熟漏采的开放花）、水渍花（人为浸水花）、隔夜花、变质花（花温超过 42℃，有闷熟味、色黄花软）等不宜用以窨制花茶。

福安花农在采摘茉莉花（1986 年，资料）

包装：宜用竹篮或稀孔袋，不宜用塑料袋及其他不透气的包装物。用竹篮每篮装 10 公斤以下，中间放置通气筒；用稀孔袋，每袋装5公斤以下。

贮运：贮存地点应干净、阴凉、通风。按不同品种等级分别堆放，堆放厚度10—20厘米。运输过程应快速，防止鲜花发热。严防受压损伤，运输工具应清洁、通风。

茉莉花购销

1972—1985年，茉莉等香花的购销计划由省、地茶叶公司和地、县计委、茶业局下达，由花区的大队或生产队统一种植、采收和投售。茉莉花的购销、调配由所在基层茶站或茶厂花站负责。

1984—1985年，农村经济体制改革，茉莉花生产到户，面积扩大，产量猛增，国内花茶市场供不应求。福安各乡镇均办茶厂做花茶，对原料茉莉花的需求很大。1986年后，随着茶叶流通体制改革，茉莉花的流通渠道也从统购统销转为市场交易，自由购销。1990年福安绿毛茶产量达到3412吨，大部分可加工为茉莉花茶，本地生产的茉莉花原料供不应求，不足部分从邻县宁德、霞浦等地调入。

为了规范茉莉花茶的产制购销，1985年10月，福建省标准计量局、省供销社在福安联合召开《福建省茶叶（茉莉花茶）综合标准体系表》审定会，有16个单位的34名代表参加审定；该标准由宁德地区标准监督局、省茶科所、福安茶厂等单位制定。其中《茉莉花的分级标准》为茉莉花购销定级提供依据。

茉莉花的分级标准

级别	色泽	形态	青蕾病虫蕾含量%	其他
一级	洁白鲜艳有光泽	充分发育成熟的当日花。饱满均匀，花萼充分抽长、远离花冠，茎部含苞欲放	≤3	无闷热异味挤压等损伤，无杂物
二级	尚洁白有光泽	已发育成熟的当日花。尚饱满，含苞欲放	≤6	无闷热异味挤压等损伤，无杂物
三级	尚洁白无光泽，稍带微黄	采摘过早或外界影响。花朵小，不够饱满，含苞欲放	≤9	无闷热异味，无杂物

附：白玉兰花收购

花香茶原料除了茉莉花还可以是白玉兰、桂花、玫瑰等花。1990年“全市各地还种植白玉兰、桂花、玫瑰等香花木5000余株，年产鲜花10余吨，也是窨制花茶的好原料”。（《福安市志》p386，1999年）其中主要是白玉兰花。

白玉兰花又称玉兰、白兰花，木兰科含笑属，常绿乔木，花白，花香浓烈，吐香期长。每年产花期白两次，5—7月为“春花”，9—11月为“秋花”。白玉兰花常被作为绿化环境的树木。

1983—1991年福安白玉兰花收购情况表

年份	1983	1984	1985	1986	1987	1988	1989	1990	1991
数量（吨）	1.19	14.84	3.55	2.25	2.45	75	52	14	39
金额（元）	2466	77900	14128	8276	13180	29307	16091	11560	21708

第五章　茶场建设

国营（国有）茶场

福安市（县）属国营（国有）茶场有王家茶场、坦洋茶场和高坂茶场，均创于1958年。此外还有福建省茶科所综合试验基地茶场、宁德职业技术学院教学基地茶场、宁德市农业科学研究所茶果场，以及化蛟林场、蟾溪林场、湾坞农场等企事业单位设办的附属茶场。1983年，全县国营茶园面积4695亩，占全县茶园总面积105560亩的4.45%。1987年增加至4990亩，其中良种面积3102亩，占全县良种总面积的6.58%；茶叶产量223.5吨；平均单产59.4公斤，单产全县最高。2005年，全市国有茶园面积3875亩，占全县茶园总面积168731亩的2.3%。2006年以后，国有茶场的茶园面积、产量等合并到所在乡镇统计。

1987—2005年福安国营（国有）茶场茶园面积、产量一览表

年份	茶园面积（亩）	毛茶产量（吨）	1.红茶（吨）	2.绿茶（吨）	3.青茶（吨）
1987	4990	223.5			
1988	4623	296.5	53	243.5	0
1989	4669	243.0	2.6	237.2	3.2
1990	3531	177	5	170	2
1991	9958	245	3	242	0
1992	9958	261	10	251	0
1993	9978	283	10	273	0
1994	9103	325	11	314	0
1995	4875	315	12	303	0
1996	3875	200	12	188	0
1997	3875	210	10	200	0
1998	3875	230	10	220	0
1999	3875	213	10	203	0

续表

年份	茶园面积（亩）	毛茶产量（吨）	1. 红茶（吨）	2. 绿茶（吨）	3. 青茶（吨）
2000	3875	206	0	206	0
2001	3875	212	0	212	0
2002	4000	340	110	150	80
2003	4000	380	0	380	0
2004	3875	450	0	450	0
2005	3875	450	0	450	0

福安市王家茶场

王家茶场位于海拔 650 米左右的松罗乡王家村，1958 年创办，分场部、下路、松罗 3 个作业区。场部有厂房、仓库、宿舍、办公楼、学校等，建筑面积 6500 平方米，土地面积 3295 亩（219.66 公顷）。曾建有丰产园、试验园和良种园，推广“三改一补”低产茶园改造经验。20 世纪 70 年代以来，改造低产茶园 1200 亩，低产变高产成效显著。开展小面积高产栽培试验，首创亩产超千斤的全省纪录；1976 年，0.57 亩福安大白茶丰产园创亩产干茶 512.25 公斤，0.255 亩黄棪（旦）单产 527 公斤，1978 年获省科学大会科技成果奖。在采摘技术上独创“五采五养法”（采面养底、采中养侧、采高养低、采密养稀、采大养小），在各地茶区推广。主要产制绿茶、茉莉花茶。1978—1990 年为省外贸提供出口茶 1100 多吨，1984 年，提供外贸出口的一级茉莉花茶，在法国巴黎花茶评比会上获得金鸡奖。引种铁观音、大红袍、肉桂、水仙、佛手、黄金桂、毛蟹、梅占等适制乌龙茶品种，建立母本园繁育良种苗。1986 年王家茶场被省人民政府授予 1985 年度先进单位称号。1990 年茶叶产量 133 吨，工农业总产值 250 万元，出口创汇人民币 114 万元，上缴国家利税 52 万元。1996 年 3 月，福安市王家茶场有限公司成立。1998 年始，实施无公害茶园建设，获“绿标”使用权。1999 年引进台湾乌龙茶加工工艺，购台式乌龙茶生产线一套，开发闽东乌龙茶与红乌龙茶产品，年加工 40 多吨，出口台湾与东南亚等地，跨进全省农垦系统先进行列。2002 年茶园面积 77.33 公顷（采摘面积 60 多公顷），茶叶产量 105 吨，固定资产 606 万元，全场职工 61 人。2016 年，全场总人口 200 人，其中职工 29 人；土地总面积 120 公顷，其中茶园面积 113 公顷，茶叶总产量 100 吨，工农业总产值 1790 万元（其中工业产值 660 万元，农业产值 1130 万元），国民生产总值 683 万元。

福安市王家茶场的茶园（见明 摄）

2017 年 12 月，福安市人民政府批复同意将王家茶场（注册资本 580 万元）企业的全部股权从市茶业管理局无偿划转福安市农垦茶业有限公司。王家茶场现有高海拔生态茶园 2000 多亩，是全国绿色食品原料（茶叶）标准化生产基地示范片，其中 1200 亩通过瑞士、英、日有机茶认证；是福安市新优茶树品种推广示范基地，现有金观音、紫玫瑰、软枝乌龙等新优品种 30 多个。

历任场长：芦劲畴（1958 年）、吴维新、张雨霖、宋志德、严明达、黄族惠、李赐福、刘友松，刘华，全汉洲，林华柱，郑昌智，沈伟（现任）。

福安市坦洋茶场

坦洋茶场位于社口镇四甫村，初创于 1958 年，是社口公社创办的集体茶场，原名“八一茶场”。1963 年福安县为安置上山下乡知识青年，收归县茶业局管理，改名国营社口茶场。1978 年为恢复历史名茶坦洋工夫的生产，改名国营坦洋茶场，场部设四甫村，下辖溪口、坦洋 2 个作业区，有厂房、仓库、办公楼、宿舍等建筑物总面积 5400 多平方米。场部设有年加工能力 200 吨的茶叶初制、精制厂各 1 所。1981 年，坦洋工夫红茶打入国际市场。1985 年茶叶流通体制改革后，茶场生产持续、稳定、快速发展。1985—1990 年生产出口坦洋工夫红茶共 835 吨，创汇人民币 884 万元。1990 年，茶园面积 725 亩，茶叶购销总产量 155 吨，工农业总产值 156 万元，上缴国家税利 51 万元。1996 年 4 月，福安市坦洋茶场有限公司成立。2016 年，全场人口 373 人，其中职工 33 人，茶园面积 1065 亩，茶叶产量 85 吨，工农业总产值 756 万元（其中工业产值 610 万元、农业产值 146 万元）国民生产总值 383 万元。

2017 年 12 月，福安市人民政府批复同意将坦洋茶场（注册资本 418 万元）企业的全部股权从市茶业管理局无偿划转福安市农垦茶业有限公司。坦洋茶场现有生态茶园基地 1800 多亩，是坦洋工夫红茶专业生产厂家，福建省外贸坦洋工夫红茶生产基地，坦洋工夫产品在国内外重大茶事活动中屡获“茶王”称号。

历任场长：苏志儒（1963 年）、孔庆宝、吴昌弟、黄晋霖、郑发春、陈旺生，吴世潘，连明松，刘华，郑明星（现任）。

福安市高坂茶场

前身是红星农场（高坂，1959 年）、仙岭茶场（占洋茶场、红岭茶场，1973 年），1982 年合并后称为福安县高坂茶场，场部设在高坂。1965 年红星场建有茶叶初制厂。1985 年办起茶叶精制厂和窨花厂。1986 年茶场扩大加工流通，茶叶加工销售量由 30—40 吨提高到 110 多吨，创新产品“春毫”“银毫”及茉莉花茶小包装系列，受到东北、华北、西北消费者的欢迎。同时在西安、山东即墨等地设立茶庄，茉莉花茶年销售量达 50 余吨，销售额达 100 多万元。1990 年，茶叶总产量 120 吨，工农业总产值 150 万元，创利税 54 万元，产量、产值、税利各项指标均创历史最高水平。1994 年有职工 74 人，茶叶总产 30 吨，工农业总产值 20.5 万元，年末固定资产净值 43.8 万元。1999 年 4 月，福安市高坂茶场有限公司成立。2016 年茶场总人口 434 人，其中职工 25 人。土地总面积 120 公顷，其中茶园面积 70 公顷，茶叶总产量 35 吨。工农业总产值 10444 万元（其中工业 10289 万元，农业 155 万元），国民生产总额 3470 万元。

2017 年 12 月，福安市人民政府批复同意将高坂茶场（注册资本 660 万元）

高坂茶场精制茶厂的产品包装盒（吴培明 提供实物）

企业的全部股权从市茶业管理局无偿划转福安市农垦茶业有限公司。高坂茶场现有生态茶园基地2350亩，设有福建省茶树优异种质资源坦洋菜茶保护区。

历任场长：陈锡铃（1982年）、吴培明，陈茵田，陈宝铃，刘华、陈漾（现任）。

其他国营（国有）茶场

◎福建省茶科所综合试验基地茶场

福建省农业科学院茶叶研究所简称“福建省茶科所”，前身是创建于民国24年（1935年）的福建省建设厅福安茶业改良场。该场初创时有山地195亩，分期开垦为茶园，作为科研试验茶园和示范茶园。经过数十年的变迁和发展，如今的省茶科所的福安社口综合试验基地有山地茶场（园）64公顷，其中试验地面积6.7公顷。大面积栽植30个茶树良种，是繁育与推广茶树良种的母本园和示范园。设在二号茶山的茶树品种园，征集、保存国内外茶品种（系）832个、种质资源4000多份，是全国收集、保存茶树品种最早、较多的一个品种重库；其中包括有2000年设办的省科技厅福建省乌龙茶种质资源圃。省茶科所社口综合试验基地茶场拥有加工能力达100吨的茶叶初、精制加工厂各一所和专供适制性试验的乌龙茶和红、精制茶车间各一所，以及生理生化实验室、标本室、茶叶审评室、图书资料室等设施。

◎宁德职业技术学院教学基地茶场

宁德职院组建于2005年，起初教学基地茶场沿用原宁德农校的基地茶场。该茶场始于20世纪50年代中期，位于后垅的金蟹垅，总面积约100亩。2011年因扩建福安市城北中学需要，农校教学茶场迁到孟顶岗和红鹤山，面积不变。2014年茶园再迁至宁德职院新校区最北端的山坡地，主要种植白芽奇兰、肉桂、铁观音、金牡丹、春闺、瑞香和大红袍等茶树品种。茶园山顶有“品种园”（树品种展示区），共有148个茶树品种。

◎宁德市农业科学研究所茶果场

宁德市农业科学研究所简称“宁德市农科所”，其前身是创办于民国27年（1938年）的福安县荡岐园艺场。几经变迁，1959年该场改为福安专区农业科学研究所，园艺场改为茶果场。2000年定名宁德市农科所。20世纪70年代开始附设茶场，90年代有茶园100多亩主要种植福安大白、福云6号、毛蟹等品种，并办有初制厂。2000年后附设茶场和初制厂停办。

◎化蛟林场附属茶场

福建省福安化蛟国有林场，1956年1月创建，原名福安专署油茶林场，地理位置在福安市中部，林场经营总面积为2000公顷，林地主要分布在韩阳（1992年分为城南、城北、阳头街道），城阳、溪柄、坂中、溪潭5个乡镇的19个行政村。场部设在城阳镇化蛟村。1986—1992年附设茶场，有高标准茶园700亩，建有茶叶初制厂和精制厂各1座。

◎蟾溪林场附属茶场

福建省福安蟾溪国有林场，原名福安专区林场，1958年1月改为蟾溪林场。经营区分布在穆云、晓阳、康厝3个乡，场部设在穆云畲族乡蟾溪村，有经济林646亩。1990年附设茶场，有茶园300多亩，场部建有茶叶初制厂。1999年茶场停办。

◎湾坞农场附属茶场

湾坞农场创建于1952年，位于湾坞镇白马河岸边，系在毁坏的大小银塘旧址重新围垦而成。1955年为福安专区农场，全民所有制企业。1957年为福安县农场，1978年改为福安县机械化养鸡场。改革开放后，该场实现多种经营、多面发展，附设茶场，1988年有茶园127亩。1994年11月为福建省福安机械化养鸡场，附设茶场结束。

集体茶场

1956 年农业合作化以后，茶园悉归社队集体所有，茶园不断增多，生产不断发展，茶区社队逐步实行专业化经营生产，出现集体茶场。集体茶场除旧园外，还有许多新垦茶园。

集体茶场主要为社队（公社、生产大队）两级。20 世纪 70 年代中期，公社茶场发展到 18 个，大队茶场（专业队）150 多个。1984 年，全县有集体茶场（专业队）208 个，其中社办茶场 23 个，大队办茶场（专业队）175 个。

1984 年 9 月人民公社体制撤销以后，集体茶场主要为乡镇、村（建制村）两级。此外还有村联办、其他形式办的集体茶场。乡镇集体茶场以溪柄镇为例：

1984 年溪柄镇集体茶场基本情况表

茶场性质	数量	茶园面积（亩）	茶叶产量（吨）	平均单产（公斤）
镇办（原公社办）场	1	164	3.75	22.87
村办（原大队办）场	4	650	14.20	21.85
村际联办场	11	1043	29.25	28.04
其他形式办场	2	135	3.25	24.07
合计	18	1992	50.45	25.33

1986 年，福安全县共有集体茶场 219 个，茶园面积 44896 亩，占全县茶园总面积 98334 亩的 45.7%。其中乡镇茶场 23 个，茶园面积 5500 亩；村办茶场（专业队）175 个，茶园面积 36596 亩；村际联办场 12 个，茶园面积 2105 亩；其他形式办场 9 个，茶园面积 695 亩。

1986 年福安县集体茶场（专业队）基本情况表

乡镇	乡镇办茶场		村办场队		村际联办场		其他形式集体场	
	数量（个）	茶园面积（亩）	数量（个）	茶园面积（亩）	数量（个）	茶园面积（亩）	数量（个）	茶园面积（亩）
全县	23	5500	175	36596	12	2105	9	695
韩阳	2	524	4	360	0	0	2	120
城阳	1	634	8	1540	1	180	0	0
坂中	1	293	1	251	1	162	1	140
社口	1	250	15	3320	0	0	2	170
潭头	4	710	16	3260	1	140	1	55
上白石	4	742	26	4810	1	180	1	60
穆阳	1	230	12	2100	0	0	0	0
康厝	1	260	11	1640	0	0	0	0
溪潭	1	180	13	2630	0	0	0	0
赛岐	1	240	16	7880	0	0	0	0
溪柄	1	265	4	750	8	1443	2	150
松罗	1	354	5	580	0	0	0	0
甘棠	1	310	15	4230	0	0	0	0

续表

乡镇	乡镇办茶场		村办场队		村际联办场		其他形式集体场	
	数量（个）	茶园面积（亩）	数量（个）	茶园面积（亩）	数量（个）	茶园面积（亩）	数量（个）	茶园面积（亩）
下白石	2	243	14	1670	0	0	0	0
湾坞	0	0	8	1100	0	0	0	0
溪尾	1	265	7	475	0	0	0	0

说明：韩阳镇后分为城南、城北、阳头3个街道，上白石镇后分出范坑乡，社口镇后分出晓洋（阳）乡，穆阳镇后分出穆云畲族乡。

1991年，福安加快茶叶商品基地的建设。此后，集体茶场进一步深化改革，通过承包经营、产权重组等方式，成为新兴民营企业或专业合作社。以甘棠镇北门茶场为例。该场原本是20世纪50年代的一个茶叶专业队，70年代办起大队茶场。1988—1990年茶场发展鼎盛时期，场里职工达到百余人，茶场不仅有茶叶初制厂，还办起了茶叶精制厂。2015年北门茶场实行承包经营，改制为“福安市甘棠北门茶业有限公司”。

甘棠镇北门茶场（见明　摄）

茶庄园

茶庄园（Tea Manor）一般是指集茶种植、生产、营销、文化、旅游、科研为一体的场所。进入21世纪后，在农业产业化、集约化、一体化进程不断加快的大背景下，茶庄园这个概念也已经被越来越多的人所接受。一些茶叶品牌也开始“庄园化”这种茶叶新型经营模式的尝试，力图实现从第一产业到第二、三产业的全面跨越。

2013年5月，福安市成立茶叶示范庄园建设工作领导小组，支持“新坦洋”仙岭基地、“南方佳木”

晓阳基地、市坦洋茶场等条件较成熟的3家茶叶基地建设茶叶庄园示范点，鼓励有条件的茶叶企业建设茶叶示范庄园。“新坦洋”“南方佳木”和市坦洋茶场3家茶企业编制“茶叶示范庄园建设总体规划”，申报“福建省2013年现代茶庄园试点建设项目”，“新坦洋”和“南方佳木”获得福建省国家现代农业示范区现代农业生产发展资金和地方财政的资助，进行茶叶庄园示范点建设。

2014年11月，中共宁德市委宣传部暨宁德市文化广电新闻出版局、茶业管理局、旅游局联合发文，授予12家茶企业“首届宁德市茶产业与文化旅游基地”称号，其中包括福安市的南方佳木、新坦洋、同泰春（坦洋茶场）三家茶业有限公司。

2015年8月，经网络投票初审后，由宁德市委宣传部、市文广新局及市茶业局组成实地考评小组，经综合评比，福安市的“新坦洋”和“同泰春”（坦洋茶场）为“宁德市十佳茶旅文化观光园”。

2019年9月11日，福建省市场监督管理局发布福建省地方标准《茶庄园建设指南》（DB35/T1857-2019），并于2019年12月11日实施。该标准规定了茶庄园建设的原则、规划、生态环境、茶园建设、加工区建设、展示区建设、体验与品饮、基础设施建设、服务设施建设和庄园服务，适用于指导茶庄园的建设。

福安市目前有新坦洋、坦洋茶场、南方佳木、林鸿茂、润木堂五家茶庄园，其建设根据福建省《茶庄园建设指南》的标准不断完善。

新坦洋天湖茶庄园

新坦洋天湖茶庄园系福建新坦洋茶业（集团）股份有限公司茶园基地，位于海拔600米以上天湖山麓，拥有10000多亩生态茶园和2206亩套种桂花茶园，是一个集茶叶种植、加工、营销、文化、旅游、科研为一体的红茶文化创意园。园区辟有可供游客观光和体验的路线，形成茶叶种植、红茶加工、科普研学，森林康养、场景式营销等为一体的特色乡村旅游景区；建有游客服务中心、接待大楼、宾馆楼、中国红茶标准样展示馆、茶叶购物中心、露营地和“三面观音”巨型造像等。提供餐饮、住宿、商务会议、培训、聚会、研学教育、茶禅修、旅游度假、休闲娱乐等服务。每年重阳举办桂香文化艺术节，弘扬中华民族敬老传统；推出森林康养类活动和茶道禅修系列项目，融合中医药文化和茶文化，研发原生态六泡茶养生模式。

新坦洋天湖茶庄园

2015年，该庄园被列入福建省重点建设项目。是全国休闲农业与乡村旅游示范点、国家十二部委全国青少年食品安全科技创新实验示范基地、国家地理标志保护产品坦洋工夫生产基地、全国休闲农业与乡村旅游五星级示范企业、全国农产品质量安全与营养健康科普生产经营主体、福建省中小学质量教育社会实践基地等。先后获评“中国乡村旅游模范户”“中国乡村旅游金牌农家乐”“福建省乡村旅游四星级经营单位“首届宁德市茶产业与文化旅游基地”“十佳茶旅文化观光园”“福建省森林康养基地”“福建省茶庄园标准化示范单位”等。

坦洋茶场茶庄园（同泰春茶业庄园）

坦洋茶场于 2014 年开始，根据“茶叶示范庄园建设总体规划”对茶场进行改造，市财政连续三年投资建设茶庄园。由于坦洋茶场内设的茶叶初制、精制二厂已于 2009 年承包给福建省同泰春农业发展有限公司经营，承包方利用茶场的场所设施，增建一条场部通往茶园的上山硬化路，申报为“同泰春茶业庄园”。庄园拥有“一场、一所、二基地”。“一场”即占地 13000 平方米（20 亩）的坦洋茶场场部，经过改造成为一个现代花园式茶场。“一所”即“茶艺会所”，设有茶文化展示墙，展示茶叶制法变迁、红茶加工、茶史故事、名人传说等。“二基地”：坦洋茶场有生态茶园基地 1800 多亩，其中坦洋、四甫二村各有 500 亩集中连片的生态观光茶园。茶场宾馆有 40 多个床位，餐饮、娱乐等配套服务设施齐全。汽车直达，交通便捷，依山傍水，环境优美。

2017 年，坦洋茶场的全部股权划转福安市农垦实业有限公司；同泰春茶业庄园解除承包关系，将“一场”“一所”归还坦洋茶场。2019 年 7 月 13 日，“国家级非遗坦洋工夫茶制作技艺传习所”在福安市坦洋茶场挂牌成立。占地面积 1.2 万平方米，内设坦洋工夫茶博物馆、传统制茶器具展览馆、传统红茶初制与精制场所、红茶审评室，以及可容纳 100 人的培训教室、拥有 30 个床位的民宿等。传习所不仅为开展项目传承提供基础条件，也是很好的交流学习平台，对“坦洋工夫传统制作技艺”这一非物质文化遗产进行有效传承和活态保护。“坦洋茶场非遗传习所”是原茶庄园的升级版。

坦洋茶场茶庄园（非遗传习所）

新南方佳木茶庄园

新南方佳木茶庄园

福建省新南方佳木休闲农业有限公司成立于2006年，公司前身为20世纪80年代成立的穆阳供销社茶庄，具有数十年的专业制茶、售茶历史。目前公司已发展成为一个自主科技创新型的实业群体，主要经营茶叶种植、茶叶茶具销售、农业旅游观光等。2015年正式启动“白云山佳木文化茶旅融合特色产业园”建设。该产业园位于晓阳镇长垅山上，主要依托毗邻白云山地质公园的地理环境和高海拔生态茶山的小气候优势，以茶为主题，茶旅结合，建设有机生态、旅游休闲的现代农业示范基地，发展茶业休闲旅游和有机茶叶品牌。现已初见规模，有“一场、一苑、两园、一区”。即坦洋红生态广场，面积约80亩，服务于文化生态旅游管理、旅游接待和茶文化推广；禅茶文化苑，面积约150亩，与锁泉古寺相呼应，为禅茶结合的游览区，包括天玉池、陆羽祠、茶经走廊等景点；唐茶养生园，约220亩，展示唐代古茶泡制、茶道；茶叶种质资源圃，约280亩，展示中国茶叶品种的多样性；生态文化旅游区，面积约360亩，以茶事农作体验为主，有畲茶园、茶匠馆和古今茶人坊等分区。

林鸿茂茶庄园

林鸿茂茶庄园

福建林鸿茂茶庄园即福建省林鸿茂茶业有限公司的茶园基地，位于赛江东岸海拔近700米的白莲山，地跨赛岐、湾坞两镇，集茶叶种植、加工、销售、观光、研学为一体，是福建省农业科学院茶叶研究所科技示范基地、福建省农业产业化重点龙头企业。

茶庄园重视茶产业与旅游业的融合发展，利用茶园资源开展旅游项目，通过举办茶文化活动、以及加强品牌推广和市场拓展，来提升茶产业的附加值和影响力。公司拥有 2300 多亩生态茶基地，2000 年以来种植金牡丹、金观音、大白茶、岩枞、黄金芽和荒野茶六大优质茶品种；其中珍稀高端品种金牡丹、黄金芽和本土菜茶都是连片种植，不但便于管理、提高产量，而且成为独特的茶园风光。2019 年引进 64 种优质茶苗，在核心园区建成八卦形的茶品种园，配套种植观赏花木，形成创意景观。近年采用优质原料为坦洋工夫品牌和公司自创品牌“林鸿茂”“白莲山”“绿神叶”“茶侣巴巴”提供质量和安全保证，“野谷红茶”“白莲金针茉莉花茶”“白莲山荒野红茶”“创新奇香”等产品多次获得高奖。

林鸿茂茶庄园现有餐饮、住宿条件可接待五六十人，满足中小型会议及培训、聚会、研学之需要；建成休闲小木屋十多处，满足三四十人的度假需求。

润木堂茶庄园

润木堂茶庄园

福建润木堂茶庄园位于福安市松罗乡金山村，注册资金 1000 万元，是一家集茶叶种植、生产、加工、销售、旅游观光为一体的高标准绿色食品茶庄园企业，自有绿色食品茶园基地 2016 亩，庄园式观光厂房一座，形成初精制包装一体自动化、连续化现代生产厂区。厂区建有旅游观光绿色休闲体验中心、茶文化宣传培训等场所；建设机械化标准化生产示范基地，茶园步道种植樱花、环绕茶园四周种植杜鹃花；茶园梯壁砌基石；配套建设茶园观景台；集茶叶示范种植，茶叶精加工，销售，旅游观光为一体；接待床位 30 多个。在今日头条、抖音、百度百科、路牌广告、电视等线上线下新媒体推广；引进新技术、新品种、开展技术培训等，庄园在绿色发展理念指引下，将自然环境保护、建设与茶产业发展紧密结合，助推茶产业发展。

卷三

茶叶制作

第一章　茶叶制作技艺

绿　茶

福安茶叶制作历史悠久，可追溯至唐代。唐代，福安就开始产制蒸青绿茶，外形为饼状或团状，故称蒸青团饼茶。宋代，福安开始出现散茶（散茶是蒸后不捣不拍烘干的散叶茶）；入元后逐渐普遍。明后期，炒青制法日趋完善，炒青绿茶制法传入福安。清代前期，福安茶类生产以炒青绿茶为主。晚清以后福安开始生产红茶，并成为茶叶生产的主流；但是长期以来绿茶仍然占有很大的比重。

民国 30 年（1941 年），福建省政府统计处《福建之茶》（唐永基、魏德端编）：“绿茶以制成茶分，有淮山、莲心、龙须、石亭绿及加香花窨制之花香茶；以毛茶分则有炒绿、清水绿、篓青、黄茶、岭青、岭绿及菜茶。炒绿与清水绿以初制方法不同而分。炒绿于茶叶（炒青叶）揉搓后，摊放日光下晾晒略燥，再放锅中炒之而成，故又有‘炒青’之称；清水绿则揉捻后，入焙笼烘焙之使干，故有‘烘青’之称。炒绿条索紧结，色带灰青，水色淡绿；清水绿条索宽松，色泽青黑，水色微红。”福安茶区所产之茶类，为“小种、工夫、淮山、莲心、绿毛茶”，前 2 类为红茶，后 3 类淮山、莲心、绿毛茶为绿茶。淮山茶为福建茶叶中特种制品之一，与工夫、莲心、花香齐名，专销俄国。“实际名称来源转湮而无闻”。“往昔红茶未盛时，外山所产之茶皆绿茶也”，淮山绿茶英文为“Wyson Green”，与“外山茶”谐音，故有一说认为“淮山茶”即“外山茶”，即闽北和闽东的绿茶。“淮山茶之绿毛茶原料以北路各县为主，适合制造淮山茶者，北路约有四万担左右”。莲心多属青茶（乌龙茶）类，由于“莲心系由普通茶树之首春或二三春嫩芽加制而成，制法又与绿茶相同，特其自采摘以至制造均较审慎而已”，莲心绿茶一经发酵即为青茶。20 世纪 50 年代以后，福安绿茶不再有“淮山”和“莲心”的说法。

中华人民共和国成立以后，茶叶生产和茶叶购销悉归福安茶厂。20 世纪 50 年代至 60 年代末，福安以生产工夫红茶为主，同时也生产部分绿茶，以供内需。1969 年实行“红改绿”后，福安茶厂改生产烘青绿茶，主要作为窨制茉莉花茶原料。1984 年，国家调整茶叶购销政策和改革流通体制后，茶农生产积极性大幅度提高，绿茶产量倍增。

2021 年 10 月 21 日，“福安绿茶”地理标志证明商标通过国家知识产权局核准注册。2022 年绿茶产量 15430 吨，占福安市茶叶总产量的 53.65%。

福安绿茶制造，可分为初制和精制二大步骤。旧时制茶都用手工。初制出自茶农之手，将摘下之茶青，进行初步加工，成为毛茶（或作“茅茶”）；精制（或复制）指将毛茶再加工精细，由茶庄、茶号、茶厂或茶行制作。

以下叙述绿茶的现代初制和精制。

绿茶初制

绿茶是一类利用高温杀青，破坏鲜叶中酶活性，经做形（或揉捻）和干燥而成的，具有“清汤绿叶”品质特征的茶叶。根据干燥和杀青方式的不同，绿茶可分为炒青绿茶、烘青绿茶、晒青绿茶和蒸青绿茶四类。用滚筒或锅炒干的绿茶称为炒青绿茶，用烘焙方式干燥的称为烘青绿茶，利用日光晒干的称为晒青绿茶，鲜叶经过蒸汽杀青加工而成的绿茶称为蒸青绿茶。除此之外，还有半烘炒绿茶和半蒸炒绿茶等。

◎杀青

原料鲜叶进厂后，要分级归堆、及时摊凉，防止堆积太厚发热使叶子发红。雨天采摘和沾了露水的鲜叶还须先进行轻萎凋，让叶表水分散发去，以利杀青和提高茶叶品质。杀青工序是这个茶类制法的主要特点，利用高温快速钝化酶的活性，抑制多酚类化合物的酶促氧化，形成绿茶“三绿”即叶绿、汤绿、叶底绿的品质特征。使鲜叶散失部分水分变软，保持绿色，防止出现红梗、红叶。影响杀青质量的因素有锅温、投叶量、机型、时间、杀青方式等。杀青时投叶要适量、杀青机转速要适当，先闷后抖，翻炒均匀，嫩青老杀少闷，老青嫩杀多闷（嫩杀即炒时短些、水分蒸发少些，老杀则相反），必须做到“杀得适、杀得匀、杀得适度”。杀青方式与方法，依不同机型而异。

手工杀青　采用普通饭锅或专用杀青锅，用柴片烧至锅底微红，锅温达220—240℃，投入鲜叶1.5—2公斤，采取“闷、抖、扬”相结合的翻炒方法，炒至适度。

双锅连续杀青机杀青　在杀青灶上装置两个杀青锅，青叶由前锅进后锅出。待前锅烧至微红时（锅温约260—280℃），即投入鲜叶5公斤，然后放下锅盖闷炒1—2分钟，待锅盖冒出水汽时，再开盖扬炒3—4分钟后，开启中间闸门，让茶叶自动进后锅（锅温100℃）。前锅出茶前加添柴片，出茶毕放下闸门，再投入鲜叶继续杀青。第一批茶叶在后锅炒至适度即可出茶。以后顺此一进一出，连续杀青，工效比单锅提高两倍。

滚筒杀青机杀青　滚筒杀青机是普遍使用的一种杀青机械。其操作技术：炉灶生火后即开动炉灶通风机和滚筒。燃烧室火温达180—220℃时，开始投叶杀青。每筒投叶量一般可达50—70公斤。进茶毕即行闷炒1—2分钟，待筒内冒汽后打开排汽风扇进行扬炒，炒至杀青适度即采用热风自动出叶。

杀青适度的叶子，叶质柔软，梗折不断；手捏成团，松手不散。叶色变褐，叶面失去光泽，青气失，茶香现，叶子减重率为40%左右。杀青不足，酶的活性不能充分制止，易产生红梗红叶，滋味青涩，揉捻易断碎，茶汁汤流失，水色泛黄而降低品质；杀青过度，失水太多，叶质脆硬，揉捻条索不紧结，片末多、叶底黄熟，香味平淡，水色混浊，品质亦差。

◎揉捻

揉捻是绿茶条索成形的一道工序，对提高茶叶滋味深度也有作用。由于绿茶要保持绿色，揉捻宜选用中、小型揉捻机。操作技术要求嫩叶微温揉、老叶热揉。装叶量适当，转速宜快。老、嫩叶不匀的应分次揉捻、充分解块。加压轻、重、轻，嫩叶宜轻，注意保毫，揉时宜短，一般为25—35分钟。其操作方法与红茶相同。

◎干燥

烘干　烘青绿茶的烘干方法与红茶相同，见红茶干燥部分。

绿茶三品

炒干　炒青绿茶的干燥过程采用炒干法，要求炒至条索紧结，色泽润绿起霜，呈现银灰色，含水率在 4.5%—6%为适度。炒干的工序：揉捻叶→初烘（烘二青）→初炒→炒二锅→筛分、摊凉→滚炒（辉锅）。

初烘（烘二青）：用自动烘干机或百叶式烘干机，将揉捻后的湿茶坯，放在烘干机进行烘二青。风温掌握在 110—115℃，烘 9—12 分钟，摊叶厚度 2 厘米。烘至手捏有弹性，不易捏成茶团但又不松散，稍带黏性，含水率 35%—40%时，即出茶摊凉。

初炒：将摊凉后的二青叶分 2—3 次投进瓶式炒干机（温度 180℃），每筒投叶量为 15 公斤，炒至七成干后出茶。

筛分摊凉：在炒干过程中，由于碎片、粉末多，易沉淀锅底，初炒后需筛分出细末茶，经摊凉后再炒。

再炒（辉锅）：采用瓶式炒干机，每次投叶量 15 公斤，锅温先高后低，进温 80℃，出口为 60℃，炒 30 分钟左右出叶，两锅并一锅再炒 30 分钟，炒至干茶呈现银灰色时下锅摊凉，过筛，匀堆，贮藏。

绿茶精制

绿茶精制与红茶精制的加工原理、加工要求、精制工艺和毛茶定级拼配等均大同小异。

◎烘青绿茶精制

福安的烘青绿茶精制加工主要为窨制花茶提供素坯原料。其精制工艺在中小型茶厂多采用三路做。工艺工序为：毛茶复火→圆筛→切茶→抖筛→捞筛→分筛→紧门筛→风选→拣剔→拼和匀堆。工艺流程分本身路、圆身路、轻身路、中下段处理。福建省的烘青毛茶标准样在福安等地采制。

本身路　本身路工艺流程：毛茶复焙→滚筒→圆筛机初分→抖筛→平圆筛分筛→风选→捞筛→紧门筛复抖→机拣→复选→手拣→补火→匀堆装箱。

圆身路　圆身路工艺流程：本身滚圆筛头、抖头、平圆头及复抖头→切断（齿切机）→滚筒圆筛→抖筛→平面圆筛机分筛→风选→捞筛→紧门筛复抖→机拣→复选→手拣→补火→匀堆装箱。

轻身路　轻身路工艺流程：本身、圆身副口茶→抖筛（头反复切抖）→平面筛机分筛→风选→捞筛→机拣→手拣→补火→匀堆装箱。

中下段茶处理　处理工序：10 孔以下茶体型小，不拣剔，经分筛后清风去杂，即可拼配。其中 10、12 孔茶风选后正口可拼配级内茶，副口为副茶。16、20、24 孔风选后正口为碎茶，副口为一片茶，24 孔以下不风选，为二片茶，60 孔以下为末茶。

◎**炒青绿茶精制**

福安的炒青绿茶以眉茶为主。其精制工艺分本身、圆身、筋梗三路。

本身路　本身路工艺流程：毛茶复火→滚筒机滚条→圆筛机分筛→毛抖（抖头抽筋）→毛撩→前紧门→复撩→机拣一风扇→电拣→手拣→补火→车色→分筛→后紧门→净撩→清风→匀堆拼配装箱。

圆身路　圆身路工艺流程：毛茶头、抖头→切分→抖筛一撩筛→机拣→风选→电拣→手拣→补火→车色→净茶分筛→紧门→净撩→清风→入库待拼。

筋梗路　本、圆身路筋梗、筋里筋、机电拣头→切分→撩筛→毛扇→抖筋→机拣→复撩→复扇定级→电拣→手拣→补火→车色→分筛→紧门→撩头割末→清风→入库待拼。

绿茶初制和精制的自动化生产（“隽永天香”提供）

白　茶

据陈椽教授叙述，我国早在唐代就有晒干叶茶（白茶）（《茶业通史》第 241 页）。陈宗懋主编的《中国茶经》称：“白茶属轻微发酵茶类，基本工艺过程是晾晒、干燥。”由于工艺过程简单，旧时福安的许多农家常在自觉和不自觉中生产白茶，只是缺少这方面的具体记载。晚清时，福安已有作为商品茶的白茶记录。清末，福安红茶在国际市场上受挫后，许多茶商转而发展白茶，但具体产量不详。光绪三十一年（1905 年）《福安乡土志·商务门》：“绿茶、白茶、茅茶、白尾茶、乌龙茶、二五箱茶销行苏州、温州、福州等处，统计十万挑。”据张天福 1935 年调查，福安有白茶种（亦称白毫茶种）茶树品种，也制造白茶（白毫茶）（《三年来福安茶业的改良》，民国 28 年）。据民国 27 年《福建经济概况》记述，福安对外贸易白茶产量 307 件（每件 50 斤），价值 45284 元。1950—1969 年，国营坦洋茶叶初制厂在主要生产红茶的同时，根据国家计划也进行白茶生产，参与全省白茶产制研究试验；1964 年产量 8 吨，1965 年产量 12.7 吨。2008 年福安部分茶企业开始生产白茶。2014 年福安全市共生产白茶 913 吨；此后逐年增加。2017 年福安白茶在第十二届“中茶杯”全国名优茶评比中获“白毫银针特等奖”“白牡丹一等奖”。

2021 年 10 月 7 日，“福安白茶”地理标志证明商标通过国家知识产权局核准注册。2022 年白茶产量 2233 吨，占福安市茶叶总产量的 7.76%。2023 年 1 月 5 日，“福安白茶制作技艺”被福安市人民政府公布为第四批市级非物质文化遗产代表性项目。

白茶初制

闽东是福建省的主要白茶产区。白茶的品种花色主要有白毫银针、白牡丹、新工艺白茶和白雪芽等。

其种类因其原料所用茶树品种而不同。采自大白茶品种的称“大白”，采自菜茶品种的称“小白”。又因采摘标准不同而异，选采大白茶单芽制成的称“白毫银针”，简称银针；选采一芽二叶的，其成品如花朵，称为“白牡丹”；选采一芽一叶品质介于上两者之间的，称“白雪芽”。白茶的制造工艺较简单，仅萎凋、干燥两道工序，但因受气候变化影响大，极易出现次品。

◎白毫银针初制

原料处理　白毫银针的鲜叶原料选采多毫适制品种之春茶第一批肥壮单芽或一芽一叶初展鲜叶。茶区生产中多是采一芽一叶，然后将茶芽剥离，俗称“剥针”。仅以肥芽为原料。

萎凋　将茶芽均匀薄摊在水筛上，每筛约 0.25 公斤，勿重叠、不翻动，置于弱日光下晒至八九成干（亦有先不“剥针”，在此时才剥针者称“抽针”），收起待焙，也可置通风干燥之处晾干。

干燥　将经晒一天、有八九成干的茶芽，放在垫有白纸的焙笼上，以 40—45℃文火慢焙，约焙 30 分钟即可足干。如遇雨天，当天晒不到六七成干，当晚或第二天即需用 40—50℃文火焙干。

◎白牡丹初制

白牡丹的鲜叶原料为福安大白茶、福鼎大白茶等大白茶品种的一芽二叶嫩梢，要求“三白”，即芽白和第一、第二叶叶背具有浓密的白色茸毛。其初制工艺为萎凋、烘焙（或阴干）。

萎凋有室内自然萎凋、复式萎凋与加温萎凋三种。以室内自然萎凋（即全萎凋）的毛茶品质最好。

萎凋工艺

室内自然萎凋　将鲜叶薄摊在水筛或萎凋帘上，要求不重叠、不翻动，置于通风处让其自然萎凋。萎凋时间约 35—45 小时，萎凋至七八成干，待叶片不贴筛，芽叶毫色发白，叶色转为深绿或灰绿，芽尖翘起，叶缘略垂卷，叶面有波纹时，即可两筛并一筛，堆厚 10 厘米成凹状，再继续进行萎凋、阴干 12 小时左右，叶色转暗绿，青气消失，含水量为 13%左右，干度达九成五干时下筛，即为萎凋适度毛茶。如遇雨天，萎凋至六七成干时，再用焙笼分两次焙干，初焙用明火（火温 100℃）焙，每焙摊叶 0.75—1.0 公斤，至八九成干后进行摊凉，复焙用暗火（火温 80℃）焙至九成五干。

复式萎凋　在春季早晚日光不强时，先将鲜叶置日光下晒 20—25 分钟，即移至室内自然萎凋，一天内反复进行 2—4 次，移入室内自然萎凋至适度。复式萎凋可缩短萎凋时间和提高茶汤醇度，但品质不易掌握，一般不采用。

加温萎凋　春季多雨季节在萎凋室内安装管道加热，或向萎凋室吹送热风进行萎凋，室温掌握在 22—27℃，相对湿度 65—70%，历时 25—30 小时，萎凋至七八成干后，将萎凋叶并筛，堆积厚 10—15 厘米，堆积 3—4 小时，再用干燥机低温（80℃左右）焙干。

白茶精制

白茶精制比较简单，主要有筛分、风选、拣剔、复焙等工序。

白毫银针的精制，主要用 6 号或 7 号筛分筛，筛面为正品，筛下为次品。筛后拣去叶片和杂物，并将茶梗摘掉，再用文火焙至含水量 3%左右，趁热装箱。

白牡丹、贡眉的精制，其精制程序为：毛茶→拣剔→匀堆→烘焙→装箱。

2020 年福安市茶业协会制定《福安白茶行业团体标准》（T/FACX003-2020），规范福安白茶生产的地域范围、制作工艺、选用原料品种等。“标准”要求，福安白茶须选择晴好天气条件进行加工。其加工流程为：茶青→萎凋→并筛（堆积）→烘焙→拣剔→成品茶。

红　茶

福安红茶始于何时，比较一致的看法是“咸、同年间”，即 19 世纪五六十年代。曾任福建省建设厅福安茶业改良场主任的张天福：“最初福安只制绿茶，自前清咸、同年间起，有本省建宁茶客到县北坦洋采办红茶，因之制造日盛，出口亦日增。”（《三年来福安茶业的改良》，1939 年）茶学家陈椽、杨晓华：“咸丰年间，福安县坦洋村的姓胡者在小种红茶的制法上加以改进、简化，创制成功坦洋工夫红茶，运销西欧，颇受欢迎，年出口量均在一万担以上，极盛时期（1898 年）达三万多担。邻近的政和、福鼎也相继仿效，改制工夫红茶。”（《武夷茶三起三落——武夷茶起源考证》，1989 年）

坦洋胡氏万兴隆（经理胡大盛）是已知福安生产红茶的第一家茶庄。此后坦洋各茶庄争相仿效，使红茶生产在坦洋迅速推广，并使生产技艺日臻成熟，共同创建“坦洋工夫”品牌。

红茶属发酵茶，品质特点是干茶黑色（当地称“乌茶”）、开汤后“红汤红叶”。红茶加工通过萎凋来增加酶的活性，然后通过揉捻、发酵，促使多酚类化合物的酶促氧化。红茶初制经过萎凋、揉捻、发酵、干燥 4 个工序。依制法、成茶外形和品质不同而分小种红茶、工夫红茶和红碎茶。晚清和民国时期，福安以生产工夫红茶为主，小种红茶为辅。1949 年 12 月以后，茶叶产销悉归福安茶厂，主要生产坦洋工夫红茶，也少量生产分级红茶。1969 年后，茶厂总体“红改绿”，仍生产少量红茶。1985 年后福安自主地向多茶类发展，2005 年后积极发展“坦洋工夫”红茶品牌。2018 年，福安市被命名为“中国红茶之都”。2022 年福安红茶产量 10263 吨，占全市茶叶总产量的 35.68%。

小种红茶

小种红茶出现或创制的时间较早。晚清咸、同年间建宁茶客在福安坦洋所传制茶之法即是小种红茶。嗣后，茶商在小种茶的基础上发展为工夫茶。近代福安生产的红茶包括小种红茶（坦洋小种）和工夫红茶（坦洋工夫），后来工夫红茶在国际市场逐渐取代小种红茶。小种红茶在制作工序上包括萎凋（熏松烟）、揉捻、发酵、锅炒（俗称过红锅）或不炒、干燥（熏松烟）和精制加工等；即在湿坯和毛茶阶段有熏松烟，发酵以后还有过红锅处理，保证了香气和甜味。

以上萎凋、揉捻、发酵、干燥等工艺与工夫红茶相同，本卷第二章《坦洋工夫制作技艺》有专门叙述。工夫红茶通过揉捻等工艺制成的条形红茶，没有小种红茶的“过红锅”和松木烟熏工艺。

小种红茶成品为松烟香、桂圆味，滋味甜爽，条索肥实，汤色红浓；而工夫红茶甜香显著，滋味醇厚，味道浓郁，条索细紧、带有金黄色的芽毫，茶汤透明清亮。

工夫红茶

工夫红茶的制作分初制和精制两个阶段，经过萎凋、揉捻、发酵、干燥等工艺制成。从制作加工上，民国时期福安的工夫红茶（坦洋工夫）分为叶茶和芽茶。叶茶是整叶工夫，芽茶是细嫩工夫。20 世纪 50

年代，福安茶厂开始逐步建立分级标准，按照红茶分类，可以将工夫红茶产品分正品茶、副茶、脚茶三类，正品茶分 1—7 级工夫红茶（福安 2—7 级），还有碎茶、片茶、末茶；副茶，有副片、副末、正花香、副花香；脚茶，有茶梗、茶朴、细末。

工夫红茶的制作工艺，本卷有专章叙述。

烘焙

筛分

风扬

拣剔（以上俱市档案馆 提供）

分级红茶 / 红碎茶

为了适应国际市场的需要，从 1956 年起福安茶厂试用工夫毛茶原料从精制上进行切制碎茶（林其瑞编《红茶精制工艺》第 64 页）。1958 年在坦洋初制厂，采用鲜叶分级、轻萎凋、重揉捻（三次揉捻三次解块筛分及粗叶切碎）、充分发酵、高温干燥等技术措施生产分级红茶，使产品外形达到较多颗粒状碎茶与部分条形紧实的叶茶，内质香高、滋味浓厚有刺激性、汤色浓红、叶底红亮的品质特征，受到国外市场欢迎。

红碎茶是红茶的一种，又称切细红茶或颗粒红茶，也是经过萎凋、揉切、发酵、干燥等工序加工而成。揉切是在揉捻过程中边揉边切。红碎茶分叶茶、碎茶、片茶、末茶四种花色规格。福安的红碎茶按照外贸部颁发的加工统一标准样进行生产。1967 年执行的是第三套标准样。1992 年以后执行的第四套红碎茶标准样（GB/T13738.4-1992），产品按外形规格分为碎茶一号、碎茶二号、碎茶三号、片茶、末茶五个花色。2014 年 8 月 11 日，全国茶叶标准化技术委员会红茶工作组在福安举行会议，通过红碎茶加工技术规范的国家标准。福安茶区多采摘粗老茶加工红碎茶，产量较少。

花果香红茶

2008 年，福安市茶叶生产企业选用适制乌龙茶茶树品种鲜叶为原料，在传统坦洋工夫茶制作技艺的基础上结合乌龙茶制作技艺等复合创新制作工艺，在国内创制既保留坦洋工夫茶品质特征又具花香果味的“花果香坦洋工夫红茶”（初名“一泡红”，又名“闽科红”）。2011年1月30日，福建坦洋工夫集团股份有限公司以“一种工夫红茶的加工方法”向国家知识产权局提出并通过专利申请。专利号：201110032257.1；专利人：福建坦洋工夫集团股份有限公司；授权公告日；2012年12月19日。其品质特征：条索肥壮紧结、重实，色泽乌润、具明显花果香、滋味鲜醇甘爽花香果味，汤色橙红明亮清澈。

2018年，福安市茶业协会制定《花果香坦洋工夫·闽科红》行业团体标准规范花果香红茶工艺流程。初制工艺流程：鲜叶→萎凋←→轻摇→揉捻→发酵→烘干；精制工艺流程：筛分整形→拣剔→拼配→匀堆→烘焙→装箱（包装）。

乌龙茶

乌龙茶又称青茶，属半发酵茶，品质特点是绿叶红镶边，汤色橙黄，具有绿茶的香气和红茶的醇厚。要求多酚类化合物的轻度或部分的局部逐渐氧化。先促进酶的催化作用，然后制止酶的催化作用。正规制法是经过萎凋、做青、炒青和揉捻、干燥等工序。这个茶类制法的特点是做青，特殊的香气和绿叶红镶边就是由此产生。根据产地和制造技术的不同，乌龙茶可分为闽北乌龙茶、闽南乌龙茶、广东乌龙茶和台湾乌龙茶。

历史上福安虽不属乌龙茶产区，但也有产制乌龙茶。据光绪三十一年《福安乡土志》载，清末福安每年有“绿茶、白茶、茅茶、白尾茶、乌龙茶、二五箱茶销行苏州、温州、福州等处，统计十万挑”。到民国时期，福安仍有生产乌龙茶，具体产量不详。民国后期，福安茶业巨头赛岐高旭记茶厂除红绿茶外，每年生产乌龙茶2000担（100吨）运销南洋。

1958年后，福安先后引种梅占、黄旦、毛蟹、水仙、铁观音等乌龙茶良种，部分农茶场开始试制乌龙茶，并投放市场，得到消费者的青睐。设在福安社口的省茶科所，从20世纪80年代起，将选育乌龙茶新品种与乌龙茶制茶工艺改革列为研究的重点，育成10多个新品种，研制成多种乌龙茶新产品在省内外获奖，为福安发展乌龙茶生产提供基础。20世纪90年代后期，福安王家茶场引进台湾企业落户，兴办台式乌龙茶生产线，使福安的乌龙茶生产形成产业规模。2002年后，福安市推广省茶科所培育的高香型茶树新品种“黄奇”“丹桂”“黄观音”“金观音（茗科1号）”“悦茗香”等，这些都是适制乌龙茶良种，采用闽南乌龙茶的制法投放市场。2022年乌龙茶产量835吨，占福安市茶叶总产量2.90%。

福安茶叶生产企业普遍采用闽南乌龙茶的制法。初制工序为：鲜叶→晾青→晒青→摇青→炒青→揉捻→初烘→初包揉→复烘→复包揉→足火。

精制工艺为：毛茶→梗叶分离→平面圆筛分号→风选→拣剔→烘焙→摊晾→匀堆装箱。

花香茶

毛茶经筛拣精制后，用香花进行窨（熏）制，使茶叶具有独特的花香味道，称为花熏茶或花香茶，简称花茶。如在茶叶中混有花瓣的，在东北、华北及福建市场上称香片。花茶属再加工茶类，由于所用茶叶种类和鲜花种类互不相同而形成多种多样的花茶。以所用茶叶种类分，有花绿茶、花乌龙茶、花红茶，而各类茶又有许多不同的花色品种，如花绿茶中又有花烘青，花炒青、花龙井、花毛峰等等之分。以所用鲜花种类分，有茉莉花茶、玉兰花茶、桂花茶、玫瑰花茶和柚花茶等。福安花茶中产量最多、消费最广的种类是用茉莉鲜花烘青绿茶窨制的茉莉烘青；此外产量较多、消费较广的还有白玉兰花茶，以及少量其他茶用香花如桂花、珠兰等窨（熏）制的花茶。

已知民国时期福安就有产制花香茶。据民国30年福建省统计处《福建之茶》的记述，福安穆阳所产清水绿茶，条子幼小紧结，茶色浓黑，适制花香茶和淮山茶。1938年，因时局紧张，贸易公司茶叶部福春茶厂从福州迁到福安溪柄，生产淮山茶与花香茶，外销换外汇。

1970年“红改绿”后，福安茶厂开始生产烘青茉莉花茶。

福安花茶以茉莉花茶为主，利用茶善于吸收异味的特点，将有香味的鲜茉莉花和新绿茶一起窨薰，待香气被茶充分吸收后将干花筛除，制成花茶；因香味浓郁，茶汤色深，深得我国北方消费者喜爱。

窨制茉莉花茶（“隽永天香”提供）

福安茉莉花茶的窨制过程分为两个阶段。先将烘青绿茶精制为茶坯，而后以适量茉莉鲜花混合，静置窨制，形成多种级别的花茶产品。茉莉花茶的窨制过程主要是鲜花吐香和茶坯吸香，一吐一吸是窨制技术过程中两个关键。其工艺流程为：茶坯处理→鲜花养护→筛花→茶与花拼和→静置堆窨→通花散热→收堆续窨→起花→烘焙→冷却→转窨或提花→匀堆→装箱等十多道传统工艺流程。

茉莉花茶制作技艺之“茶花拌和”

其中，鲜花吐香和茶坯吸香是茉莉花茶窨制的主要过程，而窨花拼和则是制作过程的重点工序。福安茶人十分讲究窨制工艺和花茶品质，有三窨一提，五窨一提，七窨一提之说。做花茶，对绿茶与鲜花的配置比例非常科学，能让绿茶充分吸收花的香气。要求高档花茶产品外形秀美，色泽油润，毫峰显露，香气鲜灵持久、滋味醇厚鲜爽，汤色黄绿明亮，叶底嫩匀柔软，经久耐泡。

2023年1月，“福安·闽东茉莉花茶制作技艺”被福安市人民政府公布为第四批市级非物质文化遗产代表性项目。

其他茶

紧压茶

以绿茶、红茶、乌龙茶、白茶等作为原料，经过蒸软压模制成不同形状的茶叶，有砖形、饼形、碗形、柱形、方块形等。压制工艺因品种不同而异。基本加工流程：原料→蒸茶→装匣→紧压→定型脱模→干燥。

近年福安市也生产以红茶为原料的小方块形、小饼形、屏风形等形状的红茶紧压茶。2007年福安坦洋工夫生产企业的红茶紧压茶“坦洋工夫贡品”获第二届“凯捷杯”中华名茶红茶类金奖。福安还生产以白茶为原料的砖形、饼形、方块形等形状的紧压茶。

2020年福安市茶业协会制定行业团体标准《福安白茶》T/FACX003-2020，规范福安白茶紧压茶操作工艺。

工艺花茶

工艺花茶入驻北京老舍茶馆（2005年，“彤云农业”提供）

工艺花茶生产车间（“隽永天香”提供）

又称“艺术茶”“工艺茶”，为福安市首创。2000年8月7日，薛彤云以“一种茶造型结构”向国家知识产权局提出专利权申请，2001年5月9日获《实用新型专利证书》（专利号：ZL00246027.C）。根据茶坯的不同，分为绿茶、白茶、红茶工艺花茶。工艺茶生产首先要精选单芽绿茶、白茶、红茶为原料，结合可食用的脱水鲜花（黄菊、百合花、金盏花、康乃馨、茉莉花等），经独特的工艺精制成圆形、椭圆形、蘑菇形、葫芦形、金元宝形、心形等形态。产品有丹桂飘香、仙女散花、茉莉雪莲、双龙戏珠、出水芙蓉、玫瑰仙子等几十个主要品种。工艺茶在冲饮中既有茶叶和鲜花的甘甜、醇和、清香，又可在观赏中获得艺术享受。

第二章　坦洋工夫制作技艺

毛茶初制

坦洋工夫红茶为全发酵茶，在加工过程中，使原料茶鲜嫩叶的生化成分发生较大的变化，茶多酚减少 90%以上，产生茶黄素等新的成分。加工后香气物质从鲜叶中的 50 多种增至 300 多种，一部分咖啡碱、儿茶素和茶黄素络合成滋味鲜美的络合物，形成工夫红茶的独特风格和品质特征。

坦洋工夫红茶的制作比较复杂，工夫精细，技术含量较高，所以称为“工夫茶”（早期的一些文献也常作“功夫茶”）。其产制共有萎凋、揉捻、发酵、干燥、筛分、拣剔、覆火、匀堆等八道工序，先期初制和后期精制各四道。

先期初制包括前四道工序，该四道工序一般由茶农在自家完成，其产品称为“红毛茶”。

萎凋

这道工序的意义在于使原料鲜叶蒸发去部分水分，以减少细胞张力，增强鲜叶柔性；并散发走部分青草气，增强酶的活性，使鲜叶内含物发生不同程度的变化，为成茶的色、味、香打好基础。

由于旧时设备条件不好，萎凋要在日照下完成，所以称为“晒青”。操作时将采摘的鲜叶均匀地铺在篾簟上让日光晒，并且频繁地翻转使之萎凋。萎凋要适度，以茶叶呈暗绿色，叶边呈褐色，叶柄呈皱纹，完全失去弹力，握

室内萎凋

用萎凋槽萎凋

室外日晒萎凋

于掌中不发出一点声响，展开后不再恢复原状为正好。萎凋太过则不易搓揉，发酵也难；萎凋不足则液汁难出，而且留有青涩味。如遇上雨天，只好把茶鲜叶摊置在室内，或用炭火增加室内温度，使之萎凋。

现代制茶技术，鲜叶到位后，先摊铺在地上晾干走水；待叶梗水分明显减去，就移到萎凋槽萎凋。萎凋槽结构简单，操作方便，萎凋时间短，生产效率高，不受天气影响，能适应大规模生产的需要。近年一些茶企业在萎凋过程还采用“轻摇”工艺，通过适当的手工或机械力作用，使叶缘轻微损伤。

揉捻

晒青之后就可以进行搓揉，现在称为“揉捻”。目的在于使茶鲜叶的细胞破裂，让细胞汁大量流出，用开水一泡，就容易出汁而有浓厚香味。旧时茶农常用脚来“踏揉”，虽然比用手“搓揉”便捷，但有碍卫生。1941年张天福设计的“九一八”式揉茶机正式面世，并在省内主要茶区推广后，“搓揉”正式改称为“揉捻”。揉茶机又称为揉捻机，机揉可使鲜叶卷成条状，使毛茶外形紧结美观。

搓揉

经过多次改进，目前揉捻机有多种机型。以55机型为例，每桶装鲜叶35—40公斤，揉捻时间一般为50—60分钟左右（幼嫩叶可适当缩短时间）。揉捻应掌握“嫩叶轻揉，揉时宜短；老叶重揉，揉时宜长”的原则，具体操作：不加压10分钟，轻压15分钟，逐渐加至中压10—15分钟，重压10—15分钟，松压5分钟。

揉捻是否适当，对成茶的质量影响十分重要。揉捻室应避免阳光直射，室内温度宜低，湿度宜稍高；机揉采用轻压长揉的方法，使茶叶的成条率达到85%以上，细胞破损率达80%以上；茶汁溢出而不滴流，使茶条索紧结，香味浓厚，初步形成其成品外形特征。较粗老或粗嫩不匀的鲜叶还需进行二次揉捻。

发酵

发酵是工夫红茶加工的独特阶段，它使茶叶中的多酚类物质充分氧化，形成红茶色香味的品质特征。红茶的发酵实际上从揉捻时就已经开始，因此揉捻时室温宜低。发酵之前还需“解块”，就是把揉捻形成的茶团解散开，降低茶叶的温度，以免叶内某些有效成分受热剧变。手工解块可使茶的条索外形不受损。

旧时制茶是“靠天吃饭”，把搓揉好的茶叶再放在日光下晒，借助天然的热力使之发酵；大约晒3个小时就变成红褐色，而香味亦变浓厚。

现代工艺多在发酵室内进行发酵，这样便于控制温度和湿度。发酵温度控制在22—24℃，空气湿度一般要求80%以上，空气流通，使氧气供给充足，发酵充分均匀。发酵时间一般是2—3个小时，待茶叶的青草气消失，出现桂花香、果香，叶色大部呈鲜明的铜红色为适度。

发酵

干燥

上述发酵工序结束后，将茶叶打散，用炭火烘焙，或者放在日光下晒，使初加工后的茶叶干度大约六成，“毛茶”即成。

这道工序的目的是制止茶叶继续发酵，蒸发多余水分，散发青气，提升香气，促使成茶条索紧结，防止霉变。过去多使用焙笼用炭火焙干，所以称这道工序为“烘焙”。烘焙分为初焙、摊凉、足火三个步骤。初焙须高温（90—100℃），薄摊（每笼摊叶1千克），勤翻（每5分钟翻一次）；焙至七八成干即进行摊凉，时间约1—2小时；足火温度较低（70—80℃），每10—15分钟翻一次。焙至茶条手捏成粉为止。

烘焙

现在多使用烘干机进行干燥，高温初烘，低温复火，多次翻搅，使水分蒸发，达到毛茶成品要求。

成品精制

手工精制

红毛茶初制好后，就进入精制阶段，成品就是工夫红茶。由于毛茶的来路多元，茶树品种、产地、采摘季节等不尽相同，品质不一，进入精制阶段前必须根据未来成品工夫茶的市场等级要求进行定级拼配。

传统的坦洋工夫精制过程也包括四道工序。

◎筛分

旧时茶商将毛茶购入后，要进行再烘焙（“足火”），去掉尚存的四成水分，烘至全干，然后才进行“筛分”。烘焙在焙笼（俗称“茶焙”）上进行，焙笼用竹篾编成，样子像折腰的圆筒，笼内有活动的烘顶，茶就放在这上面。烘焙前先在地面的“焙窟”放木炭，再放上焙笼进行烘焙。每隔20分钟将笼取下，放在竹历（方言，一种圆形平底的浅口竹器，常用来晾晒物件）上，以手翻拌一次；不可在炉上翻拌，否则茶末就会落到炉内，燃烧生烟，这样茶就有一股枯焦味。

筛法展示：平筛、抖筛、撩筛、跳筛

筛分的意义在于区分出茶叶的长短、粗细与轻重，整理外形。此项手续最为繁琐，精制茶的工场大部工作都在做这一项。各地做法不尽相同，基本手法有平、抖、跳、撩、圆等。平筛，将毛茶置筛中作回旋振动，以分别毛茶之长短；抖筛，将茶筛倾斜作前后振动，分别条索之大小与粗细；跳筛又称“搭”，将同样粗细的茶叶在筛上作上下振动，轻者扬起，重者落于筛下；撩筛，将抖下之茶再用平筛法撩一撩，使长短整齐；圆筛，用平筛法向同一方向旋转，小者下落，大者留筛上，轻者集于筛面茶顶部。坦洋工夫的筛分步骤如下。

先一律过六号筛，筛下茶名“吊雨”；筛面茶如不够干，就要过烘后再筛，筛时用手搓捏细碎，随捏随筛，此筛下之茶，品质较次，因名“渣雨”；筛面残留者为“茶珠”。“渣雨”“吊雨”各分十号：一号筛面名“头茶”，筛底交二号筛分；二号筛面为“二茶”，筛底交三号；依次行之。三号、四号……九号筛面茶分别称为“三茶”“四茶”“粗雨”“中雨”“小雨”“茅雨”“铁沙”，九号其下即十号为“末”。

◎风选

“头茶”至“中雨”每号须过风桄。风桄有两个并列的斗口，右称“里斗”，左称“外斗”，末端不开斗口为“尾斗”。风桄动时，蜷缩结实的茶就由“里斗”流出，称为“正身”，由“外斗”流出的称为“圆片”，再次被风飘至“尾斗”的为“正片”。“正身”发拣，“圆片”以下交片场“复吊”（即再筛分）。片场另置风桄，“复吊”后再过风桄。此时“里斗”的为“圆片”，“外斗”的为“轻身”，都交发拣，等到去净片末，拣净枝梗，就为净茶。

拣剔

◎拣剔

拣剔俗称“择茶”，拣去茶梗茶枝，使成净茶。该项工序必不可少，需用很多人力，全部是女工和童工；工资以分量论值，按劳取酬。

坦洋工夫净茶外形细长匀整，带白毫，色泽乌黑有光（因此旧时称为“乌茶”，与英文“blacktea”不谋而合），内质香味清鲜甜和，汤鲜艳呈金黄色，叶底红匀光滑。其中坦洋、寿宁、周宁山区所产工夫茶香味醇厚，条索较为肥壮，东南临海的霞浦一带所产工夫茶色鲜亮，条形秀丽。（陈宗懋主编《中国茶经》，1992 年）

◎复火

茶叶经过筛分后，多受湿润。为了确保茶品干脆，“复吊”后装箱前需以细火补烘一次，名为“复火”。

◎匀堆

匀堆，福安方言称为“官堆”，目的是调匀茶叶的粗细。一般做法，用茶箱叠成（或用板闸成）一个“围墙”，把筛分的各号茶叶逐层堆到“墙”内，堆到一定高度，撤去“围墙”的一面，用耙向外沿徐徐梳耙，使各号茶叶混合调匀。量少的称“小堆”，合并小堆则为“大堆”。官堆是精制茶的最后一道工序，之后即可装箱发售。

匀堆（官堆）

上面介绍的是传统手工精制技艺。旧时许多茶商本身就是制作工夫红茶的能手，有的还是大师，他们身怀高艺，而且在实践中不断改进，精益求精，以保证自家商号的市场竞争力。

以下是民国时期《福安县穆阳镇黄坂村茶业生产合作社三十七年度拟制红茶五百箱成本概算表》，从中可见当时手工精制工夫红茶的基本情况和成本负担（每 50 公斤约 500 元）。

民国 37 年黄坂茶业合作社生产 500 箱精制红茶成本明细

科目	名称	数量	金额（元）	备考
原料	毛茶	400 担	80000	每担精茶需毛茶 160 斤，每百斤以 200 元计
	制茶工	500 天	8000	每担需 6 天工，每天工资平均 4 元
	工人伙食	1500 天	6000	每担需 6 天工，每天伙食平均 4 元
	拣工	2000 天	4500	每天 2 元或 1.5 元计
	木炭	80 担	1200	每担需用 32 斤，每担 15 元
包装费	茶箱	500 只	2900	每担连纸、油、钉、钉工每只 5.8 元
	铅罐	500 只	2000	每只 4 元
	焊口	500 只	250	每只 0.5 元
	篾包	500 只	1000	每只 2 元
管理费	职员及技术员	10 人	6000	每人每月平均支薪 200 元，共 3 个月
	伙食	10 人	2700	每人每月平均 90 元，共 3 个月
杂费	油火	—	600	—
	邮电	—	400	—
	文具	—	400	—
	茶盅杂具	—	500	—
	捐款杂耗	—	1000	—
租金	厂租、器具租	—	2500	—
旅费	旅费	—	1000	—
运费	运费	—	4000	—
合计		—	124950	平均每担成本约 500 元

“坦洋工夫茶制作技艺”是珍贵的非物质文化遗产，在市政府和文化部门（文体和旅游局）的推动下，非遗项目申报工作不断取得佳绩，受到很好的保护。2008 年，“坦洋工夫茶制作技艺”列入宁德市非物质文化遗产名录。2009 年入选福建省第三批省级代表性项目名录，2021 年入选第五批国家级代表性项目

名录。2022 年 11 月，作为中国红茶的代表，被联合国教科文组织列入人类非物质文化遗产代表作“中国传统制茶技艺及其相关习俗”名录。

机器精制

现在的坦洋工夫多采用机器精制。机制红茶在外观、净度、香醇度、口感诸方面都得到很大的提升，符合现代市场要求，获得消费者青睐。

精制的方式，因生产规模和企业的设备条件不同有所区别，主要有“单级付制”与“多级付制”两种。制作规程根据条索的粗细、长短，将茶叶分为本身路、圆身路、轻身路、副轻身路（即副茶路、机头筋梗路）等四路，分路加工；设备机组由滚筒圆筛机、抖筛机、切茶机、平面圆筛机、风选机等组成。工艺流程与人工精制相近。

◎单级付制

也称作“单级付制、多级收回”，每次付制的毛茶只有一个级，制成产品有多花色等级，较大型的精制厂常采用这种方法生产。福安茶厂的“定级付制、主产品收回”也属此法。原料茶按同一类型的品质付制，制成的筛号茶尽量做到本级产品收回，对少量品质偏高或偏低的筛号茶作升降处理。筛制过程分为本身路、圆身路、轻身路、碎片末茶路（即副轻身路、副茶路）四路加工取料，成品分为条茶，碎茶，片茶、末茶四种花色定级、定档收回。以下以福安茶厂的工艺为例。

本身路

从毛茶投入先通过烘干机复火后由风管送入滚圆筛→抖筛→平圆筛→风选机。除滚圆及抖筛头子茶和风选副口茶分别交由圆身路、轻身路处理外，特、一级茶坯风选正口 4 ~ 7 孔再经撩筛→紧门→复选后交取梗。二级以下直接经撩筛→复选后交机拣。8 ~ 10 孔以本机选净直接交半成品→成品自动线为本身筛号茶待拼。12 ~ 24 孔交拼碎茶，34 ~ 84 孔交拼末茶，100 孔以下为灰末。

圆身路

系由本身滚圆头、抖头、平圆四孔集中交来，经齿切→滚圆筛→抖筛（头茶反复由齿切、滚圆抖）抖下→平圆→风选等机以组成圆身机群。除风选副口直接送交轻身路处理外，风选各孔正口与本身路茶同样根据不同等级孔号分别，再经单机撩筛→紧门筛→风选，复选后送交半成品→成品自动线，分别等级、花色、孔号，为圆身筛号茶待拼。

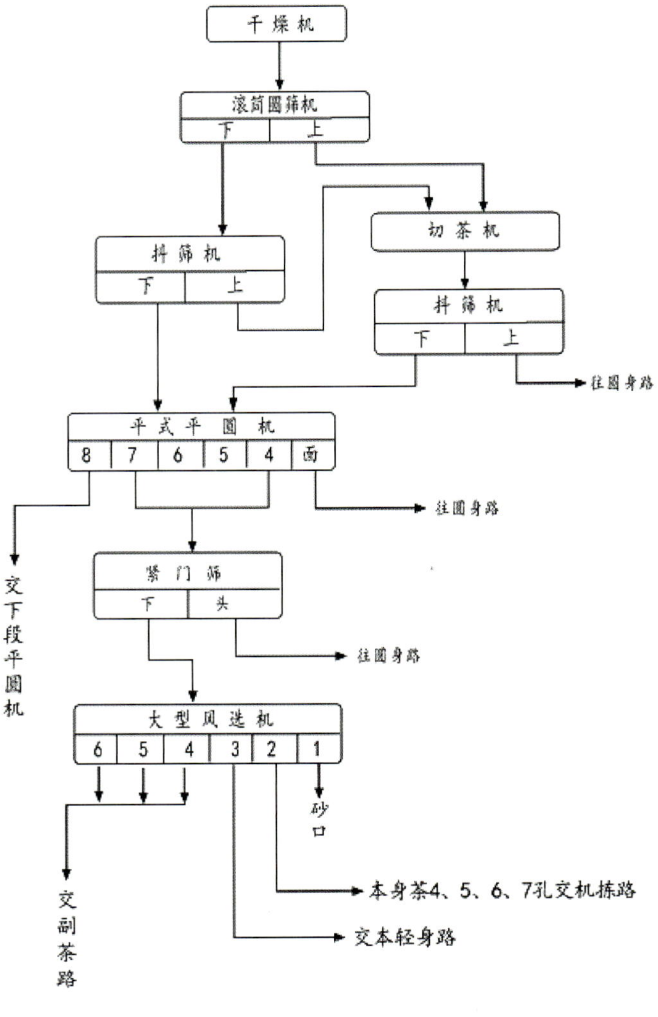

福安茶厂坦洋工夫茶“本身路”筛制流程简图

轻身路

是从本身路和圆身路风选出来的轻质茶叶，再经筛切、风选、拣剔等加工成的各号茶，称为轻身茶。工序与本身路大致相同，但筛孔有些差异。采用“分号过抖混合过圆”法，其工艺流程：本身路、圆身路轻身→紧门筛→切断→平面圆筛→紧门筛→风选→拣剔→烘干→匀堆装箱。

副轻身路（副茶路、机头筋梗路）

将紧门筛下抽出来的筋梗、机拣出来的细梗，再经筛切、拣剔、风选等处理，分出的为筋梗茶。其中茶条细，嫩度好，有毫芽者，经处理可拼入正茶；其余经“平、切、抖、选”，各分号烘干后为副茶，即碎茶、片茶、末茶。

以上工艺也称作“单级付制、多级收回”，每次付制的毛茶只有一个级，制成产品有许多花色等级。比较大型的精制厂常采用这种方法生产。

◎**多级付制**

规模较小的精制厂多采用“多级付制，单级收回”的方法。这种工艺流程简单，加工方便，效率高，成本低。

付制前对毛茶进行认真拼配，调好等级，付制后以能收回相应等级的茶品为目的。工艺可简化为本身路、圆身路，工序及操作与单级付制大致相同。

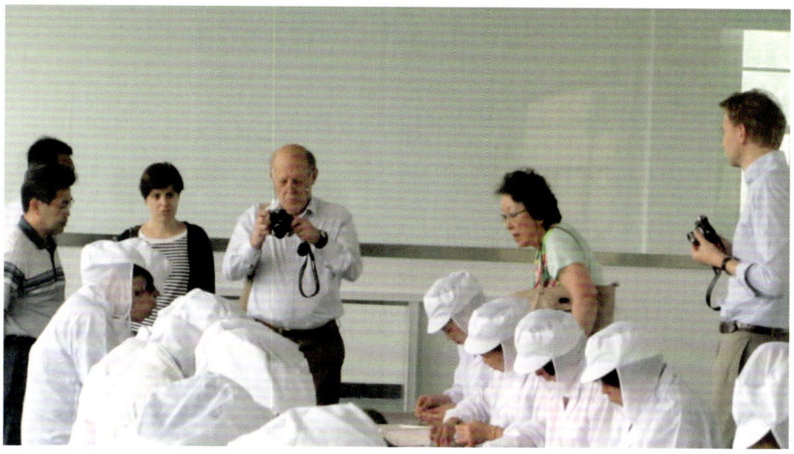
英国客商考察福安现代化茶叶生产（“隽永天香”提供）

毛茶经过本身路的系列操作，经风选后剔除不合格的副茶，所得的正口茶为本身茶。其茶条索较完整、紧结、匀嫩，有锋苗，符合主级成品茶的质量要求。

取本身路筛面上的头子茶，紧门茶，按规定的筛孔反复抖切2—3次后，使茶条长短、粗细、符合各级取料的要求。该路茶条索短钝带圆，嫩度较差，应进行拣剔，划分等级，以达到质量规格要求。

质量与创新

质量管理

2006年1月，福建省质量技术监督局批准公布《坦洋工夫红茶综合标准》。

2009年11月30日，《地理标志产品坦洋工夫》(GB/T24710-2009)获国家标准化管理委员会批准发布，并于2010年5月1日正式实施。坦洋工夫成为福安市第一个制定国家标准的产品。福安市各茶企业根据国家标准管理坦洋工夫红茶生产。

2017年11月，国家质量监督检验检疫总局、国家标准化管理委员会发布《中华人民共和国国家标准·红茶》（GB/T13738—2017），代替GB/T13738—2008。该标准的第二部分“工夫红茶”中对各等级产品的感官品质和理化指标都有具体要求。

2018年8月，全国标准样品技术委员会在福安召开“坦洋工夫茶感官分级标准茶样品”国家标准样品评审会，评审通过坦洋工夫茶国家标准实物样品，使坦洋工夫茶成为闽东第一个拥有国家标准实物样品的茶叶公共品牌。标准样品由福建新坦洋集团股份有限公司研制，按工夫红茶的感官品质（外形和内质）因子分出等级，对规范工夫红茶生产、提升茶叶品质有积极意义。该标准于 2019 年 4 月发布实施。

中小叶种工夫红茶各等级产品的感官品质

级别	外形				内质			
	条索	整碎	净度	色泽	香气	滋味	汤色	叶底
特级	细紧 多锋苗	匀齐	净	乌黑 油润	鲜嫩 甜香	醇厚 甘爽	红明亮	细嫩显芽红匀亮
一级	紧细 有锋苗	较匀齐	净稍 含嫩茎	乌润	甜香	醇厚 爽口	红亮	匀嫩有芽红亮
二级	紧细	匀整	尚净 有嫩茎	乌尚润	甜香	醇和 尚爽	红明	嫩匀红 尚亮
三级	尚紧细	较匀整	尚净稍 有筋梗	尚乌润	纯正	醇和	红尚明	尚嫩匀 尚红亮
四级	尚紧	尚匀整	有梗朴	尚乌 稍灰	平正	纯和	尚红	尚匀 尚红
五级	稍粗	尚匀	多梗朴	棕黑 稍花	稍粗	稍粗	稍红暗	稍粗硬 尚红 稍花
六级	较粗松	欠匀	多梗 多朴片	棕稍枯	粗	较粗淡	暗红	粗硬红暗花杂

工夫红茶的理化指标

项　目			特级、一级	二、三级	四、五、六级
水分（质量分数）/％		≤	7.0		
总灰分（质量分数）/％		≤	6.5		
粉末（质量分数）/％		≤	1.0	1.2	1.5
水浸出物（质量分数）/％ ≥	大叶种工夫红茶		36	34	32
	中小叶种工夫红茶		32	30	28
水溶性灰分，占总灰分（质量分数）/％		≥	45		
水溶性灰分碱度（以 KOH 计）（质量分数）/％			≥1.0[a]；≤3.0[a]		
酸不溶性灰分（质量分数）/％		≤	1.0		
粗纤维（质量分数）/％		≤	16.5		
茶多酚（质量分数）/％ ≥	大叶种工夫红茶		9.0		
	中小叶种工夫红茶		7.0		
注：茶多酚、水溶性灰分、水溶性灰分碱度、酸不溶性灰分、粗纤维为参考指标。					
“a”当以每 100g 磨碎样品的毫克当量表示水溶灰分碱度时，其限量为：最小值 17.8，最大值 53.6。					

品种创新

◎花果香红茶

随着人们生活条件的不断改善和生活品质的不断提升，消费者对茶叶提出了更高的要求。传统生产坦洋工夫红茶的原料多是坦洋菜茶。2008 年，福安市坦洋工夫红茶生产企业采用高香型茶树品种为原料，产制坦洋工夫红茶，一款新型的红茶“花果香坦洋工夫”（初名“闽科红”）应运而生（工艺制作见上一章《茶叶制作技艺·红茶·花果香红茶》）；丰富了坦洋工夫红茶的花色品种，受到茶叶消费者的欢迎和市场的认可。为了规范“花果香坦洋工夫”的产制，2018 年福安市茶业协会等单位联合制订团体标准《花果香坦洋工夫·闽科红》（T/FACX001—2018），并公布实物标准样。该“标准”规范了花果香坦洋工夫（闽科红）工艺流程，以及各等级产品的感官品质和理化指标要求。

花果香红茶在市场上大受欢迎，产量不断攀升，近年其制作工艺还推广到外省红茶产区。为进一步规范“花果香红茶”生产，保证产品质量，促进红茶产业高质量发展，2022 年 11 月 24 日，中华全国供销合作总社发布“花果香红茶”产品标准。明确“花果香红茶”是以金牡丹、茗科 1 号、紫玫瑰、瑞香、福安大白茶等适制茶树品种鲜叶为原料，采用创新工艺、创新技术制成的具有花果香独特品质特征的条形红茶，由福建省福安市首创；界定花果香红茶的术语和定义，规定分级和实物标准样、鲜叶原料、加工工艺流程、要求，描述检验方法、检验规则、标志标签、包装、运输和贮存。

以下是不同等级花果香红茶的“感官品质”标准和“理化指标”标准。

花果香红茶感官品质

级别	外形				内质			
	条索	色泽	整碎	净度	汤色	滋味	香气	叶底
特级	紧结肥壮	乌褐油润	匀整	洁净	橙红（黄）明亮清澈	馥郁悠长、花果香显	浓醇甜爽、花果香韵明显	肥嫩红匀软亮
一级	紧结壮实	乌褐润	匀整	洁净	橙红（黄）明亮清澈	浓郁持久、花果香显	醇厚甜爽、花果香韵显	肥厚红匀软亮
二级	较紧实	乌褐尚润	较匀整	较洁净	橙红（黄）明亮	花果香显	醇和、花果香韵明	红尚亮
三级	尚紧实	乌褐	尚匀整	尚净、稍带嫩筋梗	橙红（黄）亮	有花果香	平和	尚红稍粗

花果香红茶理化指标

项　目		特级	一级	二级	三级
水分（质量分数）/%	≤	7.0			
总灰分（质量分数）/%	≤	6.5			
粉末（质量分数）/%	≤	1.0		1.2	
水浸出物（质量分数）/%	≥	32		30	

◎陈香坦洋工夫

2021 年，由于陈香坦洋工夫（多年份一级茶）市场日益扩大，福安市茶业协会发布《陈香坦洋工夫》团体标准（T/FACX004-2021），从感官品质、理化指标、质量安全，以及生产加工、包装运输等方面给出规范标准。福建省中医药科学院对福安产不同年份坦洋工夫（1 年、5 年、10 年）进行研究，并于 2023 年 9 月发布阶段性研究成果，为挖掘、拓展陈香坦洋工夫新市场创造机遇。

第三章　制茶机具设备

初制机具

20世纪50年代以前，福安的初制毛茶生产除几家公立茶场外，均为茶农用手工自制，制茶设施设备均因地制宜、就地取材，非常简陋。

1950年后，福安茶厂下属各茶叶采购站将收购的茶青叶就近送交制茶所初制加工毛茶；1956年茶叶收购站改归福安县管理后，设立初制厂加工毛茶，基本设施是焙炉和炒灶。焙炉临时砌成，炒灶多为普通的煮饭用灶；原料茶青多的地方则专门砌筑炒灶，每灶安五六个大铁锅，灶膛相通，一端为灶口，灶尾设烟囱。常用的制茶器具可分装盛、晾晒、揉捻、烘炒等类。初制毛茶还包括贮青保鲜、揉捻、解块、筛分、干燥等工序所需机具，这些机具不同茶类大多可以通用；但由于不同茶类制法有异，有一些机具主要在特定的工序中使用。

常用器具

装盛器具　有箕、笼、筐、篮、篓等竹器；毛茶制成后装盛工具多为布袋或麻袋。

晾晒器具　有篾席、竹簟、簸箕、竹簩（一种浅口的圆形无孔竹匾）、竹筛及搁置这些器具的“晾青架”等。

搓揉器具　有木槁（在约40×60×20厘米的木料上挖一个椭圆的凹穴）、木盆、桶等。还有在地上掘窟安锅，工作时人立锅上用脚搓揉。为讲卫生，则在茶面上加放布巾，使脚底不直接接触茶叶。

烘炒器具　有烘笼、焙蒂、焙炉（灶）、铁锅、火刀等。

萎凋设备

茶鲜叶进厂后，应立即分级归堆、及时摊凉，保鲜贮藏。如果鲜叶已被雨水、露水打湿，则常用鲜叶脱水机脱水。制作绿茶的鲜叶需用齿耙摊晾，以防止堆积过厚而发热，使叶子发红。制作红茶、白茶、乌龙茶的第一道工序都是萎凋，萎凋的意义在于使原料鲜叶蒸发去部分水分。

◎**脱水机**

脱水机用马达带动，通过圆筒运转的离心与甩动作用，使雨水或露水从茶叶表面分离。

◎**自然萎凋设备**

如是晴天，就用竹簟摊放鲜叶在阳光下萎凋；或将鲜叶摊在竹笏、竹筛、萎凋帘上，放在晾青架上萎凋。如是阴天，则使用萎凋架和萎凋帘；萎凋架分若干层，每层间隔 25—30 厘米；萎凋帘用竹篾编成，宽 1 米、高 1.8 米，搁在各层萎凋架上使用。

◎**加温萎凋槽**

由鼓风机、槽体、摊叶框与炉灶等部分组成。鼓风机功率 2.8—3.0 千瓦；槽体为砖泥砌成，长宽高视情而定，大多 10×1.8×0.7 米，槽底有一定倾斜度。摊叶框的长宽与槽体，上装木架和铁丝网帘。加温萎凋时，鼓风机将热风鼓进槽体内，热风温度控制在 35—40℃。加温萎凋可阴雨天进行，不受气候限制。

◎**连续萎凋机**

由热风发生装置、萎凋槽等组成。萎凋槽由槽体、传动链条、导风斜板、挡风板等组成；槽体一般长 13 米、宽 1.5 米，铁丝网帘略长于槽体。鲜叶铺在萎凋槽上，热风装置吹送热风，使之发生凋萎变化，

杀青机

杀青是绿茶制作的主要特点，长期以来制茶人都是用手在热铁锅上炒作。1953 年，福安县开始试用锅式杀青机，后来随着制茶机具的革新，出现了多种类型的杀青机。

◎**锅式杀青机**

这种杀青机根据杀青温度前高后低的原理设计，双锅之间放一个出茶闸门和开关闸门。作业时把鲜叶投入第一锅，闷炒、扬炒后，打开闸门使茶叶进入第二锅；第一锅继续投入鲜叶。完成杀青后，打开出茶门出锅。早期的锅式杀青机以木柴为燃料，20 世纪 70 年代从浙江引进电磁内热锅式杀青机，杀青机不再有炉灶。

◎**滚筒杀青机**

这种杀青机由金属转筒、传动机构、排湿风扇和炉灶组成，主要工作件是瓶式转筒体。工作时先给转筒体加热，当达到杀青所需温度时，就投鲜叶进行杀青。转筒内壁装有若干螺旋导板，转筒体正转时鲜叶在筒内壁沿圆周作抛物线运动，并在导叶板作用下翻动青叶；出茶时，将转筒体倒转运行，靠导叶板把杀青叶导出筒外。

◎**连续滚筒杀青机**

20 世纪 70 年代，福安的许多初制茶厂应用连续滚筒杀青机，型号主要有 6GS-65、6CS-60 和 6CS-65 等。机具由鲜叶输送装置、筒体、传动机构、排湿装置与炉灶等部分组成，筒内装有 4—6 根螺旋导叶板，因筒体直径与长度的不同而有多种规格。工作时当回转滚筒加热到一定温度时，投入的鲜叶在螺旋导板和滚筒回转作用下被推进到出口处，鲜叶吸收筒体热量，短时间内萎凋变软，完成杀青作业。80 年代，福安县还研制出杀青烘干联用机、低炽能汽化炉杀青烘干两用机、电炒电烘炉灶等多功能的杀青机，充分利用炉灶余热，节约用电成本。

揉捻机

揉捻是绿茶、红茶、乌龙茶制作的重要工序。发明揉捻机的动因是减轻劳动强度，提高生产效率，改善茶叶卫生状况。早期的揉捻机由揉桶、揉盘、传动机构、加压装置、机架等部分组成。由于揉桶与揉盘运动方式不同，可分为双动式与单动式；又因加压方式不同，可分为双柱丝杆式、单柱丝杆式和杠

茶博物馆收藏的木质手摇揉茶机

1952 年的简便手摇揉茶机

杆配重式等；因采用材料、动力、揉桶直径大小等不同又分为手推木质揉捻机、动力揉捻机等类型。揉茶机普及后，搓揉工序改称揉捻。

◎手推木质揉捻机

民国 25 年（1936 年），福安茶业改良场引进日本伊达式手推揉捻机等，率闽省各县之先采用机械制茶。民国 30 年张天福设计的“九一八”式手推揉茶机正式面世，并在省内主要茶区推广。1953 年，中国茶叶公司和福建省农林厅茶业改进处组织技术力量对“九一八”式揉茶机进行改良，定名“五三”式揉茶机，并向各茶区推广。福安制茶开始由手工向机械全面过渡。20 世纪 50 年代，福安各茶站的茶叶初制厂普遍使用“53”“54”式揉捻机。60 年代经过改进，有了“64”式揉捻机。

坦洋茶场 20 世纪 60 年代购置的揉茶机

◎动力揉捻机

常用的有“40”“50”“55”“60”型等“闽农”系列的揉捻机。这些揉捻机均铁木结构，用电力带动。不同型号的机械因揉桶直径大小不同，投叶量也不同。还有“6CR-55”“R920”等型容量较大的揉捻机。一般加工绿茶、乌龙茶宜用中、小型揉捻机，加工红茶多使用如“R920”“60”型的中、大型机。此外还有以水力或畜力为动力的揉捻机。

解块筛分机械

茶鲜叶经揉捻后常常形成一定数量的团块和大小不一的混合体，在进入下一道工序前必须把它们解散，并筛分出粗细。手工解块可使茶的条索外形不受损，但效率较低，所以必须借助机械。解块筛分机械有木制、铁制、铁木结构几种，由进茶斗、解块箱、筛床、传动机构、机架等部分组成，有的机型还配上叶输送装置。工作时，经过揉捻的茶叶由进茶斗进入解块箱，箱内解块轮通过旋转击散团块，并利用筛床的倾斜度及曲轴所产生的振动作用，使团块跳离筛床而被震散。解块后的茶叶依靠大小不同的筛网分出粗细而完成筛分作业。

常用的解块分筛机有三种：分筛式水力解块机，由齿轮、推动器开停离合器、筛框、筛网、筛框架和机座等部分组成；滚筒式解块机，由解块轮、机座、自动进茶斗等部分组成；机动铁质解块筛分机，由进茶斗、解块箱、筛床（筛网）、传动装置和机架等部分组成。

发酵设备

发酵是红茶加工的独特阶段。旧时制茶是“靠天吃饭”，把搓揉好的茶叶放在日光下借助天然热力使之发酵，遇上雨天就束手无策。为了解决这个问题，20 世纪 30 年代福安茶业改良场就建立专门的发酵室。目前福安各茶叶企业普遍建立发酵室，室内设置发酵架和发酵笼。发酵架多层，层距一般 20 多厘米；发酵笼圆弧形，竹篾编制，直径 80 厘米，高 18 厘米。也有用发酵盒，长宽高一般为 80×60×15 厘米。发酵时室内要严格控制温湿度，温度要求保持 22℃—24℃，相对湿度在 95%以上。许多企业在使用发酵室和发酵设备的同时，没有排斥日光发酵。

摇青机

传统的乌龙茶加工均采用手工作业，手工做青用吊筛进行摇青，工效低、劳动强度大。20 世纪五六十年代，出现了竹笼摇青机，使乌龙茶生产步入半机械化。2008 年后，福安部分茶叶生产企业选用适制乌龙茶的鲜叶为原料，在传统坦洋工夫红茶制作技艺的基础上结合乌龙茶的“摇青”工艺，生产“花果香红茶”。其他生产红茶的企业在萎凋工序中也常使用摇青机进行“轻摇”。从此摇青机进入了红茶生产领域。

竹笼式摇青机由摇笼、传动装置、机架等部件组成。摇笼为竹木结构，长约 3 米，直径约 1 米，用竹篾编成网眼圆笼，每笼可投放 50 公斤鲜叶；传动装置是 1 台电动机。

乌龙茶综合做青机

做青是乌龙茶的制作特点。20 世纪 70 年代，闽北茶人研制成功综合做青机，80 年代又研制成功乌龙茶做青程序控制化，使乌龙茶做青从机械化向自动化和智能化方向发展。

◎ 6CZ-92/120 型综合做青机

由滚筒、通风管、风机、木炭炉、传动装置、机架等部分组成，滚筒直径 92 厘米或 120 厘米、长 200 厘米，由镀锌钢板卷制而成，筒壁均匀分布着圆孔，并开有进茶门，滚筒的另一端有出茶门，筒体内壁有 4 条木质螺旋导叶板，滚筒反转时将筒内茶叶从出茶门推出；通风管长 2 米、直径 26 厘米，位于滚筒中央部位，与鼓风机出口相连，鼓风机进风口与木炭炉相连，可以加温。电机通过蜗轮蜗杆和三角皮带减速带动滚筒旋转。机架由角钢焊制而成。装叶量 50—100 公斤。

◎ 6CZ-100A 型做青机

1980 年第一台样机由省农科院茶叶研究所陈树森、陆修闽等负责设计，在生产实践中经过多次改进、定型。做青机由两个圆筒、机座、传动装置、电动机、程控装置等部分组成。该型做青机具有快转、慢转、加热、吹风等功能，可以一次性在机上完成乌龙茶的萎凋、摇青、晾青等作业，有效解决传统乌龙茶生产看天做青、看青做青难题。

◎ 6CZ-2-100 型乌龙茶做青机

具有萎凋、晾青、摇青三种作用。由双转筒、通风管、风机、加热装置、变速箱、机架等组成。投叶量（双筒）150—200 公斤。

乌龙茶包揉机

◎**速包机**

兼有紧袋与收缩茶条的功能。由立辊装置、加压机构、传动机构、机架等组成。

◎**球茶机（Q茶机）**

用于速包后的茶球继续搓揉挤压，使茶条卷紧。由上揉盘、下揉盘、加压机构、传动机构、机架等组成。

◎**松包机**

用于解散包揉后的茶球。由滚筒、操纵杆、传动机构、机架等组成。

烘干机

各类茶叶加工的最后一道工序是烘干茶叶。20 世纪 60 年代开始，应用机具烘干，逐步向机械化、连续化、自动化的方向发展。烘干机是应用于多茶类初、精制通用的干燥机械。现有使用的烘干机由主机、加热器和风机三大部分组成。

◎**百叶式烘干机**

是一个用角铁与薄钢板制成的长方箱体。箱体内设置 6 层百叶板，下部有 2 个或 3 个漏斗型出茶口。箱体顶部敞开，便于上叶和水汽蒸发。作业时，当茶叶进入烘箱，各层温度上湿下干，采用分层或多层直接高温热风输入烘箱，使烘箱温度上高下低而烘干茶叶。百叶式烘干机有用手拉杆和机械半自动操作两种。

◎**自动链板式烘干机**

其主机部分由箱体与输送装置两部分组成。早期主要是浙 513 型，因存在诸多缺点现已淘汰，改用“6CH-10”“6CH-16”“6CH-20”“6CH-50”等型机。这些系列产品具有分层进风、各层烘板运行速度不同、上层快下层慢、自动扫叶等特点，更符合制茶工艺要求。

◎**圆式茶叶干燥机**

1967 年开始由省农科院茶叶研究所设计研制。由烘箱、传动机构、盛茶斗、输送机、通风机、炉灶等部分组成。其中烘箱由机座、内通风圆柱体、扇形百叶片、箱壳组成。工作时上层机温最高、逐层降低，与烘干程序自上而下逐步干燥相一致。具有结构简单、操作方便、焙茶品质好、工效高的特点。1978 年获福建省科学大会成果奖。

2023 年福安市部分茶企业茶叶初制机械拥有情况表

企业名称	主要设备和机型
福建农垦茶业有限公司	烘干除湿机、提香机、储气罐、茶叶烘焙机、燃烧机各 1 台，不同型号揉捻机 10 台（其中 1960 年上海造 R920 型 3 台），砖木结构加温萎凋槽 4 台
福建隽永天香茶业有限公司	茶叶全自动初制清洁化生产线
福建林芝友缘茶业有限公司	杀青机 2 台，理条机 14 台，揉捻机 7 台，烘干机 3 台
福建省千氏茗茶业有限公司	摇青机 6CWL-90，揉捻机 6CR-55，杀青机 6CSM-40，烘干机 CS-90XZ，解块机 6CJS-30
福建新坦洋集团股份有限公司	萎凋房，发酵室，揉捻机，杀青机、烘干机、做青机，烘焙机，锅炉、热风机，摇青机等
福建省兴旺茶业有限公司	揉捻机 9 台，解块机 1 台，烘干机 2 台，茶叶提香机 2 台，杀青机 1 台
福安市西部兴达种养专业合作社	茶叶初制精制一体化流程生产线
福安市品福茶业有限公司	10 米萎凋槽 5 条，106 厘米水筛 1000 片，杀青机 1 台，摇青机 2 台，揉捻机 4 台，30 型连续式烘干机 1 台

续表

企业名称	主要设备和机型
福建鼎贞茶业有限公司	6CJZ-135-6 茶叶静电除杂机 1 台，风选机 1 台
福安市卓月天茶业有限公司	萎凋槽3条，抽湿机1台，工业大风扇2台，揉捻机3台，提香机2台，杀青滚筒机1台，摇青机1套、手拉式烘干机1台，竹制水筛及支架30套
福建省茗旗茶业有限公司	萎凋槽8条，空调6台，除湿机5台，揉捻机8台，提香机6台，杀青滚筒机1台，摇青机2套，手拉式烘干机1台，自动烘干机1台，竹制水筛及支架80套

精制机具

从晚清到民国后期，福安的茶行、茶庄、茶厂主要以精制红茶、绿茶（花香茶）、白茶、青茶（乌龙茶）为己任；每年茶季，他们收购茶农自制的毛茶，再将这些经初步加工的毛茶精制成商品茶出售，提升茶叶价值，获得利益。传统精制茶叶靠手工操作，过程比较复杂，涉及的器具也比较繁杂（有许多机具与初制阶段相同），按制作阶段主要可分为制茶用具，焙茶用具，拣茶用具，盛茶用具等。

1950 年后，茶叶精制由国营茶厂承担。国营茶厂积极开展技术革新，引进和改进制茶机械，茶叶精制加工机械发展迅速。1961 年福安茶厂在全国率先实现茶叶精制机械化，生产大发展。1984 年后，我国茶叶产销步入市场经济时代，福安民营茶叶企业纷纷引进机械设备精制茶叶。茶叶精制加工机械都具备筛分、切细、风选、拣剔、干燥等功能。

传统器具

制茶用具 各号手筛及吊筛，撼盘，风桄，簸箕，磨桄，茶笼。

焙茶用具 焙笼，焙彷，焙袋，焙蒂及管火家具如锤刀，火刀及手板。

拣茶用具 拣茶板，布茶箸，竹箩，椅，长凳等。

盛茶用具 囤箱，竹箩，布袋，篾席等。

下面以民国 37 年（1948 年）社口亨泰茶厂为例。该厂资本金 2 亿元（旧币），年产精制茶 3000 担（其中红茶 2000 担、绿茶 1000 担），消耗原料毛茶 5100 担（其中红毛茶 3400 担、绿毛茶 1700 担）。“制茶机械及重要工具”如下表。

民国 37 年社口亨泰茶厂制茶器具归类表

器具名称	茶筛	茶笼	茶焙	茶彷	茶桄	囤箱	茶袋	茶架
单位	面	个	个	面	架	个	个	副
数量	400	100	100	40	7	1500	600	500
价值(万元，旧币)	1600	400	200	120	140	4500	3000	1000

制茶 500 箱所用器具一览表

用具名称	用途	单位	数量	用具名称	用途	单位	数量
一筛	筛茶用	个	1	二筛	筛茶用	个	1
三筛	筛茶用	个	4	四筛	筛茶用	个	4
五筛	筛茶用	个	6	六筛	筛茶用	个	20
小六筛	筛茶用	个	20	六半筛	筛茶用	个	20

续表

用具名称	用途	单位	数量	用具名称	用途	单位	数量
六八筛	筛茶用	个	40	七筛	筛茶用	个	10
七半筛	筛茶用	个	10	八筛	筛茶用	个	8
八半筛	筛茶用	个	8	九筛	筛茶用	个	4
九半筛	筛茶用	个	4	铁板筛	筛茶用	个	2
茶筛架	放茶筛用	架	1	蒲	盛筛下茶等用	个	60
小竹箕	盛茶倒入筛上用	个	50	筛茶架	放蒲箩	架	10
小凳	筛茶并拣茶用	条	100	大米箩	盛待筛茶	各	2
风栨	栨茶	架	3	簸箕	簸去茶片末	个	6
囤箱	贮茶	个	300	焙笼	焙茶	个	40
焙蒂	焙笼内用	个	80	焙炉	生火焙茶用	个	40
焙笏	翻焙茶	各	20	竹箕	盛茶	个	10
焙炉刀	撬炉炭	把	3	铁火板	打炭火	把	2
铁炭筛	筛炭火	个	1	铁瓢	扒炭火	把	2
炉扇	扇炉	把	3	拣茶架	拣茶时放箩	架	10
铁耙	官堆用	把	4	软箩	称茶时盛茶用	个	10
大号秤	称茶	杆	1	小号秤	称茶	杆	1
竹篮	装运茶用	担	5	竹簟	堆毛茶等用	床	5
洋袋	盛茶头用	支	20				

筛分机

制茶机的筛分作业主要是将毛茶分出粗细、长短或大小，并筛去茶末，使外形整齐，符合规格要求。筛分机械包括滚筒圆筛机、平面圆筛机、抖筛机等。

◎滚筒圆筛机

由滚筒机架，筛床座，传动机构，输送装置等部分组成。毛茶由上端进入滚筒圆筛机后，随滚筒筛旋转，从尾口滚出，从而初步分出茶叶的粗细，长短。

◎平面圆筛机

由机架，筛床，筛床座，传动机构，输送装置等部分组成。主要用于茶叶的分筛，撩筛作业，分出长短，大小，便于分路加工。

◎抖筛机

由机架，筛床，传动机构，输送装置等部分组成。主要使条形茶分出粗细，套出圆身茶头，抖去筋梗，使茶坯的粗细和净度初步符合各级茶的规格要求。

切茶机

毛茶筛分时通不过筛孔而被夹在头子茶内，形成长圆不一，需要切粗为细、切长为短，才能通过筛孔，成为符合规格的茶叶。切茶作业是精制加工不可缺少的一个环节。切茶机的种类很多，有齿辊式、滚切式、圆片式、螺旋式、平面式等多种机型。生产上最常用的为齿辊式切茶机。

◎齿辊式切茶机

由机座、齿辊、齿形切刀、传动机构、贮茶斗等部分组成。当茶叶由进茶门落入齿刀间，由于旋转的齿辊与固定的齿形切刀的相对运动，使茶叶切细或切短。

风选机

风选作业借助风力的作用分离出茶叶的粗细，大小，轻重，同时扬去茶叶的碎片、黄片、茶末，把砂、石、金属等夹杂物分离出来。风选机有吹风式和吸风式；风箱有单层、双层、三层。通常有六个出茶口，第一口为砂石口，第六口为片末口，尾端还设有一只灰箱。

◎吹风式风选机

由机架、风箱、传动机构、输送装置等部分组成。作业时，当茶叶进入风箱内，随着气流飘移流动，茶叶因其体积，重量，形状不同，分别在不同距离的茶口落下。细嫩，紧结，重实的茶叶迎风面小，在风力作用下落点较近；身骨轻飘的茶叶及黄片等迎风面大，在风力作用下随风飞扬而落点较远。

拣剔机

风选剔除后，再经手工拣剔和机械拣剔，除去茶叶的夹杂物，使产品达到外形整齐，纯净。机械拣剔有阶梯式拣梗机、间隙式拣梗机、高压静电拣梗机、塑料静电拣梗机等几种类型。

◎阶梯式拣梗机

由机架、拣床、拣槽板、传动机构、输送装置等部分组成。它是利用茶叶与茶梗长度不同的物理性状进行拣剔茶梗。作业时，拣床不断前后振动，使茶叶在拣床上纵向排列，沿着倾斜的多槽板向前移动，使茶叶与茶梗分离；同时细长的茶条也会混入茶梗中，所以也具有分长短的作用。

◎高压静电拣梗机

由高压静电发生器、分离机构、传动机构、输送装置等部分组成。这种拣梗机利用茶叶与茶梗含水率不同的物理性状进行拣剔茶梗。由于茶叶与茶梗的含水率不同，所载的电荷量和受电极感应的吸引力也不同，两者水平方向的运动也不一样，茶梗偏移大，茶条偏移小，通过分离机即可达到茶条和茶梗的分离。

炒青机

◎复炒机

由机架、炒锅、炒茶器、升降机构、传动机构和电器装置等部分组成。通过复炒，使吸收水分过多、条索松开不整齐的茶叶和牢结的茶团紧实松脆，便于分别粗细、切断长条，分解茶团，达到整形目的。

◎车色机

茶叶车色机用于茶叶精制，由滚筒、机架、传动机构及电器控制箱构成，分为“筒式车色机”和“瓶式车色机”两种形式。筒式车色机进一步可分为“单筒车色机”和“双筒车色机”。滚筒通常为八角形棱柱体或八角形棱椎体，作业时通过滚筒的转动，使茶叶在筒体内翻动，与筒壁及茶叶之间产生摩擦，使得茶条去刺脱钩，条索紧结，光滑平伏，色泽绿润起霜，从而改善茶叶的外形和内质。

色选机

茶叶色选机是利用茶叶中茶梗、黄片与正品的颜色差异，使用高清晰的CCD光学传感器对茶叶进行精选的高科技光电机械设备。工作时，茶叶从顶部的料斗进入机器，通过振动器装置的振动，被选物料沿通道下滑，加速下落进入分选室内的观察区，并从传感器和背景板间穿过。在光源的作用下，根据光的强弱及颜色差异，使系统产生输出信号驱动电磁阀工作，将异色茶叶吹至接料斗的废料腔内，而好的茶叶继续下落至接料斗成品腔内，从而达到选别的目的。

色选机于 21 世纪初开始进入福安茶企业，与人工挑选相比，省工、省时，效率高，目前福安生产的精制茶叶基本上使用色选机代替传统的手工拣剔。茶叶色选机有单层、双层、多层之分，经提升换代，目前福安茶企业的色选机以多层多功能为主。

提香机

茶叶提香机广泛应用于茶叶制作的各个环节，常用的有烘箱茶叶提香机和微波茶叶提香机。

◎烘箱茶叶提香机

由烘箱、辊筒、红外感应器、控制箱、电器元件等组成。工作时通过烘箱高温烘烤和辊筒旋转提香，使茶叶中的气味挥发出来，达到提香的效果。

◎微波茶叶提香机

利用微波加热的原理，在短时间内将物料加热到所需要的温度。由于微波加热是对物料内外同时加热，因此时间短、升温快。由于物料在短时间内均匀受热，水分在物料内部被快速的排出，由此烘烤出来的茶叶成品口感清香可口，回味无穷。微波茶叶提香机还具有杀青、杀菌、烘干功能，可实现一机多用，自动化程度高，同时可节省人工成本。

福安市部分茶企业精制机械设备拥有情况表

企业名称	主要设备和机型
福建农垦茶业有限公司	碳钢提升机 HL2500、封切机 BSL-5045L、热收缩机 BS-4535LA、烘干机、茶叶罐包装机、无油静音压力机、提香机各 1 台，茶叶烘干机（XS-6CHZ-9B）2 台，茶叶全自动精制生产线 1 条
福建隽永天香茶业有限公司	茶叶全自动精制清洁化生产线
新世基坦洋（福建）茶业集团有限公司	茶叶全自动初精制生产线
福建林芝友缘茶业有限公司	平圆机、风选机各 1 台，抖筛机，阶梯拣梗机，烘焙机各 2 台，茶叶烘干机 3 台，提香机 5 台，茶叶全自动生产线
福建省千氏茗茶业有限公司	抖筛机 CDQ-9，平圆机 CT-180，切茶机 CD96，风选机 CFX-2，捡梗机 6CJJ-82A
福建新坦洋集团股份有限公司	茶叶精制自动化流水线，色选机，提香机，风选机
福建省兴旺茶业有限公司	抖筛机、平圆机、齿切机各 2 台，风选机、色选机各 3 台
福建润木堂茶庄园有限公司	红、绿、白，乌龙茶全自动初精制生产线
福安市品福茶业有限公司	平圆筛机、抖筛机、风选机各 1 台，箱式烘焙机 5 台
福建鼎贞茶业有限公司	DL-6CH-12 茶叶烘焙机、6CY-5TB 紧压茶压制机各 3 台，HM-5HKGK25 空气能果蔬烘干机 1 台
福安市卓月天茶业有限公司	抖筛、平圆筛、筛分机、风选机、阶梯式拣梗机各 1 台、电焙笼 2 套
福建省茗旗茶业有限公司	抖筛、平圆筛、筛分机、风选机各 1 台、电焙笼 5 套
福安市西部兴达种养专业合作社	茶叶初制精制一体化流程生产线

茶机开发与生产

技术革新

20 世纪 50 年代，福安茶厂内设技术科，技术干部和茶工、木工、铁匠一道土法上马，开展技术革新，成功试制抖筛机、平筛机等，生产效率大为提高。1961 年该厂实现茶叶精制生产全程自动化。《大公报》

以《福安茶厂生产全程自动化》为题在头版头条刊登报道，称福安茶厂“大闹技术革命，用机械代替手工劳动”“技术革命登高峰，土法上马显威力”；同时发表《雄心壮志创奇迹》社论，予以积极评价，扩大影响。福安茶厂的技术干部和一线工人不断革新技术，这套自动化生产线在生产实践中不断改进。随着科技进步，工业化水平提高，福安茶厂的制茶机械设备也与时俱进。

创新开发

20 世纪 80 年代茶叶流通体制改革以后，福安民营茶叶企业迅速发展，茶叶制造的机械化程度不断提升，筛分机、切茶机、贮青机、萎凋机、发酵机等精制机械不断涌现。福安茶企在制茶实践中不断总结经验，对制茶机械设备不断优化，据福建坦洋工夫集团股份有限公司、福建隽永天香茶业有限公司、福建新坦洋集团股份有限公司、福建省兴旺茶业有限公司、福建省千氏茗茶业有限公司、福安市科茗农业发展有限公司、春润（福建）农业发展有限公司、福安市万丰农业机械有限公司统计，在 14 个装置类别中创新开发 50 多项制茶机具，并且获国家知识产权局颁发的“实用新型专利”证书，使福安的制茶机械进一步向自动化和半自动化方向发展。

福安市部分茶企创新开发制茶机具情况表

装置类别	创新开发（项）	装置类别	创新开发（项）
杀青	8	除尘	3
萎凋	5	传送	5
揉捻	5	烘焙	4
炒青	1	风选	3
发酵	4	干燥	8
过滤	1	提香	2
分选	1	拣梗	1

茶机生产

20 世纪 60 年代，福安就办有闽东茶具厂，主要为公社茶站生产茶叶初制机具。2023 年主要有“白云茶机”“万丰农机”等企业生产茶机。

◎福安市白云茶业机械有限公司

公司注册地位于福安市新华北路 54 号，生产制造基地位于福安市溪柄镇泉山工业园区，法定代表人

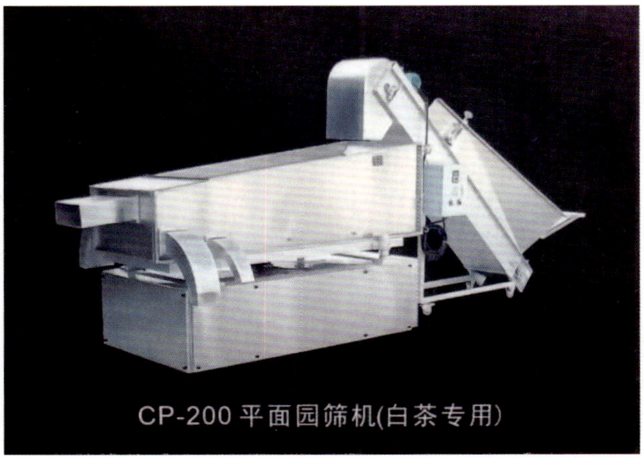

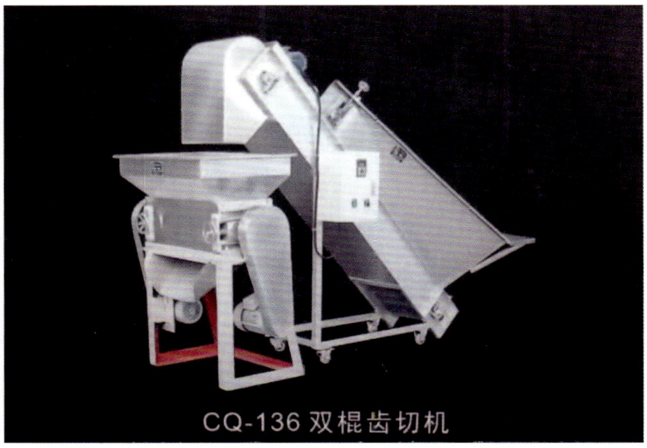

“白云牌”不锈钢系列部分茶机

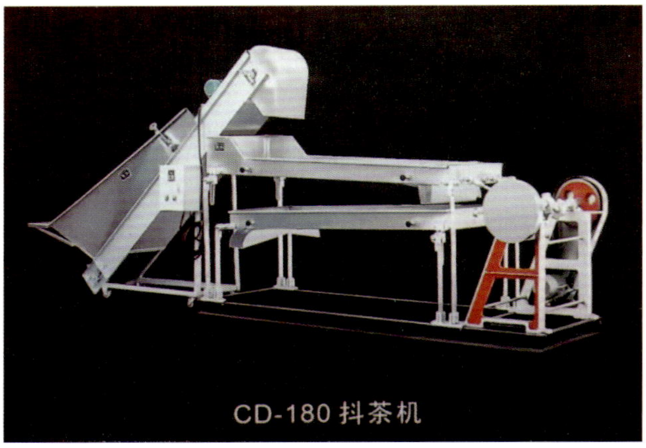

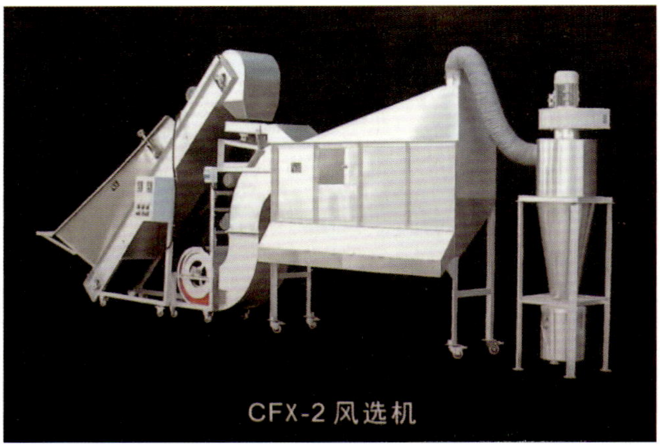

“白云牌”不锈钢系列部分茶机

林宝春。企业始创于20世纪60年代，前身为“闽东茶具厂”。现公司成立于1994年3月30日，曾名“闽东白云茶机厂”（1994.3—2001.3）、“福安市闽东白云茶机厂”（2001.3—2014.6）。经营范围包括茶业机械设备及其配件加工、销售。该公司历史悠久，产品质量成熟。多年来专业生产各类茶叶加工机械，主要产品是不锈钢系列茶机，名优产品“白云牌”茶机，适用于绿茶、红茶、乌龙茶等类茶叶的精加工，产品畅销全国各地茶区。近年研发生产自动除尘精制茶机，产品除主要销往国内各产茶省区外，同时按订单生产制茶机出口印度。

◎福安市万丰农业机械有限公司

“万丰牌”茶叶揉捻机

公司注册地位于福安市穆云乡桂林新村8号（白云山高速公路口），法定代表人王柳。公司成立于2014年7月9日，其前身是成立于2013年6月6日的福安市万丰农业机械厂。是一家以从事专用设备制造业为主的企业，经营范围包括农业机械设备制造销售，包括设计、加工、组装清洁化茶叶生产线和半自动化茶机联装、单机及配件供应。所加工、制造、销售的“万丰牌”茶机等农业机械设备销往浙江、安徽、四川、贵州、湖南、江西、广西等省份、自治区。2020年，经中国中小企业协会委员会、中国名牌产品认证服务中心审核被选为政府采购优秀供应商。2020年迄今，先后获得23项实用新型专利、2项计算机软件著作权，是福建农林大学农业科技实践教学基地。

◎其他茶机生产企业

福安市闽茶农业机械有限公司。成立于2008年03月21日，注册地位于福安市城北街道福新路1号，法定代表人王通。

福安市丰华茶叶机械有限公司。成立于2016年11月03日，注册地位于福安市城阳镇湖塘坂村桥头9号，法定代表人刘清芳。

第四章

审评、检测、包装、贮藏

茶叶审评

茶叶的品质优劣、等级划分、价格高低的确定都必须通过审评，对照国家制定的标准，对茶叶品质、等级、价格作出鉴定。20 世纪 50 年代开始，福安茶厂和各茶叶收购站普遍建立茶叶审评室，重视配备专职审评人员，对各批各号茶进行审评，通过审评结果，借以指导生产，提高品质。

茶叶品质的评定依靠人的嗅觉、味觉、视觉和触觉等感觉完成。而感官评茶是否正确，除评茶人员应具有敏锐的感官审评能力外，也要有良好的环境条件、设备条件及有序的评茶方法，诸如对评茶用具、评茶水质、茶水比例、评茶步骤及方法等，都作相应的规定。具体依据 GB/T18797-2002《茶叶感官审评室基本条件》。

茶叶审评项目一般分干评外形和湿评内质。红、绿毛茶外形审评分条索、色泽、整碎、净度 4 项因子（毛茶外形分嫩度、条索、色泽、整碎、净度 5 个因子），结合嗅干茶香气，手测毛茶水分。评茶时必须内外干湿兼评，深入了解各个审评因子的内容，熟练地掌握审评方法，进行细致的综合分析、比较，以求得正确的审评结果。

毛茶审评

毛茶审评是依据相应茶类标准（文字标准、毛茶标准样）和审评方法，评定毛茶品质的优劣，确定毛茶的等级。

◎绿毛茶审评

绿毛茶审评分干评外形和湿评内质。评外形先扦取代表性毛茶约 100 克，放在评茶盘或评茶篾匾中，经筛转后收拢，使样茶分出上、中、下三段，对照标准样评定优次和等级。评内质时称取样茶 5 克，倒入 250 毫升容量审评杯中，沸水冲泡 4 分钟，茶汤沥入审评碗，先看汤色、嗅香气、尝滋味、评叶底的顺序评定内质优次和归属等别，最后综合外形和内质审评结果确定等级。

外形审评　外形审评嫩度、条索（形态）、色泽、整碎、净度等项因子。以嫩度、条索（形态）为主，整碎、净度为辅。审评时先看面张条索的松紧度、匀度、净度和色泽，然后拨开面张茶，看中段茶的嫩度、条索，再将中段茶拨开，看下段茶的断碎程度和碎、片、末的含量以及夹杂物等。一般上段茶轻、松、粗、长，中段茶较紧细重实，下段茶较细小断碎。上、中、下三段茶比例适当为正常，如面张和下段茶多而中段茶少则为“脱档”。绿毛茶嫩度和条索一般特点：优质茶细嫩多毫，紧结重实，芽叶肥壮完整；低次茶粗松、轻飘、弯曲、扁平。毛茶色泽特点：原料嫩做工好的，色泽调和一致，光泽明亮，油润鲜活；原料粗老或老嫩不匀、做工差的，色泽驳杂，枯暗欠亮。劣变茶色泽更差。陈茶无论老或嫩，一般都枯暗。

内质审评　内质审评香气、滋味、汤色、叶底，在香气、滋味正常条件下，以叶底的嫩匀度与色泽为主确定内质等别。优质毛茶汤色清澈明亮，低级毛茶汤色较淡欠明亮，酸馊劣变茶的汤色混浊不清，陈茶暗黑，杂质多的毛茶杯底有沉淀。绿毛茶香气有花香、嫩香、熟板栗香、绿豆香、清香为优；淡薄、低沉、粗老为差。如有烟焦、霉气等为次品或劣变茶。滋味以浓、醇、鲜、甜为好，淡、苦、粗、涩为差，忌异味。叶底以嫩而芽多、厚而柔软、匀整的为好；叶质粗老、硬薄、花杂为差。原料老嫩不一，叶底大小不匀，色泽也不调和，忌红梗红叶、叶张破碎、焦斑、黑条、生青和闷黄叶。叶底色泽有淡绿黄色、黄绿色、深绿色等，一般以淡绿微黄，鲜明一致，叶背有白色茸毛为好，其次为黄绿色，深绿、暗绿则差。

◎**红毛茶审评**

红毛茶主要指条形茶，审评方法和审评因子与绿毛茶相同。外形以嫩度和条索为主，适当结合净度；内质以叶底的嫩度和色泽为主评定等级，香气、滋味要求正常。

外形审评　外形的嫩度是重要因子，嫩叶质地柔软易成条，芽毫显露有锋苗，随着嫩度下降，芽毫少而短秃。先看面张条索的粗细、松紧、含毫量、曲直、整碎、净度和色泽是否调和一致或油润，然后拨开面茶用手轻抓一把翻过来，察看中段茶的细紧、嫩度和重实程度以及下段碎片末茶的含量，对照标准样评比定等。凡中段茶比重多，条细紧、挺直、整齐、金黄茸毫多，嫩度好的为佳。并干闻其香气，高香的是新茶或足火茶。劣茶、陈茶或日晒茶或含水分过多的茶，香气必低。有无沾染异味，干闻亦能了解一部分。红毛茶的色泽因老嫩和制工不同，有乌润、乌黑、黑褐、红褐、褐红、棕红、暗褐、枯褐、枯红、花杂等区别。乌、黑、润为上，通常为原料细嫩或初制精良的表现；色泽驳杂不匀、红梗、朴叶多，枯燥的毛茶俗称“花”，色泽枯、暗、花为低品。一般春茶色泽乌润，夏秋茶欠油润。暗黑的毛茶通常为火伤或遭霉变或初制粗放所致。轻重主要看细嫩的毛茶，放在手掌中稍觉沉重，表示茶身身骨重。毛茶粗老必然手抓茶感到分量轻。净度主要看毛茶中含有茶朴片，茶梗、茶籽、茶包（未解块）、碎末和初制中混入非茶类夹杂物多少，一般高级茶夹杂物少，净度好，低级茶相对差些。如含碎片末过多的，应拣净或割末后再扦样审评定级。

内质审评　红茶先嗅香气、看汤色、尝滋味、评叶底的顺序评定内质优次。嗅香气：高级红毛茶香气常带有甜香、果香或花香；低级茶香低带粗老气。嗅香气要热嗅、温嗅、冷嗅相结合反复闻嗅，辨别香气高低、粗细、清浊、纯正与否，有无异味、劣变，火候如何。热嗅最易辨别茶香的优劣，有无异味，温嗅主要辨别香气的高低，冷嗅主要是辨别茶叶香气的持久性，但不及热嗅的灵敏。霉茶、老火茶、焦茶、烟茶及异味茶在温嗅及冷嗅时重者仍能嗅到，轻者则不易闻到，这种茶叶必要时需重泡。日晒茶香气低且淡薄，带有日腥气，冷后不易嗅到。足火茶热嗅时香气极为浓烈，但也极易消失，冷后也不易嗅到。

看汤色：红茶汤色要求红艳明亮，浅黄、红暗为差。品质好的红茶，汤层与茶碗接触处有“金圈”，此圈愈厚愈亮，则汤色愈佳，说明茶汤浓度高，内含有效物质丰富。红茶茶汤的“冷后浑”现象比较明显，冲泡后汤色开始是红艳明亮，茶汤冷后则呈现一种乳状，若再提高汤温便又复清亮，茶汤的“冷后浑”是品质好的表现。

尝滋味：滋味与香气有密切关系，通常香气高的茶叶，滋味必佳，香气低的滋味亦差。红茶滋味要求醇厚而甘甜，审评时要注意区别浓、甜，苦、涩。所谓甜者，指浓而醇，隐约有甜和之感，并非指有明显的甜味；浓者初入口时觉有苦味，但饮后爽口清快，亦即收敛刺激性强；苦涩者因茶中多酚类化合物含量过多，使味觉略有涩敛，一般红茶发酵不足，花青多，有苦涩感。

评叶底：叶底的评比与绿毛茶基本相同，红茶叶底色泽以嫩匀红艳、红亮为好，硬挺、红暗、红褐、乌暗、花杂的差。初制技术对红茶叶底影响很大，如发酵过度，叶底带褐色或呈败坏的猪肝色；发酵不足，则出现花青、青张。

◎白毛茶审评

白毛茶依茶树品种和采制方法不同，可分为“大白”“水仙白”“小白”三种。白毛茶审评方法同红、绿毛茶，分干看外形和湿看内质，但更偏重外形。

外形审评　白毛茶外形审评以嫩度、色泽为主，适当结合形态和净度。嫩度、色泽是白毛茶的重要因子，与品质相关性极高，一般嫩度色泽好，相对于它的内质（香气、滋味）必然是好的。所以嫩度和色泽在很大程度上决定了白茶的品质。审评嫩度，比较毫芽多少、壮瘦及叶张的厚薄。以毫芽多且肥壮、叶张肥嫩为佳；毫芽瘦小稀少，叶张单薄的次之；叶张老嫩不匀或夹有老叶、蜡叶的为差。审评色泽，比较毫芽和叶片的颜色和光泽度，以毫色银白有光泽，叶面灰绿、叶背银白，即所谓银芽绿叶、绿面白底为佳；铁板色次之；草绿黄、黑色、红色、暗褐色及有蜡质光泽为差。形态以芽叶连枝，叶态自然平伏舒展，叶缘微向叶背垂卷，叶面有波纹隆起，叶尖上翘不断碎，匀整的为好；叶片摊开，折皱、折贴、卷缩、断碎的差。审评净度，要求不得含有籽、老梗、老叶及蜡片。

内质审评　内质审评以叶底的嫩度、色泽为主，兼评汤色、香气、滋味。评汤色比颜色和清澈度，以杏黄、杏绿、浅黄，清澈明亮的佳；深黄或橙黄次之；泛红、红暗的差。香气则以毫香浓显，清鲜纯正的好；淡薄、青臭、风霉、失鲜、发酵、熟老的差。滋味以鲜爽、醇厚、清甜的好；粗涩、淡薄的差。评叶底嫩度比老嫩、叶质软硬和匀整度，色泽比颜色和鲜亮度，以芽叶连枝成朵，毫芽壮多，叶质肥软，叶色鲜亮，匀整的好；叶质粗老、硬挺、破碎、暗杂、花红、黄张、焦叶红边的为差。叶底嫩度、色泽与品质相关性极高，白茶叶底嫩度、色泽好，一般它的香味一定是好的。

白茶因采摘时间、地区和茶树品种不同，品质各异。由于采摘时间不同，各季茶品质相差较明显，春茶产量高、品质佳；夏茶品质最差；秋茶产量低，品质介于春、夏茶之间。审评时必须掌握其品质特征加以辨别，一般春茶叶张形态垂卷，叶质柔软，芽叶连枝，大小比较整齐，毫心肥壮，色泽灰绿鲜显，茸毛洁白，茶身沉重，净度好，汤味浓厚、爽口。夏茶毫心瘦小，叶质带硬，色枯燥，带花杂，枝梗较细，叶张大小不一，茶身轻飘，汤味淡薄或稍带青涩。

福安茶厂审评检验股（1956年，林志锋 提供）

成品茶审评

毛茶经精制加工后称精（制）茶或成品茶。部分精茶经再加工称为再加工茶，如各种花茶、压制茶、袋泡茶及速溶茶等。成品茶审评包括各类精茶和再加工茶的感官品质审评。成品茶审评时首先应熟悉各类茶的等级规格和品质特征要求，依据相应茶类产品标准，对照精茶加工标准样或茶叶贸易标准样，进行对比评定。

◎**绿茶审评**

绿茶成品茶审评项目和审评方法与绿毛茶基本相同，只是侧重点稍有差异。

普通（大宗）绿茶审评　福安以生产烘青为主，烘青毛茶经筛制后主要供作窨制花茶的茶坯。审评时对照花茶级型坯标准样或烘青成品茶标准样，外形着重评比条索、嫩度和色泽，参考整碎和净度，察看各级别规格是否清晰，级距是否明显，各筛号茶拼配比例是否恰当。条索评比松紧、长短、粗细，轻重和锋苗等情况，高档茶要求条索紧细圆直，匀嫩毫显，有锋苗；中等级别的茶叶条索稍粗，锋苗、毫尖较少，手感也轻些；低等级别的茶叶，一般原料偏老，经过精制整理，形状尚平伏、匀称，但较为粗松，或面张茶经过切碎处理，两端粗糙而显粗钝，有较粗长的面张茶和细碎的下脚茶。色泽评比绿润、黄枯，调匀和驳杂，高级茶色泽绿润有光泽，调匀一致；低级茶色泽绿黄、黄枯、花杂。整碎评比匀整度和下盘茶含量，高级茶要求上、中、下段茶搭配适当，体形匀整，下盘茶无碎末；中低级茶下盘茶比例稍大，要求匀称，低级茶可含一定量的碎茶，但比例不能超过规定。净度评比细梗、朴片等夹杂物含量，高级茶要求洁净无夹杂；低级茶略带细梗、朴片。绿茶成品茶内质审评方法与绿毛茶相同，评比香气、滋味、汤色、叶底，要求各级成品茶要具有相应的香气、滋味，级距明显。

近年来，由于"花茶级型坯标准样"换配工作中断，在贸易中，一般以贸易成交样作标准样。同时，根据市场消费需求，毛茶未经严格筛制，成品茶在外形的长短、大小、曲直方面比传统级型"毛"些，等级之间差距较为模糊，但对各等级的嫩度和内质方面的要求则与传统相同。

名优绿茶审评　名优绿茶是绿茶中的珍品，是由特殊的自然生长条件、茶树品种、采摘要求和制茶工艺相结合所形成的，是外形秀丽、品质优异、风格独特、色香味俱佳，市场享有盛誉的产品。

名优绿茶外形审评形状和色泽两项因子，要求外形造型有特色，形态优美，色泽要求鲜润有活力，忌枯、暗、花杂。不同的名优茶对形状和色泽有不同的要求。名优绿茶内质审评香气、滋味、汤色、叶底，要求香气高锐持久，滋味鲜醇，汤色鲜艳亮丽，叶底匀嫩一致。名优绿茶内质审评方法与大宗绿茶基本相同，但冲泡时间比大宗绿茶略短，因为名优绿茶大都比较细嫩，冲泡时间长容易产生闷熟味及使汤色变黄。一般分两次冲泡，第一次 3 分钟，第二次 5 分钟，分别鉴评香气、滋味。香气和滋味是名优绿茶内质审评的重点，先审评有无这类名优绿茶的特征性香气滋味，再在这基础上评优次。

名优绿茶的叶底审评大都在白色搪瓷漂盘内进行，先比较老嫩，是否完整成朵，再比较色泽匀度和亮度。

◎**工夫红茶审评**

工夫红茶为我国独有的传统产品，历史上以供应出口为主，近年来内销量不断增长，特别在福建省风靡一时，在内销茶类中逐渐占有一席之地。传统闽红工夫与滇红、祁红等外省红茶相比，香气、滋味偏弱，近年来加入金观音、黄观音、梅占等高香型乌龙茶茶树品种采制而成的红茶，内质水平特别是香气有了很大提高。

工夫红茶审评看条索、色泽、整碎、净度香气、滋味、汤色、叶底八项。外形的条索比松紧、轻重、扁圆、弯曲、长秀、短钝，嫩度比粗细、含毫量和锋苗，兼看色泽润枯、匀杂。要求条索紧结圆直，身骨重实，锋苗及金毫显露，色泽乌润调匀。整碎度比匀齐、平伏和下盘茶含量，要条索、锋苗完整，上、中、下三段茶拼配比例恰当，不脱档，平伏匀称。净度比梗筋、片朴末及非茶类夹杂物含量，高档茶净度要好，中档以下根据等级差别，对筋、梗、片等有不同程度的限量，但不能含有任何非茶类杂物。工夫红茶香气以开汤审评为准，区别香气类型、鲜钝、粗老、高低和持久性。一般高级茶香高而长，冷后

福安市首届斗茶展示会茶叶评审（2005 年，苏峰　提供）

社口镇首届斗茶会茶叶评审（2009 年，见明　摄）

仍能嗅到余香；中级茶香气高而稍短，持久性较差；低级茶香低而短，或带粗老气。以高锐有花香或果香、浓郁鲜甜、高长而持久的好；香低带粗老气的差。汤色比深浅、明暗、清浊。要求汤色红艳，碗沿有明亮金圈，有“冷后浑”的品质好，红亮或红明者次之，浅暗或深暗混浊者最差。滋味评浓淡、醇涩、鲜钝，高级茶滋味醇厚、甜和，鲜爽度和收敛性强；中级茶味纯和，稍有收敛性；低级茶粗淡、平淡或粗涩。叶底比嫩度和色泽，嫩度比叶质软硬、厚薄、芽尖多少，叶片卷摊；色泽比红艳、亮暗、匀杂及发酵程度；要求芽叶整齐匀净，柔软厚实，色泽红亮鲜活，忌花青、乌条。红茶叶底嫩度随等级高下由软至硬，由细至粗，由卷至摊；色泽由红至暗，由鲜至枯。

◎白茶审评

白茶花色有白毫银针、白牡丹、贡眉和寿眉。

白茶审评重外形兼看内质，审评方法和审评因子同白毛茶。外形主要鉴别嫩度和色泽。白毫银针要求毫心肥壮，具银白光泽；白牡丹要毫心与嫩叶相连不断碎，灰绿透银白；高级贡眉要微显毫心；寿眉由单片、白茶片加工的“粗片”“细片”拼配而成，不带毫芽，色泽灰绿带黄。就内质而言，白毫银针要求香气新鲜、毫香浓显；白牡丹要求鲜纯，有毫香为佳，带有青气者为次；贡眉内质要求与白牡丹类似，对毫香要求稍低。汤色要求白毫银针明亮呈浅杏黄色，白牡丹、贡眉要橙黄清澈，深黄色者次，红色为劣。滋味则白毫银针要清甜毫味浓，白牡丹、贡眉要鲜爽有毫味，凡粗涩、淡薄者为低品。叶底以细嫩、柔软、匀整、鲜亮者为佳，暗杂或带红张者为低次。

◎花茶审评

窨制花茶常用的香花有茉莉、白兰、珠兰、玳玳，其次是柚子、栀子、桂花、玫瑰等。不同香花窨制的花茶，品质各具特色，一般茉莉花茶芬芳隽永，白兰花茶浓烈，珠兰花茶清幽，柚子花茶爽纯，玳玳花茶浓郁，玫瑰花茶甘甜。不同茶类各有其适窨的香花，如绿茶宜于窨茉莉、珠兰、白兰、玳玳，红茶宜于窨玫瑰，乌龙茶宜窨桂花、树兰花等。

外形审评　外形审评对照花茶级型标准样（或参考样、贸易样等），评比条索、整碎、净度三项因子为主，条索评比细紧与粗松、锋苗与短钝、肥壮与瘦小、重实与轻飘、平伏与弯曲等，窨花后的条索比素坯略松，色稍带黄属正常。整碎评比上、中、下段茶的大小、长短等是否与标准样相近，拼配比例是否恰当，是否有脱档现象。下盘的粉末、碎茶不得超过标准限量。净度评筋梗、朴片、毛衣、花渣、花蒂等茶、花夹杂物含量以及是否有非茶类夹杂物。一般高档花茶要求匀净，不含有茶、花夹杂物，任何等级的茶叶均不得含有非茶类夹杂物。

内质审评　花茶以茉莉花茶产量最多，内质审评以茉莉花茶为例。内质审评香气、滋味、汤色、叶底四项，先嗅香气，后看汤色，尝滋味，最后看叶底。香气、滋味是构成花茶品质最重要的因子，是花茶感官审评技术的关键。开汤样茶应先拣除茶样中的花干、花萼等花的成分，因为花中含有较多花青素，使茶汤略带苦涩，影响审评结果。

香气：花茶香气主要评它的鲜度、浓度和纯度。鲜度是指香气的鲜灵程度，“鲜灵”是指香气十分敏锐，一嗅即感。浓度是花茶香气的持久性和耐泡度。纯度是指花香、茶香的纯正度，是否纯正或有异劣气。花茶分两次冲泡，第一泡浸泡 3 分钟，主要评香气的鲜灵度兼评纯度。第一泡热嗅要及时、迅速，一嗅而过，即时获得鲜灵与否的印象。第一泡热嗅也最易辨认异劣气，鉴别香气的纯度。高档花茶强调鲜灵度和纯度。第二泡浸泡 5 分钟，辨别香气的浓度和持久性。若第二泡香气浓度仍表现突出，说明该茶耐泡、持久，这种茶在窨花时往往是重头窨，多窨次、下花量足。反之若二泡香气已淡薄，甚至“透素”，即使第一泡香气鲜纯，也只是“表面香”而已，这种花茶一般为重“提花”、轻正窨。为了提高花茶香气浓度，常常采用玉兰“打底”的办法。适当的“打底”，能起到提高香气浓度的作用，但“打底”过头，则造成香气浓浊，甚至产生“透兰”现象，影响香气的纯度。若第二泡仍有较明显异劣气，说明纯度差，有的甚至为劣质茶；若第一泡有异气，而到第二泡基本消失，说明该茶欠纯。

四级以下花茶一般只经一泡审评，浸泡时间 5 分钟。鲜度、浓度、纯度同时审评。低档花茶对鲜、浓度要求较低，但香气纯正是正常品质的要求。除有低档茶的粗气外，其他异气均为不良的品质表现。

茉莉花茶香气鲜、浓、纯三者是相互关联的：鲜是前提，浓是基础，纯是关键。一般地说：鲜度好的纯度一定就好，而纯度好的鲜度不一定就好，同样，鲜不一定灵，而灵一定就鲜，灵是以鲜为依托的。鲜灵度好的，浓度不一定高（如有的称“表面香”），而浓度高的鲜灵度也不一定就好（如有的称“浓浊”，浓而不鲜）。要在浓的基础上鲜（灵），在鲜（灵）的前提下浓，鲜浓结合好的才是优质花茶品质应有的特征。

汤色：审评茶汤的颜色、明暗、深浅、清浊。茉莉花茶的汤色应以黄绿明亮为佳，若深暗泛红，往往是品质有弊病的表现，如茶叶陈化、窨花时闷堆太久、烘干不及时等都会影响汤色。

滋味：主要评滋味的纯度、浓度及鲜度，以纯正度为主，结合浓度、鲜度综合评定。滋味与香气具有很大的相关性，一般是香气鲜——滋味醇，香气浓——滋味厚，香气纯——滋味细。在正常的情况下，一般滋味与香气的表现是相一致的。若香气有异常，在滋味上要认真地加以鉴别。

第一次冲泡的茶汤主要评滋味的纯度和鲜度。茶汤一入口首先应细细品尝是否有异常味道，如“兰味、馊酸味”等，如果品不出异常味道说明滋味纯度好；接着品尝滋味是否鲜醇爽口，若窨花时，堆温太高，提花不及时，会产生闷熟味，致使滋味失去鲜活感，这是欠鲜的表现。第二次冲泡的茶汤主要评滋味的浓度，兼评纯度。好的花茶二泡滋味仍浓厚回甘，若淡薄是欠浓的表现。花茶第一泡若有异味，而在第二泡基本消失，说明其滋味欠纯正，若第二泡异味仍较明显，说明其纯度差，甚至为弊病茶。

低档花茶（四级以下）对鲜、浓度要求不高，但要求滋味纯正，不应有异味。对五、六级花茶而言，“稍粗”“稍涩”为其正常品质特征，亦属纯正的范畴。

叶底：评比嫩度、匀度和色泽，除观察色泽、壮瘦，含芽量、摊展、短秃等情况外，还应用手指按压叶张的软硬、厚薄及弹性情况。

茶叶检验

近代茶叶检验

晚清时期，华茶的海外贸易带来丰厚的利润，销量激增。不法商贩为扩大利润，大量售卖着色茶、回笼茶和劣质茶、掺假茶等，曾使我国茶叶在国际市场的声誉大降。英国在 18 世纪禁止茶叶掺假条例的基础上，于 1869 年颁布了第一个由议会通过的《食品与饮品掺假法》，中国被迫在与印度等国的竞争中发展茶叶出口检验。不少官员疾呼“严禁作伪，改良制造，尤为当务之急”（《中国茶经》p510，1992 年）。清宣统二年（1910 年），福安茶商成立地方性组织“福安茶业研究会”，查禁假杂茶出口。该会“会则”规定，“严禁假茶，假片及掺和泥沙，严禁买卖湿茶，划一用秤，不准接水私擅配运”等。对维护福安茶叶声誉、促进茶业的持续健康发展起积极作用。此亦为福安茶叶检验之始。

民国 3 年（1914 年），农商部部长张謇拟定《拟具整理茶叶办法并检查条例呈》和《茶叶检查条例》，提出“凡出口茶之色泽、形状、香气、滋味，均须由检查所查验，其纯净者，分别等级，盖用合格印证。其有前项作伪情弊者，盖用不合格印证，禁止其买卖”。奠定中国茶叶检验制度的基础。20 世纪 30 年代是福安茶业的黄金时期，茶叶检验也得到重视，使福安的外销茶在国际市场长期保有良好的信誉。

民国时期的茶叶检验包括产地检验、出口茶叶检验、内销茶叶检验。

民国 25 年 12 月，《国产检验委员会茶叶产地检验监理处暂行章程》十条公布，次年春，监理处派员先后赴福州等 9 所检验办事处进行茶叶产地检验，检验办法按照中央所颁布的“茶叶检验规程”及国产检验委员会茶叶产地检验监理处“茶叶产地检验施行细则”处理之。包括福安茶在内的北路茶归福州检验办事处检验。

出口茶叶检验始于民国 26 年 4 月 28 日，规定每年新茶上市前，召集有茶业专门学识与经验之人员，会同检验局负责人，共同组织标准审查委员会，指定每年出口茶之最低标准，呈由实业部核准公布。其标准包括“品质标准”“水分标准”“灰分标准”，各标准都有具体规定。此外，如有下列情形者即判为不合格，不准外销出口：采制不精、形状粗劣者；在制造、储存以及包装过程偶然失慎，致茶叶劣变而有发霉、发酸情形者；在采摘、制造过程中，因疏忽而加入尘土、杂物或未拣净老叶断梗者；无论有意或无意地掺入其他植物之叶，或掺入已经泡过之叶者。

民国 28 年，茶管局茶叶检验办法公布，内销茶叶也必须接受检验，检验标准也包括“品质标准”“水分标准”“灰分标准”。

现代茶叶检验

1950 年，全国商品检验会议制订《输出茶叶检验暂行标准》，由中央对外贸易部颁布试行。1955 年、1962 年分别对“暂行标准”进行修订，形成现今中华人民共和国对外贸易部、国家进出口商品检验总局的暂行标准《茶叶》。1983 年全国供销总社和中国土畜产进出口总公司，对内销和外销茶分别制订《茶叶产销交接验收办法》，产销双方据以执行。

福安茶厂作为全省最早的国营茶叶精制厂之一，设有“质管科”和“审评室”，负责产品的质量管理和产品质量审评。福安茶厂所产茶叶出厂后调往运往销区和口岸，按产、销双方合同规定，履行验收手续。其检验项目和规定的品质指标通过经济立法的手段，按产、销双方合同规定，履行验收。

福安茶厂的化验室（1956 年，林志锋 提供）

现代茶叶检验的基本职责是对茶叶质量、数量、包装、卫生等方面进行监督，实行品质管理。检验的内容比较宽泛，一般包括包装和衡量检验、品质规格检验、理化检验和卫生检验等。各方面的检验都有具体标准，品质规格主要根据上级颁布的各类茶的实物标准样进行对照检验。理化检验的项目根据需要或贸易双方的协定和进出口标准确定，主要包括茶叶含水量、总灰分含量、碎茶和粉末量；根据进口国的规定，往往还需要进行咖啡碱、水浸出物、水溶性灰分等含量的检验。卫生检验主要根据 1981 年国家标准总局公布的《绿茶、红茶卫生标准》及 1988 年的修订版 GB9679-88 进行。

此后茶叶品质检验的标准不断提高。茶叶标准分为强制性标准和推荐性标准，涉及污染物限量等安全性问题的都是强制性标准。当前的茶叶国家标准中，国家强制性标准包括卫生标准和检验方法标准、包装标识标准，其中卫生标准有 GB9679-88《茶叶卫生标准》，检验方法标准有 GB8313-87《茶多酚测定》。包装标识标准即 GB7718-94《食品标签通用标准》。国家推荐性标准则包括 GB/T14456-93《绿茶》、GB/T10157-93《茶叶感官审评方法》等。

福安市茶叶质量检测中心

1999 年 7 月，福安市茶叶质量检测中心正式成立，隶属于政府茶业主管部门。中心为独立法人机构，内设检验科、质控科；原有事业编制 7 人，2022 年迄今为 9 人，其中高级职称 3 人，中级职称 1 人，视同中级职称 1 人，初级职称 2 人；硕士 2 人、本科 5 人。市财政每年安排检测专项经费 30 万元，保证实验室管理和运行能力持续提升。

2004 年，福安市茶叶质量检测中心获省计量认证，成为福建省首个获得计量资质认定的县级茶叶专业检测机构。中心拥有气质联用仪、气相色谱仪等各种精密进口高端检测仪器，设备共计 60 余台套，固定资产总额为 200 多万元，获得茶叶中的农残检测、理化检测等认证检测项目 41 项。2022 年 1 月，中心通过省质量技术监督局和省农业农村厅组织的实验室认证现场评审，取得农产品质量安全检测机构考核（CATL）资格证书。

福安市茶叶质量检测中心与厦门市农产品质量安全检验测试中心结成“帮扶对子”，开展技术学习交流。每年开展内部仪器、人员间的比对，与合作实验室——福建省茶叶质量检测与技术推广中心开展实验室之间的比对；参加具备资质的检测机构组织的能力验证，项目涵盖菊酯类、有机磷等，提升检测准确率。实验室日常运行执行《检验机构资质认定评审准则》和《农产品质量安全检测机构考核评审细则》。

福安市茶叶质量检测中心检验室

检测中心除做好本市茶产业农残风险监测外，还积极协助国家农业部、省农业农村厅做好茶叶抽检，并为本市茶叶赛事、茶叶质量评审活动、茶叶商品销售提供委托检测，帮助周宁、寿宁、屏南等县开展茶叶质量检测。2020 年至今累计定量检测样品 2000 多个。结合主管部门“绿色、高质、高效”建设项目，引导茶企业纳入质量安全可追溯体系管理，指导企业开展生态茶园、绿色食品基地申报工作。每年茶叶采摘期、生长期、加工期，检测中心技术人员下乡进行茶叶质量安全宣传；动员农药经销商停止经营国家禁用的农药；组织培训农村技术人员，指导茶农科学使用高效低毒、低残留农药；宣传贯彻最新农残限量标准，帮助茶农树立科学施肥用药的意识，持续保障食品安全。

茶叶包装

茶叶成品，易吸湿受潮而产生质变，而且对水分、异味的吸附力很强，香气又极易挥发；茶叶如果保管不当，在水分、温湿度、光、氧等因子的作用下，会引起不良的生化反应和微生物的活动，从而导致茶叶质量的变化。故存放茶叶时，茶叶包装就显得非常重要。茶叶包装是保持品质、便于运输和贮藏的重要手段。良好的包装和装潢，不仅能使茶叶在从生产到销售的各个环节中减少品质的损失，还能起到很好的广告作用。

近代包装

茶叶的包装可分为大包装和小包装。

近代福安茶之大包装与茶品性质和运输方式密切相关，主要有袋装、篓装、箱装三种。

袋装　又叫京庄，专用于绿茶。绿毛茶制好后须运到福州进行再加工，窨花精制成花香茶。该茶品用布袋装盛，袋用白土布或洋布缝制，也有用夏布（苎麻布）缝制。袋内衬白竹叶防潮，袋口纽紧缝好后加印记装船；两袋一担，每袋装茶 60 或 75 斤，以能为一人之力挑运为度。茶袋用过之后，还可再使用，即有破裂，稍加修补仍可再用。福安绿茶虽不如红茶多，但每年也有几万袋，所需茶袋数量可观；因此有人还做专制布袋出租的生意，每袋一次租金一角。

篓装　又叫苏庄，专用于粗庄红茶。多是茶梗、茶末等精制红茶的下脚料，数量不多，用篾篓包装，每件装茶 150—200 斤；篓内以竹叶为套，亦有用纸密封，以防透风潮湿，并免茶香外溢。该茶品先运到苏州，再转运华北、内蒙古、西藏等地。

箱装　又称洋庄，用于精制红茶（包括工夫红茶和小种红茶）、白茶、淮山与莲心绿茶、乌龙茶。是应海外市场之需，每年多达数万件，全用木箱包装。民国时期福安红茶所装之箱，称“二五箱”，板厚不及二市分，质多松木、枫木或杂木，四旁钉骑马钉，箱内或有钉三角柱四根者。箱内套以铅罐或白铁，罐内再衬广纸或玉扣纸，罐外箱里又加糊棉纸二层。工夫红茶和乌龙茶可装 40 斤，小种红茶可装 36 斤，均外销出洋；装茶后即行封口、钉盖；箱外裱以印花之棉纸，加印商号、品名、大面、脚印等，再涂以血料和桐油；血料为猪血、豆腐、石灰等混合而成，其性甚黏，干后成为美丽的黄色。白茶、淮山与莲心绿茶、乌龙茶亦系用箱包装，但箱外不涂油而扎以竹篾，其篾套或内衬以竹箬，或外加以铁扎，以臻坚固。

小包装是茶叶在少量销售时提供的商品包装。以往这种包装很粗糙、很简单，只是用毛粗纸裁成方形，印上茶名、茶店（庄）字号与地址，像中药铺包药材一样，一包一扎就成为茶叶小包装，在市面上使用。

近代福安茶庄的精制红茶包装箱

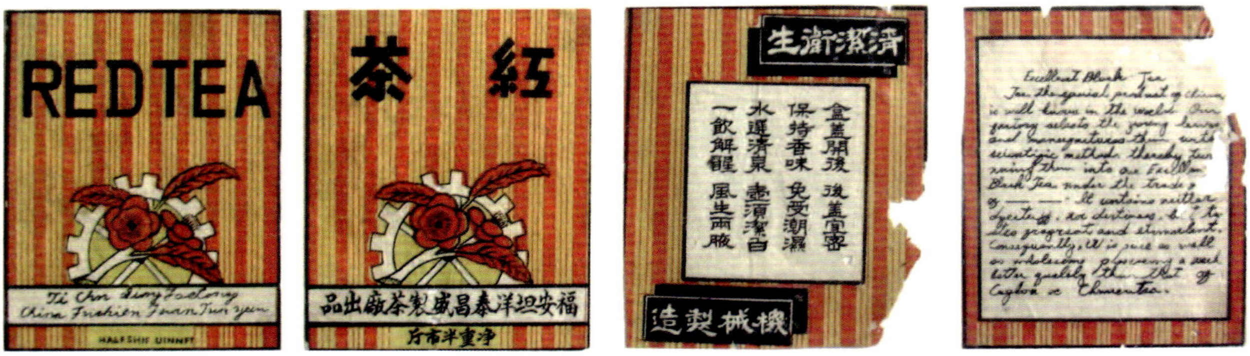

坦洋泰昌盛茶厂的外销红茶包装盒（胡祖荣 提供实物）

现代包装

茶叶的现代包装与社会变迁直接相关。茶叶包装按其用途分，主要有运输包装、内外包装和礼品包装；按使用的包装技术分，有普通包装、真空包装、无菌包装、除氧包装和充气包装等。

◎大包装

运输包装需要大包装，便于运输途中的贮藏和运输。其外包装多采用夹板材料和纸板箱；每个箱均由不同规格的傍板 4 片、底盖板 2 片、松木三角档 4 条、松木四方档 8 条，用边钉、收口钉和中搭扣钉装订而成。箱内套 0.014 厘米厚的铝箔纸，并包上 60—70 克牛皮纸以防受潮、变质，这是内销用的包装箱。规格有：长 46× 宽 46× 高 60（厘米）的一号箱，用于装白茶，装量 15—16 公斤；43.5×43.5×46（厘米）的二号箱，装花茶、红茶等，装量 30—31 公斤；37.7×37.7×40（厘米）的三号箱，用于装末茶，装量 28—30 公斤；30.5×30.5×31（厘米）的四号箱，用于装银针，装量 4.5 公斤。

20 世纪 50 年代福安茶厂的出口坦洋工夫装箱

茶箱外衬竹箬，再用竹篾包装（以上图片市档案馆 提供）

出口的外包装箱已采用标准茶箱、标准托盘、标准集装箱的集合包装。外销茶的纸袋包装，用 5 层牛皮纸组成，中间隔有 9 微米铝和高分子材料，纸袋规格为 720×1120（毫米），每袋可装茶叶约 50 公斤，相当于 400×500×600（毫米）的夹板箱的装茶量。29 只茶叶纸袋装一托盘，然后组装成集装箱。

外包装箱面式样必须刷唛头、批别、件数、净重、皮重、生产厂家等。

◎小包装

随着商品经济的发展，商品竞争由物质发展到精神，商品包装的基本功能也由保护商品、展示商品发展到服务于商品的销售。茶叶小包装与装潢越来越讲究。包装装潢成为宣传产品、弘扬茶文化、吸引消费者、促进销售的最方便和廉价的广告媒介。每种小包装都要按商标法的规定写明产品名称、重量、生产期、保质期、使用方法、生产单位与地址、商标等，如进超市销售的还应有条形码。

福安茶厂“坦洋工夫名茶”的产品包装（黄先洲 提供）

袋泡茶包装

内袋用过滤纸，每袋装 2.5、2.8、4.5（克）茶，机器缝合而成，每袋有一提线和标签，外套一小纸袋。20 袋为一组合，外用玻璃透明纸包装后再装入大包装箱内，即可运往各地销售。

纸盒装或组合装

采用精美图案，印刷成长方形、正方形、菱形、扇形等多种形状的纸盒，内装重量 50 克、100 克、250 克等多种规格的茶叶，茶叶用铝箔复合袋作内包装，有单盒装，也有 5 包一组合（250 克）装。

各种罐装、听装、纸筒装

福安各茶企业近些年生产的小包装花样繁多，有采用设计多样、图案精美的各种专用瓷瓶陶罐，有用硬纸压制成的各种式样的圆筒形茶筒，有用竹刻制的竹罐，有用马口铁印制的各种精美的茶叶听、罐。罐内的茶叶全部用复合铝箔袋内包装，外用听、筒、罐包装，防潮、保质效果好，携带方便，茶叶用完后留下的空罐还可作其他利用。

针对我国茶叶市场商品茶叶过度包装的不良倾向，国家市场监督管理总局 2009 年发布《限制商品过度包装要求 / 食品和化妆品》（GB23350-2009），2021 年又发布《限制商品过度包装要求 / 食品和化妆品》（GB23350-2021）国家标准 1 号修改单。福安茶企业根据这一强制性国家标准，为茶叶包装“瘦身”，控制茶叶包装空隙率（合格）、包装层数（不超过 4 层）、包装成本（不超过产品销售价格的 20%），本着环保、美观、轻简、节约的原则设计商品茶叶的包装。

1970 年代“坦洋工夫”红茶的外贸包装（李立 提供实物）

茶叶贮藏

贮藏原则和方法

茶叶在贮藏期间，由于茶多酚的氧化、聚合，类脂物质的水解，氨基酸和香气成分的变化，维生素C的减少以及胡萝卜素的氧化，以致茶叶的色、香、味发生变化，新茶味消失，陈味显露。

福安茶厂的瓷质茶罐（叶桑 提供实物）

引起茶叶变化的主要原因就是环境条件中的温度、水分、氧气和光线的作用。因此，在贮藏茶叶时，就要创造条件抑制这四个因素对茶叶的作用。许多氧化、聚合的化学变化，都与温度高低紧密相连。茶叶在10℃以下保存可以较好地抑制茶叶褐变，能在零下20℃的冷冻中贮藏，则能防止陈化变质。现在很多大型茶厂就是利用这个特点设立冷库，贮藏茶叶效果好，茶叶含水量在3%左右，可以阻止脂质的氧化变质，含水量超过6%时，会使化学变化变得剧烈。所以茶叶贮藏中要采取措施防潮、吸湿，如石灰块保藏法、炭贮法，其原理就是吸湿防潮。据此，概括出茶叶贮藏的五个基本原则：密封，良好的密封性可以维持茶叶的稳定性；无异味，茶叶具有很强的吸附性，容易串味；避光，长期的光线照射，会使茶叶内成分的不断散失；适温，高温会引发变质，低温会导致脆化；干燥，确保干燥的保存状态可以防止受潮发霉。

近年对名茶保贮的主要方法是“抽氧充氮包装贮藏法”：用呼吸式抽氧充氮机抽出包装袋内的空气，并充入纯氮气，加封好封口贴，放置于茶箱内或送入冷库保藏，能使茶叶品质保持一年以内不变质。

家庭常用的贮茶法尚有陶瓷、坛贮茶法，罐贮法，热水瓶胆贮藏法；用铝箔复合塑料袋贮茶，再放到冰箱冷藏，贮藏效果更佳。

茶叶的保质期

茶叶本质上是一种农产品具有保质期。国家以食品卫生标准为依据制订的茶叶标准，对茶叶的保质期进行限定（普洱茶除外，因是全发酵产品，比较难制定保质期标准）；茶叶经营者必须严格按照国家标准操作，贮藏茶叶不超过保质期，以保证自身的品质和韵味。禁止出售、饮用受潮发霉的茶叶，以免给对人体造成伤害。

茶叶的保质期与茶叶的品质有关，不同茶的保质期也不一样。通常密封包装的茶叶保质期是12—24个月不等；散装茶叶保质期较短，因为散装茶容易吸潮、吸异味，不仅使茶叶丧失原茶风味，也更容易变质。绿茶保质期在常温下一般为一年左右。红茶保质期一般为18—24个月，具体的保质期与储存环境、储存方式等有一定关系；如果将红茶置于比较阴凉、干燥的环境中，储存时间相对较长，一般可存放24个月左右。

第五章 产品荣誉

优质名牌产品

部优、省优

1979 年，为鼓励企业提高产品质量，努力生产优质产品，国务院生产办公室决定开展对企业产品进行评优活动。由生产企业提出评选申请，逐级审查上报，最后由相应的优质产品评审委员会审查认定，予以公布；国优产品有效期为 5 年，部优、省优产品有效期为 3 年，到期可提出复评申请。该项工作于 1991 年停止。

福安茶厂“白云山牌”系列茶产品共 11 次获评部优、省优，其中部优 3 次，省优 8 次。

1979 年，“白云山牌”毛蟹茉莉花茶，省优；

1986 年，“白云山牌”茉莉花茶，部优；

1989 年，“白云山牌”坦洋工夫红茶，部优；

1990 年，“白云山牌”茉莉花茶，部优；

1985 年、1990 年，“白云山牌”超特级茉莉花茶，省优；

1985 年、1990 年，“白云山牌”特级茉莉花茶，省优；

1985 年、1990 年，“白云山牌”一级茉莉花茶，省优；

1986 年，“白云山牌”白云茉莉花茶，省优。

省名牌产品

1995 年，根据福建省政府制定的《福建省名牌产品管理办法》开始省名牌产品评选工作，其评定采取以市场评价和社会推荐相结合原则，以用户评价和质量跟踪为主要评价形式进行。省名牌产品评选工作于 2019 年停止。

2005—2018 年福安市获“福建名牌产品”证书的茶叶产品

年度	申报企业	商标	产品名称
2005	福安市天香茶叶有限公司	隽永牌	茉莉花茶
2005	福建福安市城湖茶叶有限公司	东湖牌	茉莉花茶
2008	福安市天香茶叶有限公司	隽永牌	茉莉花茶
2010	福建新坦洋茶业（集团）股份有限公司	新坦洋＋图形牌	坦洋工夫红茶
2010	福建坦洋工夫集团股份有限公司	茗红牌	坦洋工夫红茶
2011	福建隽永天香茶业有限公司	图形＋隽永＋ Juanyong 牌	茉莉花茶
2011	福建隽永天香茶业有限公司	图形＋隽永＋ Juanyong 牌	坦洋工夫红茶
2011	平月茶业（福建）有限公司	图形＋ PINGYUE 牌	坦洋工夫红茶
2011	福建省南方佳木茶业有限公司	图形＋南方佳木牌	坦洋工夫红茶
2011	福建省兴旺茶业有限公司	图形＋福兴旺牌	坦洋工夫红茶
2012	福建福安市城湖茶叶有限公司	图形牌	茶叶（坦洋工夫红茶）
2012	福建省天荣茶业有限公司	图形＋东顶云雾	茶叶（坦洋工夫红茶）
2015	福建福安市城湖茶叶有限公司	图形牌	坦洋工夫红茶
2015	福建省千氏茗茶业有限公司	千氏茗牌	茶叶（绿茶、花茶、红茶、乌龙）
2015	福建省兴旺茶业有限公司	福兴旺牌	坦洋工夫红茶
2015	福建新坦洋茶业（集团）股份有限公司	新坦洋＋图形牌	坦洋工夫红茶
2016	福建新味食品有限公司	新未＋图形牌	坦洋工夫红茶
2016	福建省天荣茶业有限公司	东顶云雾＋图形牌	坦洋工夫红茶

获奖产品

20 世纪 80 年代后期茶叶流通体制放开以后，福安的民营茶企业发展迅猛。许多茶企业多次参加相关单位组织的省内、省际、国内、国际高规格赛事，成绩斐然。各企业的具体获奖情况，本志在卷五茶业管理《企业管理·现代茶企业·民营企业》中叙述。这里只记述福安、宁德两级市的政府部门组织的本土赛事。这些赛事组织工作严谨，评审程序规范，公信力强，参与面大，较全面地反映地方茶叶制作的真实水平，促进茶产业的健康发展。

福安市“坦洋工夫杯”斗茶赛最高奖产品

福安市“坦洋工夫杯”斗茶展示会（赛会）起始于2005年，此后每年举办一届，至2023年已历十八届，是福安市最具影响力的茶叶赛事活动之一。以下所列为各届的获奖情况。仅列最高奖（“茶王”奖或第一名“金奖名茶”）的奖项。按奖项，品类、产品名称，生产企业排列。

福安市首届斗茶展示会（2005 年，苏峰 提供）

2005 年，第一届

茶王（绿茶），六杯香，福特茶厂；

茶王（花茶），天香金针王，天香茶叶有限公司；

茶王（工艺茶），丹桂飘香，工夫茶叶有限公司；
茶王（乌龙茶），丹桂，坦洋茶场；
茶王（白茶），白毫银针，穆阳茶叶加工厂。

2006 年，第二届

茶王（绿茶），天然香，社口镇陈霖；
茶王（红茶），香茗红，坦洋工夫茶行；
茶王（乌龙茶），金观音，坦洋工夫茶行；
茶王（工艺茶），珠联璧合，城湖茶叶有限公司；
茶王（花茶），茉莉茶王，天香茶叶有限公司。

2007 年，第三届

茶王（红茶），坦洋工夫，市坦洋茶场；
茶王（乌龙茶），金观音，市兴隆茶厂；
茶王（花茶），茶王，市天香茶叶有限公司。

2008 年，第四届

茶王（坦洋菜茶类），坦洋工夫，坦洋茶场；
茶王（新优品种类），坦洋工夫，范坑凤山茶厂。

2009 年，十大名茶评选

金园春，正园春茶业（福建）股份有限公司；
醉美人，福安市晓阳福龙茶厂；
锦秀天香，福安市天香茶叶有限公司；
福禄寿禧，福安市恒威茶叶有限公司；
金榜提茗，福建新坦洋茶业股份公司；
有心人，福安市胜春茶业有限责任公司；
红顶，福建源昌茶业有限公司；
伯爵，福建福安市城湖茶叶有限公司；
英伦皇韵，福建坦洋工夫茶业股份有限公司；
金玉眉，福安市恒威茶叶有限公司；驰誉茗趣，福安市范坑凤山茶厂；贡红，福安市林芝茶业有限公司。
（以上按名次排列，后三者并列第十）

2010 年，第五届

金奖名茶，工夫红茶·玉叶 2888，新枝茶业（福建）有限公司；
金奖名茶，坦洋工夫·英皇汉韵，福建坦洋工夫集团股份有限公司；
金奖名茶，坦洋工夫·富贵天香，福安市天香茶叶有限公司；
金奖名茶，坦洋工夫·金凤凰，福安市农垦茶业有限公司；
金奖名茶，坦洋工夫·同泰春韵，福建同泰春茶业有限公司；
金奖名茶，工夫红茶·福建春天农业集团公司。

2011 年，第六届

金奖名茶，坦洋工夫·金茗红，福建坦洋工夫集团股份有限公司；
金奖名茶，坦洋工夫·盛世华冠，福安市工夫茶叶有限公司；
金奖名茶，坦洋工夫·嬉香记，福安市艾绿茶业有限公司；

金奖名茶，坦洋工夫·谈香，福建省世丰茶业有限公司；
金奖名茶，坦洋工夫·温莎皇韵，福建福安市城湖茶业有限公司。

2012年，第七届

金奖名茶，坦洋工夫·大学士，平月茶业（福建）有限公司；
金奖名茶，坦洋工夫·平湖香飘，平月茶业（福建）有限公司；
金奖名茶，坦洋工夫·云桂贡芽，福建省千氏茗茶业有限公司；
金奖名茶，坦洋工夫·特种毛茶，正园春茶业（福建）股份有限公司；
金奖名茶，工夫红茶·特级，福安市仙阁梁茶业专业合作社；
金奖名茶，坦洋工夫·银凤翎，福建八方红茶业有限公司。

2013年，第八届

金奖名茶（传统型），工夫红茶·同泰红，福建省同泰春茶业有限公司；
金奖名茶（传统型），工夫红茶·绿林春，福安市绿林春茶业有限公司；
金奖名茶（传统型），工夫红茶·醉君红，福安市茗香春茶叶有限公司；
金奖名茶（传统型），工夫红茶·飞月兰香，平月茶业（福建）有限公司；
金奖名茶（传统型），工夫红茶·一泡红，福安市茗亿香茶叶有限公司；
金奖名茶（传统型），工夫红茶·茗红工夫，福建坦洋工夫集团股份有限公司。

2014年，第九届

金奖名茶，工夫红茶·仙峰裕阁，福安市仙阁梁茶业专业合作社
金奖名茶，工夫红茶·茗旗，福安市茗旗茶业有限公司
金奖名茶，工夫红茶·九榕秀，福安市天保农业专业合作社
金奖名茶，工夫红茶·太子红，福安市晓春茶叶专业合作社
金奖名茶，工夫红茶·福捷红，福建天捷农业综合发展有限公司

2015年，第十届

金奖名茶（传统型），工夫红茶·太岩香，福建正泰春茶叶有限公司；
金奖名茶（传统型），工夫红茶·凤灵红，福建胡氏红茶业有限公司；
金奖名茶（传统型），工夫红茶·金禅香1号，福建省兴旺茶业有限公司；
金奖名茶（创新型），工夫红茶·天一红2号，福安市天一阁茶业有限公司；
金奖名茶（创新型），工夫红茶·龙云红，上海龙云茶业有限公司；
金奖名茶（创新型），工夫红茶·胡氏红，福建胡氏红茶业有限公司。

2016年，第十一届

金奖名茶（传统型），工夫红茶·正泰贡品，福建正泰春茶叶有限公司；
金奖名茶（传统型），工夫红茶·闽台红，福安市王家茶场；
金奖名茶（传统型），工夫红茶·同泰红，福建省同泰春茶业有限公司；
金奖名茶（创新型），工夫红茶·天香国色，福安市中茗天富农业有限公司；
金奖名茶（创新型），工夫红茶·东顶云雾牌坦洋工夫红茶，福建省天荣茶业有限公司；
金奖名茶（创新型），工夫红茶·茗亿红，福安市茗亿香茶业有限公司。

2017年，第十二届

金奖名茶（传统型），工夫红茶·白芽奇兰，福安市茗宝茶叶有限公司；
金奖名茶（传统型），工夫红茶·御品牡丹，福安市亿园春茶业有限公司；

金奖名茶（传统型），工夫红茶·古道野枞—传统型，春润（福建）农业发展有限公司；
金奖名茶（传统型），工夫红茶·桂红，福安市社口牡丹红茶厂；
金奖名茶（创新型），工夫红茶·金禅香，福建省兴旺茶业有限公司；
金奖名茶（创新型），工夫红茶·醉美人，福安市金福龙茶业有限公司；
金奖名茶（创新型），工夫红茶·清茗红，福安市溪福红茶业有限公司；
金奖名茶（创新型），工夫红茶·金牡丹，福安市御香红茶业有限公司。

2018 年，第十三届

金奖名茶（传统型），工夫红茶·红醉美人，福安市金福龙茶业有限公司；
金奖名茶（传统型），工夫红茶·古道野枞—传统型，春润（福建）农业发展有限公司；
金奖名茶（传统型），工夫红茶·空山鸟鸣，上海龙云茶业；
金奖名茶（创新型），工夫红茶·藏兵谷花木兰，上海龙云茶业；
金奖名茶（创新型），工夫红茶·茗科捌号，福安市茗科生态农业发展有限公司；
金奖名茶（创新型），工夫红茶·茗科玖号，福安市茗科生态农业发展有限公司；
金奖名茶（创新型），工夫红茶·御香红，福建御香红茶业有限公司；
金奖名茶（创新型），工夫红茶·一泡红，福建壹泡工夫茶业有限公司。

2019 年，第十四届

特别金奖（传统型），工夫红茶·红醉美人，福安市金福龙茶业有限公司；
特别金奖（传统型），工夫红茶·红颜有梦，福安市茗科生态农业发展有限公司；
特别金奖（传统型），工夫红茶·一叶红，福安市溪福红茶业有限公司；
特别金奖（传统型），工夫红茶·舍我其谁，福建省茗科茶业有限公司；
特别金奖（创新型），工夫红茶·茗亿香，福安市茗亿香茶业有限公司；
特别金奖（创新型），工夫红茶·荒野幽兰，福建一香源茶业有限公司；
特别金奖（创新型），工夫红茶·醉美人，福安市金福龙茶业有限公司；
特别金奖（创新型），工夫红茶·龙云红，上海龙云茶业。

2020 年，第十五届

茶王（传统型），工夫红茶·长红，福安市兴民种植场；
茶王（创新型），工夫红茶·小桃红，福安市金福龙茶业有限公司。

2021 年，第十六届

茶王（传统型），工夫红茶·天一红，福安市天一阁茶业有限公司；
茶王（创新型），工夫红茶·久久香传，福建御香红茶业有限公司。

2022 年，第十七届

茶王（传统型），工夫红茶·老枞金牡丹，福建姥谷树茶业有限公司；
茶王（创新型），工夫红茶·兰香醇韵，福安市九榕溪茶业有限公司。

2023 年，第十八届

茶王（传统型），工夫红茶·天一生水，福安市天一阁茶业有限公司；
茶王（创新型），工夫红茶·兰韵红，福安市茗珑阁茶业有限公司。

第十八届"坦洋工夫"杯斗茶赛开赛仪式（市融媒体中心 提供）

宁德市"茶王赛"茶王和金奖产品

宁德市"茶王赛"起始于2002年，此后每两年举办一届，至2022年已历十届，是闽东地区最具影响力的茶叶赛事活动之一。福安市茶企业在历届宁德市茶王赛的获奖情况如下，仅列茶王和金奖；按品类、奖项、产品名称、生产企业排列。

首届（2002年）

历史名茶精品，金蟹王，福安市坦洋茶场；

金奖产品，天香翠芽，福安市天香茶叶有限公司。

第二届（2004.6）

绿茶类金奖，曲毫，福安市刘一元茶行；

花茶茶王，茉莉茶王，福安市茗春馨香茶叶有限公司；

花茶类金奖，天香茶王，福安市天香茶叶有限公司；

乌龙茶类金奖，紫牡丹，福建省茶叶研究所；

乌龙茶类金奖，茗科1号，福建省茶叶研究所；

红茶茶王，金针，福安市坦洋茶场。

第三届（2007.7）

红茶类茶王，坦洋工夫，福安市坦洋茶场；

红茶类金奖，坦洋工夫，福安市范坑凤山茶厂；

花茶类茶王，茉莉雪针，福安市天香茶叶有限公司。

第四届（2010.6）

红茶类茶王，坦洋工夫·金闽红，福安市胜春茶业有限责任公司；
红茶类金奖，坦洋工夫·正园春，正园春茶业（福建）股份有限公司；
红茶类金奖，坦洋工夫·千里同风，福安市云月茶业有限公司；
红茶类金奖，坦洋工夫·金闽红，福安市福特茶叶有限公司；
红茶类金奖，坦洋工夫·桂冠，福建新坦洋茶业集团；
红茶类金奖，坦洋工夫·好想你，福建恒威茶业股份有限公司；
红茶类金奖，坦洋工夫·金闽红，福安市天香茶叶有限公司；
红茶类金奖，坦洋工夫·东方御品，福安市城湖茶叶有限公司；
红茶类金奖，坦洋工夫·茗帅，宁德驰誉茶业有限公司；
红茶类金奖，坦洋工夫·平湖香飘，平月茶业（福建）有限公司；
红茶类金奖，坦洋工夫·金丝藏香 1 号，福建台陆茶业有限公司；
绿茶类金奖，百杯香绿茶，福安市天宏茶叶有限公司。

第五届

春季（2012.7）

红茶类茶王，正园春牌“正园春”，正园春茶业（福建）股份有限公司；
红茶类金奖，陈健工夫·白云桂，福安市白云山源生态茶业有限公司；
红茶类金奖，坦洋工夫·牡丹香，福建省兴旺茶业有限公司；
红茶类金奖，坦洋工夫·金观音，福建省千氏茗茶业有限公司；
红茶类金奖，坦洋工夫·复兴 1915，平月茶业（福建）有限公司；
红茶类金奖，嬉香记·金津乐，福安市艾绿茶业有限公司；
红茶类金奖，坦洋工夫·畲品红，宁德市畲香茶业有限公司；
红茶类金火，八方金针，福建八方红茶业有限公司；
红茶英金型，和的，福建省红星茶业有限公司；
红茶类金奖，坦洋工夫·东顶云雾，福建省天荣茶业有限公司。

秋季（2012.12）

花茶类茶王，阳春白雪，福建省千氏茗茶业有限公司；
花茶类金奖，白雪峰，福建省千氏茗茶业有限公司。

第六届（2014.7）

红茶类茶王，醉龙颜，平月茶业（福建）有限公司；
红茶类金奖，东顶云雾（传统型），福建省天荣茶业有限公司；
红茶类金奖，一品红，福安市坦洋茶场；
红茶类金奖，畲丹香，福安市亿园春茶业有限公司；
红茶类金奖，中品红，福安市中品茶业有限公司；
红茶类金奖，天一阁，福安市天一阁茶业有限公司；
红茶类金奖，云桂贡芽，福建省千氏茗茶业有限公司；
红茶类金奖，蒙井清露，福建省千氏茗茶业有限公司；
红茶类金奖，天捷红，福建天捷农业综合发展有限公司；
红茶类金奖，春韵，福建省同泰春茶业有限公司；

红茶类金奖，澜瑟，福建省同泰春茶业有限公司；
红茶类金奖，传统天捷红，福建天捷农业综合发展有限公司；
红茶类金奖，传统牡丹红，福建天捷农业综合发展有限公司；
红茶类金奖，一品香，福安市坦洋茶场；
红茶类金奖，东顶云雾，福建省天荣茶业有限公司；
红茶类金奖，一泡红，福安市茗亿香茶叶有限公司；
红茶类金奖，畲丹红，福安市亿园春茶业有限公司。

第七届（2016.7）

红茶类金奖，坦洋工夫 2 号，福安市香茗香茶业专业合作社；
红茶类金奖，霁月红，福安市王家茶坊；
红茶类金奖，坦洋工夫 1 号，福安市香茗香茶业专业合作社；
红茶类金奖，坦洋红，福安市坦洋茶场；
红茶类金奖，醉美人，福安市金福龙茶业有限公司；
红茶类金奖，一泡红，福安市金福龙茶业有限公司；
红茶类金奖，千氏茗牌坦洋工夫，福建省千氏茗茶业有限公司；
红茶类金奖，东顶云雾，福建省天荣茶业有限公司。

第八届（2018.6）

红茶类茶王，福安一泡红，福安市茗露农业发展有限公司；
红茶类金奖，中御红茶，福安市中御和茶叶有限公司；
红茶类金奖，凤鼎翔工夫茶，福建凤鼎翔茶业股份有限公司；
红茶类金奖，坦洋工夫诺言，福建省同泰春茶业有限公司；
红茶类金奖，中御红，福安市中御和茶叶有限公司；
红茶类金奖，坦洋工夫同泰钰，福安市同泰钰茶厂；
红茶类金奖，坦洋工夫，福安市白云山茶业有限公司；
红茶类金奖，同泰春茶，福安市坦洋茶场；
红茶类金奖，梦顶红茶，宁德职业技术学院张天福茶文化研究中心；
红茶类金奖，醉美人，福安市金福龙茶业有限公司。

第九届（2020.6）

红茶类茶王，溪福红，福安市溪福红茶业有限公司；
绿茶类金奖，兰香绿韵绿茶，福安市科茗农业发展有限公司；
乌龙茶类金奖，金玫瑰条形乌龙，福安市鸳鸯野茶业有限公司；
红茶类金奖，枞荒一品香，福建姥谷树茶业有限公司；
红茶类金奖，锦绣江山，福安市锦绣江山茶业有限公司；
红茶类金奖，甲峰山红茶，福安市甲峰山种植专业合作社；
红茶类金奖，茗亿香，福安市茗亿香茶业有限公司；
红茶类金奖，福安红茶，福建御香红茶业有限公司；
红茶类金奖，满堂红天禧，福安市天马茶社；
红茶类金奖，妙丽江山，福安市锦绣江山茶业有限公司；
红茶类金奖，春韵，福安市同泰春农业发展有限公司；

红茶类金奖，桂馥兰香，福安市满堂红农业科技发展有限公司；
红茶类金奖，福安红，福安市农垦穆云农业发展有限公司；
红茶类金奖，梦顶红茶，宁德职业技术学院张天福茶文化研究中心；
红茶类金奖，九榕香，福安市九榕传承茶叶加工坊；
红茶类金奖，闽科红，福建隽永天香茶业有限公司；
红茶类金奖，香桃蜜，福安市中茗天富农业有限公司；
红茶类金奖，中御红，福安市中御和茶业有限公司。

第十届（2022.6）

传统型红茶茶王，花香金牡丹，福建九珑茶业有限公司；
创新型红茶茶王，东笔宁情常在，福建东笔宁茶业有限公司；
花香白茶金奖，醉闽香牡丹，福安市九榕传承茶叶加工坊；
传统型红茶金奖，金鼎红，福安市坦洋吴劲柏茶厂；
传统型红茶金奖，旺福春 1 号，福安市旺福春农产品加工厂；
传统型红茶金奖，福工 1 号，福安市一园春茶业有限公司；
传统型红茶金奖，坦洋工夫特级，福建老傅坦洋茶业股份有限公司；
传统型红茶金奖，福龙红韵，福安市金福龙茶业有限公司；
创新型红茶金奖，创新奇兰，福建省林鸿茂茶业有限公司；
创新型红茶金奖，果香红，福安市金福龙茶业有限公司；
创新型红茶金奖，露华香，福建省天华源茶业有限公司；
创新型红茶金奖，枞荒一品香，福安市云山谷种植专业合作社；
创新型红茶金奖，明月松间，福安市茗果家庭农场；
创新型红茶金奖，牡丹吟，福安市闽茗香茶业有限公司；
创新型红茶金奖，善农印象，福安市善农农业发展有限公司；
创新型红茶金奖，煮雨红，福安市旺福春农产品加工厂；
创新型红茶金奖，芳木留香，福安市怡春种植专业合作社；
创新型红茶金奖，状元红，福建凤鼎翔茶业股份有限公司；
创新型红茶金奖，叶敬客 1 号，福建叶敬客茶叶有限公司；
创新型红茶金奖，桂香红，福建景然茶业有限公司；
绿茶金奖，兰香绿韵，福安市科茗农业发展有限公司；
乌龙茶金奖，黄玫瑰，福安市科茗农业发展有限公司；
乌龙茶金奖，甲峰山云瑞天香，甲峰山（福建）农业发展有限公司。

卷四

茶叶商贸

第一章　茶叶收购

近代茶叶收购

晚清茶叶收购

据史料记载："清咸同间福建茶业极盛，凡产茶之地有利可资开发者，茶商无不竟赴之。而北路之茶即于其时为建宁茶客所赏识，于福安县北坦洋采制工夫，其制茶法遂传入北路。"（福建省统计处《福建之茶》，民国 30 年）建宁茶客的此番采制，是有记载的外郡茶客到福安的首次采购活动，并催生了福安红茶和坦洋工夫的创制。

此后坦洋工夫红茶不断发展。福安、寿宁、宁德（包括周宁）、霞浦（包括柘荣）、屏南、政和，以及浙江的泰顺等地茶农，翻山越岭，将自产的红毛茶，运送到坦洋，为坦洋茶行收购，再精制加工后供应欧洲市场。

坦洋和福安其他市镇的茶行茶商多直接收购茶农生产的毛茶；也常有茶贩进山收茶，再转售给茶行茶庄。由于受到资本金的限制，还有福州等外地茶商出资委托本地茶商代为收购、加工，或以包庄形式包给本地茶商；或以发放预购金的形式，贷款给本地茶商作为收购毛茶和制作运输的资本。

光绪七年（1881 年），福安县共生产坦洋工夫红茶 7 万箱（每箱 75 斤，计 5.25 万担）；若按每担（100 斤）精制茶需毛茶 160 斤推算，可知需收购毛茶约 8.4 万担（4200 吨）。

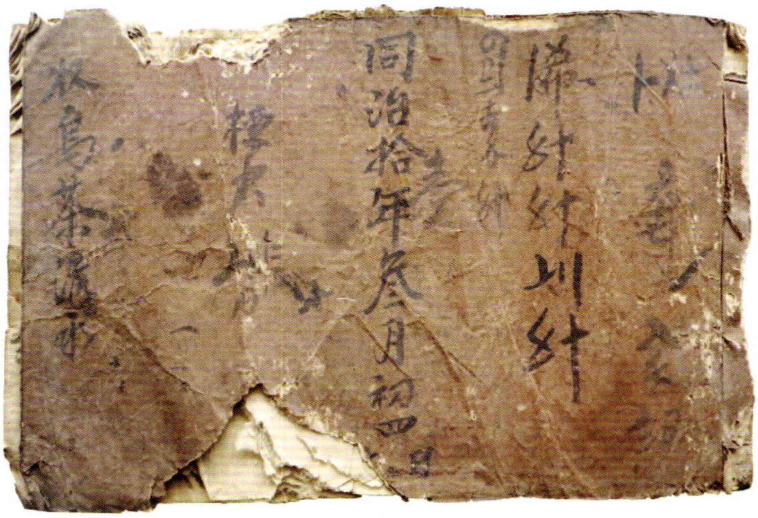

清同治十年阳头李氏茶庄收乌茶（红茶）的流水账簿（李立 提供）

民国茶叶收购

民国初期，坦洋工夫红茶借助于三都澳开埠，产量不断增加。民国16年（1927年），坦洋茶商胡修臣创办轮船公司，实现了用轮船将茶叶从赛岐直运福州口岸的愿望，促进福安茶业的发展。据福建省政府统计处统计，民国23年福安茶地面积6万亩，占全省茶地面积的10.3%；毛茶产量达5.1万担，占全省茶叶产量的21.7%，居于全省第一位。当年全县共有茶庄67号，这5万担毛茶悉为以上茶庄收购。福安茶庄毛茶收购终端甚至涉及邻近县区，“上自政和新村，下至宁德、霞浦，方圆几百里，周围六、七县，茶叶均为福安所购”，“坦洋工夫包括福安、寿宁、宁德、周墩四茶区之工夫茶”。（福建省统计处《福建之茶》，民国30年）“坦洋工夫”已经成为除福鼎和霞浦东部以外北路（闽东）红茶的别称。

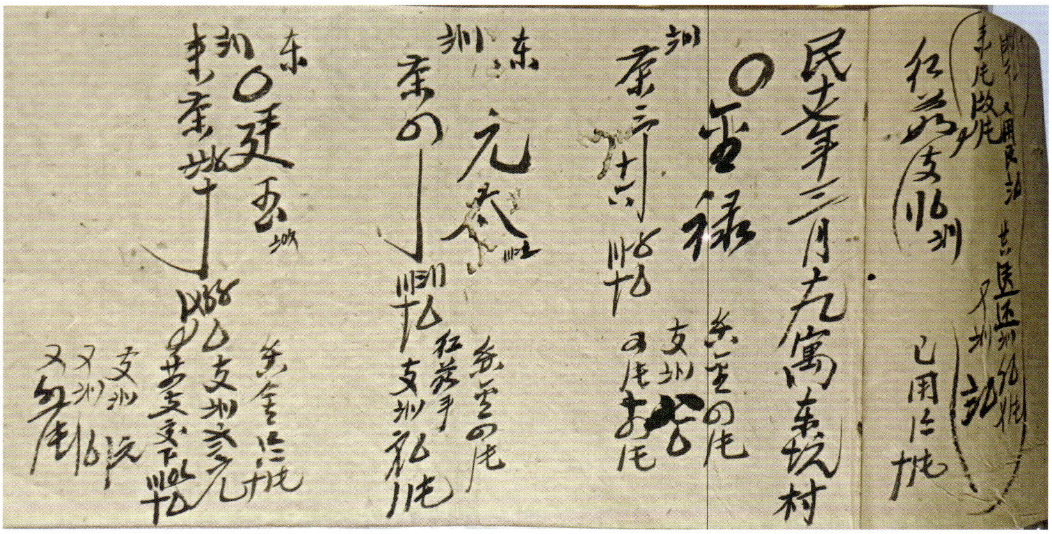

民国17年潭头东坑林椿德堂收购毛茶的流水账（林少桢 提供）

外销茶从产制到销售，流程起于茶农，终于洋行；中间经过茶贩、茶商（茶行、茶号）、茶栈等环节，整个茶叶市场为洋行掌控。洋商为了利益最大化，有计划地操纵茶叶市场；常常突然硬性压低茶价，使茶农、茶商猝不及防，许多人就此破产。茶商为了自身利益，转嫁危机，收购毛茶时，压低山价，使茶价惨落；茶农入不敷出，茶园荒芜，农村濒于破产。

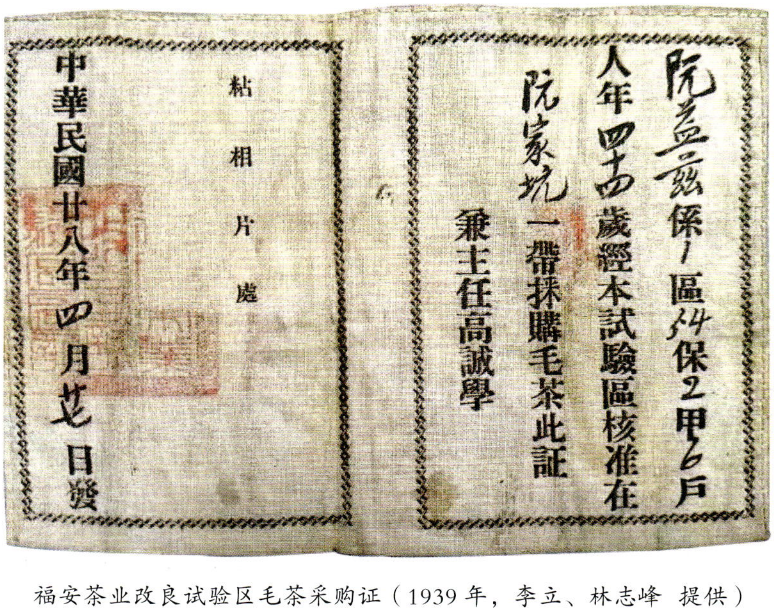

院益兹保1區54保2甲6戶
人年四十五歲經本試驗區核准在
阮家坑一帶採購毛茶此証
兼主任高誠學
粘相片處
中華民國廿八年四月廿七日發

福安茶业改良试验区毛茶采购证（1939年，李立、林志峰 提供）

民国28年（1939年），国民政府实行茶叶统制，收购茶叶（毛茶）须凭营业许可证。为充分利用当时十分有限的运力，国民政府以“重质不重量”为外销茶统制策略。规定茶叶必须由经过省茶业管理局核准登记的商号收购，各商号必须按核定的茶类和准制箱数进行产制；商号按规定的山价收购毛茶，准许绿茶和青茶（乌龙茶）自由运销，只定最低山价。以下是民国30年省建设厅茶管局下达的毛茶规定山价。

民国30年福安及周边县区毛茶收购每担规定山价表

产地、茶别	最低价（元）	中心价（元）	最高价（元）	说明
福安工夫	48	52	78	外销红茶
寿宁工夫	48	54	78	外销红茶
周墩、宁德	48	42	78	外销红茶
屏南工夫	36	46	66	外销红茶
政和、松溪工夫	50	60	66	外销红茶
福安烘青	48	—	—	内销绿茶
福安炒青	45	—	—	内销绿茶

民国31年，为奖励早采嫩摘，进一步提高茶叶品质，产制外销茶的毛茶不规定最高山价，并大幅度提高收购中心价；福安工夫、寿宁工夫、周墩工夫每百斤中心价均定为80元，政和工夫95元。绿毛茶的最低山价也有较大提升，福安炒青每担最低价68元，福安烘青63元。

现代茶叶收购

茶叶收购机构

中华人民共和国成立以后，茶叶实行产、销分开管理机制，国营福安茶厂（阳头总厂）承担福安、寿宁、周宁、霞浦、柘荣、屏南等县的茶叶调拨加工和内外销售任务。1950年开始，福安茶厂先后在城关、社口、上白石、穆阳、溪柄设立茶叶采购站，为茶厂采购原料毛茶。

20世纪50年代初期实行划片收购毛茶，寿宁、柘荣、福安上半区由福安茶厂负责收购，周宁、屏南、霞浦、福安下半区归赛岐分厂负责收购。1950—1951年，由于国营茶厂设施尚未完备，部分茶叶分散在东昆、穆阳、苏堤、坂中、社口、上白石、溪柄，以及寿宁斜滩、周宁等制茶所加工；其中东昆制茶所成立于1950年8月，规模较大，有制茶工人115人。

1952年起取消各地制茶所，茶叶全部收归国营茶厂加工。1952年福安县相继成立各级供销合作社，国家规定供销合作社是茶叶经营的主渠道，取缔茶叶商贩，严禁茶叶在自由市场买卖；茶叶一律由收购站统一收购，统一管理，按国家计划组织收购、加工、调拨、销售。

1954—1959年，福安县又先后增设溪尾、潭头、溪潭、松罗、甘棠、下白石等6所基层茶站，全县初步形成茶叶收购网络。1956年，茶叶收购站从福安茶厂分离出来，归属福安县农产品采购局管理，直接负责茶叶收购调拨工作。

1958年茶叶收购站改称“茶业站”（茶站），承担相应公社的茶叶购、销、调和产制技术指导等工作，不再是原先单纯的茶叶收购机构。1960—1975年，福安县又增设赛岐、湾坞、

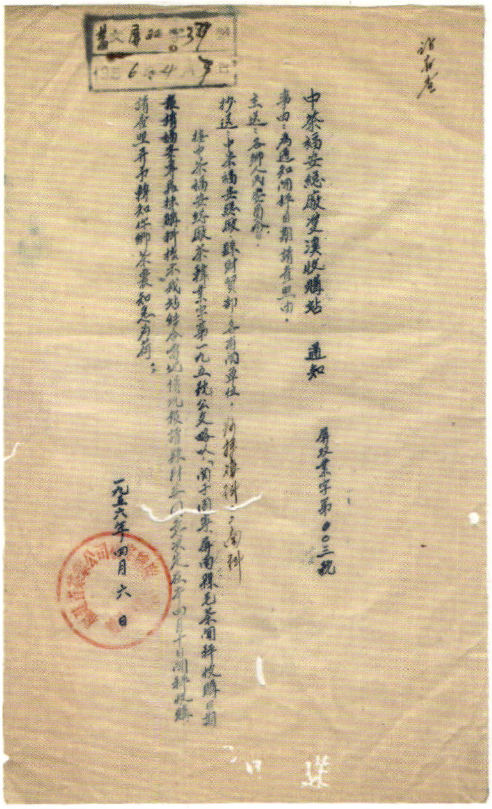
中茶福安总厂双溪收购站 通知 屏双业字第〇〇三号
事由：为通知闽坪日期请查照由。
主送：各乡人民委员会。
一九五六年四月六日

1956年中茶福安总厂双溪收购站的“通知”
（林志锋 提供）

康厝、坂中 4 所茶站，全县有茶站 15 所。

1984 年茶叶流通体制改革以后，各基层茶站仍然存续。1985 年后茶站实行独立核算，自负盈亏，引入市场竞争机制，出现多种形式的承包经营与改型转轨，事实上已经不再继续收购茶叶的职责和功能。

毛茶标准样价

茶叶的品质优劣、等级划分、价格高低的确定都必须通过审评，对照国家制定的标准，对茶叶品质、等级、价格作出鉴定。毛茶审评是依据相应茶类标准（文字标准、毛茶标准样）和审评方法，评定毛茶品质的优劣，确定毛茶的等级。

毛茶标准样价是以实物样为依据，采取分等定价，一等一价的原则制定，由物价部门和茶叶业务主管部门核定后下达执行。毛茶每套标准样价都以中等品质水平为代表价，称为“中准价”。根据“对样评茶，按质论价，好茶好价，次茶次价”的原则。红、绿茶类实行“内质外形并重，干湿兼看，分别定等，综合平均，若有半等者，按半等计价”的方法，茶叶收购部门对样评茶，按质论价，防止压等压价和提等提价。

福安根据国家在各个时期核定的标准样价和福安茶类演变情况，先后执行规定有“坦洋工夫”“闽东烘青”等的标准样价。1950—1953 年，毛茶收购标准样价定为甲、乙、丙、丁、戊 5 个等级。1953 年实行等级差价累进制，在三级以上逐级加等加价。1954 年毛茶标准样价调定为五级十等。1955 年调定为五级十四等，后又调整后为五级十八等，加上次级五档（次一、次二、次三、次四、次五），共 23 个等级。在此基础上对样价进行补充调整，改变以往为照顾夏秋茶而放松标准样价的做法，实行稍强靠上。在对样定级计价时，靠上评上，靠下评下，可上可下评上；内质与外形并重，干湿兼看。如外形评二等，内质评四等，按三等计价；内质评一下，外形评二上，应按一下评价；湿看比干看高一等，应提高一等计价；湿看比干看低一等，不扣价，低于二至三个等，降一个等计价。

1969 年实行“红改绿”后，样价改定为六级十二等及次级和茶朴，即将原来的每级 3—5 等简化为上、下二等，同时在每级中设一个标准样。毛茶样价取消先前夏、秋茶及地区性照顾，实行夏、秋茶同样同价。对样时按标准样评价，处于两等之间者给评平均价。外形与内质并重，分别评定，加权平均计价。如外形评一上，内质评二上，按一上计价；外形评二上，内质评一下，应按一下计价。

1985 年后，茶叶实行多渠道流通，议购议销，允许价格上下浮动，当年茶叶指导价在 1983 年牌价的基础上浮动 10% 左右。1986 年浮动幅度再上升 10%，在实际执行中浮动 40% 以上。1988 年，确定新的四级八等中准级指导价，新价比原价提高 38%。1989—1990 年，又在 1988 年指导价的基础上调高 35%，实际执行中浮动幅度达 70%—100% 以上。

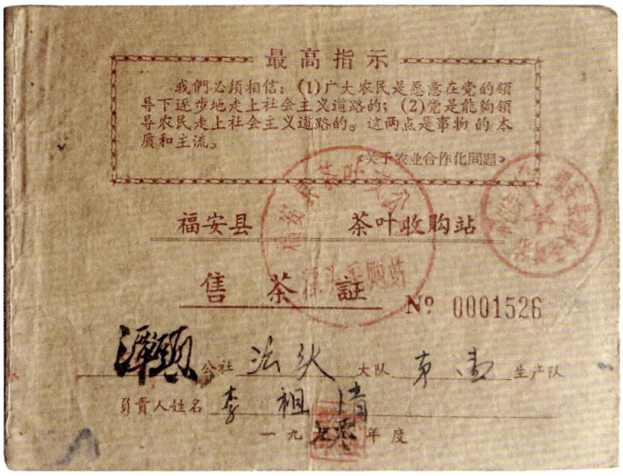
最高指示

我們必須相信：(1)广大农民是愿意在党的领导下逐步地走上社会主义道路的；(2)党是能夠领导农民走上社会主义道路的。这两点是事物的本质和主流。

《关于农业合作化問題》

福安县 茶叶收购站

售茶証 №0001526

公社 大队 生产队

負責人姓名

一九 年度

1970 年社员售茶证（林少桢　提供）

毛茶调拨验收

毛茶收购后，按上级业务部门指定的茶厂进行调拨验收。福安县指定调拨茶厂有福安茶厂、赛岐茶厂及宁德茶厂。毛茶进厂验收后，由各茶站直接向茶厂报账结算。1956 年后，茶叶收购划归县农产品采购局管理，毛茶收购调拨由原来“原收原交”改为“交接验收”。交接验收的主要标准：毛茶品质技术误差幅度在 5% 以内，超过部分由收购部门承担经济责任，少于 5% 由调进茶厂给予补足；毛茶含水量红、绿茶类为9%以内，超过规定范围另做处理。验收方法一般采取分批交接，托收付款，逐批登记，统计误差率幅度，定期核算，多还少补，年终结算。如采用半年或分季结算，由双方另作协商决定。验收误差率以收购部门的托收金额作为比例基数。

毛茶收购综合费用和利润，包括预购定金、收购金额的利息、经营管理费、损耗和县内集运费等，均按收购价格计算。根据1978年省茶叶公司按毛茶收购数量划定（500吨以上的县份定为9%，250吨以上定为10%，250吨以下定为12%），福安定为9%。这些费用扣除0.5%上缴地区茶业主管部门作为茶业改进费，其余的由县、公社茶站两级分成。

补价、减税、奖售

国家对茶叶收购价格不断调整，逐步理顺购销差价，提高价格。同时为鼓励和调动茶农的生产积极性，适应各个时期市场对各种茶类的需要和供求变化，国家采取价外补贴、减税让利、奖售物资等措施扶植茶叶生产。

◎价外补贴

1962年后，国家对茶叶收购，茶叶收购价格，实行级内茶价外补贴20%。1963—1970年，福安全县价外补贴金额共计28.75万元。1971年后，转为正式牌价。

◎减税让利

1981年，国家批准茶叶减税让利政策，对计划外交售毛茶的工商税率由原来的40%，调降为级内茶的25%，次级茶减半，茶朴全免。减税金额全部给超交生产单位，作为扶植发展茶叶生产资金。对低档茶（3—6级）按金额让利5%，二级以上不让利。此外，国家每年都发放一定数量的茶叶补助款和贷款，扶持茶叶生产。

◎物资奖售

1961年后，国家对茶叶产购实行物资奖售政策，规定“好茶多奖，次茶少奖，粗茶不奖”。在实际执行过程中，“好茶”和“次茶”是以级内茶和级外茶作为依据，并延续到1984年为止。茶叶奖售物资主要有粮食、化肥、工业品等。奖售物资由于各个时期的情况不同，奖售标准也不同，具体执行情况如下：

1961—1962年，只奖售粮食，并按担量计算奖售标准。级内茶每百斤奖售原粮约10—17.5公斤，级外茶5—10公斤。1963—1965年，除奖售粮食外，又增加奖售化肥和工业品（发布票等），并调改按收购金额每百元（不包括价外补贴）计算标准。级内茶每百元奖售原粮20—30公斤，化肥25—35公斤，工业品布票10—24市尺；级外茶原粮10—15公斤，化肥12.5—17.5公斤，布票4—10市尺。

1966—1968年，奖售物资又作调整，恢复担量计算奖售标准。级内茶每50公斤奖售原粮25公斤，化肥40公斤，布票10市尺；级外茶原粮10公斤，化肥12.5公斤，布票4市尺。

1968—1970年，因把物资奖售当作“物质刺激”进行批判，停止执行物资奖售政策，取消奖售工业品。

1971—1984年，恢复物资奖售政策，标准基本保持60年代中期的水平。级内茶每百斤奖售原粮25公斤，化肥40公斤；级外茶原粮10公斤，化肥12.5公斤。国营茶场只奖售化肥，不奖售粮食。由于粮食购销实行包干，对超派购销基数按当时粮食“平价”和“议价”的差价折款差额拨补。

1984年，改革茶叶流通体制，茶叶经营由计划经济转为市场经济，茶叶价格由市场决定，延续20多年的物资奖售政策全面取消。

工夫红毛茶标准样

1950—1955年，坦洋工夫红毛茶样由福安茶厂选送小样报省茶叶公司，然后由省茶叶公司主持，召

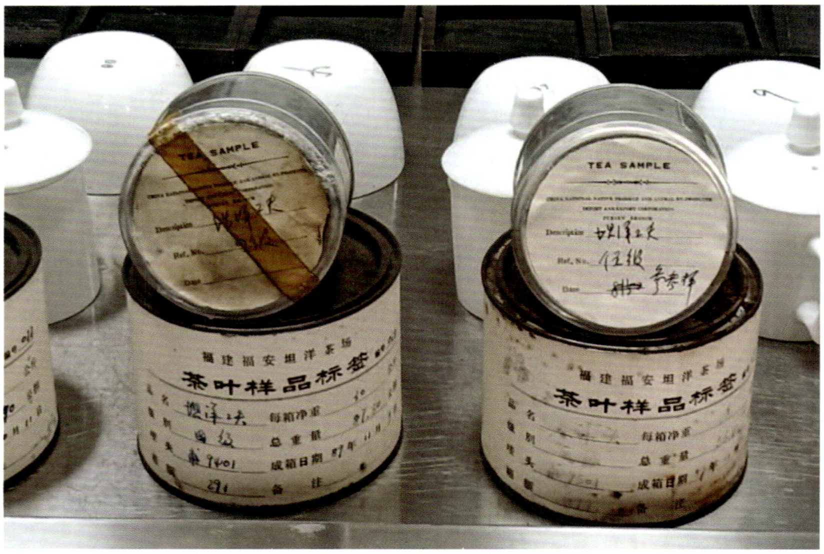

坦洋工夫茶 1989 年标准样

集各地、市主评茶师复评、选样、拼配，形成坦洋工夫红毛茶标准样。

1956 年，坦洋工夫红毛茶样下放地方选制，福安专区授权由福安茶厂选样配制。福安茶厂指定福安、寿宁、周宁、霞浦、柘荣、屏南等县的茶叶站，选送并留足春茶 1—5 级中等和次级二等、茶朴二等计 7 个等级的当地菜茶为原料的红毛茶样。然后集中各县主评师，将各县选送的红毛茶样进行复评、定级、定等，选出茶样，并附上“选制毛茶标准样核定记录”表，填好色、香、味、叶底、条索等内外质评语送专区复评。专区经复评、定级、定等后，将“坦洋工夫”红茶样连同评语送省茶叶公司核定。

工夫红毛茶的标准样，1954 年分 5 级 18 等。1955 年增设特级上、中、下 3 等。1963 年特级仅保留特下 1 个等作为最高价。福安专区在复评后将各级中等的设样送省核定。复评中对有争议的个别级别采取多送样茶，最后由省茶叶公司核定。省茶叶公司在核定标准样时，一般是以前一年的标准样为对照，对福安专区选送的茶样进行审定。正常情况下所选送的茶样无大变动。若有变动，福安专区以省核定下达的标准样为准，将变动后的茶样标签作等次上的调整，然后组织人员选配、制样。

毛茶标准样，一般用手工制作。将选留的春茶各级中等的样茶，以核定的标准样为标准，分级匀堆，剔除大黄片、茶梗，筛去粉末后装入铁罐，罐内放入与外标签相同等级的内标签，罐口加上封条，作为翌毛茶收购对样定级、按质论价的实物依据。因此，毛茶标准样的制作，一般采取每年换配一次。全省各地产制红毛茶的单位，每年春茶前到福安购买红毛茶茶样，作为生产和收购对样的依据。坦洋工夫红茶茶样以 1—5 级成套出售。

1971 年全面简化等级，由每组 3—5 等，简化为上、下两等，最高价与级外茶不动。1980 年起一律实行 6 级 12 等。

1966 年福建省选制毛茶标准料核定记录表

地区茶类：坦洋工夫红毛茶　核定时间：1966 年 2 月 17 日

级别	对照标准样	专区“三结合”上报级等		省茶叶技术小组核定级等	
		外形	内质	外形	内质
一级	对照 1965 核定标准样	一上	一上	一上	一上
二级	对照 1965 核定标准样	二上	二上	二上	二上
三级	对照 1965 核定标准样	三上	三上强	三上	三上强
四级	对照 1965 核定标准样	四上	四上强	四上	四上强
五级	对照 1965 核定标准样	五上	五上	五上	五上
次级	对照 1965 核定标准样	次二	次二	次二	次二
茶朴	对照 1965 核定标准样	朴二	朴二	朴二	朴二

说明：茶样来源系福安专区 1966 年“三结合”选送的标准样，因“三结合”意见不统一，以专区分公司评定等级为依据。

1949—1990 年福安茶叶收购情况表

年份	茶叶收购量（吨）		高级茶占收购量比例（%）	每吨平均价（元）	总金额（万元）
	合计	中高级茶			
1949	524.50				
1950	1184.45	314.80	27	829.67	98.27
1951	870.10	346.15	39	780.06	67.87
1952	750.95	163.35	22	908.64	68.23
1953	700.60	123.15	17	1019.41	71.42
1954	803.80	37.55	4	939.19	75.49
1955	768.10	131.70	17	1074.04	82.50
1956	892.25	298.75	33	1548.72	138.19
1957	874.15	458.95	32	1891.05	165.31
1958	911.80	604.85	66	2078.13	189.48
1959	886.10	401.00	50	1893.52	167.79
1960	945.40	231.55	25	1539.65	145.56
1961	510.00	181.35	36	1660.52	84.69
1962	373.05	198.45	54	2003.93	74.76
1963	418.95	278.60	67	2332.33	97.71
1964	542.40	362.00	66	2292.61	124.35
1965	581.90	439.25	76	2605.39	151.61
1966	630.10	491.75	78.03	2646.37	166.75
1967	766.20	625.55	81.64	2710.20	207.69
1968	829.50	681.50	82.16	2713.47	225.08
1969	921.15	734.45	79.68	2250.39	234.93
1970	993.75	760.40	76.51	2539.90	252.40
1971	1098.10	701.25	63.86	2627.21	288.49
1972	1203.40	862.35	71.65	2982.05	358.86
1973	1215.75	829.75	68.20	2793.99	339.68
1974	1339.90	958.50	71.11	2871.28	384.72
1975	1362.35	936.80	68.76	2806.47	382.34
1976	1412.55	976.05	69.09	2838.64	400.97
1977	1486.75	1017.60	66.20	2790.37	414.86
1978	1494.25	1009.20	67.54	2816.03	420.79
1979	1675.30	783.85	46.79	3231.60	541.39
1980	1758.60	1295.95	73.69	3383.55	595.03
1981	1930.86	1432.65	74.20	3887.59	750.62
1982	1917.30	1243.20	64.84	3654.18	700.62
1983	2002.05	872.90	43.60	3279.89	656.65
1984	1768.00	1119.45	63.32	3201.73	566.07
1985	1640.25	1137.20	69.33	3936.80	645.74
1986	1654.85	1405.65	84.94	5164.97	354.73
1987	1160.15	664.95	57.31	5285.08	613.15
1988	2935.00	2125.23	72.41	5468.12	1604.89
1989	3135.00	2331.80	74.36	5643.54	1769.24

注：红碎茶 1958 年 314.70 吨，值 28.12 万元。粗老茶 1959 年 391.95 吨，值 27.00 万元；1960 年 81.10 吨，值 5.7 万元。这些不包括在总量值内。（《福安市志》p422—423，1999 年）

第二章　茶叶销售

近代茶叶销售

内销茶和外销茶

◎**内销茶**

在清朝咸丰、同治（1851—1874 年）以前，福安县主要生产绿茶，产品主要为供应内销。此后福安茶叶就有明显的“内销”“外销”之分。内销茶以绿茶为主，主要是“茅茶”和“花香茶”。茅茶即未经再加工精制的毛茶。花香茶又称花茶，将绿毛茶精制成茶坯用香花窨制而成，部分行销福州、温州、苏州等地，民国后多由福州运往上海、天津、烟台，转销华北等地。

内销茶中还有干介（红茶碎片）、茶珠（圆形绿茶）、工夫片、筛茶、茶末、茶梗、茶枳等精制茶的下脚料，统称为“副茶”，运往福州制成茶砖，运销内蒙古、西藏等游牧地区，或外销苏俄。

◎**外销茶**

咸丰元年（1851 年），九都坦洋村胡氏万兴隆茶庄试制红茶成功后，各茶庄竞相仿效，此后福安红茶生产日盛，输出日增；近代福安所产之红茶基本上是外销茶。

光绪二十五年（1899 年）三都澳福海关成立后，缩减了茶叶从赛岐码头运抵福州口岸的费用，福安茶叶多通过海运从福州口岸出口，也有部分经温州从上海口岸出口。民国时期外销茶数量比晚清大为增加。

外销茶主要是红茶，红茶主要是坦洋工夫和部分坦洋小种，主销英、美、意、俄、日、德、法、荷、瑞典、葡萄牙等国。

还有“莲心”和“淮山”绿茶，莲心绿茶一经发酵即为青茶，主销东南亚国家和港澳地区；“淮山”绿茶为福建茶叶中特种制品之一，与工夫、莲心、花香齐名，专销苏俄。1950 年后“莲心”“淮山”绿茶停产停销。

白茶、青茶（乌龙茶）主销港澳地区、东南亚和欧美多国。福安产量不多。

晚清茶叶销售

明清时期福建是贡茶区，官府规定茶叶不得自由贩卖，必须是外地茶商到境，向所经关口纳税才可外贩。清嘉庆（1796 年）后，福建贡茶区始行商茶，福安本邑茶商开始向官府请领茶引（又称护票，相当于今之营业执照），缴纳茶税，自主贩卖茶叶。

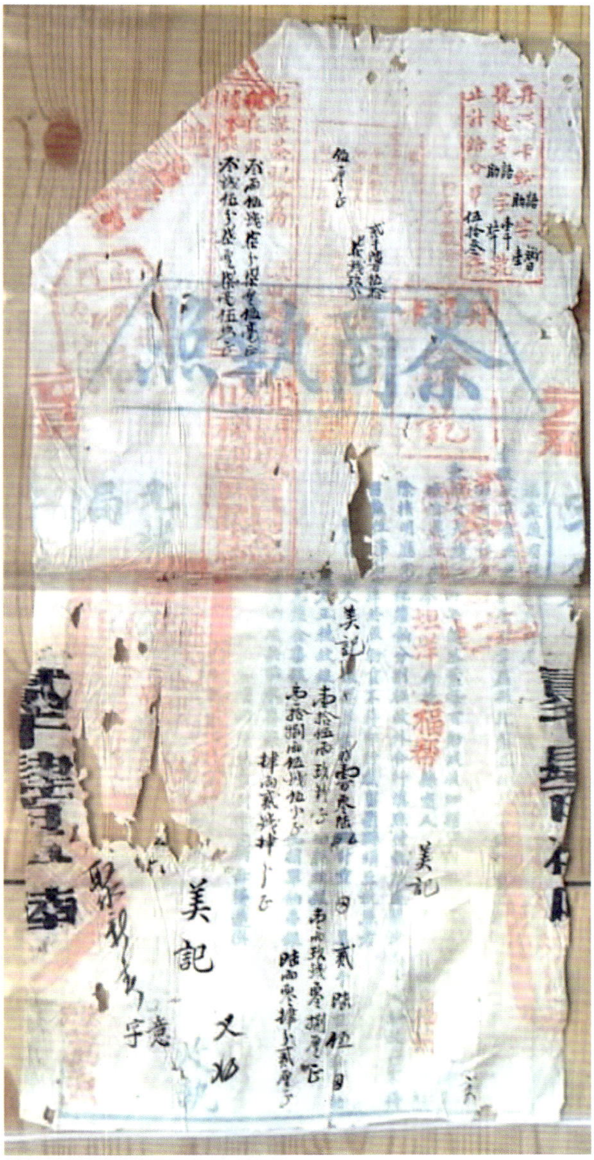

清光绪年间坦洋美记茶商执照（林志锋 提供）

据《闽海关①年度贸易报告》，光绪元年（1875 年），“板洋（坦洋）红茶比 1874 年初期也提价 3 两。”此为已知官方文献关于“板洋红茶”的最早记载。光绪二年，“北岭茶和板洋茶价格与上年差不多，但质量差于往年……继则有一些极品板洋茶和一些普通茶叶启运伦敦，价目不明。”“北岭茶和板洋茶价格与上年差不多，但质量差于往年……继则有一些极品板洋茶和一些普通茶叶启运伦敦，价目不明。”“本年的茶质很差，除第一批茶叶，包括板洋茶在内的某些数量外，质量低劣，掺有大量茶末，这已成为老规矩。”光绪七年，“板洋茶的需求量增大，这种茶的价格一直不变。”这一年，坦洋产茶 5 万箱，产值 100 万大洋。福安县茶叶出口达 7 万箱（约 4.2 万担），为历年之最。光绪九年，“特别应当提一下两个最重要地区，坦洋、邵武的茶叶”。福安工夫红茶和闽北红茶并驾齐驱。时人称坦洋：“产茶美且多，有武夷之风，外邦称为‘小武夷’是也。”（清光绪十年《福安县志·山川》）光绪十四年，“板洋茶福州每担 15—37 两，而 1887 年每担 11.75—36 两”。光绪十六年，“第一批茶叶的质量总的来说与前季的茶叶大致相等。板洋和邻近地区的茶叶加工不如上季，但总的来说，销售、消费情况良好”。

据《三都澳海关十年报》，光绪二十六年（1900 年），三都口岸茶叶出口由去年（八个月）的 725 担迅增为 2.6 万担（不含筛茶和茶末）。第二年三都口岸茶叶出口在上年的基础上猛增至 5.47 万担（不含筛茶和茶末）。

茶叶海外贸易带来丰厚的利润。这时英殖民地印度、锡兰（斯里兰卡）出产的茶叶开始与闽茶争夺市场，繁重的关税和运输费用使闽茶处于劣势，其中受害最甚的是中级的坦洋茶。由于一些不法茶商只谋产量，不顾品质，光绪末年（20 世纪初），生产益滥，贩户多卖湿茶，茶庄以片末搀和，致出品恶劣，信誉大受影响，且印度、锡兰、日本之茶业勃兴，华茶海外市场大受排挤。在此情势之下，福安茶人迅速收缩国外市场，把主要精力转到国内，缩减红茶生产。福安红茶在国际市场上受挫后，许多茶商转而发展白茶；

① 鸦片战争后，清政府被迫开放五口通商。道光二十二年（1842 年），设闽海关于福州，归福州将军管理。咸丰十一年（1861 年），由外国人分任税务司、副税务司，受总税务司统辖，闽海关（洋关）正式成立。

福安白茶也是外销茶，主要供应国际市场。

20世纪初期，福安输出“绿茶、白茶、茅茶、白尾茶、乌龙茶、二五箱茶销行苏州、温州、福州等处，统计十万挑”。（清光绪三十一年《福安乡土志》）光绪三十三年（1907年），坦洋茶商吴庭元率闽省茶界之先在香港注册“元记”商标（注册地为福州台江苍霞洲英租界）。元记茶行鼎盛时年产精制工夫茶2000余件（约100吨），年获利润5万多银元。

光绪三十四年（1908年）《闽海关年度贸易报告》：“值得注意的一个特点是俄国人三十年来第一次大批购买板洋茶叶……俄国人购买福州茶叶的原因无疑是它比汉口的茶叶好。”此后坦洋工夫红茶的俄国市场长期持续，直到1914年下半年第一次世界大战爆发。

民国前期的茶叶销售

民国初期，茶叶国际市场竞争愈加激烈，华茶在海外市场受到严重挑战。福安茶人加强自律，坦洋工夫以新的姿态进军国际市场。

据《三都澳海关十年报》，1912年（民国元年）经三都澳外销的红茶5.06万担，1915年增加到7.24万担。

1914年，第一次世界大战爆发，坦洋工夫红茶再次跌入低谷。民国7年（1918年）第一次世界大战结束。但是闽红的对外贸易并不乐观，红茶的出口量急剧下降。《三都澳海关十年报》：1921年闽东（福安）红茶仅余0.46万担，还不及1915年的6.4%；与此同时，闽东绿茶由于东南亚华人的消费带动，1921年出口量攀到8.4万担。

民国11年（1922年），闽红的国际贸易开始逐渐恢复，以坦洋工夫领军的闽红三大工夫茶东山再起。这一时期闽东生产的茶叶多是红茶，“坦洋工夫包括福安、寿宁、宁德、周墩四茶区之工夫茶”。主要销往英国、苏联和国内的内蒙古、西藏，少量销往日本。此后到全面抗战爆发前，是闽东茶业的黄金时期。福安的坦洋、穆阳，福鼎的白琳，政和的铁山，寿宁的斜滩，周宁的东洋是当时闽东的重点茶区。民国23年（1934年），“福安茶地面积达6万亩，占全省茶地面积的10.3%；茶叶产量达5.1万担，占全省茶叶产量的21.7%，居于全省第一位。茶叶产值达大洋178万元。其中有4.2万担销于福州。每担最高大洋40元，最低大洋30元”。①

民国25年（1936年），福安茶业改良场生产机制红茶81箱（每箱40公斤），由英国裕昌洋行以每50公斤75两银元的高价成交，远远高出此前每50公斤56两银元的最高价位。

福安茶商的市场意识空前提升。以坦洋“胜大来”为例，其外销箱茶配发文字声明，帮助海外消费者辨别真伪。汉译如下。

胜大来茶公司/中国福建坦洋银毫最好的中国茶

中国的茶叶是该国的特产，并是市场上公认最好的茶叶，在中国所有的产茶名地中，福建的坦洋独树一帜。在坦洋，我们公司生产最好的红茶有许多年头了。每年春天，我们上山采摘鲜嫩的茶叶，为确保成品的质量，我们使用最好的工人进行调制，不允许任何原因造成茶叶含有灰尘杂质，以保质出优。

知道我们的茶叶在国外备受青睐，我们喜出望外，激动不已。我们的茶品质连福州的外国茶叶交易公司也无话可说。时至今日，由于我们要扩大生意规模，我公司不断改进茶叶的制作方法，希望因此能从好做到更好，从更好直到最好，就像这些年来国内外顾客对我们所不断寄予的厚望。

---

① 唐永基、魏德端编《福建之茶》（福建调查统计丛书之五），福建省政府统计处，民国30年。

胜大来茶公司随外销茶配发的英文广告（民国 24 年）

但是有相当多假冒伪劣的茶叶顶替我们的产品，试图“鱼目混珠”。因此我们发表这份英文声明，帮助我们尊敬的顾客辨别真伪，真诚希望我们尊敬的顾客们留意这份声明，并能一如既往地支持我们。

抗战初期的茶叶销售

抗日战争全面爆发后，为广拓国际贸易，换取外汇，支援抗战，闽省当局按民国政府既定政策，实行茶叶管控，推行茶政改革。民国 27 年（1938 年），废除茶栈阶级，各茶号奉令成立联合茶号，直接向政府贷款，并由政府统制运销。同时按当局公布的毛茶山价收购毛茶，保护茶农利益。是年，重点茶区社口、上白石片和穆阳片共有茶行 30 家，从业 1660 人，年产茶叶近 3 万箱。

民国 27 年（1938 年）5 月，当局奉令将全部闽茶运往香港进行贸易，以确保茶叶的外贸安全。这一年外销闽茶近 10 万件（箱，每件 25 公斤）2482.2 吨，其中福安茶 45360 箱 1134 吨，占全部外销闽茶的 45.69%；福安茶主要是红茶，其中多数是坦洋工夫，工夫和小种合计近占福安茶的 70%；白茶（白毫）较少，仅占 0.67%。[①]

① 陈萱《两年来闽茶输出贸易概述》，载《闽茶季刊》第一卷第二期，民国 30 年 1 月出版。

民国27年（1938年）福安与闽省外销茶数量、价值对比表

单位：箱、元

品种、数额		福安茶	闽省茶	福安茶占闽茶比例
白毫	件数、重量	307（7.675吨）	1566（39.15吨）	19.60%
	金额	45283.86	295377.98	15.33%
小种	件数、重量	4027（100.675吨）	15289（382.225吨）	26.34%
	金额	89020.61	610016.58	14.59%
工夫	件数、重量	27410（685.25吨）	62944（1573.6吨）	43.55%
	金额	958852.94	2535719.99	37.81%
其他	件数、重量	13616（340.4吨）	19489（487.225吨）	69.87%
	金额	139506.7	220488.2	63.27%
总计	件数、重量	45360（1134吨）	99288（2482.2吨）	45.69%
	金额	1232664.08	3661602.75	33.66%

说明："其他"品种包括干介（红茶碎片）、茶珠（圆形绿茶）、工夫片、茶末、茶梗、茶枳等。

运港的工夫红茶及茶片售与贸易委员会富华公司的均转运苏俄贸易，约占60%；售与英商洋行者转运欧美各国，约占40%；小种、白毫、干介（红茶碎片）等全部售与英商洋行，转运欧美；其他茶末、茶梗、茶枳等则多售香港商人，转售南洋。

民国28年，省茶业管理局核准福安县产制外销精茶38200箱，其中工夫红茶23400箱（首春工夫18900箱、二春工夫4500箱），绿茶14200箱（莲心200箱、淮山14000箱），白茶600箱（白毛猴、白牡丹各300箱）。民国28年度福安新销香港的红茶（包括坦洋工夫和坦洋小种）达53300件（1332.5吨），其数量在港销各类新闽茶中遥遥领先；占总计123370件（3084.25吨）的43.2%。

由于政府当局的鼓励，民国28年外销闽茶增加到18.33万件（箱，每箱25公斤）其中福安茶5.1万件，占27.78%。是年外销闽茶除红白茶外，还有部分绿茶（花茶）和青茶（乌龙茶），后两种茶以往主要是内销和侨销，战时为增加经济力量，也加入外贸队伍；福安则集中精力生产红茶和绿茶（其中淮山绿茶出口苏联）。①

民国28年（1939年）福安与闽省外销茶数量、价值对照表

单位：箱、元

品种、数额		福安茶	闽省茶	福安茶占闽茶比例
白茶	件数、重量	—	11665（291.625吨）	—
	金额	—	625392.45	—
红茶	件数、重量	37761（944.025吨）	121070（3026.75吨）	31.19%
	金额	1111316.18	4455490.98	24.94%
绿茶	件数、重量	13157（328.925吨）	31759（793.975吨）	57.17%
	金额	325503.85	847817.96	38.39%
青茶	件数、重量	—	18785（469.625）	—
	金额	—	436969.38	—
总计	件数、重量	50918（1272.95吨）	183279（4582吨）	27.78%
	金额	1436820.08	6365670.77	22.57%

① 柯仲正《闽茶统销的回顾》，载《闽茶季刊》第一卷第二期，民国30年1月出版。

民国 23—28 年（1933—1939 年）福安茶与闽省茶销售情况对照表

单位：担、元

年份	项目	福安茶			闽省茶		
		合计	红茶	绿茶	合计	红茶	绿茶
民国 23 年	数量	32500	14500	18000	218930	54400	117780
	金额	2026500	942500	1084000	14173150	3402500	6545300
民国 24 年	数量	31000	14000	17000	193915	47800	105920
	金额	1898000	870000	1028000	12367300	2979200	5695300
民国 25 年	数量	40000	20000	20000	244930	64490	131500
	金额	2750000	1400000	1350000	17596400	4612800	7791700
民国 26 年	数量	32795	8160	24160	212950	51430	114940
	金额	2204500	46000	1640000	14727360	3377910	6765000
民国 27 年	数量	30000	15000	15000	225770	62130	111340
	金额	1830000	980000	850000	16203200	4238200	6357100
民国 28 年	数量	33000	16000	17000	209950	70360	97800
	金额	2042000	1022000	1020000	16820700	5424700	6190000

（据福建省政府统计处《福建之茶》，民国 30 年）

淞沪战役后，海口被日寇紧锁，茶运艰难，市场萧条；欧洲战事不断升级，交通更加阻滞。民国 29 年（1940 年）7 月，三都口岸遭敌轰炸，三都港成为死港；民国 30 年（1941 年）4 月，福州沦陷；既而太平洋战争爆发，战争范围迅速扩大。从亚太到欧陆，战云密布，商旅断绝。北路茶彻底跌入绝境。

民国后期的茶叶销售

抗战胜利后，福安茶业与中国大陆茶业同步，开始逐步复苏。尽管时局动荡，但是许多茶农、茶商依然怀着对战后经济的憧憬，踌躇满志，开始重操旧业，茶业在地方经济的地位依然举足轻重。据民国 37 年（1948 年）统计，福安全县登记注册的茶厂茶号共计 82 家，茶叶产量约 1.5 万担（750 吨），其中红茶约 1 万担，绿茶约 0.5 万担，还有部分乌龙茶。红茶多转运香港、上海、天津、牛庄外销；绿茶多先运福州窨制成为花茶，运往天津、烟台，销售华北；乌龙茶则多运香港销售南洋。

现代茶叶销售

1950—1990 年福安茶厂的茶叶销售

1950 年春季，国营福建省福安茶厂正式投产。福安茶厂包括下属赛岐分厂主要生产精制坦洋工夫红茶，红茶产品由外贸机构销往苏联、东欧等国和港澳地区。

1950—1969 年，福安茶厂共生产精制工夫红茶 34800 吨、茶叶总产值 27094 万元，年均生产量 1740 吨、年均产值 1354.7 万元；出口外销 25900 吨、年均出口 1295 吨，外销茶占总产量的 74.4%。工夫红茶主销苏联及东欧多国。

此期间，福安茶厂坦洋茶叶初制厂在为总厂生产红毛茶的同时，根据国家计划进行白茶生产；1964

年产量8吨，1965年产量12.7吨。这些白茶基本上也是外销。

1950—1960年福安茶厂茶叶出口外销情况表

年份	出口数量（吨）	出口金额（万元）
1950	1152.15	498
1951	1034.25	447
1952	1073.35	464
1953	1000.7	432
1954	1101.65	476
1955	1515.7	655
1956	1917	828
1957	1777.55	768
1958	2263.05	979
1959	2101.2	796
1960	1836.05	735
合计	16772.65	7078

1969年福安茶厂生产实行“红改绿”，红绿茶的主次地位发生变化，以发展绿茶生产为主，根据国家计划，生产烘青绿茶和花茶；绿茶与花茶的比例随国家计划变动，大体上是2∶3。保留福安茶厂坦洋分厂（原坦洋茶叶初制厂）继续专门生产红茶，每年根据国家计划为外贸部门提供少量精制坦洋工夫红茶。茶叶销售由过去的外销为主转为内销为主。花茶主要销往华北、东北、西北、华东等地，少量由外贸部门统调出口东南亚国家和港澳地区。

1970—1990年，福安茶厂共加工窨制茉莉花茶33800吨、茶叶总产值达21596万元，年均生产量1609.5吨、年均产值1028.4万元；茶叶外销出口14500吨、年均出口690.5吨，外销茶占总产量的42.9%。其中1971年加工量为2890吨、年产值1191万元，出口外销810吨。1978年，福安茶厂精制花茶125吨，红茶、绿茶2095吨，出口茶叶699.35吨，创汇54.13万美元（1978年1美元兑换1.5771元人民币）。

福安茶厂的产销实行严格的计划经济管理。以1982年的生产计划为例，这一年茶厂产品总产量1741.5、工业总产值1250万元；外贸出口551.5吨，其中绿茶275吨、花茶165吨、红茶111.5吨；国内销售864吨，其中绿茶625吨、花茶235，红茶4吨。

1982年福安茶厂茶产品国内调拨、销售计划简表

茶叶品种	各省市调拨、销售数量（吨）										
	北京	上海	河北	天津	山西	辽宁	陕西	甘肃	福建	特调	合计
总量	185	75	75	25	25	25	100	180	49	125	864
绿茶	150	50	50	25	0	0	75	155	20	100	625
花茶	35	25	25	0	25	25	25	25	25	25	235
红茶	0	0	0	0	0	0	0	0	4	0	4

1950—1990年，福安茶厂存续41年，累计加工精茶72057吨，总产值近5亿元，上缴利润近3000万元，利改税后上交国家税收730万元，为国家和地方财政做出重要贡献。

1984—2022 年福安市的茶叶销售

1984 年 6 月，茶叶流通体制改革后，茶叶产销由计划经济时代步入市场经济时代，国营、集体、个体户均可参与茶叶市场进行经营活动。

1985 年，全县国营和集体茶厂共精制茶叶 2177.27 吨，完成产值 1862 万元；出口茶叶 139.15 吨，创汇 121.44 万美元（1985 年 1 美元兑换 2.9367 元人民币）。

1990 年，福安全市国营和集体茶厂共精制茶叶 3241.73 吨，完成产值 1235.43 万元，出口茶叶 1054.66 吨，创汇 110.14 万美元（1990 年 1 美元兑换 4.7838 元人民币）。

1991 年，全市精制茶叶产量 4464.6 吨，其中茉莉花茶 391.5 吨。出口茶 69 吨，制茶产值 1700 多万元，约占食品工业总产值的 19.3%。1985—1990 年，福安先后在北京、天津、上海、苏州、青岛、济南、烟台、西安、沈阳、大连、长春、太原等城市开设茶庄达 180 多家，从事茶叶经营者达 480 多人，每年销售花茶和名优茶达 2500—3000 吨。

1995 年，福安茶厂、坦洋茶场、王家茶场、高坂茶场附设茶厂等 4 家国有茶企的产值、产量和销售量均占全市茶行业的 80%以上。

2005 年，全市精制茶叶产量 1.4 万吨、产值 4.1 亿元，占全市食品工业总产值的 46.3%。

2012 年 7 月 30 日，中国互联网络信息中心授权由福建新坦洋茶业（集团）股份有限公司注册“中国红茶网”（域名 chinablacktea.com.cn），并在中国国家顶级域名数据库中记录。福安有多家茶企入驻该网站，拓展了福安茶叶电子商务的销售渠道。2019 年 7 月，域名使用到期，没有再续。

2016 年，全市茶产业商品总值 37.44 亿元。据 2020 年版《宁德茶志》，2016 年福安市的“隽永天香”“林芝友缘”“一泡红”“千氏茗”“新坦洋”“兴旺”等 6 家茶叶公司共销售茶叶 3000 吨、价值 4.59 亿元；其中“隽永天香”外销 68 吨、价值 1325 万元。

2017 年，全市出口茶叶 572 吨，产值 1790 万美元（2017 年 1 美元兑换 6.7518 元人民币）。

2015—2018 年，全市有 9 家茶叶制造企业经审批获得自营出口权。企业名称和审批时间如下：福安市世纪源茶叶有限公司（2015.1）、福建隽永天香茶业有限公司（2015.6）、福建坦洋工夫（集团）股份有限公司（2016.1）、福安市艾绿茶业有限公司（2016.5）、福安市城湖茶叶有限公司（2016.5）、福建新坦洋集团股份有限公司（2016.7）、新世基坦洋（福建）茶业集团有限公司（2017.9）、福建新合作桂香山茶业有限公司（2018.2）、福建省同泰春茶业有限公司（2018.3）。

2019—2021 年，全市增加 10 家拥有自营出口权的茶企业。

2020—2021 年，福安茶叶电子商务、网络平台交易、直播带货等新兴流通渠道全面活跃，坦洋工夫首批签约入驻福茶网，并且配套制定福建省地方标准《电子商务交易产品信息描述规范——茶叶》，将全国电子业务标准化技术委员会茶叶电子商务工作组设在福安市。全市有茶叶电商企业近 150 家，网店 300 余家，年交易额 8000 多万元。

2022 年，福安茶产业销售网络不断拓展，线上、线下网络通路进一步优化。全市茶叶交易金额超 1 亿元的经销大户有 5 户，坦洋工夫红茶年市场交易量 5 万多吨，交易额超过 50 亿元；茶产业综合产值 110 亿元。

2022年福安市部分茶企业销售情况简表

单位：吨、万元

企业名称	茶类	销往地点	数量	价值
福建隽永天香茶业有限公司	红茶	国内	26.78	307.88
	红茶	出口	35.23	816.4
	绿茶	国内	41.95	767.13
	绿茶	出口	22.57	384.41
	花茶	国内	229.26	4571.09
	花茶	出口	0.14	9.18
	白茶	国内	26.04	588.32
	白茶	出口	59.35	1733.7
	乌龙茶	国内	6.19	33.55
	计		447.51	9211.66
福建省京福茶业有限公司	花茶	北京	289	5200
	红茶	国内多地	25	635
	计		314	5835
福建宝丰源茶业有限公司	白茶	广西衡州	19.64	180.75
	绿茶	浙江绍兴	49.35	102.2
	绿茶	安徽黄山	33.5	84.02
	白茶	福建宁德	0.75	12
	绿茶	福建宁德	0.5	6
	绿茶	安徽黄山	18.66	22.78
	金针龙珠	山东济南	0.55	27.4
	绿茶	福建松溪	2794.6	4700.6
	白茶	广西横州	11.34	34.06
	计		2928.89	5169.81
福建省兴旺茶业有限公司	绿茶	福建漳州	4054	3620
	绿茶	浙江	765	950
	茉莉花茶	福建漳州	850	860
	红茶	浙江	100	240
	计		5769	5670
福建新坦洋集团股份有限公司	红茶	国内多地	60	5548.3
	计		60	5548.3
福建鼎贞茶业有限公司	白茶	国内多地	60	850
	红茶	国内多地	30	400
	绿茶	国内多地	10	150
	调味茶	国内多地	10	100
	计		110	1500
福安市品福茶业有限公司	红茶	福州	2.5	100
	白茶	福州	2.5	50
	花茶	福州	2.5	50
	计		7.5	200

续表

企业名称	茶类	销往地点	数量	价值
福建省林鸿茂茶业有限公司	红茶	国内	38	869
	绿茶	国内	23	587
	白茶	国内	20	534
	茉莉花茶	国内	6	120
	计		87	2110
金红茶（福建）茶业股份有限公司	红茶	国内多地	16	300
	白茶	国内多地	7.8	150
	计		23.8	450
福建卓月天茶业有限公司	红茶	国内多地	15	360
	白茶	国内多地	3	55
	绿茶	国内多地	2	28
	乌龙茶	国内多地	12	288
	茉莉花茶	国内多地	5	35
	计		37	766
福建省仙特农业发展有限公司	红茶	国内多地	2.25	90
	白茶	国内多地	5	350
	计		7.25	440
福安市茗春馨香茶叶有限公司	红茶	上海、浙江、山西阳泉	20	380
	花茶	北京、阳泉	280	7000
	计		300	7380
福建农垦茶业有限公司	红茶	国内	10	460
	乌龙茶	国内	12	120
	绿茶	国内	0.2	5
	白茶	国内	1	20
	计		23.2	605
福安市西部兴达种养专业合作社	红茶	北京、上海	110	2440
	绿茶	广西南宁、安徽黄山	77.5	1240
	计		187.5	3680
福建省天荣茶业有限公司	红茶	国内	38	1230
	绿茶	国内	68	680
	花茶	国内	7.2	216
	工艺茶	国外	1.9	115
	计		115.1	2241
福安市茗露农业发展有限公司	红茶	福建、山东、江苏、河北、四川、重庆、上海等地	12.88	765
	白茶		8.05	420
	乌龙茶		0.92	88
	计		21.85	1273
一泡红（福建）茶业有限公司	红茶	山东、浙江、广东	600	8000
	计		600	8600

续表

企业名称	茶类	销往地点	数量	价值
福安市金福龙茶业有限公司	红茶	国内	600	2000
	白茶	国内	50	600
	绿茶	国内	300	1200
	计		950	3800
福建省红新茶业有限公司	红茶	京、沪、穗、深，浙江、江苏等	110	1430
	白茶		40.625	650
	计		150.625	2080
福建景然茶业有限公司	绿茶	广东、安溪、山东、浙江、河南、新疆	16	41.6
	红茶		140	420
	白茶	福建、浙江	0.75	22.5
	茉莉花茶	河南	30	54
	计		186.75	538.1
福建省中福农科农业有限公司	红茶	国内多地	20	1500
	白茶	国内多地	30	1500
	计		50	3000
福建林洋茶业有限公司	红茶	北京、山西、内蒙古	1.85	55.5
	白茶	天津、河北、福建等	2.26	42.94
	计		4.11	98.44
福建凤鼎翔茶业股份有限公司	绿茶	北京等	1	28
	红茶	北京、湖北、厦门、深圳等	6	78
	花茶	北京	7	72
	其他茶	北京	2	48
	计		16	226
福建润木堂茶庄园有限公司	红茶	北京、天津、东北三省、武夷山、安溪、江苏、山东、广东以及福安本地等	30	900
	白茶		35	770
	乌龙茶		12	216
	绿茶		1.1	28.6
	代用茶		3.1	49.6
	调味茶		12.5	300
	花茶		2.1	96.6
	计		95.8	2360.8
福安市葆青茶叶有限公司	绿茶	石家庄、厦门、浙江、北京	20	214
	红茶	石家庄、厦门	8	105
	花茶	石家庄、厦门	10	296
	计		38	615

（以上企业排名不分先后）

第三章　茶叶运输

陆上茶路

古官道茶路

宋室南迁以后，南宋政府为了加强对闽粤大后方的控制和联系，大力完善和发展交通设施，尤其重视官道的整修和铺砌。一条北起临安（杭州）南迄粤东的“国道”从浙东永嘉（温州）出分水关进入福建，然后往南经过今福鼎、霞浦县境进入今福安市溪尾镇地界，渡过白马河后进入宁德县境直趋福州。[①]还有一条官道自韩阳城西往穆阳，然后“花开两枝”，其一西趋建州（闽北），另一则北上处州（浙西南），最后在临安会合。长溪流域三面崇山环抱，一面濒海，历来难通车马，与外界来往困难重重，这两条主官道及支线的铺砌极大地改善长溪流域与外界的交通条件，尤其是与周边宁德、霞浦、寿宁诸县[②]的联系，它们和黄崎水道共同组成长溪流域的生命线，是

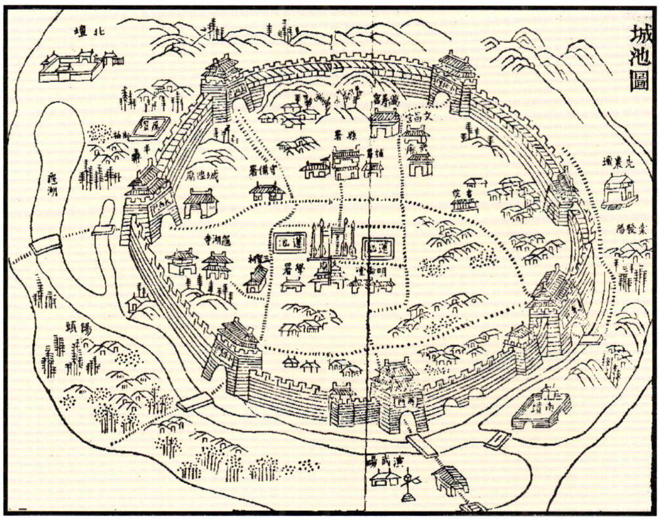

清光绪《福安县志》的城池图

① ［宋］梁克家《三山志》卷五《地理类·驿铺》记述，从福州“北取温州路”沿途驿站有：北岭—潘渡桥—白鹤岭—宁川驿—双岩岭—黄崎镇滩头渡—下杯［邳］驿—盐田驿—温麻驿—桐山驿—分水岭—温州。

② 清代“福宁五县”：霞浦县，晋为温麻县治，唐宋为长溪县治，元、明及清初为福宁州治，清雍正十二年（1734年）升州为府，始设附郭县霞浦；霞浦县清乾隆四年（1739年）分出福鼎县（1995年改为福鼎市），民国24年分出柘洋特种区（民国34年升为柘荣县）。宁德县今称蕉城区，唐开成间（836—840年）析长溪县宁川、古田县东北地置感德场，五代后唐长兴四年（933年）升置宁德县，民国24年分出周墩特种区（民国34年升为周宁县）。福安县，宋淳祐五年（1245年）从长溪县析出西、北二乡置县，1989年改为市。寿宁县，明景泰十年（1455年）划福安县西北部平溪里4个都、政和县东北部设县。

磻溪老街（如玉 摄）

泰逢老街（如玉 摄）

沙坑老街（如玉 摄）

当时的政治经济命脉，对社会经济的发展起了不可估量的作用。

康乾时期，社会安靖，经济发展，福安在已有的基础上进一步完善了以韩阳城为中心、以主要官路为干线的交通网络，尽管山高岭硬，却也四通八达。这漫漫石径也是著名的茶盐古道，为偏远茶区的茶叶运输提供基本保障。

◎**东路**

出城门，经棠发洋、詹洋、洋中、签诗亭，往霞浦县黄柏（今属柘荣县）、富溪；经秦溪、中村、林洋、雷柏洋，往霞浦县宅中（今属柘荣县）；或东南经化蛟、合掌岭、东坑、茜洋、横坑，往霞浦县柏洋；经东坑、松罗、南溪，往霞浦县凤阳；或经松罗、赤溪、溪尾，往霞浦县盐田。

◎**西路**

出城门，过阳头渡，经铜岩、隆坪、下逢、穆阳、苏堤、渡头、石尖、牛岭尾，往宁德县七步（今属周宁县）；经穆阳、溪塔、玉林、南溪、晓阳，往寿宁县凤阳，或再向西往宁德县纯池（今属周宁县）；经马山、城山、溪填、磻溪、芹洋，往宁德县杉洋（今属周宁县）、咸村；经溪填、洪口、西隐、可洋，往宁德县赤溪。

◎**南路**

出城门，过溪口渡，经江家渡、柳堤、白沙、同台、苏头店、白鹤，过廉首渡，经罗家巷、大留、倪下、观里、湄洋，往宁德县闽坑；或经大留、甘棠、国泽、藤头、大梨、大获、南浦，过渡往宁德县八都、七都、六都。

◎**北路**

出城门，过阳头渡，经湖口、坂中、船潭、长汀、南岸，过龟龄渡，经秀峰、填头、社口，往寿宁县武曲、斜滩；或从南岸过渡，经湖塘坂、潭头、棠濑（棠溪）、泰逢、坑口，往寿宁县竹管垅、南阳；另一路由岩湖、溪东、湖塘坂、东昆、财洪、上白石、不老、范坑、洋山、蛇头、八斗，或由不老经墩头、上坪、八斗，往浙江省泰顺县；或由不老过东溪渡，经沙坑，入霞浦县何家山、英山（今俱属柘荣县）。

从晚清到20世纪50年代，百余年间以上传统官道茶路都发挥重要的作用；每到茶季，一些重要的路段行人和挑夫攘来熙往。1956年以后，随着公路交通不断发展，古官道的茶运功能逐步被取代。

域内区间茶路

在未通公路以前，福安域内区间交通依靠乡村大道，并实现茶叶的区间挑运。

◎**赛岐⇋楼下**

从赛岐往东，经店前、苹洋里、溪柄、马厝、寨下（大夏）、柏柱亭、狮峰寺，抵楼下。全长15千米，路宽1—2.5米不等，路面用石头铺砌。

抗日战争中曾被破坏，民国35年（1946年）修复。溪柄至楼下段10千米，是当时交通要道。1956年福温公路通车和1975年溪（柄）楼（下）公路通车后，该道行人稀少。

◎赛岐⇋大获

从赛岐过渡至罗家巷往南，经小留、大留、甘棠、国泽、奎聚、英岐、藤头、大梨，抵大获。全长32千米，路宽1—2米不等，大部分路面用石块铺设。是赛岐往福安县南部，并通往宁德县的大道。1956年福温公路及1966年甘棠至下白石公路通车，赛岐至大梨段被取代，大梨至大获段仍有部分旅客过往。

◎溪柄⇋溪尾

从溪柄往南，经双风亭、王家、杜坑、前山、林洋、坎下抵溪尾，全长25千米，路宽1—2米，路面石块铺砌。是前往霞浦的通道，1956年溪古公路和1978年松罗至溪尾公路通车后，该路行人稀少。

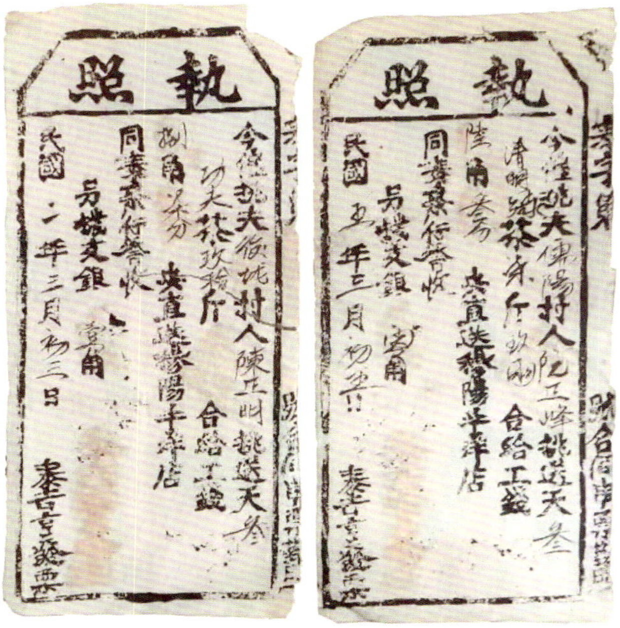
執照

執照

民国初“直送穆阳半洋店同泰茶行”的挑运执照
（林志锋 提供）

◎湖塘坂⇋坦洋

从湖塘坂经东口、沙溪、社口达坦洋村，全长15千米，路宽1—1.5米不等，路面石头铺砌。1958年福寿公路通车，该路被取代。

◎赛岐⇋穆阳

从赛岐罗家巷经后太、洪口、溪填、潭头、廉村，过渡到双峰、梧溪、招坑、长潭、龙首桥、秀溪抵穆阳，全长25千米，路宽1—2米不等。1959年浦赛公路通车，该路被取代。

公路

◎国道

福安的第一条公路是福温（福州至温州）公路福安段，1955年12月建成，1956年1月通车。境内段起于与柘荣县接壤的上白石镇郑家山，途经上白石、潭头、城阳、城北、城南、溪柄、赛岐、罗江、甘棠等乡镇街道，止于与宁德县（今蕉城区）交界的甘棠镇眉洋村，贯穿福安南北，全长79千米。1987年福温公路改称国道104线（因起于黑龙江省同江市、止于海南省三亚市，又称同三线）。国道104线福安段原为三级公路，1992—1996年经过拓宽提级改造，全长82.68千米，除城阳镇湖塘坂至上白石郑家山段为三级路，其余均为二级公路。

◎省道

霞大线（S301）　起于霞浦县城，止于寿宁县大安乡，约164千米。该线福安路段始建于1955年，起于松罗乡叶洋村，途经溪柄、阳头、城南、城北、城阳、社口等乡镇街道，止于与寿宁县交界的社口镇省茶科所，全长71.89千米，原为四级至三级公路。其中溪柄车站至城阳湖塘坂段与国道104线重复31.13千米。1999年，湖塘坂至省茶科所段的12千米按照二级路标准进行改造，2001年完工。

下浦线（S302）　起于福安市下白石镇，止于浦城县莲塘镇，约256公里。该线福安路段始建于1955年，起于下白石镇，途经甘棠、赛岐、罗江、溪潭、康厝等乡镇街道，止于石尖村与周宁交界处，全长61千米，其中甘棠至罗江段与104国道重复7.39千米。下浦线福安段原为四级至三级公路，1987年改造下白石至甘棠段全长15.60千米，为标准三级公路。1999年罗江至周宁牛岭界段38.5千米按二级路标准进行水泥路面改造，2001年竣工。

◎**县级公路**

通乡镇公路 福安共有8条通乡镇公路，总里程367.56千米。除国道、省道外，均于1997年前后按四级标准进行改造，实现通乡公路路面标准化。2002年，福泰（福安上白石至浙江泰顺）公路福安段9.5千米，按山岭重丘区四级公路标准改造。2005年，福安市进行县级公路改造，其中赛（岐）湾（坞）溪（尾）线、社（口）晓（阳）线进行三级标准改造；赛湾溪公路全长38.5千米，社晓公路全长34.5千米。

乡镇通村公路 1990年，福安市有乡村公路26条、372.18千米，基本为四级或无等级的泥结路。1994年开始对乡村公路进行改造。1997年开展全面修建行政村"小康路"活动。2005年通村公路总里程2490千米，完成硬化路面286千米。

2022年全市农村公路通车里程1717.21千米，其中县道289.98千米、乡道991.46千米、村道435.77千米；18个乡镇全部通农村公路。

◎**高速公路**

福安市高速公路总里程146.68千米，有江家渡、福安北、福安西、赛岐、湾坞、下白石、甘棠、社口、白云山、下白石南浦、坂中坑下、康厝岐山等12个一般（枢纽）互通，形成二纵（沈海高速、沈海复线高速）二横（宁武高速、福寿高速）的高速公路网络。

沈海高速福安段 沈海高速公路福安段东起福安溪尾与霞浦盐田交界，西至福安下白石南浦，途经溪尾、湾坞、下白石3个乡（镇），福安段长27.8千米。设计时速80千米，设下白石互通1处、湾坞枢纽互通一处，福安（溪尾）服务区1处，收费站1个（下白石）。2000年2月21日开工，2003年6月28日全线通车。

宁武高速至福安段 宁武高速公路是国高网"宁上高速公路"的重要组成部分，境内全长61.25千米，途经湾坞、赛岐、溪柄、坂中、康厝、穆云等6个乡镇，在湾坞设落地枢纽互通，连接沈海高速公路和国省干线纵1线，在赛岐、坂中江家渡设一般互通连接国省干线纵2线，在穆云白云山设一般互通连接国省干线横2线，在康厝岐山与沈海复线高速公路岐山枢纽互通连接。湾坞至福安段（即沈海高速公路福安连接线）全长31.65千米，按山岭重丘区高速公路设计，时速60千米、双向四车道，2001年3月1日动工，2005年6月26日建成通车。福安至周宁段，全长29.61千米，按山区高速公路设计，时速80千米、双向四车道，2008年12月23日动工建设，2012年10月9日建成通车。

福寿高速福安段 福寿高速公路是国高网"漂宁高速"的重要组成部分，全线按山区高速公路设计，时速80千米、双向四车道。福安境内全长13.6千米，途经坂中、社口2个乡镇。在坂中坑下设枢纽互通连接沈海复线高速公路，在社口填头设社口互通连接国省干线横1线。2012年12月28日动工建设，2015年8月13日通车。

沈海复线高速公路 沈海复线高速公路是国高网"甬莞高速公路"的重要组成部分，全线按山区高速公路设计，时速80千米、双向四车道。境内全长44.03千米，途经潭头、城阳、坂中、康厝、溪潭、甘棠6个乡镇。在坂中坑下设枢纽互通连接福寿高速公路，在康厝岐山设枢纽互通连接宁武高速公路，在坂中长汀、甘棠观里设一般互通连接国省干线纵2线，在溪潭港里设一般互通连接国省干线横2线。福安至柘荣段长23.45千米，2012年10月28日动工建设，2015年9月25日建成通车；福安至蕉城段长20.58千米，2014年12月29日动工建设，2018年12月建成通车。

铁路

温福铁路北起浙江省温州市、南至福州终点站，全长 298.4 千米，为国家一级干线、双线电气化铁路。温福铁路福安境内（福安段）线路走向东起溪尾镇，途经湾坞乡、西至下白石镇，全长 25.01 千米。2005 年 8 月，温福铁路全线开工；2009 年 9 月 28 日，正式开通运营。

水域茶路

长溪水系

福安位于闽东第一大河长溪的中下游。在没有公路的年代，长溪水道为福建省东北地区的物流交通提供了便利。福安茶叶主要依靠水运，长溪水系各主干支流发挥了重要作用。

福安市境内长溪水系主要河流基本特征简明表

段落支流	河流名称	源头	入境处	汇止处	境内长度（km）	境内流域面积（km^2）	总落差（m）
东溪	东溪主流	浙江平阳	坪岗头	湖塘坂	37	343	120
	后溪	寿宁县	古岭宅	坪岗头	23	52	150
	棠溪	寿宁县	上横山	潭头	21	164	180
	燕坑溪	牛黄	大王坑	燕坑	6.5	25	405
	财洪溪	蒲洋	松茂林	财洪	6	29	250
	沙坑溪	柘荣县	后垅	沙坑	1	0.5	40
	平溪	寿宁县	大垅	青潭渡	5	24	100
西溪	西溪主流	浙江庆元	武曲	湖塘坂	14	78	20
	坦洋溪	寿宁县	坦洋	溪口	6	21	50
交溪	交溪主流	湖塘坂	湖塘坂	赛岐	36	228	20
	秦溪	仙岭	秦溪	城南	10.4	45	460
	化蛟溪	前洋	白坑	化蛟	7	19	150
茜洋溪	茜洋溪主流	柘荣县	坑口	宸山	20	142	80
	北山溪	洋中	洋中	北山	20.8	46	460
	朝里溪	长冠	里朝里	坑口	6	15	190
穆阳溪	穆阳溪主流	政和县	下竹洲	廉首	46.4	518	150
	磻溪	赤路	赤路	溪填	21	90.5	300
	下逢溪	周宁县	下炉	龙首桥	36	117	580
	秀溪	白云山	白云山	桂林	15	52	550
	蟾溪	南溪	南溪	黄竹林	8	42	450
	小溪	周宁县	象地	初处	6	16.5	5
赛江	赛江主流	赛岐	赛岐	白马门	32	349	5
	炉山溪	彭洋	彭洋	炉下	11	47	120
	利洋溪	可洋	可洋	南塘	12	50	200
	东澳溪	大车	大车	里湾	10	35	300

内河交通

◎长溪航道

福安一邑，因得长溪之利，旧时内河运输业就很发达。宋淳熙《三山志》："官井洋港……潮，东至白沙，西至廉首……白沙溪船至斜滩，廉首溪船至缪洋（穆阳）。"[①] 这里的"官井洋港"指今赛岐三江口一直到三沙湾官井洋的漫长水域。

清光绪《福安乡土志》："各溪行船。试自白马江溯流而上，东溪至沙坑止；西溪至斜滩止，平溪（即交溪）与东西溪同。大梅溪（即茜洋溪）至㡱山止，由猪牳潭上至秤阳（茜洋）皆行筏。廉溪（穆阳溪）至苏堤止（原注：由苏堤而下则可至穆洋，上则可至青草渡），唯下房（下逢）一水，船不可行耳。"[②] 记述了清代福安长溪主流和各支流，只要稍微开阔一些的河道，皆可行船。地处"溪尾江头"的赛岐码头，其繁忙程度可想而知。

旧时长溪两岸的内陆各地，无论是物资运输还是人员往来，都离不开长溪水道。民国时期，长溪水道有 46 千米可通航小汽船，有 136 千米可通航民船。[③] 赛岐是重要的起始点和中转站。

赛岐三江口以北的长溪主航道，可分为几个段落：三江口至黄澜段，15 千米，河床以泥沙为主，受潮汐影响较大，通航能力较强，20 吨位的木船可以乘潮行驶；黄澜至化蛟段，4 千米，河床以卵砾沙为主，4 吨位的木船可以通行；化蛟至阳头段，9 千米，溪面宽阔，可行驶 2.5 吨位的木船；阳头至湖塘坂，溪路也比较宽敞；湖塘坂以上，东溪至上白石沙坑，西溪至社口和寿宁县的斜滩，河床以卵砾沙为主，河道曲折，滩多流急。旧时阳头是重要的转运码头，其上游的船统称为上溪船，因溪谷水浅，载重量一般在 1 吨以下。上溪船一般到阳头码头换船，阳头船载重量一般是 2.5 吨。

赛岐三江口（2009 年，见明 摄）

① ［宋］梁克家《三山志》卷六《地理志六·海道》。
② ［清］周祖颈《福安乡土志》卷二《地理部·诸水门》，师京华书局光绪三十一年刊本。
③ 福建省政府统计室《福建省经济统计手册》第 118 页，民国 35 年。

晚清富春溪水运图（原载道光二年《澜江薛氏族谱》，见明 摄）

三江口以西的穆阳溪航道，长 22.4 千米，可分为两段。三江口至洪口段 7 千米，河床以泥沙为主，受潮汐影响较大，40 吨位的木船可以乘潮行驶；洪口至穆阳段，15.4 千米，卵砾沙质河床，滩多流急，可通行 1 吨左右的小溪船。穆阳溪航道原可达苏堤，后因河道淤积严重而废用。

三江口以南的赛江白马河航道，长 35.3 千米，可分为两段。三江口至国泽航程 8.3 千米，低潮水深约 2 米，锚地水深约 4 米，1500 吨级轮船可乘潮进港；国泽至白马门 27 千米，航道水深 6.4 米，锚地深 8 米以上，5000 吨级轮船可乘潮抵下白石。旧时原称三江口至国泽水道为赛江，国泽至白马门水道为白马河；20 世纪 80 年代后，一般将二者统称为赛江或白马港。

◎赛岐码头

旧时赛岐的码头集中在北大街和中兴街（20 世纪 60 年代后合称和平街）的临江处，从今和平街码头（又称“大座头”）向北到上岐头，共有 4 个小码头，供各地木船停靠用。20 世纪 70 年代后，随着木船数量的减少，和平街江边的旧码头多不再使用。现有的赛岐港区码头有 3 个，确保长溪内河到白马港航道的运行。

赛岐民船码头位于和平街江边，沿用历史上的旧码头，上游各溪河下来的民船多在此停泊。赛岐港务货运码头修建于 20 世纪 60 年代，由 3 个码头组成，是赛岐最重要的货运码头。初为客货两用，1978 年改为货运专用迄今。

20 世纪 70 年代以后，由于公路交通的快速发展，内河交通风光不再。

◎内河、内港船运

木船运输在福安的历史非常悠久。自古以来溪船是沿溪沿江村镇重要的运输工具。赛江船舶出了白

长溪下游的小木船（资料）

马门即进入三沙湾内海，出了东冲口就是浩瀚的东海，“南连广粤，北抵江浙，达兹外域，无所不通”。[①] 在轮船没有出现之前，实现这一切的运输工具都是传统的木船。

在长溪中下游水域从事内河、内港运输的主要有渡船、舢板、溪利（溪里）、溪艚等小型木船。渡船是载人运物横渡江河、连接两岸的交通工具；旧时长溪水系两岸的来往交通都依靠船渡，许多地方至今仍在发挥作用。舢板是靠人力划桨、摇橹推进的无甲板小船；舢板船体轻便，载重量 1—3 吨，吃水浅，抗风浪能力差，多用于赛江江面过驳货物或短途运输。溪利船因首尾尖小，也叫“梭船”，属小型帆船，设单桅；在山溪行驶的多是“溪利仔”，载重量仅 0.5—2 吨；山溪小木船时常遇濑搁浅，船工还必须下水，肩顶手推，艰难行进；稍大些的叫“溪利牳”，多是 3—5 吨位。与溪利相似的有溪艚，二者区别主要是前者船底尖平，水中稳定性好，除运输外，也用作溪河小鲜采捕；后者体积较大，底稍平，适合于货运。

木船装上风帆就是木帆船。木帆船可以分为小、中、大三个类型，分别安装单桅、双桅、三桅。小型帆船如溪利、溪艚等，中型以上的如长艚、毛缆、里仔、钓艚、艋艚等。木帆船主要借助风力前进，除了桅杆和风帆，船上还备有桨、橹、篙等。桨、橹是船上的人工辅助动力设备，橹还用作调整方向。顺风时，木帆船比较好走，偏顺风时，则需要调整帆的方向行驶。风小或无风时只好靠划桨、摇橹让船只缓慢前进，遇到水浅的溪段还要用竹篙撑行。中型帆船多为 10—20 吨位，设双帆。较大型的帆船多是三桅船，载重量运 30 吨以上。

未通公路之前，白马门运货到赛岐均用中型木帆船，逆水行舟，顺风时需七八个小时；再往上游，河道狭窄，溪路曲折，换载小船，货物减半。赛江上游各溪河主要靠溪利、溪艚进行运输，那时东溪船可达沙坑，西溪可达斜滩，穆阳溪船可达苏堤。

众多溪船中有一种“斜滩艚”，船身一般宽 2 米，长 4 米，载货量 1 吨左右，是溪艚一款。不局限于在斜滩溪航行，东溪直到上白石的沙坑也通斜滩艚，故也称“上溪船”。斜滩与赛岐的经济交往非常密切，下行茶叶，上行鱼盐日杂百货。民国 26 年（1937 年）以后，往来于斜滩—赛岐的“斜滩艚”多达 130—200 多艘。[②] 斜滩艚水运在长溪传统木船运输中占有相当的比重。

内海、近海交通

◎福安海域

福安海域在市境南部，由白马港两侧、盐田港西侧和卢门港东侧组成。海岸线东起盐田港，西至卢门港，蜿蜒曲折，岸线总长 130 千米。晚清时期，近代轮船业在闽东兴起，赛岐码头成为闽东“海上茶叶之路”的主要起点，在海运方面扮演越来越重要的角色。

闽东沿海潮汐类型属正规半日潮，即在一个太阳日内发生两次高潮和两次低潮，每一潮周期历时约

① ［清］卢建其《宁德县志》（乾隆四十六年编修），卷二《建置志·道路》。
② 卢陵《斜滩水陆交通往昔谈》，见《寿宁文史资料》第 3 辑，寿宁县政协文史委 1989 年编印，第 102—103 页。

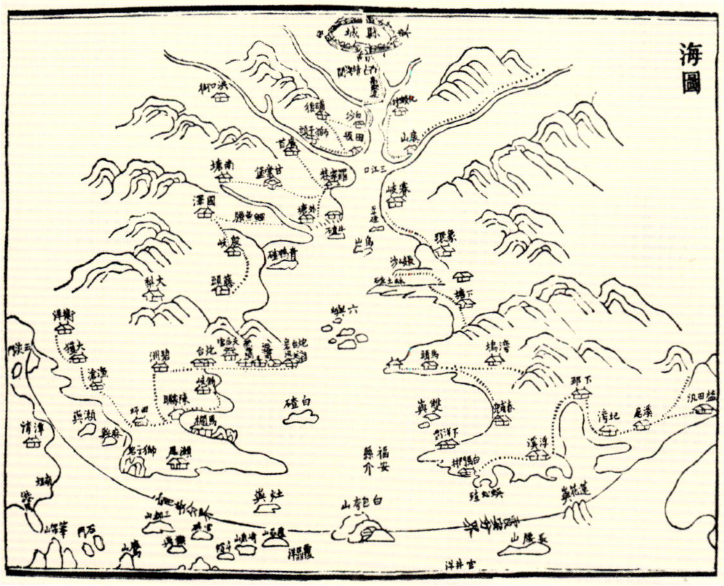

清光绪《福安县志》的海图

12 小时 25 分钟。赛江潮汐一天内两次潮的高度几乎相等，涨落潮的时间也差不多长。大潮潮差六七米，小潮潮差三四米。正常月最高潮位在农历初三和十八前后，正常年最高潮位在农历八月、九月的初三和十八前后。赛岐港（白马港）素有“黄金水道”之称，水域自三江口的旧赛江糖厂起至白马门的白马角止，面积 5508 万平方米，岸线长 68.5 千米。该港的两个作业区目前共有 21 个港口泊位。赛岐作业区由上岐头至赛岐客运码头，南北长 2 千米，东西宽 0.6 千米，面积 1.2 平方千米，水深 5 米以上，底质为淤泥；下白石作业区由赛下小港至岐后鼻，宽约 0.6—2 千米，水深 5—16 米，底质为泥沙。5000 吨轮可乘潮抵下白石港区，千吨轮可乘潮达赛岐港区。[①]

◎**木帆船运输**

近代以后，商品经济的发展带动了航运业的繁荣。“双桅巨舰”在内海、近海大显身手，往来于赛岐航道与“外郡”之间。民国 17 年（1928 年）阳头船主黄培英的“横海飞”号木帆船达 100 吨位，经营赛岐往福州、青岛、台湾等地客货航运业务。民国 29 年（1940 年），赛岐巨商高而山的“永和顺”号木帆船达 110 吨位，成为当时福安最大的木帆船。

民国 22 年（1933 年），赛岐与三都之间有一艘平安号小轮船来往，每日往返一次，水程 150 里，船资每人大洋 7 角。赛岐与宁德间有 10 艘福安的木帆船来往，客货兼营，每船可载 7.5 吨；旅客如自雇船只，每艘客船须 6 元。赛岐与三都间有载重 5 吨的木帆船 2 艘，行驶一次，船资收入可达 20 多元。据统计，是年福安有“搭堵”（类似“毛缆”）船 32 艘，载重 25 吨，多行驶北方沿海；“舢仔头”50 艘，多行驶三都、兴化、泉州、温州、崇明等处；“溪利犅”（宁德人称为“白艚”）10 艘，可载 3.75 吨，多走福宁（霞浦县）；乌底船 10 艘，载重 25 吨左右，航线与舢仔头同；此外还有载重约 100 吨的木船 3 艘，行驶赛岐与山东沿海之间，每年走两次；有载重量为 70 吨的木帆船 1 艘，往返于福安与浙江沿海间。[②]

通江达海的赛岐旧码头（夏念长 摄）

民国 28 年，福安全县有各式木船 524 艘，其中外海船 37 艘。民国 26—38 年，赛岐与宁德、赛岐与飞鸾之间共有 6 艘（各

---

① 《福建省海域地名志》，福建省地名委员会、省地名学会 1990 年编印，第 360、391 页。

② 张研、孙燕京主编《民国史料丛刊》第 371 册，大象出版社 2009 年版，第 355、356 页。

3艘）5吨位木船往返运输。[1] 赛江的许多船舶不一定都是赛岐籍，但都与赛岐码头有密切的关联。民国25年（1936年）福安县在赛岐成立民船业同业公会，共有会员74人、民船60艘，其中连江籍船占24艘。民国27年赛岐有大型木帆船17艘。[2]

◎**新兴轮船业**

民国7年（1918年）上白石佳浆人王泰和首先开辟三都澳至福州的轮航，使赛岐与福州两地之间的往返只需经三都澳一次转运即可抵达。经这条航线运出的商品是以茶叶为主的农产品，运进的主要是煤油、火柴和棉布等工业品。王泰和后来创办泰安轮船公司，有江门号和镇波号分别航行三都、三沙线，海鸥号航行沙埕线；不久他又与别人合股创办乾泰轮船公司，有“五福轮”（福州号、福宁号、福兴号、福祥号、福利号）分别航行沙埕、泉州、莆田、鳌江、上海线；福祥号和福利号触礁后又添置了3艘2000吨级的轮船，其中建安号走天津线，安宁号走上海、香港线，建康号走宁波线。泰安轮船公司是当时福州港的三大水运公司之一。

民国16年（1927年），坦洋茶商胡修诚购日本造700吨位旧钢质货轮一艘，取名“咸通”，经营赛岐、福州、青岛、台湾等地客货航运业务。赛岐还有“平安”“同龙”“利捷”共3艘小客轮，专航赛岐至三都线，开启专业客运业务。

民国23年（1934年），赛岐商人合股建造“建安”“福源”“升安”“安全”“顺昌”5艘轮船，经营海上运输；后来又增加“福安”“新济”“升龙”“利捷”4轮。民国25年（1936年），9家轮船公司在赛岐组成“福安县轮船业同业公会”。

空前发达的航运业极大地促进了赛岐的繁荣。20世纪30年代，赛岐码头，商贾云集，舟楫如林；“闽东各地货物，多由此进出，商业之盛，俨如大邑”。[3]

民国26年（1937年），抗日战争全面爆发，王泰和苦心经营了二十多年的十余条商船和福安县轮船业同业公会的9艘商船全部被当局征用，运载巨石沉于闽江长门港口阻敌。赛岐早期的轮船业在民族危亡之秋，全部慷慨捐躯。

抗战胜利后，赛岐有两家合股的轮船公司，利宁公司有“新同安”“华安”“建安”3艘轮船，福康公司有“福康”“福泰”2艘轮船。5艘轮船往来于中国沿海，南往福州、厦门、广州，北赴温州、沈家门、上海，东航台湾基隆，客货兼营。

◎**赛岐航运**

赛岐港位于福安市赛岐镇，在交溪、穆阳溪、茜洋溪汇合的三江口下游的赛江东岸，包括赛岐和下白石两个作业区。5000吨轮可乘潮抵下白石，1500吨轮可达赛岐。

民国时期，海运业发展，与上海、温州、福州、台湾、香港等地均通航，

赛江下游水势壮阔（见明 摄）

① 翁泰其《民国海运往事》，见《闽东民初社会》（闽东文史资料第十辑），宁德市政协文史委2011年编印，第249页。

② 《福安县民船业公会整理总报告》（民国27年11月），福安市档案馆藏民国27年档案。

③ 《福建之茶》，福建省政府统计处，民国30年。

但港口长期无建设，多利用自然岸坡或在江中作业。

20 世纪 50 年代以后，赛岐是计划经济时代福建省东北部地区重要的储运中心，是福建沿海五个主要港口之一，1961 年建有水泥框架客运码头。国营航运公司是赛岐海运主角。这一时期闽东沿海基本上停止与境外的交通，赛岐港航线只北通温州、上海、青岛、天津，南抵福州、广州。

改革开放以后，赛岐港应有的经济和交通地位逐步得以恢复和发展。赛岐港区建有各类码头泊位 20 多个，新辟多条海上航线，可以直接与香港等地通航。赛岐港区水路距上海港 438 海里，距温州港 158 海里，距福州马尾港 98 海里，距沙埕港 92 海里，距三沙港 74 海里，距三都港 27 海里，距香港 554 海里，距台湾基隆港 178 海里。1982 年为外贸物资起运点，1984 年为国轮外贸物资装卸点，1985 年正式通航香港；航线通福州、厦门、上海、南通、温州、宁波、青岛、广州等地，并开辟了长江航线。1987 年赛岐港的吞吐量达 85 万吨，居全省第三位，仅次于福州、厦门港。1989 年底，全港有码头泊位 19 个，拥有仓库 4120 平方米，堆场 2.98 万平方米，各种装卸机械 14 台、运输车 30 辆、港作船 8 艘。

2012 年，福州、宁德、平潭港口体制一体化整合，原宁德港的三都澳港、白马港、赛江港、三沙港、沙埕港等 7 个港区先后并入福州港。

近代茶运

往广州十三行的茶运

清道光二十二年（1842 年），中国政府被迫向列强开放五个口岸通商，其中福州、厦门就在福建。但是清政府严守闭关政策，禁止茶叶从福州、厦门出口。根据嘉庆二十二年（1817 年）的禁令，闽茶只能从陆路运入江西，再辗转进入广东，由广州十三行[①]“逐春收贮，次第出洋”。

福安（闽东）茶商必须雇用挑夫将茶叶肩挑到闽北，集中在赤石或星村，经崇安（今武夷山市）出分水关，进入江西铅山之河口；从河口改为水运，顺信江往西，经贵溪进入鄱阳湖，过鄱阳湖到达南昌；由南昌溯赣江南行，经丰城、樟树、新干、峡江、吉安等地到达赣州；从赣州沿小河运至大余（旧称南安）；登岸，改为挑运，经广东的南雄、始兴，再装船水运，顺流到韶关（旧称韶州）、曲江；继续南行，沿北江、株江抵达广州。全程 1450 千米，水陆兼程，耗时约两个月。其艰难程度和运输成本可想而知。

清咸丰三年（1853 年），太平天国军队进入江西，断了赣东北通往广州的茶路；继而又入闽，切断闽北的茶叶商贸之路。大批茶叶囤积在闽北无法外运，清政府只好同意开放福州为茶叶出口码头。福州这时已成了和各产茶区维持交通的唯一口岸。咸丰十一年（1861 年），设于福州的闽海关改由外国人分任税务司、副税务司，受总税务司统辖，闽海关（洋关）正式成立。此后福安的外销茶叶基本上装运抵榕，从福州口岸出洋。

内陆往赛岐的茶运

“坦洋工夫包括福安、寿宁、宁德、周墩（今周宁）四茶区之工夫茶，福安工夫除坦洋外，尚有社口、穆洋、晓洋诸地。”（省政府统计处《福建之茶》p22，1941 年）福安茶区多分布在内陆山区，所产之茶均赖肩挑至溪流附近村镇，从溪路转运到赛岐集中，再运往福州。周边外邑之茶也因溪河之便利，运至下游福安集镇，运转赛岐再集中运榕。水上之交通工具为民船，“阳头船”载重量约 2.5 吨，行驶下游河道较阔之一段；其上游溪流较小者，则用“上溪船”，载重量约 1 吨左右。运费平均每 0.5 千米每担（50

① 广州十三行是清代专做对外贸易的牙行，是清政府指定专营对外贸易的垄断机构，又叫“洋行”或“洋货行”。

上白石沙坑码头（见明 摄）

穆阳古码头（见明 摄）

赛岐民船码头（2011年，见明 摄）

公斤）8分，外加下水挑工2分。其不能通航各地所用肩挑之工力，每担约需2角8分。

上白石、上潭头。上白石距上潭头12.5千米，上白石之茶由上溪船从东溪（白石溪）下运，经财洪再10千米至上潭头；上潭头之茶由棠溪下运，亦集中于此，再下运至阳头换船。

坦洋、社口。坦洋距社口5千米，不通航运，坦洋茶须肩挑至溪口下船，下流5千米经龟龄，又15千米至阳头。

阳头。阳头溪上游各地汇集到此之茶，换乘阳头船，因河道至此已趋宽阔。阳头至黄澜13千米，再到赛岐又15千米，从阳头码头至赛岐三江口计28千米。交溪水流至黄澜、同台附近，须绕一大湾，下行尚可顺流；一般从同台登陆，横越而过，再行下船。旧时阳头码头非常热闹，在此停泊的船只通常有100艘左右。

茜洋。茜洋溪上游山区之茶集中到此下运，至扆山与交溪汇，可换船直至赛岐。全程10千米。

穆洋。福安西部及穆阳溪流域上游周墩、政和、松溪等地之茶多集中至此，装船后，顺溪流下行20千米，即抵赛岐。

赛岐。赛岐是福安水路交通的起点和终点。客货从赛岐往福安县城，须在赛岐码头搭小汽轮先到苏浦头（狮子头）北岸的苏头店；由于这段溪流极弯曲，且不能行驶汽轮，所以到苏浦头后要步行1千米到同台，再由同台搭溪船北上至阳头；然后从阳头步行1千米才抵达福安县城。民国中期，从赛岐搭乘小汽船到苏浦头，船资每人大洋1角；从同台搭溪船到阳头，平常2角，特别雇用则须2—4元不等。同台以上溪流滩多水浅，溪船常常吃水，船工须下水推、拉、顶、托，始得继续行驶。货运从阳头到赛岐每担2角，从赛岐再转三都价码相等。[①]

斜滩。寿宁县东部和南部之茶，以及闽北、浙南部分茶区的茶叶，均以斜滩为集散中心，用肩挑至斜滩下船，经武曲、社口而往赛岐。斜滩至赛岐水路60千米，运费二五箱每箱约1角5分。头春时因产

① 《京粤线福建段沿海内地工商业物产交通述要》，交通部业务司调查科编，民国22年（1933年），第133页。

茶正旺，小船供应不及，例须赶载加赏，每箱须运费2角5分。斜滩船到福安或赛岐下行只需1日，返回上行则需2日，常泊在离阳头1.5千米的船潭过夜，第二天继续上行。如果带货上行，遇激流或浅滩，船人需下水肩扛手托，艰难推行。民国27年（1938年）5月厦门沦陷后，福州局势空前紧张，为确保茶叶外贸安全，松溪、政和两县之茶奉命改由寿宁斜滩至赛岐出口。

寿宁县斜滩古码头（见明 摄）

棠口。清末坦洋工夫兴盛后到三都开埠（1899年）前，屏南红茶集中棠口，北上双溪，向东挑运至郑家山（今属屏南）、礼门（今属周宁），辗转到达福安九都坦洋茶市；部分则从宁德霍童贩运至福安坦洋。最后都从赛岐出口。

赛岐往口岸的茶运

◎ 1853—1899年的茶运

历史上福建属贡茶区，所产之茶只许外地茶商前来收购，不准本地茶商运到外地销售。近代以后，清政府指定广州为茶叶通商口岸，各地茶叶都必须转运到广州才得以出洋外销。清咸丰三年（1853年）以后，茶叶口岸改设福州。时值闽红新秀坦洋工夫初创，福安及周边山县的毛青茶汇集坦洋精制成“工夫”或“小种”红茶出口。赛岐码头与福州口岸一水相连，成品茶先用溪船运至赛岐集中，再过驳大船运往福州马尾口岸，以赛岐为起点的海上茶路形成。

早期闽东运往福州的茶叶有两种走法。一条是全程水路，即赛岐港经三都到达福州马尾港，全程98海里（181千米）。各地汇集到赛岐码头的茶品过驳大船后，沿赛江下行25千米，到达下游西岸的黄崎（下白石）；继续南航50千米，到达三都澳；过东冲口，进入东海，驶往福州口岸；三都澳与福州马尾口岸距离106千米。

另一条路则是水陆兼程：茶担在赛岐装船后，需行4日才到福州。第一天，出白马门后先从海路到宁德飞鸾码头登岸，然后改用肩挑，翻越飞鸾岭，到罗源县的起步过夜；第二天，从起步起程南行，经白塔，到连江县的王家亭过夜；第三天，过丹阳、东湖，在东湖或县城过夜；第四天，从连江县城至琯头，傍晚乘琯头—福州班轮（小汽轮）半夜抵达福州。头尾两天各有半天水路，其余全部肩挑陆行，平均每天20—25千米，全程约120多千米。

福州闽海关税务司官邸（见明 摄）

茶运方式与茶品的包装关系甚大。福安当时主要生产三种茶：洋庄红茶、苏庄

三都福海关税务司旧址（来源：宁德市博物馆）

红茶和京庄绿茶。洋庄红茶每年多达数万件，全用木箱包装，每箱装茶 25 公斤或 37.5 公斤。苏庄红茶，用篾篓包装，每件装茶 75—100 公斤；先运福州，再到苏州，转运华北、内蒙古、西藏等地。京庄绿茶包括花香茶，用布袋装盛，每袋 30 公斤。福安绿茶每年也有几万袋。一般来说，百来斤的茶担适合挑运，其余只好船运。同时与茶商完税避重就轻有关，因海关税较厘金税高，要征收海关税的商品就从陆上走，较多的货物只需缴纳厘金税，就从海路走；从而决定茶商采取何种包装和运输方式。

◎福海关时期的茶运

闽东海上茶路开辟 46 年后，1899 年（光绪二十五年）三都福海关成立（福海关是继闽海关、厦海关之后设立的福建省第三个海关，受闽海关税务司和总税务司的双重领导，与当时完全独立于闽海关的厦海关不同）。三都港到闽海关所在地福州马尾的航线距离仅 74 海里（137 千米），按当时普通轮船每小时 20—25 千米的航速计算，6 个多小时便可抵达。此后三都澳成为闽东广大茶区的天然航运中心。

三都澳开埠给北路茶的外运带来很大的便利。“福海关”在霞浦东冲设“福海分关”，在福安下白石，宁德城关、飞鸾、八都，霞浦盐田、七星和连江可门等海口均设有“常关”。而且因为当时三都澳进出船只多，不分昼夜和潮汐都有船只进出港，为了方便商家报关，实行 24 小时工作制，既省事又及时，颇得茶商的拥护。

从赛岐港起运的茶叶全部全程走海路直达福州口岸，不再走飞鸾岭官道。根据《三都澳海关十年报》（1899—1901 年）的统计，1901 年出口货物价值 145.3 万关两（1 海关两相当于 0.77 两），比进口货物超出 142.4 万关两，进口货物价值只占出口的 2%。出口货物中茶叶是大宗，占全部货物的 99%以上。三都澳成为赛江航运业的转运口岸和以茶叶为主要出口商品的关税码头。

北路茶的起运点主要是赛岐，但不只是赛岐一处。三都福海关成立后，宁德县北部山区（不含周墩）部分茶叶沿霍童溪运至八都码头转宁波船出口（或用肩挑由陆路翻越飞鸾岭直达福州）；屏南、古田和宁德的虎贝、洋中、石后等地出产的茶叶先集中宁德铁沙溪（今蕉城濂坑村），然后出西陂塘，经三都澳运往福州；1906 年（光绪三十二年）清政府在沙埕开辟口岸，此后福鼎县的白琳工夫和白茶、绿茶则集中沙埕港外运出口。以上各起运点中，从宁德八都和铁沙溪起运的茶品主要是绿茶，运到福州后再薰花精制成花茶，供应国内市场。而闽红工夫茶（精制红茶）属外销茶，是应海外市场之需，除少数由赛岐直运至浙江瑞安转入上海外，其余悉往福州；在三都福海关完税后过驳轮船，经福州口岸远涉重洋，进入国际市场，主要销往欧美，赚取洋人的银两。

民国 27 年（1938 年）5 月，厦门沦陷，福州局势空前紧张，福建当局奉令将全部闽茶运往香港进行贸易，以确保茶叶的外贸安全。民国 28 年，闽东各地之茶叶其集中于赛岐（者），则用小驳运至大驳，驶往三都改装，由海轮运港。民国 29 年，福建省建设厅茶业局奉令移迁闽北，在福安赛岐廉首村设立闽东茶叶运输处，专事茶件囤运。

抗日战争胜利后，福安茶业开始逐步复苏。此后至民国 38 年，福安及周边县区茶叶仍和往昔一样，先运赛岐，再转运福州，销往外埠。红茶转销上海、香港，绿茶、花茶转往上海、天津、烟台销售；乌龙茶运港，再销往南洋。

第四章　茶叶市场

传统茶市

坦洋

在坦洋工夫红茶创制之前。坦洋的茶市已经形成。引得建宁茶客慕名于咸、同年间前来采购茶叶，传授武夷红茶制法。此后坦洋丰泰隆、祥生记、泰大来等茶庄争相仿效。“同治间，坦洋茶市日盛”，“由是红茶之制造日盛，输出日增”。鼎盛时，除福安外，周边寿宁、周墩、柘洋、霞浦、屏南北部及浙南的泰顺等地的茶商组织挑夫翻山越岭，连夜将毛青茶挑到坦洋精制加工。一时坦洋茶市达到极盛。文献记述：坦洋“耕斯读斯，跄跄济济，工兮商兮，攘攘熙熙。”“利觅锱铢，各方云集……榷税之征输于中夏，商贾之利施及西洋”（清光绪《坦洋朱氏宗谱》），“产茶美且多，有武夷之风，外邦称为‘小武夷’是也。”（清光绪《福安县志》）。同治五年（1866 年），清政府在坦洋设茶税局，由省委员督办。

坦洋真武桥（2006 年，见明　摄）

民国 11 年（1922 年）到抗日战争全面爆发前，是坦洋工夫的又一个黄金时期。全村有茶行数十家，如“元记”“宜记”“福奎”“冠新”“春茶”“裕大丰”“德发厚记”“胜泰来”“丰泰隆”等等，从上桥头直到下游村口的真武桥边，挤挤挨挨，整条街都是茶行。这些茶行的主人多是本地人，也有外乡人，包括福州等地的茶商。毛青茶的收购范围上至政和新村、浙南的泰顺，下抵霞浦赤岭，方圆数百里，境跨七八县。“坦洋工夫包括福安、寿宁、宁德、周墩四茶区之工夫茶。”主要销往英国、苏联和国内的内蒙古、西藏，少量销往日本。经营的主体是本地加工或再加工的工夫红茶，也有少量来自闽北或闽东其他县的乌龙茶和白茶。坦洋街成了闽东茶叶贸易的著名“茶市”，坦洋村成了闽浙边地无人不知的“茶都”。

从坦洋人试制工夫红茶取得成功以后，来坦洋做茶生意的家族络绎不绝。除原有的胡、施两姓之外，还有王、吴、郭、詹、李、俞、章、张等，他们对坦洋工夫红茶的发展都有过不俗的表现。但是论经营时间之长、规模之大、影响之广，当数胡、施、王、吴四家族。

从晚清到民国后期百年间，已知坦洋胡姓茶商共开设过25家茶庄：“万兴隆”“胡兴隆”“泰大来”“胜大来”“同泰春”“同泰钰”“裕大兴”“裕大来”“裕大春”“裕泰来”“裕大丰”“金济行”“福奎行”“福茂行”“亦和行”“振泰兴”“裕昌行”“隆昌行”“建隆兴”“冠新春”“超大来”“宜兴”“裕兴”“裕泰丰”“焕采”。施姓茶商开设的茶庄共有9家：“丰泰隆”“亦茂行”“永昌堂”“文德堂”“振昌隆”“合来昌”“乾记”“美记”“裕隆”。詹姓茶商有3家茶庄：“得发厚记”“裕亨盛”“泰昌盛”。郭姓茶商有两家茶庄：“郭公昌”和“霖义”。道光后期王、吴二姓茶商共创“祥生记”茶庄，咸丰后开始做红茶，也是坦洋工夫的创始人之一。后两家分开经营，王家初为“祥记”，后改为“宜记”，进入民国后在孙儿辈手上得到进一步发展。吴家初为“生记”，在坦洋建精制茶厂1座、茶行7家。吴家最知名的“元记”率闽省茶界之先在香港注册商标，成为当时闽省有名的茶叶巨商；1910年，元记茶行与俄罗斯客商签下一笔50吨红茶订单。

坦洋茶市特点是工商一体，茶庄经营包括加工和销售。民国24年（1935年），全县共登记茶庄67号，其中坦洋11家，占全县的16%：“坤昌”“王宜记”“吴查记”“冠新春”“裕大丰”“郭公昌”“泰大来”“同泰春”“泰云昌”“振泰兴”“焕采”。

抗战全面爆发后，坦洋茶市走进低谷，战后有所恢复。民国28年（1939年）坦洋仅余“宜兴”“泰昌盛”“双昌”“霖义”“裕兴”“裕泰丰”“裕生”7家茶庄和1个合作社；第二年仅余6家，“霖义”和合作社退出。民国37年（1948年）坦洋有13家茶厂（茶庄、茶号）：“胜宜春”“兴泰隆”“裕隆”“建隆”“裕亨盛”“泰昌盛”“裕生”“元记”“冠新春”“新裕丰”“瑞兴隆”“坤昌”“通泰昌”；由于时局动荡，资本外流，规模都不大。

社口

社口村位于福安西北部，为社口镇政府所在地。晚清属平溪里上十都，民国18年属西溪区。社口位于西溪（斜滩溪）东岸，与寿宁县的武曲毗邻。古代社会这里是福安西北区域的交通要道。水路沿西溪溯流而上，与寿宁县的武曲、斜滩、芹洋、托溪等村镇相通；顺流而下，直奔县城、赛岐、黄崎，通江达海。陆路北通寿宁和浙江省的泰顺，西接周墩、建宁。乾隆中期，福安的商品经济进一步繁荣，生出许多新的市镇，其中就有社口。近代以后，坦洋工夫红茶风生水起，社口部分茶商受其影响也开始经营红茶。

民国11年（1922年），闽红的国际贸易逐渐恢复，红茶产地已不限坦洋一处。民国24年，“福建省建设厅福安茶业改良场”在福安社口创办，从此这里成为著名的茶叶科研中心和重点茶区；因得水陆交通便利，同时成为福安知名的茶市。这一年社口有“祥生”“德昌”“建春隆”“慎泉”“胜春隆”“丰昌”6家茶庄经营工夫红茶。

民国27年，由于抗战需要，福建省推行茶政改革，实行茶叶管控。福安县组织茶庄按股份制成立联合茶号16家，重点茶区社口、上白石片和穆阳片共有茶行30家，从业1660人，年产茶叶近3万箱。

民国28年，福建省合作事业管理处以福安县社口为中心，划周围10里为茶业生产合作推广区，区内包括福安县之龟龄、溪口，寿宁县之南岸、武曲、梅洋5村，各组织茶业合作社1所，由政府贷款进

社口镇（市融媒体中心 提供）

行茶叶生产。省建设厅在福安成立茶业改良试验区，试验区在主要产茶区进行茶业改良试验；设立穆阳、棠溪、社口 3 所模范茶厂，收购毛茶，生产精制茶。这一年社口有“祥茂”“维宁”2 家联合茶号。

民国 30 年，为了保证闽东茶叶战略物资的安全，省政府建设厅茶业管理局在福安的社口、穆阳、阳头，宁德的霍童，福鼎的点头共设立 5 个囤茶仓库。

民国 37 年，茶叶产销开始复振。社口有 8 家茶厂：“闽东实验茶厂”“慎泉茶厂”“德泰茶厂”“亨泰茶厂”“维宁制茶厂”“新昌发茶厂”“裕泰隆茶厂”“福建省农林股份公司福安茶场”。

上白石

上白石村位于福安市北部，为上白石镇政府所在地。明清县志皆称该村为“白石”，属福安县界西

上白石镇（市融媒体中心 提供）

里七都。民国 18 年（1929 年），长溪下游的黄岐（崎）正式改名“下白石”，上游东溪区的白石村相应改为今名。

上白石村是上白石区域（包括今之上白石、范坑 2 乡镇）最大的村镇。这里每年的茶叶产量均冠全县，物资交流主要依靠东溪水运。近代福安红茶走红后，东溪流域的茶业大发展，上白石成为该区域茶叶集散地和加工中心。旧时的茶庄茶厂都是工商一体，上白石成为福安东北区重要的茶市。民国 22 年铁道部业务司调查科《京粤线福建段经济调查报告书》称上白石商店达百家以上。

民国 24 年（1935 年），上白石有“明顺原”“福昌隆”“新昌隆”“协春隆”“张裕顺”“益盛”6 家茶庄。

民国 28 年，国民政府以“重质不重量”为外销茶统制策略，各商号必然按省茶业管理局核定的茶类和准制箱数进行产制。上白石仅余有“福源”1 家联合茶号，生产首春工夫和二春工夫。

抗战胜利后，茶叶生产有所恢复。民国 37 年，上白石茶市的茶厂茶号有 8 家：“新昌隆”“新茂春”“源兴”“明顺源”“大昌隆”“福利”“福馨隆”“义生春”。

棠溪

潭头镇棠溪村，位于福安市西北部，距市区约 18 千米。明万历县志作“长濑”，清乾隆和光绪志皆作“棠濑”，属界西里六都；民国 18 年（1929 年）定为今名，属东溪区。棠溪是潭头镇最大的建制村，有山溪从村东流过，村以溪名。①

棠溪是近代福安东北部的一个重要茶市。一条老街沿溪而建，南北延伸的古道深入茶区茶村。村北有“登烛”廊桥，连接东路茶区，方便上游茶区陆路挑运茶叶，桥厝成为收购茶青叶的小集市。棠溪水源自寿宁，入境后一路都是茶区，汇入东溪，棠溪村是重要的茶运码头，村口的妈祖庙是昔日棠溪水运通江达海的见证。

棠溪登烛桥（2006 年，见明 摄）

从晚清到民国后期，传说棠溪街有 80 多家商店、20 多家茶行，其中“永珍”茶行最为知名。民国 28 年（1939 年），省建设厅在福安成立茶业改良试验区，试验区在主要产茶区进行茶业改良试验；设立穆阳、棠溪、社口 3 所模范茶厂，收购毛茶，生产精制茶。民国 29 年，福建示范茶厂福安分厂在棠溪设立制茶所，是县内 4 个制茶所之一（另 3 个在穆阳、社口和阳头）。民国 34 年，经省茶叶管理局批准，棠溪村成立“茶业生产合作社”。民国

① 清光绪三十一年周祖颐《福安乡土志·地理部》：“棠濑溪发源寿宁，至刘坪入本境叠石溪……南至泰洪，经棠濑、上潭头，与白石溪合（棠濑溪行境内六十五里）。二溪统名东溪。”1982 年《福安县地名录》：“棠溪从寿宁刘坪流入，从北向南，流经坑口、太逢、汾洋、棠溪、渔溪洋，在潭头注入东溪。”1995 年版《福建省地图册·福安市》溪名仍为“棠溪”。2008 年《宁德市政区图》误作“长溪”（按，将主流名称移用于支流），2020 年新编《福安市志》卷首福安地图误作“蟾溪”（按，将穆阳溪支流名移用于此）。近年有人将棠溪改称为“武陵溪”。

37 年，福安全县注册的茶厂茶号中，棠溪有“生春”“福昌隆”2 家茶厂，资本金均达 5 万元以上，在当时具中型规模的茶厂。

东昆

潭头镇东昆村，位于福安市东北部。晚清时期属福安县界西里八都，明清县志皆称“丁庄”；民国 18 年属东溪区，为东昆。民国 37 年属棠溪乡。

东昆村（潭头镇政府 提供）

东昆地处东溪东岸，依靠水陆交通优势，成为东溪下游的茶叶集散地，形成重要茶市。民国 11 年后，东昆的茶市不断发展。民国 24 年（1935 年），东昆有茶庄“裕丰隆”和“协春隆”2 家，民国 28 年就有“公兴”“兴华祥记”“兴华聚记”“三兴”“林泰隆生计”5 家。战后，茶叶生产有所恢复。民国 37 年，东昆的茶厂增加到 8 家：“万春”“协春”“兴华祥记”“兴华”“裕泰隆”“兴华聚记”“泰昌隆”“新泰隆”。

韩阳

韩阳，古称“韩阳坂”，近代以来，因是县治（县政府）所在，又称城关。其形胜“左鹤山，右龟峤，三台、天马控其前，铜冠、扆峰卫其后”（明万历《福安县志·形胜》）；西有交溪（富春溪），东有秦溪。是一个山川秀美之地。

东门头老街

古代的韩阳，交溪上游与斜滩、社口、上白石、潭头、棠溪等重要村镇相通；下游可直达赛岐、黄岐（下白石），与省城福州相连。陆路，以韩阳城为中心、以主要官路为干线，形成交通网络，不但与县内各重要村镇相通，而且延伸到周边各县区和邻省。在当时的历史条件之下，水陆交通亦可谓四通八达。

光绪十年《福安县志·街市》载，县城街区共有五铺、十街、七市。“五铺”：北辰铺，鹿斗铺，宾贤铺，棠发铺，青云铺；“十街”：县前南街，三会堂街，宾贤街，中华街，上杭街，后巷街，鹿斗街，小西门街，东门街，金山街；“七市”：县前市，南街市，金山市，学前市，青云市，中华市，宾贤市。清代县城的“铺”是社区单位，与城外的“图”相似，相当于一个村落，因此旧时把城中居民统称为“坊民铺户”。晚清福安县城的格局长期延续，影响至今。

近代以后，新经济、新事物、新思想、新观念随着社会的进步，进入白马港，沿长溪水道来到福安山城。清光绪二十八年（1902 年），福安有了经由三都澳邮局与外界交通的直达水陆邮路。光绪三十一年，福安县商会组织始创，并对地方的政治经济有很大的影响力。民国 6 年（1917 年），城关及西门外户口合计约 1500 户 8000 人。民国 8 年（1919 年），福安人在县城创办华光电灯公司，开始走进“电”的时代。此后福安山城的新鲜事物层出不穷：有了女子学校，有了幼稚园，有了国民教育，有了职业学校，有了电话，有了碾米厂，有了印刷厂，有了照相馆，有了银行，有了公园，有了医院……

民国 23 年（1934 年）以后，韩阳是行政督察区专员公署驻地，成为闽东政治、经济和文教中心，是当时闽东最繁华的县城。“福安贸易所以特别发达者，因福安面临三都澳，为寿宁等县交通之门户，益以人烟稠密，故营业数量较巨也。”“福安县城有商店二百余家，商店之种类以布店、咸鱼店居多，杂货店次之，粮食店又次之；其他商店如药店、书坊及各种工艺店如制面、制香、铁店、铜店、木器店、竹店等俱备。全县钱庄达二十家，在县城者有钱庄十三家；当店原有两家，嗣因军队过境，强迫典当，遂停止开张。”（民国 22 年铁道部业务司调查科编《京粤线福建段经济调查报告书》）韩阳因不通轮船，故其经济地位逊于下游的赛岐。福安县商会属下的同业公会有布业、烟业、屠宰业、饼业、京果业、酒业、图书教育用品商业、鞋业、糖商业、米业、百货商业等 11 个。

清咸丰、同治年间（1851—1874 年），“红茶之制造日盛，输出日增”，带动了韩阳茶叶工商的发展。城关东门头茶商陈春英“咸同间……与外夷互市，所获利倍蓰。”上杭陈王基系“福生春”茶庄经理人，也是著名茶商，曾在省城与闽东其他茶商共建福宁茶叶会，“内谋改进，外御苛扰”。他们并不直接参与制茶，主要靠运销贸易获利。民国 22 年统计，福安城内有茶号有“登记”“公和进”2 家。民国 37 年统计，城内（城厢）茶厂有“公和元记”“广春隆”“万春和”“美记”4 家。这些茶号茶厂均设在福安县城上杭，规模不大，收购城郊乡村茶农的毛茶，精制加工后进行贸易。

察阳老街

阳头

阳头古称察阳，紧挨韩城，是长溪河道当中一个长条形的沙洲。因为它的四周溪水环合，所以别名叫作环溪。福安建县以后，韩阳城与阳头就难舍难分。韩阳城在小西门、南门和溪口等处都建有桥梁与阳头相通。阳头码头是县城的物资集散地，也因此成就了阳头街的繁华。

阳头古街又叫察阳街，是环溪头（又写作横街头）通往溪边码头的一条街巷，铺面都是木结构，布庄、鱼行、旅社、茶庄、诊所、首饰店、国药店、杂货店、糕饼店、点心店……一应俱全，一间挨着一间。据民国 22 年铁道部业务司调查科《京粤线福建段经济调查报告书》称阳头商店达百家以上。每天上午，阳头溪对岸的山民挑着柴炭山货下山，到阳头街换取自己需要的食盐咸鱼、针线布匹，午后悄然归去。赶上墟日，这里更是熙熙攘攘、人头攒动。察阳街西向尽头是阳头码头。上游可达斜滩、上白石、沙坑、棠溪等村镇，下游直通赛岐、黄崎。

阳头共有6条较长的路巷，与察阳街平行，都是东西走向，直通溪边。阳上有李厝巷、登善里、栖云巷，阳下有陈厝巷、黄厝上巷、黄厝下巷，中间是察阳街。以这一街六巷为“经”，又有许多较短的路巷为“纬”，与之相连。这样一个网状的“迷宫”，不谙地理的生人一旦闯入其中，左转右转，很快就无法分清西北东南，如果没有人指引，是很难走出来的。

近代以后，这里是福安著名的茶市。已知清同治至光绪年间（1862—1908年），阳头有“唐利”等茶庄。民国24年（1935年）阳头有“陈正记”“林祯记”“聚记”“万象春”“长春”“振泰隆”“丰记”“万升旭”“万春和”9家茶庄；民国37年有“大亨”“发春泉忠记”“长春”“永春”“联兴”“公兴”“政记”等7家。

穆阳

穆阳是福安的西部重镇，水路交通便捷，是一个古老的商业集市。据史志的记述，穆阳与黄崎（下白石）、富溪津（廉村）并为古代福安县的三大市镇。光绪二十五年（1899年）三都澳开埠，给坦洋工夫茶的复振创造了条件。福安的茶市已不局限于坦洋一地，一批茶区商贸中心形成新的茶市，穆阳是其中的佼佼者。清末民初，穆阳的众多茶行茶庄中，以“金”“元”“亨”“利”“丁”等最具实力。

第一次世界大战结束后不久，民国11年（1922年）闽红的国际贸易开始逐渐恢复，穆阳的茶市得以发展，并成为闽东的重点茶区之一。民国22年（1933年），“穆洋为内地商业中心，其商店之多且超赛岐而上之”。[①]

民国24年（1935年），全县茶庄共67家，穆阳占13家，比坦洋还多2家，为全县第一；13家茶庄是：“森春”“牛合成”“昌记”“合昌”“泰记”“泰亨隆”“瑛记”“同源泰”“泉泰春”“黄双泰”“双顺庆”“新记”“宜春”。

民国27年（1938年），废除茶栈阶级，各茶号奉令成立联合茶号，直接向政府贷款，并由政府统制运销。福安西部及穆阳溪流域上游周墩、政和、松溪等地之茶多集中至穆阳，装船后，顺溪流下行20千米，即抵赛岐。

抗战胜利后，福安茶业的中心已从坦洋转移到穆阳、赛岐。据民国37年（1948年）统计，福安全县登记注册的茶厂茶号共计82家；穆阳占24家，而且经营规模大多比较大，资本金4亿元（旧币）以上者21家，其中10亿元以上者6家。茶业经济总量位居全县第一。24家茶号为：“仁记”“隆昌”“广鸿”“裕春”“建隆新记”“昌记联合号”“扬华”“万成春”“会昌”“亨通”“万丰”“惠通”“泰宁”“森

穆阳老街

① 铁道部业务司调查科编《京粤线福建段经济调查报告书》第43页，民国22年。

穆阳民国茶行旧址（2017 年，见明 摄）

春隆”“裕春隆”“广昇春”“悦泰同”“公悦昌”“悦春来”“春隆”“盛记”“迎春”“一昌联合”“黄坂茶业合作社”。这些茶庄茶厂大量收购周边地区的毛茶，精制加工后从水路运往赛岐转运出口，穆阳因此成为闽东重要的茶叶集散地。

在茶业经济的拉动下，穆阳的手工业和商贸经济空前繁荣。穆阳纸伞和线面的制作技艺在传统的基础上进一步提升，成为地方名产。古老的水陆交通设施继续发挥着重要的作用，赛岐的鱼盐布匹和日用百货由水路运到穆阳、苏堤码头后，改船载为肩挑，沿着农耕时代的漫漫古道，分散到内陆腹地的各地村镇；穆阳依然是长溪水道北通浙江泰顺和本省寿宁，西往闽北政和、松溪、浦城诸县的枢纽。穆阳街还从传统的货物集散地发展成为一个大集镇，商铺林立、店肆比肩，各行各业，应有尽有。发达的商贸使这里形成闽东内陆最大的墟市。每天畲汉山民从四面八方汇集到穆阳街赶墟，带来山货特产，换回日用必需品，晨聚午散，年年如此，直至今日。

赛岐

在闽东的历史上，赛岐曾经长期默默无闻。福州口岸开放之后，赛岐凭着自己的天然优势迅速崛起，19 世纪后期，一跃成为闽省东北部的商贸重镇。

19 世纪 50 年代，闽红新秀坦洋工夫初创，坦洋因与福州口岸一水相连，得滨海交通之便利，福安和周边各山县的毛青茶汇集坦洋精制成工夫茶出口。成品茶先用溪船运至赛岐，再从赛岐码头过驳大船沿江南下，运往福州马尾口岸；由于工夫红茶主要销往海外，赛岐成为闽东海上茶路的起点。

光绪二十五年（1899 年），清政府在宁德县的三都岛设立福海关，开始征收关税。英、法、美、德、日等国先后在三都岛建起油库、洋行，许多舶来品通过外轮运到岛上。精明的赛岐商人闻风而动，许多商店争相经营洋货，有的成为特定商品的代理经销商。这许多舶来品和外埠的药材、鱼盐、棉布、京果、杂货等一道，从赛岐的行栈、码头出发，船装舶载，分散到上游各山溪沿岸的村镇码头；再肩挑人运，渗透到闽东、闽北、浙南的山区腹地深处。赛岐港成为福建东北部最重要的物资运转中心。

赛岐老街（2011 年，见明 摄）

茶叶历来就是闽东首屈一指的出口物资，都必须经由赛岐码头驳运才得以出口。赛岐的茶叶运转业务长盛不衰。民国 23 年（1934 年）福建省政府在这里设立“福建省建设厅茶叶局办事处”和“中国茶叶

福建省银行赛岐（福安）分行营业室（民国26年，市档案馆 提供）

公司福建办事处赛岐包运管理栈”。赛岐因茶船码头和茶叶仓储形成茶市，茶商还在赛岐开设茶庄4家：“高旭记”“阮泉盛”“合和春”“协新春”。茶庄工商并举，既精制加工，又负责销售。

民国25年（1936年），福安县轮船业同业公会和民船业同业公会在赛岐相继成立。空前发达的航运业促进了赛岐的繁荣。1937年赛岐规模较大的商号达到62家；赛岐码头，商贾云集，舟楫如林；“闽东各地货物，多由此进出，商业之盛，俨如大邑。”（福建省政府统计处《福建之茶》，民国30年）

商品经济的繁荣带来金融业的发展。民国24年中国农民银行福安分理处在赛岐成立；次年福建省银行也在赛岐设立办事处，不久又升格为分行。《福建省银行民国二十八年份营业报告》称“赛岐为闽东货运进出口之区。……而内地土产，如茶、糖、油、麦之类行销于外者又日见活跃，农商两界较之畴昔，转增繁荣”。

民国27年，福建贸易公司茶叶部设办福春茶厂，在赛岐设立第一分制厂，生产淮山茶与花香茶，厂址后移溪柄。

民国29年2月，福建省建设厅茶业局奉令疏散到闽北，同时在赛岐廉首设立闽东茶叶运输处，专事茶叶囤运事务。运输处冲破日军对东冲口的封锁，于同年10月一次性运出5万件茶叶。此后当局分别在宁德飞鸾和福安赛岐设立仓库，囤积茶叶，择期抢运，均获成功。

抗战胜利后，赛岐的港口经济很快得以恢复，茶市再次繁荣，经由赛岐港出口的物资主要有茶叶、食糖、茶油、桐油、烟叶等。到20世纪40年代末，赛岐工商行业多达36个、商号200多家。民国37年（1948年）统计，赛岐有茶厂3家：“高旭记”“德泰”“裕春”。其中高旭记茶厂实力雄厚、长盛不衰，红绿乌三茶并举。年生产红茶200吨，花茶（绿茶）、乌龙茶各100吨，年产值约百亿元（旧币）；原料毛茶除福安本地进285吨外，还从宁德、霞浦各进绿毛茶150吨，为当时福安的茶业巨头。由于高旭记还兼营轮船公司，茶叶运输十分便利；茶产品抵榕后，红茶转运香港外销，花茶运往天津销售于华北地区，乌龙茶则运港销售南洋。

现代茶市

茶市复兴

中华人民共和国成立初期，人民政府允许茶叶自由贸易，茶叶市场依然存在，并且有个体经营、合作经营、公私合营等多种经营形式。1954 年，茶叶实行统购统销，茶叶自由市场关闭。1984 年 6 月，国家实行茶叶流通体制改革，茶叶产销步入市场经济时代。

1985 年，福安取消统购统销，实行多渠道流通。国营、乡镇企业和个体私营企业一起进入流通领域，参与市场竞争，主渠道的国营茶叶公司、茶叶站收购量逐年减少。福安茶市开始复兴。

◎城关茶市

1986 年，在福安县茶叶公司（县茶业管理局下设公司，独立经营）的带动下，形成以城南韩阳旅社（今富春大酒店址）为中心的茶叶摊点集市；茶农和茶贩将茶叶供给茶叶公司收购。1995 年福安市茶叶公司结束，该茶叶摊点集市自然消失。

城北富春公园附近福安城关茶业站以往主要收购城郊、城阳等社队的茶叶。1986 年后以该站为中心形成比较热闹的茶叶供销摊点集市，周边茶农和茶贩多将茶叶送到该站收购。随着改革的深入，许多基层茶业站通过改制成为独立法人开展茶叶经营活动，城关茶站的业务也逐渐转移到位于城北的烈士陵园和建发房地产（原红福啤酒厂）一带，最后逐渐聚集于城北社区富春路，形成当时福安唯一的茶叶集市一条街。茶街发展快速，从今建发房地产（原红福啤酒厂）对面街向内延伸；2000 年后形成一个“工”字形的市场格局，并具一定规模，有商铺（茶行、茶店）70 多家，如刘一元、美英茶行、千氏茗、天马、源山野、嘉民茶叶、御香红、天一阁、畅春茶叶等。富春茶城和茶王街的兴起后，多数茶行迁往上述二址经营。

◎穆阳茶市

这里的“穆阳”包括穆阳镇区和与之连体的穆云乡桂林村。这里历来就是闽东北的茶叶集散地，茶

今日穆阳（王耿 摄）

叶商贸的传统由来已久。1985 年茶叶市场放开，这里的茶叶商贸活动日渐活跃。1989 年 4 月，县工商局因势利导，在桂林村建起宁德地区第一家茶叶专业市场。市场占地约 5 亩左右，四周为商铺；中间空地，供茶农进行绿茶毛茶与茶坯的自由交易。茶商贩购买后，或转交当时的康厝乡，穆阳镇等乡镇茶叶站收购，或转运福州省外贸、福州茶厂、三江茶厂、城门茶厂、卢雷茶厂、苍山茶厂等处交易，高峰期每天进出上万担，年交易达十几万担。穆阳、康厝供销社茶厂及其茶叶收购站规模比较大，其中康厝茶叶站一年收购量达 4 万多担，收购金额 4 千多万元。穆阳茶市的红火，使得周边松溪、政和、周宁、寿宁、建阳、建瓯以及浙江庆元、泰顺等处都有茶叶集中到这里销售，穆阳、桂林有大小茶叶加工厂 170 多家，其中大型精制厂十几家。2006 年之后，由于福安城关和福州城门区卢雷茶叶市场兴起，加上其他因素，穆阳茶叶市场逐渐消退；许多穆阳茶商到大都市开办茶店、茶城等，比较著名的有上海“大不同”、北京“林洋”“芳香”、南京“泰昌盛”、山西“福鑫”、福州“荣记工夫”，稍后的还有“凤鼎翔”等茶业公司。

◎阳头茶街

阳头茶街以福安会展酒店为中心，沿漫洪路扩展，形成以坦洋工夫、铁观音等为主营品牌的茶叶街区。2010 年前后有茶店 30 多家：金苑、建茶、满堂红、天和堂、平月、老茶工、满园春、大兴旺、红星苑、双星、金鼎春、泰康、八方红、天荣、林芝、品云轩、东方红、新坦洋、大地红、东湖、双枝、林芝、御道、立农、胡氏红、日春、中闽魏氏、山国饮艺、三和、泉岩、华祥苑、大益畲香茶业、江山红等。

◎甘棠海峡大茶都

位于甘棠镇区南部的“中国海峡大茶都”，占地面积 230 亩，建筑面积达 26 万平方米，拥有 1000 多个商铺；已建成 8 万多平方米建筑，包括 323 个商铺、3 千平方米茶文化入口广场、2 万平方米茶文化中央景观广场、3 千多平方米的茶博馆和现代化茶叶交易大厅等。2008 年 4 月份开业，当时入住海峡大茶都商铺规模比较大的企业品牌有福安红、茗红、抬福仁茗公社、东湖、品云轩、中闽魏氏、日春等十几家，经营坦洋工夫红茶、绿茶、花茶、白茶、乌龙茶，以坦洋工夫红茶为主。由于地理位置离城关较远，交通不便利等原因，2018 年后渐失茶叶交易的预设功能。

甘棠“中国海峡大茶都”开业庆典（2008 年，丁立凡　摄）

坦洋村鸟瞰图（市融媒体中心 提供）

城区阳头街道一瞥（市融媒体中心 提供）

◎**城区其他茶市茶店**

2010 年前后分布在城区其他茶市的茶店还有 10 多家。

茶店名号	主营茶类	茶店地点
正园春	坦洋工夫红茶	城东凯兴
茗红	坦洋工夫红茶、绿茶、花茶、白茶、乌龙茶	城东凯兴
天香	坦洋工夫红茶、绿茶、花茶、白茶、乌龙茶	城北棠兴路
嘉叶缘	坦洋工夫红茶	城东凯兴
平月	坦洋工夫红茶	富春大酒店
同泰春	坦洋工夫红茶	城北瑞景
南方嘉木	坦洋工夫红茶	城西群益桥头
东湖	坦洋工夫红茶、白茶、绿茶、花茶	城北茶叶市场
抬福仁茗公社	坦洋工夫红茶、绿茶、花茶	城南浅水湾
农垦	坦洋工夫红茶、绿茶、白茶、花茶、乌龙茶	城南解放路
凤山	铁观音	城东棠兴路
水木缘	坦洋工夫	城北安居

◎**社口茶市**

1986 年前后，因为“福云 6 号”等福云品系生产的明前绿茶，相比其他产区绿茶，具有上市早，白毫显，芽叶肥壮的显著优点，又逢国家茶叶市场放开经营的政策落实，国营，集体，个体一起上，带动了社口茶叶市场的火热发展，早期是茶农沿街销售，后期是引导至社口镇供销社前的广场集中销售。1988—1989 年形成高峰，有茶叶加工厂 23 家，茶叶购销店 45 家，客户来自浙江、安徽、江西、湖北等地。据估算，当时社口茶市，仅绿茶一项年销售额 5000 万元左右，税收约 450 万元。一些茶农因此致富，同时产生一批在当时影响较大的福安绿茶品牌，如“六杯香”等。1996 年后，周边茶叶市场如寿宁武曲茶市兴起，社口茶叶市场的优势减弱；同时以福安城区为中心的福安茶市勃兴，一部分茶商转至市区继续经营，社口茶市逐渐消失。

◎**坦洋茶市**

社口镇坦洋村是坦洋工夫红茶的发源地，历史上曾经是著名的茶村。2003 年，“福安市坦洋工夫茶业有限公司”成立，福安市开始重新振兴坦洋工夫红茶的历史征程。坦洋有工商一体的传统，许多茶叶企业既是茶叶精制加工厂，又是营销茶叶的商店。2023 年，坦洋村有茶店 32 家：胡福四茶业，轩润茶业，锦华茶厂店，晶品红茶叶，山野红茶店，怡品香茶叶，和泰茶行，六茗茶业，老胡茶行，泰大来茶业，美梦茶行，福兴隆茶业，振泰兴茶业，茗果家庭农场，益享盛茶厂，悦来轩茶业，领头羊，裕亨盛茶业，同泰钰茶厂，观新春茶业，方也茶业，福野荒香茶行，福泰隆，真武茶业，研映红，善农茶业，坦岩茶厂，岩峰茶厂，立增兴泰来，丰泰隆，吴元记，坦洋茶舍。

2023 年城区茶市

◎**富春茶城**

位于城区新华北路 56 号，用地面积近 3 万平方米、总建筑面积约 14 万平方米，2020 年建成并投入使用。共有茶店 125 家：

芯东茶行、丹宇茶庄、本土茶叶、中红茶行、中兴茶叶、致和茶叶、郑玉茶事、宇闲茶行、旺康生态茶业、伍岳香茶叶、知遇茶叶、兴联众包装、宏利茶叶、伊里茶、润香轩、源益茶叶、雅韵茶叶、荣

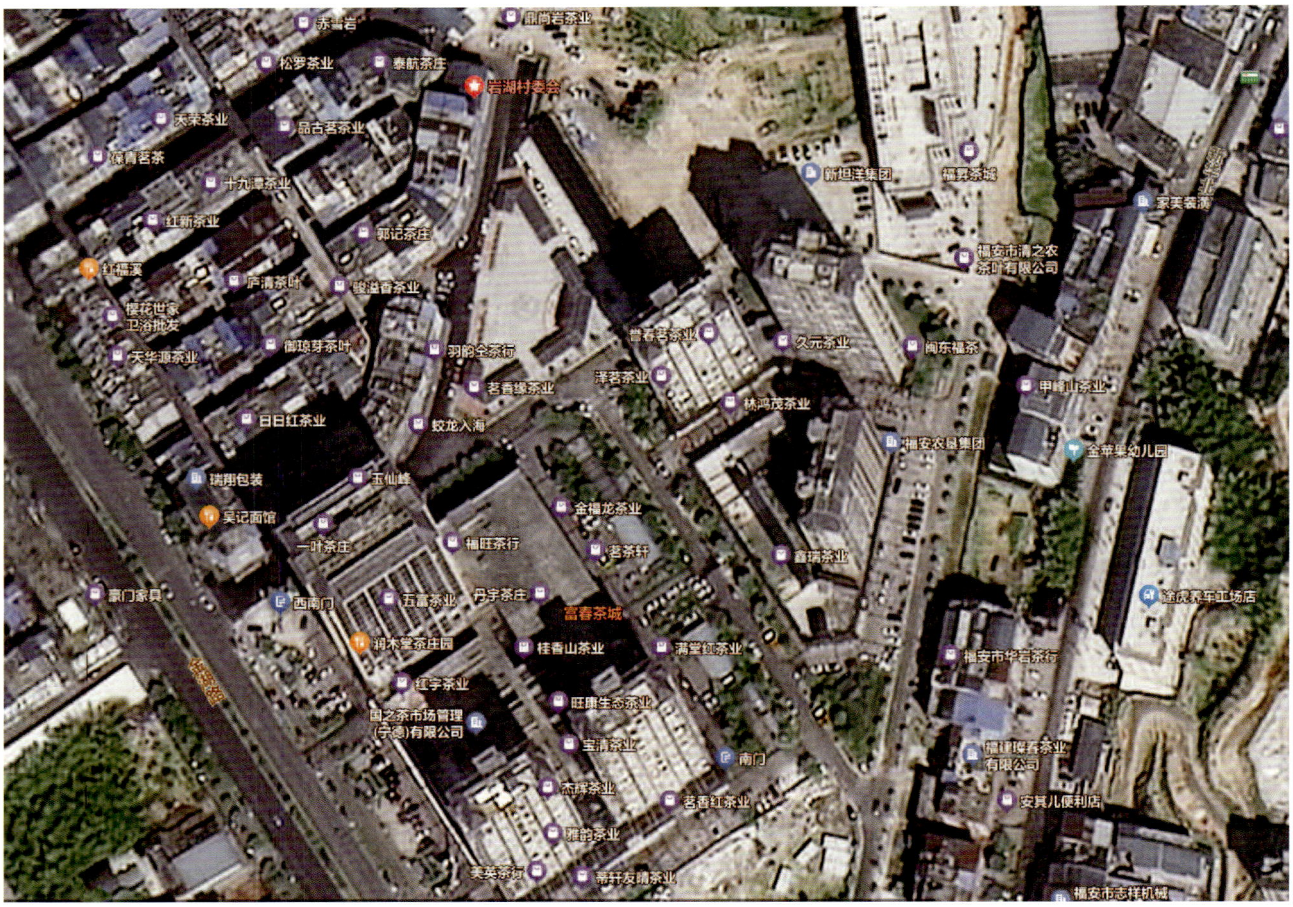

富春茶城卫星图

鼎茶叶、茶清欢、福建妙誉茶业有限公司（外围）、岩尚茶业、富兴达茶庄、福建省寿宁高山各种茗茶寿福满春红茶庄、满堂红茶叶、茂莉茶业、中兴茶业、如现茶庄、润春茶业、大洪达茶叶、雁春茶业、武夷高山茶、茶师兄、简沁茶业、世达茶业、宝清茶业、杰辉茶业、七月七茶业、沁丰源茶业、春旺茶业、手工特制茶、卓月天茶业、富春清元号、福聚祥茶业、仙特茶业、自然兴茶业、鼎贞茶业、勇福茶业、福鸣春茶业、福瑞茶业、承嘉茶业、鼎汉白茶业、岩根生茶业、源德茶业、裕清淳、贵秀茶业、福昌豪、福建本土生态农业发展有限公司、红宇茶业、联云茶业、勇福茶业、凤凰舌名茶、美英茶业、时缘茶业、好茶缘、贞朴茶业、友晴茶业、业峰茗茶、逸凡茶业、闽旭香茶业、利民茶庄、雁春茶业、茗香红茶业、杨香茶业、洪富茶业、逸达茶业、良玉茶业、云泽茶业、智鑫茶庄、雾云香茶业、满堂红茶业、海强茶业、博艺包装、寿福满春茶庄、振盛包装、丰益园茶业、茗悦茶业、兴旺兴茶业、金福龙茶业、陆茗香茶业、岩尚茶业、古今茶业、福旺茶业、御香红、刘一元茶行、富丰源茶业、白云山茶业、福安农垦集团、福安市数字乡村公共服务中心、品一味茶业、金华茶业、福闽红茶业、瑞园春茶业、和畅茶业、畅春茶庄、三月三茶业、林鸿茂、圣禾茶业、四维农业、福昌豪、金福缘茶业、闽秾白茶定制中心、泉兴茶业、福泰茶业、陈福茶业、特寻茶业、盛达茶业、山福茶业、御品茶业、久元茶业、鑫瑞茶业、磻溪古坪、志义茶庄、白茶第一家、泽茗茶业、五富茶业。

◎**茶王街**

位于富春茶城北侧，2020 年 10 月投入使用。有涉茶商店 142 家，其中茶叶包装店 6 家：

永菲茶业、葆青茶业、古丛玉叶、天华源、中茗天富、隽永天香、为明茶业、天一阁、松罗、著茗、朝旭、赤雪岩、叶业源、润源坤、枞沁春、天丛、誉安、九珑、品冠、广福、茶珍香、茗涌、瑞祥、曦源春、

茶王街夜景（市融媒体中心 提供）

源品缘、鼎仙茗、朝盛、六叶、悦野、裕珍香、名栩、茗涌、三好、庐清、芽绿、云顶、九秋、琦茗、祈羿源、津津悦、古道茶苑、柏洋记、茗树、景业、茗大包装、仟语、岩半顶、六叶茶行、六妙品牌、致艺茶包装、天厚茶业、溪福红、森晖茶业、红新茶业、豪篆、君贤茶业、一泡工夫、乾润祥、十九谭、皓洋茶业、嘉民农业、茶荼茶业、品古茗、得茗茶业、南岩茗茶、润秀茶厂、红韵茶业、福润茶业、昌荣茶业、泰航茶庄、民之福茶业、冰雪冲茗茶业、兴冠茶业、里程茶叶包装、誉春茗茶业、天源包装、炫彩包装、庐清茶叶、茶百道、茶尔思茶厅、古兴茶业、善茗茶业、康桥茶叶、盖香茶业、农山茶业、骏溢香茶业、荣盛茶业、三叶咖茶庄、善茗茶业、富春堂茶叶、亿园春茶业、轩韵堂、御琼芽、桃乾洋、叶珍香、瑞翔包装、日日红、嘉辰茶业、百家包装、江山红韵茶业、三点水、汇兴隆、嘉轩茶叶、天仁包装、福建璨春茶业有限公司、华岩茶行、昱鹤白茶、春茗茶业、全品类茶叶流通市场、姥谷村、满园红、茗春馨香、福榕溪、欢喜茶叶、胜一茶业、情常在、新会陈皮、千港茶业、润雨茶叶、江之南、沁孟源、洪旭茶厂、凤饮茗、仙阁梁茶业、鼎贞号、芳香茗茶、福柘茶叶、凤桐茶叶、郭记茶庄、豪掌柜、米山嘉茗、茗香缘、茗元茶业、茗大包装、四季茶业、武夷岩茶、信如金茶业、一叶茶庄、见山茶业、羽韵仝茶行、鼎政峰、醉闽香。

◎**富春路茶叶市场**

2000 年前后形成的富春路茶叶市场，至今尚有 61 家茶店：

众品茶业、芳香茗茶、红福顺茶业、祺然茶行、草之圣茶业、雪香茶业、上官茶业、168 茶庄、陈福茶业、茗春茶业、承伍茶业、德仁益茶业、利岔村恒光茶厂、宁汐茶叶、前园茶业、福旺茶行、雾云香茗茶、汉朴高山野茶、莲悦茶业有限公司、锦昌英、茗鼎香茶业有限公司、逸品茶庄、加韵茶业、青绿茶行、山小福、韵品春茶业、溪源茶业、福安中品茶业、铭朝茶业、乃茗茶业、炎合茶叶、润易韩香、大叶永乐茶行、秀林茶业、武夷大红袍、润松茶行、麒麟山茶行、蓝云居茶叶商行、南茶茶叶店、东方红茶业、穆阳茶业、建英茶叶店、亿森园茶业、茗品香茶业、福友茶庄、英英茶具、子午茶业行、香山韵茶业、春岩毫香茶业、鸳鸯野茶业、有隆茶业、源山野茶业、天马茶业、铭艺茶具总汇、铭艺包装、翠韵茶庄、镁源茶业、第四茶香阁、天然香茶业、兴颐茶行、茗宝茶业。

以上三处为福安城区重点茶市，总计 328 家。

第五章　茶政管理

管理体制

古代管理体制

古代福安的茶政管理主要体现在征收茶税上。唐文宗大和九年（835 年），改茶税为榷茶，规定茶的种植、制造、销售全部归官府掌握。唐末黄崎港开浚后，长溪出海口成为闽东内陆海上茶路的必由通道，刺激了官府在海口征收茶税的欲望。

五代到北宋中期，黄崎港进入盛期。宋熙宁年间（1068—1077 年），将原设于官井洋的税场移至黄崎，东管长溪温麻港（今盐田港），西管宁德铜镜港（今漳湾港）、中管本镇甘棠港（黄崎港，今白马港）。崇宁三年（1104 年），“创镇厅、收税亭于江浒，又创市易库厅于山冈”。（明万历《福安县志·市镇》）宋代茶叶生产有较大的发展，朝廷实行榷茶制（即茶叶专卖制），在各主要茶叶集散地设立管理机构，称榷货务，主管茶叶流通与贸易；“旧额茶盐商税务，国初茶盐有榷官。”（宋·梁克家《三山志·都税务》）茶税是在黄崎港征收的特产税，从今盐田、漳湾、下白石诸港出口的茶叶均在这里榷税。宋人陈普（宁德县人）《贺叔父为犹子成室》诗：“茶租急切同胞义，冰蘖规模一个仁。”（《石堂先生遗集》）茶租即茶税，《广雅》：“租，税也”。

明代，福安县的茶政管理仍主要体现在征收茶税上，由县署负责执行。明朝各地茶区，岁贡都有定额，有茶必贡，无可减免，贡茶定额也比宋朝增加。贡茶分“芽茶”和“叶茶”，以芽茶为上品，其价值是叶茶的十多倍。明朝嘉靖十七年（1538 年）《福宁州志·贡办》就有福安县常贡茶额的记录。

明清两朝均延续茶叶专卖制，禁止茶叶自由买卖。“明时茶法有三：曰官茶，储边易马；曰商茶，给引征课；曰贡茶，则上用也。清因之。”历史上福建茶属“贡茶”，“不颁引，故无茶课。惟茶商到境，由经过关口输税，或略收些落地税，附关税造销，或汇入杂税报部。此嘉庆前行茶事例也。”“茶引”是茶商缴纳茶税后由官府发给的营业执照，“茶百斤为一引，不及百斤谓之畸零，另给护帖。行过残引皆缴部。凡伪造茶引，或作假茶兴贩，及私与外国人买卖者，皆按律科罪。”（《清史稿·茶法》）清嘉庆二十二年（1817 年）清政府又一次下达闭关令，完全禁止最受西方消费者欢迎的茶叶外销：规定闽、皖、浙三省“茶商仍由内河行走，永禁出洋贩运，违者治罪、茶入官。”（《清史稿·食货志·茶法》）福安商人也只能间接经营茶叶。

近代管理体制

鸦片战争以后，中国发生巨大变革。

清咸丰三年（1853 年），太平天国军队断了赣东北通往广州的茶路，又入闽断了闽北的茶叶商贸之路，清政府只好同意开放福州为茶叶出口码头。此后福安外销茶均从赛岐出白石海口迳运福州转运出洋。这一年，闽浙总督王懿德奏请闽省商茶设关征税。清政府规定，闽茶“自咸丰五年（1855 年）始，凡贩运茶斤，概行征税，所收专款，留支本省兵饷……自此闽税始密”，福安“白石海口设有海关，商船载货出入，按章征税，尽收尽解，均归将军管理”。

清同治四年（1865 年），“白石又设厘金局，商船载货出入，委员按章抽厘，收解郡局，转解闽省税厘总局。”（清光绪《福安县志·赋税·存留支给》）厘金创行于清咸丰三年（1853 年），因初定税率为 1 厘（1%），故名厘金，又称厘捐、厘金税，实际上是一种值百抽一的商业税。

清同治五年，坦洋又设茶税局，由省委员督办。此后福安茶类课税独辟一门。

清光绪后期（1901—1905 年），清政府实行“新政”，增设农商部，成立商务总会，各省县筹办商务分会。光绪三十一年（1905 年），福安县商务分会成立，对地方商务和茶政管理具有话语权。商务分会和民国前期的商会与地方官府没有隶属关系，对上行文可以直达农商部，分会总理和商会会长身份仅次于知县和县知事，是当时地方唯一颇具权威的民间组织。

清光绪二十四年（1898 年），清政府为了偿还外债，“振兴商务，扩充利源”，主动开放三沙湾（清·朱寿朋《光绪朝东华录》，中华书局 1958 年版，总第 4062 页）。第二年，在三都澳设立福海关。此后福安茶叶又增设一关税，税率加重，茶叶出口以 5%计税。

清宣统二年（1910 年），福安茶商吴步洲发起成立福安茶业研究会，是福安最早的茶商组织，立有公议会则十五条，内多纠正时弊，改进茶业事务，事实上对本县茶政施行管理。

第二年（1911 年）11 月，清朝在福安县的统治结束。福安进入民国时代。这一年前清福建劝业道的劝业员携带伦敦华茶公会的数千言函件到福安，讲述华茶在伦敦市场与外茶竞争的情形，提出华茶的今后改进意见，内容包括注重制造、改善宣传、提倡机制、请免茶税等。

民国 13 年，茶类营业税由省财政厅招商包办，再加上其他捐费，茶农、茶商负担繁重。

民国 16 年，福安县政府将茶厘纳入财政管理，补充教育经费。民国 20 年全国裁撤茶厘金改行茶税，茶叶出口税率为 7.5%。此后税率不断提增，加重茶农、茶商的负担。

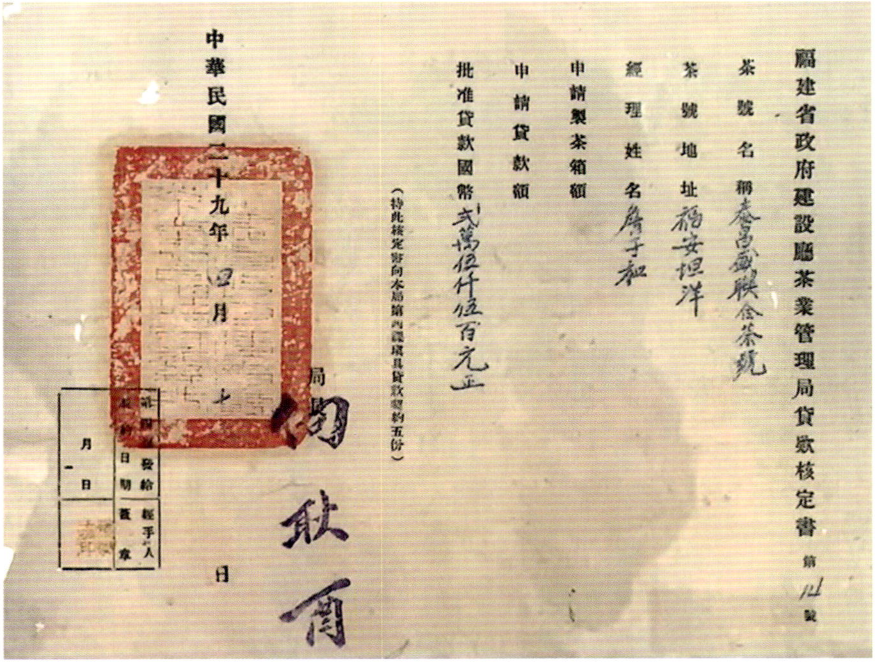
福建省政府建設廳茶業管理局貸款核定書　第 121 號
茶號名稱　泰昌盛聯合茶號
茶號地址　福安坦洋
經理姓名　詹子和
申請製茶箱額
申請貸款額
批准貸款國幣　弍萬伍仟伍百元正
（持此核定書向本局辦理具貸款契約五份）
局長
中華民國二十九年四月十日
發給日期　月　日
經手人蓋章

民国 29 年茶号贷款核定书（詹吉荣　提供）

民国23年，福建省建设厅茶业管理局在赛岐设立闽东办事处，负责茶商登记注册和发放许可证，对茶市贸易实行监督管理。

民国24年，省建设厅茶业管理局对茶叶经营者进行登记注册，发放许可证，实行管理监督。福安全县有登记注册的茶庄共67号，遍布县内各主要茶区。国民政府改革币制，施行法币政策，取消银本位制，明令取缔私票。福安茶行、茶庄不再发行的“茶银票”。

民国27—28年，由于抗战需要，打开因战乱而停滞的茶叶销路，推行茶政改革，废除茶栈阶级，各茶号奉令成立联合茶号，直接向政府贷款，并由政府统制运销；规定茶农生产的茶叶必须售给经省茶业管理局核准登记的商号，各商号按核定的茶类和准制箱数进行产制，由省茶叶管理局统一组织出口。

民国28年，福建省合作事业管理处决定，以福安县社口为中心，划周围10里为茶业生产合作推广区，区内包括福安县之龟龄、溪口，寿宁县之南岸、武曲、梅洋5村，各组织茶业合作社1所，由政府贷款，按计划精制茶叶。

民国29年，中茶公司与福建省政府合资，在福安阳头创办“福建示范茶厂福安分厂”（亦称“福安示范茶厂”），该厂并负责对闽东各县红茶白茶的制作工艺、运销规范等进行示范。省建设厅茶业局在福安赛岐廉首村设立闽东茶叶运输处，专事茶件囤运。

民国30年，省建设厅茶业管理局在赛岐设立闽东办事处（翌年迁往阳头），负责办理闽东各县茶商、茶行（庄）、茶栈的登记注册和颁发许可证业务，对茶业经营起间接管理与监督作用。

现代管理体制

1949年11月，中央贸易部成立中国茶叶公司（简称“中茶公司”）。1950年4月，中茶公司福州分公司（后改为福建省分公司、福建省公司）在阳头建立福安茶厂。福安和周边各县的茶叶生产和茶叶购销归福安茶厂管辖，实行产、销分开管理机制。福安和周边各县重点茶区成立基层茶站，负责茶叶采购，为福安茶厂提供原料毛茶。

1954年起，关闭茶叶自由市场。1955年，茶叶列为国家二类物资，实行统购统销管理。福安县成立茶叶生产技术指导站，指导茶叶生产，管理茶叶收购和调拨；福安茶厂按国家计划进行生产。1957年，茶叶采购业务归供销部门负责。

1958年，成立福安县茶业局（科）作为茶业主管单位，建立茶叶产、销合一的管理机制；各基层茶叶收购站为全民所有制单位，划归茶业局统一管理。

1963年，成立福安县茶叶进出口公司，负责茶叶外贸。

1966年，实行流通归口管理，撤销茶业科，成立福安县外贸局，承担茶叶生产、初制和进出口等管理职能，业务上直管各基层茶站和国营茶场。

1969年，县外贸局和供销社并入县商业局，在商业局内设立茶业组，负责茶叶收购业务。1972年，县农业局设立茶叶组，承担茶叶技术推广和生产指导职能。1975年，以上2个涉茶组合并，设立福安县革委会茶业局，重新恢复茶叶产销合一的管理机构。1981年，县茶业局归县人民政府农委口。

1985年，茶叶系统流通体制实行全面改革，茶叶市场开放。允许国营、集体、个体茶叶经营者承包茶场、开办茶厂，销售茶叶，直接参与市场交易。开办茶叶初制厂和经营毛茶收购的单位和个人须向工商、税务部门申请登记，经批准发给营业执照。

1986年，县茶业局改为县茶业管理局，1996年改为福安市茶业事业局，2008年又改为市茶业管理局，2020年更名福安市茶产业发展中心。作为福安市人民政府直属的事业单位，行使全市茶业的管理职能。

税费征收

古代茶叶税费

唐中叶以后，长溪中下游地区（今福安市境）茶叶生产逐渐发展，茶叶成为重要的潜在税源。唐建中元年（780 年），茶叶被列为税收对象，“十税其一”，此税率长期延续。

宋代茶叶生产有较大的发展，官府在各主要茶叶集散地设立管理机构。宋熙宁年间（1068—1077 年），原设于官井洋的税场移至黄崎。茶税是在黄崎港征收的特产税，从今盐田、漳湾、下白石诸港出口的茶叶均在这里榷税。

元至元十二年（1275 年），官府通过“茶引法”对茶叶实行专卖（“茶引”即官府发给茶商的经营执照，另有“茶由”是发给零售商的凭证）。至元二十二年前规定，茶税引（每引为 50 斤）收银 2.45 两。至元二十三年茶课增至每引 10 贯，延祐五年（1318 年）每引增税至 12.5 两。

明代以茶税引为主，茶商须交纳引、由费，凭此购买茶叶。茶引每一道，初定纳钱 200 文，后定纳钱 1000 文，照茶 25 公斤；茶由一道纳钱 600 文，照茶 30 公斤。茶农经营的茶园，每 10 株官取 1 株，其茶官给价购买。弘治八年（1495 年）芽茶 0.5 公斤征银一分五厘，叶茶 1 斤征银一分。明朝各地茶区，岁贡都有定额，有茶必贡，无可减免，贡茶定额也比宋朝增加。贡茶分“芽茶”和“叶茶”，以芽茶为上品，其价值是叶茶的十多倍。福安县常贡“芽茶六十七斤八两，价银十三两五钱三分；叶茶五十斤九两，价银一两三钱三分三厘五毫。”（明嘉靖《福宁州志·贡办·土贡》）

清初，朝廷实行禁海迁界政策，田庐荒废，百姓流离，社会经济受到极大破坏。康熙二十二年（1683 年）后，部分解除海禁，社会经济逐渐恢复正常。清朝延续前朝做法，实行茶叶专卖。“明时茶法有三：曰官茶，储边易马；曰商茶，给引征课；曰贡茶，则上用也。清因之。”茶税分引税、关税，福安居福建贡茶区，不颁引，故无茶课，只征关税；即茶商到境购茶，经过白石海关输税。关税茶叶每 50 公斤征银 7 钱 7 分，另有起运征银 1 钱，火耗银 3.5 钱，正耗银 1 分。

清嘉庆（1796 年）后，福建贡茶区开始行商茶，给引征课。“茶百斤为一引，不及百斤谓之畸零，另给护帖。行过残引皆缴部。凡伪造茶引，或作假茶兴贩，及私与外国人买卖者，皆按律科罪。”（《清史稿·食货志·茶法》）每引（50 公斤）茶税，低者 1 钱 2 分 9 厘 3 毫，高者 3 两 9 钱至 10 两 5 钱。

近代茶叶税费

清道光二十三年（1843 年），海关税率数有减低，对于货类税规定简单，茶叶不计品质之优劣，每 50 公斤一律抽税关平银二两五钱，其税率之高仅次于丝绸、金银器、象牙、玳瑁等贵重品。清政府在下白石海口设有海关，由福州将军管理，对所有出入载货商船按章征税。

咸丰七年（1857 年）全面推行茶厘金税种，每 50 公斤茶叶征税一两五钱。红茶以装茶的木箱为计算标准，一个茶箱估作 12.5 公斤（实际每箱装茶 20 多公斤），因收税系按四箱为一担，所以又称为“二五箱茶”。

同治四年（1865 年），清政府在下白石增设厘金局，商船载货出入，按章抽厘，厘金收解福宁府，再转解闽省税厘总局。同治五年，又在九都坦洋村设茶税局，专门负责收取茶税，由省派员督办。福安茶叶有关税、厘金和茶税，成为重要税源。

光绪九年（1883 年）福州将军穆图善奏请清廷，将下白石海关业务移转宁德飞鸾，茶叶不论粗细，每担一律征银一钱。《东冲拟设税关折》称：“白石一口，向有征收茶叶渡税，长征福安所出之茶。始因该处采办，内多茶胚、茶梗，体恤商艰，每担折收制钱六十文。彼时出产有限，类皆附入货税造报。迨光绪初年，所征渐旺，始行汇合折报，按则科征，每抄征银一钱，列册报部有案。自白石改为验卡，福安茶叶不由东冲经过，致有漏税……飞鸾地方，为北路茶商进省必由之路。将从前白石征过茶叶渡税，就该处设立总十稽征，实足扼五县要冲。查照常税则例，从其轻者，不论粗细，每担征银一钱……传谕各茶商，毋许拖延观望。”（1883 年 10 月 21 日《申报》：《光绪九年九月初十日京报全录》）

光绪二十五年（1899 年）福海关成立后，对往来于三都澳的货物课以进出口税。其税率初定为每估价值关两，值百两抽 7.5 两，后成为以每 50 公斤从价的 5%计税。

民国初期，先是废除厘金改为茶税（特种营业税）。到民国 3 年又恢复厘金，茶厘每 50 公斤境内税 1.69 两，出口税 1.19 两。

民国 13 年（1924 年），省财政厅对于茶税厘大加改革，实收茶税每 50 公斤计起运运销税耗等银九钱一分八厘，并征厘金银七钱七分，税厘共征银一两六钱八分八厘。

民国 17 年，裁厘金设税课，对往来茶叶予以征税，税率改订，仍为对货征收，税银改用大洋（银元）。绿茶、毛茶每 50 公斤征 2 元，红茶、白茶征 1.7 元，外省进口毛茶、绿茶征 0.4 元。

民国 19 年 12 月 15 日，财政部通电永远废除厘金制度。

民国 20 年后，茶叶出口税率提增到 7.5%，最高年份达 10%。民国 25 年 3 月 28 日，福建省剔除茶叶地方捐税（财二字第 6099 号布告）。后据省茶业管理处主任张天福调查剔除茶税并未认真实行，“各地团体或茶号仍多有假借名义，擅自抽收情事”；民国 27 年福安县茶税抽收机构分设 5 处：三兴、兴华茶号（设东昆，每担 4 角），福源茶号（设上白石沙坑，每担 5 角），一昌茶号（设桥溪）、吉祥茶号（设晓洋）、穆洋茶叶公司（设穆洋，每担俱 6 角）。民国 27 年 10 月，福建省政府令福安县政府，“通令一律禁止抽收茶捐，从严制止，以杜奸宄。”

民国 29 年，省财政厅颁布《茶叶特种营业税征收章程》，规定：内地毛茶每 50 公斤征收 3.2 元，外省征收 0.72 元，出洋箱茶征收 1.13 元。

民国 31 年，实行茶类统税，对物课税，一次征纳，通行全国，不再重征。

民国 35 年，茶叶改征货物税，对货物从价计征。

以上关税即为“国税”，其余为特种营业税即“省税”。此外还有县地方税和多种杂捐，均由地方政府向茶农、茶庄抽取捐税。

民国时期福安县的茶叶捐税甚繁。清朝同治五年设在坦洋的茶税局直至民国 24 年仍然存在，而且税额年有增加，福安茶类课税比较其他县区多出一门。民国以后，闽东各县茶税都由省财政厅招商包办，在三都设总局，各县遍置分卡，税额达二三十万。民国 17 年裁撤厘金后，闽省又有变相的茶类营业税，闽东各县年额 250452 元，每件税率超过 1 元以上，约占货价的 10%。而且转口内销之茶也须缴纳海关税，红茶每百斤课税一两附加半税五钱，计申大洋二元三角八分四文。绿茶每百斤课两二五，又附加半税，共两八六五，申大洋二元九角六分四文。还要抽取常备队捐、民团费、公益费，更有临时特捐，名目繁多，不一而足。茶农、茶商均负担繁重。

现代茶叶税收

茶叶是福安传统大宗出口商品，也是最主要的税源之一。1949 年 10 月以后，人民税收以“取之于民，用之于民”为原则，茶叶税收主要包括生产和购销环节的农税和商税。农税，通常称农业税。贯彻“低率计征，依法减免，增产不增税”，促进农业生产发展的方针，茶叶主要征特产税。一般由茶叶生产者交纳，1963 年后由茶叶收购部门代财税部门向茶农征收。商税，主要是茶叶在购销与流通环节所征收的各种赋税。茶叶1949年8月开征货物税，后经过多次税制改革，名称先后为商品流通税、工商税、工商统一税、产品税，现为增值税。

◎**特产税**

中华人民共和国成立后，茶叶实施农业税，执行《中华人民共和国农业税条例》。新垦茶园免征农业税。从1952年起，茶叶的农业税率以茶叶实际产量打七折合销售值的6%，实际税率按毛茶牌价的4.7%计征。1954年12月执行《福建省农村特产农业税暂行税法》，从农业税中分离出特产税，茶叶以常年实际产量打6—8折后，随收获季节按10%计征。1957年茶叶特产税，根据上一年产量打八折后，按5%纳税，另附加地方税12%。1960年，为简化征收手续，将附加税加入正税，茶叶税率改为6%，按实际收入计税，实行“评产定税”与“先征后购”的办法，以1965年收购评定价为基数，一定五年不变，增产不增税。1970年，茶叶恢复征收地方附加，为正税的18%。1974年，又由茶叶农业税改为茶叶特产税，税率6%，按收购价的70%计征，并外加地方附加，按正税的15%计征。为计算方便，合并折算为4.83%。1982年，茶叶特产税改按实际收入计征，采取“源头控制”办法，实行定产定征。1984年后，在省地财政的支持和扶贫政策的启动下，全面开展农业综合开发，发展特色经济，培植财源，在实施扶贫开发工程中，财政投入资金发展社口明前毛峰茶等拳头产品。1985年，茶叶特产税率定8%。1986年7月改为5%，另征地方附加；这一年起，农业特产税收入超过农业税收入。1989年，特产税按产品实际收入依率计征，税率（包括地方附加比例）定为7%。1992年，特产税由村代征，茶叶税率6%（包括精制茶），1993年又改为5%。1994年国家税制改革，茶叶特产税按生产者（茶农）交纳税率7%。此后又有调整，2002年取消农业特产税。1979—2002年，福安市共征农业特产税16949.095万元，其中茶叶特产税13284.67万元，占全市农业特产税总额的78.38%，24年间年均征收茶叶特产税553.53万元。

1979—2002年福安市茶叶特产税征收情况统计表

年份	当年特产税（万元）	其中茶叶（万元）	茶叶占比（%）
1979	28.05	25.99	92.66
1980	33.54	29.30	87.36
1981	41.49	37.10	89.42
1982	31.05	27.13	87.38
1983	34.07	26.59	78.05
1984	30.18	22.38	74.15
1985	52.46	34.13	87.36
1986	87.83	45.94	52.31
1987	104.80	61.55	58.73
1988	150.72	79.73	52.90
1989	284.35	112.35	39.51
1990	295.14	155.44	52.67
1991	367.01	175.03	47.69
1992	403.70	202.33	50.12
1993	420.08	231.17	55.03
1994	1149.38	739.92	64.38
1995	1342.86	980.55	73.02
1996	1056.95	872.72	82.57

续表

年份	当年特产税（万元）	其中茶叶（万元）	茶叶占比（%）
1997	1666.80	1414.0	84.83
1998	1795.78	1523.38	84.83
1999	1726.20	1481.30	85.81
2000	2014.30	1607.30	79.79
2001	1895.00	1666.80	87.96
2002	1937.35	1732.54	84.43
合计	16949.09	13284.67	78.38

◎**工商税**

1950年开征茶叶货物税。1952年改征商品流通税，1953年改征工商税，1958年改征工商统一税，其税率统一按毛茶收购价的40%计征。1981年茶叶工商税，政府规定超计划收购茶叶减半交税。1983年取消超计划收购茶叶减半交税的规定。1982年规定农茶场、社队茶场生产之茶叶，作为自产自销不征税。毛茶自行加工精茶，按精茶销售收入25%计征茶叶商品税。1983年，茶叶工商税率进行调整，毛茶税率由40%降为25%（级内茶为25%，次茶减半，茶朴全免）；精茶税率降为15%，一律按收购价或销售价计征。2018年5月1日开始执行调整后的增值税税率。按现行增值税政策规定，毛茶按农产品可申请免税，一般纳税人精制茶按工业品依13%的税率征收增值税，小规模纳税人征收率3%，疫情期间1%。取消农业特产税后，茶叶生产企业主要是缴纳增值税，茶叶企业类型较多，涉及的增值税征纳计算比较复杂，税务部门采取“一对一”方式征收。农业生产者自行销售自产茶叶免征增值税。

营销管理

近代营销管理

◎**茶栈与洋行**

近代福安茶叶营销以出口外销为主。从晚清到民国27年（1938年）实行茶政改革之前，福安茶叶基本上运到福州口岸转外销。外销茶始终存在一个坚固的“链条”：茶农—茶贩—茶商（茶行、茶号）—茶栈（福州茶商）—洋行。起于茶农，终于洋行，其中的经济利益分配关系一目了然。这个链条对福安人来说感受更为深切。本地茶商，大多资本不足，都要向福州茶栈借贷，借款利重，偿还期短。茶商倚靠茶栈，茶栈又仰洋商鼻息，所以偿款期一到，即便茶价低贱也不得不售。而且茶商与洋商不能直接沟通，茶叶到福州投栈后就听凭茶栈与洋商议价，茶商不能过问，过磅时又任凭洋商折扣，因为茶栈与洋商之间有利益关系，茶栈不会替茶商说话，茶商也无可奈何。不单福安一县如此，全国各地亦然。为了便于控制茶商，茶栈先用小利笼络他们，如遇神诞或端午、中秋等节日，必大宴茶商，或赠送他们一些新奇礼物，还将头号茶商迎到栈内居住，殷勤招待。但结账时却开出一份长长的清单，名目繁多，包括贷款利息（以一分六厘五计算），代付税款、运费、码头装卸费、会馆香金等等；此外，红茶每售出100元，还要扣除仓库租金和经手佣金5元作为茶栈收入，实际只付给茶商95元。洋商在中国的茶叶市场赚得盆满钵满，茶栈经理、洋行买办从中也得益不少。

洋行为了利益的最大化，有计划地操纵茶叶市场。最常用的伎俩是于茶叶低产的年份故意抬高茶价，引诱茶商、茶农来年大量生产，接着给茶商、茶农一二年的“好年景”，进一步误导他们；等到时机成熟，突然硬性压低茶价，使茶农、茶商猝不及防，许多人就此一蹶不振，甚至倾家荡产。这样的状况使茶叶经营带有很大的盲目性和投机性，茶市的恶浪风险成为必然。茶商受茶栈、洋行的剥削之后，回过头来通过压低山价等手段压榨茶农，转嫁风险，补偿损失，最终最倒霉的是广大穷苦农民。（郭公木《解放前闽省红茶生产概述》）

◎运港贸易

民国27年（1938年）5月，由于抗战需要，当局奉令将全部闽茶运往香港进行贸易，以确保茶叶的外贸安全。这些茶叶均以财政部贸易委员会下设的富华公司名义布样，由物产贸易公司主盘，成交后所得外汇概归富华公司收取，再由贸易委员会香港办事处电请重庆总会按法定汇率拨付法币，汇还茶商。这样，包括福安红茶在内的外贸闽茶“在港与皖、赣、两湖各产茶省份茶叶，在同一个市场上并辔齐驱，公开评质论价，其售值较之往昔，囿于福州一隅，并在各洋商及中介商秘密交易下有高过百分之二三十或四十，诚可谓打破过去数年来未有之记录”。（陈萱《两年来闽茶输出贸易概述》，《闽茶季刊》第一卷第二期，民国30年1月）这一年福安茶在香港市场大放光彩，占全部外销闽茶的45.69%，第二年（民国28年）占43.2%。

◎茶政改革

民国27—28年（1938—1939年），由于抗战需要，打开因战乱而停滞的茶叶销路，推行茶政改革，废除茶栈阶级，各茶号奉令成立联合茶号，直接向政府贷款，并由政府统制运销；公布毛茶山价收购毛茶，保护茶农利益；规定茶农生产的茶叶必须售给经省茶业管理局核准登记的商号，各商号按核定的茶类和准制箱数进行产制，由省茶叶管理局统一组织出口。

民国30年，省建设厅茶业管理局在赛岐设立闽东办事处，负责办理闽东各县茶叶经营者的登记注册手续，发给营业许可证，规定出口红茶一律由办事处经营。6月，省建设厅茶业局发出通告，凡在省境内的茶司、茶工、茶贩、茶号、茶店、茶厂、联合茶号、茶业合作社、毛茶栈、花茶栈、花香坯及制茶材料厂，均应在公告期内到指定地点申请登记，闽东各县由赛岐办事处负责办理手续。茶商、茶店申请登记，应由县茶业同业公会或商会证明或两家以上已登记的茶商证明；合作社申请登记，应经县合作社办事处盖章证明；茶贩申请登记，应由当地茶号证明或保甲长证明。同时还规定茶商如无3年以上经营经验者不得申请，毛茶栈资金最低标准为5000元以上。未经管理局登记且无营业许可证的，不准营业。翌年9月，办事处移迁城关阳头。

现代营销管理

◎统购统销

1949年10月以后，茶叶实行产、销分开管理机制，同时允许茶叶自由贸易。茶叶市场存在多种经营形式。

1954年，福安县关闭茶叶自由市场，取缔茶叶商贩；茶叶生产纳入国民经济计划，实行统购统销管理。茶叶一律由茶叶收购站统一经营，统一管理，售予国营企业。国营企业按国家计划进行茶叶收购、加工、销售；茶叶外销只能由国营企业经营。

生产队和社员在出售茶叶时，只能卖给国家指定的收购单位，其他任何部门、单位和个人都不得收购和贩运。各地在派购任务未完成之前，严禁茶叶流入市场；完成任务后应取得社队证明，方可上市出售。不论产区、销区，没有营业许可证一律不准经营茶叶。1971年规定茶叶不准自由买卖，邮寄茶叶最多不得超过1公斤。1973年又规定不准以自产为名搞长途贩运，不准以协作为名以茶易物。

◎**茶叶流通体制改革**

1984 年 6 月，国家决定调整茶叶购销政策、改革流通体制，允许国营、集体、个体茶叶经营者直接参与市场交易。接着，茶叶从国家二类物资降为三类物资，停止派购，茶叶价格随行就市；茶叶市场开放，实行多渠道流通。

茶叶企业不论国营（国有）还是民营，均可申请出口外销，经审批注册备案即具备相应资质。茶叶外销除向财政部门交纳特产税外，须向税务机关报税，由工商部门办理《长途贩运证》。

◎**政策扶持**

1987 年迄今，福安市出台了许多政策，扶持茶产业的发展和提升。以下内容与茶叶营销有关。

1987 年 3 月 25 日，福安县人民政府《关于进一步加强茶叶购销管理工作的通知》（安政[1986]102 号），要求各乡镇在坚持开放搞活前提下，充分发挥国营茶叶部门的主渠道作用，实行以“坦洋工夫”和福安茶厂省优产品为龙头的农工联合。不论国家、集体、个人经营的茶叶，必须经过检验取得质量合格证后才能出运，否则，交通部门不给予外运，工商部门不给予放行。

2003 年 9 月 24 日，中共福安市委、福安市人民政府《关于扶持茶产业发展的若干意见》（安委[2003]96 号），从农业发展基金中切出一块资金建立茶产业发展专项基金；开展无公害茶、绿色食品和有机茶的申报和认证工作，凡获得认证并且种植面积在 500 亩以上的茶叶企业（公司、厂、场），市财政从支农资金中给予每个产品 1 万元奖励；取得绿色食品 AA 级标志使用权或通过有机茶认证，种植面积在 1000 亩以上的茶叶厂（场），市财政从支农资金中给予每个产品 2 万元的奖励。对省、市级龙头企业直接向农户收购并进行加工、销售的茶叶产品，依法按 13％的税率计征增值税，销售自产的茶叶产品，依法免征增值税；重点龙头企业每年新增税收超过 10％部分，增值税、所得税构成市财政收入部分，由财政全额返还，一定三年；金融信贷机构在资金安排上要向茶叶产业化龙头企业倾斜，执行优惠贷款利率。

2007 年，福安市人民政府《福安市人民政府关于加快茶树品种结构调整的通知》（安政〔2007〕67 号），下达名优茶加工机械补助资金 45.66 万元。

2009 年，福安市政府《福安市人民政府办公室关于下达 2009 年茶叶结构调整任务的通知》（安政办［2009］31 号），下达第一批茶树品种调整补助资金 63.63 万元。福安市茶业管理局也根据生产发展的需求，下达安茶［2009］5 号文，安排当年茶业发展预算经费：茶叶初制厂改造升级 180 万元；茶树品种改造 180 万元；茶叶品牌打造 160 万元；现代茶业发展项目 10 万元；茶叶农残抽检经费 5 万元；坦洋工夫研发经费 5 万元。

2010 年，福安市茶业管理局下达［2010］12 号文，根据市人民政府进一步优化茶树品种结构的精神，兑换补助资金，2010 年第一批补助每亩 30 元。同年，市财政安排专项经费 5 万元用于农垦农技推广与体系建设。

2011 年，福安市财政局、茶业局根据省财政厅、省农业厅《关于下达 2011 年福建省现代农业（茶业）加工项目资金的通知》（闽农指［2011］251 号）文，将加工项目资金 200 万元用于茶厂清洁化改。

2012 年 1 月 5 日，福安市人民政府《关于加快现代茶产业发展的意见》（安政发［2012］640 号），对年纳税 100 万元以上的茶叶企业给予奖励；每年培植 10 个示范茶叶专业合作社，每个安排扶持资金 5 万元；在省级以上茶博会被评为“茶王”的奖励 1 万元；通过有机食品、GAP 认证的企业每个产品奖励 2 万元，绿色食品的每个产品奖励 1 万元；每年安排品牌宣传保护专项经费 500 万元；对符合“出口茶叶生产企业注册卫生规范”的获得商检局颁发证书的企业给予补助 5 万元，对企业参加省级以上茶业博览会并设立特装展的每次补助资金 3 万元。

2020 年 12 月 31 日，中共福安市委、福安市人民政府《关于印发〈福安市进一步促进“坦洋工夫”红茶产业高质量发展若干措施（试行）〉的通知》（安委发［2020］11 号），市财政每年投入茶产业发展专项资金 3000 万元。对年度纳税达 100 万元以上且无税收违法行为的茶业纳税大户，给予奖励 6 万元；对年度坦洋工夫红茶销售专项纳税达 100 万元以上且无税收违法行为的纳税大户，给予奖励 10 万元；对纳税总额在 10 万元以上且无税收违法行为及不良记录的茶叶企业给予贷款贴息支持。在福建省茶产业技术创新联盟组织的“老百姓喝得起的好茶品种推荐活动”中获“最佳推荐品牌”的奖励 6 万元，获“入围推荐品牌”奖励 3 万元；在省级以上茶叶评比活动中获得第一名的奖励 5 万元。对在设区市级制茶等级比赛中获得前三名的，分别给予 5000 元、3000 元、1000 元奖励；在省级制茶等级比赛中获得前三名的各奖励 5 万元，四至六名各奖励 3 万元；在国家级制茶等级比赛中获得前三名的各奖励 10 万元，四至六名各奖励 6 万元。

福安市街区图（陈泽发 摄）

卷五 茶业管理

第一章　管理机构

县市管理机构

1949 年 10 月以前

清咸丰（18 世纪 50 年代）以前，福安县的茶业管理职能主要体现在征收茶税上，由县署负责执行。明嘉靖十七年（1538 年）《福宁州志・贡办》就有这方面的记录。此后茶叶经济体量空前提升，清政府设立专门机构，负责茶税征收。清光绪十年（1884 年）《福安县志・赋税》：“白石海口设有海关，商船载货出入，按章征税，尽收尽解，均归将军管理。同治四年（1865 年），白石又设厘金局，商船载货出入，委员按章抽厘，收解郡局，转解闽省税厘总局。同治五年（1866 年），坦洋又设茶税局，由省员督办。”

光绪后期（1901—1905 年），清政府实行“新政”，增设农商部，成立商务总会，各省县筹办商务分会。光绪三十一年（1905 年），福安县商务分会成立，对地方商务具有话语权。清宣统二年（1910 年），福安茶商吴步洲发起成立福安茶业研究会，是福安最早的茶商的组织，提倡和研究改进茶业事务，事实上对本县茶业实行管理。

民国 16 年福安县政府成立，下设诸科分部门管理县政，茶业归建设科管理。

民国 23 年，福建省建设厅茶业管理局在赛岐设立闽东办事处，负责茶商登记注册和发放许可证，对茶市贸易实行监督管理。

民国 27 年，福安县政府奉命推行茶政改革，对茶叶实行统制统销；公布毛茶山价收购毛茶，保护茶农利益；组织茶庄按股份制成立联合茶号。

民国 28 年，省建设厅在福安成立茶业改良试验区，县长高诚学兼任主任。多方面进行茶业改良试验，设立穆阳、棠溪、社口 3 所模范制茶厂，生产精制工夫红茶。

民国 34 年抗战胜利后，福安县成立茶商业同业公会，对成员茶厂茶号进行服务和管理，限制同行业之间的恶性竞争，保护同行利益。同时福安县政府按年度对茶号茶商依照统一标准进行核准登记，实行有效管控；每年公布毛茶山价和不同品类的成品茶价格，保护茶农利益。

民国 37 年，向福安县政府登记注册的茶厂茶号共计 81 家。经省建设厅茶业管理局批准，重点茶村还成立“茶业生产合作社”。

1949年10月至1956年

中华人民共和国成立初期，福安茶业实行产、销分开管理机制。福安县的茶叶生产和茶叶购销由中茶“福建省公司福安茶厂”（阳头茶厂）管理。1950—1955年福安茶厂在城关、社口、上白石、穆阳、溪柄设立茶叶采购站，福安茶厂承担茶叶产、购、销、精加工等业务职能。

1952年成立福安县茶叶生产技术指导站，负责全县茶叶生产技术指导工作；茶叶购销工作仍由福安茶厂负责。茶叶生产技术指导站编制6人，其中技术人员3人、雇用茶叶辅导人员8人。

1956—1975年

1955年起，茶叶列为国家二类物资，实行统购统销管理。

1956年9月，福安县人民委员会设立茶叶科，指导茶叶生产；同年茶叶收购站从福安茶厂分离出来，归属福安县农产品采购局管理，直接负责茶叶收购调拨工作。

1957年县农产品采购局撤销，茶叶收购业务并入县供销社，在供销社内设立茶业科，固定编制干部13人，负责茶叶购销业务工作。

1958年5月，县人民委员会茶叶科与县供销社茶叶科合并，成立福安县茶业局，从此建立茶叶产、销合一的管理机构。同时各乡镇（人民公社）茶叶收购站也划归茶业局统一管理。

1961年在茶业局内设立茶叶进出口支公司，专管茶叶购销业务工作。

1963年8月，县茶业局改称茶业科，成立县茶叶进出口公司。

1966年3月，根据流通归口管理的需要，县茶业科与县贸易公司合并，成立福安县外贸局，内设茶叶进出口支公司、外贸公司、生产股、初制股等管理职能。同时在业务上直接管辖全县11个茶叶收购站和王家、坦洋、高坂3个国营茶场。

1969年，因精简机构，县外贸局、供销社并入县商业局，在商业局内设立茶业组，负责茶叶收购业务工作。

1972年，为了加强茶叶生产技术指导工作，又在县农业局设立茶叶组，恢复原茶叶技术推广站的职能。

1975—1996年

1975年4月，商业局茶业组与农业局茶叶组合并，设立福安县革委会茶业局，重新恢复茶叶产销合一的管理机构。局（公司）有干部、职工26人，基层茶叶收购站（15个）和收购组（3个）有干部、职工80人。县革委会茶业局直属福安县革命委员会。

1981年1月，县革命委员会茶业局改称县茶业局，归县人民政府农委口。

1986年1月，为了适应茶叶流通体制改革的需要，福安县茶业局与福安茶厂合并，成立福安县茶业管理局，实行“两块牌子一套人马”的管理职能。11月，福安茶厂从茶业局分出。福安县茶业管理局内设机构有办公室、技术推广站、业务股等，继续管理全县15个茶业站、3个国营茶场，还设有独立经营的茶叶公司、茶叶开发公司，担负全县茶叶的生产收购、加工、销售等职能。

1993年8月，福安市茶业管理局任命周荣为福安市茶叶公司经理，李锡福为常务副经理，林鸿为副经理。茶叶公司办有茶厂，茶叶公司、茶叶开发公司和茶厂经营到1995年结束。

1996—2023年

1996年，福安市茶业管理局改为市茶业事业局，并将市茶业技术推广站（中心）并入市茶业事业局。

市茶业事业局为市政府直属事业单位，行使全市茶业行业管理职能，按照“精简、统一、效能”的原则，确定市茶业事业局职能配置、内设机构和人员编制方案。市茶业事业局事业编制 12 人（含原有的市茶业技术推广站编制）；领导职数为局长（正科级）1 人，副局长（副科级）2 人，股级干部职数 3 人。1998 年 8 月，市政府办公室印发茶业事业局职能配置、内设规格和人员编制方案。

◎**市茶业事业局主要职责：**承担上级部门茶叶科技项目，做好茶叶科技宣传推广、信息咨询、技术培训等服务工作，提高茶叶生产者的科技素质，促进茶业朝“两高一优”（指高产、优质、高效的生产方式）方向发展；外引内联，开发本市茶叶资源，搞活市场流通；做好市政府下达的茶叶生产各项工作指标的落实；统一指导协调局下辖的 15 个茶站和 3 个国有茶场的经营管理等工作。根据上述职责，市茶业事业局下设人秘、基层管理、茶业技术推广 3 个职能股。

◎**人秘股职责：**做好干部职工的考核使用、调配、任免、编制、定级以及岗位制度考勤，办理干部、职工离退休手续，计划生育等管理工作；做好局属房产管理、水电收费、环境卫生、安全保卫、生活福利等管理工作；做好文件报刊收发、文书档案、文件保密、信访等工作；加强经济核算，理财当家，及时准确提供财务数据，做好财经管理；建立健全各项财务制度，管好资金，明确审批权限，把好资金使用关；做好月、季、年度的财务报表汇编工作，以及局下达的管理费、折旧费、社会保险金等管理工作。

◎**基层管理股职责：**建立健全各项经营责任制；协调基层站场做好茶叶收购、加工、流通等管理工作；转变机制，开展多种经营，扩大流通。

◎**茶业技术推广股职责：**做好名优茶开发及面上技术指导工作；做好茶叶加工机械的调拨、安装、维修等服务工作；加强病虫害的测报和农药合理使用等防治工作；做好茶叶信息、咨询、培训等服务工作；继续抓好局试验场的生产、示范、推广工作；做好良种的引种、选育、推广工作。

1999 年 7 月，市茶叶质量检测中心成立，隶属于茶业局。12 月，中共福安市茶业局支部委员会成立。

2008 年，市茶业事业局又改为市茶业管理局。

2016 年 12 月，福安市茶业管理局内设职能股室 3 个，局内参照公务员法管理人员 12 人，实有人员 10 人；事业编制（茶叶质量检测中心）7 人，实有 6 人。

2017 年 12 月，福安市人民政府批复同意，王家茶场、高坂茶场、坦洋茶场 3 家国有企业的股权无偿划转给福安市农垦实业有限公司。

2018 年 12 月，市茶业管理局承担的行政职能划入市农业农村局。“福安市农垦集团有限公司”组建后，福安市农垦茶业有限公司成为集团公司下属的子公司。

2019 年 11 月，福安市国家区域性良种繁育基地（茶）建设领导小组成立，市政府分管副市长任领导小组组长。

2020 年 7 月，福安市茶业管理局更名为“福安市茶产业发展中心”，为福安市人民政府主管的正科级参照公务员法管理的事业单位。

2022 年 5 月，市委编委重新核定市茶产业发展中心编制 10 人：行政管理人员 9 人，工勤人员 1 人。这一年 12 月，福安市茶产业发展中心全员 42 人，其中在职 17 人，退休 25 人；中共党员 21 人（其中在职 9 人、退休 12 人），民主党派 1 人。在职人员中参照公务员法管理的行政人员 9 人，其中领导班子成员 4 人（中心主任 1 人、副主任 2 人、主任科员 1 人），科员 4 人，机关工勤 1 人；事业编制 7 人，其中农业技术推广研究员 1 人，高级农艺师 2 人，助理农艺师 4 人。

1952—2023 年，福安市（县）茶业管理机构历任主要领导：陈公佐、苏培生、马汉忠、严明达、连树泉、王姚康、詹步希、陈玉成、王其祥、陈祖枝、黄迎春、温铃光、缪少斌（现任）。

1952—2023年福安茶业管理部门历任领导一览表

机构名称	职务	姓名	任职时间	备注
县茶叶生产技术指导站	站长	陈公佐	1952—1956.9	
	副站长	刘道勉	1952—1956.9	
		陆邦弟	1953—1954	
县茶业科（1956.9—1958.5）	科长	陈公佐	1956.9—1957.5	茶业科属县人民委员会
县茶业局（1958.5—1963.8）	局长	苏培生	1961.8—1963.8	茶业局属县人民委员会
	副局长	刘道勉	1958.4—1959.1	
		苏培生	1958.4—1961.8	
		李孟华	1960.4—1961.8	
县茶业科（1963.8—1966.3）	科长	苏培生	1963.8—1966.3	兼县茶叶进出口公司经理
	副科长	吴朝荣	1963.8—1966.3	兼县茶叶进出口公司副经理
县革命委员会茶业局（1975.4—1976.10）	革命领导小组组长	马汉忠	1975.10—1979.12	
县茶业局（1976.10—1986.1）	局长	严明达	1979.12—1984.3	茶业局属县人民政府
		连树泉	1984.3—1991.9	
	副局长	苏培生	1997.4—2004.5	
		陈鉴清	1997.4—2004.5	
		黄焕章	1997.4—2004.5	
		连树泉	1981.3—1984.2	
		陈玉成	1984.3—1999.5	
		蔡金水	1985.12—1986.12	
		缪时声	1985.12—1986.12	
市茶业管理局（1986.1—1996）市茶业事业局（1996—2008）市茶业管理局（2008—2020.7）	局长	王姚康	1991.9—1993.12	
		詹步希	1993.12—1999.3	
		陈玉成	1999.5—2011.5	1993.4主任科员
		陈祖枝	2011.5—2016.11	
		黄迎春	2016.11—2017.11	
		温铃光	2017.11—2020.7	党支部书记
	党支部书记	王其祥	1999.12—2011.5	正科级
	副局长	张经伦	1989.10—1993.10	
		刘石宝	1994.5—2011.5	
		林妙龙	1997.1—2011.5	
		余成法	2007.1—2019.3	2019.3主任科员至今
		温铃光	2011.5—2017.11	党支部书记
		罗光平	2019.3—2020.7	
		郑祖辉	2019.7—2020.7	
市茶产业发展中心（2020.7迄今）	主任	温铃光	2020.7—2023.7	党支部书记
		缪少斌	2023.7—	在任，党支部书记
	副主任	罗光平	2020.7—	在任
		郑祖辉	2020.7—	在任

1995—2023 年福安市茶业管理部门内设机构负责人一览表

机构名称	职务	历任负责人
人秘股	股长 / 负责人	李绍光、苏建月、钟咏、林清菊（现任）
基层管理股	股长 / 负责人	江瑞明、缪立、薛敏、王水金（现任）
茶业技术推广股	股长 / 负责人	陈乐生、潘福章、林鸿、王水金、陈林海（现任）
市茶叶质量检测中心	主任	刘石宝、王其祥、温铃光、陈林海（现任）

乡镇基层茶站

茶叶收购站是计划经济的产物。1950 年，根据当时的茶叶产区分布和茶叶自然流向，福安茶厂先后在城关、社口、上白石、溪柄、穆阳设立 5 个茶叶采购站（简称“茶站”）。茶站的主要作用是向茶农直接收购毛茶，毛茶经过福安茶厂精制加工成商品茶后再进行销售。茶站除站长外，还配备文书、会计、出纳、司秤、管仓、茶师、交通员、炊事员等，全县共有固定人员 36 人、雇用人员 16 人。1954 年增设溪尾茶叶采购站。

1956 年，茶叶收购站从福安茶厂分离出来，改由县农产品采购局管理。1957 年改属县供销社，有干部 96 人、临时人员 56 人。

1958 年改属县茶业局。茶叶收购站改称“茶业站”（“茶站”），承担相应公社的茶叶购、销、调和产制技术指导等工作。由于全县茶叶产区扩大，产量大幅度增加，到 1959 年再增设潭头、松罗、溪潭、甘棠、下白石 5 个茶叶收购站，初步形成县域收购网络，共有固定人员 150 人、临时人员 80 人。

“文化大革命”期间，茶站隶属关系多次发生变化。1966 年属县外贸局，1969 年属县商业局，1972 年属县农业局，1975 年又改属县茶业局。此后隶属关系不再变化，基层茶站成为茶业部门的派出机构。

1961—1975 年，又增设赛岐、湾坞、康厝、坂中 4 个茶站。同时，还在社口的晓阳、上白石的洋山、湾坞的芦山设立 3 个茶叶收购组。1975 年后，全县有 15 个茶叶收购站、3 个茶叶收购组，有固定人员 245 人、临时工 19 人。

1982 年，福安全县农村全面推行家庭联产承包责任制，生产队茶园也承包到户。1984 年茶叶流通体制改革以后，福安各基层茶站仍然存续。1986 年福安县茶业管理局设立茶叶公司，实行茶叶产、购、制、销一体经营，大多数基层茶站处于停业状态。1989 年，福安 15 个茶站共有职工 274 人、退休离休职工 50 人。

随着改革开放的深入，乡镇基层茶站通过改制成为独立法人开展茶叶经营活动，离退休人员依据国家相关政策予以安置。

1950—2022 年福安基层茶站简明表

乡镇（公社）	设立年份	历任站长（负责人）
城关	1950	李桂英、黄鸿年、周钦云、冯增华、郑屏南、缪进、郑平南、刘振光
社口	1950	林师谊、陈钰富、陈恩春、冯德忠、钟德勤、陈钰富、薛幼宽、林云生、缪绍容、林成财、陈朝明
上白石	1950	陈钰富、王阿孙、刘祖钰、郭培珊、郭祥光、郭培珊
溪柄	1950	李轩弟、谢觉琳、刘祖钰、施如恩、陈晋波、池住现、李润玉、冯春华、陈定铃、连顺生
穆阳	1950	郭贞冰、场增福、王发兴、曾连生、王和平、郑屏南、郑贵现、缪绍贵、缪立
溪尾	1954	黄鸿年、冯德忠、林成增、刘受惠、林志宣
潭头	1956	冯增华、王锦住、郭培珊、陈作春、郭灿明、林云生、陆宁安、刘宗荣

续表

乡镇（公社）	设立年份	历任站长（负责人）
溪潭	1959	陆长佑、谢步富、陈恩春、冯国松、陈绍华、陈成沐
松罗	1959	李梦华、陈钰富、施如恩、谢兴俊、郭章荣、刘受惠、陈绍华、吴培翔、林绍明、缪锦华
甘棠	1959	雷伏佺、林成增、张奶生、冯德忠、郑金昌、连贻邦、林铃生
下白石	1959	袁仍义、刘祖钰、陈恩春、林成因、林绍宏
赛岐	1961	陈仲荣、陈钰富、冯德忠、柳欣杰、余安生（主持）
湾坞	1971	张成基、薛聘泉、黄寿现、林绍明、苏锦平、郑石光
康厝	1971	陈恩春、林诗书、缪进、苏锦平、王守丛
坂中	1975	林成增、林绍明、吴屏山、黄寿现、彭淑光

茶产业发展领导小组

2003 年 10 月，成立福安市茶叶产业化建设指导小组，由市委分管领导任组长，市政府分管领导任副组长，市茶业局、财政局、工商局、地税局、国税局、质监局、卫生局、农业局、供销社、脱贫办、小康办等部门为成员单位，按照各部门职责分工，制定和完善茶叶产业化经营的具体措施，召开会议，统一协调指导全市茶叶产业发展工作。各开发区、乡镇、街道应成立相应的领导机构，具体落实本地发展茶产业的各项措施。

2005 年 8 月 11 日，为加快福安市茶产业的发展，促进茶产业做大做强，中共福安市委、福安市人民政府决定成立“福安市茶业发展领导小组”（后更名“福安市茶产业发展领导小组”）。

组长：陈家东（宁德市委副书记、福安市委书记）；

第一副组长：薛世平（市委副书记、市长）；

副组长：阮玉铃（市人大常委会主任）、陈长德（市委副书记、政法委书记）、詹翠霞（市委常委、宣传部部长）、王昌清（市委常委、市委办主任）、郭冲（市人大常委会副主任）、刘良健（市政协副主席）、陈奶康（市政府助理调研员）、陈荣冰（省茶科所所长）、陈成基（市茶业协会会长）；

常务副组长：陈灼生（市政府副市长）；

成员单位由市人大常委会办公室、市政府办公室、市政协办公室、市委宣传部、发展计划局、财政局、农办、外经贸局、国土资源局、茶业局、质量技术监督局、工商局、农业局、卫生局、广电局、脱贫办组成。领导小组下设办公室，挂靠市茶业局，办公室主任陈玉成（兼）。

2009 年 9 月后，因人事变动，福安市茶业发展领导小组组长先后由张立先、李转生、倪政云、金敏接任，第一副组长先后由杨培钦、林小楠接任。

2012 年 1 月，根据福安市人民政府《关于加快现代茶产业发展的意见》，各茶叶主产乡镇先后成立茶产业发展领导小组，制定茶产业发展规划、年度计划和推进茶产业发展的具体措施。

2018 年 3 月 5 日，因人事变动和工作需要，经市委、市政府同意，福安市委、市政府办公室发文通知调整充实市茶产业发展领导小组成员。

组长：谢再春（宁德市委常委、福安市委书记）；

第一副组长：叶其发（市委副书记、市政府市长）；

常务副组长：郑战雄（市人大常委会主任）；

副组长：陈贵裕（市委副书记）、胡奇华（市人大常委会副主任）、林铃顺（市政府副市长）、林铃华（市政协副主席）、尤志明（省茶科所所长）、张为明（市政府党组成员）、陈灼生（市人大常委会原副主任）、刘寿国（省茶科所党支部原书记）；

成员单位由市委办公室、市人大常委会办公室、市政府办公室、市政协办公室、市委宣传部、发改局、经信局、商务局、财政局、国土局、环保局、市场监管局、科技局、文体新局、卫计局、农业局、茶业局、扶贫办、市供销社、市农垦集团、福安信用联社、市茶业协会组成。办公室主任温铃光（兼）。

2019 年 5 月 24 日，因人事变动，经市委、市政府同意，福安市茶产业发展领导小组决定调整充实市茶产业发展领导小组成员。

组长：叶其发（市委书记）；

第一副组长：钟宜国（市委副书记、市政府市长）；

常务副组长：郑战雄（市人大常委会党组书记、主任）；

副组长：林志生（市委副书记）、刘宗奇（市人大常委会副主任）、林铃顺（市政府副市长）、林铃华（市政协副主席）、尤志明（省茶科所所长）、张为明（市政府党组成员）、陈灼生（市人大常委会原副主任）、林炤（市政府原副市长）、刘寿国（省茶科所党支部原书记）。

2023 年 5 月 26 日，因人事变动，经市委、市政府同意，福安市茶产业发展领导小组决定调整充实市茶产业发展领导小组成员。

组长：周祥祺（市委书记）；

第一副组长：黄其山（市委副书记、市政府市长）；

常务副组长：陈昌东（市人大常委会党组书记、主任）；

副组长：詹廷平（市委副书记）、薛树明（市人大常委会副主任）、蓝和鸣（市政府副市长）、陈枝棠（市政协副主席）、陈常颂（省农业科学院茶叶研究所所长）；

成员单位由市委办公室、市人大公室、市政府办公室、市政协办公室、市委宣传部、发改局、工信局、财政局、人社局、自然资源局、住建局、农业农村局、商务局、文体旅游局、卫健局、市场监管局、统计局、生态环境局、税务局、茶产业发展中心、市供销社、福安信用联社、市农垦集团、市茶业协会等组成。

此后市茶产业发展领导小组成员因工作调整或职务变动，不再继续担任领导小组成员的，由其接任者履行成员职责。不再另行发文，各成员单位及时将人员变动情况报送市茶产业发展中心。

2001—2023 年福安茶业部分荣誉表彰情况表

年份	表彰对象	表彰内容	授予单位
2001	福安市	中国茶叶之乡	国家林业局
2002	福安市	全国无公害农产品（种植业）生产示范基地县先进单位	国家农业部
2002	福安市	全国无公害茶叶生产典型示范市	国家农业部
2002	福安市	绿茶产业化标准化示范市	福建省技术监督局
2007	福安市	2005—2006 年全国无公害茶叶生产示范基地创建市年审合格单位	国家农业部
2008	福安市	全国绿色食品原料（茶叶）标准化生产基地市	国家农业部
2008	福安市	绿色食品原料（茶叶）标准化生产基地县	福建省农业厅
2013	福安市	东方茶文化魅力城市奖	中国品牌传播联盟
2014	福安市	全国十大生态产茶县	国家农业部
2015	福安市人民政府	米兰世博会中国馆积极贡献奖	米兰世博会中国馆组委会

续表

年份	表彰对象	表彰内容	授予单位
2017	福安市茶业管理局	全国农业先进集体	国家农业部
2018	福安市	中国红茶之都	中国茶叶流通学会
2019	福安市茶业管理局	闽茶发展最佳服务奖	海峡两岸茶业交流协会、省茶业协会
2019	福安市人民政府	“一带一路”茶文化推广贡献奖	闽茶中国行组委会
2019	福安市	国家区域性良种（茶叶）繁育基地	国家农业农村部
2020	福安市	中国茶业百强县	中国茶叶流通协会
2020	福安市	2020 年度茶业生态建设十强县	中国茶叶流通协会
2021	福安市	中国茶业百强县	中国茶叶流通协会
2021	福安市	全国茶叶标准化示范县	国家农业农村部
2022	福安市	花果香红茶发源地	中国茶叶流通协会
2022	福安市	中国茶业百强县	中国茶叶流通协会
2023	福安市	2023 年度茶业高质量发展县域	中国茶叶流通协会
2023	福安市	2023 年度重点产茶县域	中国茶叶流通协会

附：福安市人民政府顾问团茶叶产业顾问，福安市三茶研究院名誉院长、顾问

◎茶叶产业顾问组

2022 年 11 月 10 日，福安市人民政府为进一步提升政府决策科学化水平，聘请资深专家组成顾问团（安政文〔2022〕373 号）。顾问团设 2 个顾问组，聘期 3 年，其中茶叶产业顾问组成员如下：

林光华，福安市政府原科技副市长、省茶叶学会副会长，顾问组首席顾问；

冯廷佺，福建省茶叶学会名誉会长、首席专家，顾问组成员；

孙威江，福建农林大学园艺学院教授，顾问组成员；

陈常颂，福建省农科院茶叶研究所书记、所长，国家茶产业体系岗位专家，顾问组成员；

苏峰，福建省种植业技术推广总站教授级高级农艺师，顾问组成员。

王庆，中国茶叶流通协会会长，2023 年 5 月增补为特聘顾问。

◎三茶研究院

2023 年 7 月 26 日，福安市举行三茶研究院名誉院长、顾问聘任仪式，聘请刘仲华为福安市三茶研究院名誉院长、单威为福安市三茶研究院顾问。市委书记周祥祺，市委副书记、市长黄其山共同为专家颁发聘书。

刘仲华，中共第二十届中央委员会候补委员，中国工程院院士，湖南农业大学学术委员会主任，福安市三茶研究院名誉院长；

单威，中国国创会学术委员、国际文化交流与研究中心主任，福安市三茶研究院顾问。

第二章　品牌建设和保护

名茶产制

绿茶类

◎福云毛尖

省农科院茶叶研究所于1973年创制的烘青绿茶产品。1975农科院茶叶研究所与福安茶厂协作，将“福云7号毛尖”以茉莉花窨制成“福云7号茉莉毛尖”，送北京茶叶加工厂鉴评，认为“福云7号茉莉毛尖”可列为名茶。1977年与福州茶厂协作，窨制为茉莉花茶，定名“茉莉大白毫”，送北京茶厂鉴定展销，被誉为“茉莉大王”，进入全国极品名茶之列。

品质特点：外形肥硕圆直，毫茸显色如银，状若银针；内质香高味爽，冲泡杯中，汤色翠绿明净，芽体直竖悬浮，犹如银枪林立，继而下坠杯底，叶展芽现，一旗一枪，交相辉映，蔚为奇观；饮后余香留颊，耐人寻味。采制工艺：鲜叶原料选用“福云7号”种的一芽一叶初展的芽梢，采用机制工艺。其工序：鲜叶处理→晾青→杀青→风冷→揉捻→毛火→摊晾→足火。

◎方山玉叶

省农科院茶叶研究所科技开发中心1989年研制的扁形绿茶新产品。1989年获福州市优质茶奖，同年获福建省名茶第二名，1991年获福建省名茶奖。

品质特点：外形条索紧结、扁平挺直，色泽墨绿油润、白毫星点，香气高爽，滋味醇厚回甘，汤色明亮，叶底嫩绿匀亮、芽叶匀整。采制工艺：鲜叶原料选用“梅占”一芽一叶或一芽二叶初展芽叶，采用机制工艺，经鲜叶处理→萎凋→杀青→揉捻→解块→初烘→整形→筛选拣剔→焙干等工序制成。

◎白兰春

省农科院茶叶研究所科技开发中心创制的针形特种绿茶。1989年获福州市名茶奖，1991年获福建省名茶奖。

品质特点：外形圆直紧结如针，密披白毫，色白若银，香气鲜爽毫香持久，滋味醇和，汤色浅绿明亮，叶底肥嫩嫩黄。采制工艺：鲜叶原料选取“福鼎大毫茶”一芽一叶初展的芽叶，采用机制工艺，其工序：

晾青→杀青→揉捻→初烘→整形→拣剔→焙干。

◎**雪峰琼花**

是省农科院茶叶研究所科技开发中心创制的卷曲形特种绿茶。1989 年获福州市名茶奖，1991 年获福建省优质茶奖。

品质特点：外形壮实紧结，螺旋状卷曲，白毫披覆，色洁如银；内质香气清高，滋味醇厚，汤色淡绿明亮，叶底柔软黄亮。采制工艺：鲜叶原料选用幼嫩多毫的良种一芽一叶初展的芽叶，采用机制工艺；工序：晾青→揉捻→初烘一整形→拣剔→焙干。

◎**福云曲毫**

省农科院茶叶研究所于 1991 年后创制的卷曲形特种绿茶新产品。1991 年获福建省优质茶奖，1992 年省优质茶奖复评合格，1995 年获第二届中国农业博览会金奖，1999 年获中国茶叶学会第三届“中茶杯”评比优质茶奖。

品质特点：外形紧结卷曲、茸毫显露，汤色清澈黄绿，香气浓郁、具板栗香，滋味鲜爽甘醇，叶底嫩黄明亮。采制工艺：鲜叶原料选用“福云 7 号”良种的一芽一叶初展的芽叶，采用机制工艺。其工序：晾青→杀青→揉捻→毛火→整形→足火→拣剔。

◎**六杯香**

福安市福特茶厂生产的高级绿茶。1995 年获福建省名茶奖；1996 年获福建省优质茶奖；1997 年在第八届全国运动会上，被列为上海代表团专用品牌。

品质特点：形秀、色绿、香高、味浓、耐泡。冲上一杯，轻啜细闻，茶香飘远，芬芳溢人，连泡六杯，香气依然。采制工艺：鲜叶原料选用高山的中叶品种的一芽一二叶，经摊晾→杀青→揉捻→做形→烘焙→炒制→提香等工序制成。

◎**剑芽**

省农科院茶叶研究所创制的绿芽新产品。1995 年获第二届中国农业博览会金奖。

品质特点：外形肥壮略钩曲，扁似剑，润亮披毫，香气清高，滋味鲜醇甘爽，汤色清澈明亮，叶底肥硕嫩黄，芽芯白亮。内质板栗香显，滋味醇和、鲜爽，汤色翠绿明亮，叶底嫩黄匀整。采制工艺：选用“福鼎大毫茶”品种的嫩芽为原料加工而成。其工序：晾青→杀青→初焙→摊晾→复烘→摊晾→足火。

◎**松针**

省农科院茶叶研究所于 1995 年创制的针形特种绿茶。当年获福建省名茶奖和第二届中国农业博览会银奖。

品质特点：形似松针，尖挺秀直，外形色泽嫩黄如象牙色，香气清纯，嫩香明显，滋味醇和，汤色清澈淡黄绿，叶底肥壮匀整。采制工艺：鲜叶原料选用“福云 6 号”良种肥壮嫩芽加工而成，采用机制工艺。其工序：晾青→蒸青→初烘→复烘→压型→回软→足火→割末。

◎**银芽尖**

又叫茸芽尖，是省农科院茶叶研究所 1996 年创制的新特种绿茶。当年获福建省优质茶奖。

品质特点：外形芽头肥壮，白色茸毛拥簇翠绿芽身，白里透绿，扁平挺直，二头尖而得名；内质板栗香显。滋味醇和、鲜爽，汤色嫩绿清澈，叶底肥壮匀整。采制工艺：鲜叶原料选用“福云 6 号”良种的肥壮嫩芽加工而成。采用机制与手工结合的工艺。其工序为：晾青→蒸青→初烘→造型→复火→割末。

◎**金绿香**

省农科院茶叶研究所创制的特种绿茶。1996 年获福建省优质茶奖。

品质特点：外形紧秀，卷曲，深绿中带白茸毫。采制工艺：该产品系选用“黄旦”品种的一芽二叶初展的芽梢为原料加工而成。其工序：摊晾→杀青→揉捻→初烘→整形→足火→割末。

◎**天香银针**

又名天香银峰，是福安市天香茶叶有限公司产制的针形绿茶。1996 年获福建省优质茶奖，1999 年获福建省优质茶奖。

品质特点：外形条索紧结似针，白毫显露，色泽绿润，香气清纯，滋味醇和，汤色绿浅亮，叶底匀嫩明亮。采制工艺：鲜叶原料采自海拔 600 米以上高山“福鼎大毫茶”的顶芽，经摊晾→杀青→做形→烘焙等工序制成。

◎**大白龙**

福安市城湖茶叶有限公司生产的绿茶。1996 年获福建省优质茶奖。

品质特点：外形肥壮多毫、匀整，香浓，滋味醇和，汤色清澈绿亮，叶底嫩匀尚亮。采制工艺：鲜叶原料选用“福鼎大白茶”一芽一叶，经摊晾→杀青→做形→烘焙而成。

◎**莲岳翠芽**

是福安市北门茶厂制作的高档绿茶。1996 年获福建省优质茶奖，1998 年获首届中国国际茶博览交易会中华文化名茶金奖和中国国际名茶制品、茶文化展览会推荐产品；1999 年在第二届中国国际茶博览交易会上获银奖，在福建省名优茶评审会上评为省优质茶。2000 年获北京中国茶文化展示会银奖。

品质特点：形秀、色绿、香高、味爽、口感好、耐泡。采制工艺：鲜叶原料采自 600 米以上高山无公害茶园“福鼎大毫茶”一芽一叶初展的芽叶，采用机制工艺。其工序为：晾青（半萎凋）→杀青→做形→烘焙。

◎**富春银毫**

是福安市农垦茶叶有限公司生产的高档烘青绿茶。1999 年，获福建省花茶级型金奖和第二届中国国际茶博览交易会国际文化名茶金奖，2000 年又获北京国际茶文化展示会金奖。

品质特点：形秀香高、鲜灵，味浓耐泡。采制工艺：鲜叶原料采自海拔 600—700 米高山无公害茶园“福安大白茶”一芽二叶初展的芽叶，采用机制工艺。其工序：晾青→杀青→揉捻→烘干。经过精制成为外形紧结、色泽翠绿的茶坯，是生产富春银毫茉莉花茶的原料。

◎**富春香毫**

是福安市农星茶叶有限公司生产的又一名茶。1999 年获杭州国际茶博览交易会国际文化名茶金奖。

鲜叶原料来源、采制工艺与富春银毫相似，主要是原料质量档次稍低些。经精制后即为富春香毫茉莉花茶的茶坯原料。

◎**翠绿芽**

福安市北门茶厂生产的扁形绿茶。1999 年获福建省优质茶奖、杭州国际茶博览交易会国际文化名茶银奖。

品质特点：条形平扁挺直，毫峰显，色泽绿稍黄，香气嫩香清爽，滋味浓尚醇，汤色黄绿明亮，叶底黄绿匀亮。采制工艺：鲜叶原料采自海拔 500 米高山无公害茶园“梅占”一芽一叶初展的茶叶，采用机制工艺。其工序：长摊晾→杀青→摊晾→理条→做形→烘焙→提香。

白茶类

◎**白雪芽**

又称福建雪芽，是省农科院茶叶研究所研制的一种白茶新产品。1989 年获农业部优质茶奖和福建省名茶一等奖。1991 年获农业部优质茶奖复评合格和福建省名茶奖；同年，获中国杭州国际茶文化节文化名茶奖。“白雪芽生产方法”已获国家发明专利。

品质特点：外形介于“白毫银针”和高级“白牡丹”之间，芽多芽壮、白毫密披，色银白带绿，叶缘垂卷，芽叶连枝伸展，新颖美观。香气鲜爽纯正，毫香显，滋味鲜醇，汤色黄绿明亮，叶底嫩匀明亮，泡入杯中，犹如鲜花朵朵。

红茶类

◎坦洋工夫

坦洋工夫红茶创制于晚清咸丰元年（1851 年），1915 年作为福安商会茶被福建省实业厅选送参加在美国旧金山举行的“巴拿马太平洋万国博览会”并获金质奖章，是中国历史名茶，迄今行销 170 余年。

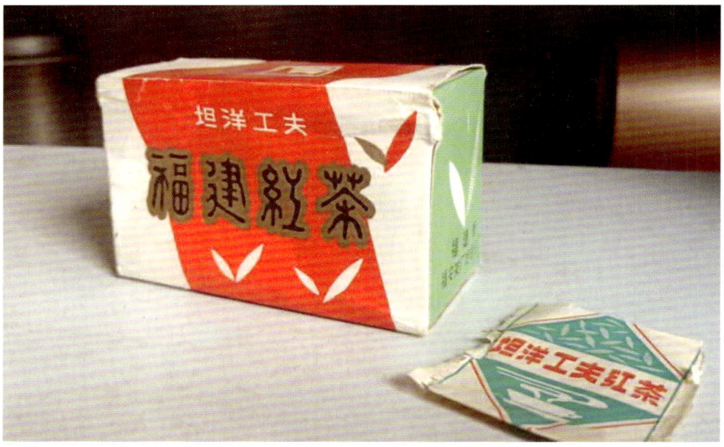

“福建红茶·坦洋工夫”袋泡茶包装盒（胡祖荣 提供实物）

福安茶厂 1956—1966 年生产的坦洋夫红茶获“十年红旗不倒”的光荣称号。福安茶厂生产的“白云山”牌坦洋工夫红茶于 1980 年、1989 年两次获轻工部优质产品奖，1990 年获福建省消费者协会信得过产品称号。

品质特点：条索紧结圆直，茶毫微显金黄、色泽乌黑油润，香气高爽，滋味醇厚，汤色红艳，叶底红亮。采制工艺：鲜叶原料多采自“坦洋菜茶”等有性群体品种的一芽二、三叶芽梢，采用机制加工。其初制工序为：鲜叶→萎凋→揉捻→解块→发酵→毛火→摊晾→足火→毛茶；精制采用多级付制，主产品收回办法，由焙、筛、抖、切、平、飘、拣等工序组成，以机械加工为主，手工为辅。

乌龙茶类

◎丹桂

系省农科院茶叶研究所创制的乌龙茶新产品。1995 年、1996 年获福建省名茶奖，1997 年获中国茶叶学会第二届“中茶杯”评比一等奖。品质特点：外形紧结，香气清高、具花香，滋味醇厚有甘韵，味中透香，品种特征显，汤色金黄清澈。采制工艺：鲜叶原料选用该所 1979 年从肉桂天然杂交后代中经系统选育而成的乌龙茶品种“丹桂”之对二、三叶嫩梢，加工采用闽南乌龙茶工艺。主要工序：晾青→晒青→做青→（晾青、摇青反复多次）→杀青→揉捻→初炒→初包揉→复炒→复包揉→足火→筛分割末。

◎黄观音

省农科院茶叶研究所研制的高香型乌龙茶。1996 年获福建省名茶奖，1997 年获中国茶叶学会第二届“中茶杯”评比特等奖。品质特点：外形砂绿、重实，香气高爽，滋味醇厚，有音韵，汤色金黄明亮，叶底黄绿带沙点红，边缘红。采制工艺：鲜叶原料选用乌龙茶新品种“黄观音”的对夹二、三叶嫩梢，采用闽南乌龙茶制造工艺，经晒青→摇青→晾青（反复交替进行）→堆青→炒青→揉捻→初焙→包揉→复焙→复包揉→干燥而成。

◎金观音

省农科院茶叶研究所研制的乌龙茶。1996 年获福建省名茶奖和优质茶奖。品质特点：外形色泽砂绿乌润、重实，香气馥郁鲜爽，滋味醇厚回甘，显“韵味”，香味似铁观音，品质优异稳定，汤色金黄清澈，叶底中央黄绿、边缘朱红，肥厚明亮。采制工艺：鲜叶原料选用乌龙茶高香优质的新品种“金观音”的对夹二、三叶嫩梢，采用闽南乌龙茶制造工艺，经晾青→晒青→做青（摇青、晾青交替进行）→堆青→炒青→揉捻→初焙→包揉→复焙→复包揉→干燥而成。

◎春兰

省农科院茶叶研究所研制的乌龙茶。1996 年获福建省优质茶奖，1997 年获中国茶叶学会第二届“中茶杯”评比二等奖，1999 年获第二届中国国际茶博览交易会国际文化名茶银奖和第三届“中茶杯”二等奖。

品质特点：香气清幽，兰花香显，滋味醇厚，有音韵，叶如汤匙状，有沙点红。采制工艺：原料鲜叶选用乌龙茶新品种“春兰”的对夹二三叶嫩梢，采用闽南乌龙茶工艺，经晒青→摇青→晾青→炒青→揉捻→初焙→包揉→复焙→复包揉→干燥等工序而成。

◎九龙袍

亦名紫龙袍，系省农科院茶叶研究所研制的乌龙茶。1999 年获中国茶叶学会第三届“中茶杯”评比二等奖和第二届中国国际茶博览交易会国际文化名茶银奖。

品质特点：外形重实，色乌润，香气清幽细长，花香显，滋味爽醇滑耐泡。采制工艺：原料鲜叶选用乌龙茶新品种“九龙袍”的对夹二三叶嫩梢，采用闽南乌龙茶工艺，经晒青→摇青→晾青（反复交替进行）→炒青→揉捻→初焙→包揉→复焙→复包揉→干燥而成。

花茶类

◎超特级茉莉花茶

“白云山”牌超特级茉莉花茶，是福安茶厂的系列产品之一。自 1975 年试产以来，加工窨制工艺逐年精进，产品质量不断提高。1983 年小包装获华东大奖，1985 年获福建省优质茶奖，1986 年获福建省和轻工部优质茶奖，1988 年获福建省食品工业名优特产品武夷奖、首届中国食品博览会银奖，1989 年获福建省首届工业品博览会银奖。

品质特点：条形紧结壮实，香气鲜灵持久，滋味浓醇可口，茶汤绿艳清澈，叶底嫩绿明亮。该产品选用闽东茶树良种“大白茶”的芽叶，经过初、精制加工而成的茶坯，配以“三伏”期间甲等饱满洁白的茉莉鲜花，经多次窨制而成。

◎特级茉莉花茶

“白云山”牌特级茉莉花茶，是福安茶厂的系列产品之一。自 1973 年生产以来，加工窨制工艺精益求精，产品质量逐步提高。1985 年参加省茉莉花茶评比以 98 高分获第一名、评为优质产品，同年获华东大奖和省优质包装装潢奖，1986 年获部优质茶奖，1988 年获福建省食品工业名优特产品武夷奖、全国轻工出口产品与首届中国食品博览会两个铜奖。

品质特点：条形紧秀、毫芽显露，香高鲜灵，滋味浓醇，叶底嫩绿均匀。产品选用闽东优质“烘青绿茶”的茶坯，经认真精制加工，条形紧结，毫芽显露，配以“三伏”期间饱满洁白的茉莉鲜花，按传统的茶、花配比，经多次窨制而成。

◎毛蟹茉莉花茶

“白云山”牌毛蟹茉莉花茶，是福安茶厂 1979 年选用高山茶区“毛蟹”良种一芽一叶初展的芽叶，经精工初制而成的原料，配以“三伏”期间甲等洁白饱满的单瓣茉莉鲜花，经多次窨制而成。1979 年获福建省优质茶奖和全国供销总社质量评比第二名，1984 年获福建省优质茶奖。

品质特点：外形肥大重实，芽毫披露，形似蟹足稍带弓弯，香气馥郁、鲜清、灵正，滋味甘醇、爽口回味，汤色清澈碧绿，叶底黄绿肥嫩柔软，饮之齿间留芳久久不失。

◎**白云茉莉花茶**

“白云山”牌白云茉莉花茶是福安茶厂系列茉莉花茶的主要产品。1983年小包装获华东大奖，1986年获福建省优质茶奖，1988年获福建轻工名优特产品武夷奖、首届中国食品博览会铜奖、全国轻工出口产品展览会铜奖，1990年获轻工部优质茶奖、商业部名茶奖、北京首届全国轻工业博览会金牌奖。

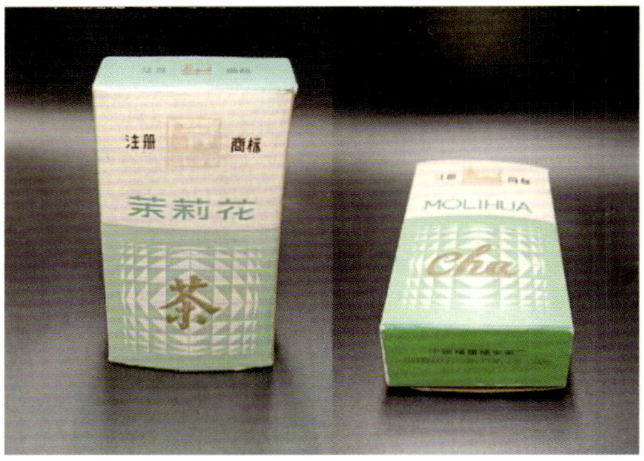

“白云山”牌茉莉花茶包装盒（黄先洲 提供）

品质特点：外形紧结、重实、平伏匀整，香气清高纯正，滋味鲜醇、浓郁，汤色清澈明亮，叶底均匀细嫩。该产品选用闽东山区“福鼎大毫茶”的茶坯，外形条索紧结、重实，毫芽显露，配以“三伏”期间饱满洁白的茉莉鲜花，经多次窨制而成。

◎**茉莉雪芽**

茉莉雪芽是省农科院茶叶研究所于1990年创制的白茶窨花产品。1991年获中国杭州国际茶文化“文化名茶新秀”称号、优质茶奖。

品质特点：兼有白茶与花茶两者的品质特征。外形芽多芽壮，白毫密披，自然伸展，新颖美观；内质香气浓郁鲜灵，滋味鲜醇爽口，汤色黄绿、清澈明净，叶底肥软、匀整、嫩绿明亮。产品原料选用“白雪芽”，配以“三伏”期间优质茉莉鲜花，按照“茉莉雪芽花茶生产方法”（获国家发明专利），经多次窨花窨制而成。

◎**莲岳银毫**

是福安市北门茶厂生产的“莲岳”牌茉莉花茶系列产品之高档花茶。1998年获首届中国国际茶博览交易会中华文化名茶金奖，1999年获第二届中国国际茶博览交易会国际名茶金奖，2000年获中国国际茶文化展示会银奖。

品质特点：成品外形细秀、匀称，香高、鲜灵，滋味甘醇，叶底嫩绿明亮。采制工艺：选用高山上的“福安大白茶”一芽二三叶初展的茶叶为原料，经摊晾、杀青、揉捻、烘焙而成毛茶，再经精制加工达到银毫级型的素坯，经多次窨花窨制而成。

◎**蟹蕊茉莉花茶**

是福安市王家茶场福乐茶厂生产的花茶。1999年获福建省花茶级型银奖。

品质特点：外形细紧、略卷曲，色泽翠绿鲜润，香气清高持久，滋味甘醇鲜爽，汤色嫩黄透明，叶底嫩绿肥软。该产品茶坯选用海拔700米以上的高山“毛蟹”品种一芽一二叶为原料，经摊晾→杀青→揉捻→烘焙→摊晾→造形→炒制→筛分→复火→提香等工序，再配以优质的茉莉鲜花经多次窨制而成。

◎**梅蕊茉莉花茶**

是福安市王家茶场福乐茶厂的产品。1999年获福建省花茶级型银奖。

品质特点：外形紧结细秀，香气鲜灵嫩香高强，滋味甘醇浓厚，汤色嫩绿明亮，叶底肥嫩明亮。产品茶坯多选用高山上的“梅占”品种一芽一叶初展为原料，经摊晾→杀青→揉捻→烘焙→摊晾→造形→炒制→筛分→复火→提香等工序，再配以优质的茉莉鲜花经多次窨制而成。

品牌商标

驰名商标

2010年1月，国家工商行政管理总局商标局认定第6190797号“坦洋工夫”商标为“驰名商标”。

2015 年 6 月，国家工商行政管理总局商标局认定第 7177760 号图形商标为“驰名商标”。

2020 年，福建农垦茶业有限公司“富春”商标入选“中国农垦品牌目录”（第二批）。

著名商标

1989 年，福安茶厂的“白云山牌”茶叶商标被收入《福建省著名商标名录》。

2001—2015 年，福安市被认定为福建省著名商标的茶叶类商标（类别 30）共 15 个，福建省著名商标由省工商行政管理部门认定。以下统计时间截至 2016 年 12 月 31 日止。2018 年 4 月，福建省人民政府停止“福建省著名商标”认定工作。

2005—2015 年福安市被认定为“福建省著名商标”的茶叶类商标

企业名称	商标名称	项目	年份
福建福安市城湖茶叶有限公司（福安市城湖茶叶有限公司）	第 7661377 号 1851 及图	茶叶	2005
	第 692179 号东湖	茶叶	2012
福安市茶业协会	第 5379787 号和第 6190797 号坦洋工夫	茶	2007
福安市林芝茶业有限公司	友缘及图	茶	2008
福建省南方佳木茶业有限公司	南方佳木及图	茶、茶叶代用品	2008
福建省满园春茶业有限公司	第 7506765 号桂香山及图	茶、茶叶代用品	2008
	第 3660625 号一园春及图	茶、茶叶代用品	2012
福建坦洋工夫集团股份有限公司	茗红及图	茶叶、茶饮料、茶叶代用品	2009
福建隽永天香茶业有限公司（福安市天香茶叶有限公司）	隽永及图	花茶、红茶、绿茶	2009
福安平月茶业（福建）有限公司	平月及图	茶、茶饮料、茶叶代用品	2010
福建万润达茶业集团有限公司（福建新坦洋茶业（集团）股份有限公司）	第 7177760 号图形商标	茶、茶叶代用品、茶饮料	2010
福建省胜春茶业有限责任公司（福安市胜春茶业有限责任公司）	有心人及图	茶	2012
福建省兴旺茶业有限公司	福兴旺及图	茶、茶饮料、冰茶	2013
福建省李茂茶业科技股份有限公司（福安市李茂茶业有限公司）	穆阳茶人 MUYANCCHAREN 及图	茶、茶业代用品、茶饮料	2013
福建省千氏茗茶业有限公司	千氏茗茶业及图	茶、茶叶代用品、茶饮料	2014
福安市艾绿茶业有限公司	嬉香记	茶、茶饮料、茶叶代用品	2015
福建省天荣茶业有限公司	东顶云雾及图	茶、茶饮料、茶叶代用品	2015

（资料来源：福安市市场监督管理局）

名茶保护和“非遗”传承

地理标志产品保护

2007 年 2 月，国家质量检查总局批准对“坦洋工夫”实施国家地理标志产品保护。5 月，福安市人民政府公布《坦洋工夫地理标志产品专用标志使用管理办法（试行）》。“管理办法”规定生产者申报使用标志的条件，要求：生产者具备有效的工商营业执照、卫生许可证、产品标准注册登记证、企业代

“坦洋工夫”地理标志牌和证明商标

码证、工业产品生产许可证（红茶项目）、条码证等；生产坦洋工夫的原料必须产自福安市现行政区域；具有茶叶揉捻机、萎凋槽、解块机、发酵设备、烘干机、风选机、包装机等设备，以及符合福建省地方标准《坦洋工夫红茶综合标准》要求的加工车间、场地；实行质量跟踪管理，建立从原料进厂到成品出厂全过程的质量保证体系；按照国家质检总局《关于批准对坦洋工夫实施地理标志产品保护的公告》的要求和坦洋工夫制作工艺要求组织生产，健全管理制度，建立生产统计台账、仓库进出台账，做到账、物相符。

2008 年 2 月，国家工商行政管理总局商标局核准“坦洋工夫”注册中国地理标志证明商标。

2009 年 5 月 1 日，《地理标志产品坦洋工夫》（GB/T24710-2009）获国家标准化管理委员会批准发布并正式实施。

2010 年，福安市组织制定地理标志产品坦洋工夫四个级别的实物标准样，并通过审定，颁发使用，为坦洋工夫产品标准提供最基本的技术性依据。

2011 年 4 月，全市 76 家授权使用“坦洋工夫”驰名商标企业联合签订《行业自律公约》。6 月 28 日，第四届全国中学生“坦洋工夫杯”商标知识竞赛、地理标志征文系列活动启动仪式在北京人民大会堂举行；全国 24 个省市自治区有 100 多万名中学生参加，其中福安市 3 万多名。10 月，《地理标志产品坦洋工夫》国家标准获省人民政府授予的标准贡献一等奖，是为闽东首个省级标准贡献一等奖。

2012 年，“坦洋工夫”被列入第一批《全国茶叶类农产品地理标志资源目录》。

2020 年 7 月 20 日，欧盟理事会决定授权正式签署中欧地理标志协定，福安坦洋工夫入选首批中欧地理标志协定保护名录。

2021 年 10 月，福安白茶、福安绿茶两项“地理标志证明商标”获国家知识产权局审批。

2023 年 10 月 27 日，福安市邀请国家知识产权局商标局原副局长姚坤，为市茶产业发展领导小组及成员单位、重点产茶乡镇和茶企业负责人作地理标志的运用与保护讲座。

非物质文化遗产保护和传承

◎坦洋工夫茶制作技艺的“非遗”申报

2005 年开始，福安市积极推进非物质文化遗产的保护和传承工作，“坦洋工夫茶制作技艺”是“非遗”工作的重点之一，由市文化和茶业部门（现为“市文体和旅游局”“市茶产业发展中心”）具体负责，市茶业协会是这一项目的申报和保护单位。

2008 年 12 月，坦洋工夫茶制作技艺列入宁德市非物质文化遗产名录。

2009 年 6 月，列入第三批福建省非物质文化遗产名录。

2021 年 6 月，“坦洋工夫传统制作技艺”入选第五批国家级非物质文化遗产。

2022 年 11 月，联合国教科文组织保护非物质文化遗产政府间委员会第 17 届常会在摩洛哥拉巴特召开，会上“中国传统制茶技艺及其相关习俗”的通过评审；在市文体和旅游局的推动下，“坦洋工夫红茶制作技艺”作为中国红茶的代表，列入人类非物质文化遗产代表作名录。

◎“非遗”展示与传承

2005年迄今，市茶业协会、市茶业管理部门与宁德职业技术学院等单位合作，每年举办坦洋工夫传统制作技艺培训班，由非遗项目传承人现场教学、指导。

2018—2020年，连续举办三届坦洋工夫制茶能手大赛，福安市境内涉茶企业、单位从事茶叶生产人员均可参赛；赛事由福安市人民政府主办，市茶业管理局、市人社局、社口镇政府、市茶业协会承办。

2019年，“福安市坦洋工夫红茶非遗传习所”在社口镇四甫村坦洋茶场成立。传习所占地面积1.2万平方米，内设坦洋工夫茶博物馆、传统制茶器具展览馆、传统红茶初制与精制场所、红茶审评室，以及可容纳100人的培训教室、拥有30个床位的民宿等。传习所不仅为开展项目传承提供了基础条件，也是很好的交流学习平台，对“坦洋工夫传统制作技艺”这一非物质文化遗产进行有效传承和活态保护。

2021年6月10日至8月15日，“传承技艺美丽中国·福安坦洋工夫茶制作技艺精品展”系列活动在北京国家文化与旅游部恭王府博物馆举行。该展览由中国非物质文化遗产保护协会指导，文化和旅游部恭王府博物馆、福建省文化和旅游厅、宁德市人民政府共同主办，福建省福安市人民政府承办。

坦洋工夫茶制作技艺系列活动在北京恭王府博物馆举行（2021年，见明　摄）

位于世界地质公园福安白云山园区的“白云山茶博物馆”设有“坦洋工夫红茶制作技艺体验区”。该馆开馆以来，多次举办坦洋工夫红茶制作技艺体验和培训活动，扩大坦洋工夫红茶的影响力，并使工夫茶制作技艺这一非物质文化遗产得以更多的展示和活态保护。

2023年3月15—17日，“首届中国红茶大会暨坦洋工夫茶旅文化节”在福安市举行。这次盛会对坦洋工夫茶制作技艺及相关习俗的保护和发展、推动茶产业成为乡村振兴的主导性产业起积极作用。

◎非遗项目代表性传承人

2018—2023年，福安市共有42名制茶师被确定为非物质文化遗产项目代表性传承人，其中“坦洋工夫茶制作技艺”项目36人。

“坦洋工夫茶制作技艺”非遗项目代表性传承人名单

级别	批次	公布时间	传承人姓名
福建省级	第五批	2021年2月	林鸿
宁德市级	第六批	2020年6月30日	胡祖荣、李宗雄、施立强、郑明星、李彦晨、林芝华、吴平月（女）

续表

级别	批次	公布时间	传承人姓名
福安市级	第二批	2018 年 9 月 10 日	阮润春、李清春、陈健、池华荣*、黄荣章、刘忠雄*、郑培明*
福安市级	第四批	2023 年 12 月 22 日	龚达元、张帆、林坛助、缪青云（女）、郭立梅（女）、刘小春、黄忠斌、章伏光、郑国华、陈建平、陈辉煌、赵祥福、郑树材、陈长锐、黄震标、林善枝、夏陈玉、胡少惠（女）、刘成茂、李立、毛增光

说明：人名后加“*”者，2024 年 2 月被确定为第七批宁德市级非遗项目代表性传承人。

2023 年 12 月 22 日，福安市人民政府公布第四批福安市级非物质文化遗产代表性传承人名单，其中涉茶项目共 27 人。

福安茉莉花茶制作技艺（3 人）：叶燊、杨晶晶（女）、陈亮燕（女）；

福安白茶制作技艺（3 人）：刘忠雄、林珖、陈亮；

福安坦洋工夫茶制作技艺（21 人）：（名见上表）。

◎ **“中国制茶大师”**

2020—2023 年，在中国茶叶流通协会主办的“国茶工匠·人物推选——制茶大师”评选活动中，福安市共有 6 位优秀制茶师获得“国茶人物·制茶大师（红茶类）”荣誉称号。[①]

“国茶人物·制茶大师（红茶类）”名单

时间	批次	姓名	单位
2020 年 10 月	第四批	李宗雄	福安市东方红茶业公司
2021 年 3 月	第五批	傅佛华	福建新坦洋集团股份有限公司
2021 年 10 月	第六批	林　鸿	福安市同泰春农业发展有限公司
2022 年 11 月	第七批	郑明星	福安市坦洋茶场有限公司
		龚达元	福建隽永天香茶业有限公司
2023 年 11 月	第八批	张锦华	福建新坦洋集团股份有限公司

茶叶标准化

茶叶标准制订

1951 年，中国茶叶公司福建省分公司为确保福安茶厂生产的坦洋工夫红茶质量，制订分级标准样品，进行标准化生产管理。同时对进厂的原料茶也制订分级标准，将红毛茶分为甲、乙、丙、丁 4 个等级，制作标准茶样，颁行各茶叶收购站，按质论价，鼓励茶农为坦洋工夫红茶的生产提供优质原料茶。省茶叶公司主导并组织评茶师进行标准茶样的制作。

1956 年，省茶叶公司将坦洋工夫红毛茶样的选制权下放福安茶叶总厂（1954 年福安茶厂改称“福建省茶叶公司福安总厂”）。福安茶厂指定福安、寿宁、周宁、霞浦、柘荣、屏南等县的茶叶收购站，选送并留足春茶 1—5 级中等和次级二等、茶朴二等，计 7 个等级的当地菜茶为原料的红毛茶样，集中各县评茶师进行复评、定等、定级，连同茶样外观与内质评语送上级复评，最后由省茶叶公司核定。

① 2024 年 11 月，中国茶叶流通协会公布“国茶人物·制茶大师”第九批调查结果，林芝华（福建林芝友缘茶业公司）、叶燊（福安市茶业协会），分别入选红茶类和花茶类制茶大师。

1985 年，为规范茶叶市场开放后的茶叶质量管理，宁德地区标准计量管理所联合福建省茶叶公司，组织省茶科所、福安茶厂以及各县茶叶公司，制订《茶叶综合标准》，该“标准”包括茶叶栽培、加工工艺、加工设计等 23 项技术标准。1988 年，该标准经省有关部门审定通过，批准为福建省地方标准。

1998 年，福安市农垦茶叶有限公司的茶叶综合标准被宁德地区农业标准化工作领导小组确定为全区企业标准，要求各县（市）茶叶企业采用。

2002 年，编制《绿茶标准综合体》省地方标准，福安市被福建省技术监督局评为“绿茶产业化标准化示范市”。

2005 年，福安市重点茶企业参与省地方农业标准茶叶类的修订，参与《绿茶、茉莉花茶加工操作规范》《绿雪芽标准综合体》《特种绿茶》地方标准制订和起草。

2006—2007 年，加强茶叶标准体系建设，组织制订坦洋工夫红茶省地方标准，完善福安新工艺茶的省地方标准。

2008 年，完成国家标准《红茶第 2 部分：工夫红茶》（GB/T13738.2-2008）的制订。起草单位：中华全国供销合作总社杭州茶叶研究院。

2009 年，福建省质监局发布《工艺花茶标准》，对工艺花茶的品质进行详细规定，并在全省范围内实施。标准主要起草人：薛彤云、姚信恩、薛立群、林鸿、张毅、樊永刚，范光雄。

2011 年，《地理标志产品坦洋工夫》（GB/T24710-2009）获省人民政府颁发的标准贡献奖一等奖，获得者：姚信恩、王晖、张方舟、陈玉成、陈成基、陈如春、林光华、林鸿、傅佛华、王水金；福安成为闽东首个获得省级标准贡献一等奖的县级市。

2013 年，全国茶叶标准化技术委员会红茶工作组在福安市成立，秘书处承担单位为福建新坦洋集团股份有限公司。

2014 年后，福安市加强茶叶标准的制（修）订工作，多家单位参加茶叶标准起草。

《红茶第二部分：工夫红茶》（GB/T13738.2-2017，代替 GB/T13738.2-2008）。起草单位：中华全国供销合作总社杭州茶叶研究院、福建新坦洋集团股份有限公司、福建农林大学、国家茶叶质量监督检验中心、四川农业大学、湖南省茶业集团股份有限公司、四川省茶业集团股份有限公司、宁德市产品质量检验所、江西井冈红茶业有限公司、福建省华茗茶叶研究所、中茶湖南安化第一茶厂有限公司、大不同集团有限公司、杭州艺福堂茶业有限公司、中国茶叶流通协会；主要起草人：翁昆、张锦华、赵玉香、孙威江、林影、张亚丽、周卫龙、齐桂年、尹钟、蔡红兵、王兴进、唐潮、董青华、姚呈祥、苏锦平、李晓军、朱仲海。

《花果香红茶》（GH/T1382-2022）。起草单位：福安市茶产业发展中心、宁德市标准化协会、福安市茶业协会、福建农林大学、福建省农业农村厅、中国农业科学院茶叶研究所、福建省农业科学院茶叶研究所、福建新坦洋集团股份有限公司、福建农垦茶业有限公司、福建省兴旺茶业有限公司、福建隽永天香茶业有限公司；主要起草人：陈林海、李博、温铃光、孙云、林影、林鸿、张方舟、刘景灿、刘小春、郑国华、张帆、林娇娇、林清、汪庆华、张应根、刘小凤。

《坦洋工夫红茶加工技术规范》（DB35/T632-2022）。起草单位：福安市茶产业发展中心、福建农林大学、福建省农业科学院茶叶研究所、福安市茶业协会、福安市坦洋茶场、福建农垦茶业有限公司、福建新坦洋集团股份有限公司；起草人：陈林海、温铃光、孙云、林宏政、陈键、何燕燕、林鸿、刘小春、郑明星、王水金、傅雯霏、林馥茗、林影、林清。

2018 年，张锦华、林影、林娇娇获福建省标准贡献奖励委员会颁发的省标准贡献三等奖；2023 年，张锦华、林影、张帆、雷吟、吴杏仙获福建省人民政府颁发的省标准贡献奖三等奖。

2020年8月5日，宁德市标准化协会正式通过《"福安白茶"团体标准》，为福安白茶生产提供标准依据。2014年8月至2022年11月，共完成25个茶叶标准的制（修）订。

2014—2022年茶叶标准制（修）订一览表

标准名称	标准编号/项目计划号	标准级别及说明	发布时间
工夫红茶加工技术规程	NDS/T005-2014	宁德市级农业标准规范地方标准	2014.8.11
红茶加工通用技术规程	DB35/T1505-2015	省地方标准	2015.6.26
红茶冲泡与品鉴方法	DB35/T1546-2015	省地方标准，2018年省标准贡献三等奖	2015.12.28
电子商务交易产品信息描述规范茶叶	DB35/T1552-2015	省地方标准	2015.12.28
桂花茶	GH/T1117-2015	行业标准	2015.12.30
金闽红茶	T/NDCX001-2017	团体标准	2017.1.11
红茶第1部分：红碎茶	GB/T13738.1-2017	国家标准	2017.11.1
红茶第2部分：工夫红茶	GB/T13738.2-2017	国家标准	2017.11.1
电子商务质量管理　术语	GB/T35408-2017	国家标准	2017.12.29
红茶加工技术规范	GB/T35810-2018	国家标准	2018.2.6
红茶发酵设备通用技术条件	DB35/T1814-2018	省地方标准	2018.12.27
坦洋工夫茶感官分级标准样品	GSB16-3636-2019	国家标准样品	2019.4.16
Productofgeographicalindication-TanyangGongfutea	GB/T24710-2009	国家标准外文版	2019.10.14
电子商务交易产品信息描述茶叶	GB/T38126-2019	国家标准，第九届福建省标准贡献三等奖	2019.10.17
花果香型红茶加工技术规程	GH/T1296-2020	行业标准	2020.6.4
福安白茶	T/FACX002-2020	团体标准	2020.9.7
陈香坦洋工夫	T/FACX004-2021	团体标准	2021.5.7
初制茶厂清洁化生产规范	GB/T1988-2021	省地方标准	2021.6.21
质绿茶初制加工技术规程	T/NDAS38-2021	团体标准	2021.7.1
电子商务企业管理与服务通用要求		团体标准	2021.12.3
坦洋工夫红茶栽培技术规范	DB35/T630-2022	省地方标准	2022.4.25
坦洋工夫红茶加工技术规范	DB35/T632-2022	省地方标准	2022.8.8
宁德市休闲茶旅园区经营与服务规范	T/NDAS61-2022	团体标准	2022.11.1
花果香红茶冲泡与品鉴	T/MCYX002-2022	团体标准	2022.10.28
花果香红茶	GH/T1382-2022	行业标准	2022.11.24

（本表内容由福建新坦洋集团股份有限公司提供）

全国茶叶标准化技术委员会红茶工作组

2013年5月8日，全国茶叶标准化技术委员会（简称"茶标委"）发表茶标秘字〔2013〕09号文件，批准在福安市成立该委员会红茶工作组，编号为SAC/TC339/WG8。福建农林大学茶学院副院长、教授孙威江任组长，华南农业大学教授王登良任副组长，福安市新坦洋茶业集团董事长张锦华任秘书长。红茶工作组是茶标委的第八个标准工作组，近30名组员分别来自福建、湖南、广西、四川、云南、安徽、江西、上海、浙江、江苏等地的高等院校、科研机构、检测机构和知名红茶企业，代表性强、科研能力突出。全国茶业标准化技术委员会红茶工作组主要负责红茶领域国家标准的制修订工作，由全国茶叶标准化技术委员会负责管理和相关业务的指导。

全国茶叶标准化技术委员会红茶工作组在福安成立（“新坦洋”提供）

7 月 18 日，全国茶标委红茶工作组成立大会暨第一次工作会议在福安市召开。出席会议的有茶标委、中华全国供销合作总社杭州茶叶研究院（简称“中茶院”）、中国茶叶流通协会、安徽农业大学、福建农林大学、福建省质量技术监督局、宁德市政府、福安市政府的领导以及红茶工作组的高级顾问和全体组员。会议审议通过《全国茶叶标准化技术委员会红茶工作组章程（工作细则）》《全国茶叶标准化技术委员会红茶工作组红茶工作计划》《红茶标准体系表》等材料。红茶工作组的成立标志着红茶的标准化工作进入新的阶段，将会进一步规范红茶生产与加工、质量与贸易行为，切实提升红茶标准化水平，有效促进红茶产业的健康发展，增强我国红茶产品的国际竞争力。红茶工作组成立大会期间，中茶副院长、国家茶叶质量监督检验中心主任郑国建代表国家茶叶质量监督检验中心与福安市人民政府签订战略合作协议，以促进福安市红茶的健康发展。

落户福安的红茶工作组，承担制订和修订红茶国家标准的重任。工作组通过考察、学习、研究、生产等形式，制订红茶加工工艺标准，进一步规范中国红茶生产的良种推广、基地建设、加工技术、设备创新、品牌营销、市场拓展以及红茶文化传播，在促进我国红茶生产、扩大出口、提高效益、产业升级等方面发挥积极作用。

全国茶叶标准化技术委员会红茶工作组历次会议一览表

时间	会议名称	与会人员	人数	会议地点
2013.7.18	茶标委工作组成立大会暨第一次会议	领导、专家、工作组成员	近 200 人	福安会展酒店
2014.10.14	一届二次会议	领导、专家、工作组成员、非洲农界嘉宾、福安茶企代表	200 多人	福安会展酒店、新坦洋天湖茶庄园
2015.12.11	一届三次会议暨中国红茶发展研讨会	领导、专家、工作组成员、福安茶企代表	180 多人	福安会展酒店
2017.1.10	一届四次会议暨中国红茶创新研讨会	领导、专家、工作组成员、福安茶企代表	180 多人	福安会展酒店、新坦洋天湖茶庄园
2017.11.28	一届五次会议	领导、专家、工作组成员、福安茶企代表	100 多人	福安会展酒店、新坦洋天湖茶庄园
2018.12.23	二届一次会议	领导、专家、工作组成员、福安茶企代表	200 多人	福安会展酒店、新坦洋天湖茶庄园
2023.3.15	二届三次会议暨秘书处搬迁仪式	领导、专家、工作组成员、台湾企业代表、福安茶企代表	200 多人	福昇茶城

全国电子业务标准化技术委员会茶叶电子商务工作组在福安成立（“新坦洋”提供）

全国电子业务标准化技术委员会茶叶电子商务工作组

2016年11月28日，国家标准化管理委员会（简称“国标委”）批准成立全国电子业务标准化技术委员会茶叶电子商务工作组。工作组由来自全国的茶叶、电商、标准化、检验等行业的41名专家组成，福建省科协党组书记杨江帆任组长，福建省质监局原总工刘绍文和中华全国供销总社杭州茶业研究院党委书记郑国建任副组长，福建新坦洋集团股份有限公司为秘书处承担单位。

2017年8月21日，“一带一路”中国茶产业电子商务高峰论坛暨全国电子业务标准化技术委员会茶叶电子商务工作组成立大会在福安召开，来自全国品牌茶企、电商、标准化等领域领导、专家、学者及国内外优秀品牌茶企代表200余人参会，共商茶叶电子商务标准化事务。国家质量监督检验检疫总局原总工程师刘卓慧、中国茶叶流通协会副会长王庆、中国标准化研究院高新所所长咸奎桐、省科协党组书记杨江帆、福建省质监局标准化处处长归洪波等领导到会并致辞。

是日上午召开“一带一路”中国茶产业电子商务高峰论坛，探讨在“一带一路”倡议下如何通过建立全国茶叶茶企的电子商务标准化实现中国茶叶的转型升级。下午召开全国电子业务标准化技术委员会茶叶电子商务工作组一届一次会议，审议通过有关章程、规范及工作计划等。

全国电子业务标准化技术委员会茶叶电子商务工作组的成立，为我国茶叶电子商务标准化工作奠定基础，为中国茶和茶文化向世界传播开辟新的、更广阔的市场具有重要意义。工作组落户闽东，对推动闽东和福安的茶叶电子商务标准化工作具有积极的意义。

第三章　社团组织

福安茶业研究会

清宣统二年（1910 年），“福安茶业研究会”（又称“福安茶业会”）成立，会长吴步洲。该会是福安最早的茶商的组织，也是福建省第一家地方茶业团体。该会立有公议会则 15 条，内多纠正时弊，主要包括：限期摘制（提前采摘，期满停止采制），红绿茶分区，严禁假茶，假片及掺和泥沙，严禁买卖湿茶，划一用秤，不准接水私擅配运等；维护茶叶声誉，为茶商争取合理利益。福安茶业研究会对促进北路茶的持续发展起积极作用，是为福安茶业研究之始。

民国 11 年（1922 年），福安县遭受重大水灾，茶业受到严重摧残，福安茶业研究会工作因此停顿。福安茶业会之对外事务均转归设在福州的福安会馆负责，抗争茶税等问题亦均由会馆董事代理；其他茶务由设在福州的福宁茶业公会（福安属焉）负责。

民国 23 年，福宁茶业公会停顿，茶业事务各归本县会馆主持；福安茶业研究会的职责及各项事务悉归在榕福安会馆。民国 24 年 10 月 2 日，福宁茶业公会复办，举郭公木（寿宁斜滩人）为常委主席，福安茶务再归福宁茶业公会主持。

福安县茶商业同业公会

“福安县茶商业同业公会”正式成立于民国 34 年（1945 年）10 月。时值抗战胜利，茶业逐步复苏，许多茶农，茶商开始重操旧业。福安县茶商业同业公会由 60 余家私营茶厂茶号组成；不久又成立“福安县穆阳镇茶商业同业公会”，有 17 家茶号会员，常务理事陈国镛。茶商业同业公会以重振福安茶业为宗旨，保障行业的正常发展，限制同行业之间的竞争，规定各茶厂茶号的生产或业务范围，解决业主困难和保护同行利益。

同业公会实行理事会和监事会制，对成员茶厂茶号进行服务和管理；负责按年度向县政府呈送茶号茶商登记表，经核准登记后发给证书。团体会员（乡镇茶商业同业公会，村级茶业生产合作社，联合茶号等）均加入东南茶业联营社。经省茶叶主管部门批准，重点茶村还成立“茶业生产合作社”，其中有阳头村、

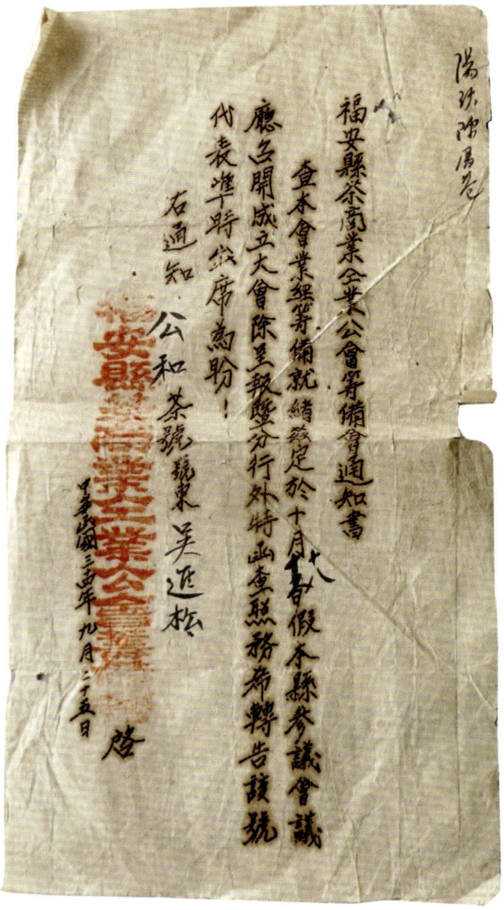
福安縣茶商業同業公會籌備會通知書
查本會業經籌備就緒茲定於十月六日借本縣參議會議廳召開成立大會除呈報暨分行外特函查照務希轉告該號代表准時出席為盼！
右通知
公和茶號號東 吴延松
中華民國三十五年九月二十五日 啓

福安县茶商业同业公会筹备会通知书（李立 提供）

白石村、棠溪村、黄坂村、荷屿村。地方当局通过同业公会对各茶厂实行有效管控。每年公布毛茶山价和不同品类的成品茶价格，以保证茶农利益；当局对茶厂，茶商号按照规定的统一标准进行核准登记，加强管理。民国 37 年，福安全县茶厂茶号发展到 82 家，其中穆阳 22 家。

民国 38 年，茶商业同业公会停止活动。

福安县茶叶学会

福安县茶叶学会于 1981 年 11 月经福安茶业局，县科学技术协会批准成立。同年举行第一次会员大会，出席会员 36 人，选出第一届学会理事 11 人，理事长连树泉，副理事长陈鉴钦，秘书长陈乐生。

1985 年 9 月，召开第二届会员会议，出席会议会员 62 人，选出第二届理事 15 人。理事长连树泉，副理事长杨尊尧，陈鉴钦，陈福森，杨尊尧兼秘书长。

学会成立以后，举办学术活动（包括承办上级学会的学术活动）10 多次；会员多人有多篇论文在省，地茶叶学会学术会议上交流，或在正式刊物发表；印发茶叶科普宣传资料和科技培训教材数千份，培训茶叶技术人员数百人；茶叶学会还多次组织学会会员和其他茶叶科技人员，先后到浙江，江苏，湖南，四川，广西等地茶区考察学习，交流经验。

2001 年 3 月，茶叶学会改为茶业协会。

福安市茶业协会

2001 年 3 月 9 日，经福安市茶业局和市科学技术协会批准，福安市茶业协会成立，并依照国家法规在福安市民政局进行登记，会员 56 人。同时召开会员大会，选举产生第一届理事会，周荣任会长。此后于 2004 年 8 月、2007 年 11 月、2013 年 3 月、2017 年 5 月、2022 年 5 月进行过 5 次换届，陈成基（二、三届）、郭冲、刘华、郑明星先后担任会长。现有会员 166 家，约 1000 人。

福安市茶业协会是由福安市茶叶企业，茶叶专业合作组织及从事生产、加工、流通、科研、技术推广工作者、茶文化建设工作者等自愿结成的行业性社会团体，是非营利性社会组织。经营范围包括参与市茶业发展调研；对茶业政策提出建议并协助贯彻执行；加强茶叶质量安全管理；普及科学知识；反映会员和茶叶企业的意见；提供市场经济，技术等信息服务；组织和参加国内外茶叶展销会；“坦洋工夫”证明商标的注册和标志使用监督等。现办公地点福安市城南解放路 52 号。

福安市茶业协会有 3 家分会：甘棠镇分会，2013 年 4 月成立，彭瑞金任分会长，苏华明、彭细瑞任秘书长（甘棠曾于 2005 年 7 月成立镇茶业协会，历经 2 届，苏锦、陈树泉先后任会长）；社口镇分会，2019 年 12 月成立，林邦奇任分会长；市场分会，2022 年 7 月成立，专司富春茶城与茶王街服务工作，黄忠斌任分会长。

福安市茶业协会在宣传茶文化、普及茶科技、发展茶产业，在保护和发展坦洋工夫历史名牌，推进以坦洋工夫红茶为主导的各类茶叶品种培优、品质提升、品牌打造和标准化生产，促进茶农增收致富、茶企健康发展等方面都做出了业绩。

助力坦洋工夫品牌复兴

2005年开始，市茶业协会协助市政府和有关部门，组织福安茶企业进行茶品牌和茶文化的宣传推介活动，助力坦洋工夫历史品牌的复兴。2006年10月，在北京人民大会堂举办“人文中国·茶香世界”大型茶事活动，与中华名人工委、中华名人协会在北京人民大会堂联合举办“中华名人共建海峡西岸的和谐福安暨‘坦洋工夫’茶系列活动”。2007年，参加在北京西城区马连道茶城的“国际茶文化节”活动，推介坦洋工夫红茶，坦洋工夫红茶被确定为“中国申奥第一茶”。北京市“坦洋工夫名人会馆”、山西省太原市“坦洋工夫茶城”开业。2008年，参加在福州西营里茶城举办的“中国历史名茶坦洋工夫推介会”。2009年，参加首届香港国际茶展，坦洋工夫被评为“我最喜爱的红茶”。参加第三届海峡两岸茶业博览会，在福安分会场举办“福安茶文化展览”。2010年，“坦洋工夫”商标获法国、比利时、荷兰、卢森堡、英国、俄罗斯等国家商标注册。2011年，参加“闽茶中国行”北京站系列活动，参加“澳大利亚·中国文化年——2011年茶文化博览会”。2012年，组织坦洋工夫生产企业参加济南、福州等地的国际茶展会和项目成果交易会，在厦门国际茶产业投资贸易展览会上展示花果香型坦洋工夫红茶。2013年，参加在北京举行的“2013年第二届中国品牌年会暨品牌金博奖颁奖盛典”并获奖。2014年，“坦洋工夫”获“中国茶业品牌馆”入馆资格，“工夫红茶”在渤海商品交易所挂牌上市。2015年，组织10家茶叶公司参加米兰世博会，配合宁德、福安两级政府举办“坦洋工夫主题活动日”活动。2016年，参加第四届中国茶叶博览会（济南），“2016中国（广州）国际茶业博览会”。2017—2023年，参加杭州、北京、山东、呼和浩特、武汉、厦门、海峡两岸、深圳等地茶业博览会（博览会）等大型推介活动约50场次。2017年春节期间，策划以坦洋工夫红茶独家冠名的《梨园闯关我挂帅》戏曲节目在央视播映。2018年，协助做好全国红茶高峰论坛暨全国茶标委红茶工作组会议的服务工作。福安市获“中国红茶之都”称号。2019年，组织制作“鸟巢茶·坦洋工夫”大茶饼入驻北京奥林匹克塔，该茶饼直径2.022米（寓意2022年北京奥运会）、重1851斤（寓意1851年坦洋工夫红茶始创）。2020年，“坦洋工夫”入选首批中欧地理标志协定保护名录。2021年，参与在北京恭王府博物馆举行的“传承技艺 美丽中国·福安坦洋工夫茶制作技艺精品展”系列活动。2022年，助力福安市获“中国花果香红茶发源地”称号。2023年，协助政府部门做好“首届中国红茶大会暨坦洋工夫茶旅文化节”服务工作。在上海中心巅峰会客厅举办“巅峰茶会——坦洋工夫耀巅峰”专场活动；高楼顶端LED屏幕闪现“坦洋工夫茶祝您全家福安”，给上海人民送去新春佳节的问候。

为拓展福安茶叶市场，特别是使历史品牌坦洋工夫红茶进一步辐射全国、走向世界，市茶业协会加强对使用坦洋工夫地理标志授权企业的管理。鼓励会员企业在北京、天津、济南、武汉、福州等重点销售区成立坦洋工夫品牌推广中心，展示坦洋工夫的历史和文化。授权北京吴裕泰茶业、福州帮利茶业有限公司使用坦洋工夫地理标志，扩大品牌影响力。

市茶业协会重视本土茶文化茶历史出版物的编写。2003—2020年，参与编撰《世界红茶》一书，为《福建茶业年鉴》《宁德茶业志》《宁德茶志》《福安市志（1991—2005）》等提供资料。2009年和2012年组织编写出版《中国历史名茶坦洋工夫》《坦洋工夫 再创辉煌》。2014年组织编写《福安茶之历史文化》，基本篇章入编宁德市海峡茶业交流协会编辑的《闽东茶叶历史文化》。2019年和2022年，为《八闽茶韵·坦洋工夫》和《长溪文脉——福安非物质文化遗产集萃》提供部分资料。

保护非物质文化遗产

2005 年开始，茶业协会作为“坦洋工夫茶制作技艺”非物质文化遗产申报和保护单位，积极推进各项保护和传承工作。在市文体和旅游局的支持下，坦洋工夫茶制作技艺于 2008 年被入选宁德市非遗，2009 年入选福建省非遗，2021 年入选第五批国家级非遗项目名录。2022 年，在市文旅部门的推动下，以坦洋工夫茶为代表的中国红茶，被联合国教科文组织列入人类非物质文化遗产代表作“中国传统制茶技艺及其相关习俗”名录。2017—2023 年，市茶业协会组织开展的以传承坦洋工夫茶制作技艺为主题的系列活动（包括拜师学艺仪式等）的 60 多场次。

市茶业协会重视多茶类制作技艺非遗项目代表性传承人的发现、推荐。2018—2023 年，通过推荐，共有 42 名制茶师获批为非遗传承人，其中坦洋工夫红茶 36 人，茉莉花茶 3 人，白茶 3 人。2020—2023 年，在中国茶叶流通协会主办的“国茶工匠 · 人物推选——制茶大师”评选活动中，福安市茶业协会按照规定程序，严格把关，公开公正地进行遴选、推荐工作，有 6 名优秀制茶师获得“国茶人物 · 制茶大师（红茶类）”荣誉称号。

2005 年迄今，市茶业协会配合市茶业管理部门与宁德职业技术学院等单位，每年举办坦洋工夫传统制作技艺培训班，对坦洋工夫茶制作技艺进行传承。支持福安市坦洋茶场建立“坦洋工夫茶博馆”和“福安市坦洋工夫红茶非遗传习所”；支持成立“白云山茶博物馆”和该博物馆附设的“坦洋工夫红茶制作技艺体验区”。

从 2005 年开始，市茶业协会每一年都组织（或协助组织）“坦洋工夫杯斗茶展示会”（或斗茶赛），迄今已历 18 届。福安市茶业协会还经常性地通过赛事，组织茶企业与外地茶界交流。2002—2022 年，连续参加宁德市“茶王赛”，共获“茶王”奖和金奖 110 多次。2018 年，组织参加首届全国红茶加工制作大赛暨英德红茶互联网文化节，8 名选手获“一金二银三铜”的好成绩。2020 年，协助市政府承办“全国茶叶加工工（红茶）职业技能竞赛福建省初赛暨全省首届茶叶加工工职业技能赛”，3 名选手获前 6 名，参加国赛。组织参加在武夷山举办的国赛，分别获第 2、第 4、第 7 名佳绩，三人分获国家级技术能手和农业部技术能手称号。2017—2023 年，协会会员企业获得高端奖项 100 多个。

市茶业协会还举办（或参与、协助举办）多种形式的活动，普及非遗项目知识，传承和发展非遗技艺，扩大非遗项目的影响。如 2010 年春季坦洋工夫生产企业参加海峡两岸春茶祭采大典。2022 年春季在白云山麓坦洋工夫茶产区参加惊蛰祭茶喊山全球联动活动。2023 年 2 月，在富春茶城茶王街举行 “坦洋工夫

2022 年“茶和天下 · 共享非遗”坦洋工夫茶文创节留影（市茶业协会 提供）

全家福安”福茶宴活动；3 月，在白云山茶园举行惊蛰喊山活动，在白云山茶博物馆举行开馆仪式；6 月，在坦洋村举行“2023 年‘文化和自然遗产日’暨闽东非遗文化周”活动；8 月，在天湖山庄举行茶业协会人才驿站茶产业高质量发展座谈会；11 月，举办坦洋工夫历史文化专题讲座；12 月，举办“首届 2023 年秋季斗茶赛暨坦洋工夫授权企业年度质量评比活动。

参与茶叶标准化建设

2005 年，组织部分重点茶企业参与省地方农业标准茶叶类的修订，《绿茶、茉莉花茶加工操作规范》《绿雪芽标准综合体》《特种绿茶》地方标准制订和起草。2006-2008 年，参与国家标准和省地方标准的制订和修订，新增坦洋工夫红茶的省地方标准，完善福安新工艺茶的国家和省地方标准。2014 年，市茶业协会联系国内有关单位和茶叶专家对原有工夫红茶标准（GB/T137382-2008）进行修订，形成《红茶 第 2 部分：工夫红茶》（GB/T 13738.2-2017）。2019 年，福安市茶业协会等单位联合制订《福安花果香坦洋工夫（闽科红）行业团体标准》规范花果香红茶工艺流程，并完成实物标准样制作。2020 年，制订《福安白茶》团体标准。2021 年福安白茶、福安绿茶两项“地理标志证明商标”获得审批。制订并颁布实施《陈香型坦洋工夫》团体标准，标准明确清晰，填补了我省陈香型红茶产品无标可依的空白。参与修订省地方标准《坦洋工夫红茶茶叶栽培技术规范》和《坦洋工夫红茶茶叶加工技术规范》。2022 年，协同福安市茶产业发展中心提出《花果香红茶》行业标准的制订，参与《花果香红茶》（GH/T 1382-2022）文件的起草。2014—2022 年，福安市茶业协会共协助和参与完成 27 个茶叶标准的制（修）订。

促进茶产业健康发展

◎维护会员的正当权益

福安的茶叶品类有红茶、白茶、绿茶、乌龙茶、茉莉花茶等，协会对不同茶类平等对待，促使各类茶叶均衡发展。鼓励茶企诚信经营，督促茶企业进行规范化生产。鼓励、引导会员企业做好 SC 认证、提升茶叶质量安全，为企业购买食品安全责任保险。联系政府及相关部门，反映会员和茶叶企业的意见和诉求。协助政府和茶业部门做好服务工作。扶持龙头企业发展壮大，帮助解决茶叶加工用地不足等问题。2012 年，茶业协会召开花香型坦洋工夫产销研讨会，帮助 21 家茶企业解决产销平衡问题。2018 年，争取资金为全市茶企业统一制作白茶、红茶包装箱，实行包装箱贴补。2019 年，帮助 28 家茶叶企业的 40 个产品分别获得无公害、绿色食品、有机茶认证。推行农垦茶业、隽永天香等 251 家茶企开展“一品一码”全过程追溯体系建设。2023 年，在政府的支持下，扶持会员单位以“民藏政扶”方式创办白云山茶博物馆。

◎推进加工园区和市场建设

福安市茶叶加工园区位于坂中乡坑下村，是福安市第一个标准化茶叶加工园区。由于项目用地是毛地分块出让，收储工作的一些具体问题久拖未决。茶业协会牵头协同有关部门和坂中乡多方协调，化解矛盾，帮助 8 家进驻企业解决建设用地问题，为企业争取减免基础设施配套费等。2023 年 12 月，园区建成并投入使用。

2016 年，协会配合政府有关部门在城阳岩湖坂立项建设福安红茶新的集散中心“富春茶城”。2020 年建成并投入使用，现有 125 家茶企入驻。2020 年，继续扶持一批茶企，在相邻富春茶城的岩湖新村建立“茶王街”，建成后有 140 多家茶企入驻。市茶业协会配合政府职能部门加强以上两处茶叶市场的管理，并成立市茶业协会市场分会；外树形象、内修素质，营造良性经营氛围，帮助市政府做好茶产业的“补短板”“补缺补漏”工作。同时，茶业协会鼓励茶企业入驻坦洋工夫品牌店，线下和线上齐头并进。2022 年，有近 300 家茶企业进驻“福茶网”，统一主打福安坦洋工夫产品。

◎成立“一站二中心”

2019年，经市委组织部和人社局批准，福安市茶业协会成立“人才驿站”，郑红、陈建平任正、副站长，依托协会机构，开展与茶产业相关的多项活动，为茶产业人才服务。2023年2月，市茶业协会成立“三茶服务中心”，林鸿、刘景灿任正、副主任，为会员企业提供茶文化、茶产业、茶科技方面服务。同时，市茶业协会还成立“非遗管理中心”，郑明星、林鸿兼任正、副主任，加强对制茶技艺的非遗工作管理，更好地发挥非遗传承人的作用。“一站二中心”成立后，主动开展多项活动，服务会员企业和茶业人才。至2023年12月，共开展活动50余场次，服务800多人次。

福安市茶业协会非遗传承和人才培训活动留影（福安市茶业协会　提供）

2007—2022年福安茶业协会荣誉表彰情况表

年份	表彰对象	表彰内容	授予单位
2007	坦洋工夫红茶	中国申奥第一茶	第29届北京奥运会组委会
2010	“坦洋工夫”	驰名商标	国家工商行政管理局
2010	“坦洋工夫”	福建省著名商标	福建省工商行政管理局
2010	福安市茶业协会	福建红茶特别贡献单位	福建省区域和企业评价中心、海峡都市报社
2010	福安市茶业协会	全国科普惠农兴村“先进单位”	中国科协、财政部
2011	福安市茶业协会	品牌战略合作单位	福建省海峡品牌经济发展研究院
2011	福安市茶业协会	标准贡献奖一等奖	福建省人民政府
2011	福安市茶业协会	“闽茶中国行”最佳组织奖	闽茶中国行组委会
2013	福安市茶业协会	优秀组织奖	第十七届中国国际投资贸易洽谈会品牌茶业展
2013	坦洋工夫红茶	东方名茶金博奖	中国品牌传播联盟
2016	“坦洋工夫”	2016年中国茶叶区域公用品牌价值十强	浙江大学中国农村发展研究院农业品牌研究中心，中国茶叶区域公用品牌价值评估课题组
2017	“坦洋工夫”	2016年中国农产品区域公用品牌网络声誉50强	阿里研究院、浙江大学CARD中国农业品牌研究中心
2018	“坦洋工夫”	2018年度福建十大农产品区域公用品牌	福建省农业农村厅、福建省林业局、福建省海洋和渔业局
2022	福安市茶业协会	4A级社会组织	福安市民政局

福安市茶业协会第一届理事会主要组成人员名单

（2001.3.9—2004.8.12）

会　　长：周　荣
副 会 长：黄旭明　刘石宝　刘富生　龚达元
秘 书 长：林妙龙
副秘书长：林　鸿　潘福章

福安市茶业协会第二届理事会主要组成人员名单

（2004.8.13—2007.11.25）

名誉会长：陈长德　陈灼生　丁瑞康
顾　　问：林　青　阮妙容　陈荣冰　郭吉春　连树泉　苏锦平
会　　长：陈成基
（以下按姓氏笔画顺序）
副 会 长：吴翰生　陈灿光　林芝华　林荣星　周　荣　黄旭明　龚达元
常务理事：王水金　刘　华　陈成基　陈灿光　陈宝铃　吴世潘　吴翰生　林芝华　林学茂
林荣星　周　荣　姚信恩　黄旭明　龚达元　缪若铃
秘 书 长：王水金
副秘书长：林　鸿

福安市茶业协会第三届理事会主要组成人员名单

（2007.11.26—2013.3.6）

名誉会长：阮玉铃　钟梅允　陈平玉　陈灼生　林光华　郑战雄　陈学勤　陈玉成
顾　　问：林　青　阮妙容　陈荣冰　吴光远　郭吉春　张方舟　陈孟生　姚信恩　连树泉
会　　长：陈成基
（以下按姓氏笔画顺序）
副 会 长：刘石宝　苏剑萍　陈灿光　林芝华　林学茂　林荣星　林瑞富　黄旭明　龚达元
蔡同声　廖全声
常务理事：王水金　蓝松华　刘石宝　苏剑萍　肖　茂　陈成基　陈灿光　林芝华　林荣星
林学茂　林瑞富　林智仔　金润堂　周　荣　赵师增　黄旭明　温铃光　龚达元
薛立群　蔡同声　廖全声
届内增补：刘乃祥　江瑞明　吴秀佺　余　挺　张石鋆　陈孟生　潘福章
秘 书 长：王水金
副秘书长：林　鸿

福安市茶业协会第四届理事会主要组成人员名单

（2013.3.7—2017.5.24）

名誉会长：陈成基
会　　长：郭　冲

常务副会长：温铃光

副　会　长：（按姓氏笔画顺序）

王梅凤　巫　缨　李　民　李彦晨　吴平月　沈丞荣　张锦华　陈灿光　陈泽木　陈晓华　陈朝明　林芝华　林瑞富　钟奶祥　施石松　龚　煦　蔡同声　廖泉声　薛立群

秘　书　长：王水金

福安市茶业协会第五届理事会主要组成人员名单

（2017.5.25—2022.5.26）

名誉会长：缪宝金

会　　长：刘　华

高级顾问：尤志明　苏　峰　林学茂　陈玉成　张锦华　陈祖枝　郑祥榕　刘希平　林　鸿

秘　书　长：林芝华　叶　燊

副秘书长：陈　漾

监　　事：陈琳华

副　会　长：刘子康　龚　煦　林　影　陈灿光　沈丞荣　王桂松　缪青云　林芝华　余学华　彭瑞金　温裕乾　蔡同声　刘忠雄　夏陈玉　林帮奇

常务理事：（按姓氏笔画顺序）

王兴水　王宋文　刘文光　刘成茂　刘光平　刘祖兴　刘景灿　阮国城　阮润春　李　立　李国灿　李建青　李彦晨　李润平　李清春　杨　柳　连　秋　吴文玉　陈　健　陈石连　陈尧荣　陈辉煌　陈锦树　林成木　林华柱　林志雄　林建华　林建鸿　林勇铭　林瑞富　郑平和　郑昌智　赵祥福　胡少惠　胡祖荣　施鸿鸿　郭文光　郭立梅　郭菊蓝　黄荣章　黄惠琴　詹金美　缪尘侠　缪诺铃

福安市茶业协会第六届理事会主要组成人员名单

（2022.5.27—　）

名誉会长：陈灼生　林　炤

高级顾问：苏　峰　吴先辉　张锦华　陈祖枝　林学茂　龚达元

会　　长：郑明星

名誉副会长：郑　红　刘希平　刘忠雄　池华荣　吴平月　蔡同声

副　会　长：林　鸿　陈琳华　王桂松　李彦晨　张　帆　林芝华　林坛助　郑长辛　夏陈玉　龚　煦　黄忠斌　缪青云　杨晶晶　温剑锋

秘　书　长：刘小凤

副秘书长：陈　昕

监　事　长：叶　燊

监　　事：陈辉煌　余水荣

常务理事：（按姓氏笔画顺序）

刘石贵　李　立　李江宏　李清春　余廷文　陈　艳　陈锦树　林建鸿　林勇生　施鸿鸿　郭立梅　黄　龙　黄荣章　章伏光

福安市茶文化研究会

福安市茶文化研究会的筹备工作始于2008年5月，有会员56名，其中团体会员9名，个人会员47名。2009年9月28日，经市茶业管理局和市民政局的批准，举行第一次全体会员大会，成立福安市茶文化研究会，并选举黄滔为会长。

福安市茶文化研究会是由茶学界和茶文化界人士发起并自愿组成的，不以营利为目的的全市性，学术性民间组织，属独立的社会团体法人。其宗旨：遵守宪法，法律，法规和国家政策，遵守社会道德风尚；广泛联系市内外茶学界和茶文化界人士，研究茶的历史文化及其社会影响；开展学术交流，增进友谊，加强合作；倡导茶为国饮，促进涉茶文化和茶产业经济的发展。办公地点原在莲兴东路268号，2011年8月迁至街尾225号（群益大桥东侧）。

茶文化宣传和社会活动

2009年11月16—18日，第三届海峡两岸茶博会在宁德召开，福安作为分会场。为迎接茶博会的举行，根据市领导的安排，福安市茶文化研究会承办设在甘棠海峡大茶都的“福安茶文化展览馆”；该馆面积2000平方米，全部工作由研究会完成。茶博会期间，研究会会长黄滔负责接待前来福安考察的中国国际茶文化研究会副会长徐鸿通，秘书长詹泰安，台湾中华茶文化学会理事长范增平教授，台湾茶协会理事长圣轮法师等。

2010年初，福安市茶文化研究会牵头，与市妇联，市劳动与社会保障局联合举办茶艺师培训班，为期七天；有20多家茶企业选送120多人参加培训。

编印中小学乡土教材

2011年9月，《茶文化知识读本》（福安市中学生乡土教材）编印刊发，供市属各中学使用。该书由福安市教育局，市茶文化研究会与部分中学共同策划，市茶文化研究会和市教师进修学校组织人员编写，黄滔任主编；全书分六章，分别由黄滔、周晓景、郭孝卿、李毓贤、郭泽英、李健民编写，李健民统稿，黄滔、林元桂、余挺、郭孝卿等修改定稿，最后由福安市教育局审定。编印所需经费得到福建坦洋工夫集团有限公司和御道茶业的支持。

2013年6月，福安市茶文化研究会与市教师进修学校再次合作，编印《茶文化知识读本》（小学版）供市属各小学使用。总策划阮兆平、林雄，主编黄滔，编委会成员余挺、陈工、陈蓼、郑望、周晓景、郭泽英、郭孝卿、黄滔、黄梅川、詹守忠（按姓氏笔画顺序），主笔郭孝卿，编务薛少恭、

福安市茶文化研究会成立大会

王立新，绘图陈敏。全书分“茶源传说”“名人茶事”“知茶浅说”“茶乡福安”四个部分，根据小学生的年龄特征和认知水平进行编写，图文并茂，彩色印刷。该教材的编印出版工作得到福安市人民政府、市教育局、市教师进修学校的支持。

编印会刊，撰写茶文化专文

福安市茶文化研究会成立后，开始编辑不定期内部资料《福安茶文化》，由研究会办公室主任郭孝卿负责编务。为A4纸黑白版面，每期4版。

2009年11月，研究会会员陈如春、周晓景、沈雪婷的三篇论文参加“第四届张天福茶学思想研究会”交流，并入选会议论文汇编。同年，市茶文化研究会召开学术研讨会，编印《福安茶文化学术论文集》，收入论文24篇，约10万字。

2011年10月，《福安茶文化》第3期起改版，改为A2纸（21×28.5厘米）4版，彩色版面，图文并茂。

2012年1月，《福安茶文化》第5期刊登郭孝卿《福安知县王师俭的茶联》及《乾隆与三清茶》，后被福建省茶叶学会主办的《茶缘》（2012年第1期）转载。

2013年6月，《福安茶文化》第3期刊登郭孝卿《高诚学的福安茶缘》，该文《茶缘》更题为《高诚学在福安的那些茶事》转载。

2013年6月27—29日，“2013年海峡两岸茶产业发展研讨会”在福安召开，福安市茶文化研究会选送多篇文章参与研讨。陈孟生《“工夫”不负有心人——平月茶业以茶文化建设催红“坦洋工夫”》《从坦洋工夫红茶的两个传说说起》，郭孝卿《弘扬茶文化要从青少年抓起》《关于坦洋红茶起源时间浅探》《高诚学的福安茶缘》，郑望《两岸品茗，一味同心》等专文参与会议交流，并入选会议论文汇编；陈孟生和郭孝卿在会上做交流发言。

2014年，福安市茶文化研究会部分成员撰写的文章，编入宁德市海峡茶业交流协会主编的《闽东茶叶历史文化》，该书于2015年由海峡书局出版。

福安市茶文化研究会第一届理事会组成人员名单

（2009.9.28— ）

会　　长：黄　滔

副 会 长：（按姓氏笔画顺序）

李　民　李　立　李佳丽　余　挺　张锦华　吴锦通　郑　望　郑长基　林小灵　龚达元　黄旭明　缪　强

秘 书 长：王立新

副秘书长：周晓景　杨柳肖

福安市良种茶树苗繁育协会

福安市良种茶树苗繁育协会（简称“福安市茶苗协会”）成立于2019年6月13日，办公地点设在福安市甘棠镇海峡大茶都17幢3，4，5号，彭瑞金任会长。

福安市茶苗协会是福安市苗木公司合作社，苗圃场管理员和农民育苗户自愿联合的地方性社会组织。其宗旨：自觉遵守宪法，依据我国的法律，法规和国家政策，团结全市苗木公司，农民专业合作社，苗圃场管理员和农民育苗户，调动一切积极因素，提高福安市的茶苗品种质量和品牌。福安市茶苗协会接

福安市良种茶树苗繁育协会成立大会

受福安市茶产业发展中心的业务指导和福安市民政局的监督管理。

协会业务范围：按《中华人民共和国种子法》和国家有关政策管理福安市茶树苗的繁育工作；在全市范围内宣传国家有关种苗的法律法规，指导苗农交流，促进育苗正常化生产；按照福安市农业，茶业主管部门的有关规定，组织并承办苗木生产技术培训；拟定有关农民技术员和育苗能手的管理制度，组织茶苗新品种研发；开展县市之间的交流活动，促进省内各地茶苗事业的发展。

2023 年，福安市茶苗协会有副会长单位 12 家（其中 5 家同时是宁德市种子协会副理事长或理事单位，3 家同时是福建省茶叶学会及常务理事单位，理事单位，会员单位），理事单位 6 个，个人会员 156 个。

福安市良种茶树苗繁育协会会第一届理事会组成人员名单

（2019.6.13—　）

名誉会长：陈灼生

总　顾　问：苏　峰　尤志明　薛细康　潘玉华

顾　　　问：杨如兴　林培云　刘星贵　郑信禄　张裕炳　林锐锋　冯　桑　汤　翔　林　鸿　黄先洲　陈　静　杨晓滨　刘铃光　苏华明　刘奶明

会　　　长：彭瑞金

副　会　长：高成进（常务）　彭细瑞　陈华平　刘成章　郑春生　温寿生　林品章　黄维良　郑成棠　黄明清　黄国铃

秘　书　长：彭细瑞（兼）

副秘书长：肖少美　林　豪　彭致平　陈潮锋　林丽清

办公室主任：彭品华

常务理事：刘铃光　薛　蘖　彭瑞金　高成进　郑春生　彭细瑞　陈华平　张芳华　郑奶全
林峰旺　陈妙雄　黄细东　倪绍锦　张绍其　邱良明　高成平　黄志明　温寿生

2023年福安市良种茶树苗繁育协会副会长单位及理事单位一览表

单位	本协会职务	宁德市种子协会职务	负责人
福建初心农业科技有限公司	会长单位	—	郑春生
福安市甘棠镇上塘瑞鑫茶苗专业合作社	副会长单位	副理事长单位	彭瑞金
福安市宏进农牧科技有限公司	副会长单位	理事单位	高成进
福安市瑞春茶果林苗木专业合作社	副会长单位	理事单位	彭细瑞
福安市福华茶苗专业合作社	副会长单位	理事单位	陈华平
福安市农荣茶果林苗木专业合作社	副会长单位	—	刘成章
福安市田丰茶叶专业合作社	副会长单位	—	郑成棠
福安市鑫达种植专业合作社	副会长单位	理事单位	黄维良
福安市新裕茶苗专业合作社	副会长单位	—	温寿生
福安市利农茶苗专业合作社	副会长单位	—	黄国铃
福安市品茗香茶业有限公司	副会长单位	—	林品章
福安市锦胜茶苗种植专业合作社	副会长单位	—	黄明清
福安市金杰农业种植合作社	理事单位	—	林杰
福安市王加山农业发展有限公司	理事单位	—	陈绍泉
福安市堂福茶苗种植专业合作社	理事单位	—	倪惠棠
福安市乾珍茶苗专业合作社	理事单位	—	李细峰
福安市万嘉茶苗种植专业合作社	理事单位	—	刘木生
福安市绍基苗木专业合作社	理事单位	—	倪绍基

2023年11月落成的“国家区域性良种繁育基地福安科研中心”大楼（彭细瑞 提供）

第四章　企业管理

近代茶企业

晚清茶庄茶行

近代之茶庄、茶行，也称茶号，是茶叶之精制和经营场所；民国后期多称茶厂。

清朝后期福安的茶庄茶行，由于年代久远、资料匮缺，已经无法有一个比较完整的了解。由于茶行经营多有变数，此起彼伏，有的茶行昙花一现，有的却坚持多年。以下是已知晚清时期福安县的部分茶号，主要分布在坦洋、上白石、阳头、穆阳等当时商业经济比较活跃的村镇，年号为开始经营的大致时间。根据文献记载、田野调查所获和白云山茶博物馆藏品辑录。

道光（1821—1850）：万兴隆，丰泰隆；

咸丰（1851—1861）：祥生记，祥记，生记，泰大来，陈氏肯堂；

同治（1862—1874）：唐利，万镒春，裕泉号，福兴隆，天滋荣，万生春，建隆兴；

光绪（1875—1908）：合和，宜记，同泰，豫和春，瑞兴，信记，美记，双泰隆，鉦成，松记，源泰昌，

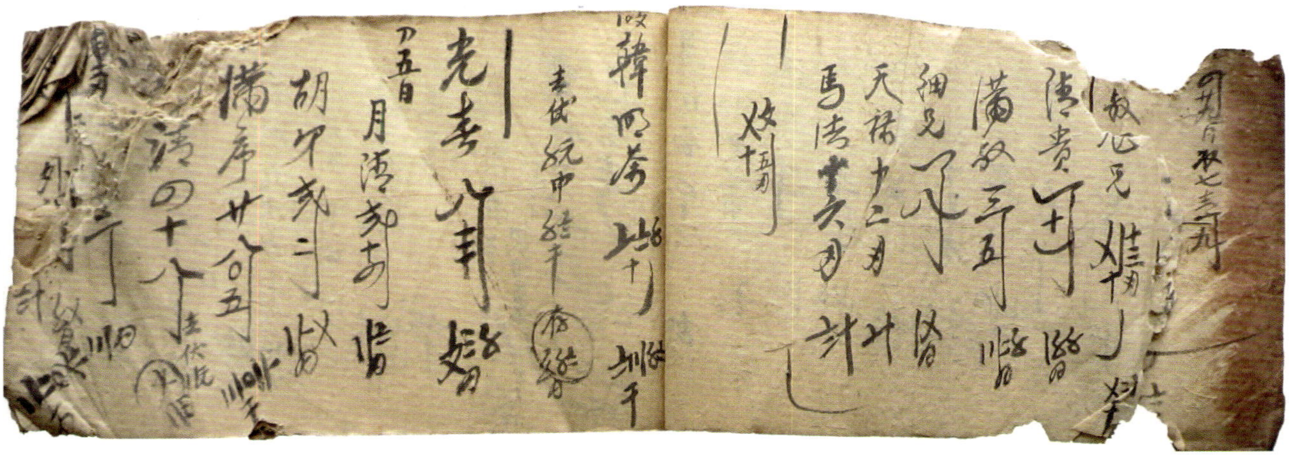

晚清阳头李氏茶庄收购毛茶的流水账（来源：白云山茶博物馆）

穆洋庄，旺记，茂记，升泰号，同升号，协顺号，永盛号，丰太，太记，双盛隆，隆记，恒借泰，延祯，泰记，协太成，福生春。

民国前期的茶号

民国11年（1922年），闽红的国际贸易开始逐渐恢复，以坦洋工夫领军的闽红三大工夫茶以物美价廉的优势得以复振，从而催生了许多茶庄茶行。但是由于外销红茶的主导权掌控在洋商手中，华商资本微薄，没有力量与外国资本竞争。虽然这一时期茶庄茶行星罗棋布，但由于经营风险很大，常常是枯荣更替，此起彼伏。

民国24年（1935年）全县共登记茶庄67号，遍布县内各茶乡主要集镇。

民国24年（1935年）福安茶叶商号一览表

茶号	经理人	地址	茶号	经理人	地址
登记	陈倬云	城内	万宝春	谢如桢	晓洋
公和进	林瑞忠	城内	森春	萧鸿咨	穆洋
陈正记	陈思正	阳头	生合成	缪子馨	穆洋
林祯记	林梧冈	阳头	昌记	彭成弟	穆洋
聚记	郑寿禧	阳头	合昌	缪善卿	穆洋
万象春	林穆侯	阳头	泰记	缪五弟	穆洋
长春	李焕文	阳头	泰亨隆	缪献廷	穆洋
振泰隆	李杰臣	阳头	瑛记	缪英玉	穆洋
丰记	张润唐	阳头	同源泰	陈特俊	穆洋
万升旭	王佬红	阳头	泉泰春	林作森	穆洋
万春和	王硕卿	阳头	黄双泰	黄春台	穆洋
一团和	郑枫阶	溪东	双顺庆	罗宜庆	穆洋
裕丰隆	郑玉卿	东昆	新记	缪子雄	穆洋
协春隆	林春生	东昆	宜春	缪子松	穆洋
恒泉	郭实卿	上潭头	高旭记	高而山	赛岐
华春	郑章弟	上潭头	阮泉盛	阮六弟	赛岐
祥生	陈幼西	社口	合和春	陈汶波	赛岐
德昌	胡翌樵	社口	协新春	阮细弟	赛岐
建春隆	郭八弟	社口	吴义记	吴永成	茜洋
慎泉	陈贻九	社口	王成记	林学文	甘棠
胜春隆	郭文柏	社口	振泰成	刘永享	甘棠
坤昌	余金灿	坦洋	裕昇春	杨佃架	甘棠
王宜记	王种云	坦洋	明顺原	郭景山	上白石
吴查记	吴赓俞	坦洋	福昌隆	林福利	上白石
冠新春	胡芝香	坦洋	新昌隆	郭涌珍	上白石
裕大丰	胡修臣	坦洋	协春隆	王石桂	上白石
郭公昌	郭慕口	坦洋	张裕顺	张裕顺	上白石
泰大来	胡福祯	坦洋	益盛	长春	上白石

续表

茶号	经理人	地址	茶号	经理人	地址
同泰春	胡春秀	坦洋	丰记	吴六全	财洪
泰云昌	章云灿	坦洋	王康盛	王如明	沙坑
振泰兴	胡福奎	坦洋	慎利	郑聚茂	沙坑
焕采	胡宗秀	坦洋	万茂隆	郑德政	沙坑
锐泰珏	阮玉堂	龟龄	丰昌	刘雪峰	社口
双顺	谢细嫩	晓洋	—	—	—

抗战初期的茶号

民国 28 年（1939 年），由于战争的影响，国际商路阻滞。为充分利用当时十分有限的运力，国民政府以“重质不重量”为外销茶统制策略，以期多生产优质茶品，换取外汇，支援抗战。规定茶农生产的茶叶必须售给经过省茶业管理局核准登记的商号，各商号按省茶业管理局核定的茶类和准制箱数进行产制，经营权归省茶业管理局。福安茶号除因经营失败自行倒闭和政府调整取缔者外，经过当局核准的茶叶商号共计 25 家。民国 29 年，继续经营者仅余 20 家联合茶号。

民国 28 年（1939 年）福安茶叶商号及准制情况一览表

茶号名称	经理人	茶号地址	品牌	制茶种类	准制箱数
宜兴	胡福奎	坦洋	名茶	首春工夫	900
				二春工夫	100
泰昌盛	詹子和	坦洋	菁华	首春工夫	650
				二春工夫	200
双昌	俞金灿	坦洋	天香	首春工夫	500
				二春工夫	150
霖义	郭旺霖	坦洋	民生	首春工夫	250
				二春工夫	50
裕兴	胡肃齐	坦洋	至尊	香春工夫	300
裕泰丰	胡策庭	坦洋	雨前	首春工夫	750
				二春工夫	250
裕生	吴庭元	坦洋	金麟	首春工夫	200
万春和	王焕彬	城北	光华	首春工夫	400
				二春工夫	100
公兴	王口荣	东昆	吟梅	首春工夫	250
				二春工夫	50
兴华祥记	林国熙	东昆	兴华	首春工夫	400
				二春工夫	100
兴华聚记	林国藩	东昆	占鳌	首春工夫	350
				二春工夫	50
三兴	郑赞庭	东昆	安红	首春工夫	700
				二春工夫	150

续表

茶号名称	经理人	茶号地址	品牌	制茶种类	准制箱数
林泰隆生计	林春生	东昆	春魁	首春工夫	200
祥茂	陈国桢	社口	祥茂	首春工夫	400
				二春工夫	150
维宁	吴菊人	社口	云龙	首春工夫	1000
广鸿昌	缪岱榕	阳头	鸿英	首春工夫	200
福源	郑聚茂	上白石	人和	首春工夫	700
				二春工夫	200
新裕来	谢佛成	晓阳	裕生	首春工夫	850
				二春工夫	250
万顺	谢启椿	晓阳	裕亨	首春工夫	600
穆阳茶业联号	萧鸿咨	穆阳	黄山	莲心	200
				首春工夫	5000
				二春工夫	1500
				白毛猴	300
				白牡丹	300
升华	王祐三	穆阳黄坂	升华	首春工夫	1000
				二春工夫	300
闽东	刘鸷沉	城内	殷德	首春工夫	3000
				二春工夫	800
福春	林英	溪柄乡	淮山	淮山	14000
一团和	郑壁人	溪东	天一	首春工夫	300
				二春工夫	100
坦洋合作社	—	坦洋	坦红	—	—

民国 29 年（1940 年）福安茶叶商号一览表

茶号名称	代表姓名	地址	茶号名称	代表姓名	地址
穆阳	萧鸿咨	穆阳	泰昌盛	詹子和	坦洋
裕兴	胡肃齐	坦洋	维宁	吴菊人	社口
万顺	谢启椿	晓洋	森丰	缪善卿	穆洋
双昌	鸷金烂	坦洋	闽东	刘俞沉	穆洋
协泰隆生记	林春生	东昆	新裕来	谢佛成	晓洋
裕生	吴廷尧	坦洋	万春和	王焕彬	阳头
福源	郑聚茂	沙坑	裕华	陈可材	察阳
裕太丰	胡策庭	坦洋	宜兴	胡福奎	坦洋
华兴聚记	林国落	东昆	公兴	王余荣	南岩
祥茂	陈国桢	社口	兴华祥记	林国熙	东昆

民国后期的茶厂茶号

抗日战争胜利后，福安茶业开始逐步复苏。民国 34 年（1945 年）10 月，福安县茶商业同业公会正式成立，同业公会有会员茶厂 60 余家；不久又成立福安县穆阳镇茶商业同业公会，有会员茶厂 17 家。茶业同业公会的团体会员（乡镇茶商业同业公会、茶叶生产合作社、联合茶号等）均加入东南茶业联营社。福建省茶业管理部门每年仍公布毛茶山价和不同品类的成品茶价格，以保证茶农利益。福安县政府根据上级规定的统一标准对各茶厂进行核准登记，加强管理。

下面以一家中等规模的普通茶厂为例（其他茶厂除了规模差异，经营模式和要求大同小异），说明当局对私营茶厂的管理要求和茶厂的经营状况。（福安市档案馆藏《民国三十七年档案·茶厂登记》第 15 号）

厂名厂址：德泰茶厂，福安社口。

公司登记执照号数：福公茶字 106 号。

经理：林德民。

厂长：林毓金（籍贯福安）。

主任技师姓名及履历：郭瑾，曾任本县茶界技师、总管等职十余年。

资本金额：2 亿元。

厂内组织：经理—厂长—总务课（文书、会计、庶务）、业务课（制造、管理、运销）。

制品：红茶，每年产量 1500 担，价值 18 亿元（旧币 1 万元相当 1 元，下同）；绿茶，每年产量 1500 担，价值 18 亿元。

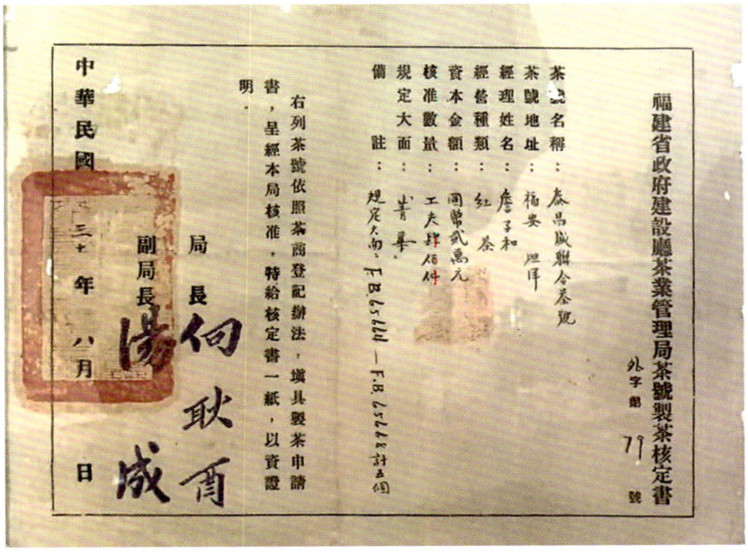
福建省政府建設廳茶業管理局茶號製茶核定書
外字第 71 號
茶號名稱：泰昌盛聯合茶號
茶號地址：福安 坦洋
經理姓名：詹子和
經營種類：紅茶
資本金額：國幣貳萬元
核准數量：工夫肆佰件
規定大面：菁華
備註：規定大面 F.B.65611—F.B.65668 計五個
右列茶號依照茶商登記辦法，填具製茶申請書，呈經本局核准，特給核定書一紙，以資證明。
局長 何耿甫
副局長 湯成
中華民國三十年八月　日

民国 30 年福建省建设厅茶管局茶号制茶核定书（詹吉荣 收藏）

厂料（原料）：红毛茶，产地社口坦洋，每年需用数量 2550 担，价值 6 亿元。绿毛茶，产地坦洋溪口，每年需用数量 2550 担，价值 6 亿元。

厂址：面积约 130 方丈，价值 5000 万元。厂房 2 座，价值 17000 万元。

制作程序：毛茶—走火—筛分—拣剔—覆火—官堆—装箱。

制品销行：红茶运往福州转往上海、香港销售，绿茶运往福州转往上海、天津、烟台销售。

职员数目：14 人。

工人数目：固定工 13 人，旺产时期视工作情形随时添除，一般男工 30—80 人，童工 10—40 人，女工 50—700 人。

最高、最低工资：男工 70—150 万元，童工 40—90 万元，女工 60—100 万元（以上按月计）。

工作时间及延长之规定：平时规定每天以 8 小时为限，如工作紧张时期延长时间，其延长部分工资增加五成计算。

有无工作契约：依照本县茶界俗例，多系口头信用约束，并无办理字面手续。

工人奖惩方法：[奖励] 一加薪，二记功，三年终奖励金；[惩戒] 一申诫，二记过，三降薪，四除名。

工人福利：将来拟设立工人福利事业。

工厂安全及卫生设备：厂内安全及卫生设备均属完备。

呈请及核准单位登记：经东南茶业联营社及本县茶业同业公会登记。

核准登记时间：民国三十六年。

根据福安市档案馆藏《民国三十七年档案·茶厂登记》，当年福安全县登记注册的茶厂茶号共计 81 家。其中注册资金在 4 亿元（旧币，1 亿元相当于 1 万元）以上者 31 家，资金超过 10 亿元者 7 家。

民国37年（1948年）福安茶厂茶号一览表

茶厂茶号名称	经理人	开设地址	资本金额（亿元，旧币）
闽东实验茶厂	李盈秋	社口	1
慎泉茶厂	陈贻玖	社口	0.5
德泰茶厂	林德民	社口	2
亨泰茶厂	林泽生	社口	2
维宁制茶厂	吴菊人	社口	1
新昌发茶厂	不详	社口	不详
裕泰隆茶厂	不详	社口	不详
福建省农林股份公司福安茶场	黄桐孙	社口	2
胜宜春茶厂	刘文玉	坦洋	1
兴泰隆茶厂	林凤翔	坦洋	1
裕隆茶号	施作楫	坦洋	2
建隆茶号	吴浩	坦洋	2
裕亨盛茶厂	詹农	坦洋	5
泰昌盛茶厂	詹子和	坦洋	4
裕生茶厂	吴奇玉	坦洋	0.2
元记茶厂	吴华玉	坦洋	0.4
冠新春茶庄	胡承鋆	坦洋	5
新裕丰茶号	张尚文	坦洋	5
瑞兴隆茶号	李元巽	坦洋	5
坤昌茶厂	俞金灿	坦洋	1
通泰昌茶厂	李鸿儒	坦洋	1
大亨制茶厂	傅华福	穄阳	1
发春泉忠记茶厂	陈可材	穄阳	1
长春茶厂	黄康吉	穄阳	1
永春茶厂	黄荣	穄阳	1
联兴茶号	王仰丹	穄阳	3.1
公兴茶号	黄英	穄阳	1.5
政记茶厂	陈思正	穄阳	2
公和元记茶厂	王静孙	城厢	2
广春隆茶厂	陈则武	城厢	1
万春和制茶厂	王槐庭	城内小北门	1
美记制茶厂	王祥銮	城内	2
隆昌茶厂	陈延善	穆阳	4
广鸿瑛茶厂	缪岱榕	穆阳	10
仁记茶厂	不详	穆阳	不详
裕春茶厂	吴晋镕	穆阳	4
建隆新记茶厂	陈铭	穆阳	6

续表

茶厂茶号名称	经理人	开设地址	资本金额（亿元，旧币）
昌记联合号	彭舜卿	穆阳	6
扬华茶厂	林应基	穆阳	4
万成春茶厂	缪玮琇	穆阳	4
会昌茶厂	缪雨川	穆阳	5
亨通茶厂	陈国镛	穆阳	10
万丰茶厂	许楚人	穆阳	5
惠通茶厂	陈特秀	穆阳	5
泰宁茶厂	陈因	穆阳	10
森春隆茶厂	萧鸿咨	穆阳	10
裕春隆茶厂	缪晋秋	穆阳	6
盛记茶厂	黄宝洲	穆阳	1
悦泰同茶厂	陈实	穆阳	10
公悦昌茶厂	黄其文	穆阳	4
广昇春茶厂	陈绍铭	穆阳	5
悦春来茶庄	黄湘泉	穆阳	4
春隆茶号	陈汤铭	穆阳	4
迎春茶厂	刘昌辉	穆阳	10
一昌联合茶号	刘昌沛	穆阳桥溪	4
黄坂茶叶合作社	黄宝珊	穆阳苏堤	1.5
新昌隆茶厂	不详	上白石	不详
新茂春茶号	刘敏	上白石	3
源兴制茶厂	郭景山	上白石	1.5
明顺源茶厂	陆凤山	上白石	1.5
大昌隆茶厂	林玉琼	上白石	1.5
福利茶厂	林腾馨	上白石	1.5
福馨隆茶厂	王奉香	上白石	1.5
义生春茶厂	王祥杞	上白石	1.5
万兴隆茶厂	郑聚茂	上白石沙坑	1.5
义生春玉记制茶厂	陈玉俊	范坑	1.5
万春茶厂	不详	东昆	不详
协春茶厂	郑长桂	东昆	2
兴华祥记茶厂	不详	东昆	不详
兴华茶厂	林穆侯	东昆	1
裕泰隆茶厂	林国瑞	东昆	4
兴华聚记茶厂	林国藩	东昆	2
泰昌隆茶厂	林滋	东昆	1
新泰隆茶厂	郭文华	东昆	1.2
生春茶号	郭珍修	棠溪	5
福昌隆茶厂	郭金声	棠溪	5

续表

茶厂茶号名称	经理人	开设地址	资本金额（亿元，旧币）
高旭记茶厂	高而山	赛岐	20
德泰茶厂	林赞臣	赛岐	1
裕春茶厂	王承瑜	赛岐	4
富春茶厂	不详	溪柄	不详
一团和昇记茶厂	郑壁人	溪东	1

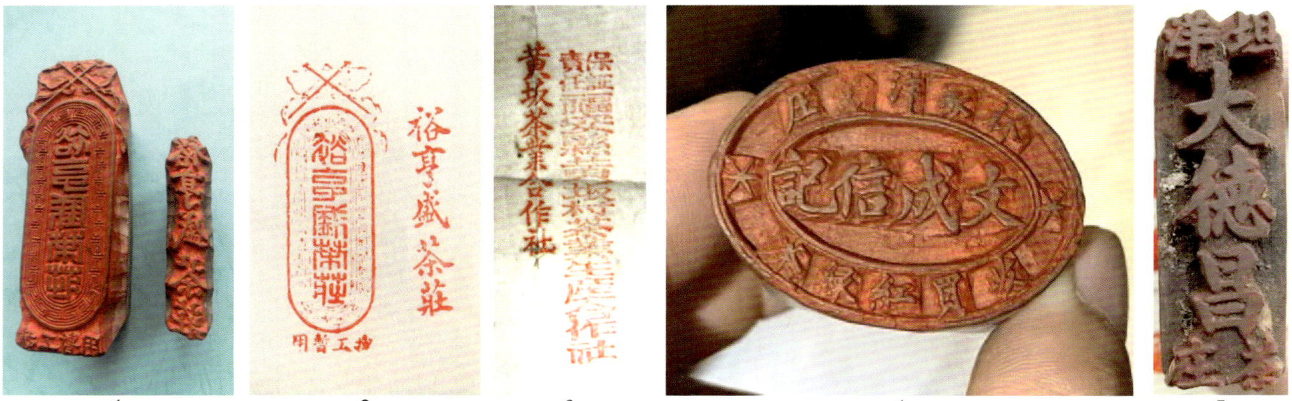

1　2　3　4　5

部分茶号印记

（1和2裕亨盛茶庄，詹吉荣提供；3黄坂茶业合作社；4林家洋文成信记茶庄；5坦洋大德昌茶庄印章，林志锋 提供）

当时精制红茶与精制绿茶市场价格相当，每担都是20万元（旧币）左右。一般地说，大多数茶厂红绿茶的产量比为2（红）：1（绿）；有的还生产乌龙茶（青茶），如实力雄厚、长盛不衰的赛岐高旭记茶厂，红、绿、青三茶并举。该厂注册资本20亿元（其中流动资金10亿元），为茶界巨头；茶厂面积1000平方丈（16.67亩），厂房5间；设经理1人，主任技师1人，茶师5人，技术员2人，领工2人，会计2人，庶务1人；男200人，女工（拣茶）600人，童工200人；年生产红茶4000担，花茶（绿茶）、乌龙茶各2000担，年产值约百亿元。原料毛茶除福安本地进5700担外，还从宁德、霞浦各进绿毛茶3000担（150吨）。此外，高旭记在福州还办有分厂，进行薰花加工。在上海、台湾、香港等地设茶叶办事处。由于高旭记还兼营轮船公司，茶叶运输十分便利。高旭记茶厂的产品抵榕后，其中红茶转运香港外销，花茶运往天津销售华北，乌龙茶则运港销售南洋。

民国36—37年（1947—1948年），地方政府加强对各茶厂生产概算的管控。福安市档案馆藏同期福安茶业档案可以说明问题。其中有民国37年2月福建省主席刘建绪签发的代电，发还福安县政府呈送的茶厂登记表中“成本会计或全厂预算、决算栏未填”者东昆的协春茶厂和兴华祥记茶厂，令福安县政府“转饬补填报”。还有福安县穆阳镇茶商业同业公会呈送的《本会会员茶商登记表及红茶概算表》，请求福安县政府核准予以登记并发证书。

民国时期茶厂的组织结构

◎管理层

民国时期福安的茶厂管理多系旧式。经理为全厂首脑，一般由厂东自任，负茶号内外全部责任。经理以下管理层职位及其职责如下。

账房，也称司账，厂内的总务事宜均由他负责，其地位仅次于经理。

看货，也称看茶，以富有茶叶经验、并明了市场供求情形者充任。

掌秤，也称司秤，专管收购毛茶过秤事宜。

庄客，也称出庄，负责到各产茶地收购毛茶。

看拣，分收拣和发拣，负责监督拣工拣茶及称茶等。

赛岐高旭记茶厂旧址（见明　摄）

掌管，负责制茶管理，所有制茶工人均须听其指挥，其下茶工依工作分为焙工、筛工、扇工、撼工四类。茶工分为包工与雇工。包工实行计件工资制，掌管即包头，负责工资分发；包头与厂方约定全春制茶数量及每件工资数额，所有制茶工人之招雇及工资标准均由其负责，经理不加过问；雇工实行计时工资制，工人由掌管招雇管理，工资由厂方分发。

◎制茶工人

精制茶工可分为制茶工人、拣茶工人、包装工人三类。制茶工人包括焙工，筛工，扇工，撼工等。

焙工也称焙司、看焙、管焙，负责茶叶烘焙，分正焙、副焙及帮焙等。

筛工为筛茶间筛茶工人，通常设有管筛1—2人，下分设平筛及六筛工人若干，设正、副手及筛手等。

扇工也称风扇，管理茶叶之过扇（风栊）工作，有正、副之分。

撼工也称撼盘，即片茶场的片工，也称“做片”，管理茶的筛分，有正片、副片或主正副手、筛手之分。

茶工之中又分为上、下手，如正、副手则为上手工，工资较高，其余筛手则为下手工。更有分为上、中、下三等，其工资依次差异。

各茶号茶工人数，视制茶箱额而定。普通制茶500箱者，须焙工3人，撼工及筛工35—40人，扇工3人；其他临时雇工（拣茶工、包装工等），及下手工或非熟练工人则不在此数。茶工之工作普遍每日在11—14小时，如系包工制则尤甚，因唯有延长每日工作时间，才可缩短工作日数，或利用童工与老年人，以减少工资付出，从而榨取余润。茶号茶厂因日数缩短可节省伙食费开支，也赞同其延长工作时间，“茶工之待遇极为菲薄，伙食虽由茶号供给，亦殊粗劣，普通五日食肉一次，已视为莫大恩典”。

公营茶厂

◎社口“茶业改良场茶厂”

民国24年（1935年）8月，福建省建设厅福安茶业改良场创办，同时成立改良场制茶厂，为福建省第一家公营茶厂。民国25年，改良场引进日本伊达式揉捻机、红茶干燥机、解块机等，在福建省率先采用机械制茶。民国26年，福安改良场从日本引进第一套制作红茶的机械设备，共生产红茶81箱（每箱40公斤），由英国裕昌洋行以每50公斤75元的高价（此前每50公斤最高价位56元）成交5吨。但是改良场茶厂着重于技术上之改良与试验，故茶叶产量有限。民国29年，当局在崇安成立“福建示范茶厂”，社口茶业改良场茶厂并入福建示范茶厂福安分厂（阳头示范茶厂）。

◎溪柄“福春茶厂”

民国27年6月，福建贸易公司茶叶部福州福春茶厂，在赛岐设立第一分制厂，生产淮山茶与花香茶，后因局势紧张，移于福安溪柄。因花源断绝，溪柄福春茶厂只制淮山茶一种，民国27年纯利达11380元；

第二年上半年就盈余 5150 元。该厂内部组织分总务、业务、仓务、会计四组，上设经理一人。业务组下设工头 1 人，有制茶工 84 人。该厂延续至民国 37 年，也作“富春茶厂”。

◎阳头“福安示范茶厂”

该厂位于福安阳头，由中国茶叶公司与福建省政府共同创办。民国 28 年 11 月开始筹备，29 年 2 月正式成立，名福建示范茶厂福安分厂（习惯称“福安示范茶厂”）。该厂还包括原社口茶业改良场茶厂，辖棠溪、穆阳、社口、阳头 4 个制茶所，及斜滩、武曲 2 个合营制茶所。以统制红茶和白茶工艺，制定运销办法，对闽东各县茶叶生产起示范推动作用。1949 年 12 月，中国茶叶公司福州分公司将福建示范茶厂福安分厂改制为“中国茶叶公司福州分公司阳头茶厂”，即后来的国营福安茶厂。

现代茶企业

国营（国有）、集体企业

1949 年 12 月，福建示范茶厂福安分厂改制为中国茶叶公司福州分公司（后为福建省分公司）下属的阳头茶厂（福安茶厂），1950 年 3 月改名“中国茶叶公司福州分公司福安制茶厂”，后制茶厂改名茶厂。福安茶厂是中华人民共和国成立后闽东首家国营茶叶精制厂。福安茶厂下设赛岐分厂和坦洋茶叶初制厂。赛岐分厂于 1970 年合并到总厂；坦洋茶叶初制厂后改名福安茶厂坦洋分厂，1990 年分立，改名福安市坦洋茶厂，1992 年停止生产。

福安茶厂实行严格的计划经济管理。以该厂《1982 年生产计划》为例，从“前言”可知，生产计划的制定是根据党中央关于“以计划经济为主，市场调节为辅”和“四坚持”“三兼顾”“两稳定”的方针，省工交会议关于“保七争八，均衡生产，提高效益，质量第一”的要求，以及省茶叶加工、出口、调拨计划会议下达的生产任务，结合福安茶厂的实际情况制定。“计划”参考 1980、1981 两年的实绩平均数制定生产指标，并经福安茶厂职工代表大会通过后执行。

1982 年国营福安茶厂茶叶加工、调拨、供应计划表

单位：吨

品种		加工产量	供外贸	调出省外	省内销售	调坯福州厂	省专项	本厂留坯
总产量		1741.5	551.5	815	49	175	1	150
红茶		116.5	111.5		4		1	
绿茶		1225	275	605	20	175		150
车色①	特级	150	150					
	1 级	45	45					
	2 级	40	40					
	计	235	235					
烘青	特级	75						
	1 级	125						
	2 级	60						

① 在绿茶加工中，因茶叶受内含多酚氧化酶的氧化作用，易使翠绿的茶鲜叶氧化产生红变与黄变现象；同时茶叶与加工机械接触，也会对茶叶的颜色和品质产生影响。将烘干后的绿茶放进“车色”机，进行“车色”，可使茶条紧结、光滑、色泽靓丽。车色出来的绿茶，需要用平圆机进行筛选，分出等级，再行分装上市。

续表

品种		加工产量	供外贸	调出省外	省内销售	调坯福州厂	省专项	本厂留坯
烘青	3 级	10						
	4 级	5						
	5 级	5						
	5.5 级	30						
	6 级	300						
	7 级	10						
	碎茶	125						
	片茶	230	40					
	末茶	15						
	计	990	40					
花茶		400	165	210	25			
等级	特种	25	10					
	特级	20	15					
	1 级	15	10					
	2 级	20	10					
	3 级	50	15					
	4 级	20	10					
	5 级	10	0					
	5.5 级	75	25					
	6 级	50	0					
	片茶	75	30					
	玉兰片	40	40					

1985 年，福安茶厂由宁德地区下放福安县管理。1995 年 11 月，福安茶厂因资不抵债宣告破产。福安茶厂详情见本志卷九《专志 • 国营福安茶厂》。

1984 年，我国茶叶流通体制改革后，茶叶产销由计划经济时代步入市场经济时代，涉茶国营单位相继办起茶叶精制厂。1985 年，全县有国营茶厂 5 家，除福安茶厂外，还有福安市属的坦洋、王家、高坂 3 个茶场各自设办的茶叶精制厂，以及省茶科所的茶叶精制厂；此外还有乡镇集体办的茶厂 6 家。

1986 年，福安茶厂坦洋分厂独立开户。福安市国营（国有）茶厂增加到 6 家。以上国营企业除福安茶厂和福安市坦洋茶厂外，余 3 家国营茶场附设的精制厂，后来通过改制均成为有限公司。

1990 年，福安有国营和集体茶厂 10 多家，主要有福安茶厂，坦洋茶厂，坦洋、王家、高坂茶场附设茶厂，社口茶叶精制厂，穆云花茶精制厂，闽东白云茶厂，省茶科茶叶精制厂等。

1995 年，福安茶厂、坦洋茶厂、王家茶场、高坂茶场附设茶厂等 4 家国有制茶企业的产值、产量均占全市茶行业的 80% 以上。

1997 年 4 月，原国有福安市坦洋、高坂、王家 3 个国营茶场包括附设茶厂改制重组为福安市农垦茶业有限公司，系省级农牧业龙头企业。

2018 年 12 月，福安市农垦集团有限公司组建后，福安市农垦茶业有限公司成为集团公司下属的子公司，改名“福建农垦茶业有限公司”（简称“福建农垦”）。

福建农垦茶业有限公司是“福安农垦集团”的子公司

2019年和2020年，福建农垦被评为“福安市十佳信誉茶叶企业”。

2021年4月，福建农垦的“福建福安坦洋工夫红茶科技小院”列为“福建省科协科技小院”和“中国农技协科技小院”。

2023年，在第28届上海国际茶文化旅游节上，福建农垦选送的“坦洋工夫·经典红茶”获评“全国十大名茶”。福建农垦被评为“福安市农业纳税大户”。

民营企业

1954年，福安开始关闭茶叶自由市场，全面取缔茶叶商贩。1955年起，茶叶纳入国民经济计划，实行统购统销管理。私营茶厂茶号作为资本主义工商业全部纳入社会主义改造。此后在较长的时期内，福安不再有民营（私营）茶企业。

1984年，我国实施茶叶流通体制改革，允许国营、集体、个体茶叶经营者直接参与市场交易，茶叶产销由计划经济时代步入市场经济时代。这一年社口、潭头、晓阳、穆云、甘棠、康厝等茶区乡镇建起集体所有制的茶厂，生产精制茶叶，产品直接进入市场，同时民营茶厂也开始涌现。集体茶叶企业通过承包经营改造，成为民营企业。民营茶企业集生产、加工、销售于一体，不断壮大，成为茶叶市场的主力军，在茶叶的生产经营、文化宣传、品牌建设等方面创造业绩，促进地方经济的发展。

以下记述福安民营茶企业的变迁和发展，其中包括产品在省级及以上评选赛事获奖情况。其他方面内容，诸如厂场建设、非遗传承、品牌商标、发明专利、历届福安市“坦洋工夫杯斗茶赛”和宁德市“茶王赛”等，因本志其他相关章目已有专门介绍，不再赘述。为方便行文，企业名一般采用简称。

1985—2008年，福安民营茶企业主要生产精制绿茶、茉莉花茶，也生产少量红茶和青茶（乌龙茶），产品质量和档次不断提升。早期规模较大民营企业有城湖、福特、北门、天香、茗春等。福安县城湖茶叶加工厂创办于1985年，1998年改制为福安市城湖茶叶有限公司；福安县社口福特茶厂创办于1987年，2003年改名福安市福特茶叶有限公司；福安县甘棠北门茶厂成立于1987年，2015年改制为福安市甘棠北门茶业有限公司；福安市天香茶叶有限公司创办于1992年，2010年改名福建隽永天香茶业有限公司；福安市茗春茶厂于1996年由乡镇茶站改制而成，2002年改名福安市茗春馨香茶叶有限公司。

民营茶企业为了打通销售渠道，先后在省内外部分城市开设茶店、茶庄，售卖茶叶。至1990年，福安人在北京、天津、上海、苏州、青岛、济南、烟台、西安、太原等城市的销售网点达到180多家。

1995年，福特茶厂生产的高级绿茶“六杯香”获福建省名茶奖。

1996年，天香的“天香银针”被省名优茶评审委员会评为福建省名茶。城湖的“大白龙”、福特的“六杯香”、甘棠北门的“莲岳翠芽”获福建省优质茶奖。城湖茶叶精制厂被省乡镇企业局评为“1995年度省级先进乡镇企业”。

1997 年，在第八届全国运动会上，福特的“六杯香”精制绿茶被上海代表团列为专用品牌。

1998 年，在首届中国国际茶博览交易会上，北门的“莲岳翠芽”“莲岳银毫”获金奖，天香的“隽永牌茉莉天香云芽”获银奖。

1999 年，在由中国国际茶文化研究会等主办的第二届中国国际茶博览交易会，北门的“翠绿茶”获银奖。在福建省名优茶评审会上，天香的“茉莉天香银毫花茶”“茉莉天香云芽”获金奖，天香的“天香茶叶”和北门的“翠绿茶”被评为省优质茶。

2000 年，在北京中国文化国际研讨会暨展示会上，天香的“茉莉天香银芽”“茉莉天香翠芽”“茉莉天香银针”，北门的“翠绿茶”“莲岳银毫”获银奖。在中国国际茶博交易会第二回国际名茶评选中，天香的“茉莉天香银峰”获金奖，“茉莉天香云芽”获银奖。

2001 年，在中国国际茶博览交易会上，茗春的“茉莉花王”获金奖。在第三回国际名茶评选中，天香的隽永牌“茉莉天香银峰”获金奖，“茉莉天香云芽”获银奖。在省农业厅组织的名优茶评审花茶品质鉴评中，茗春的“白雪毫”获评福建省名茶；天香的“茉莉毛峰”、茗春的“龙芽一号”“茗毫”获评省优质茶。

2002 年，在第四回国际名茶评选中，茗春馨香的“莲峰雪毫”获金奖，“白雪峰”等获 4 个银奖。在中国茶叶学会等组织的中国（福建）国际茶·茶具·茶文化博览会“凯捷杯茶王赛”上，茗春馨香获金奖，天香茶叶获优质奖。在中国茶叶学会等组织的福建宁德首届名优茶暨茶叶包装评比活动中，天香的“天香翠芽”绿茶获金奖，茗春馨香的“金麦穗”绿茶获银奖。城湖的“东湖牌茉莉花茶”被省乡镇企业局评为“省乡镇企业名牌产品”。福安市民营茶企业发展到近 100 家。

2003 年，在上海国际花茶文化节中国精品名茶博览会“永春·苏坑杯”茶王赛上，天香的“天香银芽”和茗春馨香的“莲峰雪芽”分别获银奖。在中国（福建）国际茶·茶具·茶文化博览会暨中国星级茶王赛和福建（厦门）国际茶文化节茶王大赛上，茗春馨香的茉莉花茶分别获三星级茶王奖。在中国茶叶流通协会等组织的第二届中国太姥杯茶王大奖赛花茶类比赛上，茗春馨香的“茉莉花王”获茶王奖，天香的“茉莉花王”和茗春馨香的“毛尖茶”分别获金奖。在中国茶叶学会主办的第五届“中茶杯”名优茶评比活动中，天香的“茉莉龙芽”获一等奖，“茉莉茶王”获特等奖。在省农业厅组织的年度名优茶鉴评活动中，茗春馨香的“茉莉花王”获名茶奖。

2004 年，在第三届中国太姥杯茶叶品质大奖赛上，茗春馨香的“茉莉花王”获茶王奖，天香的“茉莉花茶”获金奖。在中国茶叶流通协会组织的第四届全国茉莉花茶交易会优质茉莉花茶质量评比中，茗春馨香的“茉莉花王”获金奖。

2005 年，天香的“工艺花茶”获北京钓鱼台国宾馆首届福建名优茶品鉴会优质名茶奖；在中国三绿工程项目上，“隽永”牌茶叶被指定为“放心茶中茶协推荐品牌”。

2006 年，在北京人民大会堂“东方杯”首届中华名茶评选活动中，满园春的“坦洋工夫极品 1 号”获红茶金奖；茗春馨香的“茉莉花茶王”获茉莉花茶金奖。在“人文中国·茶香世界”中华茶文化宣传活动中，茗春馨香的“茉莉花王”获金奖。在第六届国际名茶评选中，天香的“天香茉莉花茶”获金奖。福建省质量协会考核评定“隽永”牌花茶为“2005 年福建省用户满意产品”。福安市天香茶叶有限公司、福建福安市城湖茶叶有限公司、福建省天湖农业开发有限公司（新坦洋前身）、福建元利实业有限公司（海峡大茶都）发起组建“福建坦洋工夫股份有限公司”（简称坦洋工夫股份）。是年 9 月，台资企业福安市皇家茶业有限公司成立。该企业位于松罗乡原国有王家茶场内，引进台湾和大陆的先进制茶机械，主要生产台式乌龙茶和“东方美人茶”等。

2007年，在北京人民大会堂“凯捷杯”第二届中华名茶评选活动中，满园春的“坦洋工夫贡品”获红茶金奖。

2008年，在北京人民大会堂“东方神韵杯”第三届中华名茶评选活动中，平月茶业的“铁观音”获乌龙茶金奖；坦洋工夫股份的“坦洋工夫2号”、天源食品的“坦洋工夫”、山西坦洋工夫茶城的“坦洋工夫”、平月茶业的“坦洋工夫·醉龙颜”分别获红茶金奖；天源食品的“坦洋工夫茶饮料”获茶饮料金奖。在第七届国际名茶评选中，隽永天香的“茉莉茶”获金奖。坦洋工夫股份公司创制“花果香坦洋工夫红茶”获得成功，并向国家知识产权局提出专利申请。

2009年，在由香港贸易发展局主办的香港国际茶展上，新坦洋茶业的产品被评为“我最喜爱的红茶”。在第八届“中茶杯”全国名优茶评比中，城湖的东湖牌坦洋工夫系列“东方御品”“温莎皇韵”“至尊和韵”分别获一等奖。在由中国茶叶流通协会等举办的恒天杯全国名优茶评比中，林鸿茂的“极品小种红茶”获金奖。在由福建茶人之家、福建张天福茶叶发展基金会主办的第六届“闽茶杯”红茶评审上，隽永天香的“坦洋工夫红茶”获金奖。天香的“天香翠芽”“坦洋工夫”和茗春馨香的“雪针”被省农业厅评为2009年度福建省名茶。隽永天香的“锦绣天香”获评中国·坦洋工夫2009年度十大名茶，成为第十一届全国运动会指定用茶。“隽永”牌花茶被省质量协会评为“2008年福建省用户满意产品”。城湖茶叶被省工商行政管理局授予“福建省企业知名字号”。全市共有12家茶叶企业的19个产品分别获得无公害、绿色食品、有机茶认证，36家茶叶企业获得QS认证。福建坦洋工夫股份有限公司改名“福建坦洋工夫集团股份有限公司”（简称坦洋工夫集团）。

2010年，在上海世博会由福建省茶叶学会承办的名优茶评比活动中，南方佳木的“莲花山1号”、平月的“平月红茶”、天和堂的“天和红”、廉岭香的“红天下”、湖光山色的“白云流霞”、正园春的“正园鼎红”、晓阳福龙茶厂的“福龙茗韵”、胜大来的“金牡丹”、团月茶业的“团月嫦娥”、坦洋工夫集团的“东方之冠”“坦洋桂岩”、城湖的“超特金闽红”、满园春的“金桂”获红茶金奖。在中国茶叶学会主办的首届“国饮杯”全国茶叶评比中，城湖的“东湖牌坦洋工夫红茶·典藏”获特等奖。隽永天香的“坦洋工夫”茶在第七届“闽茶杯”红茶鉴评会上获金奖，“坦洋工夫”成为中国航海日活动指定红茶，“金闽红”获第八届国际名茶评比金奖。

2011年，在福建省茶叶学会等组织的“澳大利亚中国文化年中国茶文化产业博览会”名茶评选活动中，南方佳木的“佳木红袍”、正园春的“正园春红茶”、御道茶业的“金闽红”获红茶金奖；御道的“沁园春铁观音”获乌龙茶金奖。在第五届中国西部国际茶业文化博览会上，新坦洋的“御品桂”茶获金奖。隽永天香的“国色天香”获2011年闽台两岸十大品牌茶暨两岸消费者最喜爱的十大畅销茶产品，“隽永”牌花茶获评“2010年福建省用户满意产品”。

2012年，在世界茶联会举办的第九届国际名茶评比（杭州）中，隽永天香的“锦绣天香”“茉莉花茶王”分别获金奖。在由海峡两岸茶业交流协会主办的厦门“9·8中国国际茶产业投资贸易展览会”上，“新坦洋”获评“十大最具影响力品牌”；城湖、隽永天香、御道、满园春、坦洋工夫集团、同泰春、兴旺等7家企业获评“最具投资潜力品牌”。在中国茶叶学会第二届“国饮杯”全国茶叶评比中，城湖的“东湖牌坦洋工夫红茶·金色年华”获一等奖。在第九届“闽茶杯”鉴评活动中，隽永天香的“御茗天香”获金奖，“富贵天香”获银奖。隽永天香的“茉莉花茶”“坦洋工夫红茶”被省人民政府授予“福建名牌产品”称号。新坦洋、南方佳木、同泰春等3家茶企业基地获评宁德市首届“十佳茶产业与文化旅游基地”。福安市委、市政府表彰2011年度缴税百万元以上的茶6家企业：隽永天香、城湖、茗春馨香、坦洋工夫集团、新坦洋、大地。林洋、双星、胜春、建茶、正泰春、隽永天香等茶企业参加北京国际茶业展。

2013年，在巴拿马农工商协会主办的“巴拿马第31届国际贸易博览会”上，新坦洋的坦洋工夫茶品获金奖。在中国茶叶流通协会组织的第八届全国茉莉花茶交易会茉莉花茶质量评比中，茗春馨香的“茉莉花王”获金奖。隽永天香的“锦绣天香”、城湖的“金闽红”茶、茗春馨香的“坦洋工夫”“绿馨坦洋茉莉红花”被省农业厅评为“2013 年度省名茶”。城湖的“东湖牌坦洋工夫红茶”被省人民政府授予“福建名牌产品”。茗春馨香的“白毛猴”被省农业厅评为年度优质茶。

2014 年，城湖的“东湖牌坦洋工夫”、科茗的“金玫瑰”岩茶分别获第三届“国饮杯”全国名优茶评比一等奖。隽永天香的坦洋工夫红茶在中国国际茶文化研究会等主办的“2014 中国茶叶博览会”（杭州）上，被评为优秀品牌；公司被省科技厅授予“福建省高香型坦洋工夫红茶企业工程技术研究中心”。林鸿茂的“野谷红茶”获两岸茶叶评鉴会金奖。新坦洋、南方佳木、同泰春等 3 家茶企业基地获评宁德市首届“十佳茶产业与文化旅游基地”。新坦洋产品获宁德市政府质量奖。

2015 年，坦洋工夫集团、新坦洋、平月、城湖、天荣、兴旺、千氏茗、同泰春、林芝、金福龙等茶企业被授予“福建省参与 2015 意大利米兰世博会品牌企业”称号。在第十二届“闽茶杯”福建省名优茶评比中，科茗的“紫观音”乌龙茶获金奖。隽永天香的“茉莉花茶”“坦洋工夫红茶”被省人民政府授予“福建名牌产品”称号，“坦洋工夫红茶”获农业部优质农产品开发服务中心颁发的“优秀品牌”证书。

2016 年，在第四届“国饮杯”全国名优茶评比中，科茗的“春桃香”红茶获特等奖。隽永天香和新坦洋被省发改委确定为福建省重点上市后备企业。城湖、隽永天香、满园春、世纪源、新坦洋、艾绿等 6 家茶企获自营出口权。新坦洋被省科技厅授予“省红茶企业工程技术研究中心”，入选省科技厅等授予的“福建省科技小巨人领军企业”。隽永天香的“茉莉花茶”获农业部优质农产品开发奖。

2017 年，在第五届中国茶博览会全国斗茶赛上，一泡红（福建）茶业的“七知八味牌一泡红 2 号”获红茶类茶王奖。在第十二届“中茶杯”全国名优茶评比中，科茗的“坦洋红 1915”红茶获一等奖。全市有 7 家茶企拥有自营出口权，1 家茶企获“国际可持续农场认证——雨林认证”认证、4 家茶企获 ISO 认证。新坦洋被省人社厅认定为省级专家服务基地单位。隽永天香被科技厅评为“福建省科技小巨人领军企业”“福建省科技型企业”。

2018 年，在由世界茶联合会主办、丹麦茶文化协会承办的第十二届国际名茶评比中，隽永天香的“茉莉花茶王”获“佳茗大奖”。在香港知识产权交易中心，李茂茶业的“穆阳茶人”商标正式上市开盘交易，成为福建省第二家、宁德市第一家商标资产上市的企业。在浙江杭州的第二届中国国际茶叶博览会上，新坦洋的“桂花茶”和隽永天香的“坦洋工夫红茶（墨玉天香）”分别获金奖。在第五届“国饮杯”全国名优茶评比中，科茗的“紫观音”红茶获特等奖。在第十五届“闽茶杯”福建省名优茶评比中，科茗的“紫观音”乌龙茶获金奖，“金玫瑰”红茶获一等奖。科茗农业被省科技厅评为“福建省科技型中小企业”。隽永天香被省经信委评为“福建省专精特新中小企业”。新坦洋被农业部和国家旅游局评为“全国休闲农业与乡村旅游五星级示范企业（园区）”，被国家标委会列为“国家级服务业标准化试点”，获省政府“福建省标准化贡献奖三等奖”。

2019 年，在中国茶叶学会的全国茶叶品质评价中，科茗的“春桃香”红茶被评为四星级。在“2019 世界红茶产品质量推选活动大会”上，仙阁梁、新坦洋获大金奖，茗科、天一阁、同泰春、福特、福龙获金奖，9 家茶企获银奖。在中国安徽名优农产品暨农业产业化交易会组委会主办的第十一届农业产业化交易会上，新坦洋的“桂香茶”获金奖。隽永天香、兴旺、新坦洋、林芝友缘、七月七、金福龙、仙阁梁、林鸿茂、凤鼎翔等茶企业被评为“2018—2019 年福安市十佳信誉品牌茶叶企业”。隽永天香的“高香型坦洋工夫红茶”被省工信厅认定为“2018 年福建省工业和信息化重点新产品”。隽永天香、新坦洋、兴旺、林芝友缘、春润农业、艾绿、凤鼎翔、林鸿茂、仙阁梁、金福龙、金红茶等茶企业被评为“福安市 2019 年度十佳信誉茶叶企业”。隽永天香获评“福安市 2018—2019 年度传统产业领军企业”“福安市2019年度农业纳税标兵”。新坦洋被省工信厅、文旅厅列为“第一批福建省工业旅游示范基地培育名单”。全市有164家茶企开展质量追溯体系建设；隽永天香、坦洋茶场被认定为2019年优质农产品标准化示范基地，隽永天香同时为国际标准农产品示范基地。全市有省级重点龙头茶企业14家。

2020年，在福建省茶产业技术创新联盟等主办的福建省首届“老百姓喝得起的好茶”品牌推荐活动中，隽永天香的“闽科红”获评最佳品牌。在中国茶叶博物馆等主办的“中茶杯”第十届鼎承茶王赛上，姥谷树的“坦洋工夫老枞金牡丹”获红茶组金奖。隽永天香、兴旺、金福龙、仙阁梁、艾绿、新坦洋、林芝友缘、凤鼎翔、林鸿茂等茶业公司被评为“福安市2020年度十佳信誉茶叶企业”。新坦洋被国家人社部、全国博士后管委会定为“博士后科研工作站”。全市有28家茶叶企业的40个产品分别获得无公害、绿色食品、有机茶认证。

2021年，在中国茶叶流通协会组织的“华茗杯”全国绿茶、红茶产品质量推选活动中，隽永天香的“坦洋工夫福安红茶”获金奖，“锦秀天香”获特金奖；新坦洋的“坦洋老枞”获特别金奖。在中国茶叶流通协会组织的“黄山杯”首届全国传统茗茶评选中，新坦洋的“坦洋新枞”获特别金奖。在“中茶杯”第十一届鼎承茶王赛上，姥谷树的“高山骏眉”获红茶组特别金奖。在第十四届“中茶杯”茶叶品质评价中，隽永天香的“坦洋工夫福安红茶”获评四星名茶品质标准。在第十三届国际名茶评比中，隽永天香的“坦洋工夫福安红茶”获金奖，“茉莉银毫福安红”获银奖。在福建省委宣传部等组织的“海丝国际杯”2021年第二届茶王赛上，新坦洋的“坦洋新枞”获优胜奖。在宁德市首届红茶赛上，天一阁茶业的“十里飘香”获创新型工艺红茶“茶王”，新坦洋的“坦洋新枞”、隽永天香的“坦洋工夫福安红茶”分别获“全国传统名茶产品质量推选”特别金奖、金奖。新坦洋被省茶产业标委会评为“福建省茶产业标准化先进单位”，被省林业局、卫健委等评为“福建省森林康养基地”。全市有省级重点龙头茶企业15家。

2022年，在中国茶叶流通协会主办的第二届世界红茶产品质量推选活动中，隽永天香的“金闽红”获大金奖，“闽科红”获金奖；新坦洋的“坦洋老枞（大师作）”获大金奖，“坦洋老枞”“坦洋新枞”获金奖；姥谷树的“老枞金牡丹”获大金奖；云山谷的“姥谷树·白云野枞”“姥谷树·云谷秋香”获金奖。在中国农业科学院质标所举办的北京第七届亚太茶茗大奖红茶上，怀盛农业的“秀水兰馨”获红茶金奖。新坦洋被宁德市科技局评为新型研发机构。在第二届宁德市红茶大赛上，卓月天的传统型红茶“初心”获金奖。卓月天被宁德市市场监督与管理局评为“2020-2021年度宁德市守合同重信用企业”。全市有297家涉茶企业入驻可追溯系统，130家企业获SC（食品生产许可证）以上认证。有国家级茶业专业示范合作社2家、省级9家、宁德市级8家。

2023年，在第十四届国际名茶评比中，隽永天香的“坦洋工夫福安红”和“茉莉花茶”分别获金奖。在第八届亚太11国和地区茶茗评比中，林鸿茂的“白莲山荒野红茶”获特别金奖。在中国茶叶流通协会组织的“华茗杯”绿茶、红茶产品对标活动中，卓月天获特级产品证书。在省供销社等组织的第三届“福茶杯”茶叶大赛上，新坦洋的“坦洋新枞”获银奖。在中国（成都）国际茶博会组织的“第二届成都·中国工夫红茶斗茶大赛”上，甲峰山和姥谷树的红茶分别获金、银奖。新坦洋被省政府授予“省标准化贡献奖三等奖”，被中国茶叶流通协会评为“2023年度数字化发展茶企”，被省茶叶流通协会授予“坦洋工夫品牌建设示范单位”，被省市场监督管理局、省工商联授予“省标准创新型民营企业试点项目”，再次入选省科技厅等授予的“福建省科技小巨人领军企业”，被评为福安市年度科技创新企业。林鸿茂被评为福安市年度最佳诚信企业。全市有大小茶叶加工企业738家，茶叶个体工商户2048户，其中规模以上企业29家；有14家茶叶企业的120个产品分别获得无公害、绿色食品、有机茶认证。全市有省级重点龙头茶企业18家。

2007—2023年，全市有8家民营企业共46次入选“全国百强茶企业”。名单如下（排列不分先后）：

满园春 7 次，城湖 6 次，隽永天香 9 次，坦洋工夫集团 3 次，南方佳木 4 次，平月茶业 2 次，天荣茶业 2 次，新坦洋 13 次。

2016—2023 年，共有 25 家茶业公司被福安市人民政府评为“福安市农业纳税大户”，其中民营茶企业 24 家，名单如下。

2016—2023 年获评“福安市农业纳税大户”的民营茶企业名表

年度	获评“福安市农业纳税大户”的茶企业	计
2016	满园春、隽永天香、同泰春、大地、茗春馨香、兴旺	6
2017	隽永天香、天荣、同泰春、大地、兴旺、茗春馨香	6
2018	隽永天香、一园春、天荣、兴旺、同泰春、茗春馨香、大地春、有心人、东顶、天一阁、荣记	11
2019	隽永天香（纳税标兵）、一园春、宝丰源、兴旺、天一阁、茗春馨香	6
2020	隽永天香、大地春、茗春馨香、一园春、其祥、兴旺、京福	7
2021	隽永天香、润源、千禾农业、茗春馨香、兴旺、京福、大地春、山木在丘	8
2022	茗盟、隽永天香、润源、茗春馨香、一园春、兴旺、闽宏、京福	8
2023	茗春馨香、隽永天香、兴旺、和畅、大地春、京福	6

2002 年福安市部分民营茶企业名表

企业名称	法定代表人或经营人	注册地址
福安市中闽土畜产茶叶有限公司	黄旭明	福安市城关
福安市城湖茶叶有限公司	周　荣	福安市湖塘坂村
福安市福特茶叶有限公司	肖　茂	福安市社口镇社口下洋
福安市闽红茶业有限公司	吴世藩	福安市社口镇（坦洋茶场）
福安市天香茶叶有限公司	龚达元	福安市新华南路
福安市满园春茶叶有限公司	赵师增	福安市甘棠镇茶都路
福安市久津源茶业有限公司	魏德廉	福安市穆阳镇
福安市茗春馨香茶叶有限公司	陈郑重	福安市坂中乡
福安市祥兴商贸有限公司	吴月清	
福安市福泉茶叶有限公司	林森全	福安市阳头银沙岗
福安市福棠茶叶有限公司	李长清	福安市潭头镇棠溪村
福安市万祥茶叶有限公司	杨柳明	福安市赛岐
福安市甘棠北门茶厂	刘富生	福安市甘棠镇北门
福安市大不同商业有限公司康厝茶厂	苏锦平	福安市康厝乡康厝
福安市城湖茶叶精制厂	黄旭明	福安市湖塘坂村
福安市王家茶场福乐茶厂	李　悦	福安市松罗乡松罗工区
福安市坦洋茶场茶厂	吴世藩	福安市社口镇四甫村
福安市富春茶厂	林荣星	福安市坂中乡坑下村
福安市秀峰茶厂	林仁贵	福安市社口镇秀峰村
福安市福特茶厂	肖　茂	福安市社口镇社口村
福安市社口恒兴茶厂	林义中	福安市社口镇社口村
福安市一品茗茶厂	陆奶遇	福安市阳头工贸开发区花园路
福安市工夫茶厂	薛立群	福安市城北溪边

续表

企业名称	法定代表人或经营人	注册地址
福安市新叶茶厂	林新志	福安市穆阳桂林城北路
福安市北门华兴茶厂	林绍清	福安市甘棠镇环城南路
福建省福安市久津源茶业有限公司	魏德康	福安市城关
福安市康厝茶场茶叶加工厂	郑宝铃	福安市康厝乡康厝茶场
福安市棠溪南方茶厂	陈惠华	福安市津头乡棠溪村
福安市林芝茶厂	林芝华	福安市社口镇古洋村
福安市赛岐万寿茶厂	林石平	福安市赛岐镇赛岐
福安市锦桌头自立茶厂	蔡坚基	福安市锦桌头村
福安市桂林旺达茶厂	王成其	福安市穆阳桂林村
福安市京湖茶叶加工厂	黄慕德	福安市湖塘坂村
福安市闽福茶叶精制厂	周顺明	福安市城阳乡小溪边
福安市春蕾茶厂	刘应清	福安市穆阳镇石马街
福安市穆阳茶厂	黄裕胜	福安市穆阳镇苏堤黄坂路
福安市春伦茶厂	郑春树	福安市社口镇秀峰村下坂
福安市振华茶厂	缪叔亮	福安市穆阳百岁新村
福建省福安市社口茶叶精制厂	吴振华	福安市社口镇社口村
福安市甘棠镇茶叶精制厂	张益寿	福安市甘棠北门村
福建省福安市福兴茶厂	李树明	宁德市农校农场
福安市下逢茶叶加工厂	郭鼎铃	福安市穆阳下逢村
福建省福安市特种茶厂	陈　武	福安市城北上官埔
福安市富星茶叶精制厂	林成木	福安市坂中坑下村
福安市长富茶厂	施书光	福安市坂中乡长汀村
福建省福安市盛峰茶厂	林顺明	
福建省福安市富春茶厂	林荣星	福安市坂中乡坑下村
福安市富兴茶厂	陈长锐	福安市潭头镇棠溪村
福安市誉华茶厂	王奶珠	福安市穆阳镇桂林
福安市薰花茶厂	王寿平	福安市穆阳镇桂林
福安市祥华茶厂	吴树华	福安市城关洋边
福安市绿源茶厂	王桂聪	福安市坂中乡长汀村
福安市长福茶厂	林际钟	福安市社口镇湖头洋村
福安市城阳老区茶厂	陈贵春	福安市城关新华路
福安市祥龙茶厂	林智仔	
福安市兴旺茶厂	王桂松	福安市下白石镇八一路
福安市恒威茶厂	王明勇	
福安市茗香茶厂	林振发	
福安市云雾茶厂	吴　剑	
福安市永雷茶厂	潘友奇	福安市城关上东垅
福安阳阳上源利茶厂	苏毓希	

续表

企业名称	法定代表人或经营人	注册地址
福安市福崇茶厂	胡明崇	福安市社口镇社口村
福安市社口闽特茶厂	谢俊英	福安市社口镇社口上洋
福安市社口福隆茶厂	刘细容	福安市社口镇社口下洋
福安市陆羽茶厂	肖　茂	福安市社口镇社口村下洋
福安市晓阳茶叶精制厂	谢振清	福安市晓阳镇晓阳村
福安市社口福云茶叶精制厂	缪　金	福安市社口新兴路
福安市世纪香花茶厂	刘成贵	福安市赛岐镇前进街
福安市鑫达茶厂	林帮桂	福安市社口沙溪西下洋
福安市白云茶厂	郭瑞清	福安市潭头镇棠溪村
福安市天福茶厂	黄树奇	福安市城阳乡湖塘坂村
福安市莲城花茶厂	郑绍平	福安市甘棠镇后郑祠
福安市果杂茶厂	陈贵弟	福安市城关
福安市穆阳民族茶厂	王宝铃	福安市穆阳镇小溪
福安市工夫茶厂（立农茶叶有限公司）	薛立群	福安市城北溪边
福安市坦洋华光茶厂	吴旭章	福安市社口镇坦洋村
福建省京福茶厂	赵祥福	福安市城关新阳路
福安市穆云南门茶厂	王增清	福安市穆云乡桂林村下湖
福安市桂林旺达茶厂	王成其	福安市穆云乡桂林村桥头
福安市福云茶叶加工厂	叶高清	福安市穆阳镇桂林公路站
福安市神农茶保健品厂	陈遇春	福安市甘棠镇甘棠村
福安市社口茗仁茶厂	陈翠玉	福安市社口镇社口村
福安市社口宏隆茶厂	郭其姿	福安市社口镇社口村
福安市潭头东昆茶叶加工厂	林祖窄	福安市潭头镇东昆村
福安市潭头锦桌头锦禄茶叶加工厂	李锦禄	福安市潭头镇锦桌头村
福安市甘棠刘绍兴茶厂	刘绍兴	福安市甘棠镇
福安市康厝宏发茶厂	缪石发	福安市康厝乡康厝村
福安市康厝老区茶厂	王绍容	福安市康厝乡康厝村
福安市城阳占洋茶厂	凌平芳	福安市城阳乡占洋村
福安市穆阳茶厂	黄裕胜	福安市苏堤黄坂路
福安市穆阳镇新叶茶厂	林新志	福安市穆阳镇穆阳村
福安市社口恒兴茶厂	林立中	福安市社口镇社口村
福安市天富特种茶厂	沈奶生	福安市坂中湖口
福安市社口镇坦洋村茶厂		福安市社口镇坦洋村

（据2004年版《宁德（闽东）茶业志》）

2023年福安市部分民营茶企业名表

企业名称	经营人	注册地址	成立时间
福安市福特茶叶有限公司★	肖　茂	福安社口坦洋工夫工业园区1号	1987.3.23
福建万润达茶业集团股份有限公司	张锦华	福安阳头栖云东路150号A单元三层	1996.11.6
福安市富春茶叶有限公司	林成木	福安市坂中乡坑下村	1997.4.2
福建福安市城湖茶叶有限公司	黄惠琴	福安市城阳乡湖塘坂村29号	1998.10.27
福建隽永天香茶业有限公司★	龚　煦	福安市王基岭202号	1999.3.23
福建新坦洋集团股份有限公司★	张　帆	福安城阳占洋村101号天湖山庄	2000.6.14
福建省满园春茶业有限公司	赵师增	福安市甘棠镇茶都路56号	2001.3.20
福安市茗春馨香茶叶有限公司★	杨晶晶	福安市坂中满春街岗中1号	2002.4.29
福安市云雾茶厂	吴　剑	福安市社口镇上洋路107号	2002.7.25
福安市刘一元茶行	刘光平	福安城阳岩湖村金湖路1号1幢	2003.4.25
福安市穆阳中兴茶场	缪诺铃	福安市穆阳镇街头	2003.5.7
福建省天和堂茶叶有限公司	高缪英	福安市雁塔开发区6号	2003.12.4
福建省同泰春农业发展有限公司★	郭立景	福安市社口镇填头村1-3号	2004.3.25
平月茶业（福建）有限公司	兰水顺	福安市岩湖开发区湖景路6号	2004.8.10
福安市福泰隆茶厂★	施立钦	福安市社口镇坦洋村下街2-1号	2004.11.5
福建省兴旺茶业有限公司★	王桂松	福安市富春大道168号	2005.3.25
福建省恒威茶业股份有限公司	王明勇	福安市穆云乡桂林商贸街	2005.4.1
福建省天荣茶业有限公司	沈丞荣	福安市松罗乡洋西村桥头街1-2号	2006.3.6
福安市世纪源茶业有限公司	林文忠	福安市社口镇新村15号	2006.4.20
福安市葆青茶叶有限公司★	黄宝清	福安市潭头镇下洋村外洋123号	2006.8.18
福安市皇家茶业有限公司	林宪腾	福安市松罗乡王家茶场内	2006.9.25
福安市艾绿茶业有限公司★	黄荣章	福安下白石英平村英平路78-1号	2007.4.6
福安市中御和茶业有限公司	薛赛莲	福安市街尾中南大厦三楼	2007.4.12
福建林芝友缘茶业有限公司★	林芝华	福安市社口镇吉洋村迎界洋9号	2007.6.19
福安市天宏茶叶有限公司	胡祖荣	福安市康厝乡邮亭村东阳路68号	2007.9.5
福建坦洋工夫集团股份有限公司	刘向辉	福安市甘棠镇南塘村船舶学院	2007.11.28
福建省大地茶业有限公司	林志雄	福安市六岔路J11栋	2008.2.27
福安市泰康茶业有限公司	陈泽木	福安市赛岐镇泰康村上牛池	2008.6.13
春润（福建）农业发展有限公司	阮润春	福安市范坑乡八斗村89号	2008.8.1
福安市白云山茶业有限公司	郑国声	福安城阳岩湖金湖路1号1幢	2008.10.14
福安市富茗茶业有限公司	陈　锦	福安岩湖南闽字第1593-J36-01号	2008.10.27
福建省千氏茗茶业有限公司	赵祥福	福安市六岔路	2009.1.19
福安市春伦茶业有限公司	郑成文	福安市甘棠镇西大路46号101D	2009.2.16
福安市晓春茶叶专业合作社	黄暮德	福安市城阳镇湖塘坂中路5号	2009.2.26
福建省茗绿农业发展有限公司	林勇铭	福安市潭头镇柯洋村洋中16号	2009.4.3
福安市仙阁梁茶业专业合作社★	刘明康	福安市城阳镇洋面村委楼	2009.4.14
福安市新高茶叶专业合作社	李增金	福安市潭头镇潭头村坑原25号	2009.4.30
福安市东方红茶业有限公司	李　立	福安市阳头街道工业路145号	2009.6.25

续表

企业名称	经营人	注册地址	成立时间
福安市坦洋怡品香茶业有限公司	李　钦	福安市社口镇坦洋村下街 2 号	2009.6.29
福建省同泰春茶业有限公司	郭立梅	福安市瑞景名仕城 1 幢 2 层 102 号	2009.9.10
福安市尚品园茶业有限公司	李培进	福安市城南官村西路 10-36 号	2009.9.10
福建省林鸿茂茶业有限公司★	吴文玉	福安湾坞白莲村大洋中钱库 1 号	2009.9.21
福安市春旺农业发展有限公司★	邱木旺	福安市城阳乡洋面大营 23 号	2009.9.25
福建老傅坦洋茶业股份有限公司★	傅佛华	福安市社口镇坦洋村下街 18 号	2009.11.17
福安市白云山源生态茶业有限公司	陈　健	福安市城南金山南路 5 巷 15 号 -3	2009.12.29
福建省彤云农业科技有限公司	薛彤云	福安市城阳镇小溪边 226 号	2010.1.8
福安市真武红茶业有限公司	胡　坤	福安市社口镇坦洋村委大门左侧	2010.3.29
福建三月三茶业有限公司	郭菊兰	福安城阳岩湖金湖路 1 号 9 幢 D116	2010.4.22
福安市七月七茶业种植专业合作社★	兰光华	福安市社口镇大坪村塔仔	2010.5.26
福安市旺香茶业有限公司	林少华	福安市阳头街道祥和里 54 号	2010.5.31
福安市溪福红茶业有限公司★	郑锦清	福安城阳岩湖金湖路安置地四排 1 号	2010.6.21
新世基坦洋（福建）茶业集团有限公司	新　颖	福安市社口镇坦洋村	2010.6.28
福建林洋茶业有限公司	林瑞富	福安市穆阳镇苏堤村下碓 61 号	2010.7.19
福建省天华源茶业有限公司★	黄忠斌	福安市城阳镇雁塔村雁桥路 5-1 号	2010.9.1
建茶（福建）茶业股份有限公司	刘文光	福安市世纪大道 302 号 8 层	2010.9.10
福安市天一阁茶业有限公司★	章伏光	福安市社口镇林柄村 188 号	2010.11.11
福安市金福龙茶业有限公司★	温裕乾	福安市晓阳镇龙洋村龙上街 16 号	2010.11.16
福安市新南方佳木休闲农业有限公司	缪尘侠	福安市晓阳首洋村长垅山	2010.12.22
福安市联信茶叶专业合作社	连　秋	福安市坂中满春街 7 号	2010.12.24
福建宝丰源茶业有限公司★	林勇生	福安市城阳镇东口村 10-2 号 1F	2010.12.28
福安市白云山庄园生态农业有限公司★	缪未雨	福安市晓阳镇首洋下村 59-1 号	2010.12.31
御道茶业（福建）股份有限公司	李　民	福安市城北新华中路 30、31 号	2011.1.17
一泡红（福建）茶业有限公司	夏陈玉	福安市城北新华中路 129 号 5 幢	2011.5.9
福安市茗亿香茶业有限公司	刘春堂	福安市社口镇新村 36 号	2011.6.1
福建凤鼎翔茶业股份有限公司★	缪青云	福安市社口镇龟龄村 21-6 号	2011.7.8
福建省东顶茶业有限公司	李铃光	福安市社口镇岩下村 1 号	2011.9.8
福建省福安市廉岭香茶业有限公司	陈文寿	福安市溪潭镇岭头村街头岭 1 号	2011.9.23
福建御香红茶业有限公司★	李清春	福安城阳岩湖村金湖路 1 号 1 幢	2011.12.12
福安市品福茶业有限公司	郑培明	福安市坂中乡留安上路 9 号	2011.12.23
胡福四坦洋（福安）茶业有限公司	新　颖	福安市社口镇坦洋村	2012.1.18
福建有心人茶业股份有限公司	施鸿鸿	福安市城北京都花园别墅 B 座 9 号	2012.4.17
福安市中茗天富农业有限公司★	陈培荣	福安市新华北路 52 号	2012.5.14
福安市秀林茶业有限公司	龚惠芬	福安市城北京都花园别墅 C-15 号	2012.6.8
福安市闽茗香茶业有限公司★	陈锦树	福安市六岔路村 J25 楼 1 层 1 房	2012.6.20
福安市亿园春茶业有限公司	雷振金	福安城阳岩湖金湖路安置地 16 排 6 号	2012.7.3
福安市和畅茶业有限公司★	苏友弟	福安城阳岩湖金湖路 1 号 9 幢	2012.7.12

续表

企业名称	经营人	注册地址	成立时间
福建普福茶业有限公司	林增成	福安社口填头村竹工坂自然村坡头	2012. 8. 11
福安市中品茶业有限公司	陈石连	福安市富春路 206 号	2012. 9. 5
福安市鸣春农业发展有限公司	王用明	福安市上东垅 98-1	2012. 10. 12
福安市轩润坦洋茶业有限公司	李　荣	福安市社口镇坦洋村上街	2012. 11. 9
福建省仙特农业发展有限公司★	李江宏	福安上白石前洋村前洋路 231-2 号	2013. 3. 11
福安市如现茶庄	肖少斌	福安市富春路 201 号	2013. 3. 12
福建省山木在丘茶业有限公司★	施鸿鸿	福安市南湖金山大厦 7 楼 712 号	2013. 4. 1
金红茶（福建）茶业股份有限公司★	李彦晨	福安市城北街道富春路 233 号	2013. 4. 9
福安市科茗农业发展有限公司	郑国华	福安市坂中乡铜岩村 55 号	2013. 6. 20
福安市九华农业发展有限公司	王菊英	福安高坂茶场仙岭工区外洋岭新厂区	2013. 7. 1
福安市仙林芬芳茶业有限公司	林　芳	福安市城阳镇岩湖村金湖路 7 号 1 幢	2013. 9. 22
福建省元碧丰茶业有限公司★	陈　亮	福安市范坑乡范坑村凤山南路 35 号	2013. 10. 8
福安市西部兴达种养专业合作社	黄冬木	福安穆阳镇苏堤村苏堤头路 168 号	2013. 12. 9
福建省茗旗茶业有限公司	刘小春	福安市城阳镇洋面牛老子村 33 号	2013. 12. 13
福安市红韵茶业有限公司	陈铃清	福安市城阳镇东口村 70 号	2014. 1. 9
福安市杨氏农业发展有限公司	杨书勤	福安市溪尾镇上村 1 号	2014. 3. 27
福建省雁春红茶业有限公司★	陈元生	福安市城阳镇雁塔村中心路 36 号 1C	2014. 7. 7
福安市润勤农业有限公司	李润平	福安市罗江三江 15 路 45 号	2014. 7. 8
宁德市香山韵茶业有限公司	王鸿猷	福安市城北街道富春路 228 号	2014. 11. 26
福安市锦绣江山茶业有限公司★	刘爱丽	福安市阳头街道阳泉景林路 3 号	2014. 12. 19
福安市坦洋领头洋种植专业合作社★	李岩忠	福安市社口镇坦洋村下街 35-2 号	2014. 12. 24
福建省中福农科农业有限公司★	刘忠雄	福安市社口镇湖头洋 1 号	2014. 12. 26
福安市东正生态农业发展有限公司	游仁瑞	福安市溪柄镇林场坑头村 1 号	2015. 1. 26
福安市白云山缪仙峰茶叶研究所	缪文龙	福安市甘棠镇海峡大茶都 9#111L	2015. 3. 23
福安市茗露农业发展有限公司★	池华荣	福安城南南郊社区南山路 89 号	2015. 5. 22
福建元生泰茶业有限公司	阮丽珍	福安市城北街道棠兴路 421 号	2015. 6. 9
福安市立增兴泰茶厂	肖立增	福安市社口镇坦洋村上街 98 号	2015. 6. 1
福建卓月天茶业有限公司★	陈　艳	福安市溪柄镇山下村田头岗 23 号	2015. 6. 26
福安市坦洋晶品红茶叶经营部	胡友希	福安市社口镇坦洋上街 85 号	2015. 7. 14
赫龙生态农业发展（福建）有限公司★	王宋文	福安市城北街道学院路 671 号	2015. 7. 27
福安市洪旭茶厂★	林勇强	福安市上白石镇财洪村档头 1 号	2015. 8. 12
福建新合作桂香山茶业有限公司★	赵师泽	福安市甘棠镇茶都路 56 号	2015. 8. 28
福安市甘棠北门茶业有限公司★	刘祖兴	福安甘棠海峡大茶都 6 幢 105 号	2015. 10. 21
福建省红新茶业有限公司★	林建鸿	福安市社口镇枫湖路 35 号	2016. 4. 20
福安市上善茶业有限公司	范泽华	福安市松罗乡王加村茶场 18 号	2016. 4. 20
福安市裕隆春茶业有限公司★	余瑞华	福安市城北街道世纪大道 202 号	2016. 7. 19
福安市一杯春露茶业有限公司	王晓白	福安市阳头街道荣宏外滩 3 号楼	2016. 7. 21
福安市茗科生态农业发展有限公司	阮国城	福安市社口镇新兴路 2 号	2016. 12. 22

续表

企业名称	经营人	注册地址	成立时间
福建壹泡工夫茶业有限公司	刘景灿	福安市岩湖坂安置地5排5号二楼	2017.3.8
福安市绿色天马农业发展有限公司	杨伏增	福安市城北街道棠兴路棠旺街72号	2017.4.4
福建省盛茗雅苑茶叶有限公司	谢晓惠	福安市晓阳镇晓阳村朝阳街26号	2017.8.21
福安市同泰钰茶厂	胡善敬	福安市社口镇坦洋村下街33号	2017.12.20
福安市芹洋茶业有限公司	刘清华	福安市溪潭镇芹洋村河外巷48号	2018.3.13
福安市凯晟农业发展有限公司★	郭文光	福安市社口镇社口村上洋路86号	2018.5.2
福建省京福茶业有限公司★	赵凯凯	福安市上东垅工业区1号	2018.5.9
福建鼎贞茶业有限公司	李国灿	福安溪潭工业园区9号2栋2层	2018.7.9
甲峰山（福建）农业发展有限公司	袁新文	福安市潭头镇后洋村甲峰山1号	2018.7.16
福建省茗科茶业有限公司	林帮奇	福安市社口镇社口村茗科路7号	2018.8.2
福安市红旭茶业有限公司	王祖光	福安市社口镇沙溪新村56-1号	2019.2.19
福建三韵堂茶叶有限公司	凌少萱	福安市穆阳镇百岁街197-3号	2019.3.20
福建省誉品茶业有限公司	毛增光	福安市范坑乡咸洋村新村66-6号	2019.5.5
宁德市团月茶业有限公司★	陈荣荣	福安市上白石镇财洪村财洪路295号	2019.5.22
福安市乃茗茶业有限公司	毛乃平	福安市城北街道富春路208号	2019.5.31
宁德市半山嘉茗茶业有限公司	詹金美	福安5城阳岩湖金湖路23排9号	2019.6.28
福建润木堂茶庄园有限公司★	沈　琴	福安市松罗乡金山村67号	2019.7.26
福安市逸之香茶业有限公司	李建青	福安市城北街道学院路688号一层	2019.8.23
福安市历宏生态农业有限公司	兰伏忠	福安城阳岩湖村大溪边114号负一层	2019.9.29
福安市芯东茶行	余禄光	福安城阳岩湖村金湖路1幢D1101	2019.10.16
福建姥谷树茶业有限公司★	刘成茂	福安市穆云乡里楼村44-1号	2019.10.23
福建泓锐茶业有限公司	钟吉茂	福安市城阳镇洋面牛老子村33号	2020.1.17
福安市九榕传承茶叶加工坊	陈长锐	福安市潭头镇棠溪村新兴街69号	2020.1.8
福安市岩峰茶厂	王　伟	福安市潭头镇南岩村1-5号	2020.2.25
福建健农茶业有限公司	陈建生	福安市城阳镇岩湖村大溪边115号	2020.3.13
宁德茗盟茶业有限公司	郑　鹏	福安市溪潭镇仙石村190号	2020.3.20
福安市坦洋茶谷企业发展有限公司	王　萍	福安市富春大道16号东百御玺3幢	2020.4.2
福建树林坊茶业有限公司★	占思慧	福安市城阳镇雁塔村凤山路27-15号	2020.5.25
福安市雾云香茶业有限公司	张景云	福安市范坑乡徐家山村建福村3号	2020.7.31
福安市怀盛农业科技有限公司★	缪建新	福安市甘棠镇海峡大茶都9号111L	2020.8.17
宁德市朝盛茶业有限公司	陈乃光	福安城阳岩湖金湖路安置地22排9号	2020.9.3
宁德市千心叶茶业有限公司	林　斌	福安市湾坞镇梅洋村60号	2020.9.4
宁德市炎合茶业有限公司	林秀香	福安市城北街道富春路208号102D	2021.2.19
福安市坦岩茶叶加工厂	林正锦	福安市社口镇坦洋村下街46号	2021.3.23
丰严华香茶叶进出口（福安）有限公司★	陈宏光	福安市社口镇坦洋下街36-1号	2021.4.26
福建悠秀茶业有限公司★	赵琳菲	福安城阳瓮窑村小溪边190号102D	2021.5.20
宁德市鼎参源茶业有限公司★	林道勤	福安市赛岐镇虹桥南路248号	2021.5.31
宁德市悦来轩茶业有限公司	施晓霖	福安市社口镇坦洋村下街60号-2层	2021.7.8

续表

企业名称	经营人	注册地址	成立时间
福安市六茗茶业有限公司	胡明耀	福安市社口镇坦洋村上街 122 号	2021. 8. 27
福安市觉水茶业有限公司★	王闽花	福安市穆云乡桂林村商贸街 148 号	2021. 9. 29
福建贝塔茶业有限公司★	陈丽玲	福安城阳岩湖金湖路 7 号 14 幢 102D	2021. 10. 15
福建景然茶业有限公司	王晓红	福安市城阳镇岩湖村大溪边 88-7 号	2021. 10. 26
宁德市三秋茶业有限公司	苏清丛	福安市社口镇岩坑村岩兜 2 号	2021. 10. 28
福建董聘号茶叶工艺研究有限公司★	孔宪雄	福安市溪潭镇工业园区 5 号	2022. 5. 18
福建省福榕溪茶业有限公司	陈　玉	福安市潭头镇鹅山村 66 号	2022. 8. 31
福安市岭路人茶业有限公司★	汤丽芳	福安市赛岐镇泰坤村外泰康 1-1 号	2022. 9. 5
福建婷轩皓茶业有限公司★	凌雄锋	福安市范坑乡凤山街五巷 15 号	2022. 9. 26
福安市南颂茶业有限公司	刘锦鑫	福安市甘棠镇商贸街 90 号 101D	2022. 9. 29
福建与子偕行茶业有限公司★	汤凯斌	福安市城阳镇下梨坑 18-1 号 6 幢	2022. 11. 22
福建省裕香村茶业有限公司★	王禹华	福建省福安市穆云乡上村村 70-5 号	2023. 1. 9
福建元记九赓茶业有限公司★	杨培基	福建省福安市社口镇新村 168 号	2023. 2. 22
福安市卓越天茶叶专业合作社	池丽容	福安市松罗乡后溪村 64 号	2023. 3. 8
福建坦洋泰大来茶叶有限公司	胡少惠	福安市社口镇坦洋村上街 99 号	2023. 4. 14
裕亨盛茶业（福安）有限公司	詹皓涵	福安市城阳镇王湾村大成路 14 号	2023. 11. 9
福安市厚记茶庄	詹正强	福安市阳头广场南路信元花园 33 号	2023. 11. 24

说明：企业名称带★号的，为授权使用“坦洋工夫地理标志”的茶企业。

重点龙头企业

福建省级重点龙头企业

2001 年，福建省首次启动农业产业化省级重点龙头企业（简称“省龙头企业”）的认定工作。认定和运行监测管理工作按照省委、省政府的相关文件和“认定暂行办法”进行，遵循市场经济规律，引进竞争淘汰机制，实行动态管理。入选的龙头企业要求产品质量稳定，通过 SC（QS）、ISO 或其他质量体系认证，具备较强的科技开发、产品创新、市场开拓、辐射带动能力，在本地区同行业中能起到带动示范作用，在规模和经营指标上达到规定标准。早期省级龙头企业每两年认定一次。2002 年认定城湖。2007 年认定天香。2009 年认定天荣、平月、元利实业（海峡大茶都）。2011 年认定坦洋工夫集团。2012—2014 年度认定兴旺、茗春馨香。2017 年补充认定新坦洋。2019 年增补艾绿、红新。2021 年增补宝丰源、京福、大地春。2023 年增补福建农垦、林鸿茂、闽茗香。

2012 年起，评审认定工作每三年开展一轮。2019 年后，福安市根据省农业农村厅等 11 部门《福建省农业产业化省级重点龙头企业认定和运行监测管理办法》（闽农综〔2019〕115 号）及省市关于监测增补工作的有关精神，开展省级重点龙头企业监测和增补工作。2023 年，全市茶业有省级重点龙头企业 18 家。

2015—2023 年度福安茶业农业产业化福建省级龙头企业名单

年度	农业产业化福建省级龙头企业（茶业）名单	合计
2015—2017	隽永天香、满园春、万润达、茗春馨香、兴旺、恒威、大地、千氏茗、同泰春、金福龙、天荣、林芝、茗绿、春润、城湖、坦洋集团、新坦洋	17
2018—2020	隽永天香、万润达、茗春馨香、兴旺、大地、千氏茗、同泰春、金福龙、天荣、林芝友缘、茗绿、春润、新坦洋、艾绿、红新	15
2021—2023	隽永天香、万润达、茗春馨香、兴旺、同泰春、金福龙、天荣、林芝友缘、春润、新坦洋、艾绿、红新、京福、宝丰源、大地春、福建农垦、林鸿茂、闽茗香	18

宁德市级重点龙头企业

2005 年，宁德市政府工作报告提出“依托优势产业和特色农产品，扶持壮大一批竞争力强、带动力大的龙头企业。”天香茶叶公司获评宁德市农业产业化龙头企业。2011 年 6 月，宁德市开展农业产业化市级龙头企业的认定工作，评选出 2011—2013 年度龙头企业（宁政文〔2011〕230 号），其中福安涉茶企业有城湖、新味食品、隽永天香、新坦洋、坦洋工夫集团 5 家。2014 年后，根据上级精神对上年度市级农业产业化龙头企业的运行情况进行监测、增补，经县（市、区）人民政府及有关单位推荐、审核，媒体公示，由宁德市人民政府重新确定、公布，每两年一次。福安茶业的农业产业化宁德市级龙头企业 2014—2016 年度有 20 家，2017—2019 年度有 17 家，2020—2022 年度有 26 家。

2014—2022 年度福安茶业农业产业化宁德市级龙头企业名单

年度	农业产业化宁德市级龙头企业（茶业）名单	合计
2014—2016	凤鼎翔、甘棠北门、一泡红（福建）、御香红、中茗天富、樟峰、磻溪宏旺、祥云山、泰康、艾绿、丰荣、林鸿茂、天一阁、金红茶（福建）、满洋春、世纪源、云雾康、白云山、闽茗香、廉岭香	20
2017—2019	农垦集团、古道野枞、锦绣江山、凤鼎翔、甘棠北门、一泡红（福建）、御香红、中茗天富、金红茶（福建）、闽茗香、东顶、廉岭香、艾绿、天一阁、林鸿茂、丰荣、宏隆	17
2020—2022	农垦集团、古道野枞、锦绣江山、凤鼎翔、甘棠北门、一泡红（福建）、御香红、樟峰、元碧丰、中茗天富、神农铭、祥云山、金红茶（福建）、闽茗香、廉岭香、白云山、天一阁、世纪源、林鸿茂、宏隆、云雾康、茗旗、大地春、凯晟、森晖	26

福建农垦茶业有限公司

福建农垦茶业有限公司成立于 1997 年 4 月，原名福安市农垦茶业有限公司，是在国有福安市坦洋、高坂、王家 3 个茶场基础上改制重组的省级农牧业龙头企业；2018 年 12 月“福安市农垦集团有限公司”组建后，福安市农垦茶业有限公司从市茶业管理局划出，成为集团公司下属的子公司，改为今名；是农业部专业化农业产业公司改革试点单位、中国农垦茶产业联盟副理事长单位、全国农场联盟常务理事单位、全国星级农业推广机构、2021—2025 年第一批中国农村专业技术协会科普教育基地、福建省茶叶标准化示范区、福建省茶产业重大农技推广服务试点单位、福安市茶叶“五新”（新品种、新技术、新农药、新肥料、新机具）技术推广示范单位。

公司经营范围包括茶叶（绿茶、红茶、乌龙茶）加工、茶树种植等；1999—2003 年，公司先后获“中国国际博览交易会”“中国茶文化国际研讨会暨展示会”“中国（福建）国际茶·茶具·茶文化博览会”等金、银奖；2000 年研制的“金针王”“坦洋炒红”获中国国际研讨会评比金奖，在国际星级茶王赛上获“五星级茶王”称号，“坦洋金针”在第二届中国“太姥杯”茶王大奖赛上获金奖；产品行销国内北京、山东、山西、上海、广州等大中城市，外销欧美、日本等国家和香港地区，深受广大消费者的青睐；2002年公司与福安市城湖茶叶有限公司组建成立“福安市中闽进出口贸易有限公司”，经国家外经贸部批准，拥有自营和代理各类商品和技术的进出口权。

公司现有固定资产3000多万元，具备专业技术人员10人，其中制茶高级工程师1人、制茶工程师1人、农艺师1人、硕士1人、“全国技术能手”1人、“福建省技术能手”1人、国家一级评茶师2人、国家二级评茶员2人；曾连续八年被评为福建省农业产业化、农牧业产业化龙头企业；现代茶叶基地建设初具模型，现有茶园面积6150亩，其中出口备案1200亩，绿色食品原料基地2000亩；是全国绿色食品原料（茶叶）标准化生产基地、福安市新优茶树品种推广示范基地，建立农业部农垦农产品质量追溯体系；坦洋工夫红茶系列产品多次在重要茶事活动中获奖，2018年与福安籍乒乓球世界冠军陈新华联手打造“冠军红”新品，展示福安农垦品牌；2020年“富春”商标入选《中国农垦品牌目录（第二批）》，“坦洋红1915”被评为第十八届中国国际农交会最受欢迎农产品；2021年福安红·坦洋工夫、富春绿·绿茶、东方美人·乌龙茶被认定为绿色食品A级产品，“福安红”被评为第四届中国国际茶博会推荐产品；公司的销售网络主要分布于北京、深圳、上海、福州、宁德、福安等地；2021年茶叶销售量876吨（其中红茶510吨，绿茶300吨，白茶2吨，青茶64吨），门店销售额2300万元，电商销售额500万元。

福建农垦茶业有限公司与中国农科院茶叶研究所、福建农林大学、福建省农科院茶叶研究所、福建省茶叶学会等合作共建产学研协作创新基地，入驻福建省6·18协同创新院茶产业分院，入选中茶所全国茶叶全产业链大数据平台信息采集点，设立中国农技协科技小院、福建省科协科技小院、福建省老科学技术工作者协会科技示范基地、国家非遗坦洋工夫茶制作技艺传习所、福安农垦爱故乡书院；在坦洋茶场设立茶叶实训标准化初精制厂、加工体验室、数字茶叶中控室、多媒体教室、理论教室、审评检验室，以及食宿设施，有力推进农技推广服务。

2018年台湾农民创业园项目引进东方美人与台茶加工工艺，培训茶农共80人次，茶农年累计增收10%以上；2019年绿色高质高效项目建立1000亩统防统治茶园示范区，每年每亩可节约防治费用50元，实现绿色防控；2019年实施优质农产品（茶叶）标准化示范基地项目，建立生态示范茶园300亩，辐射带动周边茶园3000亩；使用诱虫灯后虫害降低10%左右，使用黄色黏板，降低5%—10%，间作绿肥降低10%左右；使用地膜预计降低茶园除草成本1000元每亩；2019—2020年，坦洋工夫·闽科红实物标准样研制，增强坦洋工夫品牌识别度，辐射带动花果香型坦洋工夫生产加工，通过近几年的研发推广，促进全市茶产业增收1亿元以上；2020年实施福安市数字农业试点县（茶叶）项目建设，首期500亩已投入试运营，取得较好成效，辐射带动社口周边茶园10000多亩，服务1000多人次；成功亮相第三、第四届“数字中国”建设峰会，上榜“中国茶业2020年度十大事典”。

公司历任总经理：刘石宝，余成法、郑长辛、陈建华（现任）；副总经理：周荣，林成财，陈宝铃，吴世潘，刘华，全汉洲。

福建福安市城湖茶叶有限公司

福建福安市城湖茶叶有限公司成立于1998年10月，位于福安市城阳乡湖塘坂村29号，由创办于1985年福安市城湖茶叶加工厂改制而成；公司注册资本1086万元，主营绿茶、红茶、茉莉花茶等；公司从2001年到现在，被中国农业银行福建省分行评为“AAA级诚信企业”；从2002年起连续10多年被评为农业产业化“省级重点龙头企业”；2006—2013年被评为“中国茶业行业百强”企业；2008年成为福安市第一家获得出口卫生注册的农业企业；2010年起，连续4年被评为福安市农业纳税大户。

固定资产2300万元，设办茶叶初制厂、精制厂、广西横县窨花厂，有厂房4座，建筑面积2万平方米，制茶设备11套；公司以自有1700多亩无公害茶园为基地，辐射、带动周边乡村茶农致富。创立“东湖”品牌，年加工各类茶叶能力3000吨（其中坦洋工夫红茶300吨），产品远销美国、英国、法国、日本、非洲等地和我国台湾地区；所制“湖塘毛峰”“九曲”“针螺”“大白龙”“春芽”获“省优质茶”称号，2001年“岩针”“六杯香”“大白龙”获省名茶奖；“东湖”商标先后被认定宁德市知名商标和福建省著名商标，“东湖”牌各类花茶被评为福建省乡镇企业名牌产品；2011年通过有机茶转换认证，2012年获中国国际茶产业投资展览会组委会“最具投资潜力品牌”。先后有10项创新技术1项获国家发明专利、9项实用新型专利，2013年获评宁德市知识产权优势企业，2014年被评为“福建省科技型企业”。

福建隽永天香茶业有限公司

福建隽永天香茶业有限公司成立于1999年3月，初名福安市天香茶业有限公司（创办于1992年），注册资金2000万元。是集种植、生产、加工、研发、销售、出口及茶文化推广于一体的茶叶生产销售企业。公司总部设于福安市王基岭工业区202号，在溪柄镇工业区建有现代化厂房。生产设备采用不锈钢全自动全封闭智能清洁化流水线，其中除尘设备是全省首例，提高生产效率，确保产品质量；年产成品茶可达2000吨、年产值可达3亿元，带动2万亩茶叶基地的为1万多户茶农增收致富。此外，公司在广西横县还设有占地3000平方米的茉莉花茶窨花加工分厂。

公司拥有1000亩有机茶生产基地和7000亩无公害茶叶生产协作基地。有机茶基地位于福安市城阳镇茶洋村合掌岭，海拔600米；2003年至今连续经杭州中农质量认证中心认证，基地各项指标均符合国家有机茶标准，获得有机产品认证证书。公司建立统一的从种植源头到产品出口和销售全过程的质量全追溯管理体系，增强风险防控意识和能力，确保公司健康、高效运行。与福建农林大学合作实施生态茶园建设，与省茶叶科学研究所共同开展《食品安全检测与监控关键技术研究》，与省农科院土肥所开展《福建省红黄壤区退化旱地肥力提升技术研究与应用》项目，获得福建省科技进步奖等。2016年被列为福建省重点上市后备企业。获评国家农产品加工企业技术创新机构、全国乡镇企业创名牌重点企业、福建省农业产业化重点龙头企业、福建省名牌产品、中国茶叶行业百强企业、福建省企业工程技术研究中心、福建省科技型企业、福建省创新型企业、福建省科技小巨人领军企业、福建省专精特新企业，连续18年省守合同重信用单位、宁德市企业技术中心、宁德市知识产权优势企业、福安市创新型企业、福安市传统产业领军企业、最佳诚信企业，2003—2023年连续21年被评为福安市农业纳税大户。

产品有“隽永天香”牌“坦洋工夫”红茶、绿茶、白茶、有机茶、茉莉花茶、乌龙茶、精美工艺茶等40多个系列花色品种。产品先后获全国工业产品生产许可证和ISO9001、ISO14001、ISO22000、HACCP、有机产品、绿色食品等安全管理体系认证；产品受到国内外消费者认同，入选钓鱼台国宾馆展示。2018年在第十二届国际名茶评比中获“佳茗大奖”。16次在是中香港、日本、韩国等地举办的大型茶叶博览会获国际金奖，13次获国内省部级金奖项。营销网络分布全国多地，并在出口外销领域也取得较好成绩。目前有百多家直营店及加盟店，另在淘宝天猫商城开设旗舰店，并成为北京百年老字号吴裕泰茶业公司和正兴德茶叶公司的固定供货商。

福建新坦洋集团股份有限公司

福建新坦洋集团股份有限公司成立于2000年6月，位于福安市城阳镇占洋村101号天湖山庄，其前身是福建省天湖农业开发有限公司，注册资金5390万元。是一家集茶叶种植、生产研发、观光农业、标准化建设于一体的农业产业化省级重点龙头企业，是中国茶叶流通协会副会长单位、中国名茶专委会副主任委员单位、中国茶叶质量安全工作委员会副主任委员单位、福建省科技小巨人领军企业、中国茶产业十强连锁企业、中国红茶十大品牌。2014年，获宁德市政府年度质量奖；2015年“新坦洋”商标被认定为驰名商标；2023年品牌价值14.89亿，位列全国茶叶企业第三位。2010—2023年，连续13年列入中国茶叶行业百强企业。

公司以“名人·名茶·名店”模式发展红茶连锁专卖店，2013年引进“英国伴手茶”模式进行营销管理。2016年被列为福建省重点上市后备企业。2019年推出茶类实物标准茶城，建立茶产品管控机制。2022年建设福昇茶城全品类茶叶流通市场，吸引福安及周边县市涉茶企业入驻。

2013年和2016年，承担全国茶叶标准化技术委员会红茶工作组、全国电子业务标准化技术委员会茶叶电子商务工作组秘书处工作迄今。参与制（修）订近30项国家、行业及地方茶叶标准，主导研制国家标准实物样《坦洋工夫茶感官分级标准样品》（GSB16-3636-2019）；2次获评福建省标准贡献三等奖。公司研发中心被福建省科技厅认定为“省级（企业）工程技术研究中心”，拥有十多项自主知识产权，多次承担国家、省地市科技项目。2014年被国家发改委列为国家物联网重大应用示范工程试点单位；2015年被工信部办公厅列入两化融合管理体系贯标试点企业，与福建农林大共同研发的“花香型工夫红茶生产关键技术集成与示范项目”被列为2015年度国家星火计划项目；2017年与福建农林大合作，开发花果香工夫红茶的开发与示范项目；2019年与广东省农科院茶研所合作，开发高香型红茶新品种引进及产业化关键技术研究与示范项目；2019年研发的“坦洋老枞”通过专家评审；2020年入选博士后科研工作站；2021年获批为中国农技协、福建省科协福安红茶科技小院；2022年被认定为宁德市新型研发机构。2023年被中国茶叶流通协会评为“2023年度数字化发展茶企”，获评福安市科技创新企业。

公司拥有10000多亩生态茶园和2206亩套种桂花茶园已通过ISO9001、ISO14000、ISO22000、HACCP、GAP良好农业规范认证，产品通过绿色食品、有机产品认证。2010年获中国世界纪录协会颁发的“世界之最证书”。公司利用物联网技术，实现茶园智能化灌溉，茶叶实行二维码可追溯系统控制；与中国农业科学院茶叶研究所、福建农林大学等科研机构和高校、专家签订数十个科技项目，基地茶园列为“福建省农产品质量安全可追溯体系建设试点”。

产品于2009年在香港国际茶展上获评“我最喜爱的红茶”，此后又在第五届世界禅茶文化交流会、巴拿马第31届国际贸易博览会、上海世博会等国际、省际大型涉茶博览会、交易会等高端赛事上获金奖近20次。

福建省满园春茶业有限公司

福建省满园春茶业有限公司，成立于2001年3月，位于福安市甘棠镇茶都路56号，是一家集茶叶生产、初精制联合加工、茶庄经营和茶艺馆管理为一体的股份制民营企业；前身为创建于1992年的福安市满园春茶厂；创业初期，本着产销服务为一体的经营思路，立足福安，面向全国直销福建原产地的精品名茶，相继在北京、天津、上海、杭州、石家庄等城市设立连锁茶庄。

2005年公司在福安甘棠“中国海峡大茶都”茶叶加工区征地30亩，建立全封闭、花园式现代化标准厂房，引进国际先进的全自动红茶加工生产线生产“坦洋工夫”红茶；2006年在北京钓鱼台国宾馆别墅山庄设立“坦洋工夫名人会馆”，主要以名人、名茶及茶文化为一体，服务于大众、名家，成为展示福安特色茶文化的窗口和连接国内外友谊的桥梁；同年成立福建省满园春茶业有限公司，注册资金518万元，以挖掘、整理、发扬坦洋工夫茶的传统工艺为己任；下设北京、天津、上海三个分公司，在福安坦洋、甘棠，霞浦有直控良种有机无公害茶叶基地，拥有两条先进的名优绿茶全自动生产线；生产绿茶、红茶、花茶、紧压茶、乌龙茶、白茶、袋泡茶、代用茶；厂房占地面积达1200平方米；初精制加工机械40多套，总资产 3438.39 万元，年加工和销售各种坦洋工夫红茶、绿茶、花茶、工艺茶共计 2000 多吨，产品销售收入 8514.67 万元，利税 580 多万元。

公司经营规模逐年扩大，业务逐渐拓展，是北京老牌子张一元、吴裕泰茶庄等一批大型茶叶连锁企业的定点供货商，连续多年被评为“守合同重信用单位”和 AA+ 级信用企业，被宁德市政府列为宁德市农业产业化龙头企业；目前已在建设一条年产 2000 吨“坦洋工夫”红茶生产线；公司以资本、技术、市场等生产要素为纽带，采取“公司＋基地＋农户”“订单农业”等方式有效地带动农民发展生产、增加收入。

福安市茗春馨香茶叶有限公司

福安市茗春馨香茶叶有限公司成立于 2002 年，位于福安市坂中满春街岗中 1 号，其前身为福安市茗春茶厂（1996 年由乡镇茶站改制而成），是一家集茶叶生产、加工、销售为一体的民营企业。拥有建筑面积 8000 多平方米的现代标准厂房（福鼎）及福安茶叶初精制窨花厂、社口南山食品茶叶基地。实施农业创品牌战略，与农户建立稳定的协作关系，为农户提供配套服务，在社口镇南山建立绿色食品茶基地，带动周边等农户 3000 户以上。与穆云乡 5 个贫困村和 6 个产业薄弱村达成茶园基地战略合作精准扶贫助农，并结合茶庄园开展自主品牌建设，打造“以茶带旅，以旅促茶”示范区。

公司始终坚持以质取胜，走品牌发展的道路，高标准、严要求，规范生产，强化质量管理。2004 年 3 月通过绿色食品认证，2007 年 6 月通过食品质量安全 SC 认证。现有员工 60 人，拥有一批经验丰富、长期从事茶叶生产、加工、贸易的技术和管理人才；制度健全，设备完善，依法经营。可进行茉莉花茶、绿茶、乌龙茶的初制和精制生产，年加工能力 3000 多吨。

产品畅销北京、浙江、江苏等地，主销北京吴裕泰茶业配送中心、浙江励川食品科技、农夫山泉广西大明山饮料公司等，是中国国际航空公司的机上指定用品茶。公司是中华百年老字号“吴裕泰”茶叶公司的定点生产基地。产品数十次在国际、国内茶博会和高端赛会获茶王奖、金奖、银奖，连续三年获“茉莉茶王”称号。2002 年在福州西营里茶叶市场“凯捷杯”茶王拍卖会上，公司拳头产品“茉莉茶王”以 100 克 6.6 万元的价格被北京吴裕泰茶叶公司拍得，创造了茶叶拍卖纪录。2003 年公司商标“绿馨”在国家商标局注册，至今已经满 21 年。2013 年“茉莉花王”在第八届全国茉莉花茶交易会质量评比中获金奖；“坦洋工夫”被省农业厅评为年度省名茶，“白毛猴”被评为年度省优质茶。

公司连续多次被评为福安市农业纳税大户，连续九年被福安市农村信用联社评为“AA”信用企业。是福安市传统产业龙头企业、福安市茶业协会副会长单位。2021 年被省农业农村厅等 11 家单位联合审定为“福建省农业产业化省级重点龙头企业”。2023 年公司销售总额达 7119 万元，产品产销率达 100%，上缴税金 200 多万元。

平月茶业（福建）有限公司

平月茶业（福建）有限公司成立于 2004 年 8 月 10 日，注册地位于福安市岩湖开发区湖景路 6 号，前身系创建于 2001 年的福安市畅春香茶叶有限公司，是一家集茶叶出口与品牌茶叶连锁经营于一体的综合性茶业企业。拥有建筑面积 1600 平方米的标准生产厂房，有无公害茶叶基地 1000 亩；公司坚持“原产地、原风味、高品质”的制茶工艺，拥有“醉龙颜”“茗门瑰秀”“清溪飞凤”“三味茶屋”等品牌；2009—2010 年度被评为福建省农牧业产业化龙头企业；福建张天福茶叶发展基金会会员；第一批经福安市政府主管部门授权生产经销“坦洋工夫”红茶的 6 家厂家之一；公司旗下拥有平月茶业专卖店•商务茶馆等直营、加盟店面和大商场等专柜、茶馆 103 家，设有平月茶业连锁经营管理运营部•南方办事处（福州）、北方办事处（北京）。

公司为北京福建企业总商会第三届理事会副会长单位，长期积极宣传坦洋工夫茶非遗文化。成立北京“平月书画院”和“平乐坊”，邀请京剧名家王鹤文为常年艺术总监，经常性举办涉茶雅集活动和文化沙龙。2005 年和 2009 年分别出版《平月话茶》《坦洋工夫》。2010 年与中国人民大学农业与农村发展学院合作，传承坦洋工夫制作技艺；邀请著名声乐教育家金铁霖监制《坦洋茶歌》、国务院原参事陈廷佑谱写《平月茶歌》。2013 年出品《茶·寻味》坦洋工夫专题片在多国播出，在高铁车厢设移动坦洋工夫茶馆。2015 年在中国与东欧青年政治家论坛宣传坦洋工夫。2019 年，邀请原文化部副部长周和平考察福安，指导坦洋工夫非遗工作。2020 年起，与红旗出版社“书写三八”平台合作，传播坦洋工夫非遗文化。2008—2023 年，多次为来华的外国政要、驻华使节和其他外宾讲述坦洋工夫的历史文化，表演茶艺；收徒培训坦洋工夫制作、评审、冲泡技艺传承人 11 名。

产品先后获庆世博茶艺品金奖；所产坦洋工夫红茶被福建省农业厅评为 2009 年度优质茶；其中“茗门瑰秀”被福建省农业厅评为年度省名茶，“醉龙颜”“茗门瑰秀”分别获第三届“东方神韵杯”中华名茶红茶类金奖、铜奖，“茗门瑰秀”获吴裕泰杯春季名优茶鉴评活动省名优产品，“平月红茶”获福建省（吴裕泰杯）春季名优茶鉴评活动省优质茶产品，福建省名优茶鉴评活动获省名茶金、银奖。

2016 年有茶叶基地 500 亩，三家协作茶叶合作社茶叶原料基地 1600 多亩，可控茶园近 10600 亩，茶叶产量 600 多吨，产值 7399 万元。

福建省兴旺茶业有限公司

福建省兴旺茶业有限公司成立于 2005 年 3 月，注册地址福安市富春大道 168 号，注册资金 1118 万元，现有员工 116 人，是一家集茶叶种植、加工、销售、科研为一体的专业生产茶叶企业；是福建省农业产业化省级重点龙头企业，3A 信用企业、2012-2016 年度被评选为福建省级“守合同重信用企业”单位以及连续获得福安市农业纳税大户。

公司产品通过 ISO9001 质量体系认证、绿色食品认证、国际雨林联盟认证；兴旺产品获福建名牌产品称号，“福兴旺”商标被认定为“福建省著名商标”；兴旺公司产品连年取得福安市坦洋工夫斗茶赛金奖、省名茶、福建名优茶等一系列荣誉，连续蝉联福安市坦洋工夫斗茶赛名茶金奖。

公司拥有 3600 亩绿色生态茶叶基地和占地 30 亩的生产加工厂区，被福安市妇联命名为“福安市巾帼示范基地”；企业生产技术水准居茶业企业前列；先后投入 800 多万元进行茶叶生产线技术改造，从日本引进多台国际先进技术且茶企少有的服部式茶叶色选机以及微波提香机等机器设备。

公司拥有自己的产品研发中心，并与福建农林大学、省农科院、茶科所建立“产学研”基地以及农业产业科技创新合作平台，实现科企联姻，提高产品科技含量；同时，公司不断创新，推出新产品，努力提高茶叶品质，增强产品竞争优势，在推进福安茶产业发展中做出积极贡献。

公司在辽宁、吉林、山东、湖南、陕西、广西、广东、福建等省设立连锁加盟企业 87 家；2021 年兴旺茶业销售各类茶叶 730 吨，其中红茶 400 吨，绿茶 250 吨，其他茶叶 80 吨；全年实现销售收入 5560 万元，其中红茶销售额 3050 万元，绿茶销售额 1900 万元，其他茶类销售额 610 万元；2021 年上缴利税 150 万元；企业 1 家淘宝店实现销售收入 40 万元；自主门店销售额 110 万元。

福建省天荣茶业有限公司

福建省天荣茶业有限公司位于福安市松罗乡洋西村，创办于 2006 年 3 月，是一家集茶叶种植、加工、研发、销售于一体化的民营股份制企业；先后获评“中国茶叶行业百强企业”“中国茶业电子商务十强企业”“福建省农业产业化重点龙头企业”等，是2015米兰世博全球合作伙伴指定用茶入选企业，茶叶基地被中国优质农产品开发服务协会评为优质茶园；主要生产坦洋工夫红茶、工艺特种茶、茉莉花茶、绿茶等系列产品；抓好现代茶叶标准化建设，推广农业“五新”技术，以科研院校为技术依托，开展产、学、研相结合，不断引进和应用科技成果，成立“宁德市天荣茶叶技术研究开发中心”，开展农业科技成果的引进、开发和推广，进行企业技术改造，大胆创新，实施品牌战略，开发名、优、特品牌产品和坦洋工夫红茶“东顶云雾”品牌系列产品；先后获评“福建省著名商标”“优秀品牌”“福建名牌产品”“福建省名牌农产品”等，公司生产的坦洋工夫（红茶）入选全国名优特新农产品目录；在国内外茶事活动中，先后获澳大利亚名茶评优“金奖”、美国世界茶博会名茶评优“金奖”、米兰世博会名茶评优“金奖”，并多次获国内高端赛事金奖和名茶奖等。

公司以自有的绿色食品茶叶基地为核心示范片，辐射带动周边茶农及国家级农民专业示范社福安市双荣茶叶专业合作社等6大茶叶专业合作社，按“公司＋基地＋农户（合作社）”的联结模式，把公司与茶农（合作社）结成利益共同体。2022年销售茶叶115吨，其中红茶38吨、绿茶68吨、花茶7.2吨、销往国外的工艺茶1.9吨，价值2241万元。

福安市艾绿茶业有限公司

福安市艾绿茶业有限公司创建于2007年4月，位于福安市下白石镇英平村，是一家集研发、生产、销售为一体的茶叶公司；主营工艺茶、红茶、绿茶等；公司先后被福安市工商局评为“守合同重信用企业”，被福安市政府授予“诚信私营企业”荣誉；产品“白玉梅”“仙女散花”被评为“福建省优质茶”，“嬉香记”坦洋工夫红茶2011年获福建省名茶奖、福安市第六届斗茶赛金奖，“嬉香记坦洋工夫年份老茶”获第四届中国茶叶博览会金奖，“嬉香记抖香”获第十七届坦洋工夫斗茶赛“特等金奖”。

公司本着“用心做好茶”的理念，用心把握茶叶原料品质，用心精研茶叶制作工艺，用心做好科研开发；多年来，在世界地质公园白云山高山区建成自有茶园基地，科学管控，合理施肥、除害，茶叶天然、无污染，品质均达到欧盟、日本的农残控制标准；严格执行茶叶生产规范，建有现代化、规范化、标准化的厂房，占地面积8000平方米；先后开发二十多种的造型工艺茶，拥有9项专利；致力于新口味红茶的开发，不断尝试应用茶叶新品种、新工艺，投资新建坦洋工夫浓缩深加工生产线等，自主设计研发传统工艺和现代数字技术相结合生产“花蜜香坦洋工夫”，全自动流水线，预计可实现传统工艺的坦洋工夫也具有创新工艺坦洋工夫的“花香蜜韵”。

企业产品销往国内各省及美国、欧洲、日本、韩国等各国，受客户好评；公司以“嬉香记”为渠道品牌，面向国内通过直营店、加盟店、区域代理、电子商务平台等形式招商，旗下连锁茶庄融合中国古典戏曲文化和茶文化精髓，让顾客在泡茶、品茶中体会古典文化和茶文化的乐趣。

2021年艾绿茶业共销售各类茶叶270.9吨，其中红茶145吨，绿茶93吨，白茶32吨，其他茶类0.9吨；全年共实现销售收入5106万元，其中红茶实现销售额3027万元，绿茶1068万元，白茶990万元，其他茶类21万元；2021年上缴利税95万元；在淘宝，阿里国际、1688等有关电商平台实现销售收入200万元，在宁德、福州2地设有2家门店，2021年门店销售额23万元。

福建林芝友缘茶业有限公司

福建林芝友缘茶业有限公司成立于2007年6月（曾名福安市林芝茶业有限公司），坐落在福安市社口镇，是福建省农业产业化重点龙头企业，全国绿色食品示范企业，福建省名牌农产品企业，福建省农产品加工示范企业，福建省2011—2012年度消费者无投诉食品工业企业；2004年至今为福安市茶业协会副会长、秘书长单位，公司“友缘”商标获福建省著名商标。公司拥有生态茶园 5000 亩，中国绿色食品 A 级坦洋工夫红茶基地 1200 亩和一个标准化的茶叶加工厂房，已获食品生产许可证、绿色食品认证、出口食品生产企业备案、出口食品原料种植场备案等多项认证，产品销行海内外。是福建省茶科所示范基地、福建农林大学乡村振兴学院实践教育基地、宁德职业技术学院校外实训基地。公司曾获多项荣誉，其中坦洋工夫贡红获“十大名茶”称号，友缘牌坦洋工夫在中国绿色食品博览会上 6 次获得金奖，工艺茶获 7 项国家专利等。公司职工 110 多名，在全国各地开设多家连锁加盟店，形成集产、供、销一体化的专业茶叶企业；并带动茶农 3900 多户致富。

公司年综合产值超过亿元。2021 年共销售各类茶叶 191 吨，其中红茶 69 吨，绿茶 75 吨，白茶 21 吨，其他茶类 26 吨；实现销售收入 3239 万元，纳税 34 万元。公司在天猫、直播平台两大电商平台实现销售额 37 万元，门店销售额 1100 万元；在上海、福建两省共有店面渠道 12 家。

福建坦洋工夫集团股份有限公司

福建坦洋工夫集团股份有限公司成立于 2007 年 11 月 28 日，注册地在福安市甘棠镇茶都路 58 号。前身系福建省坦洋工夫茶业股份有限公司，2009 年组建福建坦洋工夫集团，是集茶叶种植、加工、销售、外贸、科研为一体的专业红茶生产企业。是福安市人民政府首家授权“坦洋工夫”品牌特许经营和唯一参与起草、制定“坦洋工夫”国家标准企业。获取通过 ISO9000、1400018000、22000 和 HACCP 等国际体系认证和有机转换产品、绿色食品认证。公司主打品牌“茗红”及其产品分别被认定为福建省著名商标、福建名牌产品。

公司成立“宁德市坦洋工夫茶叶科学研究所”，先后自主研制出以“茗红”为品牌的“英伦”“坦洋”“茗红”“世博”等四大系列产品；创制“花果香工夫红茶”，并获国家专利。公司产品先后获得中国鼎尖名茶、福建省名茶、第五、六、七届“闽茶杯”金奖茶王、中国十大红茶品牌奖、金芽奖和福建二十强茶企等殊荣。是中国 2010 年上海世博会指定茶饮服务供应商、2010 中国厦门国际马拉松赛唯一指定红茶和赛事赞助商、第四届海峡两岸茶业博览会暨武夷山茶节礼品茶。2009 年后多次入选“全国百强茶企”，2010 年获评福建省质量管理先进企业，2011 年获评福建省农业产业化重点龙头企业，2012 年获评宁德市质量强市工作先进企业。

春润（福建）农业发展有限公司

春润（福建）农业发展有限公司成立于 2008 年 8 月，位于福安市范坑乡八斗村，是一家致力于坦洋工夫的保护开发、资源研究、生产销售和茶事服务为一体的福建省农业产业化省级重点龙头企业和福安市十佳信誉品牌茶叶企业；现有生态茶园 7600 亩，其中 1100 亩“坦洋采茶”基地通过有机茶认证，八斗村 200 亩野生菜茶被列为“福建省优异茶树种质资源保护区”；已制订符合发展要求的企业标准，建成多茶类清洁化标准厂房，并取得食品生产许可证；产品纳入农业部农产品质量安全追溯系统和福建省农产品质量安全追溯监管信息平台监管。

公司坚持“科学制茶，匠心制茶”；旗下福建省茶树育种工程技术中心福安分中心、宁德市古道野枞技能大师工作室、福安市古道野枞茶叶科学研究所、阮润春坦洋工夫非遗传承人工作室合力助推科研；“一种野生红茶的加工方法”获得国家发明专利；

公司坚持科研创新，与福建农林大学、宁德师范学院、宁德职业技术学院、福建省农业科学院茶叶科学研究所等院校和科研机构建立科研协作关系，与中国茶叶学会共建“中国茶叶学会古道野枞专家服务站”，加强茶叶科学研究，对野生坦洋菜茶进行全面研究。

公司重视人才队伍建设，技术团队建设初见成效，一人在国家级制茶竞赛中获得全国第七名，一人在国家级评茶员竞赛中获得全国第七名，一人在省级制茶竞赛中获得全省第五名，一人在全省评茶员竞赛中获得全省第一名；其中一人被认定为坦洋工夫非遗传承人，一人获得“全国农业技术能手”称号；一人获得“福建省五一劳动奖章”，一人被评为“福建省技术能手”，两人被评为“福建省金牌工人”；两人获得“宁德市技能大师”称号和“宁德市特支人才”；一人评为福安市“十大制茶能手”，一人评为“福安市优秀青年人才”，一人评为“福安市金牌工人”，两人被评为“韩城工匠”。

公司产品质量不断提升，特别是倍受茶界泰斗张天福先生推崇并命名的“古道野枞”红茶，多次在省内外斗茶赛中获奖，蝉联福安市第十二届、第十三届坦洋工夫杯斗茶赛“金奖茗茶”。

福建省林鸿茂茶业有限公司

福建省林鸿茂茶业有限公司成立于 2009 年 9 月，位于福安市湾坞镇白莲村大洋中钱库，注册资金 1500 万元，是一家集茶叶种植、加工、销售、观光、研学为一体的民营企业，是宁德市农业产业化市级龙头企业、福建省商业行业协会会员单位、宁德市绿色食品单位；公司自有生态茶园 300 亩，主要生产红茶、绿茶、白茶；近年来，公司以生产果香型红茶为转折点，创新加工技术，配置新设备，按照生产操作规程，进行“坦洋工夫”红茶的标准化生产，使产品品质不断提升。承担企业应有的社会责任，带动周边茶农增收；2023 年，被评为省龙头企业。

公司基地按照绿色食品无公害原料茶的标准规划、栽培和管理，现有金牡丹、金观音、大白茶、岩枞、黄金芽和荒野茶六大优质原料茶品种。公司使用大型烘干机、静电机、智能色选机等先进环保加工设备，建立无尘车间，推进标准化生产，产品获 SC 生产许可证和 QS、ISO9001、ISO14001、ISO22001 认证。产品多次获得高端奖项，其中“创新奇香”，2022 年获宁德市第十届茶王赛创新型红茶金奖；“白莲山荒野红茶”，2023 年名列第八届亚太 11 个国家和地区茶茗特别金奖首位。

2021 年，林鸿茂茶业共销售各类茶叶 221 吨，其中红茶 50 吨，绿茶 150 吨，白茶 21 吨；全年共实现销售收入 2210 万元，其中红茶 742 万元，绿茶 1123 万元，白茶 345 万元；2021 年上缴利税 75.46 万元。2023 年获评福安市最佳诚信企业。

福建省同泰春茶业有限公司

福建省同泰春茶业有限公司创办于 2009 年 9 月，注册资金 3000 万元，是一家集茶叶种植、生产、加工、销售为一体的专业生产企业。公司自有绿色食品茶园基地 3000 多亩，主要生产红茶、绿茶、白茶；公司实施品牌战略，近年以果香型红茶为转折点，进行“坦洋工夫”红茶的标准化生产，形成完整的标准化生产操作规程，使公司产品品质更好。

公司利用“同泰春百年老字号品牌”的茶文化效应，在产品质量上下功夫，实现企业、茶农双赢；2017 年共销售茶叶 140 吨，销售额 5253 万元；其中红茶 38 吨，销售额 1536 万元；白茶 102 吨，销售额 3712 万元；绿茶 0.1 吨，销售额 5 万元；上缴税金 231 万元；2018 年共销售茶叶 140 吨，销售额 4295 万元；其中红茶 30 吨，销售额 948 万元；白茶 110 吨，销售额 3347 万元；上缴税金 187 万元。

福安市金福龙茶业有限公司

福安市金福龙茶业有限公司成立于 2010 年 11 月，位于福安市晓阳镇龙洋村；这里海拔 800—1000 米，雨水充沛，全年云雾缭绕；公司注册资金 608 万元，是一家集茶叶种植、生产、加工、销售为一体的专业茶叶生产企业，2016 年 7 月被评为福建省第八轮农业产业化省级重点龙头企业，是福安市茶业协会副会长单位。

公司自有绿色食品茶园基地2000亩，主要生产红茶、绿茶、白茶；近年公司继续实施品牌战略，以生产果香型红茶为转折点，进行“坦洋工夫”红茶的标准化生产，开展加工技术创新和生产设备创新，形成完整的标准化生产操作规程，使产品品质稳定提升；公司秉承绿色有机、安全健康的宗旨，建设标准化生态茶园，全面推广无公害产品，提高茶叶质量和品质，推动“坦洋工夫”品牌和福安茶产业健康有序发展。

2021年金福龙茶业共销售各类茶叶866吨，其中红茶542吨，绿茶274吨，白茶50吨；全年共实现销售收入4434万元，其中红茶销售额2612万元，绿茶销售额1342万元，白茶销售额480万元；2021年上缴利税56.23万元；企业在淘宝等电商平台全年实现销售收入15万元；金福龙在福安、广州、厦门共有3家门店，2021年门店销售额77万元。

福建宝丰源茶业有限公司

福建宝丰源茶业有限公司成立于2010年12月，位于福安市城阳镇东口村，是福建省农业产业化重点龙头企业、宁德市守合同重信用企业、福安市茶业协会副会长单位；公司集茶叶种植、加工和销售为一体，主要经营红茶、绿茶、白茶、茉莉花茶等多种茶类。

公司占地面积33亩，厂房面积1万多平方米，有新型茶叶初制、精制设备50台（套），置有色选机、静电除杂等先进设备，年加工能力1万吨以上；产品远销海外，国内主要销往北京、上海、山东、浙江、安徽、湖北、河南、云南等地。

公司利用福建省农科院茶叶所及宁德市职业技术学院设立在福安的优势，积极开展产研合作，引进新品种、新技术，应用于生产基地的茶树品种改良以及茶园栽培与病虫害防治，以公司自有的2430亩茶园为核心示范片，辐射带动城阳、社口、潭头和上白石等乡镇4500多户茶农的11500多亩茶园，形成万亩无公害茶叶原料基地；规范基地生产管理，根据农事安排严格把控病虫害防治关键节点，指导基地农户施用高效低毒化学农药，确保茶青原料品质安全，实现优质茶青原料稳定可控；原料基地的自给率达80%以上，年供应量达4000吨以上，为产好茶、产放心茶夯实基础。

公司将秉持“诚信为本，质量致胜，科技创新，稳步发展”的理念，服务好农户，拓展好市场，生产好产品，实现好发展；2021年宝丰源茶业共销售各类茶叶489吨，其中红茶40吨，绿茶309吨，白茶100吨，茉莉花茶40吨；全年共实现销售收入5356万元，其中红茶销售额960万元，绿茶销售额2836万元，白茶销售额840万元，茉莉花茶720万元；2021年上缴利税48万元。

福安市闽茗香茶业有限公司

福安市闽茗香茶业有限公司创建于2012年6月，位于福安市郊区六岔路村，注册资金300万元，公司拥有厂房面积约2600多平方米的茶叶标准厂房（其中精制厂房1200多平方米，初制厂房1000平方米）；是一家集茶叶生产（基地）、加工、销售为一体的民营专业生产茶叶企业；是福建省级农业产业化重点龙头企业、宁德地区农业产业化重点龙头企业、福安市规上企业。

公司经营规范、资信良好无银行失信、生产安全、环境污染等违法违规行为；公司主要经营坦洋工夫红茶、绿茶、茉莉花茶、工艺花茶等；在上白石、棠溪等地建立400多平方米的工艺花茶制作点；在“福安茶城”开设有企业门市店，在上海、浙江、北京等地设有自营和加盟的门店和经销点；质量体系健全，现企业拥有《食品生产许可认证》《ISO9001质量管理体系认证》，登记注册商标“裕·清·淳”。

福安市茗露农业发展有限公司

福安市茗露农业发展有限公司成立于 2015 年 5 月，位于福安市城南街道南郊社区，是一家集茶叶种植、研发、生产、销售于一体的综合性企业，企业注册资金 1000 万元；现有 200 多亩高海拔有机茶园基地，独立拥有红茶、白茶、绿茶、花茶、乌龙茶等生产资质许可，坚持从源头到终端全产业链接的管理流程和品控技术，本着“有山有水、有你有我、有茶有家”的企业理念，致力成为“中国茶文化的传播者，中国茶叶消费形式的革新者”。

公司成立以来，其产品屡获国内各项专业赛事大奖，于 2018 年获得宁德第八届茶王赛红茶组茶王奖项，是福安红茶（闽科红）团体标准样审定单位，也是“福安白茶”“陈香坦洋工夫”团体标准和“福安红茶”行业标准起草制订单位；积极推广中国茶文化，发起成立坦洋工夫北方联合会，主办、发起、赞助茶叶赛事、寻茶之旅、茶会及公茶文化讲座等公益性活动数十场；为福建、山东两省的茶文化交流发展做出贡献。

目前主营自有品牌“妍语佳茗”“阿姆手作茶”“软枝香”等，产品体系齐全，销售区域分布全国各地，现有专卖店、专柜 19 家；2021 年，以生产经营中高端白茶、红茶、乌龙茶为主；年产茶叶 36 吨，其中白茶 35%、红茶 55%、乌龙茶 10%；年销售额 1369 万元，其中红茶 752 万元，白茶 419 万元，乌龙茶 198 万元；销售区域主要是福建、山东、江苏、河北、四川、重庆、上海等省市。

福建省红新茶业有限公司

福建省红新茶业有限公司成立于 2016 年 4 月，位于福安社口镇，毗邻福建省茶叶研究所，企业占地 5990 平方米（约 9 亩），其中标准化厂房面积 3600 平方米（5.4 亩）；公司注册资金 1200 万元，主要经营红茶、绿茶、白茶等产品，是一家集茶叶种植、收购、研发、加工、生产、销售及文旅打造为一体的集团化多品牌龙头茶企业；现有平均海拔 600 米以上的高山生态茶园 1000 亩，打造 FDA 标准高山茶叶基地，并加入福建省农产品质量安全追溯体系；2019 年，取得“SC”生产许可认证；公司管理层有返乡创业大学生、退役军人和巾帼创业女性组成，累计吸纳 65 人就业。

2019 年获被评社口镇茶产业示范领军企业，并获福建省龙头重点企业称号；2020 年被福安市妇联授予“福安市巾帼创业协会”，并成立社口首家“茶花开妇女微家”；同年获“宁德市巾帼示范茶业基地”称号；2021 年入驻福安市大学生创业园，运营跨境电商直播，同年获得第三届大学生（青年）创新创业大赛优胜奖；2022 年被授予“福安市退役军人就业创业示范点”，和福安市第九中学签约共同打造产教融合的茶叶类职高专业实习和生产劳动基地；为福安市茶业协会常务理事单位。

公司打造符合绿色生态发展理念的龙头茶业，实现产业规模化、标准化、品牌化、信息化、企业化发展；坚持经济效益与社会效益并重，采用“龙头企业＋基地＋农户”合同订单，或“龙头企业＋合作社＋村委”的联合体委托方式等，基地茶园近 9000 亩，建立稳定购销关系（市场价＋保护价）300 户，带动周边茶农 2000 户以上；2021 年共销售红茶 450 吨，全年销售收入 4370 万元；2021 年 12 月入驻电商平台，单月销售收入 1.5 万元；目前在深圳、广州共有 2 家门店，年门店销售额 260 万元。

福建大地春茶业有限公司

福建大地春茶业有限公司成立于 2016 年 9 月，位于福安市潭头镇柯洋村；注册资本 1088 万元，是一家集茶业生产、加工销售为一体的民营企业；公司自创办以来，立足于传统名优茶产区的资源优势，积极开展茶叶科技成果的引进、推广应用，开发出大地春品牌系列产品；现有生产厂房 6000 平方米，装配有较完善的红茶、绿茶等生产加工设备；公司秉持“质量第一、诚信为先、茶无止境、一心做茶”的理念，积极参加各种茶事活动，提高公司及产品的知名度，提升产品的市场竞争力；公司在潭头等乡镇建设有茶园基地3600多亩，每年都带动乡镇周边1800多户茶农增收2000多万元；公司现有职工265人（其中管理人员10人，技术人员15人）；2021年生产绿茶、红茶等产品5000多吨，销售产值1.5亿元，纳税226万元；连续6年被评为福安市农业纳税大户，是福建省农业产业化重点龙头企业。

福建省京福茶业有限公司

福建省京福茶业有限公司成立于2018年5月，位于福安市上东垅工业区1号；其前身是成立于1997年的福安市京福茶厂，2018年改制为公司；系一家集茶叶种植、生产、加工、销售为一体的专业化茶叶企业，福建省农业产业化省级重点龙头企业，2020年至今连续3年获评“福安市农业纳税大户”。

公司在福安市、广西南宁横州市拥有建筑面积10000多平方米的现代化标准厂房，年产各类茶叶1000吨；公司以“诚信为本、以质取胜、打造品牌、稳步发展”的经营理念，创立“千氏茗”品牌，旨在生产销售千家万户老百姓喝得起的茶叶；公司建立可追溯体系，抓基地建设，从源头推动产业化经营；以“公司＋基地＋农户”的模式在福安市重点茶区建立茶叶基地1000多亩，其中高山茶园基地700亩，辐射周边5000多亩茶园；依托福安的优势资源和省茶科所雄厚技术力量，邀福建省茶科所、宁德职业技术学院、福安市茶业局、市茶业协会的专家进行生产指导，发展名优茶精深加工，推出“花果香型坦洋工夫”新工艺。

产品多次获得高端奖励；2010年和2012年在福安市第五、第七届坦洋工夫斗茶展示会上，3次获金奖和名茶奖；2011年在第五届中国西部国际茶业文化博览会，获金奖和省名茶称号；2012年在宁德市第五届茶王赛上，系列产品获茶王、金奖等7项奖励；2013年，在福建省农业厅举办的评比中，3款产品获评省名茶；2014—2018年，先后获评“福建省著名商标”“福建省名牌产品”“福建品牌茶企”“福安市规模以上企业”；2021年获评福建省农业产业化省级重点龙头企业，通过ISO9001质量管理体系认证，获得三项专利；2022年推动北京百年老字号“吴裕泰”申请坦洋工夫名称使用及分装资质授权，为宣传坦洋工夫品牌作贡献。2022年生产花茶289吨、红茶25吨，销售产值5835万元，2023年获评福安市农业纳税大户。

其他特色茶企业

仙阁梁茶业合作社、茗旗茶业公司

福安市仙阁梁茶业专业合作社成立于2009年4月，福建省茗旗茶业有限公司成立于2013年12月，均位于福安市城阳镇洋面村牛老子自然村。主营茶业，拥有占地面积5.28亩的茶厂1幢，加工、研发、生产设备完整，生产红茶、绿茶、白茶等名优茶产品。集公司、合作社、农户联合发展的省级示范社于一村，“仙阁梁”侧重茶园基地建设，“茗旗”侧重茶叶加工生产销售。茗旗公司连续三年获“福安市十佳茶叶信誉品牌企业”称号，仙阁梁合作社获“省级重点巾帼示范基地”“福安市精准扶贫示范社”“科技特派员示范基地”等称号。2022年，茶园面积1000多亩，发展创新型坦洋工夫茶（花果香红茶），销售网络分布于浙江、上海、北京、济南、天津等重点城市；现有员工35人，其中国家二级评茶师3人、茶艺师5人、茶叶加工工人2人。

合作社多年来示范推广茶叶“五新”（新品种、新技术、新农药、新肥料、新机具）技术，推广土壤改良，采用新技术诱虫黄板、太阳能防控杀虫灯；采用有机肥替代化肥技术，人工除草、机耕施肥，提高茶叶品质；

引进新型加工设备10台（套），对初制厂进行清洁化改造，采用良种良法、规范化种植和加工技术，建设绿色防控茶园300亩、智能化茶园60亩；2019年作为福建省现代农业（茶叶）产业技术体系茶树新品种（系）栽培技术研究试验点，建立示范基地750亩，节本增效2%，化肥施用量减少15%，农药使用量减少7%，辐射带动面积1000亩。

重视科技兴茶，有多篇茶叶论文在核心期刊发表；组织制订《花果香型绿茶加工技术规程》《野生高山菜茶红茶加工技术规程》等企业标准，参与《福安白茶》《陈香坦洋工夫》团标标准的编写，参与行业标准《花果香红茶》及省地方标准《坦洋工夫栽培技术规范》《坦洋工夫加工技术规范》的起草；2020年产品取得坦洋工夫红茶、绿茶、白茶三项绿色食品认证；2021年获得“一种茶叶萎凋装置”“一种茶园覆盖棚”“一种茶叶风选机”等5项实用新型专利；获得“福安红茶生产技术智能管理系统”“果香绿茶生产技术智能管控系统”等3项软件著作权。

公司2021年，共销售各类茶叶100吨，其中红茶90吨，绿茶4吨，白茶6吨；全年实现销售收入1006.2万元，其中红茶795.6万元，绿茶18.6万元，白茶192万元；2021年上缴利税0.3万元；企业在电商平台全年实现销售收入10万元；茗旗茶业在福安、北京、浙江舟山、福安甘棠、江西共有5家门店，2021年门店销售额260万元。

福安市东方红茶业有限公司

福安市东方红茶业有限公司成立于2009年6月，注册地位于福安市阳头街道工业路145号。产品采用白云山高海拔原生态茶园的优质茶青为原料，应用传统工艺和现代科技相结合的创新工艺，研制包括红茶、白茶、乌龙茶的“馨记”系列产品，获得市场认可，销售业绩逐年提高。2018年，公司负责人在中国茶叶流通协会组织的首届全国红茶加工制作大赛上获得金奖。在四川、辽宁、江苏等省多地设立“东方红”企业形象店及专柜，主销坦洋工夫红茶。

公司还致力于继承发展和宣扬福安（闽东）茶文化，并以“文化提升品牌”为企业发展战略。2010年在坦洋村创办“东方红茶民俗馆”，茶、旅、研、学相结合，以坦洋工夫非遗技艺体验和福安（闽东）茶俗文化吸引四方游客和学校师生，每年接待参访人员数十批次，东方红茶民俗馆因此获评“宁德市文化产业示范基地”。2017年，组织茶友参加省文旅部门组织的“福建非遗金门文化周”活动，宣扬坦洋工夫茶文化，增进两岸同胞的认同和了解。2023年，在白云山风景区创办“白云山茶博物馆”。博物馆以东方红茶民俗馆的藏品为基础，在政府部门的扶持下，打造成以坦洋工夫茶为主的茶专业博物馆。茶博物馆设有“坦洋工夫红茶制作技艺体验区”，2010年迄今（从东方红茶民俗馆算起）已经接待了数十批次参访者和体验者，约有万人之众（其中参访者约8000人、研学体验者约2000人）。学员有来自福建省内多个市县的涉茶单位，还有来自江西、四川、辽宁、江苏等省的茶叶产销区茶人以及大中专院校的师生。公司和茶博物馆还主动发起并参与组织每年的“惊蛰喊山祭茶”活动；配合福安市有关部门、单位，举办“‘全家福安’非遗茶市集”文宣活动。

一泡红（福建）茶业有限公司

一泡红（福建）茶业有限公司位于福安市城北新华中路129号，成立于2011年5月，注册资本500万元。公司集茶叶种植、加工、科研、销售为一体，主要经营和推广高香型红茶和白茶，2017—2022年为宁德市农业产业化重点龙头企业，同时是福安市首批大学生返乡创业企业。以“公司＋合作社＋农户”模式与茶农合作，共建基地3600多亩；目前在赛岐镇鳌峰山脉拥有300多亩绿色生态茶园基地，在建茶叶加工厂（约5000平米）一座、茶庄园（赛江茶庄园）一个；拥有“七知八味”“一日三泡”“赛江”“瓜溪壹号”“天蚕虫”等注册商标。

在新式茶饮快速发展的当下，公司积极参与软饮料、奶茶等新式茶饮的研制，为国内多家知名企业做原料供应。同时积极发展销售渠道，将高香型红茶推向新的发展空间。2017 年在第五届中国茶叶博览会全国斗茶赛上，公司产品“七知八味牌一泡红 2 号”获全国红茶类“茶王奖”。2022 年公司已在北京、上海、广东、广西、江苏、浙江、山东、陕西、新疆等省（区）市开设 50 多家经营网点，共销售各类茶叶 333 吨，其中红茶约 240.75 吨（原料红茶 230 吨），占比 75%；白茶约 8.25 吨（原料白茶 7 吨），占比 25%；销售额 2130 万元。公司系福安市茶叶协会第五届、第六届副会长单位，2023 年成立“福安市大闽茶叶研究所”，发展茶科技，做大茶产业。2023 年 3 月，在福安市举办的首届中国红茶大会上作为嘉宾上台签约，得到东南卫视、宁德电视台等的报道宣传。

福建凤鼎翔茶业股份有限公司

福建凤鼎翔茶业股份有限公司位于福安市社口镇的龟龄村，成立于 2011 年 7 月，注册资金 500 万元；公司主要生产和加工红茶、绿茶、花茶、乌龙茶等，是一家集茶叶种植、加工、销售、茶艺服务、茶文化推广为一体的茶叶生产经营企业；近年来，公司强力实施品牌战略，持续推进品牌研究、培育、宣传和推广工作，尤其着重提升质量，发展花果香创新型坦洋工夫，开展清洁标准化生产，加工技术创新和生产设备创新等方面，形成完整的标准化生产操作规范；积极打造市场认可、消费者满意的优质产品和服务品牌。

公司是宁德市农业产业化龙头企业、宁德市产业扶贫龙头企业、2017—2020 年度福安市“十佳信誉品牌”茶叶企业；是中国航空运输协会航空食品委员会执行委员、北京茶业企业商会常务副会长、北京市茶业协会福安分会常务副会长、天津市福安商会常务副会长单位、宁德市茶业协会副会长、福安市茶业协会副会长、福安市巾帼创业协会常务副会长、福安市社口商会副会长单位、福安市穆阳商会副会长单位等；公司董事长缪青云是福安市政协常委、福安市工商联（总商会）副会长、北京市“坦洋工夫”推广中心监事长。

产品通过 SC、JY、ISO9001 认证，多款产品获国际、国内数十个茶王、名茶、金奖、银奖、优质奖等；“凤鼎翔”牌坦洋工夫茶行销北京、天津等大中城市，是中国国航、厦门航空、深圳航空、大连航空、龙江航空等十几家航空公司长期合作供应商；2021 年共销售各类茶叶 111 吨，其中红茶 6 吨，绿茶 100 吨（含花茶），白茶 1 吨，青茶 2 吨，其他茶 2 吨；全年茶叶销售收入 1515 万元，其中红茶 303 万元，绿茶（含花茶）481 万元，白茶 40 万元，青茶 60 万元，其他茶 66 万元；门店销售额 695 万元。

福建省中福农科农业有限公司

福建省中福农科农业有限公司成立于 2014 年 12 月，位于福安市社口镇湖头洋，注册资金 1000 万元；主要生产销售福安白茶、红茶；公司以传统工艺为基础，以科研制茶为核心，主产创新型坦洋工夫茶；旗下拥有品牌：“中雄”“帝王味”“中雄御品·科研茶”“泰斗壹号”“郭门”“闽白时代”等。

公司自有生态茶园 200 多亩，参与管理的茶园 600 多亩，拥有初制厂 1 个、精制厂 1 个，在建茶庄园 1 个；生产首选自有高山茶园无污染的优质毛茶，引进先进的加工设备，按照操作规程作业；开展品质跟踪和新产品开发研究，自主研究白茶萎凋工艺技术、红茶加工技术等；落实产品质控制度，从原材料进厂、生产加工、产品检验，到成品出厂管理，建立一套完善的产品质量可追溯管理制度；建立自控实验室，与相关检验检测机构合作，产品纳入农业厅农产品质量安全追溯信息平台监管；记录各类农事活动特别是农药使用情况，真实、完整，并赋码准出；公司与湖南电视台茶频道、先锋乒羽等媒体建立线上合作，多次与天津电视台、湖南电视台联合推广福安茶。

2018 年产品入驻外交部服务局下属外交人员免税商店；2021 年公司直营店、加盟店 30 余家，主要生产经营高端福安白茶、红茶；年生产茶叶约 50 吨，其中白茶约 58%、红茶约 42%；年销售额 3500 多万元，其中红茶约 1400 万元，白茶约 2100 万元；销售区域主要辐射京、津、冀区域及东北、内蒙古等北方市场。

福建润木堂茶庄园有限公司

福建润木堂茶庄园有限公司成立于 2019 年 7 月，位于福安市松罗乡金山村，注册资金 1000 万元，是一家集茶叶种植、生产、加工、销售、旅游观光为一体的高标准绿色食品茶庄园企业，公司自有绿色食品茶园基地 2016 亩，庄园式观光厂房一座，形成初精制包装一体自动化、连续化现代生产厂区；主要生产红茶、绿茶、白茶，乌龙茶，茉莉花茶，调味茶，代用茶等多茶类；全部引进高香型新品种金玫瑰、金牡丹、百瑞香、梅占、华茶 2 号等高香新优品种；是创新型坦洋工夫茶品牌主产企业。年产量 1000 吨，年产值 6000 万元以上，已经申请通过品牌有“润木堂茶庄园”“茶米哥”“茶米妹”“润木堂”“金山岩”“金山大峡谷”“百香魁”“峡谷留香”等，并在今日头条、抖音、百度百科、路牌广告、电视等线上线下新媒体推广；引进新技术、新品种、开展技术培训等，本庄园在绿色发展理念指引下，将自然环境保护、建设与茶产业发展紧密结合，有力助推茶产业发展。

2020 年以来，公司产品“金山岩红”“工夫红茶”“寿眉”“百香魁”“白牡丹”等在宁德市举办的茶王赛和“张天福杯”“闽茶杯”红茶大赛、白茶评审等赛事中，共 6 次获金奖、银奖、一等奖、创新型红茶金奖。2021 年，共销售各类茶叶 953 吨，其中白茶 436 吨，红茶 223 吨，调味茶 183 吨，绿茶 76 吨，乌龙茶 27 吨，茉莉花茶 8 吨；共实现销售收入 4536 万元，其中白茶 2180 万元，绿茶 1342 万元，红茶 1318 万元，调味茶 532 万元，绿茶 418 万元，乌龙茶 16 万元，茉莉花茶 48 万元；公司在今日头条，抖音等电商平台全年实现销售收入 2806 万元；在北京、安溪、福安共有 8 家门店，2021 年门店销售额 369 万元。

工艺花茶十品：仙女散花，丹桂飘香，五彩金花，金盏银坛，菊花仙女，秋水伊人，茉莉花开，素色无染，飞雪迎春，锦上添花（“隽永天香”提供）

卷六 教育与科技

第一章 中职中专教育

近代茶职校、农职校

福安县立初级职业学校

民国23年（1934年）9月，福安县立初级中学改制为“福安县立初级职业学校”，仅设茶科，是为福建省第一所茶业职业学校。学生35人，修业年限2年，男女兼收。校址在福安县城冠后，陈鸣銮任校长。

学科课程分为“普通”和“职业”两种。公民、国文、算术，生物学、理化、英文、体育为普通学科，种茶法、制茶法、农业概要、园艺、农村合作、国际贸易、商业地理等为职业学科；以普通学科占20%、职业学科占30%、实习占50%为原则。

学校在县城北门外设第一农场，面积6亩；第一期垦地3亩，为茶业改良试验场，植茶苗3担，作为选种、培植、施肥之试验。第二农场在学校附近，面积较小，种植茉莉花。当年由学校教职员投资，制绿茶500斤，值250元；制白毫茶20斤，值60元。

在学校图书馆内设茶业研究室。室内陈列多种茶叶标本，国内及印度、锡兰、日本之茶业刊物。茶业研究室邀集本地茶商、茶农随时讨论关于茶业改进事项。学校办有《福建省福安县立职业学校茶场丛刊》。陈鸣銮在校长任内编写《福建福安茶业》发表于“丛刊（第一种）”上，比较详尽地记述当时福安的茶叶生产和经营情况，是第一本比较全面介绍福安茶业的著作。

福建省立福安农业职业学校

民国24年（1935年）8月，福安县立职业学校由省教育厅接管，更名“福建省立福安初级农业职业学校”（简称“农职校”“安农”），派张天福任校长，只设茶科，是当时中国唯一开设茶科的中等专科学校。当年招生34名，学生主要来自闽省各地（其中福安籍28名），还有少数来自安徽、江西等省。当年在校学生数66名，其中普通中学初三学生（原县立初中学生）14名，茶科学生52名。为了推广茶叶改良，学校“曾派遣茶师及生徒分赴各区劝令农户注意茶园管理，合力购置轻便揉茶机，俾能产销合作化，改进普遍化云”。

福建省立福安初级农业职业学校师生留影

福安初级农业职业学校茶业科课程分为普通学科和职业学科。普通学科包括国文、公民、动物、植物、化学、物理、算学、英文、体育，职业学科包括茶叶史、茶叶地理、茶树栽培、茶叶制造、茶业经营、茶树病虫害、茶叶检验、各国茶叶研究、茶学大意、作物学、蔬菜园艺、果树及花卉、森林学、牧畜学、养蜂学、农场制造等。

◎农职校的教师队伍

农职校教职员共21名，任课教师11名，他们的学校职务、学历、经历和所授学科如下。

张天福，校长，南京金陵大学农学士，曾任福建协和大学农科助教、福建省农林改良场总场技师，授茶叶栽制、茶叶研究；

江中砥，教导主任兼文牍，福建协和大学教育硕士，曾任私立福州中学三民中学专任教员训育委员、南安简易乡村师范学校专任教员兼文牍，授国文、公民、英文；

林传光，专任教员兼农场主任，河南大学农学士，曾任省立福州乡村师范农科专任教员，授农学大意、作物学、畜牧学、茶叶经营；

陈桂荣，专任教员兼级任，福建协和大学理学士，曾任延平剑津中学教员，授生物化学、农业制造、茶树病虫害、养蜂学；

李廷绥，专任教员，福建协和大学理学士，曾任长乐格致中学教员，授数理、机械学；

范则尧，专任教员兼级任，金陵大学农业专修科毕业，曾任金陵大学乌江实验区农业技工，授造林学、果蔬花卉、茶叶地理；

王景纪，专任教员兼级任，大夏大学高等师范专修科毕业，曾任福州省立乡村师范教员兼附小教导主任、福建省特种教育处干事，授国文、茶叶史；

陈汉杰，专任教员，福建省立甲种农业学校毕业，曾任福安县立职业中学农科教员，授茶叶栽制、蔬菜园艺；

游通儒，图书馆员兼体育教员，私立福州格致中学毕业，福建协和大学肄业，曾任私立福州格致中学图书馆员体育指导员、南安中学教员，授体育；

庄灿彰，义务讲师，南京金陵大学农学士，曾任福建省立龙溪中学农科教员，授茶树育种及栽培；

童衣云，义务讲师，苏州博文中学毕业，曾任安徽祁门茶叶改良场技术员，授制茶及检验；

此外还有，龙新义（会计）、黄廷球（事务）、丁绍鸿（校医）、徐梦华（农场管理员）和郭若增（书记）等。

◎《安农校刊》

学校办有《安农校刊》，记录农职校的教学工作和师生活动，也是教师发表教学心得和学术文章的园地。上文的专任教师简介，刊于《安农校刊》第一卷二期《茶叶专刊·福建省立福安初级农业职业学校教职员一览表》。

《安农校刊·茶叶专刊》刊发多篇专业教师和茶场技术员的文章：张天福《改良福建茶叶与职业教

育的实施》，范则尧《中国茶叶分布的梗概》，陈汉杰《茶业经营年中行事历》，童衣云《制茶处理上的疏忽和错误》《红茶精制筛分顺序表》《茶之检验概论》，林传光《复兴福安茶业声中急应组织的运销合作社》，王景纪《中国茶史概说》，庄晚芳和童衣云合撰的《本年祁红实行统制后之不完善及其补救法》，衣芸（童衣云）《介绍福安茶业改良场》等。

张天福校长在《改良福建茶叶与职业教育的实施》里有一段话阐明了职业教育的重要性：“说到‘职业教育’和‘茶叶改良’，好像不能合在一起说的。实际上，一切生产的事业，都属于职业教育的范畴。换句话说，职业教育是适合于国计民生的要求，而此种教育的结果，确能推进生产，增进国民经济能力。”张天福校长还说到要办好职业教育应注意三点：注重做的习惯、注重师资的选择和注重成人教育。

附：《安农学生自治会会歌》（王景纪作词，李廷绥制谱）

听着二十世纪的警钟，崛起了，我们的安农
不管收获，只知耕耘，这便是我们安农的灵魂
赶快！赶快！整齐我们的步伐，组新我们的阵容
竖起脊梁，放大喉咙
踏上前程，扶着时代的巨轮
我们的精神是自主，我们的生活是共同
我们读的是书，做的是工
哈哈！哈哈！读的是书，做的是工

◎增设高级茶业科

民国26年（1937年）9月，省立福安初级农业职业学校奉令增设高级茶业科，改校名为“福建省立福安农业职业学校”，设农、茶两科，学生人数增加到104人。该校原有2届初级茶业科毕业生25人升入高级茶业科。被誉为“台茶之父”的吴振铎（原台湾茶叶改良场场长）是高级茶业科首届毕业生。

第二年（1938年）8月，由于战事扩大，省教育厅决定将福安农业职业学校迁往连城，并入福建省立高级农业职业学校。

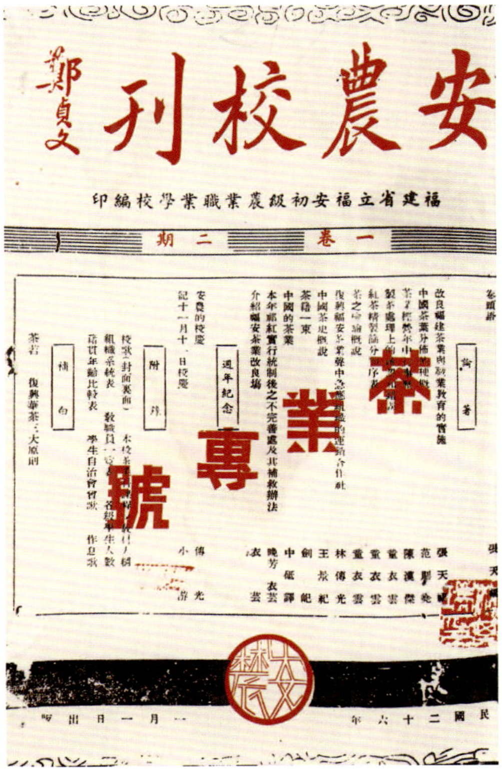

民国26年《安农校刊·茶业专号》（黄先洲 提供）

福安县立初级茶业职业学校

民国29年（1940年）8月，福建省政府决定在各地推行职业教育，省教育厅下达指令，要求各县开办职业学校，“授与青年较简易之生产知识与技能，以养成从事职业之能力”。福安设办“县立初级茶业职业学校”，开办设备费2000元由省里拨付。校址设察坂湖乡洋头村（今阳头），后迁宸山校址。当年招生61人（其中福安籍38名），学制2年；县长高诚学兼任校长。民国30年，招生35名，在校生近百名，教职员增加到15名（其中专任教员10名），

福建省立福安农业职业学校毕业证书（林志锋 提供）

学制由 2 年增加到 3 年。

民国 31 年张幼锐接任校长，校名改为“福安县立初级农业职业学校”，设茶业、农艺二科；当年茶招生 47 名，农招生 48 名。

民国 32 年 9 月，福安县奉令将县立初级农业职业中学改为普通中学，并改校名为“福安县立初级中学”。该校原农职校农艺科一、二年级三个班 114 名学生转到“私立韩阳初级农业职业学校”就读，原茶业科三年级上学期 12 名学生留在原校继续完成学习。

私立韩阳初级农业职业学校

民国 31 年（1942 年），福安县长高诚学又在白沙村设办一所“私立韩阳初级农业职业学校”，高诚学、林诚善先后任校长。学校有教导主任和事务主任各 1 人，教员 8 人，职员 7 人。当年秋季招生 35 名，茶、农兼办。

民国 32 年 9 月，在校学生 199 名。省教育厅视察报告称：“该校校舍、设备已具规模，农场面积达 150 亩，改办为省立学校，可成为本省一所完善的学校。”

福建省立福安高级农业职业学校

民国 33 年（1944 年）5 月，福建省教育厅接管私立韩阳初级农业职业学校，校名改为“福建省立福安初级农业职业学校”，顾华孙任校长。当年秋季开始面向闽东各县招收高级农业班学生。为平衡各县生源、保证高级班质量，采取分配名额保送方式招生：宁德、霞浦、福鼎、福安 4 县各保送 5 名，柘荣区、周墩区、屏南县各保送 2 名，保送标准为初中毕业成绩在 80 分以上者；学生待遇比照师范生标准，每月发给公米 34.5 市斤、副食费 39 元。当年秋季开学时，在校生 95 人（其中高级部 35 人），教职员 16 人。

民国 36 年 2 月，学校改名为“福建省立福安高级农业职业学校”（“高农”），初级部停招，只招高级部学生。当年在校生 137 人。

民国 37 年校址从白沙村迁至城北后垅，借后垅宫为校舍；教职员编制增加到 25 人，其中专任教师 9 人。

“省立福安高农”校徽

省立福安高农第一届毕业纪念章

福安高农部分师生合影（民国 36 年 1 月）

民国 35 年 6 月至民国 38 年，先后由刘伯庆（代）、陈宲、林家禄、谢鸣珂、郭正学任校长。1949 年下半年校长名由郭正学担任，实由教务长李润梅代理。

该校茶科、农科兼办。茶科专业课程包括“茶概”“土壤”“病虫害”“茶栽”“制茶”“育种”“茶检”“茶营”等。自高级部开设至 1949 年秋季，该校培养农业专业和茶业专业约计 300 多名毕业生。

福安（宁德）农业学校

学校变迁

◎福建省福安农业学校

1949 年 12 月，福安专区派军代表任益民接管“高农”，原福建省立福安高级农业学校改名为“福安农业技术学校”。有教职员 18 人（原高农留用 4 人，新聘 14 人），在校生 126 人（其中原高农生 60 人，新招生 66 人）。

1952 年 3 月，学校改名“福安农业职业学校”。秋季招收 2 个初级班 79 名学生，1 个六年制班 48 名学生，1 个初级农业技术人员速成班 50 名学生、中级班 20 名学生。

1955 年 4 月，校名改为“福建省福安农业学校”。停止招收初级班和六年制班，只招中级班。

1956 年，有在校学生 184 人，其中农作物专业 3 个班 127 人，茶叶专业 2 个班 57 人。1957 年 9 月，学校向广西招收茶叶专业学生 22 人。学校在 1959 年 9 月前只招茶、农两个专业，当年增办畜牧兽医专业。

1960 年 4 月兼办“福建省福安农业专科学校”，一所学校两个名称；同年秋，开办两年制茶叶大专班，大专只招生两年，至 1963 年夏结束。

1960 年，福安农校获“全国文教系统先进单位”称号。

1962—1965 年，福安农校改革招生办法，向农村人民公社招收“社里来，社里去”学生。学制三年，毕业后不包分配，毕业生回社、队参加农业生产。

福安农校部分毕业生（1964 年）

附：1974 年 12 月，宁德地区革委会下达《关于对原福安农校 1965—1968 届毕业生安排使用的意见》提出对 1962—1965 年期间招收的 1965—1968 届的农、茶、牧 3 个专业"社来社去"的毕业生除少数已分配工作的外，做如下安排：1. 安排到社、队为农科员，报酬采取工分加补贴的办法，收入不低于中等劳动力的收入水平。2. 一部分到社办场、厂的，要妥善解决报酬和口粮。少数居民户口毕业生到街道的企业工作。3. 在可能的情况下优选小部分人到公社一级的农技站，作为集体所有制农技员，按中专毕业生待遇，发给农技 16 级工资。工资从社办企业经费中开支，口粮按公社干部标准，除自带外，不足部分由地区下达各县其他用粮内补助。

1962 年 6 月，根据福安专署《关于福安农校调整和精简教职员工方案》，对"大跃进"盲目招收的预备班学生，凡不够升入中级部就读的动员其回乡生产劳动；保留农作物和茶业两个专业，停办畜牧兽医专业。

1965 年秋，福安农校扩大招生范围，农作物专业和畜牧兽医专业面向本专区各县各招生 40 名；茶专业招生 80 名，面向本专区各县招收 50 名，面向全省各专区招生 30 名，其中晋江专区 10 名，龙溪、龙岩专区各 7 名，三明专区 6 名。

1966 年 5 月，"文化大革命"运动开始，学校停课，停止招生。福安农校全体师生按照上级要求在校参加"文化大革命"运动。1968 年底前，1966、1967、1968 三届学生先后毕业离校。

1949 年 12 月至 1968 年 12 月，福安农校共培养中专毕业生 1625 名，大专毕业生 91 名，各种短训班结业学员 700 多名。这些毕业生分布省内外多地和国外，大部分成为所在地区的农、茶、牧医技术骨干，一部分成为党、政机关领导干部。

1969 年春，农校教职员工下放农村。12 月，学校宣布停办，校园改作他用。

◎宁德地区农业学校

1975 年春，福建省革命委员会决定复办农校，定名为"宁德地区农业学校"，校址迁到福安洋边。学校举办半年制"社来社去"班，1977 年、1978 年两年招茶果班。1977 年恢复中考高考后，统招高中毕业生。1978 年 9 月开始招三年制茶果专业，1979 年茶果专业改名为茶叶专业，这个茶专业班（1981 届）被命名为茶 1 班，之后的班级以此类推命名，到 2002 届是茶 28 班。2002 年入学（2005 届）的茶专业班，因毕业时间在宁德职业技术学院成立之后，所以班级名称改为"02 茶"。

1980 年 1 月中共宁德地区农业学校总支部委员会成立。秋季招收的是高中毕业生（二二制高中），开设农、茶两科，学制 2 年。1984 年学制改为 3 年。1986 年，增设微生物专业。1987 年 9 月起学校全部改招初中毕业生，学制四年。

1988 年起兼办三年制农村青年不包分配班，第二年（1989 年）春招收茶果一个班，1990 年春、1992 年春、1993 年春每年招收茶果专业一个班。学校 1991 年被农业部评为"A 等二级学校"，名列全国 224 所农业中专学校的第 17 位。1993 年被福建省人民政府确定为福建省重点中专学校。1992 年开设农业、茶业、农业微生物及营销四个专业，招收初中毕业生，学制三年。另外与有关单位联合举办不包分配的中专班和农村适用技术培训班，学生近 800 人。2000 年 9 月停招茶叶专业。

◎宁德市农业学校

2001 年 3 月，校名改为"宁德市农业学校"。2001 年以国家级重点中专学校（2000 年由教育部确定）的办学资格，设立中国农业大学现代远程教育教学站，并挂靠宁德师专，开设初中起点五年制茶叶专业。2002 年被中央教育科学研究所确定为教育部重点课题实验示范学校。2003 年 9 月增设茶叶检验与经营、茶业与茶文化中职专业（这两个专业只招一年）。2005 年 5 月 31 日，宁德市农业学校和福安师范学校合并，升格为宁德职业技术学院。

办学条件

福安（宁德）农业学校，从 1949 年 12 月至 2005 年 5 月，半个多世纪的时间里，校名和校址经历了多次变迁，校园环境和办学条件和师资力量也不断变化。

1949 年 12 月，福安农业技术学校沿用旧“高农”校舍，只有 1 座破烂尼姑庵；教学设备主要有图书 300 多册，课桌凳 60 套，锄头 20 余把，仪器只有 1 架日本造的 30 倍显微镜。

1955 年，福安农业学校通过几年的整顿，办学条件初具规模。

校舍建设。房舍和活动区占地面积达 20600 平方米（30.9 亩），国家投资 13278 元，兴建砖木结构房舍 863 平方米，木棚屋 1802 平方米，土房 1492 平方米。全校建筑面积 2535 平方米，其中教室 8 间 289 平方米，礼堂 1 座 454 平方米（内含办公室、图书馆、会议室），男生宿舍 1 座 217.6 平方米（内含医疗室），办公楼（五一楼）1 座 382 平方米（内含教职员宿舍、女生宿舍、保管室），制茶室 1 座 120 平方米（内含凉青间、审茶室、发酵间、烤焙间），教职员宿舍 1 座 215 平方米，旧校舍 513 平方米作为厨房、膳厅和工友宿舍。

教学设备。国家投资 42695 元添置设备，大宗的有显微镜 8 架（2500 倍 3 架、1500 倍 1 架、600 倍 4 架），40 倍双眼扩大镜 1 架，保温箱、干燥箱各 1 个，万分之四天平 1 架、百分之一天平 7 架，新式畜力农具一套，经纬器、水准器各 1 架，还有气象观测仪器。实验分组能力：化学 12 组，植物 4 组，病虫害 2 组，土壤、物理、作物各 4 组。图书 6166 册（其中农业技术类 1904 册），挂图 236 幅。

实习农场。有农场三处：一在步下村，离学校 2 里，土地面积 94.82 亩；一在廉江，离学校 5 里，有梯田 28.5 亩、果园 17 亩；一在学校附近，有水田 8.5 亩，山地开荒 13 亩。主要果树、耕牛、家畜、家禽若干。

宁德地区农校茶叶专业部分毕业生（1981 年）

1978 年，在省农业厅的支持下，宁德地区农校在福安后垅洋边新校区先后建实验室、教学楼、教工宿舍等，建筑面积 15600 平方米；实习农田 6.27 公顷，茶园 3.33 公顷，设有茶叶加工厂、菌种站等；建立茶栽、茶检、生物、植物生理、电子计算机房等；添置成套自动化教学设备、8 万多册图书、280 多种报刊。

1990 年，宁德地区农校占地面积 193731 平方米（290.6 亩），其中校园面积 105.9 亩，实习基地 184.7 亩。校舍建筑面积 2.28 万平方米，配有 15 个实验室，图书 8.2 万册，教学设备总值达 67 万多元。校园总建筑面积中，教室 2434 平方米、图书馆 304 平方米、实验室 2289 平方米，实习工场 2264 平方米、办公室 338 平方米、学生宿舍 2863 平方米、教工宿舍 4426 平方米、食堂 1218 平方米。

2005 年 5 月，宁德市农业学校占地面积 211560 平方米（317.34 亩），校园建筑总面积达 4.3 万平方米，有 10 个实验室，教学仪器设备总值达 624 万元，图书 9.7 万册，报刊 260 多种；附设校内实习农场、实习茶场（厂）、食用菌站、园林花卉圃；合作果场有蕉城区柑橘无病苗圃龙眼场、福安下白石晚熟龙眼场。其中茶场品种园 6.7 亩，引种茶树名贵、优良品种 104 个；具备初精制加工能力各 50 吨的茶叶加工厂，在初制绿茶、乌龙茶、红茶的同时，精制“仙春牌”古书式青铜色盒装、软包装特级花茶和盒装猴头菇茶，产品销往省内外，成为较早生产销售礼品茶的单位。茶厂还利用剩余加工能力，每年为当地茶农加工优质茶叶。

教师队伍

1950 年，福安农业技术学校有教职员 18 人，其中原“福安高农”留用 4 人，新聘 14 人。

1955 年，福安农校有教职员工总数 39 人，其中专任教师 20 人，行政干部 4 人（校长、团支书、教务主任、总务主任各 1 人），职员 15 人。专任教师中大学本科学历 13 人，占 65%；年龄在 35 周岁以下者 15 人，占 75%。

1961 年春季，全校教职工人数为 109 人。自秋季起核定编制为 64 人，精简 45 人转入其他相关单位。

1978 年，宁德地区农校教职工 130 人。

1990 年，宁德地区农校教职工总数 91 人，其中专任教师 47 人、行政人员 10 人，教学辅助人员 14 人，工勤人员 20 人。

2005 年 5 月，宁德市农校教职工人数 129 人、其中专任教师 82 人（本科以上学历 82 人；高级讲师 26 人、讲师 38 人、双师素质 15 人）、工勤人员 13 人、实验技术和图书资料人员 18 人，管理人员 10 人、生产工人 6 人。

宁德市农业学校茶专业高级职称人员名表

姓名	性别	主要任教课程、担任工作	专业技术职称	评定时间
戈佩贞	女	茶树栽培学	高级讲师	1987.12
林德恩	男	茶叶制造学	高级讲师	1987.12
陈哲思	男	茶叶生产机械	高级讲师	1987.12
陈诚平	男	茶叶生产机械	高级讲师	1988.6
陈成基	男	农业微生物，茶叶生产管理	高级讲师	1988.6
潘玉华	男	茶叶制造学	高级讲师	1996.04
钟兴松	男	茶树栽培学	高级讲师	1996.04
郑其春	男	茶树植物保护	高级讲师	1997.02
郭剑雄	男	茶树植物保护	高级讲师	1998.02

续表

姓名	性别	主要任教课程、担任工作	专业技术职称	评定时间
黄承彪	男	土壤肥料学	高级讲师	2001.04
陈　康	男	茶叶制造学	高级讲师	2001.04
林学茂	男	校办茶厂厂长，实训指导教师	高级农艺师	2002.12
施满容	女	茶叶专业植物与植物生理	高级讲师	2003.06

说明：林学茂于2022年12月被省老科协评为教授级高级农艺师（正高级）。

课程与教材

◎课程开设

文化课：政治、语文、数学、物理、化学、外语、植物、体育等科。

专业课：普通耕作、土壤、测量、植物栽培学、果树栽培、蔬菜栽培、动物饲养、农业机械化和电器化、选种、良种繁育学、农业经济、社会主义农业企业组织、土壤改良、森林学、植物病虫害防治学、养蜂学、气象学、茶树栽培学、茶叶制造、制茶机械。

◎茶专业教材

福安（宁德）农校是全国重点茶校之一。茶专业的师资力量强，办学水平高。多位教师主编、编著、参编和参审茶叶专业教材多部，供全国、全省和本校大中专茶叶专业使用。另外，农校教师戈佩贞、林德恩和潘玉华等还为福建农干班和福建省农村致富技术函授大学编写教材。

《闽东茶树栽培技术》，王雪英参编，福建人民出版社1960年版；

《茶叶制造学》，林德恩、潘崇环编著，中国农业出版社1960年版；

《茶叶专业教学计划》，林德恩参审，中国农业出版社1980年版；

《茶树栽培学、制茶学、茶树病虫防治学、茶叶生产机械教学大纲》，林德恩参审，中国农业出版社1981年版；

《茶栽、茶制、茶机、茶病虫防治学教学大纲》，戈佩贞参审，中国农业出版社1981年版；

《茶叶制造学实验实习指导》，王雪英，中国农业出版社，1982年版；

《茶叶栽培学实验实习指导》，戈佩贞副主编，中国农业出版社，1982年版；

《茶树病虫害防治学》，江荣灶、郑其春，中国农业出版社，1988年版；

《茶叶商品经营学》，潘玉华参编，中国农业出版社，1994年版；

《茶树栽培学》，王雪英参编，福建省农业厅科教处教材编委会，1960年版；

《制茶学》，王雪英主编，省农业厅科教处教材编委会，1979年版；

《茶树栽培学》，戈佩贞参编，省农业厅科教处教材编委会，1982年版；

《茶果栽培》，林德恩参编，省农业厅科教处教材编委会，1982年版；

《茶树栽培学》，戈佩贞编著，省农业厅科教处教材编委会，1991年版；

《茶叶制造学》，林德恩、潘玉华编著，省农业厅科教处教材编委会，1991年版；

《茶叶制造学》，林德恩编著，福安农业学校1961年编印；

《茶树栽培学》，戈佩贞编著，福安农业学校1961年编印；

《茶叶生产机械》，陈康，宁德地区农业学校编印；

《茶叶市场营销技术》，潘玉华，宁德地区农业学校编印。

茶科研获奖

“猴头菇茶开发研究”，1997 年 10 月获宁德地区行署授予的科技进步三等奖。获奖者：陈成基、郭聪、杨晓滨、马立验、林学茂。

“茶树病虫害治理及多媒体数据库的研制”，2000 年 11 月获宁德地区行署授予的科技进步三等奖，2001 年 3 月获福建省政府授予的科技进步三等奖。获奖者：郑其春、陈成基、郭剑雄、林学茂、苏锋。

茶叶中专毕业生人数

1950—1968 年，福安农校茶叶中专 19 个班共有毕业生 589 人（其中包括 1960 年广西班茶叶中专毕业生 22 人）。

1981—2002 年，宁德农校茶叶中专 28 个班共有毕业生 1134 人。此外，还有 1977—1978 年 2 个茶果专业半年制社来社去班毕业 76 人，1992—1996 年 4 个不包分配培训班毕业 169 人。

福安（宁德）农校历任领导

校长：郭正学（1949.7—1952.2），任益民（1953.3—1963.7），高志民（1963.7—1969.11），申庆余（1975.5—1977.5），杨明钦（1977.5—1979.7），陈泮水（1979.10—1984.8），卢树琪（1984.8—1987.12），吴涌乐（1988.7—1993.6），郑其春（1993.6—2005.5）；

书记：任益民（1952.3—1963.7），高志民（1963.7—1966.11），申庆余（1975.4—1977.5），杨明钦（1977.5—1985.2），吴涌乐（1985.2—1988.6），郑其春（1988.6—1997.7），钟金财（1997.7—2005.5）。

福安专区茶业技术学校

1958 年 7 月，福安县茶业技术学校在位于福安社口的茶科所成立，茶科所所长林桂镗兼任校长。学校为中专性质，学制 3 年。当时茶科所下放福安县管理，学校隶属福安县人委主管。

1958 年招生 160 多人，分“茶专”“茶栽”“茶制”3 个班。学生以福安专区为主，还有漳州、晋江、龙岩等地学生十余人。

1959 年 7 月，因茶科所改归福安专区管理，学校也移交福安专区主管，业务归福安专署茶业局负责，改称“福安专区茶业技术学校”。

1960 年 1 月招收新生 30 名，1961 年统一招生 50 名，均为茶专班。

学校基础课程有语文、政治、数学、化学、物理、动物、植物、史地、农业基础、体育等。专业课程设茶树栽培、茶叶制造、茶叶机械、茶叶审评、土壤肥料、茶树病虫害、气象、测量等。学校实行课堂讲授与现场实习相结合的方法，做到教学与生产实践相结合。专业课程主要选聘茶科所的科技人员兼任，兼职教师有 23 人。

由于当时正处在“三年困难时期”，学生流失率较高。1961 年 8 月首届生 103 人毕业（其中福安专区 89 人，龙岩、龙溪、晋江等专区代培生 14 人）。1962 年毕业 35 人，均来自福安专区。毕业生均回生源县安排工作。1962 年学校停办。

福建省福安茶业职业学校

1964年10月中旬，经省教育厅批准，在福安市社口镇上洋村（今福安九中校址，与省茶科所毗邻）成立一所中等职业学校。学校由福安专署教育局主管，由省茶科所所长林桂镗兼任校长，学校的思想政治工作、人事和行政管理由茶科所党支部统一领导。学校有专职教职员8人，专业课聘请茶科所科技人员兼任。茶树育种专家郭吉春曾在该校任教。

该校于1965年1月正式开学。首届统招82名学生，分设2个班。1965年9月又招收62名新生，设1个班。两届计3个班144人。课程开设语文、数学、物理、化学、农基、茶栽、茶制、茶叶科技、土肥、植保、茶机等。

学校开办不久，即遇上“文化大革命”。1968年秋，有121人毕业，学校停办。

茶叶技工班和职业高中

闽东技校福安茶叶精制专业班

1980年9月，经宁德地区劳动主管部门和教育局批准，福安茶厂举办“闽东技校福安茶叶精制专业班”（简称“茶叶技工班”）。从高考落榜的应届毕业生学生中择优录取46人。“茶叶技工班”的领导和教职员全部由福安茶厂的干部职工担任，黄宝鉴任负责人。学制二年，1982年7月学生毕业，福安茶厂子

闽东技校福安茶叶精制专业班毕业生（1982年）

女全部安排福安茶厂，其余毕业生由宁德地区和所在县劳动部门安排就业。

社口中学职业高中班

1981年秋，福安九中（1985年更名社口中学）与省茶科所联办茶叶专业职业高中班。教育主管部门拨专款扩建校舍、添置教学设备。文化课教学由学校教师负责；茶科所委派科技干部担任专业课教学，并提供实习场地。1981年职高班仅1个班招生40人，开设茶叶专业（后改为茶果栽培专业），学制2年。1984年招生20人。1988年九中职业高中改为一年制。1989年没有招生，在校生48人；1990年招生20人，在校20人，毕业48人。1990—2008年，福安九中职业高中共有毕业生903人，其中涉茶专业人数不详。2009—2021年，该校没有职业高中班学生。2022年9月，恢复职业高中招生，开设茶艺与茶营销和电子商务2个专业，共招收153人；2023年9月，共招收203人。

福安六中（甘棠中学）职高班

1987年秋季，福安六中（原甘棠中学）设办茶果栽培专业职业高中班1个，学制2年。1989年有40人毕业。

1990年，福安市对职业教育进行整顿，完全中学不再兼办职业高中班，集中力量办好示范性职业中学。福安六中茶果栽培专业职高班停止招生。

第二章　高职大专教育

福建省福安农业专科学校

1959 年，省农业厅向教育部门提出开办茶叶专科学校（大专），以适应福建茶叶生产迅猛发展对高

福安农专部分师生留影（1960 年）

级茶叶人才的需求。由于当时省内尚无专门培养茶叶大专以上人才的院校，教育部门决定在福安农校内设立福建省农业专科学校，1960 年春季农业专科学校正式开学。

福安农校分为中专和大专两部，对外挂“福建省福安农业学校”和“福建省福安农业专科学校”两块校牌（简称“福安农校”“福安农专”）。中专部按原福安农校的体制进行运转。大专部于 1960 年 4 月向外招生，只招茶叶专业，同时在中专部学生中选招部分优秀学生。大专部从福安农校的老教师中抽选优秀高级教师担任教师，并专门新建教学楼和实验室，补充完善教学实验仪器设备，充实图书资料等。

大专部学制两年，课程分基础课和专业课。基础课程设语文、高等数学、高等物理、有机化学、俄语、政治经济学、植物生理学、土壤肥料学、土地测量学、气象科学、机械基础、农业经营管理等；专业课程按全国农业高等院校茶叶专业的规定开设，有茶树栽培学、制茶学、茶树品种选育和繁殖学、茶叶生物化学、茶叶审评和检验学、茶树病虫害防治学等。

福建省福安农业专科学校是福建省第一所茶叶大专学校。该校仅招 2 届，每届 2 个班，学制 2 年；分别于 1962 年和 1963 年毕业。1962 届 40 人，1963 届 55 人，两届毕业生总共 95 人。

1963 年秋季，福建省农业专科学校停办。

宁德职业技术学院

宁德职业技术学院的前身是创办于 1934 年的“福安县立初级职业学校”和创办于 1939 年的“福建省立福安师范学校”。几经变迁，21 世纪初，该两校分别成为宁德市农业学校与福安师范学校。2005 年 5 月，经福建省政府批准，两校合并，组建宁德职业技术学院。详见本志卷八《专志·宁德职业技术学院》。

第三章　茶业科技研究

科研机构

福安茶业研究会

福安最早的茶业科研机构是成立于清宣统二年（1910 年）的“福安茶业研究会”，该会同时是福安最早的茶商组织。该会订有“会则”，内容主要是纠正时弊，对茶农茶商进行约束，维护茶叶声誉。涉及茶业科技方面的内容主要是要求茶农提前采摘，限期摘制，期满停止采制；茶行制茶，红绿茶要分区，严禁假茶，假片等。由于历史局限，研究会真正用在茶叶研究上的工作比重比较少。民国 11 年（1922 年）后，福安茶业研究会工作基本停止。

福安县立初级职业学校茶叶研究室

民国 24 年（1935 年），福安县立初级职业学校成立，并在校图书馆设立茶叶研究室，系福建省第一个比较正规的茶叶研究机构。研究室集本地茶商、茶农随时讨论关于茶叶改进事项，并将议案摘要印刷分送各同业。研究室内置各种茶叶标本，全国各地茶情报告之刊物，以及印度、锡兰、日本等外国茶叶刊物。第二年学校改为省立，茶叶研究室继续。

福建省建设厅福安茶业改良场

民国 24 年（1935 年），福建省建设厅在福安社口创办“福安茶业改良场”。改良场肩负茶叶科研使命，张天福兼任改良场第一任主任，庄晚芳任技师。

福建省农林厅福安茶业试验场

1952 年 7 月，民国后期的省建设厅福安茶业改良场改为“福建省农林厅福安茶业试验场”，系今之“福建省农业科学院茶叶研究所”（简称“福建省茶科所”）的前身。

福建省茶科所自创建至 2019 年 8 月，所址均在福安市社口镇；此后原所址改为省茶科所福安综合试

省农林厅福安茶业试验场全体干部合影（1953 年）

验基地迄今。虽然体制多次变动，但其科研任务始终未变，内部机构和设施愈趋完善。目前所内设有福建省科技厅福建省乌龙茶种质资源圃（2000 年）、科技部福建省乌龙茶科技成果转化中心（2004 年）、农业部福安茶树资源重点野外科学观测试验站（2007 年）、国家茶产业技术体系乌龙茶育种岗位（2008 年）、农业部国家茶叶产业技术体系宁德综合试验站（2009 年）、福建省科技厅福建省茶树种质资源共享平台（2010）、农业部福建茶树及乌龙茶加工科学观测实验站（2013）、科技部茶树栽培与茶叶加工技术服务平台（2013 年）、农业部国家茶树改良中心福建分中心（2014 年）、农业农村部国家土壤质量福安观测实验站（2019）、福建省农业农村厅福建省茶种质资源圃（2022 年）、福建省优秀科普教育基地（2022 年）等国家级和省级创新平台。对福安茶业的发展功不可没。

详见本志卷九《专志·福建省农业科学院茶叶研究所》。

福安茶业试验站

1958 年 6 月，福建省福安茶业试验站（原福建省茶科所）下放福安县管理，更名“福安县茶业科学研究所”。各产茶公社成立茶业科学研究站，重点产茶大队成立研究组。1959 年 4 月，福安县茶业科学研究所收归福安专区管理。

茶业技术推广股

1986 年，福安县茶业管理局成立，局内设有技术推广站，负责乡镇茶业科技工作。1998 年 8 月，福安市确定市茶业事业局职能配置、内设机构和人员编制方案，内设茶业技术推广股，该股职责：做好名优茶开发及面上技术指导工作；做好茶叶加工机械的调拨、安装、维修等服务工作；加强病虫害的测报和农药合理使用等防治工作；做好茶叶信息、咨询、培训等服务工作；继续抓好局试验场的生产、示范、推广工作；做好良种的引种、选育、推广工作。2020 年 7 月，福安市茶业管理局更名“福安市茶产业发展中心”，茶业技术推广股及其职责延续至今。

企业设办的科研机构

福安有茶企业设办科研机构、进行科技创新的传统。

20 世纪 50 年代，国营福安茶厂内设有质量管理科、技术科等，确保产品质量，提高生产效率；成立专门小组，大搞技术革新，进行精茶生产线自动化改革。1961 年实现全国第一个茶叶精制全程自动化生产。

国营王家茶场于 20 世纪 60 年代成立科研组，推广“三改一补”经验，进行低产园改造和高标准茶园开辟。70 年代科研组开展小面积高产栽培试验，在采摘技术上独创“五采五养法”，在各地茶区推广。

21 世纪后，“坦洋工夫集团”“隽永天香”“新坦洋”“兴旺”“千氏茗”“科茗农业”“春润农业”“万丰农业机械”等民营企业先后成立科技小组，遇到生产中的实际问题，进行科技攻关，提高生产效率，提升产品品质，以适应市场需求。企业的科技成果有部分向国家知识产权局或版权局申请专利或计算机软件著作权登记。从 2011—2022 年，共有 70 多项成果获得相关证书。

科技队伍

职业技能等级认定

从 20 世纪 30 年代迄今，福安的茶业职业教育长盛不衰，为福建尤其是闽东各产茶县茶区培养了大量的茶业技术人才。福安的老一代茶人（60 岁以上）几乎都是福安茶职校、福安农职校或福安（宁德）农业学校出身，新一代的茶人有相当一部分是大专院校茶农专业的毕业生。这许多具有茶学教育背景的茶业技术人才，分布在福安各茶区，是各涉茶单位基本的科技力量。其中活跃在生产企业的，大多成为企业的经营和管理者、技术骨干或能工巧匠；服务于政府工作部门的，主要从事茶业的行政管理、业务指导和技术推广，1986 年以前还负责茶叶收购和生产。

2009 年，受福安市劳动部门委托，福安市茶业协会通过考核、评审，形成一份《福安市茶产业高技能人才名单》，合计 133 人。其中茶叶加工技师，一级 9 人，二级 58 人；茶叶审评技师，一级 8 人，二级 58 人。以上人员均获人力资源和社会保障部颁发的《职业资格证书》，名单如下：

◎**茶叶加工**

茶叶加工一级技师：傅佛华、郑明星、刘景灿、肖茂、吴世潘、林芝华、陈安邦、陈石连、陈霖，计 9 人；

茶叶加工二级技师：陈常颂、李宗雄、杨伏增、王水金、龚瑞堂、郑伏生、温裕乾、陈宏和、肖淑孙、龚石铃、兰伏贵、钟生发、郭凯年、林华柱、彭水声、林智仔、刘成华、王其祥、林建华、詹少华、陈书生、刘胜波、张邦铃、王祖素、林兰英、徐开银、柳绍德、刘华、全汉洲、刘生全、郑树才、杨玉清、徐江鸿、胡承录、罗绍光、林玉娟、李铤沂、沈铃春、施石树、赖兴旺、兰伏堂、张祥杰、林善枝、张毅、陈锦树、沈长清、吴建云、郑祖雄、陈森其、陈冬昌、何长春、袁赞昱、陈泽木、吴剑、李立、徐庆付、陈文辉，计 57 人。

◎**茶叶审评**

茶叶审评一级技师：陈玉成、黄旭明、龚达元、林学茂、林鸿、郭聪、薛立群、陈宝铃，计 8 人；

茶叶审评二级技师：薛彤云、潘福章、江瑞明、蔡同声、郑胜资、王桂松、刘斌、刘石宝、赵祥福、吴培明、胡景清、王明勇、张祖金、沈丞荣、温铃光、陈灿光、黄钿、缪光华、林妙龙、龚煦、周源锦、张锦华、杨峰、郑南辉、黄荣章、林小灵、薛鸿畴、缪立、李佳丽、陶国光、蔡培清、林成财、叶燊、刘光平、周晓景、陈树明、许灿春、简铃光、薛立元、阮卫华、黄成团、汤春祥、陈建华、陈建光、林清菊、林晓苹、张挺奇、陈曦、刘光茂、王宝清、吴锋、全国敏、刘秀全、雷吟、郑国声、陈宝清、杨建斌、温子清，计 58 人。

2010 年后，茶业职业技能等级认定工作由茶叶学会、规模以上企业、大专院校和有资质的第三方社会机构进行，组织开展茶艺师、评茶员、茶叶加工等茶产业相关职业（工种）培训，参加等级认定考核且成绩合格者均获得相应的《职业技能等级证书》。部分人员在外地接受茶业职业技能培训、获得相应的等级证书。

2021 年以后，根据福建省人力资源和社会保障厅、福建省农业农村厅《关于加强茶产业职业技能提升十条措施的通知》（闽人社文〔2021〕66 号）精神，福安市茶业部门积极支持开展全产业链培训，支持茶产业规模以上企业、大专院校、茶业协会等单位申报职业技能等级评价机构，开展职业技能等级认定和专项职业能力考核工作，引导有条件的职业培训学校按规定增设茶产业相关职业（工种）培训，推动茶产业职业技能评价。

专业技术职称（职务）评聘

福安所在宁德地区的技术职称评定工作始于 1980 年。这一年县、地区、省三级分别成立初、中、高级职称评定委员会，根据本人的申请（须填写相关表格），分别评出不同级别职称的人选，报请上级评委会认定。茶业系统归属农业部门，所评职称初级为技术员、助理农艺师、农艺师（中级职称）、高级农艺师（副高级职称）。6 月，福安县成立工程技术、干部技术职称考核晋升领导小组，下设办公室。11 月，成立县农业初级技术职称评定委员会，负责包括茶业系统在内的农业技术干部技术职称的考核晋升工作，评定并上报初级职称人选，向上级部门推荐中高级职称人选。1983 年，职称评定工作继续。福安茶业系统共产生各级职称 65 人，其中技术员 5 人、助理农艺师 44 人、农艺师 14 人、高级农艺师 2 人。此后职称评定工作暂停。

1986 年 5 月，福安县成立职称改革领导小组，按职数评定相应职称，实行评定职称与聘任技术职务相结合的办法，聘用后与相应工资挂钩。1989 年 9 月，评审通过福安县茶业系统 9 人为农艺师：李绍光、潘福章、薛幼宽（俱福安茶叶公司）、林绍明（城关茶站）、郑荣德（上白石茶站）、李润玉（溪柄茶站）、陈焕生（赛岐茶站）、郭尧金、吴培明（俱高坂茶场）。1990 年后，职称评定与聘用分开，由职称评定机构评出资格，用人单位根据职数指标决定聘用。《专业技术职务资格证书》由福建省人事局（省人事厅、省人力资源和社会保障厅）颁发（以下除专门说明外，均同）。

2002 年福安茶业系统专业职称结构如下：

在职高级农艺师 1 人：陈玉成；

退休高级农艺师 2 人：连树泉、陈乐生；

在职农艺师 14 人：詹步希、刘石宝、刘富新、刘义平、阮孝鋆、苏锦平、李光、陈若清、林鸿、林树洋、林宋日、林宝春、林灿泉、潘福章；

退休中级技术职称 14 人：陈椿年（经济师）、陈鉴钦、黄仰衡、吴家阔、陈旺生、吴培明、郑宗平、陈焕生、陈福森（俱农艺师）、黄宝鉴、黄麟祺、阮绍明、缪时声、梁淑生（俱工程师）。

2007 年 5 月，福安市茶业管理局退休干部吴家阔由省老科协评为教授级高级农艺师。

2009 年 7 月，福安市茶业管理局余成法被评为高级农艺师。

2011 年 5 月，福安市茶业管理局退休干部吴培明由省老科协评为教授级高级农艺师。

2017 年 4 月，福安市茶叶质量检测中心陈林海被评为高级农艺师。

2019 年 8 月，福安市茶叶质量检测中心林清菊被评为高级农艺师。

2021 年 2 月，福安市茶叶质量检测中心王水金被评为农业技术推广研究员。

2021 年 12 月，福安市民营茶企业有郑国华（科茗农业）、俞水荣、黄震标（俱春润农业）、龚煦（隽永天香茶业）4 人被评为制茶高级工程师。

2022 年 3 月，福安市茶业管理局原局长（后调任福安市农业农村局）陈祖枝被评为农业技术推广研究员。

2023 年，福安市茶业系统（包括事业单位、国有企业、民营企业，不包括设办在福安市的福建省属、宁德市属涉茶单位）专业职称结构如下：

农业技术推广研究员（正高级）1 人：王水金；

高级农艺师（副高级）3 人：余成法、陈林海、林清菊；

制茶高级工程师（副高级）4 人：郑国华、黄震标、俞水荣、龚煦；

农艺师（中级）2 人：陈建华、傅雯霏；

制茶工程师（中级）1 人：陈辉煌；

2003 年后退休农艺师 2 人：薛鸿畴、吴世潘、陈宝铃；

助理农艺师、助理制茶工程师、技术员等 20 多人。

科研成果

以下所列科研论著、专利和软件著作权仅为已知情况，不包括设办在福安市的福建省属、宁德市属涉茶机构的科研成果。

科研论著

以下各篇（本）均按作者，题目，发表情况（书刊名称、年份、期数，或论文交流时间、获奖情况）排列。文章均是发表在省级以上正式出版物的，论文交流为省级以上单位组织的学术活动。

黄麟祺《从祁红发酵谈到福建毛茶的改良》，《制茶学习》，1951 年 1 月，中茶公司制茶干部训练班编印；

阮作宽《大坪岗茶园解决水土冲刷的办法》，《福建农业》，1965 年第 9 期；

吴家阔《新选育的福安大白茶》，《科叶科学简报》，1979 年第 1 期；

杨遵尧《论福安县自然资源与茶叶质量关系》，省茶叶学会 1980 年优秀论文；

阮作宽《老茶园也要搞现代化建设》，《福建茶叶》，1980 年第 3 期；

郑宗平《天山绿茶》，《中国茶叶》，1981 年第 1 期；

阮作宽《茶园好绿肥——印尼小豆》，《福建茶叶》，1981 年第 1 期；

李锡福《瓶式转筒杀青烘干使用效果》，《茶叶科学简报》，1981 年第 1 期；

戈佩贞、吴培明《茶树短插育的技术调查及其参数》，《福建茶叶》，1981 年第 2 期；

郑宗平《老茶园返老还童提高单产》，《福建茶叶》，1981 年第 4 期；

吴家阔《地方茶树良种——福安大白茶》，《中国茶叶》，1981 年第 2 期；

阮作宽《谈低产茶园的改造》，《茶叶科学简报》，1981 年第 3 期；

吴家阔《福云在我县推广种植的调查报告》，《茶叶科学简报》，1981 年第 3 期；
郑宗平《茶园护坡物——黄花菜》，《茶叶科学简报》，1981 年第 3 期；
郑宗平《坦洋工夫新貌》，《中国茶叶》，1981 年第 4 期；
陈乐生《福安大白茶》，《福建茶叶》，1982 年第 1 期；
郑宗平《茉莉花栽培与丰收》，《贵州茶叶》，1982 年第 2 期；
吴家阔《试论我省衰老低产茶园改造技术》，《云南茶叶》，1982 年第 3 期；
李述经《采面养底、五采五养的介绍》，《茶业通报》，1982 年第 4 期；
黄麟祺《怎样能使内销花茶适销对路》，《福建茶叶》，1983 年第 3 期；
陈玉成《福安大白茶速成高产培育技术》，《福建茶叶》，1983 年第 3 期；
郑宗平《茶园深耕好处多》，《福建农业》，1983 年第 8 期；
李宗雄《坦洋工夫》，《福建土特产调研报告汇编（第一集）》，福建省科技情报研究所，1983 年 6 月；
郑宗平《亩产千斤茶叶的栽培技术》，《福建农业》，1984 年第 2 期；
吴家阔《摸清茶园资源，提供科学依据》，《茶叶科学简报》，1984 年第 4 期；
阮作宽《茶园水土保持研究》，《茶叶科学》，1985 年第 3 期；
林义生《闽东 65 型杀青烘干联用机》，《茶叶机械》，1985 年第 2 期；
郑宗平《福安茶园土根普查》，《福建茶叶》，1985 年第 3 期；
陈乐生《茶叶流通体制改革的看法》，《茶业通报》，1986 年第 4 期；
吴家阔《茶叶资源调查与茶叶生产建议》，《茶叶科学简报》，1986 年第 2 期；
杨尊尧《ND—400 型气化炉应用在茶叶初制生产技术上》，1986 年获农牧渔业部科技成果三等奖；
吴家阔《福建闽南乌龙茶的制作特点》，《四川茶叶》，1987 年第 3 期；
杨尊尧《茶叶现代化建设设想》，省茶叶学会 1987 年优秀论文；
连树泉《山地茶园的开辟经验》，《中国茶叶》，具体发表时间不详；
连树泉《福安大白茶窨茶试验》，《福建茶叶》，具体发表时间不详；

李述经《闽东茶叶栽培与加工研究》封面

吴家阔《茶园使用草甘膦技术》，《茶叶科学简报》，1988 年第 4 期；

杨尊尧《论福安县自然资源与茶叶质量关系》，1989 年获省茶叶学会优秀论文奖；

吴家阔《搞好夏秋茶，提高社会经济效益》，《福建茶叶》，1990 年第 2 期；

黄仰衡《乌龙茶新品种朝阳引种鉴定报告》，《茶叶科学简报》，1992 年第 4 期；

陈玉成《福安市明前茶开发经验·问题及对策》，《茶叶科学简报》，1994 年第 2 期；

陈玉成《遵循市场经济规律　促进茶业经济发展》，《福建茶叶》，1994 年第 2 期；

陈玉成《茶苗煤病防治技术》，《福建茶叶》，1994 年第 3 期；

陈乐生《福安大白茶的性状及其栽培采制技术》，《茶业通报》，1994 年第 4 期；

王水金《效益为主的因茶制宜灵活经营》，《福建茶叶》，1995 年第 1 期；
吴家阔《福安茶叶发展历程及再上新台阶的探索》，《福建茶叶》，1995 年第 3 期；
陈乐生《福安市繁育推广茶树良种工作概述》，《福建茶叶》，1995 年第 4 期；
王水金《自我完善走出低谷——柏柱洋茶叶生产销售双丰收》，《中国茶叶》，1995 年第 6 期；
陈旺生《提高茉莉花品质的主要措施》，《茶叶科学技术》，1996 年第 2 期；
王水金《台刈技术在福大茶园的应用》，《福建茶叶》，1996 年第 3 期；
陈玉成，《抓好“四前”管理　提高春茶比重》，《福建茶叶》，1996 年第 4 期；
陈玉成《谈福安市茶业产业化》，《福建茶叶》，1996 年第 4 期；
王水金《冬季茶园使用石硫合剂防治黑刺粉虱效果好》，《福建茶叶》，1998 年第 3 期；
詹步希《发挥茶叶生产优势，促进农村经济发展》，《福建茶叶》，1998 年第 4 期；
林妙龙《福安市名优茶开发的几点浅见》，《茶叶科学技术》，1999 年第 1 期；
王水金《无公害茶园建设的实践》，《福建茶叶》，1999 年第 2 期；
陈玉成《跨世纪福安茶业的发展战略》，《茶叶机械杂志》，2000 年第 4 期；
陈玉成《福安市降低茶叶农残措施与成效》，《福建茶叶》，2001 年第 2 期；
陈玉成《福安市茶业产业结构调整的探讨》，《福建茶叶》，2002 年第 2 期；
陈玉成《坦洋工夫红茶“金针王”制作工艺》，《福建茶叶》，2002 年第 7 期；
陈建华《浅谈闽东茶叶的品牌建设》，《福建茶叶》，2004 年第 1 期；
陈建华《立足当地资源，培植茶叶产业》，《茶叶科学技术》，2004 年第 4 期；
郑明星《提高坦洋工夫红茶品质的主要措施》，《茶叶科学技术》，2005 年第 1 期；
郑明星《生物农药制剂的增效技术在茶叶上的推广应用》，《茶叶科学技术》，2005 年第 1 期；
陈成基《福安名茶撷英》，《茶叶科学技术》，2006 年第 3 期；
林清菊《福安茶产业发展现状及对策》，《茶叶科学技术》，2007 年第 3 期；
王水金《坦洋工夫及其品牌建设》，《茶叶世界》，2007 年第 4 期；
王水金《浅谈工艺茶生产茶园管理技术》，《中国茶叶》，2007 年第 6 期；
陈玉成，《福安茶叶“五新”示范推广实践》，《茶叶科学技术》，2008 年第 2 期；
余成法《坦洋工夫初制加工技术规程》，《茶叶科学技术》，2008 年第 3 期；
王水金《福安市多茶类生产的探讨》，《中国茶叶》，2008 年第 5 期；
王水金《福安市茶园安全体系的创建及成效》，《中国茶叶》，2009 年第 1 期；
林清菊《福安市推广茶园机采技术的实践经验》，《茶叶科学技术》，2009 年第 1 期；
陈成基《坦洋工夫红茶初制的理论基础与实践》，《福建茶叶》，2009 年第 1 期；
林光华等《东方美人茶加工工艺及适制品种试验初报》，《福建茶叶》，2009 年第 2 期；
王水金《坦洋工夫栽培技术措施》，《中国茶叶》，2010 年第 3 期；
林清菊《福安坦洋工夫产销现状及发展思路》，《中国茶叶》，2010 年第 3 期；
陈林海《白茶萎凋工艺研究概述》，《茶叶科学技术》，2010 年第 3 期；
陈建华《茶树短穗扦插繁育技术》，《茶叶科学技术》，2010 年第 4 期；
林清菊《福安市创建全国绿色食品原料（茶叶）标准化生产基地市的主要措施》，《蚕桑茶叶通讯》，2010 年第 5 期；
陈林海《茶叶中有机氯与拟除虫菊酯类 8 种农药残留测定方法的探讨及应用》，《福建茶叶》，2010 年第 8 期；

王水金《探究坦洋工夫复兴之源》，《茶叶通讯》，2011 年第 3 期；

林清菊《生态先行品牌带动—福安市现代茶业发展的主要做法和经验》，《福建茶叶》，2011 年第 4 期；

陈成基《八大创新，推进坦洋工夫红茶的跨越发展》，《福建茶叶》，2012 年第 1 期；

王水金《坦洋工夫国家标准的传承与创新》，《茶叶通讯》，2012 年第 2 期；

黄震标等《高香型坦洋工夫红茶初制工艺》，《福建茶叶》，2012 年第 2 期；

陈林海《多种茶树品种加工新工艺坦洋工夫的适制性初探》，《福建茶叶》，2012 年第 5 期；

王水金《福安市茶叶标准化的实践与成效》，《茶叶通讯》，2013 年第 2 期；

林清菊《浅谈金观音工夫红茶加工技术》，《蚕桑茶叶通讯》，2014 年第 1 期；

林清菊《推动福安市茶产业发展的对策分析》，《福建茶叶》，2014 年第 4 期；

王水金《坦洋工夫品牌资源整合的思考》，《中国茶叶》，2014 年第 8 期；

林清菊《不同季节福云 6 号工夫红茶加工关键技术》，《中国茶叶》，2014 年第 8 期；

陈林海《多种高香型茶树品种加工绿茶技术初探》，《福建茶叶》，2016 年第 2 期；

林清菊《福安市创建出口茶叶质量安全示范区的思考》，《蚕桑茶叶通讯》，2016 年第 12 期；

陈林海《紫玫瑰创新型坦洋工夫红茶加工技术初探》，《农技服务》，2016 年第 13 期；

王水金《浅析坦洋工夫创新思路》，《中国热带农业》，2017 年第 5 期；

陈祖枝《福安茶树良种繁育现状及存在问题分析，《福建茶叶》，2018 年第 2 期；

黄震标等《花果香型红茶加工技术》，《中国茶叶》，2019 年第 2 期；

余成法《从茶场到茶商的有益探索》，《中国农垦》，2019 年第 3 期；

陈祖枝《世界红茶》副主编，中国农业出版社，2019 年 5 月版；

陈祖枝《花果香坦洋工夫红茶复合式烘焙方式探讨》，《中国茶叶》，2019 年第 7 期；

张锦华《福建名茶冲泡与品鉴》编委，福建科学技术出版社，2019 年 8 月版；

余成法《补短板创机制构建乡村振兴平台公司》，2020 年中国农垦经济研究会年会征文三等奖；

王水金《福安茶树种质资源的保护和利用》，《中国茶叶》，2020 年第 9 期；

朱惠、张帆、缪瑶《坦洋工夫茶国家标准样品的研制成效与未来茶叶标准化发展路径探究》，《福建茶叶》，2020 年第 10 期；

俞水荣《坦洋工夫红茶加工技术探索》，《广东茶业》，2021 年第 2 期；

王水金《浅析团体标准背景应用下紧压茶的发展》，《福建热作科技》，2022 年第 1 期；

陈林海《福安地方茶树种质亲缘关系与遗传多样性》，《茶叶通讯》，2022 年第 2 期；

林清菊《不同萎凋环境对福安大白白茶感官品质的影响初探》，《茶业通报》，2022 年第 2 期；

余成法《加快垦区集团化促进资源整合——福安市农垦集团有限公司构筑乡村振兴平台公司的实践》，《中国农垦》，2022 年第 8 期；

附：“2011 年中国红茶高峰论坛”福安作者提交的论文

在福安举行的“2011 年中国红茶高峰论坛”上，福安作者共提交了 23 篇论文。作者、文题及工作单位（含福建省茶科所和宁德职业技术学院）如下：

陈灼生《传承百年品牌，建设茶业强市》，福安市人民政府；

戈佩贞、吴培明等《坦洋工夫红茶历史溯源现状及展望》，宁德职业技术学院、坦洋工夫集团公司等；

赵梅芳《从隽永天香茶业看坦洋工夫茶》，福安隽永天香茶业公司；

黄先洲、潘玉华、田研基、周寒松《坦洋工夫红茶主要生化成分与品质相关性探讨》，宁德职业技术学院；

陈荣冰《影响工夫红茶品质的主要因素》，福建省茶科所；

张方舟《工夫红茶专业感官审评与大众化品鉴》，福建省茶科所；

余成法、钟雪玉《低温长发酵对坦洋工夫品质的影响》，福安市茶业管理局、潭头镇农业服务中心；

缪尘侠、孙庆春《试谈提高“坦洋工夫”初制品质》，福建省南方佳木茶业公司；

邬龄盛《红茶品质风格和工艺走势》，福建省茶科所；

赖兴旺《坦洋工夫红茶生产工艺控制点调整的实践与思考》，福建省南方佳木集团有限公司；

何飞舟《民族品牌视觉形象管理视界下的“坦洋工夫”包装设计浅议》，宁德职院；

潘玉华《千锤百炼坦洋红》，宁德职院；

《2011中国红茶高峰论坛论文集》封面

陈林海、宋丹丹《坦洋工夫红茶中有机氯及拟除虫菊酯类等7种农药残留测定方法初探》，福安市茶业管理局；

张磊、杨如兴《福建红茶的生产现状与技术创新》，福建省茶科所；

陈常颂、游小妹、陶湘辉、林郑如、钟秋生、陈荣冰《瑞香等3个高香型红茶与乌龙茶兼用新品种的主要性状》，福建省茶科所；

林光华、郑南辉《高香型茶树品种制作坦洋工夫红茶的适制性研究初报》，福安市政府、坦洋工夫集团股份公司；

周晓景《在福安市高海拔区域建设“坦洋工夫”红茶生态有机茶生产基地的实践与思考》，宁德职院；

林小灵《坦洋工夫红茶标准化基地建设》，福建坦洋工夫集团股份公司；

郑乃辉《明清时期福州港与茶叶贸易》，福建省茶科所；

陈孟生《平月茶业打造坦洋工夫品牌红茶的实践与思考》，福安市茶业协会；

蓝图《坦洋工夫贸易链条与茶商的策略》，福安籍旅美学者；

余挺《坦洋工夫：从旧金山世博会到上海世博会的百年荣耀》，福安市茶业协会；

陈成基《工夫红茶的药用和保健功效》，福安市茶业协会。

专利和软件著作权

以下各项为已知部分专利和软件著作权，均按名称、获得时间、授予单位、说明排列。

◎福建福安市城湖茶叶有限公司

茶鲜叶热风凉青机，2010.7，国家知识产权局，实用新型专利；

成品茶程控拼配机，2010.8，国家知识产权局，实用新型专利；

茶青叶加温脱水机，2010.8，国家知识产权局，实用新型专利；

成品茶静电去杂机，2010.8，国家知识产权局，实用新型专利；

成品茶分选机，2010.9，国家知识产权局，实用新型专利；

茶叶吸尘除沙分选机，2010.9，国家知识产权局，实用新型专利；

一种茶叶揉捻机，2012.12，国家知识产权局，实用新型专利；

一种可调控茶青上料装置，2012.12，国家知识产权局，实用新型；

一种绿茶热气杀青机，2013.1，国家知识产权局，实用新型专利；

一种自动立式茶青萎凋机，2012.10，国家知识产权局，发明专利。

◎福建坦洋工夫集团股份有限公司

茶叶速包机构，2011.8，国家知识产权局，实用新型专利；

阶梯式拣梗装置，2011.8，国家知识产权局，实用新型专利；

液化汽加热滚筒，2011.8，国家知识产权局，实用新型专利；

球茶整型装置，2011.8，国家知识产权局，实用新型专利；

茶叶发酵室，2011.8，国家知识产权局，实用新型专利；

茶叶烘干机，2011.8，国家知识产权局，实用新型专利；

一种工夫红茶的加工方法，2012.12，国家知识产权局，实用新型专利。

◎福建隽永天香茶业有限公司

一种茶叶速包机，2012.12，国家知识产权局，实用新型专利；

一种茶叶分选机，2012.10，国家知识产权局，实用新型专利；

一种茶叶包揉机，2012.10，国家知识产权局，实用新型专利；

一种茶叶动态失水装置，2013.1，国家知识产权局，实用新型专利；

一种茶叶揉捻装置，2013.1，国家知识产权局，实用新型专利；

一种茶叶杀青装置，2013.1，国家知识产权局，实用新型专利；

一种新型茶叶萎凋装置 2013.1，国家知识产权局，实用新型专利；

一种翻滚式摇青传送装置，2013.1，国家知识产权局，实用新型专利；

一种茶叶揉捻机的传送装置，2013.1，国家知识产权局，实用新型专利；

一种新型茶叶回潮装置，2013.1，国家知识产权局，实用新型专利；

一种茶叶传送装置，2013.1，国家知识产权局，实用新型专利；

一种茶叶萎凋房，2017.6，国家知识产权局，实用新型专利；

一种具有自动回流加工功能的平面圆筛系统，2017.4，国家知识产权局，实用新型专利；

一种匀堆机的投料系统，2017.3，国家知识产权局，实用新型专利；

一种健胃补肾红茶的制备方法，2018.6，国家知识产权局，发明专利。

一种茶树专用基质盆，2023.8，国家知识产权局，实用新型专利。

◎福建新坦洋集团股份有限公司

电子商务平台，2015.11，国家版权局，计算机软件著作权；

茶叶全产业链创新管理平台，2015.11，国家版权局，计算机软件著作权；

农产品质量安全追溯系统，2015.11，国家版权局，计算机软件著作权；

智慧农业物联网信息管理系统，2015.11，国家版权局，计算机软件著作权；

智能制茶生产管理软件，2015.11，国家版权局，计算机软件著作权；

智慧旅游公共服务平台，2016.2，国家版权局，计算机软件著作权；

高精度茶叶风选机，2016.3，国家知识产权局，实用新型专利；

具有除尘功能的茶叶风选机，2016.3，国家知识产权局，实用新型专利；

可除茶尘的茶叶筛分机，2016.3，国家知识产权局，实用新型专利；

具有防灼伤功能的茶叶杀青机，2016.3，国家知识产权局，实用新型专利；

旋转式茶叶提香机，2016.3，国家知识产权局，实用新型专利；

小温差茶叶提香机，2016.3，国家知识产权局，实用新型专利；
具有分段式炉头的茶叶杀青机，2016.3，国家知识产权局，实用新型专利；
可多方向筛动的茶叶筛选机，2016.4，国家知识产权局，实用新型专利；
茶产业物联网信息服务系统，2017.1，国家版权局，计算机软件著作权；
茶品储运信息管理系统，2017.1，国家版权局，计算机软件著作权；
茶叶物联网数据中心平台，2017.1，国家版权局，计算机软件著作权；
茶园智能管理系统，2017.1，国家版权局，计算机软件著作权；
一种茶园昆虫诱捕装置，2017.11，国家知识产权局，实用新型专利；
一种茶叶加工用的分层式烘焙器，2022.8，国家知识产权局，实用新型专利；
一种茶叶冷冻干燥机上料传送装置，2022.8，国家知识产权局，实用新型专利；
一种具有筛选功能的茶叶烘焙装置，2022.8，国家知识产权局，实用新型专利；
一种茶叶冷冻干燥机用排水过滤机构，2022.9，国家知识产权局，实用新型专利；
一种热风循环式茶叶烘焙机，2022.9，国家知识产权局，实用新型专利；
一种茶叶真空冷冻干燥机，2022.9，国家知识产权局，实用新型专利；
一种受热均匀的茶叶烘焙装置，2022.11，国家知识产权局，实用新型专利；
一种茶叶冷冻干燥机用预冷除霜装置，2022.11，国家知识产权局，实用新型专利。

◎福建省兴旺茶业有限公司

茶叶风选机的清洁装置，2013.10，国家知识产权局，实用新型专利；
茶叶抖选机，2013.10，国家知识产权局，实用新型专利；
一种智能型茶叶萎凋机，2013.10，国家知识产权局，实用新型专利；
一种揉捻机，2013.10，国家知识产权局，实用新型专利。

◎福建省千氏茗茶业有限公司

一种茶叶烘干装置，2013.1，国家知识产权局，使用或保护范围 10 年，实用新型专利；
茶叶发酵装置，2014.5，国家知识产权局，实用新型专利；
茶叶萎凋装置，2014.5，国家知识产权局，使用或保护范围 10 年，实用新型专利。

◎福安市科茗农业发展有限公司

一种奶香型绿茶的加工方法，2014.8，国家知识产权局，获福安市第二届专利奖三等奖；
一种白牡丹茶及其加工方法，2016.6，国家知识产权局，获福安市第四届专利奖二等奖；
花香型白牡丹茶生产技术智能管控系统，2021.5，国家版权局，计算机软件著作权；
坦洋工夫红茶生态观光茶园种植及小绿叶蝉精准防控管理系统，2021.5，国家版权局，计算机软件著作权；
坦洋工夫颗粒状红茶制作控制系统，2021.5，国家版权局，计算机软件著作权；
澳大利亚革新专利防治小绿叶蝉的福建工夫红茶生态观光茶园，2021.7，澳大利亚专利局。

◎春润（福建）农业发展有限公司

一种野生红茶的加工方法，2020.5，国家知识产权局，发明专利。

◎福安市万丰农业机械有限公司

一种茶叶加工尾气净化装置，2020.10，国家知识产权局，实用新型专利；
一种茶叶生产加工用滚筒式杀青机，2022.12，国家知识产权局，实用新型专利；
一种茶叶生产用防止卸料堵塞的揉捻机，2022.12，国家知识产权局，实用新型专利；

茶叶生产线自动揉捻控制系统，2020.5.9，国家版权局，计算机软件著作权；

智能化茶叶生产控制系统，2020.5.9，国家版权局，计算机软件著作权；

一种高效热风炉，2020.10，国家知识产权局，实用新型专利；

一种环保型茶叶炒干机，2020.10，国家知识产权局，实用新型专利；

一种清洁化茶叶生产线，2020.10，国家知识产权局，实用新型专利；

一种清洁化炒青设备，2020.10，国家知识产权局，实用新型专利；

一种清洁化卷曲形茶生产装置，2020.10，国家知识产权局，实用新型专利；

一种新式茶叶发酵机，2020.10，国家知识产权局，实用新型专利；

一种新式茶叶辉干机，2020.10，国家知识产权局，实用新型专利；

一种新式茶叶杀青机，2020.10，国家知识产权局，实用新型专利；

一种新式茶叶提升机，2020.10，国家知识产权局，实用新型专利；

一种新式金属热风炉，2020.10，国家知识产权局，实用新型专利；

一种新式颗粒燃烧器，2020.10，国家知识产权局，实用新型专利；

一种新式冷却运输机，2020.10，国家知识产权局，实用新型专利；

一种自动化送料装置，2020.10，国家知识产权局，实用新型专利；

一种尾气除酸装置，2020.11，国家知识产权局，实用新型专利；

一种高温热风滚筒式杀青机，2020.11，国家知识产权局，实用新型专利；

一种脉冲滤筒式除尘器，2020.12，国家知识产权局，实用新型专利；

一种茶叶智能萎凋机，2022.12，国家知识产权局，实用新型专利；

一种茶叶生产用节能型滚筒式杀青机，2022.12，国家知识产权局，实用新型专利；

一种茶叶蒸汽高温杀青机，2022.12，国家知识产权局，实用新型专利；

一种茶叶智能发酵机，2022.12，国家知识产权局，实用新型专利。

◎福安市胡氏泰昌盛茶业有限公司

一种山苍子窨制茶叶工艺及其应用，2017.7，国家知识产权局，发明专利；

茶叶体验分享商务社交共享平台 V1.0，2017.8，国家版权局，计算机软件著作权。

◎福建省彤云农业科技有限公司

一种茶造型结构，2001.5，国家知识产权局，实用新型专利。

科技成果获奖

1978—2022 年福安市科技成果获奖一览表

年份	项目名称	承担及协办单位	主研人员	颁奖单位	获奖级别
1978	小面积茶叶亩产超千斤	王家茶场科研组		福建省政府	省科学大会奖
1979	福安大白茶小面积高产	王家茶场科研组	李述经	福建省科委	省科技成果奖
1979	福安大白茶选育	福安县茶业局	陈乐生	宁德地区科委	科技成果二等奖
1981	大毫、早逢春、福安大白	福安县茶业局等		国家农林部	科技成果二等奖
1982	福建茶树良种繁育与推广	福安县茶业局等	陈乐生等	国家农牧渔业部	农牧业技术改进二等奖
1984	“福安大白茶”等被全国茶树良种审定会定为国家级推广良种	福安县茶业局等	陈乐生等	国家农业部	全国农作物审定委员会审定合格
1984	ND-400 型残余物汽化炉	福安县茶业局等	杨尊尧	国家农业机械部	科研成果三等奖
1985	“福安大白茶”高产优质栽培技术	福安县茶业局等	叶乃寿等	宁德地区行署	三等奖

续表

年份	项目名称	承担及协办单位	主研人员	颁奖单位	获奖级别
1986	研制成功 CL-65 型杀青、烘干两用机	福安茶机厂	林义生等	国家商业部	科学技术改进四等奖
2000	福建省无公害茶园建设	福安市茶业局等	陈玉成、潘福章等	国家农业部	全国农牧渔业丰收奖二等奖
2017	高香型有机坦洋工夫红茶加工关键技术示范与推广	福建隽永天香茶业有限公司等	龚煦等	宁德市人民政府	宁德市科学技术进步奖三等奖
2017	高香型有机坦洋工夫红茶加工关键技术示范与推广	福建隽永天香茶业有限公司等	龚煦等	福安市人民政府	2016 年度（第五届）科学技术进步奖二等奖
2018	优质绿茶新型全自动清洁化成套装备与配套技术集成应用	福建隽永天香茶业有限公司等	龚煦等	福安市人民政府	2017 年度（第六届）科学技术进步奖二等奖
2022	福建现代茶产业技术体系提质增效关键技术集成创新与示范推广	福安市茶产业发展中心		国家农业农村部	全国农牧渔业丰收奖一等奖

第四章　科技普及推广

科技活动

1953 年，“中茶公司”和福建省农林厅茶业改进处组织技术力量对“九一八”式揉茶机进行改良，定名为“五三”式揉茶机。福安茶厂组织各茶区技术人员进行培训，福安制茶开始由手工向机械过渡。

1959 年 3 月，全国茶叶生产现场会议在福安专区召开，来自全国 16 个产茶省的代表 100 多人参观松罗、社口茶区。

1960 年 2 月，全国茶叶加工现场会在福安县举行，来自北京和 17 个产茶省的代表参观福安茶厂机械制茶（精制）全程自动化生产线现场。26 日《大公报》头版头条刊登《福安茶厂生产全程自动化》一文，文称福安茶厂大闹技术革命，用机械代替手工劳动，工效提高 21 倍，节省劳力 75%，产品质量提高。3 月 26 日至 4 月 2 日，国家农业部在福安召开全国茶叶生产现场会，来自 14 个产茶省的 154 名代表在福安参观社口茶乡和茶科所的低产茶园改造、育苗、茶叶加工的先进典型。

1976 年 10 月 7—16 日，省农业局、供销社联合召开全省茶叶生产流动现场会，与会代表参观福安县甘棠公社南塘、北门大队茶场，福安县王家、红星茶场，以及省茶科所新茶园。

1977 年 4 月，福建省农茶场茶叶初制经验交流

1959 年茶叶科技干部下乡进行科研（林志锋 提供）

会在福安召开。

1981 年 5 月 5 日，福建省首届茶机学术讨论会在福安县召开。讨论会由省农机学会、省农科院茶科所和宁德地区农机学会联合主持，参加讨论会的有科研、教学、制造、使用、管理等 46 个单位的 64 名代表，省茶叶学会也派代表参加。12 月，福安县茶叶局干部吴培明出席在杭州召开的全国茶叶科学技术讲座。

1982 年 9 月，吴培明出席在厦门召开的华东地区科技成果交流会。

1983 年 6 月 21—23 日，国家机械部在福安召开“ND － 400 型气化炉鉴定会”，来自 12 个省市和中国农业机械研究院、北京农学院、国家科技攻关局、福建省机械厅等单位的 63 名专家出席会议。

1984 年 11 月，全国茶树良种会议（厦门）审定通过“福安大白茶”为国家级良种。与会代表专程到福安甘棠参观福安大白茶育苗基地。

1985 年 11 月 11 日，福建省农业科学院茶叶研究所成立 50 周年纪念大会暨学术讨论会在福安举行。

1989 年 11 月，福建省首届茶叶青年学术论文研讨会在省茶科所举行。

1991 年 3 月，第二届“中国 • 闽东 • 福安茶文化交流会”在福安举办，200 多名来自日本、新加坡、美国以及中国包括港、澳、台地区的茶界友人参与茶文化交流活动。

2008 年 6 月，全省农业“五新”（新品种、新技术、新肥料、新农药、新机具）示范推广现场观摩会在福安市召开。这一年，坦洋工夫股份公司创制“花果香坦洋工夫红茶”获得成功，初名“一泡红”（又称“闽科红”）。

2010 年，作为“福建省科技星火计划”之一，福安市老科协在社口镇坦洋村、晓阳镇晓阳村开展“坦洋菜茶优选繁育与示范”科技活动。

2011 年 1 月 30 日，福建坦洋工夫集团股份有限公司以“一种工夫红茶的加工方法”向国家知识产权局提出并通过专利申请。6 月 22 日，由中国茶叶学会主办，中华茶产业促进会、福建省茶叶学会等协办，福安市政府承办的“2011 年中国红茶高峰论坛”在福安举行。论坛共收到论文 65 篇，其中福安占 23 篇。

2012 年 5 月 23 日，福安市茶业协会召开“花香型坦洋工夫产销研讨会”，21 家茶企业的 30 件茶样参加交流研讨。

2013 年 7 月 18 日，全国茶叶标准化技术委员会（简称茶标委）红茶工作组在福安成立，该工作组主要负责红茶领域的国家标准的制修订工作。10 月，城湖茶叶公司的“坦洋工夫红茶标准化生产与白茶产业化配套技术研究”项目，获福安市政府第二届（2010 年度）市科技进步三等奖。

2014 年，隽永天香茶业公司被省科技厅授予“福建省高香型坦洋工夫红茶企业工程技术研究中心”。

2015 年 12 月 11 日，全国茶标委红茶工作组一届三次会议暨中国红茶发展研讨会在福安召开，与会专家、代表 180 余人汇聚福安，共同探讨红茶发展新思路、新标准。9 月 24 日，全国“‘十三五’茶科技与产业发展战略学术研讨会”在福安召开，研讨会由中国茶叶学会和中国农科院茶研所主办。

2016 年，新坦洋集团股份公司被省科技厅授予“省红茶企业工程技术研究

设在坦洋茶场的红茶科技小院

中心”，入选省科技厅等授予的“福建省科技小巨人领军企业”。

2017 年 1 月 10 日，全国茶标委红茶工作组一届三次会议暨中国红茶创新研讨会在福安召开，促进福安红茶的科技创新。隽永天香茶业公司被科技厅评为“福建省科技小巨人领军企业”“福建省科技型企业”。

2018 年，福安市茶业协会等单位联合制定《花果香坦洋工夫·“闽科红”团体标准》，规范创新型花果香红茶的初制和精制的工艺流程。

2019 年 7 月 13 日，“坦洋工夫茶非遗技艺传习所”在位于福安市社口镇的坦洋茶场揭牌成立。

2020 年 8 月，福安市承办“全国茶叶加工（红茶）职业技能竞赛福建省初赛”暨“福建省首届茶叶加工工职业技能竞赛”。

2021 年 5 月，“福建福安红茶小院科技小院”依托福建农垦茶业有限公司成立，共建单位为福建农林大学园艺学院茶学系。

2022 年 8 月，福安市举行“第五届全国农业行业职业技能大赛茶叶加工赛项福建省选拔赛”暨“福建省第二届茶叶（绿茶）加工职业技能竞赛”。“三茶”（茶文化、茶科技、茶产业）统筹发展大会在福安市召开，并正式成立全国首个“三茶”研究院。9 月 20 日，第二届世界红茶产品质量推选活动在福安市举行，1031 家国内外在华企业选送 1334 个红茶样品参加推选。10 月 12 日，“三茶融合助推乡村振兴梦顶论坛暨第四届张天福茶学研讨会”在宁德职业技术学院举办。

2023 年 11 月 10 日，坦洋村举行由省农业科学院、省乡村振兴研究会、宁德市人民政府、宁德师范学院联办的“三茶统筹乡村振兴”茶文化茶产业茶科技研讨交流会。

科技援外

20 世纪 60 年代，我国为帮助一些亚非国家发展茶业，多次派出专家援外，其中就有福安的茶叶专家。1961 年 12 月，中国政府应马里共和国政府之邀，派出以林桂镗（省茶科所所长）为组长的茶叶专家组赴马里帮助发展茶叶生产。专家组带去福安坦洋菜茶和浙江鸠坑大叶种的茶籽到马里试种成功，培育出适合当地的新品种“49—60”茶。

1965 年 3 月，受农业部派遣，我国茶叶专家郭元超（省茶科所）、李敏泉（福安茶厂）、李观味（福鼎县国营翁江茶场）再赴马里援助种茶，历时 5 年，建成马里共和国第一个茶园巴兰古尼茶园，培训一批茶叶科技人才。

1966 年 10 月至 1968 年 2 月，农业部派遣林桂镗带领由林德恩（福安农校）、陈福森（省茶科所）、黄宝鉴（福安茶厂）组成的专家组援外，先后两次前往阿富汗帮助种茶，并取得成功。

行业培训

1950 年 12 月，中国茶叶公司在浙江杭州举办第一期茶叶技术训练班，福安茶厂（阳头茶厂）派技术干部黄麟祺等参加学习。1951 年 1 月，杭州训练班结束后，参训人员回厂再培训技术人员。

1953 年，“中茶公司”和福建省农林厅茶业改进处组织技术力量对“九一八”式揉茶机进行改良，定名为“五三”式揉茶机。福安茶厂组织各茶区技术人员进行培训，福安制茶开始由手工向机械全面过渡。

1972 年 12 月，宁德地区各县基层茶叶审评员集中福安茶厂，由商业部茶业组主持召开经验交流会，期间组织基层审评员进行培训。

1973 年，福安县各茶区人民公社组织大队农技员、知识青年进行山地茶园开垦培训，学习连片茶园的开垦技术，包括茶园道路缓坡和等高梯层的处理、深耕施基肥、合理密植、良种壮苗等技术。

1983 年 11 月，宁德地区茶叶技术推广站在福安甘棠北门茶场，举办首届集体茶场不脱产技术员培训班，全区 8 个县有 38 个社队茶场有 45 名学员参加培训。

1990 年 10 月，福建省退伍军人培训学校在福安市正式开学，学校开设茶叶栽培与制作、畜牧兽医、电机电器维修等 8 个专业，50 名学员参加培训。

1996 年 9 月，市茶业局选择地形条件较好，栽培管理水平中等的溪柄镇茶园作为示范推广机械采茶的试验园，邀请省茶科所、福建农大等单位专家联合举办培训班，培训采茶机械的操作、维修、管理等。

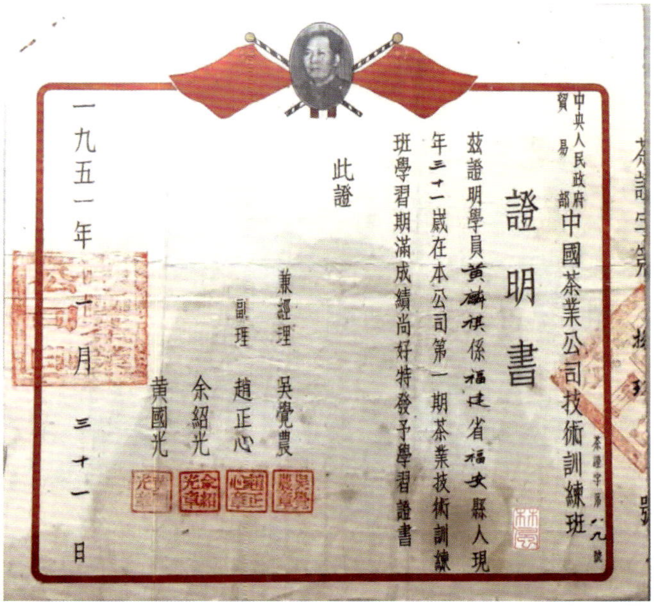
中央人民政府貿易部中國茶業公司技術訓練班

茶證字第 一八九 號

證明書

茲證明學員黃麟祺係福建省福安縣人現年三十一歲在本公司第一期茶業技術訓練班學習期滿成績尚好特發予學習證書

此證

兼經理 吳覺農

副理 趙正心

余紹光

黃國光

一九五一年十月三十一日

中茶公司技术训练班结业证书（林志锋 提供）

2005 年 3 月 17 日，宁德市茶业部门与老促会在福安松罗举办茶叶技术培训班，100 多人参加培训。5 月，福安市茶业协会组织茶企人员参加宁德职业技术学院举办的首届评茶员培训班学习。

2009 年 5 月 4—6 日，福建省关工委、团委、妇联和宁德市、福安市妇联在福安联合举办“福建农村青年致富种子工程红茶加工培训班”，来自南平、三明和宁德三市的 120 多名茶企员工和茶农代表参加培训。是年，福安市组织技术人员先后在松罗、社口、溪柄等乡镇共举办 8 期茶叶技术培训班，1000 多人次参加培训。

2014 年，为提高茶产业人员素质，应对茶产业形势的发展变化，市茶业管理局、市茶业协会举办“福安市 2014 年现代茶业发展研修培训班”，研修培训内容包括“福建省茶产业现状与产业政策分析”“电子商务时代：传统茶企业如何应对”等。市茶业协会与福安电大联合举办茶艺师培训班；参加科协组织的“全国科普日暨福安科普大讲坛活动”，开展秋季高香型茶树加工红茶技术培训；组织茶企业参加宁德“茶文化产业与茶叶营销高中级研修班”，组织茶企业参加在宁德市“茶叶清洁化生产设施现场观摩及生产营销专题讲座会议”。

2015 年 6 月 17—19 日，全国茶叶绿色生产模式及配套技术培训班在福安市举办。本次培训班由全国农技中心主办，福建省农业厅、福安市茶业管理局承办。来自全国 17 个产茶省，近 150 人参加培训。

2017 年，市茶业协会单独或与相关单位合作组织多场培训，其中包括秋季举办的“花果香坦洋工夫红茶发展与展望培训班”。

2019 年 4 月 28 日，由福安市人民政府主办，市茶业局、人社局、茶业协会联合承办的“第二届坦洋工夫制茶能手大赛暨茶叶技术培训”在福安市坦洋茶场举行。这一年春季，市茶业局还举办茶叶加工技术培训班，内容包括花果香坦洋工夫红茶加工技术、茶园机械示范推广等。茶业协会举办多场次茶叶技术培训班，如绿色高质高效培训班等，引导茶企进行绿色食品认证。

2020 年 4 月，市茶业局先后在穆云、晓阳等乡镇举办茶叶技术培训班，300 多人参加培训，主要培训内容有茶业绿色发展、茶园病虫害的绿色防控等。6 月 27—29 日，由宁德职业技术学院主办的“2020 年茶叶加工职业技能培训班”开办，来自福安、寿宁、柘荣等市县的茶企业员工和茶农 51 人参加培训。市茶业协会开办坦洋工夫茶非遗技艺培训班，由郑明星、郑树才等 5 位技术老师进行手工实操指导，百

省科技特派员服务团深入茶企基地进行现场培训

现场实训

名学员参加培训。

2021年4月23日，“中国茶叶·制茶师（花果香型红茶）研习班”在福安市坦洋茶场开班。研习班由国家茶产业技术创新战略联盟与中国农业科学院茶叶研究所共同主办，中国茶叶杂志社、福安坦洋茶场联合承办。

2022年5月27日至6月1日，中国农业科学院茶叶研究所、茶产业技术创新战略联盟联合主办的第二届制茶师（花果香型红茶）研习班在福安坦洋茶场开办，学员40多人来自全国多地。11月4日，为提升村级茶技员的业务水平，促进茶产业发展，由市茶产业发展中心主办的“2022年村级茶技员技能培训班”开班。此次培训为期两天，主要邀请业内专家对各村茶技员开展茶叶技术培训，内容包括花果香红茶制作工艺及关键技术、茶树种植、修剪与施肥、茶叶质量安全及茶园机械选择应用等。

2023年2月、12月，福安市

2022年村级茶技员技能培训班

福安市茶叶高技能发展培训班（市茶业协会 提供）

茶产业发展中心与市茶业协会、市综合试验站、相关乡镇等联合举办 3 期茶叶技术培训班，全市共 450 名村级茶技员、茶企技术员、科技特派员、营销人员参加培训学习。5 月 21—27 日，中国农业科学院茶叶研究所等主办的第四届制茶师（花果香型红茶）研习班在福安坦洋茶场举行，来自国内 12 个省（市）46 名学员参加研习。

第一届中国农科院茶研所制茶师（花果香型红茶）研习班（2021 年，福安市坦洋茶场 提供）

卷七 文化与交流

第一章　茶与社会

茶与民俗

陶罐彩盅皆茶意

枕山附海的福安僻在闽东，旧时即便在人烟辐辏的城镇街衢，除了茶厂茶庄接待商客的茶室，也没有都市偶见的专供消费的茶馆。饮茶退缩至评话、澡堂角落。特殊年代，在都市甚至视“茶馆”喝茶为剥削阶级消费方式，一时销声匿迹。

百姓生活充满烟火气，福安人劳作于田间陌上，大多自备粗瓷陶罐，或毛竹长筒，或木桶瓦罐，以粗茶等冲泡，配上一叠瓷碗，携至山野田头，渴了就饮，能祛暑止渴便好。

家有来客，自然亲疏不论，必得泡茶相敬。在乡间，客来用茶的礼节沿袭已久，往往由主妇临时坐灶，灶膛红火热烈，即时以山泉水井烧的沸水泡茶，茶香弥漫于瓦屋土舍间，亦大多是大碗粗茶而已。但泡茶的水，一般不用热水瓶的水，自然是因为用温度不高的水泡茶难以舒展、茶的内质得不到发挥的缘故。福安民谚说“无心泡茶半浮沉”，语似平素，却能穿透人心，把敬茶提到一个待客态度、感悟真情的高度。

民间红白大事，少不了茶。特别春节，必得饮“做年茶”讨个头彩。民谚道是“初一头盅茶，官府药店不交加”。视饮茶为吉利，新岁不涉诉讼、不患疾病之意。所以，年头吃一盅“出门茶” 出门去，便得诸事大吉。

每逢节庆，喜气盈门，亲友毕至，洋溢浓郁的人情味。主客双方都特别讲究吃茶的仪式感，彼此客气，比起平时来，主人更讲究茶叶的品质，粗茶一般出不了场，而易以制作较精细的绿茶、红茶、花茶等。茶具则舍去日常使用的粗瓷碗，改用若干镶金红彩细盅，配以银錾细勺，置于锡铸茶盘上，劝茶甚殷。昔时少糖，冰糖备受青睐。除夕夜，家庭主妇须备好“做年茶”诸样茶料。好茶置瓮罐中，冰糖用小石臼杵细，切好红枣、瓜糖。初一日起，但凡正月未过，皆以冰糖、花生、红枣等入盅，滚沸的开水冲泡，双手托盘，依长幼辈分敬客，遂成城乡常俗。

至于燕尔新婚，厅堂之上，新妇对公婆等长辈、亲戚如仪敬奉上述制法的茶，称为“新妇茶”，婚

民间日常陶瓷茶罐

福安的“面茶糕”

礼不论老式新式，蜜月期间，敬茶尤为必须。

小小“茶泡”情谊重

福安昔有民谣唱道：“行中秋，走中秋，脚布乌溜溜，出门三下扭；‘茶泡’掏来收，收来收来做中秋。”说的是妇女稚童小辈，节日遇见长辈亲戚，依礼行三鞠躬，就可以欢欢喜喜收到“茶泡”。方言“茶泡”犹如今日之“红包”，以“茶泡”与“手信”“伴手”并称，凸显了民间对茶叶的认可，以及在民间茶无所不在微妙的地位。“茶泡”中有瓜糖糕果之类，亦偶有银币，未必一定有茶。之所以称“茶泡”，是一个慷慨和谦虚的表示，即给小辈买茶，回家以糕点佐茶的意思，充满温馨之情。

聘婚先须“下茶礼”

中国礼仪中，聘亲有以茶为礼之俗。是因为古语“茶不移本，植则子生”的象征吉祥之义。茶的品性坚贞，如君子之矢志不移，不可栽植，且茶树一苞多籽，应合“多子多福”的期盼。《红楼梦》中王熙凤笑对林黛玉说：“你既吃了我家的茶，怎么还不给我家作媳妇？”表明吃茶往往意味女子认可未来夫家的聘亲，虽是戏谑语，渊源却其来有自。古时福安娉亲，有所谓的“下茶礼”，亦称“下茶包”，按传统社会的礼仪，父母媒妁未下茶礼，女子是不能私相在年轻男子家里受茶的。

女子出嫁，娘家以茗茶祀祖（见明 摄）

茶盅底压“百家银”

畲族婚礼办“讨亲酒”，亲友毕至，气氛热烈。母舅“开筷”，众人举杯，酒过三巡后，搀扶新娘出厅“认客”。从母舅开始，依席次敬献枣糖茶，“送嫁嫂”唱《敬茶歌》。饮茶者须将备好的“红包”（俗称“百家银”）压在茶盘的茶盅下，以示敬贺之意，此钱为日后儿孙打制首饰。

“七夕乞巧”须备七夕茶

《福安县志·风俗志》记古代“七夕乞巧”茶俗：“是日，俗以桃仁、米糕点茶。”农历七月七日为“乞巧日”，闺中女儿家往往备茶糕、蚕豆、花生、桃仁、麦糖各色小吃以及“七夕茶”，月下乞巧，以米糕等甜点小吃佐茶，祈求心慧手巧，冰雪聪明。

“宝塔茶”戏“迎亲伯”

福安松罗乡一带畲族村有亲家伯喝“宝塔茶”的风俗。新娘过门前，亲家嫂会在厅堂向前来接亲的亲家伯敬“宝塔茶”。亲家嫂在茶盘的五个茶碗里斟茶，分三层垒成塔状：一碗垫底，三块居中，另一碗置于上端，称为“盖茶厝。”或取“梅开五福”之意，向亲家伯敬茶。亲家伯要扶夹“宝塔”下的四碗茶，并用牙齿咬住“宝塔”顶端的一碗，一饮而尽，然后再把底下的四碗茶递给四位轿夫分饮。如若“宝塔”倾倒，茶水四溢，便会引来善意的哄堂笑声。喝“宝塔茶”是畲家婚事中充满喜气欢乐的活动，体现畲家乐观开朗的天性。

畲家议事不离茶

福安畲族有“谈天泡牙 腌菜下茶”谚语，说的是畲家议事、闲聊都离不开茶。又有“一碗苦，两碗补，三碗洗腹肚”之谚。乡亲朋友聚头，只喝一道茶，会被视为“无情客”，没有趣味。所以，用腌菜下茶，一般要喝两道茶，才好走开。

青年男女在寮中做客往往边喝茶边唱《奉茶歌》——

男：嘴讲烧茶又未烧，水在井中未担透；
　　茶在青山正采转，碗在江西正出窑。
女：嘴讲烧茶娘就烧，清水泡茶就端透；
　　清茶泡来六亲食，传讲你娘何名头。
　　……

葬俗的“茶树枝”“龙籽袋”

逝者手执茶树枝，是畲族葬俗。昔时老者病逝，洗浴更衣后，折茶枝执于逝者右手入殓，意为逝者转世，一路以茶枝开道，就可以拂除魑魅魍魉作祟，转生人世。

“龙籽袋”则系汉族葬俗。昔时在逝者入葬仪式结束后，“地师”先生将撒在墓坪上茶叶、五谷、竹钉、铜钱诸物收储小红布袋中，俗称“龙籽袋”。“回龙”后，悬挂“龙籽袋”于楼仓，意求祖宗恩泽延绵，百子千孙，茶米丰盈。

茶与儒释道

历史上福安之茶与儒释道诸家有十分密切的关系，从有限的出土文物和传世文献中，我们大致能推知古代福安茶文化的样貌，从中窥知茶与儒释道之间的关系。

茶与儒者

历史表明，茶与儒者——无论是官宦抑或士人都有着密切的关系。陆羽著《茶经》前后，就有数十个

家居奉茶（福安古画，局部）

官宦士人与其交往，知名者就有颜真卿、张志和、孟郊、皇甫冉等等，可以想象他们围绕着红泥炭炉，在氤氲的茶香中啜饮一盏盏甘露玉液、吟诗挥毫的场面。纵观茶文化的发展，文人士大夫的力量不可轻估。在福安，历朝历代的儒者与茶的因缘之深，在诗文书画中，已有淋漓尽致的呈现。

在福安，官绅文人如周牧、谢玥、谢翱、李馨、李枝青、王师俭、孟充、陈天禧等，他们大多知茶、爱茶，对名山寺观十分向往，在资圣寺、天堂庵、霍童寺、后垅宫……诸寺观留下足迹，或携壶汲水，或煎茶赋诗，与梵僧羽流多有交往。明万历进士、柘荣人游朴屡经福安，也选择夜宿天马山天堂庵，留题《出福安宿天堂》诗。

茶与僧道

茶与僧人、道家的结缘最早而益显天然。有史可考的第一个种茶人是西汉时的蜀人吴理真，人称之为“甘露祖师”。既称为“祖师”，则非佛即道。《抱朴子·园茗》也有记载说：“盖竹山，有仙翁茶园，旧传葛元（即葛玄）植茗于此。”也可见茶与道的关系。茶圣陆羽，自幼在僧寺生活了十三四年，称之为“小沙弥”未尝不可。他对茶的痴迷，启蒙于师父智积，二十岁后才云游四方，虽不披袈裟，其本却是僧人。宋代以后，僧人必须“以茶敬佛”，茶成了佛教仪轨不可或缺的供养品。福安的佛庵，自然不能例外。从念念不忘“吃茶去”的赵州和尚，到龙井辩才禅师，从羽人丹丘子到葛玄道人，乃至扶桑国的空海、千利子和尚，茶与佛与道，息息相关。故有“茶禅一味”“茶道”之说。

《三山志》记载，宋时长溪县即有僧寺134所，可考的28所属于福安地域。其中至少有14所建于唐代，而以归化西里的栖云寺为最古。薛令之读书处的灵谷草堂在唐咸通年间亦修治为灵岩寺。古代福安僧尼之多，相当可观。

佛家忌饮酒，僧侣往往自辟茶园，日常生活及其与外界的交往中，茶是主要的饮品。但凡稍大的僧寺，一般设有“茶堂”，佛家文献中称为“茶寮”，用以作会众楼止憩息之所。福安官绅名人屡游寺观，品饮的无疑皆是僧尼自采自制的茶而非酒。

茶与宫观

福安道观则首推铜冠山麓的真庆观、溪口桥头的东岳观，东门外的鹤山观，而祀奉妈祖的天后宫散布长溪流域。这些建于山川的寺观，林壑幽美，茶树天然，石罅清泉甘甜，所煎之茶远在民间之上，是官宦公余，文人闲暇登高游历、汲水品茶的好去处。最有名的是辞官归乡的薛令之，“扬舲穷海岛”“刀圭乞容颜”太姥之游。唐王室崇道，从薛令之在诗中透露的信息观察，他更可能是一个具有抱朴求真道家思想的官宦。

清代咸丰、同治年间，福安成为坦洋工夫红茶的最大的集散地，清道光三十年，坦洋村茶商依郡城福州“福安会馆”营造法式在村间建起天后宫，并特遣信众到莆田湄洲岛妈祖祖庙分灵，花三个月的时间迎回妈祖塑像，祈求海不扬波，护佑坦洋茶的水上运销贸易。

于清同治七年修建的龟湖山天后宫，资金来源主要来自福安商会的茶商群体，至今梁上署名的坦洋胡姓茶商的姓名，墨迹依然，商会与天后宫毗邻，选送的茶参加 1915 年巴拿马万国博览会获金奖，正是坦洋工夫茶。清代福安茶业的繁荣在一定程度上使妈祖信仰遍及长溪流域，但凡有茶叶集散处，必有天后宫耸立，庙宇建筑，各具特色，美轮美奂。

茶与文物

出土文物

◎隋代青釉托杯

1972 年 12 月，溪潭镇溪北村后山隋代墓葬出土了一批罐、壶、瓶、盂、盅、砚、灯等文物，尤其引人注目的是三件造型别致的青釉托杯。一件直口浅腹，杯心凹成窝状，内外施釉。高 6.4 厘米，口径 7.6 厘米，底径 4.3 厘米。另两件口沿外卷，弧形腹，高 6.2 厘米，口径 5.8 厘米，底径 4 厘米。（见《考古》1983 年第七期福建省博物馆考古报告）该报告认为，墓葬的年代“似为唐代。”2006 年 11 月，同墓葬的墓室券顶砖发现一块纹砖，侧面有古钱纹、团花纹，并有“大业三年”（607 年）的明确纪年文字，从而确定了墓葬为隋炀帝年代营建。“大业三年”青釉托杯的出土，佐证了宋《三山志》记载的在建茶未盛之前，茶叶在长溪县的“近建宁界，亦能采造”的史实，说明了至少在一千四百年前的隋代，福安这块土地上人们就有种茶、饮茶的历史。

步兜山隋墓的部分出土文物（2006 年，见明 摄）

2006 年在坂中畲族乡步兜山村又发现了一处大致相同的墓葬，出土的墓砖上有“大业四年”的纪年。

溪北村隋代“大业三年”墓葬的墓主不详，从墓葬和出土的文物考察，当系官宦富庶之家。青釉托杯虽以明器陪葬，却透露了墓主生前嗜好饮茶的习惯，他对茶具的追求，渗透了其不同流俗的审美情趣。墓葬所在的溪北洋是唐代福建第一个进士薛令之的故里，薛令之来自避乱南来的江左官宦人家，家族保持士人高尚的生活习惯，对茶自有日常的需求。墓主是否薛令之的族祖引人联想。

◎黑釉兔毫盏

1985 年 9 月，赛岐镇苏阳村出土一块兔毫盏残件，稍后，在村旁临江坡地出土另一件兔毫盏残片。经福建省考古队鉴定，两件兔毫盏均系建窑烧制的“敛口”建盏。所谓“敛口”建盏，专供宋代盛行的“斗茶”所用，“敛口”盏即盏口内有一圈凸起的水平线，斗茶时，茶汤不能盈溢到水平线之上。

晓阳谷口出土的宋代黑釉兔毫残片盏

北宋皇帝宋徽宗嗜茶，雅好斗茶。沉溺书画之余，曾撰写《大观茶论》，不厌其烦记述斗茶技艺，并亲自点茶、分茶，赐饮朝臣。宋代的斗茶过程繁复，茶汤之上以白色为上品。所以，茶具必得选用黑釉的兔毫盏，与好茶好水相契合，泡出色香味俱佳的茶汤来。在宫廷，方可用皇帝、后妃享有的“龙团凤饼”贡茶冲泡，更是一种至尊、独特的品饮方式。由于皇帝和士大夫（如著《茶录》的蔡襄）的倡导，斗茶逐渐进入民间社会，一时成为时尚，乃至韩日两国茶人也珍重兔毫盏，称之为“天目盏”。可以想见，出过众多士大夫的苏阳，是福安斗茶活动的滥觞地之一。

古井甘泉

“自从陆羽生人间，人间相学事新茶。”唐宋以降，福安人栽茶、制茶、饮茶，开门七件事，茶置第一桩，有方言谚语“茶哥米弟”为证。好茶须好水，所谓水为茶之母是也，故福安百姓饮茶十分讲究水质，水井的选址亦分外用心，必得甘洌，时至今日，福安人仍不辞辛苦上山寻觅纯净、鲜活、甘甜的山泉水泡茶。清代《福安县志》以烹茶是否好喝评判水井的优劣。

◎**蒙井**

载清光绪《福安县志·流寓》郑樵条。清代举人郭尚宾亦谓：坦洋桂香山，“岩下有井曰‘蒙井’，泉清且冽，宋郑夹漈留题‘蒙井’字，并有诗。”郑夹漈即宋代大学者郑樵，著述丰赡，今存《通志》《夹漈遗稿》等。西汉甘露三年（前51年）四川雅安蒙山有“甘露大师”吴理真栽种仙茶八株，以蒙井之水煎茶，甘冽香醇，故《四川通志》有“扬子江中水，蒙山顶上茶”之说。唐宋以来，诗人多借蒙山、蒙井吟唱好茶好水。

大留宋代张公井（见明 摄）

◎**观后井**

文献记载观后井（在城北真庆观后）谓：“泉香味甘，为诸井冠。邑人烹茶，多汲于此。”清咸丰九年凿成的街尾“知源井”，原立有《记知源井》，碑文云“水甚清冽，较他处尤佳，烹茶最宜”。

◎**虎井**

清光绪《福安县志》：“在县治内北辰铺威惠侯祠旁（今城北上杭）。泉出石罅中，味甘冽无泥滓，象若虎口。”虎井凿建于宋代。

上杭宋代虎井（张玉文 摄）

◎**兴龙井**

又名兴隆井，在北门后垅宫内，“泉从石罅中出，味甘美异常”士民珍爱此井，光绪间凿石围护，刻“甘泉”二字，知县王师俭“尝汲此水煎茶”，题联赞赏。

◎**醴泉**

在溪潭镇芹洋村。清《福安县志》载，宋进士吴元龙曾“铭石为记”。清代周宁籍汤姓人士将回故乡，至芹洋突发腹疾，以“醴泉”煎茶，乃得痊愈，遂题“醴泉”二字于泉旁石壁。村中凿有方井，立有“宋井”碑，至今村民仍汲用井水。

福安青山连绵，长溪流贯，城乡水井遍布。据调查，仅大留一村现存水井20多口，苏堤一村有水井30多口。列入县志的24口显然因为井水适于煎茶饮用，极得官绅士人青睐，而载入志书。正如明代茶人张大复《梅花草堂笔记》所说：“茶性必发于水，八分之茶，遇十分之水，茶亦十分矣。八分之水，试十分之茶，茶只八分耳。”

◎**圣泉井**

“又名冽泉，即马屿香泉，为县十景之一。在二都天马山下。”“原出石罅，清冽而甘。每暑月，行人望之，如金茎露。”（清光绪《福安县志》）邑人携壶煎茶，士绅雅集吟诗，最有声誉。

其他文物

◎**蟾溪古茶碑**

穆云乡蟾溪村地处白云山麓，村民世代种茶、做茶。村中立有两通古碑，碑额镌刻“茶碑”二字，碑文记云：“本村所有茶树，递年立禁，防守窃采及放牧牛羊等。各户捐钱文置买田亩，以为长久计，亦盛事也。今

芹洋醴泉“宋井”（见明　摄）

马屿香泉遗照。井前石坊文字：联句“百年迹古寻遗石，一盏泉香未出山”；额书“马屿香泉”（林志锋　收藏）

晚清蟾溪村吴、杨两姓茶碑（见明　摄）

将各捐户开名于后……”这是两通清同治年间的护茶公约，各户自愿捐钱置买田亩，收入专用于茶园的保护和管理。“茶碑”文字反映了茶农对攸关利益的茶业极为重视，也侧面呈示了同治时期福安茶业的繁荣。

◎茶庄彩绘云龙银桶

晚清时代，每逢茶季，福州等商埠的外商向坦洋茶庄预支大额茶叶的“定银”，大多用特制的“银桶”储装，每桶盛银 1000 块，由茶商联合雇佣的民间武装护卫。挑夫昼行夜息，结队沿路挑回坦洋，发送给各属的茶农。最盛时，坦洋发放“茶银”的伙计达 70 多人。亦有以髹漆“银箱”用来盛银的。

◎白云山赖家制茶图

《白云山赖家制茶图》连环 12 幅，每幅长 27 厘米，宽 19.5 厘米。系彩绘水彩“通草画”。落款绘于清光绪癸卯（1903 年），记录了垦地、栽茶、落肥、采茶、晾青、捻茶、过红锅、分筛、拣茶、官堆、

垦地

栽茶

落肥

采茶

晾青

捡茶

过红锅

筛分

拣茶

官堆

卖茶

品茶

晚清《白云山赖家制茶图》（原载《闽东茶叶历史文化》，赖培华 收藏）

卖茶、品茶十二个环节。据《闽东茶叶历史文化》（海峡书局 2015 年版）载《福安白云山赖家制茶图》一文（缪品枚整理）称，该图系福安茶人赖培华于 2013 年 10 月在伦敦举行的拍卖会上以人民币 19 万元拍得，后寄回闽东。赖氏为福安白云山制茶世家，画册描绘的是百年前白云山区制茶情景。画册原收藏者为英国收藏家皮埃尔·伊夫·居里蒙特。

◎**制茶老物件**

▲“九一八式”揉茶机

1940 年茶叶大师张天福设计制作的“九一八式”揉茶机，结束了茶叶工艺流程中用脚揉茶的陈旧、落后的操作。

▲竹制精编圆形髹漆“分茶筐”

在制茶流程中专盛茶叶半成品，由女性拣茶工围坐筐旁，拣剔茶梗。有的“分茶筐”底部设一方形开口，承接下面的茶筐，方便拣茶工直接把拣剔好的茶叶从开口入筐。

▲竹编大径圆形茶匾

用于摊匀茶叶，便于盛放萎凋、晾晒茶叶。

▲竹编束腰圆柱形焙笼

焙笼的一种。高约一米，底径小，顶径大，用于烘焙茶叶。

▲立柱式铁铸煤油大灯

为茶叶旺季夜间加工照明而铸制的灯具。灯腹煤油容量较大，外壁装饰花叶浮雕。可知当时汽灯尚未被坦洋民间使用，年代显然是晚清时期。也有采用经过浸泡、晾干的竹篾，捆扎成大型竹火把，插入中间凿有窟窿的石座，点燃照明。

▲竹编采茶篓

采茶女必备。口小腹大，系于腰间，盛放手采鲜叶。

茶博物馆的部分制茶机具

旧茶行的部分老物件

▲坦洋泰昌盛制茶厂的红茶包装

▲ 20 世纪 50 年代出口红茶标准茶箱

坦洋工夫成品经过最后一道烘焙工序便可装箱，箱子木质方形，内衬锡箔纸，称为“二五箱”，每箱盛茶 50 市斤。

▲民国 24 年福安“胜大来”茶公司印制的英文防伪说明书。

▲写有茶工姓名的竹简牌：用于茶工典当的临时凭证。

▲民间老茶器

福安民间至今仍保存不少昔年陈旧的茶器，村民今虽不用这些旧茶器，却不轻易出卖。这些关于茶的民俗文物多为各种铜、锡茶壶、粗瓷茶罐、茶盘、细盅、银勺等，种类繁多，兹不一一赘述。

茶博物馆

坦洋工夫历史文化展示馆

坦洋工夫历史文化展示馆位于社口镇坦洋村施宅内院，原为坦洋工夫创始人之一、咸丰武举人施光凌故居的别舍，与丰泰隆茶庄的“横楼”毗邻。2013年改为历史文化展示馆，以图片与实物相结合的形式，展示坦洋工夫红茶的历史文化。由中共福安市委宣传部和社口镇党委挂牌。

坦洋工夫历史文化展示馆

坦洋工夫茶博馆

福安市坦洋茶场“坦洋工夫茶博馆”位于社口镇国营福安市坦洋茶场场部。馆建筑利用原有的场部用房改造而成，共二层楼，500平方米。第一层主要展示坦洋工夫茶的历史、制作工艺流程、制茶器具等；第二层主要展示坦洋工夫茶的对外交流，在福安工作过的茶界名人，民间茶俗，以及相关的器物。该馆是“国家级非遗坦洋工夫茶制作技艺传习所”的重要组成部分。

坦洋工夫茶博馆

白云山茶博物馆

位于宁德世界地质公园福安白云山园区地质博物馆右侧，面积360平方米。目前陈列品500多件，以“福安市东方红茶业有限公司”（建于2010年）李立的个人收藏为基础，分为制茶器具、文书档案、古今茶具、茶俗器物、其他涉茶文物等。藏品中有一份清同治十年（1871年）的一份乌茶（红茶）流水账本，是稀缺的茶文化收藏品。茶博物馆还设有“坦洋工夫红茶制作技艺体验区”，使这一珍贵的非物质文化遗产得以更好地展示和活态保护。该馆于2023年6月9日“文化和自然遗产日”前夕正式对外开放。

白云山茶博物馆

第二章　茶与文学

茶诗选录

文人大多追求淡泊宁静，而茶正是文人精神寄托的灵草。天凉如水，瓦屋纸窗，三两好友，一壶新茶，便是文人谈书论画、超脱尘俗的境界。很难想象“草堂栖在灵山谷，勤读诗书向灯烛”的薛令之，书桌上没有一杯香气氤氲的清茶。也很难想象，长安东宫的清廉岁月不曾与茶水相伴相亲。三月烟花，春色满眼，他为友人送行，吟唱“欲去君子交如水”的句子，遥想如水清澈的交情里，想必亦有茶叶的沉浮。唐代盛兴饮茶，只可惜在薛令之仅传的五首诗歌中，没有留下茶香。然而，古代文人与茶，在福安存世的诗歌中仍有茶的芬芳。

古代茶诗茶联

◎宋・郑樵《题蒙井》

静涵寒碧色，泻自翠微巅。
品题当第一，不让惠山泉。

清光绪《福安县志・流寓》郑樵条下谓：“字渔仲。人称“夹漈先生。邑九都灵峰寺前岩中一穴，形如斧凿，泉清且洌，名蒙井，浃漈留题有诗。”今福鼎有人认为蒙井在蓝溪寺，又有说在灵峰寺，说法不一。

◎宋・周牧《资圣寺》

点点晴光滴翠微，参天松干影毵毵。
穿云日阅客千数，隔水时逢僧两三。
俗子晓登山勒马，禅心常共月同龛。
烹茶汲水盈瓯雪，一味清霜齿颊寒。

资圣寺，旧在福安县用儒乡西兴里，今属溪潭镇。宋《三山志・寺观》载“资圣院，西兴里”。则寺在福安无疑。 该志记载寺观，通称梵寺为“院”。比如记福安狮峰寺，则为“西峰院”。见清光绪《福安县志》。

《资圣寺》的作者周牧，字善叔，宁德人。宋孝宗淳熙十一年（1184 年）进士，曾任广西经略史、横州知州。宋淳熙年间，在周牧举进士前后三年的进士考试中，福安黄崎镇的王知章、穆阳的郑之悌（郑寀是他的侄儿）也先后中了进士，与周牧是前后科进士。

诗歌记述一个晴好的日子，群山苍翠欲滴，松干蔽日遮天，数以千计的香客前往云雾山中的资圣寺，水边路上时逢两三僧人。骑马的在晨光中的山麓勒马下鞍。虽然都来自尘俗人间，但禅心皆如月色澄明。汲水满瓯，冷冽如雪，茶熟香温，品饮其味，齿颊生香。

◎宋·谢玥《玩月有感》

入夜茶瓯苦上眉，眼花推落石床棋。

举头却恨天边月，颠倒山河作树枝。

宋末福安诗人谢翱编的《天地间集》收入其父谢玥诗作《玩月有感》。谢玥传世诗仅此一首，犹能以性情中人一鸣惊人。他的诗比起他的岳父缪烈（省试第一、嘉熙进士，理宗朝的秘书省官员）诗作的平稳敦雅，显得狂狷无忌，直抒胸臆——月夜独自煎茶，茶汤之酽表明谢玥似乎是一个嗜茶成瘾的茶人，追求茶的苦涩，以致苦上眉梢。心中似有块垒郁积，目光迷离惆怅，竟推落了石床上的棋子。举头望月，心中无端涌起一股恨意，感觉眼中的月亮颠倒了山河桂枝。由此诗看，谢玥是个很有才华的嗜茶文人。

◎宋·谢翱关于茶的诗句

谢翱是谢玥之子，缪烈的外孙，南宋杰出的爱国诗人。谢翱曾寓居南宋行都临安（今杭州），那里的西湖龙井名闻遐迩。苏东坡为杭州太守时，激赏西湖的茶写下“从来佳茗似佳人”的名句。宋人周密《武林旧事》记载，杭人爱茶，临安遍布茶肆勾栏。以一泓泉水得名的“龙井”，旧名“龙泓”，以茶扬名。谢翱亦曾踏月探访龙井茶村，留下《中秋龙井玩月》一诗。宋亡后，谢翱漂泊浙东浙西，主持《月泉吟社》，曾与友人方凤等游历金华山水，烹茗赋诗，著有《金华游录》。谢翱的诗文，大多充满沉郁顿挫的亡国之恸，桀骜有奇气，绝少风花雪月的无病呻吟，但对于茶却深情依旧。

谢翱关于茶的诗句，诸如：

“开户藤花落，多浮茗碗春。”（《寄育王贤上人》）

“浮醅济瓜茗，阴鼎漉姜芥。”（《秋暑饮僧舍分韵得界字》）

“岂无建溪芽，投之以方匕。南山有雨来，百毒化为水。”（《拟古二首　其二》）

“频汤清洗瘴，入茗味如参。”（《雪水》）

对精美的茶具，谢翱也十分欣赏：

“有客来缙州，遗我古盏斝；中有鸳鸯文，色如铜雀瓦。浮以郁金蕤，苍藓籍其下……”（《九日前子善来会山中》）此诗首句是“朝寻寒露枝，暮摘不盈把”，或云是以金黄色的桂花入茶煎煮，故有“浮以郁金蕤”的形容，即杭人俗称的“寒露茶”。

◎清·李馨《马屿香泉诗》

一泓山下水，芳洁嵌莹石。

清风动微澜，皓月涵青碧。

不逢桑苎翁，《茶经》遗玉液。

李馨，字少白，号莲舫，阳头人。清雍正间任四川郫县知县，著有《莲舫诗文集》等，列清光绪《福安县志·文苑》。《县志》说他“为文诸体悉工，尤邃于诗”。此诗称颂天马山下的“马屿香泉”芬芳洁净，说自己虽然无缘与陆羽相逢，但以香泉之水煎茶，犹如品饮了《茶经》流淌的玉液。

◎**清·陈从潮《马屿香泉》**

井冽来幽屿，泉芳足汲瓶。
直须携茗具，到此诵《茶经》。

陈从潮，字瀛士，师从李馨，清乾隆间乡试的福建第一解元，列清光绪《福安县志·文苑》名录。著有《韩川诗文集》。他认为莫辜负香泉水美，真应该携带茶具，到这里汲水煎茶，诵咏《茶经》。

◎**清·同治间福安知县王师俭饮茶题联**

试院煎茶，但饮甘泉一勺水；
仙潭分竹，常平苦海万重波。

王师俭，通州人。同治元年任福安县令。曾到福安北门外兴龙宫饮茶。古代“分竹”一词指拥有权力象征的“竹使符”。王师俭治理福安县，借此茶联表达他清廉为官、仁政为民的理念。

近现代茶诗选录

◎**黄介繁《瀹茗》**

分泉瀹茗伴清吟，沁齿留香手自斟。
我比东坡输一着，夜来二碗已难禁。

黄介繁，穆阳镇苏堤村人。早年留学日本早稻田大学。诗文、书法造诣皆深。

◎**林枝春《马屿香泉》**

井冽泉芳客喜尝，渴携茗具并壶浆。
筑完石栋香偏减，诵到《茶经》洁异常。

林枝春，字景福，清末贡生，有《浮游吟草》诗稿。此诗“筑完石栋香偏减”句，是说马屿香泉天然便好，新建石构建筑反而影响了泉水原先的韵味。

◎**陈文翰《清泉留咏》**

倦鸟归来故土秋，辞车戴笠信天游。
几人洁己泉清肚，谁氏谈经石点头。
品茗风生栖蝠洞，挥毫竹掩读书楼。
朝雍石室开千古，煮玉何方迹不留。

陈文翰，号西园，穆阳人，民国初年曾任福清县知事。与“同光体”诗歌领袖、学者陈衍（石遗）过从甚密。陈西园返乡重游清泉洞，有感而赋此诗，记述他在清泉洞“品茗风生”的雅致。朝雍是明代穆阳名人缪一凤的字，举人，曾任江西石城县、宁都县知县。

◎**连士豪《题采茶图》**

长松夹道岭回肠，曲水盘山好故乡。
四月黄鱼官井闹，三春茶叶坦洋忙。
畲姑高唱升平乐，彩鹞风飘世运昌。
闲爱磨坊传节拍，滩声布谷共悠扬。

连士豪，福安人，寓居台湾。

◎**俞光荣《茶之歌》**

陆羽《茶经》传巨著，卢仝七碗腋生风。
坦洋自古称珍品，解渴含津第一功。

俞光荣，福安人，寓居台湾。

◎陈华《依稀梦坦洋》

阔别故乡久，依稀梦坦洋。
工夫茶最著，犹忆齿生香。

陈华，福安人，厦门大学教授。

◎吴健《茶史名留——调寄凤凰台上忆吹箫》

高岭名乡，名茶产处，沅宫太姥山头。坦洋地，天香朱色，茶史名留。茗战开于唐后，色香味，历史悠悠。银针白，毫生叶底，曝晒千收。工夫名驰海外，千载下，茶农采制销售。曾改造，旗枪炒绿，机械搓揉。活火须求烹法，凝眸处，更烧汤候。微微啜，香气扑鼻无休。

吴健，曾任中共福安地委书记。

◎曹英庄《阳头茶厂茶师郑光璧同志赠诗，拙句复谢》（录一）

邮筒昨日接吟章，展对中庭菊正黄。
遥想公余诗笔健，茶花渗共墨花香。

曹英庄，字觉尘，韩阳人，是民国初年首赴福州接受中等教育的新女性。擅长旧体诗，被誉为“才女”，回乡从事教育，作育人材。著有《觉尘吟草》。阳头茶厂即1950年创办的福安茶厂，1996年停办。郑光璧，福安茶厂茶师，中国茶叶学会会员，浙江苍南人。曹英庄《闻干堂在京重病》有“不知病榻炉烟畔，慰寂煎茶有几人”句。其夫缪邦桢，字干堂，就学北京大学。

◎陈桂寿《咏明前茶》

豆蔻梢头采碧螺，泡成风定玉潭波。
香迷贾女偷僚掾，韵引西施出苎萝。
陆羽三篇应有阙，卢仝七碗不为多。
广交瀛海芝兰友，醉客醇醪值几何？

陈桂寿，穆阳人，擅诗画、戏剧文学。“香迷”一联典出《世说新语》，载有三国末期贾充之女贾午与其父僚属韩寿之间的爱情故事。西施生于越国苎萝村，其浣纱故事传颂甚广。

珠江电影制片厂《喜鹊岭茶歌》剧组在福安茶区拍摄外景
（1982年，丁钧华 摄）

茶谚茶歌

民间茶谚

▲茶哥米弟。

——在日常生活中，客人到来，先茶后饭。茶为兄长，米乃小弟。强调敬茶礼节的重要。

▲茶季一到，没眠没昼。

——采茶季节的繁忙。

▲茶景好赚钱。

——采茶季节好赚钱。

▲春茶正开市，还赢猪仔二十二，未食一看也有味。

——形容茶叶开市的热闹，经营茶叶比养猪更能赚钱。

▲板洋诸娘会择茶。

——板洋，坦洋村的方言称呼。是说坦洋女拣茶的技能最为娴熟。

▲无意冲茶半浮沉。

——嘲讽待客不诚或茶艺不精。水不热、茶不香，意不诚。

▲食人一盅酒，腹肚结个纽；食人一碗茶，腹肚结个疤。

——受人茶酒之礼，难以忘怀。

▲无茶难上供。

——祭祀之礼，不可缺茶，言茶礼之重要。

▲年嫩茶瓶，年大美人。

——以茶比喻女子的青春美好。下一则同。

▲十八、廿二（年龄），春茶正开市。

▲客家莫嫌茶味淡，僧家不比世人堂。

——僧尼谚语。僧寺尼庵不敬酒，以茶代酒，唯茶是尊。

▲空心一碗茶，药店无交家。

——“空心”，一作“天光”。言饮茶有益身体康健，多吃茶能少与药店打交道。

民国福安正盛商号的“官礼茶食”广告（蔡耿新　提供）

▲年头三盅茶，官符药材无交家。

——官符，“官府”谐音。言年头饮茶吉利，不涉讼案，不得疾病。

▲橄榄泡茶两头甜。

——福安茶俗。类似上海的“元宝茶”，以鲜橄榄入茶，茶味清芬隽永。橄榄两头尖，方言“尖”与“甜”近于谐音。

▲粗茶淡饭，多食无病。

▲食了明前茶，使人眼睛佳。

——清明节前的茶最佳，绿色养眼。

▲三年陈茶好当药。

——俗称“积茶”，以陈茶更能助消化。旧时民间也有用熏陈茶之法治疗湿疹的习俗。

▲陈茶米，橄榄干。

——民间醒酒、去积多用陈茶，效果如同橄榄干。

▲茶为君，水为臣。

——要泡好茶，茶叶的品质是根本，水的优劣居其次，如君臣相辅相成。

▲茶未泡久味更浓。

▲光烟暗茶。

——烟贩、茶商的生意经。烟叶在白天、茶叶在晚上，外观、成色格外好看。

▲茶面乌碌碌，神仙看不出。

——茶的好坏，外行仅看表面色泽难分优劣。

▲山高雾重出好茶。

▲茶是青山灵芝草。

▲有茶必有尿，有神必有庙。

▲一盅茶米不值钱，爬爬伏伏去半年。

——旧日茶农之苦。

▲柴米油盐酱醋茶，件件都在别人家。

——昔时穷人写照。

▲清明茶，正开芽，立夏茶，粗沙沙。

——立夏茶叶做的茶粗糙，不如清明茶。

▲人怕山荒，茶怕山荒。

——茶园日常管理的重要性。

▲一年荒，二年黄，三年见阎王。

——语义同上。

▲头年栽，二年养，三年还本钱。

——种茶的经济效益。

▲公惜孙，茶惜根。

——要像爷爷爱护孙子一样保护茶树的根系。

▲无工莫种茶，无肥莫种菜。

——种茶要投入工日，正如种菜要施肥。

▲头茶粗，二茶幼，三茶留叶做茶木臭。

——茶木臭，茶树的方言。

▲宰茶宰平头，露土枝莫留。

▲高山莫摘白露茶。

▲春茶留一芽，夏茶摘一把。

▲头茶不采，二茶不发。

——上四句皆茶农经验之谈。

唱山歌的采茶女（资料）

民间茶歌

十二月择茶歌

正月择茶春头时，福州茶客还未来，等到三月茶客到，坦洋诸娘笑迷迷，春茶开市人热闹，四处山村都出奇。二月择茶惊蛰天，家住坦洋大路边，赶紧做鞋敁饰裤，脚踏茶行好赚钱，也有老人诸娘仔，也有后生共少年。三月择茶三月三，身穿蓝裤漂白衫。天光起床食快饭，去做茶馆择茶干。白茶又嫩福州卖，诸娘又嫩后生念。四月择茶立夏天，择茶娘子出门前，头戴金簪金灿灿，足下花鞋花绣边，身穿衣衫像仙女，收拾头脚去赚钱。五月择茶是节期，打扮梳妆轻步移，口抹江南胭脂粉，脚穿苏杭红哔叽，来到茶行把眼看，好比仙女会佳期。六月择茶热难当，福州茶栈太平堂，也有唐晡相玩笑，也有诸娘倒在床，神仙也忖风流事，贪花难怪少年郎。七月择茶七月当，十分热闹是茶行，白茶先择去出卖，乌茶后择价钱昂，绿茶细择粒粒宝，红茶净择卖番邦。八月择茶是中秋，筛焙乌茶乌珠珠，但愿茶卖好钱价，择茶阿妹多工资，赚人钱财细腻拣，择茶盘中赛工夫。九月择茶是重阳，择茶诸娘转回乡，也赚白银三十两，也赚衣裳三十箱，也赚好酒寄家里，也赚鱼肉送爹娘。十月择茶秋风凉，择茶阿妹穿洋裙，也择黄道好日子，去送茶客上大船，船在水面飘飘去，不知何日再相逢。
十一月择茶冷清清，茶行馆内都无人，也有做茶败家计，也有女子赚大钱，
茶树逢春又大发，今年过了又明年。十二月择茶是年兜，择茶赚钱一荷包，
茶客赚钱讲真话，明年一定要来包，择茶诸娘齐高兴，坦洋茶行热起头。

（何阿信演唱，陈发松采录，参照郑长松讲述）

摘茶人姐满山背

（畲族歌谣）

茶米挂在对面坝，春来瀑笋叶盖盖，今年茶米会值钱，紧紧教郎掘茶栽。
今年茶米是有价，清明未到喊摘茶，一枝摘来一大把，一蔸摘来一大抱。
清明过了谷雨来，摘茶人姐满山背，摘到山头打回转，春茶又绿九重坝。

（雷玉梅演唱，蓝兴发采录）

畲山茶歌唱不尽（见明 摄）

民间传说

坦洋工夫的传说

坦洋桂香山的茶叶很早就出了名。后来怎么变成“坦洋工夫”名扬天下了呢？

相传很早以前，坦洋有位姓胡的茶商出海去卖茶，不巧遇到大风浪，船上的伙计们全都被风浪刮进了海里，只剩下他一个人。失去了方向，船在海上漂啊漂不知漂了多少天。他又饥又饿，胆战心惊，发病昏死过去，迷迷糊糊中，双手还是死死抱住了船板。

醒来的时候，发现自己躺在陌生人的床上。原来是一位行船商人搭救了他。那商人告诉他，这里已是广东地界。他听了大吃一惊。当时福安有句老话，叫作“魂魄去广东”，难道自己已变成鬼魂了？他抓了抓自己的头发，会痛；掐了掐自己的大腿，也痛，诶，没有死呀！

病好了，跑到街上去看，哎呀，满街都是人，到处都是店仔，还有许多蓝眼睛、红胡子的番仔哥。嗬，这个广东原来是个繁华世界哩！

这个胡姓茶商感恩，就跟搭救他的广东商人结拜了兄弟。广东商人听说他是出桂香茶的坦洋人，很是高兴，两人商议合伙做茶米生意。广东商人跟他说，你们坦洋出的桂香茶好是好，可惜是绿茶啦，是给国人吃的；现在来广东做生意的番仔大多是荷兰人、俄国人、西班牙、日本人，这些番仔哥爱吃的是红茶，你们坦洋的茶质好，如果能做成红茶，那就赚大钱啦。这个坦洋茶商说，我们不晓得做红茶呀。广东商人就拿出红茶的茶样给他看，给他吃，还带他见识做红茶的技术。

再说，这个坦洋茶商外出未归，已经两年多了，又听说他的船出海就刮起了大风大浪，都以为他死了。家里人很伤心，给他设了灵堂，连灵牌也供上了。一天夜里，他突然出现在村里，全村人都大惊，这不是冤鬼返乡来了？家里人也一样害怕，死了怎么可能复生。费尽口舌，好一阵子解释，大家才明白他命大，老天爷有眼。他向乡亲们讲了广东地界的繁华，最后拿出了那包红茶茶样，讲了做红茶的工艺，说要做红茶。

这一年，坦洋人做出了自己的红茶。

绿茶已有茶号，红茶还没有茶号呢，取个什么茶号好？思来想去，他说，能做出这红茶不容易，差不多是用命换来的，做这种红茶还要真工夫，过好几道麻烦，既然是我们坦洋反反复复花了不少时间才做出来的，就叫作“坦洋工夫”吧！

“坦洋工夫”红茶在茶市一露头，就受到了荷兰、英国、日本、俄国等许多番仔哥的欢迎，“坦洋工夫”也就名扬四海了。

（胡雁章讲述，刘松年采录，流传在福安市社口镇坦洋村）

皇帝茶的传说

传说很久以前，天上落下一个大火球，火球滚过山头，火烧山林，滚进溪河，水枯鱼死，山神也哭泣，龙王也哀叹，更不要说种田的老百姓了，田土干裂，颗粒无收。福安地界十七都高岭村，井水啦泉水啦都干涸见了底啦。

老天不下雨，大旱不到头，清澈的水一桶难求。乡亲们只好到低洼的地方找积水。都知道积水久了是死水，没法子，舀回家来将就着用，这下不得了，天天用，月月喝，老人小孩都发了病，连后生仔也上吐下泻，家家不得安宁。

村里有个青年叫钟细弟，家里人也得了病。他夜夜没眠，困不着，迷迷糊糊间，梦见一个白发老人对他说，赶紧上山去，去找“救命茶”。细弟说，树林都焦了，哪里去找？老人说，去吧，功夫不负有心人。

半信半疑，细弟巴不得天明。天刚蒙蒙亮，细弟就上山找“救命茶”。东山找，西山找，哪有一棵绿树的影子？天都快暗了，茶篓里没有一片茶叶。想起白发老人的话，他不肯回家，继续往高岭的山坳里寻。他走到山角落的陡岩下，突然眼前一亮，一株两人高的茶树，竟能在大旱年头长在岩缝间！摘片叶子一嚼，满口生津，神清气爽。咦？这棵茶不就是白发老人说的“救命茶！”借着快下山的日头，他赶紧爬上茶树，摘了满满的一篓子茶叶。

回到家里，把茶叶煎茶给家里人喝下，神奇啦，一个一个，病情很快好转，身体马上恢复。

细弟采来的茶能救命！消息传开，乡亲纷纷来求茶，一时间，高岭村一带百姓的病苦全靠这种茶叶给治愈啦。说来也怪，那时起，老天有眼，普降甘霖，泉水叮咚，大地也复苏啦。

这棵茶树救了百姓的命，百姓感恩不尽，把它看得神圣，就尊它为“皇帝茶”。

前几年，它还长在高岭村的山里呢，只可惜，茶它枯死了。幸亏早先村里人剪来茶枝，栽在山园，才留下“皇帝茶”的茶树后代。如今，也长成丈把高的茶树啦！

懂得茶叶的老把式说，其实，那棵“皇帝茶”的身份可不简单，它就是福安大白茶的老祖宗哩！

（白言风采录，流传在福安市穆云畲族乡）

第三章 茶艺与茶事

冲泡技艺

茶道至简。正如当代茶人王建荣所言，茶道只是一种领悟，是没法表演的，而能够表演的则是茶艺。但无论茶道还是茶艺，最后还是回到“人”本身。

坦洋工夫红茶的泡饮茶艺

坦洋工夫红茶：条索紧结、圆直，色泽乌润，茶毫精细，略显金黄。福安的坦洋工夫红茶名优品牌有坦洋金针、坦洋金猴、醉龙颜、林芝红等，都是红茶极品。

坦洋工夫的泡饮可分为“清饮法”和“调饮法”。

◎ **清饮法**

清饮，就是不加任何调味品，使坦洋工夫红茶发挥它本色本香的韵味。

茶器：为了更好地欣赏红茶汤色，一般选用白瓷或玻璃茶具。

【洁杯温盏】 用初沸的水烫洗茶具，洗去尘埃。同时为茶壶、茶盏升温。茶艺小姐用茶摄让茶洗中的茶盏在沸水中滚动，动作轻巧、熟稔、流畅。

【红袖添香】 按饮茶人的需要，用茶针将茶荷中的红茶轻轻拨入壶中。一般加入 5 克为宜。入壶时，可以赏茶。坦洋工夫茶被誉为白云山中的红颜女子，身段苗秀匀整。白毫纤细，色泽乌润透红，恰似披着白云山间的佛光。

【轻浣红尘】 茶生山中，性本洁净。但冲泡前还是要洗茶。不仅为了清洁，也为了茶叶更好地浸润。洗茶时间不能太久，注水后，将壶逆时针轻轻转动片刻，就可将开香茶倒入茶海。

【水木交融】 就是悬壶高冲，注入沸水。注水要一气呵成，盖好壶盖，让水和茶在壶中相互交融激荡，充分地浸润。

这是冲泡坦洋工夫的重要环节。

水质要好。泡坦洋工夫最好用软水，所谓“精茗蕴香，借水而发，无水不可与论茶也”。水温一般在 95℃以上。要高冲，飞流直下，才能使红茶的色、香、味充分地释放出来。大约闷泡 20—30 秒。可以轻轻将壶摇晃，使壶中茶水沉转均匀。

【斟茶敬客】　斟茶入公道杯时，应使用滤勺，然后把杯中的茶循环斟入盏中，直到点点滴滴，让每一盏的茶色、香、味均衡一致。

◎**调饮法**

茶器：以西式带柄的瓷杯为宜。

在红茶中加入调料，使红茶的香味更加丰富、浓郁，称为调饮法。

茶性如人。坦洋工夫红茶性情温和，宽容善纳，能与美丽的花卉、新鲜的水果、牛奶甚至浓烈的葡萄酒、高粱酒和谐交融。调制成的饮品具有别样的风味，异彩纷呈。

“醇香奶酒茶”的调饮方式如下。

调料：坦洋工夫红茶、方糖、茅台（或五粮液）酒、鲜牛奶、咖啡、柠檬片（切一小口，以便衔于杯口，并抹上少许砂糖备用）。

前四步【洁杯温盏】【红袖添香】【轻洗红尘】【水木交融】同“清饮法”。

【斟茶入杯】　将泡好的红茶注入杯中。调和鲜奶和咖啡，搅匀后沿杯沿缓缓注入红茶中。

【方糖浴火】　用茶镊夹起方糖，置于勺子上。把适量的高度醇酒浇淋方糖。用火柴点燃方糖，让蓝色火苗燃烧片刻，放入茶汤之中。

【柠檬衔月】　夹起柠檬片，衔在奶茶杯沿，这是下午茶常见的做法，别有情调。俄国人喜欢在红茶里添加柠檬，英国人称添加柠檬的红茶为俄罗斯茶。

【奶茶敬客】　这款红奶茶，汤色艳如晚霞，滋味鲜美，香气更加浓烈清芬，品饮此茶，口齿含香，别具意境，令人难以忘怀。

福安绿茶的泡饮

绿茶是福安城乡广泛饮用的茶，品类繁多，其名优品牌诸如富春银毫、富春香毫、翠绿芽、六杯香、天香银针、大白龙等。福安冲泡绿茶，一般分“观茶”“选具”“洁具”“冲泡”“品茶”等环节。品茶时，先闻香，再品啜，以充分领略其真味。

特别冲泡鲜嫩的“明前毛峰”一类新茶，最佳的选用是透明的玻璃杯或白瓷杯、盖杯，为的是观赏茶叶在水中绽放、浮沉的状态。须把控时间，既要浸透泡透，使茶香溢出，又要防止泡得过熟，失去嫩茶清新的气味。冲泡绿茶以两三次为宜，三泡后的茶，淡薄无味，再饮需重新置茶冲泡。

福安茉莉花茶的泡饮茶艺

福安的蟹蕊茉莉花茶、梅蕊茉莉花茶、莲岳银毫，花香优雅，鲜爽清甘，是福安花茶的佳品。

以下是原福安茶艺团杨玉冰演绎的茉莉花茶茶艺（市茶艺团郭晶执导）：

【焚香礼圣　静气凝神】　点燃一炷香，如见茶圣，心怀敬意。

【花茶入则　芳华初展】　欣赏花茶外形。这里选用的是“富春银毫”茉莉花茶。花茶的种类很多，白兰花、柚子花、玫瑰、蔷薇都可以窨制，但在福安，花茶主要是茉莉花茶。

【流云拂月　洁具涤尘】　用白地蓝花的瓷盖杯泡茶，素雅可爱，提高艺术欣赏价值。用沸水烫盏，转动茶盘中的盖杯，去水。

【心静手巧　因人置茶】　北方人饮花茶，喜欢香醇浓酽，大盖碗可置茶3—5克；南方人喜欢清淡，茶量就要酌减。但南方人也有喜欢酽茶的。福州人冰心回忆说，“父亲喝茶的盖碗里，足足有半杯茶，浓得发苦。”

2005年茉莉花工艺茶亮相钓鱼台国宾馆（“隽永天香”提供，丁立凡 摄）

【水润花叶 匀香待发】 泡茶的水如《大观茶论》所说，“以清轻甘洁为美”。在福安，有“马屿香泉”那样的水即可。冲泡花茶，水温不宜太高，用80℃的沸水，先注入少许，温润茶叶，轻轻摇晃，叫做“匀香”。温润茶叶后，悬壶高冲，使茶叶在杯中上下翻腾，溶解有效成分。

【低斟敬茶 茗花散香】 茶，来自山中，带给人间美好。一杯香茗在手，万千烦恼皆休。

福安天堂庵禅茶的泡饮茶艺

原福安茶艺团杨玉冰演绎（市茶艺团郭晶执导、白沙撰词）：

【花开见佛】 （焚香） 佛到人间，霞光万道，漫天花雨，玉宇澄清。

【鉴赏香茗】 禅茶选用的是中国名茶——坦洋乌龙。

【寒川待渡】 洁具洗盏。宁静中的等待，恰似等候在无人的津渡，期盼到达彼岸。

【施众无畏】 施茶入壶。如施慈悲爱心，抚平人生苦烦。

【蛟龙汲水】 高冲泡茶。小小茶壶，大千世界，容得下日月星辰，吐得去甘苦悲欣。

【蒙山绕雾】 沸水浇壶。蒙山的第一株茶是甘露禅师栽下的。壶烟氤氲，如见云雾缭绕的蒙山。

【禅心如印】 静候茶香。佛家各种手势中，“释迦五印”演绎禅思，大慈心愿，能使众生心安，无所畏惧。

【梵海潮音】 斟茶入盏。声细细，有无间，如月光下雪浪花的呢喃。

【供佛敬友】 以茶敬佛敬友，双手合十，茶禅一味，最高礼节。

【品啜甘露】 饮茶天堂，如品味人生，虽有些许苦涩，却无比芬芳。

【称颂佛德】 感恩禅茶，因缘际会；精行俭德，全家福安。

福安市茶艺团

福安市茶艺团的全称是“福安市民族茶文化艺术团”，成立于1992年12月，编制2人。成立之前，为配合宁德地区行署、福安市政府联合举办的第一届“中国闽东福安茶文化交流会”，展示福安悠久的茶文化底蕴，以市委宣传部牵头组织了一支30余人的茶艺表演队。表演队由学校（以幼儿园为主）、机关单位和社会文艺骨干组成，特邀省茶文化研究会副会长、中国茶道表演艺术家吴雅真亲临福安指导，培训近一个月，从而奠定了福安市茶艺表演的坚实基础。茶文化交流会上，茶艺队的茶艺表演获得中外来宾的赞赏，成为茶文化交流会的一大亮点。交流会后，根据福安市委、市府的指示，市委宣传部筹备并成立福安市民族茶文化艺术团。

福安市茶艺团是一个以茶艺表演为主的、专业与业余结合的团体，坚持以茶为媒，以宣传福安特别是福安的茶产业、茶叶名优特产品为主要职责，创作、移植、演出茶文化歌舞节目，成立后，年平均演

古韵新香（原载《中国历史名茶坦洋工夫》，丁立凡　摄）

出在 30 场以上，受到省内外政商界、茶界以及社会观众的欢迎和喜爱。

2006 年 2 月，遵照市委会议纪要和市府文件批复的精神，市茶艺团向社会公开增聘 8 名茶艺演员，签订定期劳动合同，人员工资由市财政拨补。同年，由于市茶艺团演员自然流动减员，经批准增聘“具有舞蹈编导能力、受过相关艺术专业学习的大专学生”2 名。此后，市茶艺团常年保持 12 人（其中 2 人为事业干部）的演艺阵容，开展茶艺的舞台演出。

主要演职员有：郭晶、杨玉冰、杨柳、刘建宾、张玮、兰媛媛、陈丽、黄诗韵、吴晓菲刘佳、刘芳、缪玲珊、刘晓雯、吴廷庆、林爱英等。

市茶艺团成立以来，创作演出的畲族《宝塔茶》《新娘茶》等茶俗节目以及红茶、绿茶、禅茶茶艺给茶人、观众留下深刻的印象。茶艺演员多次参加在北京、上海、深圳、广州、西安、香港等都市的茶事活动，很好地宣传了新时代福安茶业的繁荣。在福州、香港开展的茶艺比赛中，杨玉冰、杨柳曾获得冠军等奖项。

2019 年 12 月，市茶艺团正式并入福安市文化馆。

茶文化交流活动

历史上的茶文化交流

中国的茶，据最早的志书《华阳国志》，汉代就有自巴蜀外传的记载。丝绸之路上，自唐代起，茶就随着丝绸一路往西，茶马的交易、茶文化的交流趋于频繁。其间战火兵燹，交易和交流虽时有中断，却一直延续至清代。

在闽地，五口通商后，福州、厦门、三都澳诸港口，中外茶商、茶叶经纪人交往联系紧密，茶文化交流呈现历史上最热烈的状态。从福建茶业贸易的史料看，在福州南台的上下杭、番船浦（泛船浦），在三都澳福海关乃至广州、香港，都可以看到福安茶商的背影。

以下几则史料记载，可以窥见历史上的福安茶文化中外交流的大概——清咸丰间“英商购买华茶，以坦洋出产为最”。（清坦洋《施氏族谱·施光凌》）同治间，坦洋工夫红茶“遂翕然称诵海外”，其子长壎“拣择靡不精良，以故名驰异域”。（清坦洋《安定胡氏族谱·胡兆江》）

清朝道光、同治年间，外商奔走闽粤，吴步云“辄与互市，不数年大获奇赢”。（清《谷岭吴氏族谱·吴步云》）

1899年，三都澳开港后，闽茶出口才开始有了完整记录，“其中，红茶占输出额90%以上”。（陈遵统等《福建编年史》，福建人民出版社，2009年）而当时福安县无疑是福建生产“闽红”最多的县域，在闽茶出口中举足轻重。

陈安妮《话说福建红茶》（福建科学技术出版社，2009年）说，清代“外国商人在品饮了坦洋工夫之后，被它的清甜香和所吸引，便蜂拥而至，来到坦洋求茶。传说英国女王见到人们在冲泡坦洋工夫的过程中以扇作为屏风，于是就赐给坦洋茶商一把和扇，成就了‘一扇屏风’的佳话”。

1915年，福安商会选送的“商会茶”（茶界共识即坦洋工夫红茶）获巴拿马万国博览会“金奖”。（陈琪《中国参与巴那马太平洋博览会纪实》）

现代茶界大师庄晚芳说：“从文化视觉而言，茶文化是很古老的，源远流长，中华民族所特有的文化，对人类文明和进步做出了很大贡献。”（庄晚芳《瑞草之国》序）福安拥有悠久的产茶历史，伴随而生的茶文化自是丰富多彩。

中国闽东福安茶文化交流会

◎第一届交流会

1991年4月21日至22日，早春二月，草长莺飞，百余名中外茶文化界和国内新闻界的嘉宾、代表相聚福安，参与了内容丰富、异彩纷呈的茶文化交流活动。

21日，在旧灯光球场举行的开幕式上，福安茶艺队为嘉宾表演了“新娘茶”等民间茶俗。其间，茶艺队年轻演员向与会嘉宾分轮依次献上诸色福安名茶。

上茶的品类分别是：明前毛峰（省茶科所、甘棠北门茶场产品）、坦洋工夫（坦洋茶场产品）、烘青绿茶（王家茶场产品）、茗奇（省茶科所产品）、茉莉花茶（福安茶厂产品）。

第一届中国闽东茶文化交流会（市茶业协会 提供）

日本国茶道传人速川和枝教授表演了日本茶道。台湾茶文化学会理事长、茶艺文化研究中心主任范增平先生表演了台湾茶艺。来自上海的工艺美术大师陶艺家许四海先生展示了他制作的紫砂茶壶精品，并当场进行制壶表演。

下午，与会嘉宾、代表参观了坦洋工夫的创始地——坦洋村。雨后初霁，满山苍翠，嘉宾们登临坦洋村对面的茶山顶，茶园美景使宾客流连忘返。下山后，嘉宾徜徉于村中街巷、民居、茶庄遗址。接着参观了被誉为“茶叶大观园”的福建省农科院茶叶研究所。

坦洋民居、茶园、古朴淳厚的民风，给宾客留下深刻的印象。

上海海峡两岸学术文化促进会秘书长章念驰赞叹：“坦洋村具有茶叶生长得天独厚的生态，这里的风俗、习惯、环境依然如此古朴，显得山清水净，林木清翠、空气馥郁、野趣盎然……这真是难得的净土，茶的乐园，无怪茶味醇香！”

晚间，嘉宾们观看了大型茶艺歌舞晚会。

22日，在茶文化学术研讨会上，上海国际问题研究所常务副所长、教授陈佩尧、日中交流中心会长三木友里，全国政协委员、作家赵丽宏、章念驰、范增平、许四海以及福安茶人等做了茶文化学术的精彩发言。会上成立了“中国闽东福安茶文化联谊会”。

当日，嘉宾们参观了“闽东春季茶叶展销会”，游览了坂中森林等景区。日本茶人在位于福安宾馆后山的“友谊茶园”种植了茶树，并立碑纪念。

与会嘉宾高度评价交流会的成功举办，预言交流会必将产生久远广泛影响。主宾相约，春暖花开时再次访问福安茶乡。

◎**第二届交流会**

1992年3月18日至20日，第二届中国闽东福安茶文化交流会暨福建省畲族风情旅游节在福安市举办。

与第一届交流会相比较，本届交流会活动的规模、交流的内容、茶文化的展示等更加丰富，畲族风情的展示使茶文化交流的内涵更加丰富。200多名嘉宾中，来自日本、新加坡、美国以及港、澳、台的茶界友人引人注目。

这届盛会，福安茶俗《宝塔茶》《新娘茶》表演以新的演出面貌再次展示。畲族传统体育表演《龙头舞》《打抢担》以及仙岩畲村表演的《加官舞》《八仙舞》《畲族婚礼》等富有民族特色的节目争奇斗艳，使宾客耳目一新。

第二届中国闽东茶文化交流会（原载《中国历史名茶坦洋工夫》，郭幼平 摄）

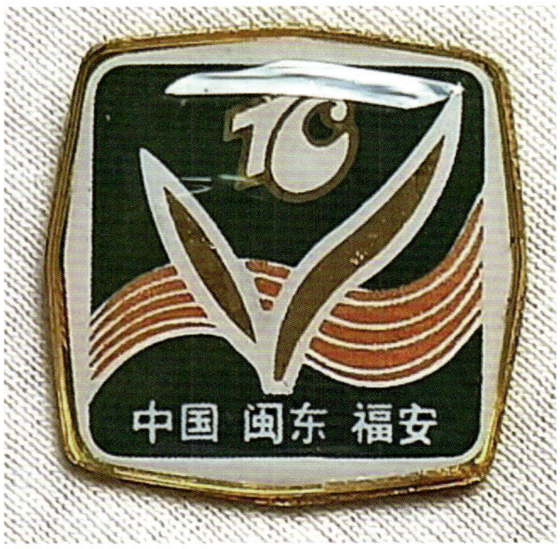

中国·闽东·福安茶文化交流会纪念章

交流会上，日本表千家皇室茶道代表团速川和枝教授等8人作了精彩的茶道表演；台湾茶艺师叶春莲小姐表演了与闽南茶艺一脉相承的台湾茶艺。闽东畲族服饰和日本和服展示、著名画家程十发、谢稚柳先生的书法作品和茶具展示等把盛会推向高潮。

时任福建省委常委、省委宣传部部长何少川等省、地领导在大会上分别致辞。会后，何少川部长以《灵魂之饮》为题撰文，高度评价福安茶艺团演出的《宝塔茶》《新娘茶》和来自日本、中国台湾省的茶道、茶艺表演，称赞“这是一次名副其实的国际茶文化交流”。

在茶文化学术交流、研讨的间隙，嘉宾、代表游览了太姥山，参观了社口镇坦洋村和坂中畲族乡的仙岩村。在茶山、畲寨、城乡街巷，宾客所到之处，都为畲汉群众热烈真诚的友谊感动。福安茶乡春天的景色、良好的生态环境、茶乡人民的热情好客、以及异彩纷呈的民族民间茶文化再次给嘉宾留下美好印象。速川和枝团长感叹畲汉人民的“热情、好客、善良、和平”，她说：“我从这难忘的活动中，感受到日本的茶道和中国民族的平和性格是多么一致啊！”章念驰秘书长说：“茶文化交流，就是要重在文化。”他赞扬本届茶文化交流会展示了“福安茶文化中真正的茶味”，“受人称道”。

以上两届茶文化交流会均取得成功，留下了对外茶文化交流的经验，对福安茶文化走向世界，对福安茶业经济的繁荣产生了久远的影响。

2006年北京坦洋工夫茶系列活动

2006年3月以来，中华（北京）名人协会执行主席陈寿朋教授率协会骨干数度来到福安考察，对坦洋工夫传奇历史深为关注，对坦洋工夫红茶的品质赞赏有加。名人协会与福安市商定，以福安市、社口镇和坦洋村作为中华名人共建和谐社会的试点，大力向海内外宣传坦洋工夫红茶文化，助力福安茶产业的发展。

同年10月，由中华名人工委、中华名人协会与福安市联合举办的“中华名人共建海峡西岸的和谐福安暨‘坦洋工夫’茶系列活动”在北京人民大会堂揭开帷幕。欧亚许多国家的驻华使节和首都文艺界名人等百余人参加了揭幕活动。其间，市茶艺团在北京人民大会堂向驻华使节和茶人表演了福安茶艺节目。揭幕仪式上，名人协会发言人宣布将坦洋工夫红茶定为“中华名人特供茶。”盛会气氛热烈，产生了广泛影响。

在京期间，“人文中国·茶香世界”中华茶文化宣传活动暨中华茶文化展启动仪式在北京中华世纪坛举行。市茶艺团表演坦洋工夫茶艺后，向游人发放福安茶叶宣传品，坦洋工夫红茶得到游人和北京市民的赏识。

其他茶文化交流活动

1992年11月，香港首届“福茗堂”（ 国际）茶艺表演邀请赛，福安茶艺团杨玉冰（杨玉英）赴香港参赛并获得冠军。

1994年7月，中央电视台、上海敦煌国际文化艺术团、中国茶叶进出口公司联合组成《中国茶文化》电视专题片摄制组到福安市拍摄“新娘茶”“宝塔茶”等茶艺节目。

当年8月，福安市茶艺团应香港茶艺乐园（中国）有限公司的邀请，在广州兰圃公园茶艺馆、白云

畲族新娘凤凰茶表演（2009 年，见明 摄）

山进行茶艺表演。其中，在兰圃公园的表演每日面向港、穗游人表演，历时半个月。

2005 年，福安市组织茶文化采风团深入福安茶区、省茶科所、茶叶加工企业进行采风活动。当年，省茶叶研究所建所 70 周年庆典在福安市举行，省内外茶界人士应邀云集，福安市组织了茶艺歌舞晚会、摄影展、书画展、茶样展、银器展、《福安茶文化》书展，播放“中国茶叶之乡——福安”录像片等茶文化活动，展示福安茶文化和省茶叶研究所的发展历史、现状和未来。

两届茶文化交流会以后，福安与外界的茶文化交流日趋频繁密切，福安市的茶文化、茶产业在省内外的影响不断扩大。从北京马连道茶市到福州、武夷山、上海、深圳、广州、天津、西安、太原等国内各大城市，在大型茶事活动中，常有福安茶艺的身影，表演交流活动不胜枚举。福安茶企越发重视茶企文化对外的展示和交流，茶企参展，茶艺成为不可或缺的环节。

2007 年，坦洋工夫茶参加第三届中国（深圳）国际茶文化产业博览会，市茶艺团在博览会上向中央领导和观众表演茶艺并献茶。8 月，在中国茶叶学会与福建省有关单位举办的“‘坦洋工夫杯’首届海峡茶艺小姐电视公开赛”中，福安市的杨柳荣获冠军，这是继 20 世纪 90 年代初福安市杨玉冰捧回香港福茗堂国际茶艺比赛冠军杯后，福安茶艺的又一次夺冠。

同年 11 月，坦洋工夫被北京奥运会经济研究会等联合确定为“中国申奥第一茶”，作为 2008 年奥运会礼品赠送体育健儿。

2007 年后，坦洋工夫茶艺进入北京钓鱼台国宾馆、北京中华名人会馆以及奥运会宣传平台，先后被指定为上海世博会、第十一届运动会用茶。福安市还以坦洋工夫领衔，连续两次参加北京马连道国际茶文化节。在本省安溪、武夷山等地举办的海峡两岸茶博会上，坦洋工夫红茶的宣传推介亦取得良好的宣传效果。

2007 年 12 月，在巴拿马城举办的“第十届巴拿马中国贸易展览会”上，睽违近百年的坦洋工夫亮相巴拿马，坦洋工夫的新知咸集。品饮坦洋工夫的外国茶商，在留言中留下了对中国红茶的赞赏，正如其中一则所言：“巴拿马永远记住坦洋工夫！”

天下茶人是一家，闽台茶文化交流也十分热络。

“水连两岸，共饮一壶茶。谈茶谈心一样情。茶都聚茶人，和谐乐一生。”这是台湾茶叶协会理事长在福安留下的题词，表达了两岸茶文化交流对促进和平的积极作用。

2009 年 4 月间，红茶出口大国斯里兰卡茶叶考察团团长费尔南多博士来到福安，在品尝坦洋工夫后说：

福安茶艺在福建省首届花茶鉴评会上（1999年，苏峰 提供）

“这是我喝过的最好的红茶！”他认为，坦洋工夫比他们国家生产的红茶品质要高出许多。

2013年6月28日，“2013年海峡两岸茶产业发展研讨会”在福安举行；研讨会以“交流茶文化合作，促进茶产业发展”为主题，作为第五届海峡论坛的一项活动。

2015年7月，宁德、福安两级政府在意大利米兰世博会中国馆举办“坦洋工夫主题活动日”活动，米兰世博会组委会副总裁加利参加茶文化活动并致辞。他指出茶叶是全球第二大饮品，中国茶文化源远流长，今天“坦洋工夫”活动日非常契合本届世博会“滋养地球，生命能源”的主题，希望更多的中国茶产品能够进入意大利市场。

2017年1月，坦洋工夫独家冠名央视戏曲频道《梨园闯关我挂帅》栏目。5月，在第十二届坦洋工夫斗茶展示会期间央视戏曲频道摄制组举行《坦洋坦洋》的开拍仪式。9月，对接“2017‘行走中国·感知五年’全球华文媒体高层宁德行”参访活动，与来自美国、加拿大、泰国、澳大利亚、南非等15个国家的22家华文媒体代表互动交流。12月，福安市举行首届“坦洋工夫杯”自行车公开赛。

2018年12月15日，“坦洋工夫杯·茗星茶艺师”第五届全国评选大赛年度总决赛在2018深圳秋季茶博会落幕，来自18个城市的茗星茶艺师冠军选手参加总决赛。9月17日，福安市组织“冠军红·坦洋工夫杯”乒乓球邀请赛，邀请世界乒乓球冠军陈新华（原籍福安）、郭跃华进行表演赛。

2023年9月，福安农垦集团选送坦洋工夫茶参加第28届上海国际茶文化旅游节，获最高奖项，被评为“全国十大名茶”。

闽（宁）台茶文化交流

1988年6月上旬，台湾大学教授、台湾省茶艺协会理事长吴振铎偕夫人蔡彩燕回故乡福安探亲访问。是为海峡两岸茶人在相隔近40年之后首次在祖国大陆相聚，重启两岸茶界交流。期间，他还应中国民主促进会中央常委、茶叶专家黄国光之邀，进行闽台茶叶学术交流。

1988 年吴振铎伉俪再返桑梓地，将“金萱”（台茶 12 号）和“翠玉”（台茶 13 号）等茶叶品种引进故乡福安种植。

1991 年 4 月和 1992 年 3 月，福安市举行两届“中国闽东福安茶文化交流会”活动。期间，福安东道主茶人与台湾茶届人士精彩互动，展示两岸同胞以茶为桥，跨越山海，深度交流，共同进步的深情厚谊。

2005 年 4 月，中国国民党主席连战在北京老舍茶馆品尝福安市“茉莉针王”盖碗茶和“丹桂飘香”工艺茶，并题写“振兴茶文化，祥和两岸情”。

坦洋工夫非遗文化金门行（李立　提供）

2006 年 9 月，台湾茶商林宪腾在王家茶场承租茶园 2000 亩，注册成立福安市皇家茶业有限公司，是闽东首家台资企业。主要种植适制乌龙茶的品种，发展新优茶树品种，其中台茶 12 号 200 亩，软枝乌龙 300 亩，其它新品种 1500 亩；引进先进设备，包括小牛牌中耕机 6 台，移动式喷雾器 2 套，茶叶加工机械 70 台 / 套；生产台式乌龙茶、东方美人茶等产品。皇家茶业取得良好的经济效益，同时促进闽台两地茶业在品种引进、栽培技术、加工工艺等方面的交流。

2009 年 11 月 16 日，第三届海峡两岸茶业博览会期间，福建省福安市社口镇和台湾省南投县竹山镇进行茶产业交流合作座谈。社口镇镇长陈枝棠和竹山镇民代表会副主席林明辉正式签署合作意向书。18 日，竹山镇茶业访问团十多人在台湾乡镇联合总会主任林森斌的带领下，到社口镇开展对口合作考察。双方约定今后加强往来，在政策允许范围内进行对口技术交流，促进两镇茶企业和民间合作。

2011 年，省茶科所以“金萱”成为母本，通过开放授粉杂交选育出“福萱”“春萱”两个适制乌龙茶、绿茶、白茶的茶树品种，2022 年经过国家登记，成为国家级良种，是闽台茶界科技创新的成功典范之一。

2017 年 6 月 23—27 日，坦洋工夫企业参加福建省金门同胞联谊会、福建省闽台文化交流中心、台湾金门同乡会总会主办，中华文化联谊会指导的“福建非遗金门文化周”活动，宣扬坦洋工夫茶文化，增进两岸同胞的认同和了解。该活动以“弘扬海丝非遗　传承中华文化”为主题，以文化体验和互动为主要形式，福安市参与的活动项目除坦洋工夫制作技艺外，还有畲族歌舞等。

第四章　茶文化作品

茶书茶文

茶书

以下仅列已知1949年10月以后由正规出版机构出版的关于福安茶文化的著作，作品不包括科技论著。

已知福安茶文化著作书目表

年份	书名	作者	出版单位
2005	《福安茶文化》	郑望、陈成基主编	中国文联出版社
2006	《茶界泰斗张天福画传》	林光华编著	海潮摄影艺术出版社
2009	《中国历史名茶坦洋工夫》	林光华、陈成基主编，李健民执行主编	福建美术出版社
2012	《坦洋工夫再现辉煌》	陈成基主编，陈孟生、吴庆堂副主编	中国文联出版社
2012	《茶人随笔》	吴家阔著	中国文联出版社
2019	《坦洋工夫》（八闽茶韵丛书）	李健民编著	福建科学技术出版社

茶文

以下仅列已知1949年10月以后由正式书刊发表的关于福安茶历史文化的专文（重复发表者取其一），作品不包括科技类专文。

郭　风《福安写意》，载《福建日报》（发表时间不详）。

吴家阔《福建历史名茶的民间传说》，载《农业考古》1994年第4期。

刘松年《话说“坦洋工夫”茶》，载2000年《宁德文明之光丛书·老照片》。

何少川《灵魂之饮》，收入《福安茶文化》（中国文联出版社，2005年）。

从之、战雄、章平、树华《让坦洋工夫重新走向世界》，载2007年3月15日《人民政协报》。

胡文墀《胡氏与坦洋工夫茶》，载《福建文史》2009年第2期。

李健民《闽东茶业的历史变迁和现代振兴》，载《宁德师专学报》哲学社会科学版，2010年第2期。

蓝图《近代闽东茶叶贸易与早期资本主义全球化——以福建坦洋茶叶贸易研究为中心》，载《历史地理》2010 年第 24 辑。

卢　腾《两位“老政协”，一份红茶缘》，载 2011 年 8 月 2 日《人民政协报》。

李健民《早期“坦洋工夫”和坦洋茶商家族》，载《福建文史》2012 年第 4 期。

余　挺《坦洋工夫：走在复兴的大路上》，载 2012 年 11 月 21 日《闽东日报》。

李健民《赛岐与闽东海上茶路》，载《福建文史》2014 年第 4 期。

吴旻生《福安饮茶风俗的特点及其形成探源》，载《闽东茶文化探源》（海潮摄影艺术出版社，2004 年）。

林光华《坦洋村是习近平茶学思想的发祥地》，载《福建茶叶》2023 年第 10 期。

◎以下各篇载 2009 年 3 月《茶道》杂志（海峡茶叶流通协会主办）总第 37 期：

林光华《“坦洋工夫”茶香弥漫巴拿马》；

林光华、王旺声《寻找“坦洋工夫”金奖档案》；

陈勇光《千锤百炼坦洋红》；

陈成基《工夫红茶的药用和保健功效》；

王志凌、林光华《百年茶叶世家的“坦洋工夫”梦》；

◎以下各篇载 2015 年海峡书局出版的《闽东茶叶历史文化》一书：

陈成基、郭孝卿《“茶界泰斗”张天福》；

陈成基《福安茶业改良场》《茶学教育家庄晚芳》《台湾茶界宗师吴振铎》《茶叶科学研究先驱李联标》《坦洋村清代五大茶业家族》；

林光华《福安茶业改良场的创建》；

李健民《中华名茶坦洋工夫的百年沧桑》《坦洋茶商家族的百年沧桑》《民国时期福安的茶业经济》；

李宗雄《民国时期的坦洋村与“坦洋工夫”红茶》；

吴家阔、林清菊《福建三大工夫之首——坦洋工夫》《福安茶叶历史之最》；

吴家阔《福安地方茶树品种》；

吴家阔、郭旻《福安——历史悠久的茶乡》；

李立《丰富多彩的坦洋工夫“茶银票”》；

陈益光《民国时期福安茶行的茶银票》；

缪品枚（整理）《福安白云山赖家制茶图》；

郭孝卿《福安知县王Fn俭的茶联》《关于坦洋红茶的起源时间》《民国时期福安县长高诚学的茶缘》；

余挺《隋代托杯昭示福安茶文化历史悠久》《福安白云山麓古“茶碑”》《郑樵蒙井与马屿香泉》《两首宋代与茶有关的古诗》《兔毫盏出土：宋代福安流行斗茶》。

文章选录

桂香山记

［清］郭尚宾

邑九都有桂香山。山下为坦洋。由县治西北行四十里，至社溪，望山腰诸峰，罗如屏列。缘溪行十里渐近，苍松环绕疑无路；然有溪流发源龙井，汇蟾川，迸夹溪，而跨以龙凤桥；过桥折行百余武，又跨以真武桥，豁然开朗。至坦洋，四山排闼，一水中流，鸡犬相闻，阛阓茂盛。产茶美且多，有武夷之风，外邦称为“小武夷”是也。

村南行数十步至山麓，拾级登桂岩，岩桂葱笼。每秋间，花盛开，香闻数里。月从岩中出，杜诗“赏桂延秋月”，殆似之。岩下有井曰蒙井，泉清且洌。宋郑夹漈留题“蒙井”字，并有诗。上有峰，曰南峰。峰有洞，深莫测。夹涧有漈，穿石穴而下，如龙口喷珠，较瀑布尤奇。西南有石门洞，门阙户牖俱备。每晨烟自门中出，叆叇弥漫，奇境也。又有仙岩，岩下有张少府宅，遗其年代，仅存故址，今俗呼为“官坪”。其水为张坑，有龟岫，有蛇冈，其旁有狮子岩，侧复有岩曰米岩，三石峭叠如壁，不敢仰视。岩下有小亭。旧云：有人宿是亭，偶椎岩石，有米自孔出，足备晨炊。贪夫以孔隘米少，凿大之，而米亡。今孔犹存石上。由是亭而上，更有岭头亭，额曰“众山一览”；又有“举头望明月，荡胸生层云”一联。遥望山岔三十六重，历历可数。

由西北行里许，有文笔峰，层峦耸翠。北登极顶，为钲鼓山，高压群山，有石钲、石鼓，冬月雪霁，望若玉阙银台。北回数里，有弥陀峰，形似弥陀，山出砺石，邑人皆取资焉。东迤里许，为北岫岩，岩有洞三，若品字；相传旧为鬼穴，常作祟。有邱、倪、赖三姓者，以符箓镇之；祟息，即修真于此。今名此山为邱倪赖。其下有牛池坪，坦荡辽阔，可容走马，习武者常驰马于此。中有池，旱干不涸，牧者恒驱牛浴之。东侧有寨磐墩，明季倭警，乡人设寨于此，今址犹存。其下为深潭，潭有石鲸二，水激之，作化龙势。每秋夜，潭水有声，乡人惑于堪舆，以为鲸化龙吟，凿之不息。乾隆时，作桥于上，以压之。咸丰三年，蛟发桥毁，重建之；又遭祝融，嗣再葺之，与龙凤桥重锁桂香之麓，如双虹绚彩，尤为天然图画。登斯桥也，千岩竞秀，三水合流，俯仰间而圣贤登山观水之说，恍然悟也；岂徒游目骋怀，为题柱润色云哉！

（作者为福安坦洋人，清咸丰元年举人，本文原载清光绪《福安县志·山川》）

灵魂之饮

——观茶艺表演

何少川

清明前夕，福安市举办第二届国际茶文化节。此时绵绵春雨，闽东的山野格外清新，特别是那一座座茶山，出落得水灵灵、绿嫩嫩，风韵妩媚可人。“一杯齿颊留芳的工夫茶，杯中蕴含着多少知心话，莫道谁是主来谁是客，你的名字我早记下。……”茶乡人用时新的明前茶，用畲家的歌和舞，用真挚的亲人情，欢迎来自四方的海内外宾客。在茶文化节期间，丰富多彩、赏心悦目的茶艺表演，使人们感到一种舒适的享受、一种心灵的陶冶、一种对生活美的追求。那精湛的茶艺，体现了用茶构架起的文明风尚！

作为主人，福安民族茶文化艺术团先为到会的宾客，展示了乡土气息浓郁的“畲族宝塔茶”和“新娘茶”茶艺。“宝塔茶”的表演，豁达粗犷，妙趣横生，使人大开眼界。“新娘茶”的表演，喜气洋洋，温文尔雅，使人深受感染。我不由想到，一片小小的茶叶，可以折射出如此绚丽的七色彩虹！“宝塔茶”的特点在于一个“塔”字。表演者五男一女，在优美的民族乐曲声中，只见一老者从女娘手中接过茶具，把五大茶碗叠成三层，一碗做底，恰到好处地托起平排成三角形的三碗，顶端再压上一碗，然后酌满茶。饮时，老者用牙咬住上面的一碗茶，随手夹起中间的三碗茶，连同底层的一碗茶，送给其他四男，自己喝干咬住的那碗茶。看如此杂耍式的喝茶，我还是有生以来的第一回。我困惑不解地问：“这是舞台表演，或是生活中确有其事？”福安的朋友告诉我：“确有其事，这是松罗乡一带畲族村庄的风俗，新娘过门之前，亲家嫂要向前来接新娘的亲家伯敬上这种‘宝塔茶’，亲家伯要用这样的方式当众把茶喝完。如果工夫到家，饮时不溅一滴，便招来满堂喝彩。另外那四碗茶是送给来迎亲的轿夫喝的。”听这一说，我仿佛看到那火红的场面，那戏谑的情景。茶增进了亲情，给喜庆增添了无穷的快乐！

比之“宝塔茶”，“新娘茶”另有一番情趣。如果说：“宝塔茶”的表演，那喜庆像熊熊的烈火，“新娘茶”的表演，则流露出的喜庆像温柔的烛光。“新娘茶”，实际上是一种用冰糖、红枣、瓜糖、花生仁和少许茶叶冲泡而成的“糖茶”。喜乐声起，新娘在伴娘的引导下，款款细步走上厅堂，向男家的女眷恭敬施礼，然后神情庄重地用“糖茶”献给前来道喜的贵宾，那茶寄托着希望，象征婚后能早（枣）生（花生）贵子，夫妻和顺甜甜蜜蜜过日子。当台上表演的时候，台下的宾客同尝“糖茶”，台上台下情景交融，犹如婚礼现场，春风荡漾。茶为婚嫁带来温馨，含蓄真情！

主人的表演，引起了与会者的浓厚兴趣，台湾朋友也登台献技。台湾小姐表演的茶艺，不难看出与闽南的工夫茶同宗同祖，闽台文化融为一体。这次台湾茶艺小姐表演，我有幸作为嘉宾应邀出席。因此，我能够在台上比较详尽地观察到茶艺小姐细腻、娴熟的表演过程，潜入意境，从中感受到一种超凡脱俗的神韵。茶艺小姐采用的茶叶，是特地从台湾带来的珍贵乌龙茶。我特别喜欢那副茶具，小巧玲珑，堪称难得的艺术精品。我问：“这紫砂茶具哪里出品？”茶艺小姐答道：“台湾制作。”我把玩着眼前那犹如酒盅的小茶杯，爱不释手。茶艺小姐做好了一切准备工作，先是烫壶温杯，继而冲泡，接着为宾客点茶。一个个环节都在限定的时间里完成，宛如一首节奏舒缓的抒情诗，娓娓道来。宾客按照指点，端起茶杯嗅闻香气，再观茶汤颜色，继而慢慢品茶的滋味，喝完后再认认真真地闻那杯底的留香，神驰意想，领略茶中的奥妙。

这是一次名副其实的国际茶文化交流。日本朋友表演的茶道，具有异国风采。表演时间长达一个多小时，手法考究，程序规范。表演前先得精心布置好茶室，在屏风上挂着切合意境的书法条幅。然后在特制的小方矮桌上摆上古朴典雅的茶炉、茶壶、茶杯、茶刷等，剪一束素雅的鲜花插在屏风旁的立柱上，使环境充满诗情画意。在古乐声中，茶道表演者身着和服莲步轻移，在矮茶桌边席地而坐，温好茶碗，先用布巾把茶碗细擦干净，择放的茶叶是已研制好的茶叶末。其间给每个客人送上一份点心，茶泡完后双手恭恭敬敬地献给客人。整个表演使人感受到，日本的茶道特别注重创造一个祥和肃穆的氛围，似乎是意在茶中，神在茶外。这无疑对人的身心是一种修炼，对人的性情是一种调理。日本茶是用蒸熟的茶叶研制成末，泡出的茶汤浓绿如汁，喝在口里苦涩中留有清醇的香味。

茶艺是一种美的表现，也是一种艺术。它和其他艺术一样来源于生活，又不同于生活。是对生活美的挖掘和加工。生活中的美极其丰富多彩，需要靠我们付出艰辛的努力，去寻找，去发现，去提炼，从而陶冶人们高尚的情操。

（作者曾任中共福建省委常委、省委宣传部部长）

福安写意（节选）

郭　风

我想，对于福安的海湾、山峦、溪涧以及森林，这些也是为我所深切喜欢的，暂且不谈，待将来有时间另行记述我的感受……

另外，我得谈一谈福安茶厂。福安的“坦洋工夫”，闻在明代已能制成此项名茶；至清，已誉满天下。此次来福安茶厂，主人泡了一杯茶放在我的面前，其色若红树倒映的浅溪山泉，其味若清风从山谷间送来百合花的芬芳，其声誉历几百年不衰，是理所应得的……

（作者曾任福建省作协主席、中国散文诗学会会长。此篇发表于《中国》1985 年第 2 期）

一块少见的净土

章念驰

福安位于闽东北，三面环山，南面临海，地处福州至温州公路中点。从福州到福安，200多千米，路程不可谓短，但途中景色实在迷人使人忘却疲惫。

午后我们从福州出发，沿途景色，宛如杭州九溪。清末大儒俞曲园先生曾赋诗描写九溪，谓“重重叠叠山，曲曲环环路，丁丁冬冬泉，高高下下树”，用这诗来形容至福安的景色是再恰当不过的了。车辆在山道上忽上忽下，峰回路转，一会儿把你送到山巅，一会儿降至山麓，擦过海滩，好像一个美女有意要把自己的姿色向你展示无遗，而不断转换着自己的体态，让你尽情饱览，满摄眼帘。

车过宁德，路途过半。起伏的峦峰满栽林木，山梁绵亘，布满茶园。袅袅雾气中夹杂着好闻的茶香，一切似乎被什么净化过似的，山显得更青，水显得更绿，天显得更蓝。当我们驶近福安时，已近黄昏，晚霞的金辉轻轻地涂在群山，仿佛用了一个固定的色彩将山景凝固了起来，使人犹同置身画廊。我看呆了！自己仿佛也被凝固在这壮丽惬意的画面中间。这，真是一块少见的净土啊！

福安以盛产茶叶著称，尤以“坦洋工夫”红茶与“明前毛峰”绿茶闻名于世，这大概是大自然的恩赐。它三面环山，一面临海，寒流不至，气温湿润，雨天满山云，晴天遍地雾，山多、林多、水多、雾多，给茶叶生长带来了得天独厚的生态，加上当地人民的勤奋，注重植树和环境保护，污染甚微，显得山洁水净，林木青翠，空气馥郁，野趣盎然，即使在福安市区还保存了坂中原始森林，这真是难得的净土、茶的乐园，无怪茶味醇香！这大概是自然对福安人民的奖励与回报。

（作者曾任上海海峡两岸学术文化促进会秘书长，本文节录自《福安茶文化交流会随想》）

福安茶文化交流会，对闽东经济发展是一个推动

许四海

茶文研究的课题很多，涉及政治、科学、生活、艺术、民俗、人的保健等。这里，我侧重从经济角度谈茶文化。大家知道，开门七件事（柴米油盐酱醋茶），茶是生活中离不开的一项。茶是涉及面广、需求量大的商品。现在世界上，茶人均销售量最多的是英国，人均年耗茶量4公斤，居世界第一位，是饮茶大国；第二位是日本，人均年耗茶量2公斤，而且日本把茶叶应用到医学、食品工业领域。日本、新加坡经济发展与茶叶生产、销售的推动是分不开的。印度人均年耗茶为1公斤，也很可观。中国大陆人均年耗茶量3两，而其中比重最大的是西藏。如果我们弘扬茶文化，对茶叶生产也是一个极大的推动。如果，每人均年耗茶量1斤茶叶，就有11亿斤，较之现在3两，等于3番，加上大量出口和用于医学、工业和其他领域，还可以翻4—8倍，这将给产茶区带来多大的经济效益。所以，我认为茶文化中的经济问题是值得研究的，我个人预测再有两年时间将出现茶文化热。福安带头搞国际性茶文化交流会，对闽东经济发展是一个推动，再过两年可以看到这个成果。

（作者为中国工艺美术学院设计家研究会理事、著名陶艺家）

新娘茶蜜蜜甜 工夫茶喷喷香

——福安茶艺表演队观赏记

许四海 陆 划

中国闽东福安茶文化交流会上一支见所未见、闻所未闻的福安茶艺表演队初展容颜，身手不凡，如同“明前毛峰”那样细嫩润绿，像“茗奇乌龙”那般香馨味醇。

糖茶伴饮

茶艺表演由“新娘茶”揭幕。鼓乐声中，披红盛装的新人上厅敬献糖茶，不仅台上有民俗表演可看，还有按民间配制冲泡的糖茶送下台来给观众品尝。但见描花细瓷杯中冰糖水上漂浮着几片嫩绿茶芽，还有几颗白肥花生仁和数枚出核鲜红枣烘托，娱目乐口，味道独特。

接着，茶艺小姐纷纷捧上竹编花座送到桌上。仔细一看，原来花座下面用五段竹节贮放着烘青绿茶、茉莉花茶、明前毛峰、茗奇乌龙和坦洋工夫五种闽东名茶，供人观赏、闻香，及至咀嚼辨味。随后茶艺小姐则用各种冲泡形式给与会者一一品评。

中茶外饮

“明前毛峰”用极其透明的清白玻璃杯冲泡，使这个1985年才脱颖而出的新茶闪光发亮，显得醇嫩剔透。冲水也有章法，分三次冲，每次冲时如划圆圈。不尝不知道，一尝才明白，此乃使茶叶浸透泡透，茶叶茶香自然溢出。

“坦洋工夫”是闻名海内外的红茶佳品，其品饮引进西方法式，即加方糖和牛奶，“中茶外饮”别有滋味。

“关公巡城”

“茗奇乌龙”是采用闽式工夫茶泡法。其茶具式样也颇独特，形如一只小南瓜，掀盖翻转权作茶盂，将四只小杯一只小壶用开水里外烫过，然后将小杯复位放在下半个“南瓜”之上，壶中放上1/2至2/3乌龙茶叶，就可正式沏茶。茶艺小姐倒茶颇有技巧，四个杯巡回倒，这样保证每杯茶汁浓度相差无几，这叫“关公巡城”。当笔者捧杯啜茶，发现杯下有一个满天星斗的夹层，万一茶汤外溢尽收其中，可谓设计巧妙。

工夫茶奇香特酽。茶艺小姐前来劝你佐食土特产化核嘉应子、芙蓉李干，笑容可掬。

这支茶艺表演队大都是幼教老师，有文化，气质好，其发式、服装大方美观，仪态表情自然亲切。

听说这支茶文化的艺术使者有来沪巡演的打算，但愿能早日成行。

观日本茶道表演

王琪森

“中国闽东福安茶文化交流会”在山明水秀、风光旖旎的福安市召开。在隆重热烈的开幕式上，来自日本的表千家皇室茶道代表团在团长速川和枝教授的带领下，做了精湛而优美的日本茶道表演，使与会代表一睹日本茶艺的风采神韵。

表演台上放着日本茶道特有的茶道小方矮桌及古朴的茶炉、茶具、茶杯、茶刷等，锦缎的屏风上挂着一幅字体遒劲的书法，一束朴素而典雅的插花放在矮桌的正中，旁边置着一尊笑佛焚香炉，袅袅的细烟散发着沁人的清香，形成了独特的茶道文化氛围。随着一阵悠扬的乐曲，50多岁的速川和枝教授（按：速川和枝为日本表千家皇室茶道家）穿着清丽的和服款款走上台来，然后在茶桌边席地而坐，先是温茶碗，用布细擦干净，择放茶叶末，后是用茶刷慢慢地涮，倒入各种不同花式的花碗。动作规范流畅而颇有诗意。

泡茶完毕后，即由和枝的学生捧着点心盘送到每个与会代表面前，按茶道的规矩是先用点心再喝茶。由于日本茶是将茶叶蒸熟成茶末冲泡而成，因此茶汤色泽青绿，像芹菜汁，喝在口里苦涩中带有清香，别有风味。

后来在坦洋茶场的茶亭边，我与和枝教授聊起来。这位颇有学者风度的职业茶道家从五岁起即学茶道，是表千家的正宗传人，桃李遍日本。和枝教授说茶道并不单纯是喝茶，而是调养人的精神，修养身心，并把茶文化的祥和精神传入社会。她家有一间专门的茶道室，室中有一套全日本唯一现存的唐代茶具，而此间茶室的门很小，任何人都要爬进去。日本的天皇到她家用茶也是如此，这显示了茶道的一种平等精神。和枝教授把参加这次茶文化交流会称之为“寻根问祖”，她对中国的茶艺十分敬慕，以 20 万日元购买了我国著名紫砂艺术家许四海先生制作的一把菱花壶，而许先生则把这笔钱捐献给了福安市，体现了中日茶艺家以茶为缘、共兴茶文化的愿望。（作者系中国作家协会会员、中国书法家协会会员）

坦洋赋

张　炯

小序：先外祖母施氏菊娇，嫁自坦洋村望族，曾言世家制茶为业。今余年八十，受邀为坦洋村作赋。缅怀慈亲，敢不从命。沉吟三日，草定此篇。

坦洋古村，名茶之乡。山清水秀，物丰民旺。天后宫，耸峙高墙；真武桥，飞架长廊。民居鳞次栉比，茶园漫野遍岗。云雾缭绕于四境重峦，瑞雪皑皑于岁末冬寒；溪水中流于涟漪碧潭，清风徐爽于夏日林间。紫气东来，流霞西去，周围佳景罗列，曰“桂岩秋月”“蒙井冬温”“龙口喷珠”“莺藤流啭”；曰“石门晓烟”“钲鼓晴雾”“三仙隐洞”“九蟾饮川”。此乃福安地域之胜境，韩阳社区之名乡也。

唐宋以降，福安北区即垦殖茶圃。油、盐、酱、醋、茶，向属民生所需大宗。闲来饮茶品茗，更为文人仕女所重。是村，胡施黄朱，为四姓大族；白毫炒绿，乃世代原茶。而红茶“坦洋工夫”为后起之秀，偕茅台国酒均荣获万国博览会之殊荣。其性温味醇，汤色清纯橙红，为茶之精品而名满中外。百余年来，翻山越岭，北销京华，直达俄罗斯；过海飞洋，南输广州，航抵英吉利。可谓声震闽东，驰名南北神州，称誉东西半球。茶业兴隆，学馆亦趋鼎盛，人才辈出，富商蜂起。斯时也，坦洋之村女采茶，翩如满山飞蝶；挑夫运茶，密似四野勤蜂。四面八方之茶青，均集中坦洋加工。村中茶房茶肆，无不熙熙攘攘，欣欣向荣。逮日寇侵华，河山沦丧，海路断绝，“坦洋工夫”外销受损，茶业遂衰。及抗战胜利，新中国成立，人民政府扶植，茶业逐渐复兴。改革开放，茶业发展尤为神速。迄今“坦洋工夫”被列中国十大名茶之榜，人民大会堂评奖，位列诸多名茶之上。坦洋村中，楼舍迭起，茶厂新建，户户种茶，家家业茶。兼之公路通达，货畅其流。后生新辈，倘能勤谨如昔，励精图治，未来之辉煌正可期也。

夫岁月易逝，山川难求，地球虽大，宇宙虽广，欲觅胜地，以求安居蓄息，亦非易事！坦洋村先辈披荆斩棘，开基创业，历千辛万苦。此为后来者不可不珍惜也！“茶”为中国之别称，流韵已久，健身益智之饮也。坦洋村为名茶之乡，尤应珍惜！以一村而名扬世界，更为罕见，此更足为村民自豪矣！兹赋曰：高峰耸翠兮若文笔，地灵人杰山川娇；碧水长流兮鱼皆乐，茶韵千载白云飘；坦洋村小兮人志大，抚今思昔勿自骄；全面小康兮待努力，奋发有为上层楼！

二〇一二年十二月十二日拜撰于京城

（作者为福安人，中国社会科学院名誉学部委员、中国社会科学院文学研究所原所长、中国作家协会原副主席）

卷八

专志

第一章　福建省农业科学院茶叶研究所

历史沿革

福建省农业科学院茶叶研究所（简称“福建省茶科所”）前身为福建省建设厅福安茶业改良场，该场创建于民国24年（1935年）8月，张天福为场主任，庄晚芳为技师。改良场初创，有山地195亩，分期开垦为茶园，作为科研试验茶园和示范茶园；建有场屋、宿舍、制茶厂和测候所各一座；管理和技术人员8人，工人20多人。

民国27年（1938年月）9月因抗日战争全面爆发，茶业改良场搬迁至崇安（今武夷山市），原址社口改为福建省农业改进处茶业改良场福安分场。民国29年（1940年），崇安成立“福建示范茶厂”，社口原址并入福建示范茶厂福安分厂福安茶场。民国31年（1942年），该场由福建农林公司接管。1949年12月，福建省农林公司福安茶场由中国茶业公司福建省分公司阳头茶厂接管。

1952年7月，福建省农林厅派林桂镗出任场长，在原址上建立“福建省农林厅福安茶叶试验场”。1954年10月，更名“福建省福安茶业试验站”，隶属福建省农业厅主管。1958年6月10日体制下放，划归福安县人民委员会领导，更名“福安县茶叶科学研究所”。1959年4月10日，收归福安专员公署领导，改为“福安专区茶业科学研究所”。1961年1月1日，改隶省管，直属福建省农业科学院领导，定名“福建省农业科学院茶叶研究所”。1970年4月29日，再次下放，归福安专区革命委员会领导，先后改名“福安专区茶叶试验场”“福建省宁德地区茶业科学研究所”等。1975年9月18日，再次改隶福建省农业科学院领导，恢复使用现名至今。

基本情况

福建省茶科所自创建迄今，所址均在福安市社口镇。虽然体制几度上下变动，但其科研任务始终未变，内部机构和设施越趋完善。

现今占地面积4.73万平方米，有建筑物45幢，建筑面积18956平方米；福安市区建有综合楼2幢，建筑面积6520平方米。拥有山地茶园64公顷，其中试验地面积6.7公顷。大面积栽植30个茶树良种，

福建省农业科学院茶叶研究所（社口）

是繁育与推广茶树良种的母本园和示范园。设在二号茶山的茶树品种园，征集、保存了国内外茶品种（系）832个、种质资源4000多份，成为全国收集、保存茶树品种最早、较多的一个品种重库。茶科所拥有加工能力达100吨的茶叶初、精制加工厂各一所和专供适制性试验的乌龙茶和红、精制茶车间各一所，以及生理生化实验室、标本室、茶叶审评室、图书资料室等设施。

2019年8月，研究所事业法人单位地址迁至福州市晋安区新店镇，原所址改设为省茶科所福安综合试验基地。

截至2023年7月，在职员工64人，其中科技人员49人（博士13人）；高级职称科技干部25人。

所内设有福建省科技厅福建省乌龙茶种质资源圃（2000年）、科技部福建省乌龙茶科技成果转化中心（2004年）、农业部福安茶树资源重点野外科学观测试验站（2007年）、农业部国家茶叶产业技术体系宁德综合试验站（2009年）、福建省科技厅福建省茶树种质资源共享平台（2010年）、农业部福建茶树及乌龙茶加工科学观测实验站（2013年）、科技部茶树栽培与茶叶加工技术服务平台（2013年）、农业部国家茶树改良中心福建分中心（2014年）、农业农村部国家土壤质量福安观测实验站（2019年）、福建省农业农村厅福建省茶种质资源圃（2022年）、福建省茶树品种改良优秀科普教育基地（2022年）、福建省茶树育种工程技术研究中心等国家级和省级创新平台。近年来，承担国家现代农业产业技术体系、国家科技支撑计划项目课题、国家重点研发计划项目课题、国家自然科学基金、福建省科技厅重大专项、福建省自然科学基金等项目20余项。

福建省茶科所行政级别定为正处级。设有育种研究室、栽培研究室、植保研究室、加工研究室、科管室、科研基地办公室、办公室等职能机构。

科研成果

福建省茶科所在茶业改良场时期的科研成果主要集中在茶树栽培和茶叶制造方面。栽培方面主要有茶树品种比较，茶园施肥，茶苗扦插、压条，茶籽采收贮藏，茶树栽植方式、台刈，茉莉防冬等。制造方面主要有茶叶采摘与制茶品质，红茶发酵时间试验，引进制茶机制茶等。

1952年重建以来，省茶科所科研与生产相结合，为生产服务，围绕茶叶生产发展亟待解决的技术问题，先后开展180多项试验研究，取得100多项成果。其中有65项成果获部、省级科技奖。编著国内第一本《茶树品种志》，出版《中国茶树品种资源目录》《茶树品种资源研究》《中国无性系茶树品种图志》（福建品种主编）和《福建茶树良育种选育与应用》《福建省茶树品种图志》，著《特异茶树种质图志》等茶叶科技书著40多部。改革开放以来，育种方面居省级茶叶所首位；至2023年，已育成33个国家级良种和4个省级良种，9个品种获植物新品种权。高香优质茶树新品种“瑞香”与“九龙袍”选育及推广应用，获2015年度福建省科学技术进步奖二等奖；茶树主要害虫测报与生态防控技术规程，获2018年度福建省人民政府、省质量监督局“福建省标准贡献奖”二等奖；福建茶树主要害虫绿色防控规范化技术研究与应用，获2020年度福建省科学技术进步奖三等奖。先后获省、部科技进步奖2项和省标准贡献奖1项，制订省地方标准1项，授权发明专利11项，实用新型专利8项，近5年发表相关学术论文60多篇。

省茶科所在社口的综合办公楼

低产茶园改造技术研究

1953—1967年，针对福建省老茶园多，平均单产低（亩产不足10公斤）、栽培技术落后等问题，开展低产茶园改造技术研究。通过试验示范和调查研究，查明低产茶园成因，总结提出行之有效的“三改一补”和肥、管、养、剪、采、保相结合的综合技术，并提出以改树为核心的关键技术，取得重大成果，得到了当地政府的高度重视。1956年福安地委在福安社口召开全区老茶园改造现场会，全面推广低产茶园改造技术，涌现出一批像霞浦草岗变茶岗等老茶园改造成功的典型，迎来1960年全国茶叶生产现场会，福安、霞浦、福鼎等县都成为现场参观点。该所“低产茶园改造技术”成果获得1978年福建省科学大会奖。通过试验研究与生产实践总结出来的山地茶园垦辟技术、茶树丰产栽培技术等成果都在茶区推广应用。

茶树品种资源研究、良种繁育与推广

坚持专业研究与群众选育相结合，在普查、发掘、利用本省丰富品种资源的基础上，总结出一套适应全国快速选育茶树品种的经验。通过利用单株选育、自然杂交育种等方法，选育出30多个新品种，并向各产茶省的300多个引种点推出100多个新品种(系)，把福建的地方良种“福鼎大白茶”“福鼎大毫茶”“政和大白茶”“福建水仙”“铁观音”“黄旦”“梅占”“毛蟹”“大叶乌龙”“佛手”等推向全国。选育出国优良种7个、省优良种10个，大部分已在生产上推广应用。特别是新品种“福云6号”“福云7号”等在省内外茶区广泛推广，栽培面积达15万多公顷，每年可为福建创经济效益5亿元，取得显著的经济效益，成为中华人民共和国成立后新选品种推广面积最大的品种，从而推动了福建省茶树良种的普及率。

张天福、吴振铎在省茶科所
（原载《中国历史名茶坦洋工夫》，丁立凡 摄）

至2023年，已育成33个国家级良种和4个省级良种，9个品种获植物新品种权，新品种育成数目居全国省级茶叶研究所首位。其中“福云6号”“金观音”分别是目前国内推广种植面积最大的开放杂交、人工杂交育成的国家级茶树良种，“金牡丹”“黄玫瑰”被评为“九五”国家科技攻关一级优异种质，当前“金牡丹”“瑞香”“黄观音”“春闺”等已成为茶区品种结构调整优化的首选品种，仅福安市每年的苗木供应就达 2 亿株以上。品种成果获省、部级二等奖以上 5 项，其中茶树良种“福云 7 号”“福云 8 号”“福云 23 号”获全国科学大会奖，“高香型优质乌龙茶新品种丹桂的选育与推广”“乌龙茶新品种黄观音、黄奇选育与推广”“茶树新品种茗科 1 号、悦茗香的选育与应用”“高香优质茶树新品种瑞香与九龙袍选育及推广应用”获福建省科学技术二等奖。

茶树病虫防治研究

1955 年以来，对全省茶区发生的病虫害和害虫天敌，进行系统调查，摸清福建省危害茶树的害虫有 400 多种，病害有 70 多种，害虫天敌有 200 多种。针对本省经常发生的病虫害，先后进行茶梢蛾、茶毛虫、茶叶蝉、茶小爪螨、茶丽纹象甲、茶黑刺粉虱等 10 多种为害严重的主要病虫的生活习性、发生规律的调查观察，提出有效防治措施。编著出版了《茶树病虫害防治》《茶树病虫害无公害防治技术》《福建茶树病虫害与天敌图谱》《茶树病虫害识别与生态调控技术手册》和 6 幅“茶树虫害防治图”进行宣传，有力地控制了病虫害的发生。从 1972 年起着重进行生物防治研究，应用青虫菌、杀螟杆菌、白僵菌等在茶园防治茶蚕、茶毛虫、扁刺蛾、尺蠖等均有防效，提出了以生物防治为主的茶树主要病虫综合防治技术。1975 年首次发现茶毛虫核型多角体病毒，利用毒株防治茶毛虫取得显著成效。“十一五”以来，研究了茶园常用化学农药的残留降解规律和安全性评价，并提出安全用药技术；开展了茶树种质资源抗虫性鉴定及其抗性机制方面的探索；还针对茶树主要病虫害生物防治、生态防控、绿色防控技术等开展了大量研究工作，筛选出茶卷叶蛾、丽纹象甲等 6 种主要害虫的 12 株虫生真菌优良菌株，提出了叶蝉天敌缨小蜂的保护利用技术等。茶毛虫 NPV 病毒制剂应用研究、菌药肥协调综合治理茶丽纹象甲研究、黑刺粉虱的综合防治技术、茶树农药残留量降解技术研究、茶叶主要害虫综合防治技术等成果均获奖。

重点茶区土壤肥料研究

1950 年后，重点开展福建省茶园土壤类型及其分布、闽东重点茶区和武夷岩茶产区土壤调查、土壤肥力调查和鉴定、山地茶园土壤水土保持研究、肥料氮磷钾三要素配施、无机肥和有机肥配施、红壤茶园自生固氮菌、微量元素喷施、茶园绿肥栽培与利用技术、爬地兰栽培与利用、复合肥施用效果、茶园土壤覆盖以及茶树根外施肥等 20 多项试验研究。通过试验，重点摸清重点茶区土壤肥力与茶树生长的关系，土壤对茶树根系生长发育的作用，提出深耕改土、增施有机肥与磷肥，氮磷钾配施有机肥、铺草覆盖、间作绿肥、梯壁种植绿肥等提高茶园土壤肥力的技术措施；全面探讨肥料三要素氮、磷、钾和有机肥单施及其配施对茶树植物学、生物 学、茶叶产量、品质和土壤肥力的影响规律；探明茶树生长、茶叶产量和品质的肥料主效因子，茶树经济合理的施肥量及其氮磷钾配施比例，施肥与土壤基础肥力对茶叶产量的贡献度；开展茶园耕作新体系研究，利用茶废弃物栽培食用菌试验获得成功，构建了“茶园—绿肥—食用菌”结合的新模式。通过以上研究为进一步开展茶园培土增肥、提高产量、增进品质、减少污染、提高效益奠定基础，也促进可持续生态茶园的建设。

茶叶加工工艺与茶机研究

先后进行木质揉捻机、绿茶手摇杀青机、水力揉茶机、瓶式转筒杀青炒干两用机、圆形茶叶干燥机、无烟灶、远红外茶叶干燥机等 10 多种制茶机械的设计研究。“八五”“九五”期间，开展茶叶脱水机、乌龙茶程控做青机、硅碳棒电热风炉等的设计研究，进行乌龙茶做青新工艺与设计研究、茉莉花窨制新工艺及其配套设备研究等课题研究，均获得科技成果奖。特别是乌龙茶做青工艺的研究，经 20 多年的调查总结与反复对比，终于冲破传统的“看天做茶”“看天做青”，提出一套简化易行的做青新工艺技术，对普及、推广乌龙茶生产技术与提高乌龙茶品质具有现实意义。近几年随着茶叶市场的需要，开展了多茶类生产和名优茶的创制与开发研究，使科技与生产、开发紧密结合。先后研制、开发“白雪芽”“茉莉雪芽”“方山玉叶”“福云曲毫”“坦洋金猴”“松针”“丹桂”“黄观音”“剑芽”“茸芽尖”“金绿香”“金观音”“玉绒香片”“紫龙袍”等20多个名优茶新产品，其中2个获国家专利，20多个分别获得国际名茶奖，第二、三届中国农业博览会金奖、银奖和部、省级名优茶奖，有力地促进茶区的名优茶生产。

省茶科所国家茶产业技术体系乌龙茶育种岗位新品种选育基地

（省农科院 提供）

在茶叶加工技术与机械装备研究方面，近年致力轻发酵乌龙茶、白茶、红茶加工技术研究，自主研制的全自动小块茶饼压制机，构建白茶和乌龙茶香气品质化学评价模型。研制花香型白茶，白茶小饼，花香型红茶等创新产品。研究不同乌龙茶（武夷岩茶）的烘焙技术模式，提高茶叶质量与品质；茶叶加工相关技术在我省茶区进行大面积的示范推广。2015年福建省农科院茶叶所与长沙湘丰茶叶机械制造有限公司合作，联合研制1套全自动红茶、绿茶、白茶兼制生产线，有效化解设备、厂房等重复投资和闲置率高的难题。

成果推广、服务生产、科普宣传

在搞好科研工作的同时，重视成果推广、科普宣传和人才培训工作。建所近90年来先后在福安、霞浦、福鼎、寿宁、宁德、周宁、屏南、福州、闽侯、福清、罗源、仙游、永安、三明、平和、华安、安溪、永春、武夷山、建瓯、松溪、政和等50多个县（市）52个乡村、茶场，建立科研示范基地、样板点和联系点，长期派员驻点跑面，进行成果示范、推广和科技扶贫，为发展福建省的茶叶科研和指导茶区生产做出积极的贡献。先后20多次获得省、地、县的先进集体和精神文明单位等奖励。在服务生产方面，建所以来先后编著《茶树栽培与茶叶初制》《茶叶生产技术手册》《茶叶实用科学技术》等12种科技书籍，派员参加《中国茶树栽培学》《中国茶经》《世界茶业100年》《福建乌龙茶》等书籍的编写工作。

1960年4月创办《茶叶科学简报》，1995年更名《茶叶科学技术》，2015年更名《茶叶学报》（英文刊名：Acta Tea Sinica），迄今共出版254期。目前为季刊，由福建省农业科学院主管、福建省农业科学院茶叶研究所主办，由中国工程院院士、湖南农业大学教授刘仲华和福建省农业科学院副院长、研究员汤浩共同担任第二届编委主任委员。编委会成员包括传统编委和青年编委2类，传统编委由国内茶学界知名专家、教授等组成，青年编委由国内本科院校或省级及以上科研机构、从事茶学相关研究且具有高级职称或博士学位的优秀青年学者组成。《茶叶学报》复合影响因子由2016年的0.500升至2023年的1.157（数据来源：CNKI），2023年度影响力指数CI157.107. 期刊分区Q3，具有良好的发展态势，对宣传茶叶科技成果和普及科技知识均做出成绩。

科研人员在省茶科所新品系茶园合影（省农科院 提供）

撰写科技论文、培训茶叶技术人才

该所还组织科技人员撰写大量科技论文，先后在省级以上刊物发表各种论文 2000 多篇。从 1955 年起先后为省、地、县举办各种茶叶技术培训班 5000 多期，培养技术人才数十万人次。1958 年协办“福安专区茶叶技术学校”，招生三届 5 个班，培养毕业生 138 人；1965 年又办“福安茶叶职业学校”，招生 3 个班，培养毕业生 144 人。40 多年来，从该所培养、调出科技干部 153 人，为各级政府的管理与生产部门输送了优秀人才。20 世纪六七十年代，先后派出茶叶专家 9 人次，到缅甸、马里、阿富汗、日本等国家和地区考察茶叶生产情况或帮助发展茶叶生产，在援外工作中做出成绩。特别是老所长林桂镗，在被国外专家认定不能种茶的马里，试种茶树获得成功，为祖国赢得荣誉，得到农业部特等奖的嘉奖和连升三级工资的奖励。所研制成功的绿茶被命名为“49-60”号的茶叶，获得国际巴黎博览会一等奖。

特色芽叶品种（系）区域试验园（王振康 提供）

编著《解惑政和白茶》《特异茶树种质图志》《茶树高效栽培与病虫害防治》《福建省有机茶生产技术实践》《茶叶加工新技术与营销》《茶园病虫害识别与生态调控技术手册》等。

1952—1975 年福建省茶科所前身主要负责人名表

单位名称	所长（场长、站长、主任）	党支部书记
福建省农林厅福安茶业试验场（1952.7—1954.10）	林桂镗	
福建省福安茶业试验站（1954.10—1958.5）	陈群，林桂镗，崔岩基	陈群，崔岩基
福安县茶业科学研究所（1958.6—1959.6）	林桂镗（副所长主持）	
福安专区茶业科学研究所（1959.6—1961.1）	林桂镗（副所长主持）	吴如水
福建省农业科学院茶叶研究所（1961.1—1970.4）	林桂镗	林桂镗，安瑞苓，殷子富
福安专区茶叶试验场（1970.4—1972.1）	林桂镗	殷子富，杨子英
福建省宁德地区茶叶科学研究所（1972.1—1975.9）	殷子富，杨子英	殷子富

1975—2023 年福建省茶科所历任主要负责人名表

所长		党支部书记	
姓名	任职时间	姓名	任职时间
杨子英	1975.9—1984.1	杨子英	1975.9—1984.1
林心炯	1984.3—1988.9	林心炯	1984.3—1988.9
陆修闽*	1988.9—1993.6	汤鸣绍	1993.2—1996.12
汤鸣绍	1993.6—1996.12	黄金霖	1996.12—1999.2
陈荣冰	1996.12—2007.11	林铭琳*	1999.3—2001.10
尤志明	2007.11—2021.1	刘寿国	2002.1—2012.10
陈常颂	2021.2 至今	赵兴荣▲	2012.10—2021.1
		陈常颂	2021.2 至今

说明：带“*”者为副职主持工作，带“▲”者行政级别为副处级。

福建省茶科所高级专业技术人员名表

姓 名	性别	专业技术职称	职 级	评定时间
陈宗淦	男	高级会计师	副高级	1980
陈树森	男	高级工程师	副高级	1980
郭元超	男	副研究员	副高级	1980
许德元	男	副研究员	副高级	1983.4
焦海晏	男	副研究员	副高级	1987.12
汤鸣绍	男	高级农艺师	副高级	1992.7
谢宁波	男	高级农艺师	副高级	1992.7
林心炯	男	研究员	正高级	1992.9
孙椒德	男	研究员	正高级	1996
姚信恩	男	高级农艺师	副高级	1999.2
郑乃辉	女	教授级高级农艺师	正高级	2001.12
陈荣冰	男	研究员	正高级	2002.4
吴光远	男	研究员	正高级	2004.6
郭吉春	男	研究员	正高级	2005.6
张方舟	男	教授级高级农艺师	正高级	2005.12
张文锦	男	研究员	正高级	2008.6

续表

姓　名	性别	专业技术职称	职　级	评定时间
尤志明	男	研究员	正高级	2009.7
游小妹	女	副研究员	副高级	2010.7
王秀萍	女	副研究员	副高级	2010.7
王振康	男	高级农艺师	副高级	2011.7
王庆森	男	研究员	正高级	2011.9
江福英	女	副研究员	副高级	2013.4
曾明森	男	教授级高级农艺师	正高级	2014.12
陈常颂	男	研究员	正高级	2016.12
王定锋	男	副研究员	副高级	2018.7
陈志辉	男	副研究员	副高级	2018.7
陈　林	男	研究员	正高级	2019.6
王让剑	男	副研究员	副高级	2019.6
李慧玲	女	副研究员	副高级	2019.6
吴志丹	男	副研究员	副高级	2019.6
张　磊	女	副研究员	副高级	2019.6
杨如兴	男	研究员	正高级	2020.4
王　峰	男	副研究员	副高级	2020.4
钟秋生	男	副研究员	副高级	2020.4
高香凤	女	副研究员	副高级	2020.4
林郑和	男	研究员	正高级	2021.3
陈泉宾	男	高级农艺师	副高级	2021.4
陈玉真	女	副研究员	副高级	2021.4
刘丰静	男	副研究员	副高级	2021.4
张应根	男	副研究员	副高级	2023.4

颁证单位：福建省人事厅（人力资源和社会保障厅）

福建省茶科所培育的国家级茶树良种

品种名称及编号	年份	主要特征特性	培育人
福云6号（GS13003-1987）	1987	小乔木型，中叶类，特早芽种。适制红茶、绿茶	郭元超、沈丰年、黄修岩、黎南华等
福云7号（GS13004-1987）	1987	小乔木型，中叶类，早芽种。适制红茶、绿茶	郭元超、沈丰年、黄修岩、黎南华等
福云10号（GS13005-1987）	1987	小乔木型，中叶类，早芽种。适制红茶、绿茶	郭元超、沈丰年、黄修岩、黎南华等
黄观音（GS2002015）	2002	小乔木型，中叶类，早芽种。适制乌龙茶、绿茶、红茶	郭吉春、叶乃兴、张文锦、何孝延、杨如兴、黄修岩
悦茗香（GS2002016）	2002	灌木型，中叶类，中芽种。适制乌龙茶、绿茶	郭吉春、叶乃兴、黄修岩、何孝延、杨如兴、张文锦
茗科1号（GS2002017）	2002	灌木型，中叶类，早芽种。适制乌龙茶、绿茶	郭吉春、叶乃兴、杨如兴、张文锦、何孝延、陈志辉

续表

品种名称及编号	年份	主要特征特性	培育人
黄奇（GS2002018）	2002	小乔木型，中叶类，早芽种，适制乌龙茶、绿茶	郭吉春、郭元超（并列第一）、黄修岩、叶乃兴、何孝延、杨如兴、张文锦
丹桂（国品鉴茶 GS2010015）	2010	灌木型，中叶类，早芽种。适制乌龙茶、绿茶、红茶	陈荣冰、黄福平、陈常颂、游小妹、郭元超、杨燕清、邬龄盛、姚信恩、陈广群
春兰（国品鉴茶 GS2010016）	2010	灌木型，中叶类，早生种。适制乌龙茶、绿茶、红茶	陈荣冰、陈常颂、张文锦、黄福平、游小妹、杨燕清、姚信恩、陈广群、林郑和
金牡丹（国品鉴茶 GS2010024）	2010	国家一级优异种质。灌木型，中叶类，早生种。适制乌龙茶、绿茶、红茶	郭吉春、杨如兴、张文锦、陈志辉
黄玫瑰（国品鉴茶 GS2010025）	2010	国家一级优异种质。小乔木型，中叶类，早生种。适制乌龙茶、绿茶、红茶	郭吉春、杨如兴、陈志辉、林淑冰
紫牡丹（国品鉴茶 GS2010026）	2010	灌木型，中叶类，中生种。适制乌龙茶、绿茶	郭吉春、杨如兴、黄修岩、叶乃兴、郭专、陈志辉
春闺[GPD 茶树（2021）350011]	2021	灌木型，小叶类，迟芽种。适制绿茶、乌龙茶	陈常颂、陈荣冰、游小妹、林郑和、钟秋生、陈志辉、黄福平、王秀萍
瑞香[GPD 茶树（2021）350012]	2021	灌木型，中叶类，迟芽种。适制绿茶、红茶、乌龙茶	陈荣冰、陈常颂、黄福平、游小妹、杨燕清、郑乃辉、陈广群、陶湘辉
九龙袍［GPD 茶树（2021）350013］	2021	灌木型，中叶类，迟芽种。适制乌龙茶	陈荣冰、陈常颂、黄福平、游小妹、杨燕清、张方舟、姚信恩、陈广群、钟秋生
春萱[GPD 茶树（2022）350029]	2022	灌木型，中叶类，迟芽种。适制乌龙茶、红茶	陈常颂、林郑和、钟秋生、单睿阳、阮其春、游小妹
瑞茗[GPD 茶树（2022）350030]	2022	灌木型，中叶类，中芽种。适制绿茶、红茶、乌龙茶	陈常颂、陈志辉、余文权、单睿阳、阮其春、林郑和
福萱[GPD 茶树（2022）350031]	2022	灌木型，中叶类，早芽种。适制绿茶、红茶、乌龙茶	陈常颂、游小妹、王秀萍、钟秋生、余文权、阮其春
韩冠茶［GPD 茶树（2023）350033］	2023	灌木型，小叶类，迟芽种。适制绿茶、红茶	陈常颂、单睿阳、王秀萍、钟秋生、游小妹、张恋芳、张雯婧
茗桂[GPD 茶树（2023）350034]	2023	灌木型，中叶类，早芽种。适制乌龙茶	陈常颂、孔祥瑞、余文权、陈芝芝、王秀萍、陈键、于学领
紫玫瑰［GPD 茶树（2023）350035］	2023	灌木型，中叶类，中芽种。适制乌龙茶、绿茶	郭吉春、杨如兴、郭专、王让剑、杨军、陈志辉
早春毫［GPD 茶树（2023）350036］	2023	小乔木型，大叶类，特早芽种。适制绿茶、红茶	郭吉春、何孝延、杨如兴、杨军、王让剑、、陈志辉
茗铁 0319［GPD 茶树（2023）350037］	2023	灌木型，中叶类，中芽种。适制乌龙茶、红茶	陈常颂、钟秋生、王秀萍、单睿阳、游小妹、林文明、吴学荣
皇冠茶［GPD 茶树（2023）350038］	2023	灌木型，小叶类，中芽种。适制绿茶、红茶	陈常颂、张亚真、林郑和、游小妹、钟秋生、王秀萍、林清菊
茗冠茶［GPD 茶树（2023）350039］	2023	灌木型，中叶类，早芽种。适制绿茶、红茶、白茶	陈常颂、李鑫磊、王秀萍、林郑和、钟秋生、单睿阳、刘钊

福建省茶科所育成的原省级审定茶树品种

品种名称及其编号	年份	主要特征特性	培育人（单位）
福云 595（闽审茶 1988001）	1988	小乔木型，大叶类，早芽种。适制红茶、绿茶	郭元超、黄修岩、林永盛、廖剑秋等
朝阳（闽审茶 1994003）	1994	小乔木型，中叶类，早芽种。适制乌龙茶、红茶	郭吉春、黄修岩（并列第一）、郭元超、何孝延、叶乃兴、郭专
福云 20 号（闽审茶 2005001）	2005	小乔木型，中叶类，中芽种。适制红茶、绿茶、白茶	郭元超、姚信恩、吴祝平、陈荣冰、郭吉春、黄修岩、沈丰年、黎南华
金萱（引进审定，原名：台茶 12 号，闽审茶 2011002）	2011	灌木型，中叶类，中生（偏早）种。适制乌龙茶，兼制绿茶	引进单位：福建省农业科学院茶叶研究所、漳平台湾农民创业园区管理委员会、福安市茶业管理局、宁德职业技术学院

福建省茶科所获植物新品种权保护品种

品种名称	授权时间	授权号	培育人
韩冠茶	2020.9	CNA20150215.0	陈常颂、王秀萍、钟秋生、游小妹、单睿阳
皇冠茶	2020.9	CNA20150216.9	陈常颂、林郑和、游小妹、钟秋生、王秀萍
0309B	2020.9	CNA20151732.2	陈常颂、游小妹、陈志辉、钟秋生、林郑和
茗铁 0319	2020.9	CNA20151734.0	陈常颂、钟秋生、王秀萍、单睿阳、游小妹
闺冠茶	2023.6	CNA20172034.3	王秀萍、陈常颂、单睿阳、林郑和、钟秋生
乐冠茶	2023.6	CNA20172035.2	陈常颂、王秀萍、陈志辉、游小妹、余文权
福白 0309D	2023.6	CNA20172036.1	陈常颂、王秀萍、钟秋生、陈志辉、游小妹
茗冠茶	2023.6	CNA20172037.0	陈常颂、王秀萍、林郑和、钟秋生、单睿阳
福萱	2023.6	CNA20172038.9	陈常颂、王秀萍、余文权、游小妹、钟秋生

福建省茶科所获奖成果简表

获奖项目及说明	年度	主要完成人员
福建省科技奖二等奖		
乌龙茶做青工艺与设备研究	1990	张天福、刘文英、焦海晏、林祥荣、苏远志
高香型优质乌龙茶新品种—丹桂的选育与推广	2000	陈荣冰、黄福平、郭元超、杨燕清、邬龄盛
乌龙茶新品种黄观音、黄奇选育与推广	2002	郭吉春、叶乃兴、张文锦、杨如兴、何孝延
茶树新品种茗科 1 号、悦茗香的选育与应用	2004	郭吉春、杨如兴、叶乃兴、张文锦、何孝延、黄修岩、陈志辉
高香优质茶树新品种瑞香与九龙袍选育及推广应用	2015	陈常颂、陈荣冰、游小妹、黄福平、杨燕清、林郑和、王秀萍
福建省科学技术进步奖三等奖		
茶树杂交新品种——福云 6 号	1981	郭元超、沈丰年、黄修岩
茶树品种资源研究（农业部科技进步三等奖）	1990	郭元超、林桂镗、沈丰年、黄修岩、陈荣冰、林永盛、廖剑秋
茶毛虫 NPV 杀虫剂的研制与应用	1992	孙椒德、许德元、林阿祥、吴光远、罗秀英
茉莉花茶窨制新工艺、设备研究及中间试验（合作，农业部科技进步三等奖）	1993	陆修闽、刘用敏、王镇民、张方舟、李志扬、郑乃辉、陈斯伟、甘键民、方文生、王锐清、焦海晏、潘少喜
菌药协调治理茶丽纹象甲研究	1994	孙椒德、吴光远、许德元、林阿祥、曾明森
白僵菌 871 与韦伯虫座孢菌的毒理毒力及其应用技术研究	2002	吴光远、曾明森、王庆森、林阿祥、孙椒德
可持续发展高优茶业系统调控技术及良种示范基地建设研究	2003	陈荣冰、刘波、张方舟、吴光远、孙威江
铁观音优质高效栽培关键技术研究（合作）	2011	杨如兴、张磊、王文建、邬龄盛、黄东方
优化遮荫改善夏暑乌龙茶品质的机理及关键调控技术（合作）	2013	张文锦、张应根、李慧玲、尤志明、陈常颂
福建省标准贡献奖及其他奖项		
轻发酵乌龙茶初制加工技术规程（DB35/T 1083-2010）（三等奖）	2012	郑乃辉、王振康、陈荣冰、邬龄盛、金心怡、黄东方、何孝延、张方舟、陈常颂、张文锦
茶树主要害虫测报与生态防控技术规程（DB35/T1497-2015）（合作，二等奖）	2018	吴光远、曾明森、王庆森、尤民生、杨广、黄佳佳、刘丰静、王定锋、李慧玲、张辉
福建山地有机茶生产配套技术研究与示范基地建设（合作，国家环保部环保科技三等奖）	2009	翁伯琦、张文锦、曾明森、王义祥、王庆森

续表

获奖项目及说明	主要完成人员
1978 年科学大会成果奖	
茶叶良和“福云 7 号”（全国成果奖、福建省成果奖）	郭元超、沈丰年、黄修岩、黎南华
茶树新品种“福云 8 号”（全国成果奖、福建省成果奖）	郭元超、沈丰年、黄修岩、黎南华
茶树新品种“福云 23 号”（全国成果奖、福建省成果奖）	郭元超、沈丰年、黄修岩、黎南华
茶树品种资源研究（福建省成果奖）	郭元超、黄修岩等
茶叶良种“迎春”（福建省成果奖）	黄修岩、林永盛
低产茶园改造技术研究（福建省成果奖）	林桂镗、林心炯、郭元超、黄仁俞、周钦泽、沈丰年、谢庆梓、吴祝平、林学诗、杨浩湘、翦小苗
茶园爬地兰栽培与利用技术研究（福建省成果奖）	林心炯、周钦泽、兰绍登、何妙华、吴华造
《茶树栽培与茶叶初制》（福建省成果奖）	集体
圆式茶叶干燥机（福建省成果奖）	林国楠、林廷秀、陈树森
茶树主要虫害防治研究（福建省成果奖）	许德元、孙椒德

第二章 宁德职业技术学院①

基本情况

宁德职业技术学院（简称“宁职院”）是经福建省人民政府批准、教育部备案的全日制普通高等院校，是福建省示范性现代高职院校建设工程培育院校。2005 年经福建省人民政府批准成立、教育部备案，由宁德市人民政府主办的闽东第一所具有高等教育招生资格的全日制公办高职院校，行政级别为副厅级。

宁职院坐落在福建省福安市区。总占地面积 658 亩（含红加山 180 亩），在校生 6501 人（含“二元制”444 人，退役军人 43 人）；在编教职工 392 人，其中“双师型”教师占专业课教师的比例达 55.48%，正高职称 7 人，副高职称 56 人，拥有中国女科技工作者社会服务个人奖 1 人，全国农业职业教育教学名师 2 人，福建省高等学校教学名师 1 人，福建省高等职业院校百名专业带头人 2 人，福建省高等学校优秀专业带头人赴海外访学研修 3 人，福建省高校杰出青年科研人才培育计划 2 人，福建省职业院校专业带头人培养计划 1 人，省级优秀教师 5 人等。

宁职院先后获评“省级第一届文明校园”“宁德市文明校园”等。2016 年 1 月被遴选为福建省示范性现代职业院校的建设院校，2017 年 11 月、2018 年 12 月顺利通过教育部第二轮高等职业院校人才培养工作评估与整改回访检查。宁职院以“茶文化、茶产业、茶科技”为抓手，探索闽台教育融合发展路径，获批福建省政协港澳台侨交流基地、宁德市对台交流基地。近年累计获国家级教学成果奖二等奖 1 项，福建省职业教育教学成果奖特等奖 1 项、一等奖 5 项、二等奖 4 项，获第五、六届全国农业职业教育教学成果奖一、二等奖各 1 项。

宁职院的前身是创办于 1934 年的“福安县立初级职业学校”和创办于 1939 年的“福建省立福安师范学校”，已有 90 年的办学积淀。这两所中等专科学校曾培养出台湾茶叶之父吴振铎、全国茶树育种专家郭吉春等当代卓有建树的专家学者、政界精英和优秀教育工作者，影响深远。2005 年 5 月，经福建省政府批准宁德市农业学校与福安师范学校合并组建宁德职业技术学院；8 月 9 日，在福安市城北后垅洋边正式挂牌成立。

---

① 本章侧重介绍宁德职业技术学院的茶学专业教育。

宁德职业技术学院新校区（北区）校门

2005年建校之初，学校设置农业科学、电子信息、财经管理、机电工程和人文科学等五个系，因新旧交接，大专、中专并存。2006年9月开始招收茶叶专业大专学生。

宁职院现有新能源与智能制造学院、信息技术与工程学院、茶学院、经济管理学院、文化与旅游学院、教育学院、继续教育学院和思政部等8个二级学院（部），开设34个全日制专业、23个成人教育专业。有2个国家级骨干专业、2个中央财政支持“提升专业服务产业发展能力建设项目”专业、1个国家级教学资源库，还拥有7个省级高职教育示范专业、2个省级产教融合示范专业点、4个省级职业院校服务产业特色专业群、4个省级现代学徒制培育项目、10个省级“二元制”技术技能人才培养模式改革试点项目、1个省级中高职衔接专业指导性人才培养方案开发项目等。2021年，机械制造及自动化专业群获批省级高水平高职专业群（A类）。

宁职院成立初期，柯全章任领导小组组长（2005.8—2006.12），郑其春任副组长（主持工作）。2008年3月郑其春任宁职院党委副书记、副院长。2011年12月至2016年8月金霞东任党委书记，2011年12月至2019年10月傅高升任院长。2017年1月林浩云接任党委书记，2019年11月陈群接任院长。

茶学教育

专业课程

宁德职业技术学院茶叶专业的学科设置完善，涵盖茶树栽培、茶叶加工、茶叶营销等多个方面，使学生接受全面的茶叶知识和技能培训。茶叶专业毕业生就业率高，毕业生多数在茶叶企业、茶叶加工厂、茶叶销售公司等行业中从事茶叶生产、加工和销售等方面的工作。

宁职院全日制茶叶专业经历“茶叶生产加工技术”“茶树栽培与茶叶加工”“茶艺与茶叶营销”等专业演变，目前开设的全日制茶叶专业有“茶叶生产与加工技术”和“茶艺与茶文化”专业（与中等职业学校合办，采用三二分段制，即中职三年、高职两年）。

老校区校门（黄先洲 提供）

宁职院茶学院规定“茶叶生产与加工技术”专业的教材选择标准：专业必修课优先选用近5年内出版的体现工学结合、特色鲜明的省部级以上的高职高专规划和自编校本教材。专业基础课以选用教育部推荐的优秀高职高专教材和劳动部推荐的优秀职业技能培训鉴定教材为主。主要开设课程：无机及分析化学，有机化学，植物与植物生理，植物生产环境，茶叶加工技术，茶叶生理生化，茶树栽培技术，茶叶生产机械，茶树病虫害防治技术，茶叶市场茶销技术，茶叶审评，茶艺，名优茶开发，茶馆经营与管理，茶叶深加工技术。

教师队伍

“茶叶生产与加工技术”专业有一支高学历、高素质的师资队伍；多数教师具有硕士学位和丰富的茶叶行业从业经验，能够向学生传授最新的茶叶知识和技能。以中华优秀茶教师潘玉华教授为学科带头人的教学团队有教授 2 人、副教授 3 人、讲师 2 人、助教 2 人、农艺师 1 人和企业兼职教师 12 人（其中非遗传人、技能大师 5 人，如中国制茶大师、武夷岩茶传统技艺传承人刘宝顺等）。

宁职院教师编写的茶叶专业著作基本上用作专业课程的教材：

《茶叶加工与审评技术》，潘玉华主编，厦门大学出版社，2011 年 9 月；

《无公害茶园建设管理技术》，郭剑雄主编，厦门大学出版社，2011 年 12 月；

《茶叶加工与审评技术实训指导》，潘玉华主编，厦门大学出版社，2012 年 2 月；

《茶艺》，潘玉华副主编，中国农业出版社，2014 年 9 月；

《茶叶市场营销》，潘玉华主编，中国商业出版社，2019 年 8 月。

茶学院教师开设 3 个技能大师工作室。

◎**潘玉华技能大师工作室** 2020 年经福建省人社厅遴选为省级技能大师工作室。由中华优秀茶教师潘玉华教授领办，由 15 人组成，其中高级专业职称 3 人，中国制茶大师 1 人、非遗传承人 7 人，一级评茶师 4 人、一级茶叶加工技师 3 人。工作室面向茶企业和学校师生开展茶叶高技能人才培训、研究攻关、交流等活动，推广技术技能革新成果和绝技绝活。迄今组织开展技术培训和茶事活动近 50 场，服务省内外群众 2000 多人次。

◎**黄先洲技能大师工作室** 2022 年经宁德市人社局遴选为市级技能大师工作室。工作室由黄先洲副教授领办，由 8 人组成，以茶艺师为建设职业工种，吸纳武夷山职业学院、宁德技师学院、福安职业技术学校、福建省煮水人茶业有限公司及校内等各方人员。成立至今，工作室成员多次参加不同级别的多类茶艺比赛，均获佳绩。

◎**陈建平技能大师工作室** 2021 年经宁德市人社局遴选为市级技能大师工作室，由 3 人组成，以评茶员为建设工种。领办人陈建平原在福建农垦茶业有限公司任职，全国农业技术能手、福建省五一劳动奖章获得者；2023 年 6 月入职宁职院。

宁德职业技术学院茶专业课程高级职称教学人员名表

姓　名	性别	主要任教课程	专业技术职称	评定时间
陈　康	男	茶叶制造学	副教授	2007.12
钟兴松	男	茶树栽培学	副教授	2007.12
郑其春	男	茶树植物保护	副教授	2008.10
黄承彪	男	土壤肥料学	副教授	2013.12
潘玉华	男	茶叶审评	教授	2015.12
郭剑雄	男	茶树植物保护	教授	2019.12
施满容	女	茶叶专业植物与植物生理	教授	2019.12
黄先洲	男	茶叶加工技术	副教授	2019.12

说明：陈康于 2012 年 8 月调至福建农业职业技术学院，2021 年 12 月评为教授。

科技获奖

以下为宁职院茶学院教师近年科研项目（或参加赛事）及获奖情况：

“高职茶叶生产加工专业教学改革试验研究”，2013 年获第五届全国农业职业教育教学成果一等奖；

“校企共建、科教并举打造茶叶产业特色专业品牌的职业教育模式”，2014 年获第四届福建省教学成果二等奖；

“白茶人工调温调湿萎凋试验研究”，2015 年获第六届宁德市科技进步三等奖；

“欠发达区域高职院校‘县校协同创新’办学机制的探索与实践”，2017 年获第五届福建省教学成果一等奖；

“畲汉融合助力闽东偏远乡村振兴，提升高职院校服务民族共同繁荣进步能力”，2020 年获福建省教学成果特等奖；

“梦顶红茶”“梦顶绿茶”，2018 年获第八届宁德市茶王赛双金奖；

黄先洲、杨晓滨 2019 年获第二届“宁红杯”全国手工红茶制作技能大赛金奖；

“梦顶红茶”，2020 年获第九届宁德市茶王赛金奖和 2021 年首届宁德市红茶评比大赛金奖。

课题研究

“白茶人工调温调湿萎凋试验研究”，潘玉华主持，宁德市科学计划项目，2008 年 9 月；

“高职茶叶生产加工专业教学改革试验研究”，潘玉华主持，宁德市科学计划项目，2009 年 6 月；

“校企共建、科教并举打造茶叶产业特色专业品牌的职业教育模式”，潘玉华主持，宁德职业技术学院科研项目，2009 年 9 月；

“基于人工神经网络的坦洋工夫红茶品质审评专家预测系统”，潘玉成主持，宁德市科学计划项目，2010 年 7 月；

“闽东茶文化生态旅游探究”，潘玉华主持，宁德市社科联项目，2012 年 5 月

“影响坦洋工夫红茶品质形成因素探究”，潘玉华主持，福建省教育厅中青年科研项目，2012 年 9 月；

“花香型坦洋工夫红茶品质形成探究”，潘玉华主持，宁德职业技术学院科研项目，2013 年 10 月

“野生放养茶鲜叶加工红茶品质研究”，黄先洲主持，福建省教育厅中青年科研项目，2016 年 7 月；

“闽东野生放养茶鲜叶加工红茶品质研究”，黄先洲主持，宁德市科学计划项目，2016 年 10 月；

“白茶萎凋过程中代谢物变化与品质形成相关基因克隆与分析”，陈静主持，县级市科技项目 2017 年 12 月；

“白茶萎凋过程中代谢物变化与品质形成相关基因家族生物信息学分析”，陈静主持，福建省教育厅自然科学研究项目，2018 年 12 月；

“福安传统茶产业创新升级研究——以福安茶王街发展为例”，李阳主持，福安市社科联项目，2022 年 6 月；

“新农科建设背景下高职院校劳动教育融入专业技能教育的实施路径探索”，陈静主持，福建省教育科学十四五规划课题，2022 年 9 月；

“‘三茶统筹’背景下服务闽东乡村振兴高职茶叶人才培养模式创新与实践”，吴先辉主持，福建省教育科学十四五规划课题，2022 年 9 月；

“高香型茶树良种多茶类加工技术探究”，黄先洲主持，福建省教育厅中青年科研项目，2022 年 11 月；

"花果香坦洋工夫品质形成及其茶黄素单体探究"，蔡吓强主持，福建省教育厅中青年科研项目，2022 年 11 月；

"闽东花果香型红茶优质品种筛选与加工关键性技术集成示范与推广"，黄先洲技术负责，福建省星火计划项目，2023 年 7 月；

"茶多酚／魔芋葡甘聚糖凝胶构建及对虾黑变抑制机制"，吴先辉主持，福建省科技厅自然科学基金项目，2023 年 8 月。

茶叶专业实训基地

茶学院的茶叶专业现有一个集"产、学、研、训、赛、考"六位一体的校内实训基地，基地被认定为国家级高职教育实训基地、福建省高职教育生产性实训基地、全国新型职业农民培育示范基地和福建农林大学全日制研究生校外实践基地。院内现已建成 10 个实训室（厂、园），面积 16059 平方米，仪器设备价值 600 余万元，包括茶艺一体化教室、茶艺训练室、茶叶审评一体化教室、茶叶质量检测中心、植物保护实训室、植物环境实训室、教学实训茶厂和梦顶张天福生态茶园等。

◎教学基地茶园

宁职院组建之前，1949 年至 1969 年，"福安农校"校址设在福安县城关后垅，当时的教学基地茶园在校后山的金蟹垅。文革期间学校停办。1975 年学校复办校址迁至福安洋边，从 1981 年至 2006 年（职院组建之初），学校基地茶园除保存原有金蟹垅之外，又增辟金蟹垅部队打靶场和洋边山基地，总面积约 100 亩。2007—2011 年，因福安市建设需要，原基地改建城北中学，教学基地搬迁到孟顶岗和红鹤山，面积仍约为 100 亩。2014 年，孟顶岗和红鹤山的茶园地全部规划为校园建设用地，茶园搬至新校区最北端（"品种园"下方的坡地）。新茶园为满足教学和学生实训之需，茶园种植的茶树品种多样，主要有白芽奇兰、肉桂、铁观音、金牡丹、春闺、瑞香和大红袍等。

◎茶树品种展示区

茶树品种展示区位于茶园山顶，现共有 148 个茶树品种，每种 5 株。每个茶树品种均立牌说明种质材料的产地、名称和适制茶类等。宁职院茶树品种的收集可追溯到 20 世纪 50 年代中期，以戈佩贞为代表的老一辈教师不辞辛苦创建茶树品种园。后由于校址变迁、学校规划和基建等原因，茶树品种园几度搬迁。每次搬迁工作量都非常巨大，均需要对茶树品种进行标记扦插、育苗，历时 3 年想方设法地保留茶树品种。经过 3 代茶叶教师的艰辛工作，目前茶园中共收集国内外茶树品种达 148 个。

茶叶专业培养目标

根据宁职院茶学院《2021 级茶业生产与加工技术专业人才培养方案》，培养目标是：培养学生具备实事求是的品性、身体力行的勇气和担当，成为德智体美劳全面发展、具有较强可持续发展能力的发展型、复合型、创新型高素质技术技能人才，能适应茶产业第一线岗位需要的实际工作能力。

对职业专业能力的培养，针对不同的职业岗位具体地提出八个"会"：会茶树苗木繁育，会茶树生产管理，会茶园建设（以上对应茶叶生产管理农技员），具备制定茶叶周年生产计划能力，具备合作完成茶叶生产的全过程能力，能完成各类茶叶加工（以上对应茶叶加工工），会茶叶审评和质量检验（茶叶审评员），懂得茶叶销售（茶叶营销员）。学院还鼓励学生积极参加与茶叶专业相关的评茶员、茶艺师等职业技能证书的考核。

学院创建双学制（学员制 + 学徒制）的"校企合作，工学交替，课证融合，逐轮递进"的人才培养模式。学生进入学校就具有"学员"和"学徒"的双重身份。学生在校学习期间，在课堂上是"学员"，在校办实训基地是“学徒”；在企业顶岗学习期间，就是“准员工”。

茶叶专业历届毕业生

2005—2023 年，宁职院共培养全日制茶叶专业毕业生 367 名，其中高职 240 名、中专 30 名、中职 97 名。2023 年有在读生 103 名，其中 2024 届 38 名、2025 届 65 名，均为高职生。总计茶叶专业已毕业和尚未毕业的学生共 470 名，这些学生主要来自八闽各地市。

梦顶山校友亭（陈雪楠　提供）

宁德职业技术学院历届全日制茶科学生毕业情况表

<table>
<tr><th>届次</th><th>班级</th><th>毕业人数</th><th>性质</th><th>专业</th></tr>
<tr><td>2005 届</td><td>02 茶</td><td>30</td><td>中专</td><td rowspan="2">茶叶</td></tr>
<tr><td rowspan="3">2006 届</td><td>茶学五年专</td><td>13</td><td>高职</td></tr>
<tr><td>03 农林</td><td>7</td><td>中职</td><td>茶文化</td></tr>
<tr><td>03 农林</td><td>14</td><td>中职</td><td rowspan="2">茶叶检验与经营</td></tr>
<tr><td rowspan="2">2007 届</td><td>04 农林</td><td>32</td><td>中职</td></tr>
<tr><td>茶学五年专</td><td>7</td><td>高职</td><td>茶叶</td></tr>
<tr><td>2008 届</td><td>05 农林</td><td>23</td><td>中职</td><td>茶叶检验与经营</td></tr>
<tr><td>2009 届</td><td>06 茶叶</td><td>23</td><td>高职</td><td rowspan="2">茶叶生产加工技术</td></tr>
<tr><td rowspan="2">2010 届</td><td>07 茶叶</td><td>17</td><td>高职</td></tr>
<tr><td>茶叶 07</td><td>21</td><td>中职</td><td>茶叶检验与经营</td></tr>
<tr><td>2011 届</td><td>08 茶叶</td><td>39</td><td>高职</td><td rowspan="8">茶叶生产加工技术</td></tr>
<tr><td>2012 届</td><td>09 茶叶</td><td>25</td><td>高职</td></tr>
<tr><td>2013 届</td><td>10 茶叶</td><td>10</td><td>高职</td></tr>
<tr><td>2014 届</td><td>11 茶叶</td><td>9</td><td>高职</td></tr>
<tr><td>2015 届</td><td>12 茶叶</td><td>4</td><td>高职</td></tr>
<tr><td>2016 届</td><td>13 茶叶</td><td>4</td><td>高职</td></tr>
<tr><td>2017 届</td><td>14 茶叶</td><td>3</td><td>高职</td></tr>
<tr><td>2018 届</td><td>15 茶叶</td><td>5</td><td>高职</td></tr>
<tr><td rowspan="2">2019 届</td><td>16 茶艺</td><td>3</td><td>高职</td><td>茶艺与茶叶营销</td></tr>
<tr><td>16 茶叶</td><td>2</td><td>高职</td><td rowspan="3">茶树栽培与茶叶加工</td></tr>
<tr><td>2020 届</td><td>17 茶叶</td><td>23</td><td>高职</td></tr>
<tr><td rowspan="2">2021 届</td><td>18 茶叶</td><td>13</td><td>高职</td></tr>
<tr><td>16W 茶艺</td><td>7</td><td>高职</td><td>茶艺与茶叶营销</td></tr>
<tr><td>2022 届</td><td>19 茶叶</td><td>14</td><td>高职</td><td rowspan="2">茶树栽培与茶叶加工</td></tr>
<tr><td>2023 届</td><td>20 茶叶</td><td>19</td><td>高职</td></tr>
</table>

续表

届次	班级	毕业人数	性质	专业
2024 届（在读）	19W 茶艺	8	高职	茶艺与茶文化
	21 茶业	30	高职	茶叶生产与加工技术
2025 届（在读）	22 茶叶 1 班	31	高职	
	22 茶叶 2 班	33	高职	
	20W 茶艺	8	高职	茶艺与茶文化
2026 届（在读）	23 茶叶	50	高职	茶叶生产与加工技术

社会培训

2012 年 4 月，宁德职业技术学院、宁德市海峡茶业交流协会和宁德市民族与宗教事务局共同举办第一期茶叶加工工培训班。

2013 年，福建省开始实施万名新型职业农民素质提升工程，每年安排资金补助种养大户、家庭农场主、农民合作社负责人到农业大中专院校进行学历教育和职业技能培训。宁德职业技术学院承担茶叶生产加工技术培训任务，当年 4 月 23 日上午，“福建省新型职业农民素质提升工程学历教育（茶叶）大专班”举行开学式，首批 105 名学生入学。到 2023 年，新农大专（茶叶）已连续招收十届。

2018 年 7 月 5 日，经福建省人力资源和社会保障厅批准，宁职院职业技能鉴定所增设评茶员技师、高级技师鉴定资格，从此学校具备国家一、二级评茶师技能鉴定资格。当年，宁职院就与福鼎市成人职业技能培训学校合作培训人数 34 人，与宁德技师学院合作培训人数 60 人。同年 12 月，宁职院入选全国新型职业农民培育示范基地。

2020 年 6 月和 8 月，宁德职业技术学院作为主办单位，分别在福安和福鼎举办茶叶加工工补贴性免费职业技能培训班，来自福安、寿宁、柘荣、福鼎及浙江苍南等县市的茶企业员工和农户 111 人参加培训。培训班由福安市新蓝海职业技能培训中心和福鼎市成人职业技能培训学校协办。

此外，宁职院还多次举办（主办）社会培训。宁职院继续教育学院举办的新农大专（茶叶）班、函授茶专业班和各类短培茶叶班人数超过 1300 人。宁职院继续教育学院还开展多种社会服务，与宁德市茶业管理局、宁德市海峡茶业交流协会、福建省坦洋工夫股份有限公司等联合举办茶艺师、茶叶加工工和评茶员培训。至 2022 年底，完成培训茶艺师 1737 人、食品检验员 264 人、茶叶加工工 466 人、评茶员 1656 人，均获职业技能鉴定。

院地共建

2012 年 7 月，宁德职业技术学院、宁德市教育局有关部门负责人前往厦门与华祥苑茶叶股份有限公司洽谈合作办学。

2022 年 3 月，福安市教育局、市茶产业发展中心、市农垦集团、福安职业技术学校与宁德职业技术学院代表就关于校地共建茶产业学院问题进行商议并达成共识：福安职业技术学校计划开设三年制“茶艺与茶营销”专业；宁职院茶学院积极对接省内涉茶学专业的本科院校，做好“3 + 2”茶学本科专业试点申报工作；依据“中高职贯通”精神，各单位多方面开展“产学研训赛考”一体化合作。

2022 年 10 月，宁德职业技术学院农垦茶产业学院成立，推进“产教融合、校地合作”。

宁职院农垦茶产业学院成立（郑小斌　提供）

闽台茶文化交流

张天福茶文化园

宁职院倡导张天福提出的“俭、清、和、静”茶文化。按“宁职福地，梦顶山堂——中国茶礼发祥地校园文化整体规划”，争取地方支持，在新旧校区衔接地带的“梦顶山”位置，将茶叶品种园、生态观

张天福铜像（见明　摄）

吴振铎铜像（见明　摄）

光园和园林示范园等联合打造成“梦顶张天福生态文化园”。

2019 年 3 月 28 日，原福安农校武夷山市校友向母校捐赠张天福铜像一尊。2020 年 6 月 24 日，原福安农校校友、福建隽永天香茶业有限公司董事长龚达元向母校捐赠吴振铎铜像一尊。张、吴铜像的树立，为“张天福生态文化园”增添两个形象、生动的景点。

2022 年 9 月，“梦顶张天福藏书阁”落成，宁德市茶产业发展中心向梦顶张天福藏书阁捐赠茶叶类珍贵图书 112 册。

张天福茶学论坛

2017 年 12 月 19 日下午，“张天福茶学思想梦顶论坛”，在宁职院举行。论坛由宁德市政协科教文卫委、市文广新局、市茶业管理局、福建省茶叶学会张天福茶学研究中心主办，宁德职业技术学院承办。论坛邀请福建农林大学金心怡、叶乃兴、孙云三位教授做主题讲座；举行“福建省茶叶学会张天福茶学研究中心”授牌仪式；编印《张天福茶文化研究论文集》，共收录论文 26 篇。

2019 年 9 月 16 日，“闽东特色乡村振兴之路座谈会暨第七届张天福茶学思想研讨会”在宁德职业技术学院举行。研讨会由福建省茶叶学会、宁德职业技术学院、福安市人民政府共同主办。

2020 年 12 月 20 日，以“深入实施乡村振兴战略　积极探索宁台融合发展新路”为主题的闽东乡村振兴梦顶论坛暨第三届张天福茶学研讨会在宁职院举行。

2022 年 10 月 12 日，“三茶融合助推乡村振兴梦顶论坛暨第四届张天福茶学研讨会”在宁德职业技术学院举行。研讨会由福建省政协港澳台侨和外事委员会办公室、宁德市政协港澳台侨和外事委员会、宁德职业技术学院和福安市人民政府主办。

2023 年 6 月 9 日，“弘扬张天福茶学茶礼座谈会暨两岸青年文艺交流晚会”在宁德职业技术学院举办。本次活动由宁德职业技术学院、省政协港澳台侨和外事委员会办公室、宁德市政协港澳台侨和外事委员会联合主办，福建省政协港澳台侨交流基地、宁德市对台交流基地宁德职业技术学院承办。

第三章　国营福安茶厂

历史沿革

1949 年 12 月，中国茶叶公司福州分公司将民国时期的福建示范茶厂福安分厂改制为“中国茶叶公司福州分公司阳头茶厂”；1950 年 3 月改名“中国茶叶公司福州分公司福安制茶厂”，1951 年改名中茶“福

1956 年福安茶厂第三届职工运动会留影（李彦晨 提供）

中茶福安总厂第一届先进生产者代表大会纪念章（林志锋 提供）

20 世纪 50 年代福安茶厂的生产情景之一（市档案馆 提供）

建省分公司福安茶厂”，1952 年后改名中茶“福建省公司福安茶厂”。是中华人民共和国成立后全省最早的国营茶叶精制厂之一，是闽东首家国营茶叶精制厂。

福安茶厂 20 世纪 50 年代先后隶属中国茶叶公司福州分公司、中茶福建省分公司、中茶福建省公司。1950 年后在城关、社口、上白石、溪柄、穆阳等地设立茶叶收购站，承担茶叶产、购、销、精加工等业务职能。1954 年福安茶厂改称“福建省茶叶公司福安总厂”，习惯上仍称“福安茶厂”，下辖赛岐分厂和坦洋初制厂；总厂负责福安、寿宁、柘荣、周宁、霞浦等县的茶叶调拨与加工业务，成为闽东茶叶精加工中心。1956 年茶叶收购站从茶厂分出，划归福安县农产品采购局管理。20 世纪 60 年代初，隶属福安专区商业局、外贸局，厂名为“闽东第一茶叶精制厂”和“福建省福安茶厂”。1965 福安茶厂归福安外贸站管理，与专区茶叶分公司合署办公，下辖赛岐分厂和坦洋、水门（霞浦）国营茶叶初制厂。1966 年 3 月至 1967 年福安茶厂又名闽东茶叶精制总厂，下辖福鼎、政和 2 个分厂。1967 年各厂恢复为原来的独立茶厂。1970 年属宁德地区商业局、工业局，厂名“宁德地区福安茶厂”，开始精茶生产线自动化改革。80 年属宁德地区轻工业局、福安县领导，厂名仍旧。后福安茶厂属福安市工业局直接管辖下的一个国营茶叶精制厂。曾下辖福安赛岐茶叶分厂（1970 年合并到总厂）、福安坦洋茶叶分厂（1990 年分立）、霞浦水门茶厂（1970 年分立）、福安市茶叶包装厂（1990 年分立）。年均精制茶坯 3500 吨，生产茉莉花茶 1500 吨。1950—1985 年共创产值 5 亿元，上缴利润 3000 多万元，为

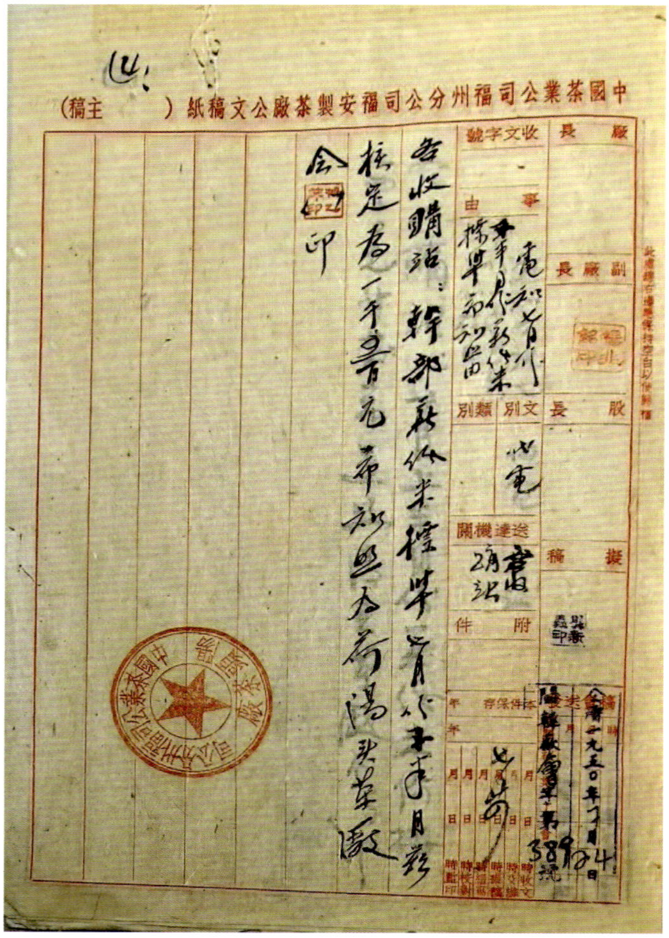
中國茶業公司福州分公司福安製茶廠公文稿紙（主稿）

1950 年福安茶厂公文稿（林少桢 提供）

国家和地方财政做出贡献。

20 世纪 50 年代的福安茶厂是坦洋工夫红茶生产之集大成者。福安周边各县乡镇茶叶收购站收购的初制红毛茶经对样合格，汇集福安茶厂（闽东第一茶叶精制厂），精制加工成符合外贸标准的“闽红”商品红茶（包括坦洋工夫、白琳工夫、政和工夫，至福鼎县、政和县茶厂成立后分离），出口到前苏联和东欧国家，为国家换回外汇，支援国家经济建设。直到 20 世纪 60 年代末，中苏关系恶化，“闽红”出口贸易中断，福安茶厂转而生产烘青绿茶，发展到后来的茉莉花茶，占据北方大片的茶叶消费市场。

企业发展

福安茶厂初建时，福安茶厂第一代职工在阳下村荆棘丛生的荒滩上凭借一双双勤劳的双手，建造了一座 800 多平方米最早的厂房，靠几台单机和简易的工场进行茶叶手工操作生产；吃在工棚，住在工棚；用茶箱当桌，搬石头做凳；风餐露宿。当时生产条件很差，毛茶加工成精茶要经过 32 道工序，其中手工部分占 93%。

到 20 世纪 50 年代末，福安茶厂已经有了较大的发展，组织机构健全，管理制度完善，职能部门完备。厂区占地面积约 32700 平方米，建筑面积 3 万多平方米，内设办公大楼、制茶车间（配备筛分、拣茶、副茶、成品工场和半成品拼配室等）、花茶车间、机修车间、仓库、职工食堂、医疗室、工会、职工大会场、理发室、澡堂、图书室、乒乓室、篮球场、托儿所；人事科、财务科、生产科、质管科、采购科、技术科、储运科、保卫科、审评室等。职工人数最多时达 952 人（包括拣茶工）。

20 世纪 50 年代末期和 60 年代初期，全厂职工依靠自力更生，艰苦奋斗，实现从单机到单机联装，从单机联装到全程联装，从全程联装到生产全程自动化，在当时的条件下是一个十分曲折的过程。在轰轰烈烈的技术革新活动中，出现了群众性学技术、用技术的生动场面，木工、铁匠、现场练兵，各显神通，炼铁的、造模型的、翻砂的、造机件的、刨的、锯的，干得热火朝天。1961 年全国茶叶加工生产现场会在福安茶厂召开，全国十多个产茶省份的一百多个代表来厂参观学习，纷纷称赞福安茶厂的自动化生产线是茶叶精制加工的一个伟大创举。

在全厂职工的共同努力下，技术革新取得了令人满意的效果，生产效率提高 21.8 倍，产品质量和产量大幅度上升，产品经上海出口公司验收，百分之百合格，成为全国第一次实现精制生产全程自动化的工厂。茶厂被评为全国质量红旗厂，厂长王秉基出席全国工交系统群英会，并被评为全国建设社会主义积极分子。这些事迹曾由福建省人民出版社编印专册广为宣扬。1970 年开始精茶生产线自动化改革。此前以加工精制“坦洋工夫”茶为主，1970 年“红改绿”后生产绿茶、茉莉花茶。

20 世纪 70 年代后，随着制茶科学技术的不断进步，促进了制茶设备的更新速度。茶厂先后建设新筛分车间和新窨花车间，新建车间四层楼高近 40 米、建筑面积 7000 平方米，实现制茶和窨花立体化、半自动化生产。年生产出口绿茶和茶坯 3 万多担，加工茉莉花茶 2 万多担。“文革”期间，福安茶厂是个出了名的坚持生产不动摇的先进单位，被福建省革命委员会授予“大庆式企业”称号。

主要业绩

福安茶厂狠抓产品质量管理，产品质量、花色品种不断创新，不断发展。成品由过去单一生产红茶，发展到红茶、绿茶、车色茶、花茶 4 大类 30 多个级别，先后开发福云 1 号、福云 2 号、白云、春云、超特等特种花茶产品。福安茶厂的产品占领北京、上海、西安、哈尔滨、齐齐哈尔等 30 多个城市的茶叶市

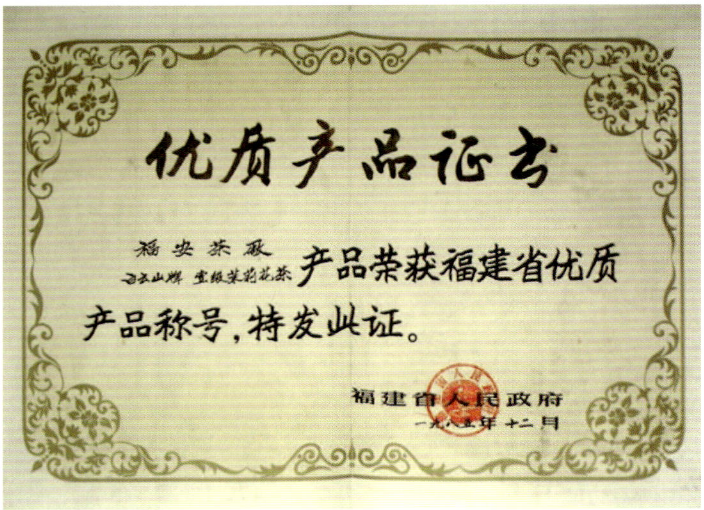

1985年的福建省优质产品证书

1989年的轻工部优质产品证书

场，深受欢迎。1979年“六窨茉莉花茶”获全国供销总社质量评比第二名；1980年“茉莉花茶毛蟹”被评为省优产品；1986年白云山牌白云花茶、特级花茶、一级花茶评为省优产品，白云山牌超特级花茶评为部优产品，出口茉莉花茶在法国国际美食旅游博览会评比中荣获金质奖；1988年在全国轻工产品出口创汇展评会上，福安茶厂又连获5块奖牌，即白云山牌超特茉莉花茶获银牌，白云、特级、一级茉莉花茶各获铜牌，获轻工部出口创汇先进企业铜牌奖；花茶小包装装潢美观，设计新颖，花色品种齐全，包装装潢设计曾两次获华东设计大奖；1990年1月5日，经福建省人民政府批准，福安茶厂“白云山”牌茶叶获福建省著名商标。

福安茶厂产品曾经统领东北、华北大部分茶叶市场。在出口创汇方面，曾经有35000吨商品茶畅销苏联、日本、英国、法国等10多个国家，为社会主义建设做出巨大贡献，也为改革开放后的进一步发展奠定基础。

福安茶厂先后共获地区级以上各类奖旗奖状130多面，是全国第一个实现茶叶精制生产全程自动化的工厂，被评为全国茶厂质量红旗厂。

福安茶厂人才济济，走出王秉基、成仁等一大批省、地、县级经济管理人才；走出李敏泉、黄宝鉴等援外茶叶专家，创造出“茶叶外交”的风云史；走出连赛英、李庆祺等省市级劳模。还有成为共青团省委委员的陈琴玉、省政协委员的缪宝容等。工人李金德，福安阳头本地人，是第一批福安茶厂建设者的代表，他以主人翁的精神积极投身20世纪50年代中华人民共和国成立初期的经济建设；长期担任福安茶厂工会主席，主持工会组织工作，并当选福建省总工会委员，直至退休。

时代变迁

1984年后，体制下放，茶叶由国家二类物资下放为三类物资管理。由于银根缩紧、“三角债”困扰、冗员多等原因，福安茶厂生产经营受到严重挫折。1986年实施福安县茶业局和福安茶厂合并，期待通过茶业局收进原料毛茶，解决福安茶厂的原料“吃不饱”问题。但厂局合并后的日子并不好过，费用开支猛增，茶厂依然没有摆脱困境，年底局厂分离。此后企业经济效益每况愈下，1989年出现茶厂有史以来看第一次亏损。1993年后，福安茶厂被迫全面停产。1995年4月，经过全厂职工大会表决，决定走企业破产之路。1995年11月9日，宁德地区中级人民法院裁定并宣告国营企业福安茶厂亏损1943万元，因资不抵债而破产。

同时成立“福安茶厂职工安置工作领导小组”，办公机构长驻茶厂，负责安置福安茶厂（含茶叶包装厂）职工 952 人；其中在职职工 207 人，离退休职工 177 人，遗属 43 人，拣茶工 317 人、退休拣茶工 86 人、长期性临时工 17 人，茶叶包装厂职工 105 人。

2002 年 4 月，厂区土地使用权终由市国土局依法公开拍卖成功；6 月，全体干部职工与厂方解除劳动关系。2009 年 5 月，职工安置工作结束，国营福安茶厂永远画上句号。

福安茶厂历任厂长（革命委员会主任）、书记名录：

1949.9—1970 年：畅乙萍，杨兆铭，郭宪武，成仁，孙天仁，王秉基、陈生成；

1970—1978 年：傅连登，娄启民；

1978—1988 年：程永文，林枫清，缪力生，李敏泉，连树泉，苏仁富；

1988—1993 年：蔡金水，陈绍平。

畅乙萍、王秉基、李敏泉生平事迹见本志《人物传》。

福安市茶叶包装厂

1980 年，福安县茶叶包装厂在福安茶厂内成立，为茶厂分厂，厂房建筑面积 2400 平方米，员工 108 人，集体所有制，干部由茶厂委派。

包装厂为茶厂加工小包装（预包装）茶叶成品，包装材料有纸质小盒、陶瓷质茶罐等，盒、罐由包装厂设计、外协生产；原料茶叶由茶厂供应。产品外包装印有国营福安茶厂“白云山牌”商标，内装茉莉花茶系列小包装产品，销往东北、华北、西北等地，产品很受市场的欢迎，取得较好效益。当时正值改革开放初期，包装厂在为福安茶厂产品做好外包装的同时，也为茶厂职工家属提供部分就业岗位。1990 年，福安市茶叶包装厂从福安茶厂分离出来，独立经营，自负盈亏。1995 年后因债务破产。

附：已知福安茶厂建厂初期干部职工名录

（按姓氏笔画顺序）

丁松柏、王立仁、王幼仙（女）、王幼容（女）、王连弟、王秉基、王顺章、王细姿（女）、王玲周、王雪梅（女）、王崇如、王祥英（女）、王清容（女）、王裕元、王瑞川、王德全、王德雅、王鹤龄、邓英、方淑荆（女）、兰石妹（女）、叶云佺、叶圣友、叶松年、叶贵兴、叶祖弟、冯团玉（女）、冯爱梅（女）、冯桂松、朱邦毓、朱锡畴、刘子良、刘玉屏、刘贞洪（女）、刘芹庄（女）、刘昌现、刘锡周、刘祖雄、刘碧华、刘赛莲（女）、江仕周、江源现、成仁、池玉英（女）、池金成、池章现、池新勤、孙容筠、阮开应、阮作基、阮希弟、苏仁富、苏细弟、苏梅弟、李一金、李三树、李干松、李天瑞、李石泉、李石华、李仲松、李如成、李英娇（女）、李灼娇（女）、李庆明、李庆祺、李阿金、李松筠、李英现、李诚、李忠贵、李和弟、李金娇（女）、李金德、李寿波、李周现、李孟华、李孟如、李树清、李春壁、李帮基、李贵容（女）、李桂干、李铃春、李铃章、李敏泉、李瑞伦、李瑞松、李瑞康、李瑞源、李榕声、李端容（女）、李翠容（女）、李赛月（女）、李翰弟、李翰松、何团英（女）、何阿三、杨兆铭、杨金威、杨柏镛、杨明光、杨菊英（女）、连赛英（女）、连枝春、肖月秀（女）、肖嫩仔、吴亦白（女）、吴厚椿、吴清姿（女）、吴兰瑞（女）、吴嫩仔、吴嫩容（女）、吴慈莲、（女）、吴镜涛、余玉麟、张兰妹（女）、张幼翔、张宗洪、张孟群、张斯芳、张翠娇（女）、张增声、陆翰金、陆细弟、陈月容（女）、陈兰英（女）、陈石金、陈石祥、陈玉富、陈玉琨、陈生成、陈仕雄、陈红妹、陈灼梅、陈忠泽、陈佑基、陈寿铃、陈作寿、陈步寿、陈秀波、陈秀梅（女）、陈英（女）、陈英容（女）、陈金娇（女）、陈宗英（女）、陈宗陆、陈进松、陈依妹（女）、陈建松、陈祖坚、陈浩、陈恩英、陈恩清、陈振如、陈润生、陈润宽、陈菊容（同名2人、女）、陈菊姿（女）、陈清菊（女）、陈满玉（女）、陈德铃、陈嫩现、陈嫩妹（女）、范仪修、林天水、林石金、林石锦、林庆珠（女）、林丽容（女）、林阿二、林师谊、林其瑞、林祥珍、林珍容（女）、林细弟、林绍尧、林树祺、林荫桑（女）、林通官、林根源、林爱银（女）、林清梅（女）、林焕周、林毓雄、林嫩妹（女）、吴嫦英（女）、畅乙萍、金大眉（女）、郑飞、郑开逢、郑石元、郑弟、郑安民、郑招容（女）、郑祖善、郑培康、郑赛梅（女）、郑宝金（女）、郑锦文、郑鼎仁、赵梓奇、胡秀容（女）、柯榕、畅国栋、钟东泽、钟应奇、钟姆现、钟细梅（女）、施应仕、施英国、耿惠然、徐文直、徐应保、高秋严、郭子波、郭石英、郭凤振、郭招惠（女）、郭周同、郭振康、郭树彬、郭淑庄（女）、郭翠玉（女）、黄千泉、黄义章、黄玉富、黄发现、黄成尧、黄成秋、黄如松、黄寿梅（女）、黄寿颐、黄丽月（女）、黄晋功、黄林喜、黄坤弟、黄祖香、黄金松、黄金森、黄波光、黄波麟、黄波弟、黄细珠（女）、黄带弟（女）、黄炳发、黄炳坤、黄哲生、黄润现、黄赛月（女）、黄静玉（女）、黄麟祺、梁碧英（女）、韩秀英（女）、程良弟、谢永榕、谢珍容（女）、谢锦蛾（女）、蔡金水、潘晋官、缪千松、缪成祖、缪希琦、缪英梅（女）、缪朋弟、缪顺生、缪宝容（女）、缪宝梅（女）、缪锦姿（女）、缪赛月（女）。

姓氏不详：爱莲（女）、伏弟师、珍云（女）、腾妹（女）。

（以上根据原福安茶厂部分老干部、职工的回忆整理）

2011年原福安茶厂部分干部职工聚会留影

卷九 人物

第一章　人物传

胡大盛

胡大盛（1792—1857 年），字沛然，号郁亭，生于清乾隆五十七年。据坦洋胡氏宗谱（清光绪二十七年重修本）载，“生平构市廛，增基业；厚族邻，好施舍，排难解纷。”（清·李应奎《忠一公墓志铭》）“虽为贾，而有士行。待人接物，恕若冰融，温若春煦”；经营茶业，不畏挫折，“遭变不渝其志，一蹶复振……迩数年来构市铺于坦洋、社口，增置新业，貌丰而家益裕。”（清·林枝一《忠一公列传》）“前清咸、同间有建宁茶客到福安坦洋收购茶叶，嗣后坦洋万兴隆庄始行自制红茶，明年各庄竞相仿效。”（民国 24 年《福建福安茶业》）“清咸同间福建茶业极盛，凡产茶之地有利可资开发者，茶商无不竟赴之。而北路之茶即于其时为建宁茶客所赏识，于福安县北坦洋采制工夫，其制茶法遂传入北路。”（民国 30 年《福建之茶》）胡大盛经营的万兴隆茶庄率先试制红茶成功，是“坦洋工夫”红茶的首创者。卒于清咸丰七年（1857 年），享年 66 岁。

陈俊士

陈俊士（1821—1861 年），福安溪潭凤林人，生于清道光元年。凤林又称林前、兰田，位于穆阳溪东岸溪北洋的南面，村对岸即是古代福安最负盛名的集市富溪津市（廉村、潭头），18 世纪后期，这里的商税仍占福安县的四分之一（乾隆《福宁府志·食货志·商税》）。19 世纪前期（清道光至咸丰年间），陈俊士利用本乡地理条件，采购“上府”（闽北一带）的茶叶和山货，用溪船运至赛岐，过驳较大吨位的木帆船，从海路运往温州、宁波、上海等地销售，再运回布匹、百货等生活必需品销往闽北，因而逐渐致富。育有三子，名聚贤、定邦、聚奎，均为商人，商号分别为贻记、瑞记、金记，在当时很有名气。陈氏家族并在凤林建起闽东北最大规模的庄园，占地面积 120 亩。陈俊士热心公益，在建桥、修路、兴学等方面多有捐献。卒于清咸丰十一年（1861 年），享年 41 岁。

王正卿

王正卿（1822—1890 年），原名家财，字思轸，号经墀，生于清道光二年，原籍寿宁凤阳北山。少时家贫，一家艰难度日。道光二十一年（1841 年）正卿从老家迁到坦洋学习“计然术”（经商）。后看到茶叶生意好赚钱，就开始经营茶叶；与同是客居坦洋的吴步云志同道合，共同创办祥生记茶庄。咸丰后，祥生记茶庄也开始做红茶，王、吴二人均是坦洋工夫的创始人之一。

祥生记茶庄诚信守义，经营顺利，很快就名闻遐迩。坦洋茶市兴盛后，钱多了起来，社会风气崇尚奢侈，但王正卿依然坚持俭朴传统，“并严诫子孙，不得稍耽暇逸、染靡习”（《凤阳北山王氏宗谱》）。王正卿事亲至孝，急公好义，乐善好施，很得社会好评。今飞鸾岭南路起步岭尚存一面晚清的修路碑刻，上面记录捐资茶商茶行的名号其中有福安坦洋祥记和王正卿。后来祥生记分开经营，王正卿和吴步云分别独掌祥记和生记。王正卿由于经营有方，很快大发，并在坦洋鼎建豪宅，既为自家住屋，也是茶庄工场。六个大宅院分别称为“一先堂”“二生堂”“三光堂”“四达堂”等，组成一个群落，每一座宅院都是“六扇八廊庑”制式，按二进二托二天井五开间双侧屋的格局建造，蔚为壮观。王家茶业后由长孙种云接班。光绪十六年（1890 年）王正卿辞世，享年 69 岁。

吴步云

吴步云（1826—1891 年），原名步森，字宜书，号玉堂，生于清道光六年，原籍福安九都岭下（又叫谷岭，今属晓阳镇）。吴氏世代务农，家庭穷苦，父母为使吴步云不再受穷，让他去学习“计然术”。咸丰年间吴步云在坦洋与王正卿共同经营“祥生记”茶庄，后来“祥”“生”分开，吴步云独掌“生记”。此时吴步云正值“而立”年华，也是坦洋茶风雄健之时，他才略过人，不辞辛劳，决心将坦洋工夫做大做强。他奔走于闽粤之间，直接与洋人做茶叶生意，贩茶巨万，“不数年大获奇赢”。他不但在老家岭下建有二厂（茶厂、装箱厂）四宅，在坦洋建豪宅和精制茶厂各一座、茶行七间，而且沿长溪南下，在溪柄、赛岐、下白石等市镇购置产业，还在闽东其他地方多处设立茶行。

吴步云发迹以后，依然勤约治家，并思恩图报、关注国运。1884 年（光绪十年），中法战争爆发，军需告急，吴步云“毅然输财助边”，清政府为了褒扬他，授予同知候补。吴步云十分热心社会公益，倡修道路桥梁；还出资整修罗源、连江两县之间的崎岖险危山径。福安名人、赐进士出身翰林院庶吉士宋瞻扆撰文赞许他“急公好义”“好施乐善”（清·宋瞻扆《吴步云墓志铭》，载《谷岭吴氏宗谱》）。吴步云对其弟吴步升和侄子吴庭元产生了很大的影响，他们后来都成为闽东的茶界名人。

吴步云卒于清光绪十七年（1891 年），享年 66 岁。

施光凌

施光凌（1827—1893 年），字鹏飞，号照川，生于清道光七年。从小好学勇武，清同治元年（1862 年）得中武科举人，按例授予武信郎官爵。咸丰十年（1860 年）“发逆（指太平天国军队）逼近，山寇蜂起”，知县朱德沛请施光凌组织团练筹防，施光凌“身为卒先，寇氛遂息，侯（指知县）欲荐之大吏，以疾辞”。光凌文武兼备，但是他无意仕途，多次放弃机会，一心实业。他创办丰泰隆茶庄，积极参与红茶研制，是坦洋工夫红茶的创始人之一。丰泰隆鼎盛之时员工达三百多人，年产工夫红茶 3000 余担，产品主要销行英伦。史料上记述：“英商购买华茶，以坦洋出产为最，佥曰公之力也。”施光凌一生乐善好施，“乡里偶有善举，则毅然为之倡”。他建祖祠，兴义塾，造桥梁，还为无家可归的乞丐“架瓦屋数间以庇之”（清·卢士珍《武信郎照川公墓志铭》）。今坦洋村口真武桥，2004年重修，桥碑称：“坦洋真武桥……始建乾隆间，遭水灾塌。咸丰十一年重建，上覆以亭，旋遭火。光绪二年，武举施光凌为首，胡兆江、郭尚宾、王正卿等倡建拱桥。”施、胡、郭、王四家都是当时坦洋著名的茶商。卒于清光绪十九年（1893年），享年67岁。

胡兆江

胡兆江（1829—1895年），生于清道光九年，系坦洋胡氏第九世。在兄弟五人中，胡兆江为长兄，最为出色。胡兆江20岁即担起家务，独支世业，使得其父胡开轩50岁（约1849年）后就远离茶事，“逍遥杖履，日与其乡之长老游，以终天年。”咸丰、同治时正值闽茶大兴，胡兆江“乃采买名茶以市洋商”，不数年大获其利，“赫然以资雄于乡”，是坦洋工夫的创始人之一。平时热心公益事业，“解纷排难，乐善好施”（清·李书铭《几一公墓志铭》，载《坦洋安定胡氏宗谱》），口碑佳美。卒于清光绪二十一年（1895年），享年66岁。

胡兆淮

胡兆淮（1833—1891年），胡兆江之三弟，生于清道光十三年。辅佐其兄胡兆江共事茶业，对坦洋工夫茶品牌的创建多有贡献。“同治间，坦洋茶市日盛，公兄弟善辨茶，故坦洋茶遂翕然称诵岛外。”胡氏兄弟十分友爱，“至老，不忍离居”（清·林栋《几三公墓志铭》，载《坦洋安定胡氏宗谱》），为乡亲称道。卒于清光绪十七年（1891年），享年59岁。

陈春英

陈春英（1836—1886年），字芳谷，清道光十六年生，福安韩阳东门吴刘郭路（今称三姓路）人。坦洋工夫红茶创制以后，福安韩阳有许多商人也加入茶叶经营队伍。陈春英20岁就开始随伯兄从商，在上杭陈氏茶商中是比较成功的一个。清光绪十六年（1890年）恩科进士宋瞻宸所撰《清故修职郎明经进士按察司照磨衔[①]陈君墓志铭》记述他的事迹：“咸同间，闽海始通夷舶。福安故僻处，鲜巨商，君与伯兄创为茶运，与外夷互市，所获利倍蓰。越十余年，伯兄卒，君独肩其任，纬繣不苟。顾外夷习久生诈，茶无辨良苦，故贱售，利大减。”陈春英的经营茶运经历，见证了19世纪50—80年代福安坦洋工夫红茶的第一波盛衰。清光绪十二年（1886年）离世，享年51岁。

施长滢

施长滢（1851—1900年），生于清咸丰元年，号镜波，施光凌长子。自幼喜爱读书，曾就读于三山鳌峰书院，“屡试秋闱，数奇不遇”，后随父学经商。他“接人以恭，持己以俭；无贫富，咸容焉”。

① 修职郎，正八品文官的散官官阶；明经进士，指国子监贡生；照磨，掌文书卷宗。

其弟长壎去世后，毅然承担起施家的家政茶务。施长滢继承其父施光凌乐善好施、热心公益事业的优秀品格，而且临危不惧，敢于担当。有一年山寇二百余人突入坦洋，抢劫茶行，伤人性命，他“奋不顾身，径向茶税局徐公华润通报县主详请大兵”，还亲“率甲士，昼夜巡防”（清•寿棠《镜波先生行述》，载《坦洋施氏族谱》），因此深得乡亲信赖。清光绪二十六年（1900 年）去世，享年 50 岁。

施长壎

施长壎（1854—1881 年），生于清咸丰四年，号和笙，施光凌次子。自幼就喜欢经商，帮助家里打理茶庄事务。20 岁时，正当坦洋茶市的盛期，他就全力辅佐其父。他身肩买茶之任，对拣茶、择茶等茶务非常在行，对茶叶经营很有一套，并且怀有极大的兴趣，充满感情，名声远播海外。平时热心公益，忠厚待人，凡有义举，大多慷慨为之。“平居不自暇逸，督木匠制茶箱，理账簿，司出入，井井有条”，很受其父施光凌的赏识和赞许（清•寿钧《先考和笙公行状》，载《坦洋施氏族谱》）。清光绪七年（1881 年）去世，时年 28 岁。

王种云

王种云（1870—1937 年），清同治九年生，又名王启祥。自幼受王氏家规与道德教育，光绪十二年（1886 年）考中秀才。祖父王正卿为将其培养成才，传说曾送其至北京岳叔林栋（寿宁籍京官，礼部侍郎）处，延聘外籍教师教学英语。回坦洋后即帮助家里打理茶行生意。光绪十六年（1890 年）后，正式掌管王家茶业，继承祖上事业，改“祥记”茶行为“宜记”，进一步将茶业做大。王宅二生堂正门顶墙内侧有一长溜书法作品，落款“丙午中秋”，提示该建筑落成于光绪三十二年（1906 年），是在王种云接班茶行后十六年最后建成。今时至今日这个建筑群仍保护完好，时常有人慕名前来参访。宜记茶行鼎盛时期员工可达 160 多人，其中季节拣茶女工 300 多人。王种云很有经商天赋，勤恳经营，关心茶行员工，首倡医疗保险。热心公益事业，民国某年福安饥荒，王种云贩茶福州，购回台湾大米，赈济家乡灾民。乐于扶弱助困，借贷从不向人催讨。1951 年土改期间，王家向人民政府交出一箱田契、一箱借据，其中借据数额达百万元。民国 26 年（1937 年）王种云去世，享年 68 岁。宜记茶行也从此结束。

陈王基

陈王基（1870—1939 年），生于清同治九年，字思化，福安韩阳上杭人。民国初期曾当选省议会议员，同时被推选为驻榕福安会馆总理、福州福宁同乡会会长。陈王基同时是福安著名茶商，是福生春茶庄经理，购宁安轮兼营茶叶运输。宣统二年（1910 年），与寿宁斜滩何幼山、何肖山等“共组福宁茶业会，团结吾郡茶商，内谋改进，外御苛扰”。（何宜武《陈思化先生传》）1931 年任福安县商会会长。陈王基还倡办福安县立扆山初级中学和福安职业学校（茶科）。民国 28 年去世，享年 70 岁。

胡修臣

胡修臣（1873—1936 年），又作胡修诚，字柏森，兆淮嗣子，生于清同治十二年。早年在坦洋开办裕大丰茶行，久盛不衰。后又在寿宁武曲开设裕大昌茶行，年生产坦洋工夫红茶三四千箱件，占当地年总产量之六成。他思维敏锐，擅于捕捉商机；又急公好义，热心公益事业。曾发起组建福宁同乡会茶业同业公会，被推为董事长；民国后期该会改名闽东茶叶公会，曾聘姻亲、学者寿宁人郭公木任会长。在省城开设“裕宁茶栈”，为茶商提供仓储及食宿；设办“裕宁钱庄”，发放限额银贷，帮助中小茶商周转资金缺额；印制“裕宁信用银票”，方便福宁五县与榕城之间现银汇兑；合资购置木质小机轮，用于运送春茶。1927 年，独自筹资 20 万元，在赛岐创办咸通轮船公司，购置日本造旧钢质货轮一艘，经营赛岐、福州、青岛、台湾等地客货航运业务，同时使福安茶商得以实现用轮船从赛岐经三都直接运往福州的梦想。胡修臣专心致志于实业救国，为红茶事业拼搏终生，成为福宁五县名噪一时的茶叶巨商。民国 28 年（1939 年）辞世，享年 64 岁。

吴庭元

吴庭元（1883—1947 年），号赓俞，生于清光绪九年。对红茶产销情有独钟，20 岁时继承父业，从事红茶产销。他思想开放，富有近代经营理念；不但把茶行开到福州，而且 1907 年还率闽省茶界之先在香港注册“元记”商标，成为当时闽省有名的茶叶巨商。1910 年元记茶行与俄罗斯客商签下一笔 50 吨坦洋工夫红茶的订单，至今依然在茶界传为佳话。吴庭元之女杨坚（民国福安县长高诚学之妻）回忆，“当年吴氏茶行拥有铺面三十六间，伙计百余人，茶山四座，精制厂一家，拣茶工、制茶师傅两三百人，年产精制坦洋工夫两千余件，远销英国、俄国、东南亚等地。吴家以白云山下的岭下村为基地，收购初制干茶，每年发放茶银时需要七十多人挑（银担）”。女儿出嫁时“以稻谷三百担，洋楼、花园各一座，农场一个陪嫁”，这些嫁妆为女婿高诚学的事业发展提供了有力支持；其中位于溪柄的“归田农场”后来成为福安县的农业实验基地，即今宁德市农业科学研究所的前身。（高瞻、吴金泰主编《民国县长高诚学》，海峡书局 2013 年版）。吴庭元是民国时期福建省的茶业巨商，他的事业主要在福州等地发展，为坦洋工夫红茶行销海外做出重要贡献。民国 36 年（1947 年）去世，享年 65 岁。

高诚学

高诚学（1897—1943 年），福建省平潭县苏沃镇土库村人，生于清光绪二十三年。自幼受过良好的教育，曾入福州英华中学、福州道学院、福建法政专门学校及燕京大学就读。民国 17 年（1928 年）后任平潭县政府教育科督学、福建省政府参议等职；民国 22 年 11 月“闽变”时返岚，任计口授田特派员。“闽变”失败后，收集旧部，截劫“鹭江”客轮，以扩大武装。民国 25 年 8 月，为省长陈仪所赏识，委任省参议员。民国 27 年 2 月，调任福安县长。

在福安县长任上，高诚学致力改革，兴办实业，重视福安茶业的发展。民国 29 年复办县立初级农业职业学校，第二年又在白沙设办私立福安韩阳初级农业学校，这两所学校均以茶科为主，培养茶业人才。撰写《福安茶业概况》一文，比较全面地介绍当时福安的茶业，发表在《闽茶季刊》创刊号（民国 29 年 10 月号）上。他还在溪柄镇的白沙和荡岐创办“归田农场”，改良禽畜品种，推广杂交良种猪，饲养“约克”种公猪供当地母猪配种，并引进“波中猪”，俄罗斯的来亨鸡、英国的丹红鸡、安哥拉兔（长毛兔）等新品种；引进种植三年桐、槐树、漆树、梧桐、银桦等新树种，广种油桐树、油茶树；修建福安县公共体育场，举办运动会，发展体育事业。民国 32 年 8 月，刘建绪任福建省政府主席。11 月，军统联络福安地方势力，以不实罪名控告高诚学，29 日将其处死，时年 47 岁。

詹子和

詹子和（1906—1950 年），原名旋奏，又名得发，字怀凯，号质臣，清光绪三十二年生于寿宁豪阳（现属周宁县纯池镇）。民国 9 年（1920 年）丧父，15 岁的詹子和只身来到福安县九都坦洋，学习经商。民国 11 年后福建红茶的国际贸易开始逐渐恢复，闽红进入黄金时期，福安县的坦洋、穆阳，成为重点茶区。詹子和创办厚记茶行，因经营得法，茶行渐有名气，时称“得发厚记”。后又创办裕亨盛茶庄，经营红茶，民国 26 年 3 月由福建省建设厅登记注册。民国 28 年又创办泰昌盛红茶茶庄。抗日战争全面爆发以后，政府当局令各茶号成立联合茶号，直接向政府贷款，并由政府统制运销。民国 29 年，詹子和以泰昌盛为基础，联合坦洋几家茶庄，向省建设厅茶业管理局贷款 25500 元，成立“泰昌盛联合茶号”，获准年制首春工夫 650 箱、二春工夫 200 箱，合计 850 箱 21.25 吨（每箱 25 公斤），约占当年坦洋精制红茶总数的五分之一。所产工夫精制茶叶全部运往香港贸易，为抗战助力。泰昌盛联合茶号一直坚持到民国 30 年（1941 年）。

抗战胜利后，茶业逐步复苏，许多茶农、茶商开始重操旧业。民国 37 年（1948 年），裕亨盛和泰昌盛茶厂的注册资本金合计 9 亿元，占当时坦洋 13 家茶厂的 27.6%。所制红茶多转运香港、上海、天津、牛庄外销。詹子和是民国时期坚持本乡本土且比较成功的茶商之一。1950 年因病辞世，时年 45 岁。

陈鸣銮

陈鸣銮（1907—1986 年），字佩玉，生于清光绪三十三年，福安城关上杭人。青年时期留学日本，在日本中央大学攻读政治经济学，学成归国曾受聘于福建学院。民国 23 年（1934 年）回福安接任福安县立初级中学校长，兼乡村师范校长。民国 24 年 8 月经省批准，县立初中改制为福安县立职业学校，开设茶科班，为福建省第一所茶业职业学校，任校长。任内编写《福建福安茶业》（福建省福安职业学校茶场丛刊第一种）；该书比较详尽地记述当时福安的茶叶生产和经营情况，是福安第一本比较全面介绍福安茶业的著作；同时利用留日期间的人际关系，从日本购进茶叶揉捻机，使福安成为闽省第一个以机械替代手工揉捻的产茶区。民国 25 年，调任福建省农林改良总场主任，后任民政厅科长，民国 31 年任将乐县长，民国 33 年冬调任顺昌县长（未赴任）。民国 35 年 8 月和民国 36 年先后任福建省第九行政区（公署设永安）和第一行政区（公署设福安）专员兼保安司令。1949 年去台。不久离开政界从事教育直至退休。1969 年在台北创办闽东同乡会，连任 8 届理事长。1986 年去世，享年 80 岁。

庄晚芳

庄晚芳（1908—1996 年），原名庄友礼，笔名庄友、庄骥、挽风、茗叟，清光绪三十四年出生于福建省惠安县。幼年家境贫困。民国 13 年（1924 年）考取集美高等师范学校。民国 19 年考入中央大学农学院，毕业后到安徽祁门茶叶改良场工作。民国 27 年应张天福之邀，到福建省立福安农业职业学校任教，讲授茶叶课程；同时兼任福安茶叶改良场技师，带领农职校学生和改良场茶工一起采茶、制茶，进行茶叶研究。民国 28 年，担任福建省茶叶管理局副局长，曾到崇安筹办福建省示范茶厂，在武夷山下组织开辟数千亩新茶园。不久转至浙江衢州协助吴觉农筹办东南改良总场。民国 32 年，被福建省农林公司聘为总经理，吸收侨资，改善经营，为复兴闽茶打下基础。民国 37 年，赴香港、新加坡和马来西亚考察，访问著名爱国华侨陈嘉庚先生。陈先生劝他回国从事教育，他深受启发，随即返回福建。这个时期，他逐渐向往革命，做了不少有益于人民解放事业的工作。

中华人民共和国成立后，先后在复旦大学农学院、安徽农学院、华中农学院和浙江农业大学从事茶学教育。经他培养的专科生、本科生、研究生，以及前苏联和越南留学生约有2000余人。他的学生遍布全国各地，不少人成为茶专业的高级技术人才。1965年他首次培养茶学研究生，成为我国茶学研究生教育的开端。

庄晚芳是我国著名的茶学家、茶学教育家、茶叶栽培专家，我国茶树栽培学科的奠基人之一。毕生从事茶学教育与科学研究，培养了大批茶学人才。在茶树生物学特性和根系研究方面取得成果。学术论著数量多，内容广，针对性强，有独特见解，在国内外都有较大影响。代表作有《茶作学》《茶树生物学》等。晚年致力于茶业的宏观研究，对茶历史以及茶文化的研究作出贡献。1996年逝世，享年89岁。

张天福

张天福（1910—2017年），著名茶学家、制茶和茶叶审评专家。清宣统二年生于上海名医世家，第二年随家迁回祖籍地福州。先后就读福州宫巷私立塾本小学、福州格致中学、上海持志中学。民国18年（1929年），在福建协和大学修完一年的基础课程，次年转学南京金陵大学农学院，民国21年毕业，获农学学士学位。毕业后任福建协和大学生物系助教。民国23—24年，赴日本、我国台湾考察茶业。民国24年8月，筹办福建省立福安农业职业学校和福安茶叶改良场，任校长兼场长。任内著有《三年来福安茶业的改良》一册，介绍福安茶叶改良场的创办经过和三年来的工作情况，为民国时期的福安茶业留下一份珍贵的史料。民国28年，抗战爆发，校、场分别内迁连城和崇安（现武夷山市）。民国29—31年，在崇安任福建示范茶厂厂长兼苏皖技艺专科学校副教授、崇安县初级茶业职业学校校长。民国31—35年，回福建协和大学农学院任副教授、教授，兼该校附属高级农业职业学校校长。民国35—38年，任南京国民政府中央农业实验所技正兼崇安茶叶试验场场长。

1950—1952年，任中国茶叶公司福建省分公司技术科长。1952年调任福建省农业厅茶叶改进处、特产处任茶叶科长、副处长，享受教授级待遇。1957年被错划为“右派”，1980年平反。1982年任福建省农业科学院茶叶研究所技术顾问，主持省重点攻关课题研究；先后担任福建省政协第一、四届委员，第五届常委。1990年后，仍积极宣传中国茶文化，参加茶事活动。2017年6月4日在福州去世，享年108岁。

张天福是著名茶学家、制茶和审评专家，中国近现代十大茶叶专家之一。教授级高级农艺师，享受国务院特殊津贴专家，中国茶业界普遍把张天福称为“茶学界泰斗”。长期从事茶叶教育、生产和科研工作，特别在培养茶叶专业人才、创制制茶机械，提高乌龙茶品质等方面有很大成绩，对福建省茶叶的恢复和发展做出重要贡献。晚年致力于审评技术的传授和茶文化的倡导。

主要茶学论著：《改良福建茶业与职业教育的实施》《“918”揉茶机的结构与用法》《我国战后茶业建设》《大力恢复和发展茶叶生产》《影响茶树种植距离的因素》《梯层茶园表土回沟条垦法》《摊晾在毛茶烘干过程中对提高品质降低成本的作用》《福建茶史考》《关于提高乌龙茶品质的建议》《立足改革，开创我省茉莉花茶花色》《关于福建制茶机械改革的意见》《乌龙茶与健康》《花茶陈坯问题的商榷》《乌龙茶的评审》《发展名优茶，重在创优质》《乌龙茶做青工艺的研究》《福建乌龙茶》《乌龙茶做青工艺与设备研究中间试验报告》《茶叶品种与制茶工艺对乌龙茶品质风格的影响》等。

李联标

李联标（1911—1985年），生于清宣统三年，原名李子丰，江苏省六合县人。少年时代就读私塾，民国12年（1923年）考入南京金陵中学；民国19年考入金陵大学农学院农学系，民国24年毕业，获学士学位。民国24—25年任福建省福安茶叶改良场副技师。民国24年任全国稻麦改进所驻开封工作站技佐。民国28年转赴贵州湄潭，筹办中央农业实验所湄潭实验茶场，任技士并负责技术工作，开启茶叶科研生涯。民国34—35年在美国康乃奈大学农学院和加州理工学院生物部进修，从事茶叶中酶性质的研究，研究成果受到茶学界的关注。民国35年任中央农业实验所技正，中央大学农学院兼职副教授。

中华人民共和国成立后，他从事茶叶技术研究工作，曾率队赴浙江平水茶区领导绿茶改制红茶并获成功，推动各地改制工作顺利进行，扩大茶叶出口贸易。李联标的茶学理论基础深厚，提出如“旧茶园改造技术研究”“茶树播种方式与密度试验”“茶树高产规律与技术指标的研究”“茶树品种资源的收集、保存与利用”等带有方向性的研究课题。这些研究成果促进了全国茶叶产销和茶叶科学研究的发展。1981年他牵头编写《茶树栽培技术》一书，深入浅出地介绍先进的茶树栽培实用技术。1984年，农牧渔业部委托中国农科院茶叶研究所主编《中国茶树栽培学》，他起草编写提纲，组织全国科研、教学、生产等方面学者30余人共同完成这部论著；虽年过古稀且病魔缠身，他仍以顽强的毅力完成所分担的写作任务。1985年1月29日在杭州病逝，享年75岁。

主要茶学论著：《十年来的茶叶科学》《改造旧茶园的技术经验》《茶树播种方式与密度试验》《茶树丰产综合栽培技术研究》《论茶园深耕》《论建设大面积高产稳产茶园》《国外农业概况（茶叶部分）》《山东冻害与防冻技术的调查报告》《国际茶叶生产与茶叶科学的进展情况》《茶树栽培技术》《不同生态型茶树引种研究》《中国茶树栽培学》。

林国楠

林国楠（1913—1985年），福安赛岐前进街人。民国29年（1940年）毕业于省立福安高级农业职业学校茶科班。先后在宁德、寿宁合作指导员办事处和福州大查公司任茶叶指导员、茶业技士。1950年2月在福安茶厂参加茶叶技术工作。1952年11月调至福安专署茶业局从事茶叶生产技术指导工作。1958—1962年兼福安专区茶叶技术学校茶叶审评课程教学。1959年调任福安专区茶科所（今省茶科所）从事制茶工艺与茶机研究工作。先后参加红茶初制热处理试验、绿茶初制技术研究、红绿茶中小型初制厂制茶机具配套调查等多项试验研究。主持“圆式茶叶干燥机”的设计研究，1978年获得福建省科学大会成果奖。参加《茶叶生产技术手册》《茶树栽培与茶叶初制》有关茶叶审评等章节的编写工作。对发展闽东茶叶生产与茶叶科技做出一定成绩。1985年8月6日逝世，享年73岁。

李述经

李述经（1915—1999年），福建省惠安人。毕业于国立厦门大学高中部，后又进修于广东省国立中山大学农学院农艺系茶叶研究部。民国23—26年（1934—1937年）在中山大学农学院进修，兼任学院农场茶园管理员和技术员；民国27—30年在福州商品检验处任技检员；1941—1952年任福州协和茶厂经理茶师。1953—1958年任福安农校茶科教师，担任“制茶学”“茶叶审评”等课程教学；1959—1976年在福安王家茶场任技术干部。1976年退休，被茶场留用至1982年。

李述经在茶叶丰产栽培、茶树采养等方面做出突出成绩，创下闽东茶叶亩产超千斤的高产纪录。1962年获福安专署授予的茶叶生产成绩显著奖，1978年省科学大会授予茶叶高产超千斤科技成果奖，1980年分别被省农业厅和宁德地区行署授予农垦系统先进工作者和地区先进工作者称号。发表《茶树品种的选择》《采面养底五采五养的茶叶采摘法》等多篇学术论文，并获省茶叶学会论文奖，被省农业厅经作处选入技术资料集，1978 年参加省茶叶学会学术论文交流会。他还撰写《茶叶品质审评法》《茶树丰产栽培技术纲要》等。他将乌龙茶加工工艺引进闽东，为闽东的茶业发展做出贡献。著有《闽东茶叶栽培与加工研究》一书。1999 年 7 月逝世，享年 85 岁。

畅乙萍

畅乙萍（1917—2011 年），原名畅维雍，1917 年 1 月 23 日出生于山西省万荣县解店镇太贾村。1936 年 10 月参加山西抗日牺牲救国同盟会，1937 年 3 月任国民兵军官教导团第五团（后改编为青年抗敌决死队）政工干部，同年 10 月加入中国共产党。1938 年后历任游击二团政治部宣传干事，山西省长子县政府教育科长，沁县政府实业科长、工贸局长，冀氏县工贸局长，长子县经济局长，晋城县经济局长，太岳区贸易局第四分公司业务主任、货站经理、副经理、经理。

1949 年 3 月参加中国人民解放军长江支队随军南下福建，任第六大队直属中队中队长。9 月任福建省福安贸易公司经理兼福安茶厂（阳头茶厂）厂长。1950 年 4 月创办国营赛岐茶厂和福鼎茶厂，坐镇阳头领导福安、赛岐、福鼎三家国营茶厂建设。为了保证福安茶厂的茶叶外贸安全，1951 年 9 月与中国人民保险公司福安县支公司签订《运输保险合同》。后任中茶福建省公司副经理，中茶福建省公司经理。1953 年 3 月后历任福建省商业厅业务室主任、厅办公室副主任，商业厅副厅长，漳州糖厂厂长，青州纸厂厂长，省商业厅副厅长、物资厅副厅长，商业厅厅长；1970 年下放邵武县肖家坊公社将石大队劳动，1971 年 9 月后历任福州市委常委、市革委会副主任，福建省商业局局长、省工商管理局局长，省商业局党的核心领导小组组长；1981 年 8 月任福建省商业厅厅长、党组书记，兼省工商管理局局长、党组书记。1982 年 12 月 31 日离休。2011 年 12 月 21 日在福州逝世，享年 95 岁。

吴振铎

吴振铎（1918—2000 年），别号英，民国 7 年（1918 年）12 月生于福安城关东门双井巷。福建省立福安高级农业职业学校（“高农”）茶科首届毕业生，后参加全国大学联考，入协和学院农科（后为福建省立农学院）继续深造。民国 35 年（1946 年）学成毕业，回到家乡任省立福安高级农业职业学校教务主任。同年 7 月，跟随张天福赶赴闽北，接管原崇安茶叶研究所，创办茶叶实验场。

民国 36 年去台，担任台湾省农业试验所平镇分所所长。他提倡发展绿茶，从事制茶机械化与煎茶之研究，倡导开辟日本煎茶市场以及红碎茶。1952 年起，应台湾大学之聘担任农艺学系教授，直到 1993 年 6 月。1958 年首创茶园耕作法，改良综合示范，奠定台茶生产之基础，获台湾省农学会“农业学术奖”。1968 年任台湾茶业改良场场长，此后多次获“绩优奖”，1974 年获“庄守耕科学奖”，1975 年获台湾省第一届“杰出科技人才奖”。1982 年起任台湾省茶艺协会首届、二届理事长及名誉理事长。致力于茶树育种、茶园机械、茶叶制造及鉴评之研究。先后育成台茶 1—17 号等 17 个茶树新品种，发表研究报告及论文达 100 余编。1984 年，吴振铎退休后仍在台湾大学教授茶作学及推展茶文化活动。被誉为“战后台茶之父”。

1988 年 6 月，偕夫人蔡彩燕（福安城关人，福安农职校学生，与吴振铎同乡同学）回乡探亲、考察。他还应中国民主促进会中央常委、茶叶专家黄国光的邀请，开展闽台茶叶学术交流，海峡两岸茶人在相隔近 40 年之后，首次在祖国大陆相聚，重启两岸茶界交流。1990 年 9 月，应邀参加“闽台茶叶学术讨论会”，率团再一次返闽。会后专程前往建瓯山区考察茶业，与福建茶界同行一道勘察建瓯市东峰镇桂林村的一片矮脚乌龙茶老茶树，最后认定这片占地15亩、有着150年历史的茶树正是台湾省乌龙茶主导品种“青心乌龙”的始祖，为海峡两岸乌龙茶树品种同宗同源找到了实证。1991年10月带领台湾陆羽茶艺中心茶叶界人士，在福州和武夷山举行“无我茶会”活动。1992年5月参加在福州召开的第五次全国茶叶学会代表会，被吸收为中国茶叶学会会员，并作学术报告，为促进闽台两岸茶文化交流做出贡献。1994年获“台茶重大贡献奖”。1997年，《吴振铎茶学研究论文选集》由台湾科学出版社出版。2000年在台湾辞世，享年83岁。

黄桐孙

黄桐孙（1920—1993年），福安穆阳人。民国27年毕业于福建省立高级农业职业学校，后升读福建农学院，协助张天福工作。民国27—38年，先后在省茶业管理局、福建示范茶厂、省专运贸易公司任职。1950年任赛岐茶厂业务股股长。1951年任福鼎茶厂审检般配股长。1956年任福安专区农采局采购股股长。1958年调霞浦县，历任茶业局副股长、县农林局茶业股股长，农艺师，是县茶叶学会第一、二届理事、秘书长，宁德地区茶叶学会第一届理事，福建省茶叶学会会员。长期从事茶叶研究工作，茶叶技术全面，从种植、园管、采摘到制茶、评茶、流通各个环节的经验都十分丰富。曾在专业杂志发表《怎样提高评茶技术》《当前改造低产茶园途径的商榷》《继续搞好茶叶体制改革的浅见》等论文5篇。1993年逝世，享年74岁。

李润梅

李润梅（1921—2003年），民国10年（1921年）出生于福建省福安县。民国29年毕业于福建省立高级农业职业学校，经庄晚芳教授介绍，到江西省泰和中茶公司江西分公司（后迁婺源）任技术员。民国31年考入福建协和大学园艺系，民国35年毕业，获农学士学位，任省立福安高级农业学校茶科教师，后晋升为技术主任、教务主任。民国38年5月任该校代校长。后经茶叶专家张天福推荐，调福建省茶叶公司工作，随后被派驻建瓯茶叶收购处任业务主办。1951年，受省茶叶公司指派，到政和县筹建政和茶厂。历任政和茶厂工务及生产技术课长、质检科长、副厂长等职，直至年退休。工作期间，经常深入茶区指导生产、传授制茶技术，特别是对挖掘和改进传统名茶政和工夫及白牡丹的生产工艺起重要作用。20世纪80年代，他带领政和茶厂技术人员和一线工人，开拓和创新政和茉莉花茶品种花色，提高产品质量，使政和茉莉花茶在全国花茶评比会上大为出彩。1983—1986年，该产品连续4年获福建省及轻工部、商业部名优产品奖，为福建茶叶创出名牌，赢得荣誉。他撰写的《政和工夫》《白牡丹》《政和茉莉花茶》等文章先后发表于《中国茶叶加工》《福建茶叶》等刊物上。1981年起，先后被推选为政和县人大常委会委员、省政协第五届委员会委员、政和县政协副主席、政和县科协副主席，高级工程师，是中国农学会、中国茶叶学会、福建省茶叶学会会员，原建阳地区茶叶学会副理事长，《福建茶叶》第三届编委。1983年获福建省科协系统先进工作者称号。业绩入选《福建省高级专业人才名录》一书。1986年退休。2003年去世，享年83岁。

陈哲思

陈哲思（1924—1999年），福建省连江县人。1952年毕业于厦门大学农学院农艺系本科。1952—

1987 年在福建省福安农业学校（宁德地区农业学校）任教，担任“农业机械”“茶叶机械”“植物生理”等课程。其间于 1960—1963 年担任大专班茶叶机械课程。1960 年评为讲师，任农学科副主任；1987 年晋升高级讲师。福建省农机学会会员，曾任宁德地区农机学会理事。在教学的同时，主持设计茶园喷灌和耕作机械，参与实习茶厂的厂房设计与初精制机械设备的配套安装。撰写《茶园中耕机》《茶叶加温萎凋槽》《大花乌龙茶》《因地制宜建设喷灌设施，提高经济效益——对茶果场建设喷灌设施的探讨》等专业论文发表于省级以上刊物，其中一篇被宁德地区农机学会评为优秀论文。参与编著《福建乌龙茶》一书，1990 年由福建科学技术出版社出版。陈哲思从大学毕业就献身于农茶业教育事业，为福建省的茶叶机械化做出贡献，培养的学生遍布省内茶叶行业。1999 年逝世，享年 76 岁。

林桂镗

林桂镗（1925—1996 年），福建省仙游县盖尾人。民国 37 年毕业于福建协和大学农学院农学系。民国 37 年 7 月至民国 38 年 3 月在崇安县茶叶试验场任农业技师，民国 38 年 4 月至 8 月在仙游县农业推广所任所长；1949 年 9 月至 1952 年 6 月在福建省实业厅仙游甘蔗试验场任场长；1952 年 7 月至 1971 年 1 月在福建省农业科学院茶叶研究所工作期间，先后任过场长、副站长、副所长、革委会主任委员、所长、党支部书记等职务，其中 1958 年 7 月至 1962 年 9 月兼任福安专区茶业技术学校校长；1961 年 12 月至 1964 年 9 月担任中国援助马里农业专家组组长、党小组长；1965 年 1 月至 1968 年 10 月兼任福安茶业职业学校校长；1966 年 10 月至 1967 年 3 月担任中国赴阿富汗茶叶考察组组长，1968 年 1 月至 1970 年 11 月任中国援助阿富汗茶叶工作组组长；1971 年 2 月至 1988 年 10 月在福建省农业厅（局）任副厅（局）长、党组书记、厅长；1988 年 4 月至 1993 年 4 月任福建省第七届人大常委会委员。1994 年 9 月退休。1996 年 11 月 5 日因病逝世，享年 72 岁。

林桂镗长期从事茶叶科研和技术推广工作，是福建省茶叶科研的带头人。多年奋斗在闽东山区，为发展茶叶生产做出贡献。他成功试验茶树重修剪改造技术，推动闽东旧茶园改造，成为全国的典型。主持的“低产茶园改造技术”获 1978 年福建省科学大会奖。1952 年引进良种云南大叶种与福鼎大白茶毗连栽植，为以后获得自然杂交种打下基础。参加的“茶树品种资源研究”1990 年获国家农业部科技进步三等奖，主持的“福建茶树良种繁育与推广”于 1983 年获省农业厅农技改进二等奖。特别是 1961 年他被选派出国，在被国外专家认定无法种茶的马里，试种茶树成功，并创制出“49-60”号茶叶（炒绿），获得巴黎农业博览会一等奖，在国际上为祖国赢得荣誉，为发展中马友谊做出突出贡献，获得国家农业部的特等奖。他长期在茶叶和农业战线上从事科技管理和领导工作，有很强的组织领导和决策能力，在茶叶栽培技术上造诣很深，先后发表过《茶树重修剪研究》《茶树丰产经验》《低产茶园改造技术》等多篇论文和著作，为我国农业、茶叶的发展做出突出贡献。先后任福建政协第四届委员，第六、七届福建省人民代表大会代表、中共第十二届全国代表大会代表，福建省科学技术协会第二、三届副主席；历任中国农学会、中国茶叶学会、中国甘蔗学会、中国花卉学会副理事长、常务理事，福建省农学会、茶叶学会等 5 个学会的会长、理事长，1984 年任福建省农业科学技术委员会主任委员。

郭元超

郭元超（1925—2001 年），福建省莆田县城郊区下磨人。1949 年考入福建农学院园艺系，1953 年分配到福建省农业科学院茶叶研究所工作，历任茶树栽培试验组组长、室主任、副所长，1988 年在省茶科所退休。在职期间于 1958 年兼任原福安专区茶校教务主任，1963 年派往缅甸援助考察茶叶生产，1965 年和 1968 年分别两次任副团长往非洲马里共和国援助该国试种茶叶与茶叶农场的选址与规划设计等。

郭元超是我国知名的茶树育种专家。先后主持国家或部省级重点课题 20 多项，其中 11 项分别获得国家和省级科研成果奖，研究领域涉及茶栽培、育种、生物学、生态学等。主持并参与全国性的品种研究与活动。1978 年选育国优良种“福云 7 号”“福云 8 号”“福云 23 号”获全国科学大会奖；1990 年“茶树品种资源研究”获农业部科技进步三等奖；2000 年“高香优质乌龙茶新品种丹桂的先育与推广”获省科技进步二等奖。先后到省内外五十多个重点产茶县市区考察，征集保存 200 多份种质资源。编著我国第一部《茶树品种志》；主编《茶树栽培与茶叶初制》，获省科普图书二等奖；参加编审《中国茶树栽培学》和《中国茶树品种资源目录》；发表论文 100 多篇。多次调查野生大茶树，发掘稀有品种“奇曲”“肖绮”。主持建立全国第一个茶树种质资源圃，选育福云系列品种在全国 13 个产茶省市安家落户，推广面积 5.3 万公顷。曾多次被评为先进工作者。1978 年获评省先进科技工作者，享受省级劳模待遇。1965 年和 1968 年两次圆满完成援外任务，受到受援国及其邻国的好评，为祖国赢得荣誉。曾任福建省政协四、五、六届委员会委员，福建茶叶学会理事、省农科院学术委员会委员等，1981—1995 年任中国农作物品种审定委员会茶叶专业委员会副主任委员。2001 年 2 月 4 日在福安病逝，享年 77 岁。

林承周

林承周（1927—2011 年），福安社口人。民国 37 年（1948 年）毕业于福建省立福安高级农业职业学校茶科。高级农艺师。长期在宁德（蕉城）工作，主管茶叶技术推广工作。1953—1954 年，主持全县改炒绿为烘青，改革手摇杀青机。1955 年合作试制水力带动揉茶机和三锅连续杀青机，实现茶叶初制半机械化。1957 年引进福鼎大白茶等良种，并繁育推广。1958 年发动开辟县、社、队茶场，培养湖头茶场成为高产优质样板茶园。1982 年组织开发天山名茶，获省、地多项绿茶优质奖，“天山绿茶”获评全国 30 个名茶之一。发表论文 10 余篇，编撰宁德县茶业志（草稿）、宁德茶叶与茉莉花发展史等。先后获省、地、县政府和科协先进工作者等奖励 9 项，获农牧渔业部科学技术推广工作者荣誉证书。曾任宁德市（县）茶业局副局长，离休享受副处级待遇；省政协五届、六届委员，宁德市政协一至四届常委，农工党宁德市委一届副主委；中国农学会和省茶叶学会会员，宁德县科协一届副主席。事略收录中国农学会 1995 年《中国当代农业科技专家名录》。2011 年逝世，享年 85 岁。

王秉基

王秉基（1928—1980 年），出生于山东省荣城县的一个贫农家庭。民国 38 年 5 月加入中国共产党，毕业于华东军政大学。1950 年 7 月转业地方，历任福鼎茶厂人事股长、副厂长、厂长，福安茶厂副厂长、厂长、党委书记，福安专区外贸站经理以及宁德地区茶厂革委会主任，1978 年 4 月至 1980 年 1 月任宁德地区轻工业局副局长、局长。在福安茶厂工作期间，1955 年牵头试制精制高级茶叶，产品经上海口岸公司评定“基本上达到国际水平”。1958 年向福安茶厂党委提出建立精制茶叶自动化生产线的设想，带头研制成功静电吸梗机和电气化小时作业法，提高工效 20 倍，实现精制茶叶自动化生产，使福安茶厂居全国同行业的领先地位。1959 年被推荐参加全国群英会，福安茶厂也获得“红旗奖”。20 世纪 70 年代，奉命筹办宁德地区茶厂，为建成年产 5000 吨茉莉花茶全程连续化的茶厂立下功劳。1971 年 9 月同厂技术人员一道进行为期 10 个月的“制坯以及流水作业线”的大会战，翌年即部分投产，被誉为闽东工业“少见的高速度”，当年生产量达到 2917 吨。他在闽东茶叶企业工作 30 年，勤勤恳恳、兢兢业业，平易近人、关心职工，为闽东茶业做出重要贡献，深受干部职工好评。因工作繁重，积劳成疾，于 1980 年 12 月 28 日逝世，享年 53 岁。

林心炯

林心炯（1928—2005 年），1928 年 10 月 5 日生于福建省福州市。茶学家、茶树栽培专家。1949 年 8 月考取福建农学院农学系，1952 年 9 月加入中国共产党，1954 年 12 月农学院毕业，1955 年 1 月分配福建省福安茶业试验站（后改名茶叶研究所）工作。1958 年任土壤农化研究室主任，主持茶园土肥、农化方面的课题研究。1960 年 4 月《茶叶科学简报》创刊，林心炯先后任副主编、主编。1961 年 12 月至 1964 年 9 月任代理所长，主持全面工作。1962 年 11 月，主持制订《福建 1963—1972 年农业科研规划》“茶叶专业”部分；在低产茶园改造、新茶园建立、山地茶园水土保持、提高土壤肥力、发展绿肥等方面，取得显著研究成果。1981 年 10 月任福建省农业科学院科研管理处副处长；1983 年 3 月至 1988 年 9 月任福建省农业科学院茶叶研究所所长、书记、副研究员等；1988 年 9 月至 1992 年 9 月任茶科所学术委员会主任。兼任福建省茶叶学会第一至第四届副理事长、第五届常务副理事长主持日常工作、第六届理事长，并任《福建茶叶》主编。晚年致力于茶叶学会工作和茶文化研究，1997 年被中国科学技术协会授予全国省级“学会之星”称号。2005 年逝世，享年 78 岁。

吴祖霖

吴祖霖（1929—1989 年），福安人。民国 38 年 6 月毕业于福建省福安高级农业职业学校茶科班。在农校就读时，积极参加地下党组织的反饥饿罢课斗争，走上革命道路。1949 年 7 月参加工作。中华人民共和国成立后，他从事税务工作。1952 年 10 月重归茶界，参与组建福安专署茶叶指导所工作；1955 年任福安专署茶业科生产组组长；1958 年 7 月任福安专署茶业局生产股股长；1960 年 9 月加入中国共产党；1966 年 3 月任福安专署外贸局秘书股长；1970 年 4 月调宁德地区农业局任办公室主任；1976 年 6 月任宁德地区农业局副局长，分管农垦、茶叶等工作；1985 年 8 月调宁德地区科学技术委员会任副主任。是中国茶叶学会会员，历任福建省茶叶学会第二、三届理事，第四届荣誉理事，福建省宁德地区茶叶学会第一届理事长。

吴祖霖是闽东第一批茶业业务骨干和领导。20 世纪 50 年代，投入闽东低产茶园改造、压条、短穗扦插新技术推广，新茶园垦辟和社队专业茶场建立等工作，与地、县业务领导共同总结“寿宁竹管垅低产茶园改造经验”和“霞浦草岗变茶岗的发展茶业生产经验”，并在全区推广。20 世纪 60 年代，和茶业局领导、驻点科技干部共同总结“福鼎棠园茶叶基点工作经验”和“霞浦柏洋洋里大队发展千亩高产茶园经验”，指导闽东乃至全省的低产茶园改造。20 世纪 80 年代，总结推广福安县国营坦洋茶场、霞浦县国营大京茶场的经营管理经验，推动闽东农垦企业的发展。与此同时，他还亲自抓福安县南塘、北门村良种茶苗的繁育工作，多次举办技术培训班，召开全区繁育良种现场会，为推广茶树良种做出贡献。

40 多年来，他做了大量的茶叶专题调查研究，收集、整理大量茶业资料。协助地区分管领导策划制定全区性的有关茶业的方针、政策。参与编写《闽东茶树栽培》一书，为《宁德地区科技志》撰写茶叶部分稿件，先后在省级、国家级茶叶刊物上发表论文 10 多篇。他任宁德地区茶叶学会会长期间，多次组织以“提高茶叶单产、提高茶叶质量、提高茶叶经济效益”等为题的学术讨论会，对普及茶叶科学知识、提高科技干部技术水平，起到积极作用。1989年10月因公殉职，享年61岁。

林德恩

林德恩（1930—2010年），民国19年2月生于福建莆田。1954年安徽农学院茶学专业毕业，曾在安徽省农业厅特产处任茶科技术员。1958年到福安农业学校执教茶学，任教研组长。1960年，福建省福安农业专科学校成立（学校设在福安农业学校内），创办该校茶科，兼任班主任，授“制茶学”“茶叶品质审检”等课程。1966—1971年，两度受国家派遣，先后到阿富汗、马里支援种茶，均获成功，取得业绩。1971年回国，参与筹建宁德茶厂，任生产技术科长、副厂长、厂党组委员，为引种茉莉花、开发天山名茶建立基地，为创制名优花茶开辟新途径。1978年宁德地区复办农校，任宁德地区农校副校长、党总支副书记，1987年获评高级讲师。

主要著述：合编《茶叶制造学》，中国农业出版社1960年版；编著《茶叶制造学》，福安农业学校1961年编印；参审《茶叶专业教学计划》《茶树栽培学、制茶学、茶树病虫防治学、茶叶生产机械教学大纲》，中国农业出版社1980年、1981年版；合编《茶果栽培》《茶叶制造学》，省农业厅科教处教材编委会，1982年、1991年版。在茶叶刊物上发表《松溪县东门大队发展生产经验的调查》（1965年）、《浅谈闽东茶叶生产的优势及其发展的方向》等论文。

2010年在莆田逝世，享年81岁。

吴增德

吴增德（1932—1994年），福安上白石财洪村人。1951年8月参加工作，任福安县上白石供销社人事干部，1954年1月调福安专区工作。1958年后历任霞浦县委农工部干事、农业局副局长、城关区委副书记、牙城区委书记、牙城公社党委书记、县委常委。1975年3月任宁德地区农委主任、地委常委。1983年12月任宁德地区行政公署副专员，分管农业，把茶业作为闽东经济支柱产业来抓。他经常向省政府和有关部门争取资金，每年还从分管的老区、民委、民政、扶贫等部门挤出资金360多万元扶持127个民族、老区村发展高标准茶园。1979—1981年，为闽东各县争取到投放茶叶的无偿资金1200多万元、低息贷款近3000—6000万元，建立高质量的“密植速生”茶园10005公顷。1984年茶叶市场开放后，他要求地县业务部门统一思想认识，搞活流通，促进商品生产；建议建立地、县两级茶叶生产发展基金会，恢复征收茶叶事业改进费；在重点产茶县的60多个乡镇成立茶技站，配备茶叶技术辅导员156人。他分管地区农口工作，每年多次到地区农校、地区农科所、省茶科所调研，关心农业人才培养和茶叶科研成果的推广应用，为闽东茶业的发展做出贡献。1994年12月10日逝世，享年63岁。

蔡作林

蔡作林（1934—2000年），宁德市蕉城区人，农艺师。1957年毕业于福安农校茶叶专业，分配福安县王家茶场任技术员，后调至宁德县国营茶场任技术员、副场长。1966年起在福安王家茶场参加培育丰产茶园，1975年亩产干茶达千斤，获省科技三等奖。1974年，改革制茶工艺，采取电热加工绿茶，实现电炒、电烘，提升茶叶品质，并推广到各地。1981年调宁德县茶业局任股长、副经理、经理、副局长等职务，先后主持开垦两个国营茶场的数百公顷高标准茶园；主持“天山绿茶”的研制和“茉莉花茶窨制技术”

研究，1982 年和 1986 年“天山绿茶”被评为全国名茶，“茉莉春毫”与“特级茉莉花茶”分别被农牧渔业部评为部优产品。

曾在报刊上发表《山地茶园开垦的研讨》《电炒电烘简介》《天山绿茶的采制技术》等文章。1979 年被评为省农垦系统先进工作者。1983 年获农牧渔业部农技推广荣誉证章。1989 年后参与研制“天山绿茶”系列名优产品，其中 3 次获全国大奖。1994 年被中国农业技术推广协会编入《中国农技推广名人录》。1999 年参加起草制定“天山绿茶”地方标准。是福建省茶叶学会会员、宁德市（县）第九至十一届人大常委会委员、蕉城区茶叶学会理事长。2000 年 7 月 1 日逝世，终年 67 岁。

李敏泉

李敏泉（1935—1995 年），曾用名李顺梅，福安市阳头登善里人。1952 年 4 月进福安茶厂工作，曾任福安茶厂坦洋初制厂技术助理、技术股长、厂革委会副主任。1962 年 12 月加入中国共产党。1965 年 3 月至 1967 年 12 月为国家农业部赴马里共和国茶叶科技合作专家组茶叶专家。1968 年 12 月至 1984 年 2 月先后任福安茶厂政工组副组长，制茶车间主任、书记，技术研究室主任。1984 年 3 月至 1990 年 9 月任福安茶厂厂长、党委书记。在马里共和国工作期间，帮助该国建立绿茶生产实验厂，培训茶叶技术人员，生产出品质优良的非洲绿茶，受到马里共和国领导人的高度赞赏。在福安茶厂任职期间，主持开展白茶和红茶生产新工艺的研究，提出并建立花茶车间；参与研究设计“茶花配比窨花全程自动化控制机械”；提出建立立体制茶车间设想，配合福州大学研究、设计并建成茶坯生产立体化车间；参与研发的“白云牌”系列高级茉莉花茶产品，多次获评部优、省优产品。在专业刊物上发表《白茶生产技术介绍》《萎凋历时和热处理对白茶品质影响的試驗》《坦洋红茶初制工艺技术》《红茶初制工艺改进报告》《马里茶叶采制技术》《马里茶叶审评术语应用》等文。1995 年 2 月因病逝世，享年 61 岁。

蓝绍登

蓝绍登（1935—2000 年），福安韩阳冠后人。1957 年 12 月毕业于福安农业学校，分配福安蟾溪林场。1958 年 2 月调至福安茶业试验站（省农科院茶叶研究所前身），参加山地茶园规划、测量与垦辟技术指导，改进测坡器与测量工具。后又在土壤肥料研究室、制茶与机械研究室参加课题试验研究。1960 年 5 月加入中国共产党。参加山地茶园设计与垦辟技术研究、山地茶园绿肥栽培与利用、茶园爬地兰的栽培与利用研究，乌龙茶做青新工艺技术研究，以及瓶式转筒杀青炒干两用机、转筒槽式连续杀青机、层叠式连续揉茶机等的设计研究，主持锅式连续杀青机、无烟焙茶灶的设计研究等 16 项课题，其参与的“茶园爬地兰的栽培与利用技术”获得 1978 年福建省科学大会成果奖。1958—1962 年和 1965—1968 年，兼任福安专区茶叶技术学校教员。1982 年 12 月获评农艺师。1984 年 11 月调任福安县水土保持实验站站长。在省级刊物上发表《福云 7 号毛尖采制技术》等多篇文章。中国农学会、中国茶叶学会会员。1996 年 11 月退休。2000 年 12 月 1 日逝世，终年 66 岁。

第二章　人物表①

福安茶业系统高级专业技术人员

已知福安茶业系统高级专业技术人员名表

姓　名	性别	工作单位	专业技术职称	评定时间
杨尊尧	男	福安县茶业局	高级农艺师	1987
连树泉	男	福安县茶业局	高级农艺师	1988.8
陈乐生	男	福安市茶业管理局	高级农艺师	1995.3
陈玉成	男	福安市茶业管理局	高级农艺师	2002.12
余成法	男	福安市茶业管理局	高级农艺师	2009.7
陈林海	男	福安市茶叶质量检测中心	高级农艺师	2017.4
林清菊	女	福安市茶叶质量检测中心	高级农艺师	2019.8
王水金	男	福安市茶叶质量检测中心	农业技术推广研究员	2021.12
郑国华	男	福安市科茗农业发展公司	制茶高级工程师	2021.12
黄震标	男	春润（福建）农业发展公司	制茶高级工程师	2021.12
俞水荣	男	福建省兴旺茶业有限公司	制茶高级工程师	2021.12
龚　煦	男	福建隽永天香茶业公司	制茶高级工程师	2021.12
陈祖枝	男	福安市农业农村局	农业技术推广研究员	2022.3

① 本章内容不含福建省农科院茶叶研究所、宁德职业技术学院人员。

福安茶业系统获县处级以上荣誉表彰和人才称号人员

已知福安茶业系统获县处级以上荣誉表彰和人才称号人员名表

年份	姓 名	工作单位	荣誉称号或受表彰内容	颁授单位
1955	林成余	坦洋乡第二茶业生产合作社		福建省人民委员会
1956	俞生金	福安县茶业试验站	省农业模范	福建省人民委员会
1959	王秉基	福安茶厂	省先进工作者	福建省委、省人委
1959	李庆祺	福安茶厂	省先进工作者	福建省委、省人委
1962	胡庭生	社口岭路公社刘家洋大队	省农业先进工作者	福建省人民委员会
1962	张雨林	福安县王家茶场	省农业先进工作者	省人民委员会
1963	陈蔡娇	赛岐光洋公社	省农业先进工作者	省人民委员会
1963	李菊妹	甘棠公社大车大队	省农业先进工作者	省人民委员会
1963	陈霞兴	上白石区范坑公社	省农业先进工作者	省人民委员会
1963	张雨林	福安县王家茶场	省农业先进工作者	省人民委员会
1963	康伏寿	坦洋公社坦下大队一队	省农业先进工作者	省人民委员会
1963	张仍谦	留洋公社上下村大队	省农业先进工作者	省人民委员会
1963	杨木弟	湾坞利洋公社众坑大队	省农业先进工作者	省人民委员会
1963	郑莫隆	潭头太逢公社上横山大队	省农业先进工作者	省人民委员会
1963	余金宝	闽东茶具厂	省农业先进工作者	省人民委员会
1978	刘允现	甘棠北门茶场	省农业先进工作者	中共宁德地委
1979	蔡延平	福安茶厂	先进工作者	中共宁德地委
1979	李述经	福安县王家茶场	先进工作者	中共宁德地委
1979	黄族惠	福安县王家茶场	先进工作者	中共宁德地委
1979	康伏寿	社口公社坦洋大队茶场	先进工作者	中共宁德地委
1979	吴金寿	福安县社口茶场	先进工作者	中共宁德地委
1979	刘允现	甘棠北门茶场	先进工作者	中共宁德地委
1979	张修金	福安城关镇茶场	先进工作者	中共宁德地委
1979	郑立从	穆阳公社茶场	先进工作者	中共宁德地委
1979	冯德忠	甘棠茶叶站	先进工作者	中共宁德地委
1985	刘罗现	福安茶厂安全科	安全先进工作者	宁德地委、行署
1986	刘罗现	福安茶厂安全科	安全先进工作者	宁德地委、行署
1991	林 鸿	福安市茶业事业局	先进工作者	宁德地区农业局
1992	林 鸿	福安市茶业事业局	先进农技干部	宁德地委、行署
1992	黄旭明	城阳乡湖塘坂村	农业系统先进农技干部	宁德地委、行署
1992	黄伏清	社口镇坦洋村	农业系统先进农技干部	宁德地委、行署

续表

年份	姓名	工作单位	荣誉称号或受表彰内容	颁授单位
1992	黄生清	社口镇下茶场	农业系统先进农技干部	宁德地委、行署
1992	林贵平	甘棠镇西门村	全区茶叶生产先进个体户	宁德地委、行署
1992	刘绍英	甘棠镇北门村	全区茶叶生产先进个体户	宁德地委、行署
1998	刘允现	甘棠北门茶场	劳动模范	省人民政府
1998	陈旺生	国营坦洋茶场	劳动模范	省人民政府
1998	刘石宝	市茶业事业局	茶园改造项目先进个人	省农业厅
2000	陈玉成	市茶业管理局	农业科技先进个人	省人事厅、省科技厅
2001	陈玉成	市茶业管理局	农业与农村工作先进个人	宁德市委、市政府
2004	林清菊	福安市茶业管理局	全市农垦工作先进个人	宁德市农业局
2004	龚达元	福建隽永天香茶业有限公司	农业产业化工作先进个人	宁德市委、市政府
2004	薛彤云	福建省彤云农业科技有限公司	福建省优秀巾帼发明者	省妇联、知识产权局
2005	龚达元	福建隽永天香茶业有限公司	扶贫开发先进个人	宁德市委、市政府
2005	陈玉成	福安市茶业管理局	农业系统先进工作者	省人事厅、农业厅
2005	陈玉成	福安市茶业管理局	年度十佳茶叶科技工作者	宁德市政府
2005	陈玉成	福安市茶业管理局	宁德市劳动模范	宁德市政府
2005	郑明星	福安市坦洋茶场	全国农牧渔业丰收三等奖	国家农业部
2006	龚达元	福建隽永天香茶业有限公司	福安市优秀政协委员	中共福安市委
2006	薛彤云	福建省彤云农业科技有限公司	新世纪巾帼发明家创业奖	全国妇联、国家知识产权局等
2006	薛彤云	福建省彤云农业科技有限公司	福建省三八红旗手标兵	省妇联
2007	薛彤云	福建省彤云农业科技有限公司	“十五”期间科技工作先进个人	宁德市委、市政府
2007	林　鸿	福安市茶业局	服务三农“先进个人”	福安市委、市政府
2008	林　鸿	福安市茶业管理局	2008-2011 年度农业系统“先进工作者”	省农业厅、公务员厅、人力资源开发办
2008	薛彤云	福建省彤云农业科技有限公司	十大杰出青年	福安市委组织部等
2008	薛彤云	福建省彤云农业科技有限公司	福建省劳动模范”	福建省委、省政府
2008	薛彤云	福建省彤云农业科技有限公司	全国三八红旗手	全国妇联
2008	林善枝	福安市秀林茶业有限公司	宁德市青年技术能手	共青团宁德市委等
2009	陈成基	福安市茶业协会	全国科普惠农兴村带头人	中国科协、财政部
2009	薛彤云	福建省彤云农业科技有限公司	农村优秀实用人才	福安市委组织部等
2009	薛彤云	福建省彤云农业科技有限公司	农村科普先进工作者	宁德市科技协会
2010	陈玉成	福安市茶业管理局	科技抗灾促春管保春耕指导服务先进个人	全国农技中心
2010	薛彤云	福建省彤云农业科技有限公司	宁德市科学技术奖	宁德市政府
2010	薛彤云	福建省彤云农业科技有限公司	全国科普惠农兴村带头人	中国科协、财政部
2011	林　鸿	福安市茶业管理局	福建省标准贡献奖	省标准贡献奖励委员会。
2011	林　鸿	福安市茶业管理局	全国农牧渔业丰收奖获得者	国家农业部

续表

年份	姓名	工作单位	荣誉称号或受表彰内容	颁授单位
2012	龚达元	福建隽永天香茶业有限公司	慈善先进个人	福安市委、市政府
2013	黄旭明	福安市城湖茶叶有限公司	首届“最美农民”	福建省委宣传部
2016	龚达元	福建隽永天香茶业有限公司	韩城工匠	福安市人社局等
2017	余成法	福安市茶业管理局	全国农业先进个人	国家农业部
2017	陈建华	福建农垦茶业有限公司	福安市优秀农村实用人才	福安市委、市政府
2017	陈建华	福建农垦茶业有限公司	宁德市管优秀青年人才	宁德市委人才工作领导小组
2017	刘小凤	仙阁梁茶业专业合作社	福安市优秀农村实用人才	福安市委、市政府
2017	郑国华	福安市科茗农业发展有限公司	福安市第七届优秀青年人才	福安市委、市政府
2017	黄震标	春润（福建）农业发展公司	福安市优秀青年人才	福安市委、市政府
2017	黄震标	春润（福建）农业发展公司	福安市金牌工人	福安市总工会等
2017	龚　煦	福建隽永天香茶业有限公司	福安市好师傅	福安市总工会
2017	林芝华	福建林芝友缘茶业有限公司	十大农业种植能手（茶叶）	福安市人民政府
2018	俞水荣	春润（福建）农业发展公司	福建省金牌工人	福建省总工会
2018	兰陈富	七月七茶业种植专业合作社	福安市十大制茶能手	福安市人社局、茶业局
2018	刘小春	福建省茗旗茶业有限公司	福安市十大制茶能手	福安市人社局、茶业局
2018	林　影	福建新坦洋集团股份有限公司	省特支双百人才（企业高管）	省委人才工作领导小组
2019	连树泉	福安市茶业管理局	闽茶发展奉献奖	海峡两岸茶业交流协会
2019	刘小春	福建省茗旗茶业有限公司	第一批宁德市乡土人才（种植能手）	中共宁德市委
2019	刘小凤	仙阁梁茶业专业合作社	宁德市首批“天湖人才”（六类）	宁德市委织部、人社局
2019	刘小凤	仙阁梁茶业专业合作社	第一届乡土人才（创业能手）	中共福安市委
2019	俞水荣	春润（福建）农业发展公司	福建省技术能手	福建省人社厅
2019	林　鸿	福安市茶业管理局	闽茶之星	海峡两岸茶业交流协会
2019	张锦华	福建新坦洋集团股份有限公司	闽茶之星	海峡两岸茶业交流协会
2019	俞水荣	春润（福建）农业发展公司	福安市第一届特支人才	福安市委人才工作领导小组
2019	俞水荣	春润（福建）农业发展公司	韩城工匠	福安市委组织部等
2019	龚达元	福建隽永天香茶业有限公司	福安市第一届特支人才	福安市委人才工作领导小组
2019	龚　煦	福建隽永天香茶业有限公司	福安市第一届特支人才	福安市委人才工作领导小组
2019	陈林海	福安市茶业管理局	福安市第一届特支人才	福安市委人才工作领导小组
2019	黄震标	春润农业发展有限公司	福建省五一劳动奖章	福建省总工会
2019	黄震标	春润农业发展有限公司	宁德市特支人才“百人计划”（技能大师）	宁德市委人才工作领导小组
2019	林芝华	林芝友缘茶业有限公司	首批乡土人才（种植能手）	宁德市委人才工作领导小组
2019	林芝华	林芝友缘茶业有限公司	福安市第一届特支人才（优秀农村实用人才）	福安市委人才工作领导小组
2019	温剑锋	福安市金福龙茶业有限公司	福安市第一届特支人才（优秀农村实用人才）	福安市委人才工作领导小组

续表

年份	姓名	工作单位	荣誉称号或受表彰内容	颁授单位
2020	陈辉煌	福建农垦茶业有限公司	省青年岗位能手（标兵）	共青团福建省委
2020	黄震标	春润农业发展有限公司	全国农业技术能手	农业农村部
2020	刘小凤	仙阁梁茶业专业合作社	服务乡村振兴优秀人才	中共福安市委
2020	俞水荣	春润（福建）农业发展公司	第二批宁德特支人才“百人计划”技能大师	宁德市委人才工作领导小组
2020	余成法	福安市茶产业发展中心	2019年度重点项目（工作）优秀个人	福安市委、市政府
2020	陈建平	福建农垦茶业有限公司	福安市“五四青年”	共青团福安市委等
2020	龚　煦	福建隽永天香茶业有限公司	宁德市劳动模范	宁德市委、市政府
2020	陈林海	福安市茶产业发展中心	福建省茶界扶贫攻坚先进个人	海峡两岸茶业交流协会
2021	温铃光	福安市茶产业发展中心	省农业农村系统先进工作者	省农业农村厅、人社厅
2021	余成法	福安市茶产业发展中心	重点项目（工作）优秀个人	福安市委、市政府
2021	余成法	福安市茶产业发展中心	全市优秀共产党员	中共福安市委
2021	陈林海	福安市茶叶质量检测中心	福建省茶产业标准化先进工作者	省茶产业标准化技术委员会
2021	龚达元	福建隽永天香茶业有限公司	第六届宁德市道德模范	宁德市精神文明建设指导委员会
2021	刘小春	茗旗茶业有限公司	宁德市青年岗位能手	共青团宁德市委。
2021	郑国华	福安市科茗农业发展公司	宁德市“天湖人才”二类	宁德市人社局
2021	郑国华	福安市科茗农业发展公司	全国茶产业助力脱贫攻坚、乡村振兴先进个人	中华茶人联谊会、全国农技推广中心等
2021	郑国华	福安市科茗农业发展公司	全国技术能手	国家人社部
2021	郑国华	福安市科茗农业发展公司	福安市第二届特支人才	福安市人民政府
2021	陈辉煌	福建农垦茶业有限公司	全国技术能手	国家人社部
2021	陈建平	福建农垦茶业有限公司	宁德市技能大师工作室	宁德市人社局
2021	俞水荣	福建省兴旺茶业有限公司	福建省五一劳动奖章	福建省总工会
2021	俞水荣	福建省兴旺茶业有限公司	宁德市能工巧匠高技能人才	宁德人社局
2021	陈辉煌	福建农垦茶业有限公司	宁德市第九批“天湖人才”（二类）	宁德市委组织部、人社局
2021	缪　瑶	福建标样茶城股份有限公司	宁德市天湖人才（六类）	宁德市人社局
2021	刘成茂	福建姥谷树茶业有限公司	最佳工匠精神奖	上海闵行区茶叶学会
2022	郑国华	福安市科茗农业发展公司	福建省五一劳动奖章	福建省总工会
2022	郑国华	福安市科茗农业发展公司	福建省高层次人才C类	福建省人力资源和社会保障厅
2022	郑国华	福安市科茗农业发展公司	宁德市高技能人才	宁德市人社局
2022	林芝华	福建林芝友缘茶业有限公司	宁德市能工巧匠高技能人才	宁德市人社局
2022	林清菊	福安市茶产业发展中心	全国农牧渔业丰收奖农业技术推广成果奖	农业农村部
2022	刘小春	茗旗茶业有限公司	宁德市能工巧匠高技能人才	宁德市人社局
2022	郑明星	福安市坦洋茶场	宁德市能工巧匠高技能人才	宁德市人社局
2022	吴杏仙	福建新坦洋集团股份有限公司	宁德市能工巧匠高技能人才	宁德市人社局

续表

年份	姓名	工作单位	荣誉称号或受表彰内容	颁授单位
2022	温铃光	福安市茶产业发展中心	福建省茶产业标准化先进工作者	福建省茶产业标准化技术委员会
2022	夏陈玉	一泡红（福建）茶业有限公司	宁德市能工巧匠高技能人才	宁德市人社局
2022	陈辉煌	福建农垦茶业有限公司	福建省高层次人才 C 类	省委人才工作领导小组办公室
2022	陈辉煌	福建农垦茶业有限公司	宁德市能工巧匠高技能人才	宁德市人社局
2022	龚　煦	福建隽永天香茶业有限公司	福安市第二届特支人才	福安市委人才工作领导小组
2022	刘小凤	仙阁梁茶业专业合作社	宁德市能工巧匠高技能人才	宁德市人社局
2022	陈　艳	福建卓月天茶业有限公司	宁德市能工巧匠高技能人才	宁德市人社局
2022	陈辉煌	福建农垦茶业有限公司	福安市第二届特支人才	福安市委人才工作领导小组
2022	李清春	福建御香红茶业有限公司	福安市第二届特支人才	福安市委人才工作领导小组
2022	黄震标	春润（福建）农业发展公司	宁德市能工巧匠高技能人才	宁德市人社局
2022	俞水荣	福建农垦茶业有限公司	全国农业技术能手	国家农业农村部
2022	陈建平	福建农垦茶业有限公司	福建省五一劳动奖章	福建省总工会
2022	陈建平	福建农垦茶业有限公司	全国农业技术能手	农业农村部
2022	陈建平	福建农垦茶业有限公司	福建省农业技术能手	福建省人社厅
2022	陈林海	福安市茶产业发展中心	全国农牧渔业丰收奖农业技术推广成果奖	农业农村部
2022	陈林海	福安市茶产业发展中心	宁德市技能大师工作室	宁德市人社局
2023	陈林海	福安市茶叶质量检测中心	第一批宁德工匠	宁德市委人才工作领导小组
2023	林清菊	福安市茶产业发展中心	省农业科技创新联盟 2022 年度优秀个人	福建省农业农村厅
2023	陈辉煌	福建农垦茶业有限公司	福建省技能大师工作室	福建省人社厅
2023	陈辉煌	福建农垦茶业有限公司	韩城工匠	福安市委组织部等
2023	张锦华	福建新坦洋集团股份有限公司	2023 年度全省乡村文化与旅游带头人	福建省文旅厅
2023	吴杏仙	福建新坦洋集团股份有限公司	宁德市技能大师工作室	宁德市人社局
2023	吴杏仙	福建新坦洋集团股份有限公司	福建省茶产业标准化先进工作者	福建省茶产业标准化技术委员会
2023	吴杏仙	福建新坦洋集团股份有限公司	国茶人物・制茶能手	中国茶叶流通协会
2023	张　帆	福建新坦洋集团股份有限公司	国茶人物・茶业品牌官	中国茶叶流通协会
2023	陈　艳	福建卓月天茶业有限公司	国茶人物・制茶能手	中国茶叶流通协会
2023	俞水荣	福建农垦茶业有限公司	福建省劳动模范	福建省委、省政府
2023	俞水荣	福建农垦茶业有限公司	福建省金牌工匠	福建省总工会
2023	郑国华	福安市科茗农业发展公司	享受国务院政府特殊津贴	国家人社部

已知福安茶业系统参加省级以上赛事个人获奖名表

年份	姓　名	工作单位	获奖情况	颁授单位
2015	夏陈玉	一泡红（福建）茶业有限公司	福建省创新创业大赛三等奖	福建省农业厅等
2018	李　立	福安市东方红茶业有限公司	首届红茶制作大赛金奖	中国茶叶流通协会
2018	陈林海	福安市茶业管理局	首届红茶制作大赛银奖	中国茶叶流通协会

续表

年份	姓名	工作单位	获奖情况	颁授单位
2018	刘小春	福建省茗旗茶业有限公司	首届红茶制作大赛银奖	中国茶叶流通协会
2018	俞水荣	春润（福建）农业发展公司	首届全国评茶员技能竞赛福建省选拔赛一等奖	福建省人社厅、省茶业协会等
2019	俞水荣	春润（福建）农业发展公司	首届全国评茶员技能竞赛职工组全能总决赛二等奖	首届全国评茶员职业技能竞赛组委会
2020	陈辉煌	福建农垦茶业有限公司	福建省首届茶叶加工职业技能竞赛三等奖	省农业农村厅、人社厅、总工会
2020	陈辉煌	福建农垦茶业有限公司	全国农业行业职业技能总决赛第四名	全国农业行业职业技能大赛组委会
2020	黄震标	春润（福建）农业发展有限公司	福建省首届茶叶加工职业技能竞赛“三等奖”	省农业农村厅、人社厅、总工会
2020	郑国华	福安市科茗农业发展公司	全国农业行业职业技能大赛个人组第二名	农业农村部人事司、人社部职建司等
2020	郑国华	科茗农业发展有限公司	福建省首届红茶加工职业技能竞赛个人组二等奖	省农业农村厅、人社厅、总工会
2022	刘小春	福建省茗旗茶业有限公司	第二届茶叶（绿茶）加工赛优胜奖	省农业农村厅、人社厅、总工会
2022	俞水荣	福建农垦茶业有限公司	福建省第二届绿茶加工技能竞赛银奖	省农业农村厅、人社厅、总工会
2022	陈建平	福建农垦茶业有限公司	福建省第二届绿茶加工技能竞赛金牌	省农业农村厅、人社厅、总工会
2022	陈建平	福建农垦茶业有限公司	福建省第二届茶叶加工职业技能大赛冠军	省农业农村厅、人社厅、总工会

（说明：省级竞赛取前三名，全国性赛事取前四名。）

卷十 附录

第一章　重要文件选录

福安县人民政府
关于进一步加强茶叶购销管理工作的通知

安政［1986］102号

各乡镇人民政府：

为了发挥我县茶叶优势，维护名优产品声誉，增加出口创汇在微观上“开放、搞活”的同时，加强和改善宏观上的调节控制。现就进一步做好茶叶加工销售管理工作通知如下。

一、在坚持开放搞活前提下，充分发挥国营茶叶部门的主渠道作用。根据完善农副产品计划合同收购制度和去年本县茶叶收购加工基数（国营茶厂茶站三万担，国营茶场五千担，乡镇茶厂八千担），今年茶叶全县安排收购加工四万三千担，国营茶场和乡镇茶厂应以场厂自产加工为主，各部门、各乡镇人民政府要立足去年的基础，安排今年的收购加工计划，乡镇收购超基数茶叶提供国营厂加工的，由国营厂给予让利（具体比例量另文下达）。

二、加强对精制茶厂的管理，禁止重新投资办厂，对原有乡镇精制厂，要进行全面检查整顿，原料基地、加工设备、技术力量、产品质量和卫生条件符合要求的，给予重新登记，由工商部门换发营业执照，茶叶部门在技术上给予支持和指导，金融部门根据自产加工范围给予资金支持，对不具备条件的坚决停办。全县精制茶厂的加工能力已大大超过现有茶叶产量，绝不能盲目重复办厂，如不听劝阻擅自办厂的，一律按无证经营处理。

三、积极发展横向联系，实行以“坦洋工夫”和福安茶厂省优产品为龙头的农工联合，对于推行经济体制改革，发挥名优茶优势，增加出口创汇，提高经济效益，具有重要意义。必须在政策上给予鼓励，在法律上给予保护，各部门和乡镇人民政府应积极支持，促进发展。

四、不论国营、集体、个人经营茶叶，都必须照章纳税。县内茶叶流通，除国营厂、站之间调拨应持有加盖税务标证专用章的调拨单外，其他单位和个人运销茶叶必须持两税一证（产品税单、特产税单、税务外销证明）同行，凡不具备上述手续者均按偷漏税处罚。凡毛茶外流县境，都应交纳百分之二十的茶叶生产扶植费，生产扶植费由乡镇财政所负责征收，归乡镇安排发展当地茶叶生产。为了防止不法分子偷税漏税和销售伪劣茶叶，工商、税务、财政、茶业等部门必须同心协力，加强市场管理。茶叶上市时期，各乡镇人民政府应根据当地情况，牵头召开税务所、财政所、工商所、茶业站组织税务管理流动检查队，检查全县特别是财洪、社口、渡头、眉洋、松罗、白马门等地茶叶运销是否货证同行，如违章偷运，应视其情节给予处罚。

五、实行茶叶销售质量检验制度，坚持茶叶质量标准，加强茶叶质量价格管理。根据国家商业部、物价局、标准局、工商局联合发出的《关于茶叶市场产品质量和价格管理的通知》的精神，县决定成立茶叶质量检验所，对全县茶叶质量进行检查监督，不论国家、集体、个人经营的茶叶，必须经过检验取得质量合格证后才能出运，否则，交通部门不给予外运，工商部门不给予放行，并按第三条通知精神处理。同时，要根据物价管理部门的规定，加强茶叶市场价格管理，不允许哄抬价格抢购或低于保护价收购，以保护生产和消费者利益。

以上通知希贯彻执行。

福安县人民政府

一九八六年三月廿五日

福安市十二届人民代表大会第一次会议关于加强我市茶叶商品基地建设的决议

1993 年 11 月

福安市第十二届人民代表大会第一次会议经过认真审议，决定同意市人民政府提出的《关于加快我市茶叶商品基地建设的方案》。

会议认为，茶叶是我市一大支柱，自 1974 年我市被国务院列为茶叶商品基地县和 1993 年被国家商业部列为全国社会服务化系列示范县以来，茶叶生产在市人民政府的正确领导下，加强科学管理，发展名优品种，得到迅速发展，进一步发挥茶叶的优势和特色，为我市经济大跨度发展打下良好基础，加快茶叶商品基地的建设，已成为全市人民的共同心愿，势在必行。

会议强调，市人民政府要进一步加强对茶叶生产领导，制定优惠政策，注重科技投入，在技术新产品开发项目上适当实行倾斜政策，加强规模投资和贷款，走"两高一优"的发展路子，进一步加强管理。搞好规划，分类指导，采取措施，稳定面积，提高单产，主攻改造，发展名优茶，建立良种化程度高、单产水平较高的骨干茶园。以突出重点，适当集中的原则选择社口、甘棠两镇作为名优茶开发基地。在抓好茶叶生产同时，扩大茉莉花种植面积，调整茶花结构，走茶、花发展并举的路子，适应市场变化和需求。努力加强名优茶商品基地建设，拓展交易市场。名优茶商品基地和市场的建设是一项系统工程，涉及到技术、资金、设备、能源等方面，要纳入我市农业发展战略目标，把发展和发挥我市茶叶优势和特色作为突破口，建立名优茶商品基地和交易市场。在发挥社口、穆阳两个名茶交易市场在流通中的主渠道作用，在管理上加以完善提高。此外，还要适当增加网点，逐步建立加工、销售一条龙的服务网络，在全市范围内建立起名优茶流通市场体系，更好地把我市名优茶产品打入国际茶叶市场。

会议号召，全市人民要进一步解放思想，同心同德，发奋图强，加快茶叶商品基地的建设，为我市改革开放和经济建设的大跨度发展而努力。

中共福安市委 福安市人民政府
关于扶持茶产业发展的若干意见

安委［2003］96号

闽东赛岐开发区、福安畲族开发区，各乡镇、街道，市直各单位：

茶业是我市传统的农业支柱产业，也是农村分布最广的优势经济作物。茶产业的兴衰直接关系到我市农业的发展、农村的稳定和农民的收入。为提高我市茶叶卫生质量水平，增加农民收入，加快茶业产业化进程，促进茶业持续健康发展，经市委、市政府研究，现就扶持茶叶支柱产业发展提出如下意见：

一、加强组织领导，明确责任分工

1. 成立福安市茶叶产业化建设指导小组，由市委分管领导任组长，市政府分管领导任副组长，市茶业局、财政局、工商局、地税局、国税局、质监局、卫生局、农业局、供销社、脱贫办、小康办等部门为成员单位，定期召开会议，按照各部门职责分工，制定和完善茶叶产业化经营的具体措施，统一协调指导全市茶叶产业发展工作。各开发区、乡镇、街道应成立相应的领导机构，具体落实本地发展茶产业的各项措施。

2. 各级各涉农部门要提高认识，把茶业发展作为建设小康社会的重要内容抓实抓好。把茶业发展列入乡镇一级党委、政府政绩考核内容，明确把治理茶叶农残和打击掺杂使假作为工作重点，同时列入技术监督、工商、农业等相关职能部门的责任考核指标，加强检查督促，及时研究解决存在问题，加快发展步伐。

二、强化政府服务，加强扶持投入力度

3. 根据宁市委发［2003］3号文件精神，要从农业发展基金中切出一块资金建立茶产业发展专项基金，并每年在农业预算外追加专项预算50万元，用于扶持茶叶生产和治理茶叶农残。

4. 计划、财政、农业综合开发、扶贫、山海协作、科技开发等项目的申报，要将茶叶产业作为重点。在立项中予以倾斜。

5. 各级各有关部门要强化服务意识，为茶叶企业发展营造良好的环境，坚持杜绝索拿卡要现象的发生。

6. 市茶业协会要发挥行业中介作用。全市产茶重点乡镇要成立茶业分会，乡镇分管领导牵头，成员由有关部门及茶叶加工、销售、种植户组成，发展行业服务，加强行业自律，起到沟通企业与政府、企业与市场、企业与企业之间联系的纽带和桥梁作用。

7. 加强乡镇茶叶科技服务力量，要建立和完善基层茶叶技术推广体系，确定乡镇农技站具体负责辖区内茶叶技术推广服务工作。要充分利用现有茶叶技术培训基地条件，经常开展技术指导和对茶农进行轮训，推广茶叶生产、加工新技术、新成果、新工艺，提高茶叶生产的科技含量。

三、狠抓茶叶卫生质量，提高市场竞争力

8. 颁布实施《关于禁止使用剧毒、高毒、高残留农药的通告》，组织检查监督，确保政令畅通、令行禁止。

9. 工商、农业、技术监督、供销、卫生、茶业、公安等部门，要按照各自职责，加强协作，经常性地对全市农药经销市场和茶叶加工厂进行检查整顿，堵塞违禁农药流通渠道，取缔无证经营和制假窝点。

对产品农残超标严重的茶叶加工厂家进行整顿；对使用剧毒、高毒、高残留农药，导致茶青农残严重超标的茶树责令其台刈改造。各乡村要把禁止在茶树等农作物上使用剧毒、高毒、高残留农药列入村规民约，做到群防群治。

10. 进一步加快无公害茶、绿色食品和有机茶基地建设。鼓励企业申报绿色食品或有机茶认证。茶业等部门要指导和帮助茶叶企业开展无公害茶、绿色食品和有机茶的申报和认证工作。凡获得认证并且种植面积在500亩以上的茶叶企业（公司、厂、场），市财政从支农资金中给予每个产品1万元奖励。取得绿色食品AA级标志使用权或通过有机茶认证，种植面积在1000亩以上的茶叶厂（场），市财政从支农资金中给予每个产品2万元的奖励。

四、调整优化茶业结构，促进产业协调发展

11. 优化茶产业结构，茶类结构上要提高绿茶质量，增加名优特种茶比重，充分发挥花茶优势，适度发展乌龙茶和红茶，逐步形成以绿茶为主的多茶类生产格局。

12. 在茶树品种结构上，要根据市场需求，科学安排，合理布局，通过苗木补助等形式，引导茶农种植高香优质茶树良种，有计划、有步骤地改造老茶园，逐步淘汰缺乏市场竞争力的茶树品种。在产品结构上，要扩大名优茶生产规模，提高名优茶比重，并运用高新技术，大力发展茶饮料、保健茶、茶生物制品等高附加值产品。做好茶多酚生产加工项目的落实。

13. 大力发展茉莉花生产基地，鼓励采用公司建基地或租赁合作等模式发展茉莉花，银行、信贷等部门要积极予以贷款支持。

14. 积极鼓励茶叶包装业、茶叶机械制造业、茶文化业、运输业和第三产业的发展，形成规模的产业链。

五、培育扶持龙头企业，打造茶叶知名品牌

15. 依托龙头企业，整合小品牌，以市天香茶叶有限公司为主，组建“福安市坦洋工夫茶叶有限公司”，国有坦洋茶场、茶洋茶场、北门茶场作为公司基地，将“坦洋工夫”历史名茶转化为品牌优势，开发“坦洋工夫”红茶、绿茶、花茶、乌龙茶系列产品，打造茶叶知名品牌。

16. 市政府对茶叶知名品牌给予重点扶持。从2003年上进心茶叶企业产品被评为省、部级名牌的奖励5万元；评为国家级名牌的奖励10万元；在省级以上茶博会被评为“茶王”的奖励1万元。

17. 落实产业化扶持政策。根据宁市委〔2000〕2号文件精神，工商行政部门要积极支持龙头企业争创著名商标和驰名商标等，新闻媒体应大力配合扶持龙头争创名牌工作，开展全方位宣传报道；对省、市级龙头企业直接向农户收购并进行加工、销售的茶叶产品，依法按13%的税率计征增值税，销售自产的茶叶产品，依法免征增值税；重点龙头企业每年新增税收超过10%部分，增值税、所得税构成市财政收入部分，由财政全额返还，一定三年；金融信贷机构在资金安排上要向茶叶产业化龙头企业倾斜，执行优惠贷款利率，允许龙头企业以自有不动产、动产以及注册商标等无形资产进行抵押贷款；对茶叶出口加工企业的茶叶产品收购资金，金融部门可凭企业出口产品订单和外商提供的由其开户行出具的贸易信用证优先放贷；龙头企业建立基地所需的农业用地，可直接向村集体经济组织租赁或承包，只备案不办审批手续，茶叶加工所需的非农建设用地指标，由国土部门优先安排，用地按征地成本价出让；龙头企业的生产用电、广告行政收费等项目给予适当价格优惠；对龙头企业用作贷款抵押物的不动产、动产以及注册商标，有关部门要做好权证确认和相关服务工作，抵（质）押登记部门要尽量给予优惠和便利。土地、房产等部门对龙头企业抵押贷款的资产评估有效期延长三年。

18. 规范行政性收费。工商部门按规定最低限收取登记费、年检费，免收茶叶个体户工商管理费；卫生防疫部门办理新办企业“食品卫生许可证”，一次性收取审查费180元，每两年收取年检工本费60元；质量技术监督部门每年只限定期监督检验1次，每次收费150元。

六、大力宣传茶文化，做好招商引资

19. 全方位、多层次宣传“中国茶叶之乡——福安”茶文化。宣传部门要通过电视、报刊、互联网等各种新闻媒体，加强对外宣传工作；茶业部门要组织茶叶生产企业到销区进行展销，创造条件拓宽市场；文化部门要深入挖掘和丰富茶文化内涵，通过茶艺表演、茶谚、茶歌等形式向社会展示民风乡俗。市政府每两年组织一次全国性或区域性的茶事和学术交流活动，提高我市茶叶的知名度和市场占有率。

20. 引导和鼓励福安籍在外茶商回乡和外商到福安建基地、办工厂、开茶庄。做好“闽东茶叶交易中心”市场建设项目的各项服务工作，凡入住茶叶交易中心市场的经营业主，享受工业园区优惠政策。市场周围允许附带进行房地产开发，市场内实行“封闭式管理，开放式经营”和“无费区”政策，提供良好的环境，吸引各地客商前来交易，争取成为全国性的重点绿花茶市场。

中共福安市委 福安市人民政府

2003 年 9 月 24 日

福安市人民政府
关于加快现代茶产业发展的意见

安政发［2012］640 号

福安经济开发区管委会、福安畲族经济开发区管委会，各乡镇人民政府、街道办事处，市直有关单位：

为进一步加快茶叶产业发展增加农民收入，根据《福建省促进茶产业发展条例》《福建省人民政府关于推进现代茶产业发展的若干意见》（闽政〔2011〕85 号）和 2012 年市委 43 号会议纪要精神，结合我市实际，现提出如下意见。

一、总体要求

“十二五”期间，以稳面积、提质量、树品牌、增效益为发展方针，以促进农民增收为目标，全面发展现代茶产业。计划到 2015 年，全市茶园面积稳定在 30 万亩，毛茶产量 3.2 万吨，比 2011 年增加 0.45 万吨，增长 16.4%；产值 20 亿元，比 2011 年增加 5.82 亿元，增长 41%；茶叶商品总值 50 亿元，比 2011 年增加 15.96 亿元，增长 46.9%。其中坦洋工夫红茶产量 1.28 万吨，比 2011 年增加 5000 吨，增长 64.1%；产值 15 亿元，比 2011 年增加 5 亿元，增长 50%。支持建立茶树良种繁育基地，年繁育优新茶树良种 4 亿株。建设坦洋工夫中国红茶文化产业示范园，建立现代茶叶庄园 5—6 个，现代茶业示范基地 8—10 个，加快现代茶产业发展水平。

二、推广茶叶“五新”技术

加快茶叶新品种、新肥料、新农药、新机具、新技术的推广，鼓励支持推广种植新优茶树品种，安排专项资金开展坦洋菜茶的提纯复壮、品种认定和新品种研发。建立绿色食品、有机茶园、生态茶园示范基地，推广茶叶专用肥、有机肥等新肥料，高效低毒新农药，茶叶修剪、采摘、小型中耕机等茶园新机具，以及茶园标准化栽培新技术。鼓励支持建设连续化、智能化、清洁化茶叶生产加工线，初制厂清洁化改造 100 家以上，每年改建、新建 20—30 家以合作社为主的茶叶初制厂。鼓励支持茶叶加工新工艺研究开发，重点支持坦洋工夫加工工艺创新，保健功效研究，开发特种坦洋工夫，以及茶饮料、袋泡茶、保健茶、茶食品等新产品。

三、壮大龙头企业

重点扶持10家茶业龙头企业做大做强，组建茶业集团或股份制公司，争取至2015年有12家龙头企业挂牌上市，对纳入上市辅导企业享受市委、市政府关于扶持企业上市的相关政策。对年纳税100万元以上的茶叶企业给予奖励。在城区附近规划建设标准化茶叶加工集中区。茶叶主产乡镇也要规划建设加工小区，国土、建设、税务、金融、电力等部门在厂房建设规划用地、规费减免、贷款、用电等方面应给予优先安排和重点扶持。

四、提升质量安全水平

加快茶树标准园建设，开展配方施肥，强化对农药、化肥等农业投入品的市场监管，禁止使用剧毒、高毒、高残留农药，推广使用生物有机肥，使用高效、低毒农药和生物农药，推广病虫害综合防治技术，开展茶农科学用药培训。工商、质监、茶业、农业、供销、茶业协会等相关部门（单位）要各司其职，齐抓共管，做好茶叶质量管理工作。加快茶叶质量安全追溯信息服务平台建设，引导茶叶生产企业和茶叶专业合作社建立茶叶生产记录制度，茶叶经营企业对其销售的茶叶产品，建立进货查验记录制度，逐步建立生产有记录、信息可查询、流向可跟踪、责任可追究、产品可召回、质量有保障的产品可追溯体系。完善市茶叶质量检测中心建设，引进人才，添置设备，增加检测项目，扩大检测服务领域。财政每年安排专项经费，对各乡镇茶叶进行无偿抽检，有效监控全市茶叶质量安全水平。

五、提高农民组织化程度

茶叶专业合作社是推进茶产业发展的重要载体，要积极培育茶叶农民专业合作社，优先支持安排和申报茶业专项资金，提高茶叶进入市场的组织化程度，促进茶叶增产、茶农增收。每年培植10个示范茶叶专业合作社，每个安排扶持资金5万元，辐射带动全市茶叶专业合作社建设。鼓励和支持茶叶专业合作社整合组织资源和生产要素，实行联合或者重组，建立茶叶专业合作社联合社。

六、大力推进品牌创建

加强品牌管理，严格坦洋工夫授权标准，鼓励支持企业创建自主品牌，争取至2015年有2—3家茶叶企业获得中国驰名商标、中国名牌产品，获得中国驰名商标、中国名牌等国家级品牌的按照宁德市、福安市有关规定给予奖励；对茶叶企业产品被评为省级名牌、著名商标的按照安委〔2003〕96号文规定给予奖励5万元；在省级以上茶博会被评为“茶王”的奖励1万元；鼓励企业开展无公害农产品、绿色食品、有机食品和良好农业规范（GAP）的申报工作，通过有机食品、GAP认证的每个产品奖励2万元，绿色食品的每个产品奖励1万元。继续加大“坦洋工夫”公共品牌宣传推介力度，每年安排品牌宣传保护专项经费500万元，组织参加重要的茶事和学术交流活动，以及主流媒体的宣传广告，提高我市茶叶的知名度和影响力。

七、完善茶叶销售网络

省、市茶叶龙头企业列入全市甲供甲控供应商名录，或组成联合体共同参加政府采购。完善海峡大茶都茶叶市场功能。在城区岩湖坂地块规划建设茶叶专业批发市场，并完善相关配套设施建设。鼓励支持企业建设茶叶电子商务信息平台，拓展销售渠道。鼓励茶叶企业自营出口，对于符合《出口茶叶生产企业注册卫生规范》的获得商检局颁发证书的企业给予补助5万元。鼓励各类茶企和社会组织建设茶文化场所，开展茶事、茶艺活动，对企业参加省级以上茶业博览会并设立特装展的每次补助资金3万元。

八、弘扬福安茶文化

文化、旅游、茶业等有关行政管理部门要充分挖掘、整理、传播坦洋工夫文化，加强对外宣传与交流。以推进茶产业与文化创意产业的结合为抓手，在社口镇高起点规划建设“坦洋工夫”中国红茶文化产业园，打造“坦洋工夫”历史文化展示区、现代茶业加工区，建设融茶艺、茶饮、茶食为一体的茶文化主题公园，开发推广坦洋古民居茶文化旅游。结合白云山世界地质公园建立坦洋工夫红茶博物馆，鼓励支持建设茶叶庄园，集养生、休闲、娱乐为一体，促进茶文化产业的发展，以文化带动品牌的提升。

九、加大政策扶持力度

加大财政资金投入，2013 年起市财政每年安排 1000 万元专项资金用于茶产业发展。财政资金重点用于茶叶“五新”技术推广、品牌宣传保护、生态茶园基地和茶叶标准化示范区建设、茶叶检测机构建设、茶叶机械化生产与清洁化加工、茶树种质资源保护、地理标志申请保护、标准化生产、技术培训等方面。优化金融信贷服务，鼓励和引导金融机构充分利用茶园抵押贷款等各种创新金融服务，继续加大对茶叶企业的扶持力度。

十、强化组织领导

各茶叶主产乡镇要成立茶产业发展领导小组，制定茶产业发展规划、年度计划和推进茶产业发展的具体措施。加强乡镇茶叶科技服务力量，建立和完善基层茶叶技术推广体系，从各开发区、乡镇现有农技人员中抽调专人从事茶叶技术推广服务工作，由市茶业局负责做好业务指导，加强茶叶技术推广力量，加快茶叶新品种、新技术、新机具、新农药、新肥料的推广，提升茶产业发展水平。市财政、工商、质监、供销、农业、茶业等部门通力合作，发挥各自优势，搞好服务。市茶业协会要充分发挥桥梁纽带作用，加强行业自律、人才培训，开展行业诚信建设，引导茶叶生产经营者依法生产经营，规范企业行为，加强坦洋工夫品牌规范管理。

福安市人民政府

2012 年 1 月 5 日

中共福安市委　福安市人民政府
关于印发《福安市进一步促进“坦洋工夫”红茶产业高质量发展若干措施（试行）》的通知

安委发［2020］11 号

福安经济开发区、福安畲族经济开发区党工委和管委会，各乡镇党委和人民政府，各街道党工委和办事处，市直各单位：

《福安市进一步促进“坦洋工夫”红茶产业高质量发展若干措施（试行）》已经市委和市政府同意，现印发你们，请结合实际认真贯彻执行。

中共福安市委　福安市人民政府

2020 年 12 月 31 日

福安市进一步促进“坦洋工夫”红茶产业高质量发展若干措施（试行）

“坦洋工夫”是福安最具影响力、带动力的区域公用品牌之一，也是福安茶产业主打品牌，为牢记习近平总书记“珍视、保护、发展、应用好这个品牌，让坦洋工夫茶走向全国、走向世界”“不断放大坦洋工夫品牌效应，因地制宜，壮大茶叶经济”嘱托，勇立潮头，重振坦洋工夫雄风，力争到 2025 年全市毛茶产量突破 3 万吨，综合产值达 150 亿元，将我市打造成茶业强市，制定促进“坦洋工夫”红茶产业高质量发展若干措施如下。

一、建设坦洋工夫核心区

1. 强力打造社口镇坦洋工夫红茶核心区，示范辐射带动全市。以实施乡村振兴战略为主题，以实现茶产业高质量发展为总目标，依托坦洋工夫品牌与省农科院茶叶研究所雄厚的科研创新优势，集聚创新创业要素，以茶叶科技创新引领茶产业发展，推动茶产业链条向两端延伸，发挥科研院所与坦洋茶场、坦洋村、白云山景区的技术、文化、产业、社会、自然资源优势，围绕“一谷两溪三园四区”的空间布局，构建集茶叶科研、种植、加工、商贸、物流、文创、茶旅于一体的茶产业体系，推动茶产业转型升级，建设坦洋工夫智慧茶谷，至 2025 年，建成 25 个标准化基地、4.2 万亩无公害茶园、5 个茶庄园、辐射带动周边区域发展。

二、鼓励龙头企业做大做强

2. 加快茶叶加工园区建设，扩大坦洋茶谷规模。规划建设 300—500 亩茶叶加工区，做好七通一平。根据入驻加工区茶企缴交的城市基础设施配套费，从市茶产业发展专项资金中对其厂房等基础设施建设给予等额补助。

3. 对茶叶龙头企业生产性项目，适用工业用地优惠政策。对占地面积20亩、投资3000万元以上的项目，在确定土地使用权出让底价时，可按不低于所在地土地等别相对应的全国工业用地出让最低标准执行。在符合规划和安全要求，不改变用途的前提下，利用现有工业用地开发建设多层厂房需要增加容积率的，不再增收土地价款。符合国家调整产业结构和土地集约利用要求，纳税确有困难的企业，可按规定申请减征或免征城镇土地使用税。

4. 对从市外引进的茶企予以同等享受本地茶企优惠政策，支持本地茶叶龙头企业通过与其合资合作、兼并重组等方式打造“茶产业航母”。充分发挥市农垦集团龙头带动作用，增强龙头企业对“坦洋工夫”红茶产业发展的支撑示范作用。对年度纳税达 100 万元以上且无税收违法行为的“福安市茶业纳税大户”，给予奖励 6 万元；对年度坦洋工夫红茶销售专项纳税达 100 万元以上且无税收违法行为的纳税大户，给予奖励 10 万元。对纳税总额在 10 万元以上且无税收违法行为及不良记录的茶叶企业给予贷款贴息支持，在 9 个月内还清贷款的企业予以全额贴息。至 2025 年，培育国家级龙头企业 2 家，规上企业达到 30 家以上，省级龙头企业达到 25 家，宁德龙头企业达到 50 家，宁德市级以上示范家庭农场达到 10 家。

5. 支持高标准茶叶加工基地建设。对手续完备，新建厂房面积达 800 平方米以上、设有观光通道、厂内主要生产设备不少于 20 台（套）、设备自动化智能化水平高、采用清洁化能源、符合食品生产要求且投资额在 100 万元以上的茶企，给予一次性补助 30 万元；对满足清洁化生产等要求的茶企、购置新型茶叶萎凋设备且投资额达 20 万元以上的，在享受农机购置补贴的同时，市本级财政给予购机金额 30% 的叠加补助，最高不超过 10 万元。力争到 2025 年全市改造升级茶叶初制厂 50 家。

三、加强基地规模化建设

6. 鼓励建设茶树新品种连片种植示范区，引导茶农科学规划新垦茶园与改植换种，进行低产低质茶园改造。推进国家区域性茶树良种繁南基地建设、发展优新茶树良种。对按标准种植且品种改造相对集中连片达 30 亩以上的产业薄弱村种植经营主体每亩补助 2000 元，非产业薄弱村种植经营主体每亩补助 1000 元。推进茶园机械化生产管理，对新购置的茶园机械化生产管理设备，市本级财政给予购机金额 30% 的叠加补助。

四、强化茶产业绿色发展

7. 加强茶叶质量安全监管、贯彻落实《福安市茶叶质量安全工作三年（2020—2022 年）行动计划》（安玫办〔2020〕30 号），组织开展茶叶质量安全专项整治行动，实行茶叶质量安全例行监测与监督抽查“两检合一”，开展“检打联动”。严厉打击茶叶种植、生产加工、流通等环节违法行为，加强行业自律，提升福安茶叶质量安全形象，对严重违反质量安全相关法律法规的茶企，取消相关政策扶持。

8. 支持茶企积极申报绿色食品、有机食品、ISO、HACCP、GAP 等相关认证，对通过绿色食品认证的每个奖励 2 万元，对通过有机食品、ISO、HACCP、GAP 等认证的每个奖励 5 万元。

五、突出红茶品牌培育

9. 完善坦洋工夫红茶标准体系框架，对承担“全国专业标准化技术委员会及其工作组”的单位每年给予 10 万元补助；对主导制定国家标准、行业标准的单位给予奖励 20 万元；对主导修订国家标准、行业标准的单位给予奖励 15 万元；对主导制定或修订省级地方标准的单位给予奖励 10 万元；对主导制定团体标准的单位给予奖励 3 万元。获得省级以上标准贡献奖一、二、三等奖的分别奖励 10 万元、5 万元、3 万元；获得国家发明专利的奖励 3 万元。

10. 在福建省茶产业技术创新联盟组织的“老百姓喝得起的好茶品种推荐活动”中获“最佳推荐品牌”的奖励 6 万元，获“入围推荐品牌”奖励 3 万元；在省级以上茶叶评比活动中获得第一名的奖励 5 万元。

11. 每年开展一次大型茶事活动，扩大品牌影响力。鼓励支持企业响应国家“一带一路”倡议，开拓国际茶叶市场，对参加国际性茶事活动的按相关政策给予补助。

12. 鼓励支持茶企通过电视、报刊、互联网新媒体、户外、店招、高铁、航空及博览会、展销会、推介会等各种形式，全方位、多层次推介坦洋工夫品牌。在我市城区重要街道及核心地带宣传坦洋工夫文化，营造浓厚品牌推广氛围。引进专业团队策划坦洋工夫红茶品牌，力争“坦洋工夫茶制作技艺”入选国家级非物质文化遗产代表性项目名录，“坦洋工夫”农产品地理标志获批。

13. 鼓励各级机关、国有企事业单位采购坦洋工夫红茶作为办公用茶、政务用茶，倡导工贸企业人员推广坦洋工夫红茶。

六、推进茶旅融合发展

14. 以创建坦洋茶谷为抓手，深入挖掘坦洋工夫茶文化内涵，鼓励建设集茶叶生产、加工、经营、观光、文化为一体的生态茶庄园。对符合《茶庄园建设指南》（CD35/T1857-2019）有关要求，且在旅游、饮食、住宿、方面达到三星级，并获省级旅游度假达标称号的，一次性给予补助 50 万—80 万元。力争至 2025 年建成 5 家生态茶庄园。

七、支持营销模式创新

15. 规范管理富春茶城等茶叶市场，鼓励支持茶企入驻茶叶市场，对设置“坦洋工夫”店招的视情形给予补助，市场内实行“封闭式管理，开放式经营”，争取建成全国红茶交易中心。通过整合周边资源，规划建设红茶文化一条街、茶文化公园等茶产业新地标。

16. 鼓励茶企在北京、天津、济南、福州等重要销区按规定装修规格、运营模式，开设“坦洋工夫文化推广中心”“坦洋工夫体验店”“坦洋工夫专卖店”等场所；对空间面积在 150—500 平方米且具有一定传播力的新增场所，经审核符合条件的给予适当补助。

17. 鼓励茶企开拓国际市场，加强对茶企外贸业务培训和指导，加大茶产品进出口企业信保支持力度，提高茶企出口销量。

八、支持人才队伍建设

18. 对茶企引进的技术人才，符合条件的给予享受《福安市支持人才引进培养奖励的六条措施》（安委人才〔2020〕3 号）等相关政策。推动产学研融合，开展茶叶生产、加工、营销、茶艺等培训及茶产业劳动和技能竞赛，壮大茶产业专业人才队伍。对在设区市级制茶等级比赛中获得前三名的，分别给予 5000 元、3000 元、1000 元奖励；在省级制茶等级比赛中获得前三名的各奖励 5 万元，四至六名各奖励

3万元；在国家级制茶等级比赛中获得前三名的各奖励10万元，四至六名各奖励6万元；对被认定为省级坦洋工夫传统技艺非遗传承人的奖励5万元；对被认定为国家级非遗传承人的奖励8万元。推进国家、省级、宁德市级技能大师工作室认定工作，对通过认定的分别给予20万元、10万元、5万元经费补助。

九、加大扶持力度

19．市财政每年投入茶产业发展专项资金3000万元，主要用于扶持“坦洋工夫”红茶产业发展，重点支持高标准茶园建设、坦洋工夫红茶标准化生产、品牌宣传推介、标准制定、新品研发、质量管控、技术培训等扶持政策兑现。

20．优化金融信贷服务，鼓励和引导金融机构充分利用产业园区购建贷、茶园抵押贷款等创新金融服务，加大信贷投放力度，推进茶叶自然灾害保险。

十、加强绩效管理

21．茶产业发展列入重点产茶乡镇（街道）和有关单位的绩效考核内容。将治理茶叶农残、打击掺杂使假、完成年度任务作为工作重点，并作为市场监管、农业农村等相关职能部门责任考核指标，加强督促指导。

本措施自发布之日起实施，我市原有相关政策规定与本措施不一致的以本措施为准，政策优惠按照从优且不重复原则执行，具体解释工作由市茶产业发展中心承担。

本措施具体实施细则由市茶产业发展领导小组负责牵头组织制定并报市委、市政府备案后执行。

第二章　历史文献辑录

福建福安茶业[①]

陈鸣銮

一、概论

福安是闽省茶业重要产区，其产品自古已供一般赏用，海禁开后，茶业勃兴。《福安县志》（清光绪十年版）载：“番船弛禁，贪贾垄断，茶荈罂粟，遍于原野，以收利市之三倍……”又载：“茶，山园俱有”，足见福安茶业旺盛，实缘海禁开后对外贸易之诱致。至今更为闽茶重要产区，所出洋庄红茶在国际市场亦占有相当地位，每年产额：从前红茶约 10 万箱，降至二十三年尚有 4 万数千箱，绿茶约 5 万件，降至二十三年仍有 4 万件。考其历史：福安古时所制仅有本地尝用之绿茶，以地理气候之关系，北区所产较南区为佳。前清咸丰、同治年间有建宁茶客到福安坦洋收购茶叶，嗣后坦洋万兴隆庄始行自制红茶。明年各庄竞相仿效，由是红茶之制造日盛，输出日增，茶树之栽培已遍于山野。维是，清政府对于国产输出不知保护，横征暴敛，重课厘金，白石海口原设有海关，又置厘金局。清同治五年又设茶税局于福安坦洋，由省委员督办，由是福安茶类课税独开一门矣。

茶之海外运销既盛，商贾贪图利润，只谋产量，不顾品质。清光绪末季，生产益滥，贩户多卖湿茶，茶庄以片末掺和，致出品恶劣，信誉大受影响。且印度、锡兰、日本之茶业勃兴，华茶海外市场大受排挤——清光绪三十一年（一九〇五年）伦敦华茶公会成立，专为华茶宣扬。同时印度锡兰在英京亦有茶务公会，每年经费各有一万磅至二万磅，大都充作抵制华茶之用。当时竞争甚烈——加以国内课税日重，茶叶逐渐销滞。清宣统二年，福安茶商组织福安茶业研究会，为最先提倡改进本地茶业之团体，会长为吴步洲，立有公议会则十五条，内多纠正时弊。兹摘录大要如下：

一、限期采制（提前采摘，期满停止采制）。

---

① 《福建福安茶业》，为“福建省福安县立职业学校茶场丛刊第一种”，作者陈鸣銮时任职校校长。该书出版于民国 24 年 2 月，16 开本 20 页，铅字印刷。

一、红绿茶分区采制。

一、严禁假茶、假片及掺和泥沙等。

一、严禁买卖湿茶。

一、划一用秤。

一、三都配轮由会办理，不准接水私擅配运等。

尚有关于保护茶业之规定数条，颇适应当时之需要。

民国纪元前一年，前福建劝业道劝业员到县，携来伦敦华茶公会来函一道，内述华茶在伦敦市场与外茶竞争情形，及今后应注意各点。文长数千言，大意注重制造、宣传之改善，并提倡机制，请免茶税等等。时值革命初期，地方匪类乘机扰乱，人心疑惧，未遑注意及此。元年三月四川茶务讲习所试验场函索福安茶种，同年六月吉林省农事试验场来文索购四五年生茶树二百株，以供试种，均于是年秋冬间酌配寄去，此为福安茶种推广之始。同年九月福安茶业会转奉前农林部来文并附抄发湖南茶商陈某等呈部之“茶业章程”一份，计条陈改进办法十三则，着筹议具复。同时前湘督谭延闿氏由长沙来电：以茶业失败原因，在商本不充、借款利重，偿还期促，茶庄抬价抢买，茶栈贱价争售，种经种弊端为失败之主因，与陈等之条陈所见略有相同，亦与本邑茶业情形相似；维陈等所陈之限制办法——用票限制，即每省定若干票，每庄领票若干，每票限买若干箱，凭票购茶——与福安茶业情形未合，当时复文除略置辩正外，更条陈改良要点数则：（1）划一磅秤，以海关针为准。（2）茶价开盘，若干各洋行须悬牌公布。（3）请免商捐。（4）请财政司拨款与茶栈发放，以免重利，以杜贱价争售之弊。（5）各产茶州县应设茶业公会而设总会于省垣，联合全体，一意改良。（6）茶仓火险收回自保（合作社性质）。（7）保护茶树，注意农园管理等计十条。此为福安茶业界切望改进茶业之先声。

福安茶业会对于福安茶叶之产销虽未能达其统调之目的，然本其同业组合之精神于茶叶改进上亦尝努力。然福安茶叶前途究竟未能顺利者，其原因一如其他产地之情形：外受外茶挤排，内受洋商、茶栈之操纵，高利贷及课税之压迫，均为致命之伤。至茶市盛衰，二十年来并无统计资料，足供比较研究，兹仅就记忆所及，略为列举：民国四年茶市甚旺，头二帮茶均获利；五年至七年逐渐不振；八年一败涂地；九年、十年均仍不振；十一年始渐恢复；十二年非常旺市，自首至尾均获利；十三年稍逊，然亦利市；十四年失败；十五年、十六年均平常；十七年、十八年又形疲惫；十九、廿两年颇有转机；二十一年、二十二年均失败；二十三年首春又略呈起色，二春三春仍疲。凡此茶市之上下波浪，虽与国际经济情形有直接关系，而茶业界之不自奋进，政府之不加保护与扶植亦不得辞其责也。

民国十一年，福安茶业会因水灾停顿，关于福安茶业之对外事件概归福州福安会馆担任；抗争茶税等问题，亦均由会馆董事代表。在福州又有福宁茶业公会之组织，福安属焉。年来公会停顿，关于茶叶事件又各归本县会馆主持。二十三年春，作者承乏整理福安中学之任务，当本平日改进茶叶之愿望，回溯过去，瞻望将来，大有前车既覆，来轸方长之感。爰拟以职业教育为出发点，从事茶业改进，造具计划，呈准主管官厅，于二十三年度起创设福安职中茶业科，以培养从事茶业之智识技能，改良茶叶生产为目的。开办后生徒三十五人。设备方面：有职中农场、茶场、茶业研究室等；师资方面：有农科教员及茶师数人为讲授及实习指导，同时并发起组织福宁茶业协进社，而以职中茶业科为研究改进福宁茶业之中心。维是，此举原属试办，本校同人力量微薄，未知能负此巨任否，所望与本外地同志，互相研究，商榷意见，解决疑难，为振兴国产挽救农村上共同努力。深望官厅保护扶植，各地同志赞助指导，匪独福安茶业界之幸，抑亦华茶前途之福利也。

二、福安县位置、地势及交通

福安位置北纬二十七度零五分，东经三度一十九分，东西广九十三里，南北纵一百八十里；负山濒海，重峦复嶂，曲渚回波，资树艺而利灌溉者所在皆是。

山之大者：县西北七十里有白云山，俯瞰城邑，山巅常积雪不消，为闽东第一高山。县东北五十里有东山，发脉霞浦高棣，高耸凌霄，为福安县城东面群山之祖。城内有扆山、龟湖山诸阜；东郊有鹤山高插城东，与龟湖山对峙；南郊有天马山，高可百仞，俯瞰全城；对峙者有旗顶山，夹立水口；北郊有笤笊山形如笤笊，今皆筑碉其上，以资控守。县西南十五里有城山，唐末乡民筑城于此以避寇乱。县西北四十里有桂香山，岩桂开时香闻数里，山内产茶甚美，有“小武夷”之称。距县南百里有大梨岭、小莱岭，联络数里，前为贼薮。由岭而南有覆钟山、白马门山，又南入海有覆釜山、白匏山为宁、霞、安三县之界。此外大小山阜无虑数百，更仆难数，惜多童秃未免货弃于地耳。

水之大者，有东溪、西溪、秦溪、大梅溪、廉溪等。东溪源出浙江庆元，东会寿宁官田水，霞浦管阳水入县北沙坑至交溪与西溪合；西溪源亦出庆元，经寿宁斜滩入县社口至交溪与东溪水合。交溪亦名平溪，缘东西二水至此交会而得名也。交溪水历长仔、溪东、岩湖、富春、栖云、环溪、阳尾各潭右旋，而南至天马山下与秦溪水会，经高家渡至田坂与大梅溪水会，历水壅、白鹤、赛岐至三江口与廉溪水合。廉溪源出政和，折西经穆洋龙首桥，北会下房、小溪诸水至廉溪、富溪津迄三江口与江水相接，南流而入于海。海潮至距城二十七里之白沙潭而止。

福安既多重峦复嶂，陆路交通殊未发达，运输维溪河是赖。维自化蛟起北至寿宁斜滩，东北至白石，西北至穆洋均仅通溪船；化蛟南十里为重台与江水接壤处，稍大船只可通；又南为三江口，赛岐镇在焉。水深江阔，可通轮舶，往来福安、福州间之茶船及航行福安、温州间之商船，皆寄锚于此。福安输出货物悉以溪船由各处溪河起运，集中于赛岐；输入物亦由赛岐起卸，再由溪船转运腹地。寿宁之输出入亦然。故赛岐乃形成安寿两县出入之门户，握两县商业之枢纽。至陆路交通向不发达，至今尚用挑夫，亦无骡马代步。全县公路尚无整个计划，维城赛干道（县城至赛岐仅长四十里），民国十七年曾集资兴筑，仅成里许，嗣因事中辍；近又有筑路之议。城内马路于廿年兴建，时宰叶长青主其事，第一区区长黄廷球力行之，大部告成，随即竣工，至今行人称便。

邮政：县城仅有三等局，邮程东北福鼎线，经白石、柘洋达福鼎；南福州线，经赛岐、甘棠、下白石、三都等地；西为周墩线，经穆洋、苏堤；北为寿宁线，经社口、坦洋、武曲、斜滩等地。

电信：城内专员公署无线电台可与各埠通报，维仅发官电，商电不能收发。城穆、城社、城赛前均有长途电话，设民用军用两线。二十二年冬，新十师到防，将民用线补充军用，撤销电话局，至今仅余军用一线矣。

三、物产

福安物产茶为最大宗，固不待言。本县产量现时约有六万担，寿宁与福安毗邻，安寿边区所产由福安茶商采制者亦称福安茶；但安德边区茶叶为宁德茶商采办者则为宁德茶。

稻为本地主要农产，所产可供境内全年民食；薯米产量亦富，可佐粒食；麦、豆、茶油、糖、酱均有名。竹木、水果年有输出，蔬菜、水产、畜牧等均有相当产量。棉花、药材、瓷器、编物、工艺品等亦均有出产，兹仍附志及之。

四、人口

福安人口自前清光绪十年后迄今未作精密之统计，现在约计数量为三十五万以上。维根据前清光绪十年县志，全县人口统计三十二万八千五百六十四丁，迄今时逾五十余年，应不止上述约计之数。维两者均不甚可靠，精确数目尚不得不所待也。

五、政治

福安为闽东军事政治之中心，现第二行政督察区所在。本区所属福安、霞浦、宁德、福鼎、寿宁、屏南六县，专员为徐虎侯氏。年来迭受匪患，现正在防剿。自治区域全县划分七区九十九乡镇，各区公所早经成立，对于编组保甲、调查户口、人事登记、建筑碉堡，均极注意；维区长时有更换，仍由县长委任，距民选之期似尚远也。

六、产地及产额

福安遍地植茶，七区九十九乡镇无处不产茶叶，维产额多寡则有差别，全县产额约计五万五千担至六万担。茶园面积，向无统计，依一般之推算约计六万亩有奇，精确数字尚不得不有待也。

兹将福安重要乡镇开列如下：（略）

七、栽培

福安茶树栽培，全县一律植于山野或园沿，管理不周施肥尤不注意。一年三度乃至四度之采摘，甚足戕害其生命。且植于园沿者，土内养分多受他种主要作物吸收，植于高山者亦只听其自然。如新种之茶地力尚足供给，迨十数年后，地力渐衰，必须施肥以助滋长，乃茶农多限于经济，于施肥管理上未能为力，且亦向例不讲，故产量渐减，求如每年中耕两次，施肥两次者殆不可得。兹将栽培情形述之：

（甲）垦地。园地之开辟，首当垦荒，其步有四：即砍柴、开掘、翻土、整地四项手续。福安工资尚低，如高山梯形茶园之开辟，每亩（上下层合并计算）需时十五工至廿工，每工四角，计八元以内。福安职中现正将北郊农场四围山地，垦为梯形茶园，大部工作由学生担任，应无甚费。

（乙）种植。普通山园所种茶树或用种子直播，或系移植。直播方法：将所采种子，剥去外壳，掘地深尺许为穴，将穴底铺以肥土，以待其自然生长。移植法：即将所育茶苗，或野生茶苗，拔采移植他处。

（丙）管理。中耕、施肥、整枝、防害四者为茶园管理事项。维本地农户对于此等工作，漠不注意。植于园沿之茶树，或乘从事园中主要作物之便，加以除草；高山茶树，管理更为放任，除采摘外平时几不过问。推其原因，究系农户贫困，茶价不能稳定，多投资本有亏折之虑；且山园间作多系果树之类，耕耘施肥本不注意，大都以培养间作物为目的而纳肥于茶园。维北区、安寿边区茶农则有用粪尿及稻灰之施肥，每年施一次或两次不等。至于剪枝、防害，本地茶农更不讲求，维老树参差，仍有裁整，然亦未知剪枝之如何有利也。农户对于害虫观念，概以为天灾，非人力可制，故向例对于防害除虫没有办法。

（丁）间作。植于园沿之茶，视为农场副业，固不消说，而山上之茶叶每受间作影响，日形衰凋，故本地繁茂茶园绝少，虽全县遍产茶叶，究无一处令人满意之茶园。山园间作多果树薯芋之类，甚有树植竹木，年久竹木成林，茶树逐渐淘汰矣。

（戊）采摘。直播之茶须经五六年方可采摘，移植之茶亦须经四年之后方可开采。福安茶多老树，每年采摘三四次。但自前福安茶业研究会公禁后，限采二次或三次，秋露白露之茶留以养树。维年来会务停顿，禁已弛放矣——清明采摘者为“清明茶”，清香可口，叶嫩价昂，本地家家户户几各炒制多寡，供全年赏（尝）用，及时令送礼，绝少运销外地。谷雨前采制者曰“雨前”，产量亦少。普通茶期：自谷雨至立夏采摘者为“头帮”又名“头春”；自芒种至夏至所采者为“二帮”（二春）；约自大暑至立秋所采者为“三帮”（本系夏茶，本地俗名“三春”）；尚有“秋露”及白露之茶叶，但此等茶叶，如再采摘，翌年首春便减，故多留树不采。维北区高山，气候较冷，多留二春或三春茶叶以养树，因恐霜雪侵害而茶树易枯也。采茶多藉本区女工、童工，颇多惯习者，山坡上下，如履平地，熟练者能同时使用两手，摘采神速。雨天男女上山均披蓑戴笠，因必须赶采，以免茶叶老硬；维此等湿茶，殊难处理，品质又劣，亦茶叶栽培上之一问题也。采茶工资计斤授值，每斤约一二分。加入工作者不拘人数日数，以故当采茶上山之际，男男女女，嘻嘻嚷嚷，山歌互答，亦农村中一热闹季节也。

八、制造

福安所产茶叶，殆全部系洋庄红茶、京庄绿茶，亦少数苏庄。红茶约计数量五万数千箱（每箱四十公斤）；绿茶装袋运出，到福州尚要搀花再制，额约四万余袋（每袋六十斤）；苏庄粗红茶，用篾篓装运，每篓容量一担至二担不等。兹将各种茶叶制造情形述之：

（甲）红茶

福安制茶应海外市场之需要，多注重红茶。其制法为晒青、搓揉、发酵、烘焙、筛分、拣剔、复火、官堆八项手续：

1．晒青。向例用日下萎凋法，将采摘茶叶，匀铺日光下之行簟上晒之，频加翻转使之萎凋。萎凋程度，以使茶叶呈暗绿色、叶边呈褐色、叶柄呈皱纹、完全失其弹力，握于掌中不发微音，虽展开亦不能回复原状为适度，不可太过或不及。太过则搓揉不易，发酵亦难；不及则液汁难出，而留有青温味。如遇雨天则摊置室内，或以火力增加室内温度，使之萎凋。

2．搓揉。晒青之后便可搓揉，其目的在破裂其细胞，使胞内汁液外浸，俾开水一泡，即易出汁而有浓厚香味。维本地茶农多用足踏揉，虽较手揉便捷，然有碍卫生殊甚。现国内有揉茶机出品，搓揉既速，又合卫生。福安中学茶叶科茶场业经采用，甚望能逐渐推进也。

3．发酵。搓完善之茶叶，再晒于日光之下，藉天然热力使之发酵，约经三小时变红褐色，而香味亦变浓厚。如遇雨天，则束手无策。此为红茶制造之一问题，欲谋解决，必须采用印度锡兰之室内制造也。

4．焙干。发酵后搓揉其固块，普通以日光干燥，约至六成干，即行出售，谓之“毛茶”。（以上自晒青至干燥皆山户自理）茶商将毛茶购入，再加烘焙，烘至干燥，即行筛分。烘焙概用焙笼，俗名“茶焙”，系以竹编成，状如折腰圆筒，笼内有活动之烘顶，茶置其上；其焙炉系掘地为穴，名为“焙窟”，内置木炭而烘笼置其上，每隔二十分钟将笼取下，置竹篱内，以手翻拌一次。如在炉上翻拌，则茶末落于炉内，燃烧生烟，而茶变枯焦之味。

5．筛分。筛分所以分别粗细、整理外貌者。此项手续最繁，工场大部工作即系此筛分一项。本地筛分步骤：一律先过六号筛，筛下茶叶名“吊雨”，筛面茶叶如不干脆则过烘后再筛。筛时用手搓捏细碎，随捏随筛，此筛下之茶，品质较次，因名“渣雨”，筛面残留者为“茶珠”。“渣雨”“吊雨”各分十号：一号筛面名“头茶”，筛底交二号筛分；二号筛面为“二茶”，筛底交三号；三号筛面为“三茶”，筛底交“四号”，依次行之。四号为“四茶”，五号为“粗雨”，六号为“中雨”，七号为“小雨”，八号为“茅雨”，九号为“铁沙”，其下十号为“末”。“头茶”至“中雨”每号须过风车。风车构造：有两个并列之斗口，右为“里斗”，左右“外斗”，末端不开斗口者为“尾斗”。风车动时，蜷缩结实之茶即由“里斗”流出，谓之“正身”；由“外斗”流出者称为“圆片”；再次被风飘至“尾斗”者则为正片。“正身”发拣，“圆片”以下交片场“复吊”（即再筛分）。片场另置风车，“复吊”后再过风车，此时“里斗”为“圆片”，“外斗”名“轻身”，各皆发拣，迨去净片末，拣净枝梗，即为净茶。

6. 拣剔。皆用女工童工为之，拣去茶梗茶枝，使成净茶。此项手续不可少也。拣工以分量论值，每枝梗一两，工资约一分。

7. 复火。复吊后装箱前之补火名为复火。因经过筛分之后茶叶多受湿润，故须补烘一次也。

8. 官堆。官堆之目的在调匀茶叶之粗细，普通用茶箱叠成围墙或用板闸，将各号筛分之茶，逐层堆于墙内，而后撤去围之一面，用木耙或铁耙向外沿徐徐梳耙，使其混合调匀。小批调匀者谓之“小堆”，合各调匀完毕之小堆匀拼之，名为“大堆”。官堆之后即可装箱发售。

（乙）绿茶

绿茶制造手续，可分三部，即杀青、搓揉及干燥是也。

1. 杀青。用干炒法将采下之茶叶，投入热锅，接连反复搅动，不可停顿，因一停顿锅底之叶焦灼而黑，至叶呈青熟，发生香气，且有微音炮发，即系适度，可取出搓揉矣。

2. 搓揉及干燥。其法将锅内之叶取出置于洁净之板上，用两手强烈压揉，左右回转，揉成固块再将块散开，左手在下右手在上用力搓之，至卷缩美丽为止；然后再入锅中炒热。随务随拌。此时仅用微火，以防焦灼，至六七分干即取出，筛去其中之不甚卷缩者，待冷后再入锅炒热如前。干燥后即行装袋，运在福州绿茶栈再制。

九、装潢

茶叶装潢本皆用木箱，因本地绿茶制成毛茶后须运往福州再制，系以布袋盛，内套白竹叶以防中途潮湿，故亦名袋茶。装袋后将装口纽紧，加盖印记，然后运往福州。红茶官堆后即可装箱，普通用铅箔套在箱内，箔外熏套以扣纸，而后钉箱，箱外悉裱棉纸，印盖字号，涂以桐油，以防潮湿。又苏庄——即粗庄红茶——因自昔由苏州转运华北各地故名。茶质粗劣，每百五十斤至二百斤装一篾篓，笨重尤盛。

十、运销

福安茶叶输出，皆以溪船沿溪南运，至同台或赛岐过茶驳，但赛岐以南产区可省溪运之烦。溪船由社口起运者每艘仅容十担，阳头船可载重二十五担至三十五担不等。从前溪船到赛岐多由茶驳过运至三都，由航行三都、福州间之轮船装运；现已有往来赛岐、福州间之茶船，递年由福寿轮船公司向各帮茶商签订装运，由赛岐直至福州，较为便捷。福寿轮船公司，系茶商合资经营，颇带合作事业性质，维股东仍属少数茶商，尚非完善之组织；且未经签订之茶仍由三都出口，是运销一层尚无法统制——且茶商多目光短浅，各自为政，统制问题，尚谈不到也。茶叶运抵福州，即行投栈，计自产地起远至福州止，每担运费什耗约计绿茶七两，红茶达十八两。

十一、捐税

福安茶叶、捐税甚繁，为茶叶失败之一大原因。前清时代闽省设茶税总局，置茶税局于本地，迄至现在，年有增加。且民国成立以来，福宁茶税皆由省财政厅招商包办，设总局于三都，各县遍置分卡，税额达二三十万。自裁厘后，闽省又有变相之茶类营业税，福宁年额二十五万零四百五十二元，每件税率超过一元以上，凡占货价百分之十，与营业税税则未合。又转口行销国内之茶须纳海关税，红茶每百斤课税一两附加半税五钱，计申大洋二元三角八分四文。绿茶每百斤课两二五，又附加半税，共两八六五，申大洋二元九角六分四文。又本地所抽常备队捐、民团费、公益费，且更有临时特捐，名目繁多，不一而足。茶农、茶商均负担繁重。

十二、洋商及茶栈

本地茶商，类多资本未充，皆借资于福州茶栈，借款利重，偿还期促，茶商既仰给于茶栈，茶栈又仰洋商鼻息，以故偿期一到，茶虽贱价不得不售；且茶商与洋商向例不能直接，茶叶到省投栈即听凭茶栈与洋商讲价，茶商不能过问。及过磅时茶栈又一听洋商之折扣，不为茶商调剂。因茶栈与洋商声气联络，茶商势居间接无可如何，且财权操于茶栈，势不能不居间接。此不特福安一县为然，全国各处，亦莫不然，实茶推销之最大障碍，亟宜打破者也。

十三、茶号

查本地茶商一向各立门户，互相猜忌，毫无合作精神，数十年来成败荣枯，互相交替，盛衰之波浪甚大。然浮沉于斯界者究绝少致富，此实不相合作之弊，深望同业加以注意，共谋团结！兹将现存之茶号列表如左：

福安茶号一览表：（略）

十四、职中茶叶科

（甲）学则

第一章　总纲及设科目的

第一条　本校以陶融公民道德，启发创业精神，并授与简易之生产智能，养成专门技术，适应社会需要为宗旨。

第二条　本校因经济关系，先设茶叶科（以下简称本科）一级，专门研究改进各种茶叶之种植、制造、运销等新颖方法，冀以提高华茶国际地位，复兴农村生产事业俟经费颇充，即行增设其他各科

第二章　学额及修业年限

第三条　本科暂设一班，学额定为五十人男女兼收。

第四条　本科根据部令多课程内容，修业年限定为二年。

第三章　学科及实习

第五条　本科学分为普通学科及职业学科两种。公民、国文、算术、生物学、理化、英文、体育、音乐等为普通学科；种茶法、制茶法、农业概要、园艺、国际贸易、农村合作、商业地理等为职业学科。

第六条　本科每是教学四十至四十八小时，以普通学科占百分之二十，职业学科占百分之三十，实习占百分之五十为原则；但遇秋冬两季得酌减实习时间。

第七条　本校指定北郊茶场、农场及城内本校工场为学生实习场所。

第八条　本科实习以继续三小时为度。

第九条　各科教学应以先实习后讲授为原则。

第十条　各学年课程表如下：（原文略）

第四章　（原文略）

（乙）设置

1．茶场

（1）茶园。本校茶叶改良试验场有新垦之梯形未成茶园，在北郊本校农场之四周，第一期垦地三亩，植茶栽三担、为选种、培植、施肥等之试验。

（2）制造工场。合新式改良制茶与旧式两部，为制造实习工场。改良部设置揉茶机、焙茶机、炒茶机等；

旧式器具，竹筛、焙炉、箩、风车等。虽应有尽有，然多系短期租赁，缘经费所限，酌量变通也。至小规模室内制造，正在筹划设备，多半采取印度、锡兰方法。目下实习工场计有二处，一在阳头，机械较备；一在本校，规模尚小，只供日常试验实习之用。

2．茶叶研究室

附设于本校图书馆，集本地茶商、茶农随时讨论关于茶叶改进事项，并将议案摘要印刷分送各同业。研究室内置各种茶叶标本，及全国各地茶情报告之刊物，印度、锡兰、日本等处之茶叶刊物。

3．农场

第一农场在北门外离校数十步，面积宽六亩，除已种果树及他种作物外，本期划一部栽种茶树。第二农场在学校附近，面积不大，拟全部培植茉莉。

十五、改进方法

今后改进方法可分积极、消极两方面而言。

（甲）积极的方面

1．关于培植者

（1）改善茶园。现有茶园，散漫不堪，茶树粗放老硬，枝条纵横参差，叶量减少，摘采困难等衰败现况，必须根本改良。拟请官厅开设福安茶场，开辟新式茶园，为培植上之根本改进。

（2）厉行剪枝。今后应劝令农户施行合法之整枝，此不仅能增加生产、改善品质，且由剪枝而使树形平均的发达，采摘时可以利用夹摘，较旧法采摘可增加数倍。

（3）厉行中耕除草。今后应劝令农户中耕，每年至少两次，除草随时行之。

（4）防治病虫害。将防治方法及其必要广行传播并劝令施行。

2．关于制造者

（1）改良制法。红茶制造，全赖日光热力，如遇雨势必束手无策，且日光下之萎凋、发酵及干燥香色均弱，实为制造中国红茶之重大问题。现拟由公家出资采取印度、锡兰方法，试行室内制造。初期小规模之试验设置，并不甚费，先设“萎凋室”“机械揉捻场”“发酵室”“烘干室”等四部，便足资应用。如能全部采取室内制造，不但品质得以改进，一向所受之天然制限亦可免除矣。

（2）普行机械揉捻。园户制茶概用手揉或足踏，既不卫生，又损品质——不失于叶多破碎，即有卷揉不紧之弊，为外人诋毁借口。今后制造红茶，应改用轻便揉捻机，此项机器价廉适用，应劝令园户合资采购应用，或由公家购置出租。

3．关于贩卖者

（1）组织合作社。茶农受茶商之剥削，茶商受茶栈之剥削，茶栈仰洋商之鼻息，此为茶类产销之特殊陋弊。今应设法改良：劝令茶农组织合作社，营共同购入、制造、贩运之工作，集群策群力共谋普行。茶商亦不宜各自为政，徒增消耗，须集中资本，互相联合，出品可直接贩运出洋，以免洋商茶栈之层层敲剥。纵一时未能迳运出洋，但售与旅华外商亦可免去局部的茶栈盘剥各种靡费。②注意对外宣传。应利用广告术，宣扬华茶之各种优点。

（乙）消极的方面

1．请官厅豁免茶税及各种附加捐。

2．免除一切剥削。

以上所述，仅系大要，至今后改进方针及详细计划，另由福安职中校刊发表。

福安茶业改良试验区工作总结报告[①]

福建茶业改良试验区

本区于本年（编者按：指 1939 年）三月一日组织成立，即着手筹设模范制茶厂，实施各项改良计划，派员勘定三模范厂厂址于穆阳、棠溪、社口各主要产茶区，四月一日委派各厂职员积极修理布置厂所并租借添置各种制茶用具。初创伊始，限于经费，设备殊简陋，至四月十五日筹备就绪，十八日开始收购毛茶，开工精制。兹将半年来本区各项改良实施概况分述如下：

一、保障茶农利益

福安遍地产茶，除山地之梯形茶园外，即屋角园旁亦多种植，唯栽培散乱，大规模之茶园实属罕见，产量及栽培面积，尚无精确统计，就每年制茶额言之，约在二万五千担左右。至茶业为全县农民之副业，因过去茶价惨落，茶农入不敷出，茶园荒芜，农村濒于破产，且茶号营业之目的，纯为私人赢利，对于整个茶业改良丝毫未顾及，于是不择手段，以冀达其目的，垄断山价，剥削茶农，无微不至。本区有鉴及此，本年首春毛茶上市时，严禁茶商茶贩压低山价、敲剥茶农，并规定最低山价，首春四月十五日起至四月三十日止，每市斤为三角至二角五分，五月一日以后为二角至一角五分；二春毛茶于六月初旬上市，规定最低山价，每市斤为二角至一角五分；三春毛茶于七月中旬上市，因物价高涨，规定最低山价，每市斤为二角五分至二角，一面严令茶商茶贩一律遵用市秤，函请县府通令各产茶区保甲长严密监督，准许茶农告发，并派员下乡随时查究，赖各模范厂大量高价收买，各茶商无法抵抗。推行以来，成效大著，茶农收入倍增，农村经济大见活跃，本年毛茶山价，较之去年几增二倍。

二、取缔茶贩

茶贩为茶农茶号之中间人，业此者类多地方狡猾之辈，每用大秤低价向茶农强收勒买毛茶，掺劣作物，弊端百出，本区为便于取缔监督及救济穷乡僻壤茶农售茶便利计，特举办茶贩登记，凡在本区范围内营业之茶贩，须具殷实妥保具结向本区登记，方准营业，并令每三日送毛茶百斤以上到各模范厂检验，一面派员下乡密查，先后拘获违法茶贩十余人，除将茶贩证吊销外，并转送县府惩办；一般茶贩在严密监督下伎无所施，大收成效。

三、管理茶号

茶号纯为私人营利，商人贪图近利，粗制滥造，掺杂作伪，无弊不生，信誉日落，稍有资产者，每认茶业为冒险事业，裹足不前。因是一般茶商均毫无资本，制茶资金及私人浪费、家庭用度全由贷款而来，本年因毛茶山价提高，且毛茶无从赊购，一般茶号均无力制足领制额款。本区为提高闽茶信誉、改善制茶技能及茶业品质，除举办茶师登记外，并分令各茶号注意卫生、严禁加烟着色，改善包装，坚固装潢，在首春毛茶旺产时期，茶商藉词茶量购足以抑山价，本区奉令饬各茶号报告收购茶量，并派员分赴各地调查，严令如额制足，不得藉同短制。且为明了各茶号所制红茶品质，特向茶号抽取样茶到区检验，并取缔不合法茶叶，以维护闽茶信用，唯茶商狡猾异常，阳奉阴违，难收实效。

---

① 本文原载福建省政府建设厅茶业管理局编印的《茶讯》第一卷第 18 期，民国 28 年（1939 年）11 月 21 日出版。

四、组织毛茶制造巡回指导队

为促进茶叶生产，提高毛茶品质，特组织毛茶制造巡回指导队三队，深入农村指导茶农培育茶树，改良采摘、揉捻及发酵等毛茶初制工作。四月八日先后考选前安农学生及茶业改良场工人为队员，至十一日开始下乡工作。凡茶农依照指导改良方法制造毛茶，经该队证明，各模范厂及茶号特予高价收买。旋奉派茶训学员朱鸿波等，来区担任巡回队工作，五月二日合并改组，嗣因该队经费预算与组织计划不符，奉令缩编为二队，至首春制茶期满，于六月十五日办理结束，一部优秀学员分发各模范厂服务。因限于人力，各队不能常驻各乡指导制造，茶农墨守成法，且对于制造发酵毛茶经验缺乏，每多发酵太过或不及，收效极微。

五、查缉毛茶走私

本区首春茶叶旺产时期，发现大批浙属汉奸，勾结本地奸商土劣，作有计划之大规模走私，以高价收买红绿毛茶，运浙转沪资敌。本区即分派干员分赴各地严密查缉，并订定取缔走私办法，函知各联保协缉。前后在上白石、沙坑、东昆、阳头及后垅各地，破获走私绿茶 273 包，计净重 17985 斤；红茶 16 包，净重 935 斤，并拘获走私有关人犯十余人，送交县府严惩。旋奉令将该茶没收，并提成奖励出力员工。即将在阳头、后垅没收之绿茶 6073 斤，制造费用及运费等，以七元代价委托社口模范厂包制，其余绿茶 11913 斤，委托棠溪模范厂包制，红茶 934 斤由棠溪模范厂估价收买。现该项绿茶，概已制成莲心，用建绿大面，社口厂计 77 件，棠溪厂计 138 件，每件净重 50 市斤，经运交闽东运输处，待船装运出口。

六、各模范厂制茶概况

本区奉制精茶 6000 箱，由局贷予 16.3 万元，每厂领制 2000 箱，嗣因附近各县茶商藉词茶量购足，以抑山价，毛茶供过于求，又增制 1800 箱，以资救济，由局续贷款 4.5 万元，合计领制 7800 件，贷款 20.7 万元，每厂领制 2600 箱。兹将各厂各春收购茶量平均价及制成品列表于下：（表略）

三厂合计制工夫茶闽红大面 6586 件，每件成本 28.16 元，尚有工夫茶小红大面 1039 件，茶珠 228 件，茶积 73 件，茶片 1490 件，茶梗 68 件，不计成本。唯本区各厂初度制茶，即从事大量生产制造，故着手之初，小心翼翼，一切费用均照预算书极力撙节开支。

七、制造方面

多方注意卫生及品质改良，绝对不掺杂梗末，下盘亦尽量少加，故所制茶叶较一般出品为优，而成本低廉，至于制品之包装及装潢亦力求改善，茶箱系招本地工人包制，其构造外形，完全依据商品检验处颁布之茶箱改良式样制造，并于标纸上注明产地、件数、净重、时期等项，外加竹叶包篾，坚固异常，证之各厂出品，本区于制造上初步改良工作，似已获得相当效果。

八、经费收支情形

本区由局贷款两次，计 20.7 万元，前后计收到贷款 20 万元并办公费周转费 600 元，共计收入 20.06 万元。支付方面：付本区经常费八个月 3336 元，穆阳厂资金 6.4 万元，棠溪厂资金 5.83 万元，社口厂资金 5.93 万元，区开办费 150.14 元，捐税 1 万元，代垫巡回指导队经费 757.72 元，茶训学员生活费 226.74 元，旅费 220 元，闽东运输处暂借 900 元，结存现金 3409.40 元。至各厂收支账簿全用新式簿记，货款支付须依据预算书，经指导员核准，会计登账后，由出纳付款，收购毛茶概用三联传票，其他一切均有单据存查，收支情形随时可稽核。各厂制茶费用收支情形：

（一）穆阳厂首春支付 30967.58 元，二春支付 7953.33 元，三春及秋露支付 23072.75 元，尚存现金 2006.34 元。

（二）棠溪厂首春支付 25652.24 元，二春支付 10541.03 元，三春及秋露支付 17943.22 元，代垫绿茶制造费 1136.50 元，尚存现金 3027.01 元。

（三）社口厂首春支付 27264.81 元，二春支付 10124.95 元，三春及秋露支付 20960.14 元，代垫绿茶制造费 563 元，尚存现金 387.10 元。惟各厂应付铅罐、捐税、息金及保险费等尚未开支一部茶件未运出，运费须继续支付。

本区附设各模范厂已于九月二十六日起，陆续办理结束，因设备简陋，场所狭仄，不独工作诸感困难，且不足以示范，厂中职员，因茶叶系季节性质，结束期间不得不别谋生活，本年在厂服务有相当经验之职工，明年欲令其回厂工作势不可能。一般茶商为保持其发战时横财机会，一面要挟政府，一面无理盘剥茶农，故视本区及各模范厂为眼中钉，捕风捉影多方破坏，各方不明真相，疑信参半，深引为憾。至本区今后进行方针，仍当本原来计划，增进茶农利益，复兴农村经济，扩大组织，普设模范制茶厂，以求贯彻淘汰中间剥削阶级之目的，庶能收对症下药之效。是篇报告既以结束本区初期之工作，亦可为日后工作之借镜焉。

主要参考文献

史 志

［明］黄仲昭《八闽通志》，弘治二年（1489 年）编修。

［明］闵文振纂《福宁州志》，嘉靖十七年（1538 年）编修。

［明］陆以载《福安县志》，万历二十五年（1597 年）刻本，书目文献出版社影印。

［明］殷之辂《福宁州志》，万历四十四年（1616 年）刻本，书目文献出版社影印。

［清］李拔《福宁府志》，乾隆二十七年（1762 年）编修。

［清］张景祁《福安县志》，光绪十年（1884 年）编修。

［清］周祖颐《福安乡土志》，京师京华书局光绪三十一年（1905 年）版。

［民国•赵尔巽主编《清史稿》，二十五史影印本，上海古籍出版社 1986 年版。

福安市方志委《福安市志》，方志出版社 1999 年版。

宁德市茶业协会《宁德市（闽东）茶业志》（叶乃寿主编），福建人民出版社 2004 年版。

徐天胎《福建民国史稿》（福建文史丛书），福建人民出版社 2009 年版。

《宁德茶志》编委会《宁德茶志》（李步泉主编、缪品枚副主编），福建科学技术出版社 2020 年版。

著 作

铁道部业务司调查科编《京粤线福建段经济调查报告书》，民国 22 年版。

陈鸣鸾《福建福安茶业》，福安县立职业学校茶场丛刊第一种，民国 24 年版。

张天福《三年来福安茶业的改良》，福建省农业改良处茶业改良场，民国 28 年版。

闽茶季刊编委会编《闽茶季刊》创刊号，民国 29 年 10 月版。

闽茶季刊编委会编《闽茶季刊》第一卷第二期，民国 30 年 1 月版。

唐永基、魏德端编《福建之茶》，福建省政府统计处，民国 30 版。

福建省政府统计室编《福建省经济统计手册》，民国 34 年版。

陈宗懋主编《中国茶经》，上海文化出版社 1992 年版。

中共福安市委组织部、市委党史研究室、市档案馆《中国共产党福建省福安县组织史资料》，鹭江出版社 1995 年版。

李健民《品读福安》，云南大学出版社 2011 年版。

周玉璠、冯廷佺、周国文、吕宁《闽茶概论》，中国农业出版社 2013 年版。

李健民《坦洋工夫》（八闽茶韵丛书），福建科学技术出版社 2019 年版。

资　料

福安市档案馆全宗档案。

福安县地名办公室《福安县地名录》，1982 年编印。

《闽海关十年报》《三都澳海关十年报》，载《福建文史资料》第十辑，福建省政协文史委，1985 年编印（内书）。

郭公木《解放前闽省红茶生产概述》，载《福建文史资料》第十二辑，福建省政协文史委，1986 年编印（内书）。

福安市教育局《福安市教育志》（黄滔主编、郭震主笔），1991 年编印。

福安市农业局《福安市农业志》（阮良箴主编），1996 年编印（油印本）。

福安市茶业局《福安市茶业志》（吴家阔编撰），1996 年编印（油印本）。

福建省茶科所《福建省农业科学院茶叶研究所志》（陈荣冰主编），2005 年编印。

福安市国土资源局《福安国土资源志》（李健民编撰），2012 年编印（内书）。

坦洋工夫茶产业发展报告编委会《中国红茶坦洋工夫茶产业发展报告（2017—2022）》，2023 年 3 月编印。

福安市统计局、国家统计局福安调查队 1988—2023 年《福安统计年鉴》。

编后记

《福安茶志》的编纂工作始于2019年。这一年7月，福安市原副市长陈灼生和市茶业管理局（今为市茶产业发展中心）局长温铃光与笔者谈议修志之事，表示福安茶界很需要一部属于自己的茶志，对福安茶的历史、文化和现状进行科学、全面的梳理，以促进福安茶产业的优质、持续、科学发展。并希望笔者能担起这副担子。于是笔者先拟出编写纲目初稿，征求市地方志编纂委员会（今为市委党史和地方志研究室）的意见，同时着手修志的前期工作。后来主要由于新冠肺炎疫情的影响，编修工作耽搁了下来。直到2021年12月3日，接到市茶业协会的电话通知，说领导决定重启修志工作。笔者接受编委会的正式邀请，不揣谫陋，承担起《福安茶志》的主编职责。

2022年10月17日下午，在市茶业协会召开《福安茶志》编撰工作会议，编撰组成员叶燊、刘景灿、李彦晨、李健民、余挺、林清菊（按姓氏笔画排列）和市茶业协会会长郑明星参加会议。会议讨论茶志编写工作方案，初步确定编写纲目；分解任务，明确分工，并制订各阶段工作的时间表。会后编撰组同仁即开始搜集资料、撰写文稿，进入工作状态。随着编撰工作的深入和全面展开，编撰组又增加王水金、王梅凌、刘小凤、李立、李宗雄、宋丹丹、陈芝芝、陈国栋、林鸿、林志锋、黄东梅、黄先洲、潘玉华（按姓氏笔画排列）等成员。全体同仁齐心协力，结合各自的专业和擅长，奋力笔耕，集腋成裘，终成书稿。

2023年9月28日，按照工作时间表，茶志第一稿（征求意见稿）初步完成。编委会邀请相关领导、专家和编撰组成员在市茶业协会召开座谈会，就已完成的初稿提出意见，市茶业协会名誉会长陈灼生主持会议。王水金、刘小凤、刘寿国、李宗雄、李健民、吴先辉、余挺、陈成基、陈灼生、林学茂、林鸿、郭冲、温铃光（按姓氏笔画排列）等参加会议，与会者踊跃发言，提出许多有益的见解和建议。会后编撰组继续多方征询意见，针对反馈意见实事求是地对书稿进行充实和修改，同时抓紧未竟书稿的编撰。12月，志书第二稿（送审稿）完成，打印若干份，分送各有关领导、单位、专家审读。福安市委党史方志室首先发来复函，认为“《福安茶志》内容、体例较完备，能反映福安茶叶历史……将是一部福安茶文献性资料志书”，并对编修工作提出一些指导性的建议。为了尽量避免错漏，编撰组还就书稿中涉及企业和个人的内容，借助市茶产业发展中心和市茶业协会的信息平台多次进行公示，广泛征询意见，对反馈的意见本着“有错必纠，当补则补，无档不书”的原则进行增、删、改、调。

2024年3月25日，编委会在市政府第五会议室召开初稿审稿会议。市茶产业发展中心主任缪少斌受分管副市长蓝和鸣的委托主持会议。中共福安市委办公室（中共福安市委保密委员会办公室、福安市档案局）、中共福安市委宣传部、中共福安市委党史和地方志研究室、福安市人民政府办公室、发展和改革局（科技）、教育局、工业和信息化局、人力资源和社会保障局、自然资源局、交通运输局、农业农村局、商务局、文体和旅游局、市场监督管理局、统计局、税务局、茶产业发展中心，福安市农垦集团有限公司，福安市茶业协会，以及福建省农科院茶叶研究所，宁德职业技术学院的代表参加审稿会。与会单位提交了评审意见。余成法（福安市茶产业发展中心）、王振康（省农科院茶叶研究所）、黄先洲（宁德职业技术学院）等也提出一些很好的意见。编撰组本着实事求是的态度，尽量吸收合理意见，对书稿进行全面修订。

2024年5月下旬《福安茶志》第三稿完成，书稿分送有关专家审读。8月12日，编委会邀请福建省农业农村厅、福建农林大学、福建省农业科学院、宁德职业技术学院、宁德市茶产业发展中心及福安市农业农村局等单位相关领域的8位专家组成专家组（名单见卷首），着重从茶专业方面对《福安茶志》第三稿进行评审（其中一位提交书面意见）。各位专家充分肯定志稿质量，一致同意《福安茶志》通过终审，并提出进一步修订、完善的意见和建议。福安市人大常委会党组书记、主任，市茶产业发展领导小组常务副组长陈昌东；福安市人民政府副市长蓝和鸣；福安市茶业协会名誉会长陈灼生、林炤，高级顾问温铃光，会长郑明星，三茶服务中心主任林鸿；市茶叶质量检测中心主任陈林海，副主任林清菊；市委党史方志室志书编审股股长王小丽；市文体和旅游局林觅觅等参加评审。陈昌东充分肯定《福安茶志》的编撰工作和出版意义，要求编撰组充分吸收专家意见，高标准做好后期工作；志书出版后要宣传好、使用好，使《福安茶志》在“三茶”融合发展中发挥应有的作用。评审会由市茶产业发展中心主任缪少斌主持。

《福安茶志》即将付梓，面对着洋洋七十万言（未包括图片）的书稿，笔者如释重负。数年的辛劳终结良果，既充满喜悦，也感慨良多。感谢编撰组同仁的辛勤劳动和同舟共济。感谢福安市各涉茶单位和企业的大力帮助。感谢市档案馆、统计局、融媒体中心等市属有关单位以及省农科院茶研所、宁德职业技术学院的大力支持。感谢收藏界、文博界、茶界和摄影界的朋友提供珍贵的历史照片和资料。感谢所有关爱《福安茶志》的朋友的热情鼓励和帮助。

历史没有终点，一切都是过程；在历史的长河中，所有的荣耀和沮丧都只是一瞬。在回味和研习过往时我们不应该沾沾自喜或自怨自艾，而应该在追寻历史的灵光中获得启迪，做好当下，着眼未来。从这个意义上说，志书编纂是一项承前启后的工作，我们深感责任重大。尽管我们已尽了努力，但由于主客观因素的制约，错漏和失当之处仍在所难免，敬请读者诸君和方家乡贤不吝指正。

李健民

初草于2024年4月4日，是日清明

定稿于2024年9月17日，是日中秋

（李健民，福安人，1949年生，宁德市民族中学教师。退休至今著有《品读福安》《闽海赛江》《赛岐纪事》《福建畲族文化读本》《坦洋工夫》等，编写中小学畲族文化系列教材《畲族文化简说》等，总纂《宁德市教育志（1993—2007）》，主编《福安市教育志（1991—2015）》《大留村志》《苏堤村志》《长溪文脉——福安非物质文化遗产集萃》等。）